人力资源管理译丛

雇员培训与开发

第8版

[美] 雷蒙德·诺伊（Raymond A. Noe） 著

徐 芳 邵 晨 译

徐 芳 校

Employee Training
and Development

(Eighth Edition)

中国人民大学出版社
·北京·

总 序

　　自我和我的同事们于1993年在中国人民大学创办中国的第一个人力资源管理本科专业以来，已经过去了很多年，在这期间，无论是中国的人力资源管理教学与研究，还是中国的人力资源管理实践，都有了长足的发展。全国越来越多的高校开始开设人力资源管理方面的本科专业和研究生专业或方向，与此同时，与人力资源管理有关的各种译著、论著以及教材可以说层出不穷。此外，中国企业对于人力资源在企业中的重要性以及人力资源管理对于企业竞争力的影响也有了越来越深刻的认识。可以说，中国已经开始进入一个真正重视人的价值的时代。

　　1999年，鉴于当时国内的人力资源管理教学用书还比较匮乏，人力资源管理本身对于绝大多数中国人来说还是一个新生事物，甚至很多从事相关课程教学的学者也知之甚少，因此，在一批美国学者，特别是在美留学和工作的人力资源管理专业博士的帮助下，我们精心挑选了涉及人力资源管理各主要领域的比较成熟的图书，作为一套译丛介绍到中国来。在几位译者的辛勤努力下，这套丛书终于自2001年开始在国内陆续面世，成为国内第一套比较完整的、成体系的、原汁原味的人力资源管理教学用书。这套丛书对于从事人力资源管理教学、科研以及实践的中国读者系统地了解人力资源管理的概念、体系、框架以及理念、技术和工具等产生了很大的影响，获得了一致的好评，一再重印。在2005年前后，我们对这套丛书进行了第二次大规模的全面再版更新，得到了广大读者的认可。很多大学的本科生、硕士生甚至博士生，以及企业的人力资源管理从业人员，都将这套译丛作为学习人力资源管理知识的教学用书或参考书。

　　在这套丛书上一版出版时，大家广泛讨论的还是新经济、网络泡沫、"9·11"恐怖袭击以及中国加入WTO等重大事件，如今，以美国金融危机为起源的全球经济不景气以及由此引发的一系列政治、经济和社会问题，对于人力资源管理领域中的很多问题都产生了深远的影响，在这种情况下，本套丛书的原著大都重新修订，将这些新的内容和主题纳入新的版本之中。原著的新版本增加了人力资源管理领域中的一些新的理论、工具和方法，同时调整了原来的很多案例，从而使这些人力资源管理图书既保持了理论、框架、体系等的连贯性，又使得原本就来自实践的人力资源管理理论和教学体系得以保持一种鲜活的时代特色。

　　我们在这些新版的重译过程中，一方面，立足于吸收中国学术界近年在人力资源管理领域的许多新认识以及中国人力资源管理实践的新发展，对原版本中的个别译法进行全面的修正；另一方面，将新版本所要传达的理念、方法和工具等忠实地传达给广大中国读者。

　　很多人对我们花费如此巨大的力量做这种翻译工作感到不理解，他们认为，中国已经跨过了知识引进阶段，完全可以创建自己的人力资源管理体系了。然而，我们却并不这样认为。人力资源管理作为一门科学，在西方国家已经有几十年的发展历史，而在中国，无论是人力资源管理研究还是人力资源管理实践，都还处于发展的初期阶段。我国企业中的很多人力资源管理者对于人力资源管理的理解都还不是很到位，尽管他们已经能够说出很多人力资源管理的概念、理论甚至工具和方法，但是在实际运用时，却由于对这些概念、理论、工具和方法的理解不深，结果导致无法达到西方很多企业的人力资源管理职能所能够达到的那种状态。因此，我们认为，在没有真正从根本上理解西方人力资源管理的理论起源、发展以及核心内涵之前，我们最好不要武断地说，西方的东西已经没有用了。就好比是一位没有任何武功基础的外国年轻人，仅仅看了两本少林寺的拳术图谱，跟着少林寺的和尚偷学了一招半式，便觉得自己可以创立美式或英式少林拳一样幼稚可笑。如果不进行反复的练习和长期的揣摩，没有扎实的基本功和一定程度的悟性，人们学到的任何武功都只能是花拳绣腿，中看不中用。同样道理，中国企业及其人力资源管理人员要想真正掌握人力资源管理的精髓，就必须继续加强自己的理论基础和综合修养，充分领悟人力资源管理的核心精神，从而在练就扎实基本功的基础上真正做到"形变而神不变"，只有这样，才能找到通过人力资源管理来帮助中国企业赢得竞争优势的机遇。在这一点上，我们非常欣赏深圳华为技术有限公司总裁任正非先生在引进西方管理系统和管理技术时所持的一种观点：要先僵化，再固化，最后再优化。也就是说，在没有真正学懂别人的管理系统和管理方法之前，先不要随意改动，否则会把人家有用的东西变成没用的东西，反过来还骂人家的东西没有用。总之，我们认为，对待西方的管理理论、管理思想、管理工具以及技术等应当坚持这样一个基本态度：既不妄自菲薄，也不盲目追随，但首先要做到充分理解，只有这样才能做到取舍有道，真正实现洋为中用。

翻译工作无疑是艰苦的，但也是充满乐趣的，我们愿意为中国人力资源管理事业的发展贡献我们的心血和汗水，同时也衷心地希望广大读者能够从中汲取对自己有用的知识，培养专业化的技能，从而使本套丛书能够为广大读者个人的职业发展以及中国企业人力资源管理水平的提高产生应有的作用。

最后，感谢广大读者长期以来对本套丛书的热情支持和厚爱，我们有信心让这套丛书成为一套人力资源管理领域中的经典译丛。如果您有什么样的要求和意见，请随时与我们联系。

我的联系方式：
中国人民大学公共管理学院
北京市海淀区中关村大街 59 号
100872
电子信箱：dongkeyong@mparuc.edu.cn

董克用
中国人民大学人力资源开发与管理研究中心

译者序

2021年9月，中国人民大学出版社管理分社的社长再次找到我，希望我能继续翻译雷蒙德·诺伊教授所著的《雇员培训与开发》一书的最新版即第8版。我当时很诧异：一本关于培训与开发的教学用书历经20年竟然有如此旺盛的生命力？出于对人才培训与开发事业的热爱以及对诺伊教授的钦佩，我欣然同意继续承担起这份责任。

本书之所以受到读者喜爱，是因为它是培训与开发领域的一部开创性著作，全书构建了培训与开发的完整框架体系，展示了该领域的最新理论和研究成果，并精选了全球最佳企业实践的经典案例。作为一部介绍培训与开发相关理论与实践的著作，本书框架体系清晰，实践案例鲜活，富有时代特征，而且内容表述准确、客观，有较高的学术水准。

2001年我在中国人民大学工作期间就负责翻译了诺伊教授的《雇员培训与开发》，该书面世之后便成为我国高校许多大学本科生和研究生"培训与开发"课程的主要学习用书或重要参考书。在当时的高校，设有管理学院尤其是开设人力资源管理专业的，教师和学生都为能有这样一本专业的、体系完整的教材而欢欣鼓舞。该书系统介绍了培训的需求分析、学习理论与培训项目设计、培训成果转化、培训效果评估、传统的培训方法、新技术培训与职业发展以及培训与开发的未来发展趋势等内容。在国内外学者从事人力资源管理研究，特别是培训与开发研究的过程中，该书的引用频率非常高。

2007年8月我们翻译了第3版，书中内容与时俱进，增加了培训的战略角色、基于网络的培训、企业大学、培训课程的有效设计、网络学习、素质模型、知识管理、工作与生活的平衡以及管理者的继任计划等内容，并向读者推荐了一系列权威的与培训开发相关的研究网站。

2015年，我们又翻译了第6版，书中重点关注了在信息社会和互联网＋时代培训与开发领域的最新热点，比如基于新技术的培训、人力资源培训外包、人力资本的开发与测量、学习管理系统、iPad和其他平板电脑在培训中的应用、素质模型、知识管理系统、社交媒体、社交网络以及虚拟现实等。同时，也涵盖了如何组织跨地区的培训，如何组织分布在全球各地的雇员开展培训，特别是非正式的学习、业务嵌入式学习等。

时隔几年之后，第8版又以崭新的面目呈现在读者面前。每章更新了许多内容和案例，展示了最新的研究成果和最佳公司实践。例如增加了微学习、培训项目策划，全新的培训方式、学习方法，以及包括慕课、翻转课堂、虚拟现实（VR）、增强现实（AR）、人工智能（AI）在内的支持工具等。特别介绍了职业生涯管理手段、不同形式的导师制、使用技术手段进行导师与学生的配对等。在培训评估的章节中重点讨论了如何使用逻辑模型来确定相关培训成果、净推荐值等。此外，还增加了可穿戴设备、人工智能、自动化、物联网（IoT）以及针对未来培训与开发的神经学研究的影响等内容，特别提供了针对千禧一代雇员的培训与开发需求和学习效果的分析。每章结尾都更新了讨论题以及应用题，并包含全新的简短案例，这些案例涉及公司所面临的培训与开发方面的挑战与问题。

本书共分为四部分，第一部分是"培训与开发的内容"，重点介绍了战略性培训。第二部分是"设计培训"，包括培训需求评估、学习与培训转化、培训项目设计与培训评估。第三部分是"培训与开发方法"，包含传统的培训方法、基于新技术的培训方法，特别是社交媒体和移动学习等全新的培训技术。第四部分是"社会责任与未来发展"，涉及提高雇员技能企业所承担的社会责任，与培训相关的法律规定、管理人员多元化、雇员职业发展的挑战、工作与家庭的平衡、职业路径选择、接班人计划以及培训与开发的发展前景展望等。

第8版是由我和邵晨以及研究生王静、焦夏楠等合作翻译的。全书由邵晨负责初审，由我负责最后的审校。在此，衷心感谢中国人民大学出版社管理分社，该团队以敬业精神、敏锐的洞察力和良好的沟通能力促成了我们的良好合作，而且以专业化的水准对本书进行精细化加工，确保了本书的品质。

希望本书的翻译出版能够进一步指导培训与开发领域的教学研究和企业实践，不仅从理论和研究方法上推动该领域研究的进一步深入，而且在实践中让更多的管理者掌握培训与开发的核心技能，使组织赢得竞争优势。相信本书对企业管理者、人力资源管理专业人员和从事培训与开发的专业人员、政府和研究机构的人力资源管理人员，以及我国高校从事政府公共部门和企业管理领域研究的专业教师、研究生、高年级本科生等都会有所启迪。

徐　芳

前　言

　　传统意义上，培训与开发并不被视为能够为公司创造价值、让公司成功应对竞争挑战的活动。然而今天，这样的观点已经改变了。那些进行创新性培训与开发实践的公司，比没有进行这些实践的竞争对手在财务业绩上表现得更为出色。培训与开发同样也能帮助公司应对竞争带来的挑战。当前的经济形势导致培训与开发的预算经费缩减，然而，现在很多公司都意识到可以通过培训、开发、知识管理来加强学习，帮助雇员提高技能，从而为公司创造出新的产品、产生创新性观点、提供高质量的客户服务。另外，储备管理者和领导职位候选人，吸引、激励、保留各个层级和岗位的雇员都需要开发活动和职业生涯管理。强调通过培训、开发和知识管理来学习不再是"最好要做"的事情，如果公司想要获取竞争优势、满足雇员的期望，那就"必须做"。

　　如今，商业活动是在全球化的市场中完成的，并且劳动力市场日益多元化。因此，公司需要培训雇员，使他们与拥有不同文化背景的人一起工作。社交媒体、平板电脑（如iPad）等新技术的应用，降低了对雇员进行集中式培训所需的成本。鉴于企业以及雇员经常面临繁重的工作，时间较长的培训课程并不可取。人们强烈要求培训基于需求并以用时较短的模块形式呈现给他们。与此同时，我们所面临的挑战是确保这些培训提供学习所必需的条件（练习、反馈和自定进度等）。另外，公司通过这种综合性学习方法，正在寻找自主式学习、自步学习、基于新技术的培训与方法的最佳平衡，以实现受训者之间的互动（例如课堂教学与主动式学习），并使他们有机会将培训所学内容应用到日常工作中。Z一代和千禧一代的雇员对于非正式学习非常精通，尤其是通过诸如脸书和推特等社交媒体促进的协作进行学习。同时这些社交媒体的游戏式体验引导他们期待学习将是有趣的、多维度的且具有挑战性的，并能够得到即时反馈和奖励。

　　培训扮演的角色的拓展远远超出了培训项目设计的范畴。有效的指导性培训依然很重要，但是要求培训管理者、人力资源管理专家和培训者不断创造新的系统以激发雇员学习、创造知识，并与公司内其他雇员分享知识。培训的角色逐渐由强调一次性的学习转变为创造学习条件，使学习行为可以通过合作、在线学习、传统的课堂教学或者多种方法的综合而发生。越来越多的人意识到，学习正在以非正式的、借助技术手段超出正式培训范畴的方式发生。而人工智能的发展以及增强现实在培训与开发中的应用有助于将这一方式变成现实。

　　如今商业环境快速变化，竞争会迅速导致利润下滑，并且技能需求也会发生改变，因此公司通常无法为雇员提供工作安全保障，而雇员对此已习以为常。与此同时，为了获得工作技能以使自身价值最大化，在劳动力市场中很多雇员频繁跳槽，不会长期忠诚于任何一家公司。因此，对雇员和公司来说，开发未来的技能和职业生涯管理都很重要。公司需要积极、高效的劳动力，他们需要具备足够多的技能，能够快速学习新技能，满足不断变化的客户需求和市场需求。尽管目前流行跳槽，公司依然愿意为有才能的雇员提供良好的工作环境、培训与开发机会。雇员希望开发的技能不仅对当前的工作有帮助，而且能与自己的兴趣和价值相符合。由于工作时间的延长，雇员对平衡工作与生活也很感兴趣。

本书反映了培训与开发在组织中的传统作用以及更广泛的意义。第 1 章主要讲述了培训与开发在公司中扮演的角色。第 2 章讨论了培训实践以及培训职能部门如何帮助公司实现经营目标。由于公司对降低成本很感兴趣，分配给培训的人力资源将取决于培训与开发活动会在多大程度上帮助公司实现经营目标。与培训项目设计相关的内容将在第 3 章至第 6 章讨论。第 3 章讨论如何确定恰当的培训时机。第 4 章探讨了影响培训转化的工作环境的特征，以及为了将培训中所学的知识和技能应用于实践，在设计培训环境和工作氛围方面应该做些什么。第 5 章为培训课程或项目的前期、中期、后期应该做些什么提供了实践性意见，以促进学习和培训转化；讲述了知识管理在促进学习和培训转化方面的积极作用。第 6 章介绍了如何评估培训项目，包括如何鉴别培训的成本收益，如何评价培训与学习的投资回报，如何确定培训成果是否与学习、行为或绩效相关。第 7 章和第 8 章讨论了培训方法。第 7 章讨论了演示法（比如讲座法）、传递法（比如在岗培训、行为示范）以及团队建设法（比如冒险性学习）。第 8 章介绍了在新技术基础上发展起来的新的培训方法，包括网络学习、远程学习、社交媒体、仿真模拟、虚拟现实和集成学习等。第 7 章和第 8 章的结尾对这些培训方法的成本、收益和学习特征进行了比较。

第 9 章介绍了各种开发方式（人员测评、人际互助、在职体验和正规教育）。此外，本章还强调了有利于雇员在自主性和易变性职业生涯中取得成功的开发计划，诸如接班人计划和岗前培训。第 10 章讨论了不论雇员个人的性格特征或职业生涯挑战如何，通过提高当地劳动力的技能水平、提供就业机会、采取行动帮助雇员成长和发展，培训在改善公司所在社区方面发挥了作用。本章还讨论了影响培训与开发、培训合作关系、多元化管理、跨文化学习准备的配套法律，以及公司如何帮助雇员应对职业生涯挑战，例如实现工作与生活的平衡，应对职业生涯中断，例如因为家庭而离职、服兵役、失业以及退休。最后，第 11 章展望了今后 5 年或 10 年，培训与开发将如何发展。

《雇员培训与开发》是基于我在过去 30 年中教授本科生和研究生培训开发课程的经验而撰写。管理者、咨询顾问、培训师以及教职员工在一系列学科（例如教育学、心理学、工商管理）中合作，为培训与开发的研究与实践做出了贡献。因此，本书是以几个学科的研究为基础，同时提供务实的观点。本书适用于多个专业的学生，是适合多个学科的本科生和研究生的培训课程。

突出特点

本书有以下几个突出特点。首先，我的教学经验告诉我，如果学生不是在实践中学习研究成果和理论，他们会感到失望。因此，本书的第一个特点就是每一章都是由一个简单的公司实践案例开始，案例材料与每一章所讨论的内容相关。很多公司的实践案例会贯穿全书。每一章的结尾都有真实的案例和相关的问题，这样学生可以把本章的内容应用到真实的培训或开发问题中去。

本书的第二个特点是主题覆盖面广泛。第二部分"设计培训"与指导性设计（即培训需求评估、培训方法、培训转化以及培训项目设计与评估）相关。指导性设计依然是培训领域最基础的组成内容。第三部分"培训与开发方法"讲述了更多让人激动的培训与开发内容。随着管理者和培训者的角色不断扩展，他们越来越多地参与到雇员成长、开发和职业生涯挑战中，并为领导职位挖掘高潜能的雇员。例如，管理者和培训者需要了解不同世代雇员职业需求的不同之处、职业生涯路径、跨文化培训、雇员多元化、为被解聘的雇员介绍新工作、接班人计划，这些主题都是指导性设计范畴之外的内容。这些内容将在第四部分"社会责任与未来发展"中讲到。

本书从讨论培训与开发的内容开始，第一部分的章节讲述了影响培训行业未来发展趋势的经济形势和工作环境特征。培训的发展趋势之一是公司越来越重视通过正规培训与开发课程、知识管理、非正规培训来学习。此外，这些章节还讨论了战略性培训与开发的必要性（例如对商业战略和经营目标的贡献）——成功的培训与经营目标和战略有很大关系。在成功且有效的培训中，培训的各方面，包括培训对象、培训方法、评估甚至由谁实施培训，都与经营战略相关。越来越多的公司要求培训职能和培训实践能够支持经营目标的实现，否则就会将培训外包或削减培训经费。尽管商学院的学生在学习战略性思维，但是未来可能成为培训者的心理学和教育学专业的学生也需要有战略性观点，并且要理解战略是如何与组织的培训职能以及培训类型相联系的。

科技不仅改变了我们的生活和工作方式，也影响了培训实践。因此，本书有一章着重介绍了新技术在培训中的应用，比如在线学习、社交媒体、移动学习、游戏化、虚拟现实和增强现实、人工智能。

本书反映了当前培训领域中最热门的话题，比如翻转课堂、微学习、适应性培训、大数据与劳动力分析、增强现实、人工智能、知识管理、慕课（MOOC）、远程教育（通过智能手机）、无意识偏见培训。每一章都包含了最近的学术研究成果和企业实践。

有助于学习的几大设计特点

本书以下几个特征有助于学习：

1. 每章都明确了学生在本章中应达到的学习目标。

2. 书中的案例来自各行各业，包括服务业、制造业和零售业。

3. 每章结尾的讨论题能帮助学生学习本章概念，并理解各种学习材料的应用。

4. 培训与开发领域中重要的专业名词和概念在每章中都用黑体标出。关键术语会在每章结尾处单独列出。这些关键术语对学生理解培训术语非常重要。

5. 每章结尾和四个部分结尾的案例有助于学生把学到的培训与开发知识应用到真实的公司案例中。

本书的改动之处

我首先要感谢大家使用本书！鉴于读者对第 7 版的评论以及新的培训研究和实践，我在第 8 版中做了一些改进。第 8 版的重要改动之处如下：

● 每一章都做了调整，以符合最近的研究成果和最佳公司实践，每章都添加了新的案例。

● 所有章的章首案例都是新的。例如，第 8 章的章首案例介绍了 PayPal 如何使用推特以及慕课。

● 第 8 版增加了全新的话题，且这些话题的覆盖面更广，其中包括针对非传统雇员的培训、学习、项目设计、培训理论、评估、开发、培训的未来发展。从学习和项目设计的角度出发，全新且覆盖面更广的话题包括微学习、根本原因分析法、如何帮助受训者记住培训内容、培训国际受众、培训策划。全新的和流行的培训方式、学习方法以及包括慕课、翻转课堂、严肃游戏、游戏化、虚拟现实、增强现实、人工智能在内的支持工具都将在本书中得到讨论。从职业开发的角度出发，第 8 版介绍了全新且覆盖面更广的职业生涯管理手段、反向导师制、不同形式的导师制、使用技术手段进行导师与学生的配对、使用九宫格进行领导力开发和接班人计划的潜在有害影响。在培训评估方面，基本原理依然重要，但是现在我们越来越关注通过大数据和劳动力分析来展示学习、培训、开发如何促进人才管理。因此，在培训评估的章节中我们将讨论如何使用逻辑模型来确定相关培训成果、净推荐值、大数据，以及公司如何使用逻辑模型来回答重要的问题。最后，新技术有潜力并能够彻底改变我们在何时以何种方式学习并以绩效支持代替学习。因此在本书的最后一章，我们将会讨论可穿戴设备、人工智能、自动化、物联网（IoT）、Tin Can API、针对未来培训与开发的神经学研究的影响。关于不同世代的雇员尤其是千禧一代的雇员的培训与开发需求和学习效果的影响会在整本书中进行讨论（例如反向导师制、开发机会、不断增加的用于学习的游戏和社交协作）。

● 每章结尾都会包含讨论题，这些问题都是全新的或已进行了调整。

● 每章结尾都会包含全新的简短案例，这些案例涉及公司所面临的培训、开发或学习问题。案例后面的问题会要求学生根据本章内容来思考并给出建议。

● 为使学生更好地理解不同话题之间的联系，本书分为四个部分。第一部分主要涉及培训与开发的内容，其中有一章专门讨论战略性培训。第二部分涉及培训项目设计的基本原则。第二部分的各章聚焦于培训需求评估、学习与培训转化、培训项目设计与培训评估。第三部分聚焦于培训与开发方法，并专门讨论传统培训方法、电子学习以及包括社交媒体和移动学习在内的全新的培训技术。第四部分涉及雇员开发与职业生涯管理以及培训与学习在帮助公司履行企业社会责任方面所发挥的作用。这些内容包括针对培训、多元化管理，以及帮助雇员应对平衡工作与生活、职业生涯中断、确定职业生涯路径并沿这一道路前行、为退休做好准备以及离职等挑战所涉及的法规。最后，这一部分还将展望培训与开发的未来。

● 每一部分都包含一个案例，学生可以将在该部分各章所学到的内容应用到真实的公司问题中。

目 录

第三部分　培训与开发方法

第四部分　社会责任与未来发展

第一部分

培训与开发的内容

第一部分关注培训与开发的背景的相关问题，第 1 章"雇员培训与开发概述"讨论为什么在当今的商业环境下雇员培训与开发能够帮助企业在竞争中立于不败之地。第 1 章将概述培训实践、培训专业，以及如何设计有效的培训（这一话题将会在第二部分"设计培训"详细阐述）。第 2 章"战略性培训"将讨论战略性培训与开发的过程、影响培训的组织特征、组织培训部门的各种模式、如何实施培训品牌化并将其推广到公司其他部门，以及将培训外包的利弊。

　　第一部分的结尾分享了陶氏化学（Dow Chemicals）如何利用培训应对竞争性挑战，以实现商业目标，将学习扩展到课堂和会议室以外。

第 1 章
雇员培训与开发概述

学习目标

通过本章的学习，你应该能够：

1. 讨论影响工作环境和学习的因素，并说明培训将如何帮助公司迎接这些挑战。

2. 借助数字和图表来解释培训、开发、非正式学习以及知识管理将如何影响企业的成败。

3. 讨论培训设计过程中的各个方面。

4. 描述美国公司的培训数量及培训类型。

5. 讨论专业培训人员的关键角色。

6. 掌握有关培训领域研究成果与实践信息的渠道（如期刊、网站等）。

▼ 章首案例

影响工作环境的因素使培训成为公司成功的关键要素

客户服务、雇员保留与成长、经济状况、多代劳动力、新技术的使用，甚至是课外学习，正影响着所有行业中规模各异的公司，同时也影响着培训实践。以下讨论的四个公司——百思买（Best Buy）、胜牌（Valvoline）、索尼克汽车公司（Sonic Automotive）、美国陶氏益农公司（Dow AgroSciences）显示了这些问题如何影响不同领域的公司，以及培训与开发如何帮助公司获得成功。

知识的获取并非仅能通过传统的面对面的课堂教学实现。许多企业在意识到这一点后，开始借助技术帮助位于不同地区的雇员通过正式课程和相互协作来习得和分享知识。比如，作为一家电子零售商，百思买引入了一款名为 Gravity 的应用程序，这旨在迎合千禧一代的雇员倾向于获取培训材料来学习的方式。包括智能手机和平板电脑在内的任何智能设备的用户可以使用这款应用程序扫描产品的统一代码或二维码来获取短视频和产品的核心信息。这使雇员可在闲暇时通过扫描产品实现个性化学习。雇员可以使用这款应用程序对产品增进了解或了解新的产品。他们也可以使用这款应用程序快速回答顾客的问题。百思买的雇员使用这款应用程序的频率很高，而且得到了回报。在不到一年的时间里，百思买的雇员已使用这款应用程序超过 100 万次，每次平均浏览三页不同的信息。该应用程序所支持的产品的销售额比推出该应用程序之前增加了 23%。

下次你为你的汽车换油时，想一想那些提供服务的雇员已经接受的培训。胜牌快速换油培训项目将技能评估和测试与管理者主导的培训和讲师主导的培训相结合。在团队新成员入职的 60 天内，他们将接受 270 个小时的培训，并通过汽车换油、欢迎顾客的流程以及其他 10 项服务的认证。

作为一家拥有超过 100 个网点的汽车经销商，索尼克汽车公司正努力降低出错率并帮助领导者开发管理和领导力技能。这些领导者之前的工作主要涉及与客户打交道。索尼克汽车公司开发了一个新的项目，该项目旨在帮助这些领导者熟练掌握高效作业所需的管理和领导力技能，并帮助他们避免因为从事新工作而感到过度沮丧。索尼克汽车公司的 The Fixed Operations Academy 有两个激励项目：时长一周的讲师主导培训课程；网络交流会允许这些领导者在尝试新技能时分享自己的经验并评估掌握的技能。此外，每一位领导者都会确定他们如何改善自己在店内的表现以及完成这一目标的行动计划。

美国陶氏益农公司提供的产品和服务可以帮助企业生产出销往全世界的食品。产品包含种子、杀虫剂和除草剂，服务包括牧场管理等。公司的销售人员在一个竞争非常激烈的商业环境中工作，他们要面对挑剔的客户以及不断创新的产品和流程。为了帮助新的销售人员获得成功，公司的培训包含销售场景模拟、角色扮演，同伴与培训师会给予相应的反馈，受训者可以获得学习资源。受训者在被派往销售网点之前需要接受 8 个月的培训。

有几家公司正在满足千禧一代雇员希望获得成长和发展机遇的需求。在亚马逊（Amazon），千禧一代雇员可以按照自己的速度晋升，因为公司并没有关于职位与入职时间的要求。每一位雇员都被鼓励询问关于发展机遇的问题，关于发展机遇的一对一谈话正在亚马逊开展。在塔可钟餐厅（Taco Bell），千禧一代雇员可以就职于跨职能员工团队，这一团队每隔一两个月会面一次，解决商业挑战。这可以使千禧一代雇员以创造性的方式工作，承担解决重要问题的责任并建立人脉。包括千禧一代雇员在内的所有雇员所面临的挑战之一是确保他们认识到在岗培训和横向发展机会的价值，尽管它们并不会很快带来晋升。林肯金融集团（Lincoln Financial Group）强调千禧一代雇员应该丰富自身经验，而不是只关心具体的职业生涯路径上的职位晋升。

资料来源：Based on "Outstanding Training Initiatives, Best Buy: Gravity," *training* （January/February 2017），p. 100；M. Weinstein, "Sonic Automotive Revs Its Leadership Engine," *training* （January/February 2017），pp. 46 - 50；P. Harris, "The Relentless Pursuit of Better," *TD* （October 2017），pp. 28 - 30；"Training Top 125 2018 Rankings 36 - 45, Valvoline Instant Oil Change," *training* （January/February 2018），pp. 58 - 59；"Training Top 125 2018 Rankings 116 - 120, Dow AgroSciences LLC," *training* （January/February 2018），pp. 82 - 83；J. Ramirez, "Generation D," Human Resource Executive （October 2，2017），pp. 10 - 12.

■ 1.1 引 言

章首案例中所述公司的成功经验说明了培训对于提升企业竞争力的重要作用。**竞争力**（competitiveness）是指企业在行业中赢得并保持一定市场份额的能力。尽管这四家公司属于不同的商业领域，但它们的培训实践都帮助公司在各自的市场上赢得了**竞争优势**（competitive advantage）。也就是说，培训实践可以让雇员学习所需知识和技能，激励他们与公司一起发展，并为顾客提供更优质的服务。

随着技术的日新月异、知识的快速更新、业务的日趋国际化以及电子商务的迅速发展，公司正在经历一场大的变革。它们不得不采取措施吸引、保留并激励雇员。培训不是浪费钱财之无用功，而是公司以高质量的产品和服务在全球化和电子化市场立足的必要条件。培训帮助雇员掌握新技术，适应新型工作体系（例如虚拟团队），并与来自不同文化背景的同事或顾客沟通。

人力资源管理（human resource management）涉及的内容包括公司政策、实践和制度。这些因素影响雇员的行为、态度和绩效。人力资源管理在吸引、激励、奖励、保留雇员方面起着十分关键的作用。除了培训，人力资源管理的其他功能还包括招聘与甄选、工作设计、薪酬、发展良好的劳动关系。本书第2章将详细阐述培训相对于其他人力资源管理功能的重要性。为了使培训更有效，必须把它上升到公司战略的高度来探讨。

人力资源管理被大多数公司列为几大重要职能之一。公司的其他职能还包括财务管理、生产运作管理、研发及市场营销。但要记住一点，虽然人力资源管理实践（比如培训）有助于公司获得竞争优势，但是公司仍然需要生产出令顾客满意的产品或提供令顾客称心的服务。没有生产产品或提供服务所需的财力和物力，企业将无法生存。

本章从培训与开发的定义入手，论述培训功能的演变，讨论影响工作场所和学习的因素。这些因素影响着企业能否很好地满足利益相关者的需要。**利益相关者**（stakeholder）包括股东、社区、客户、雇员和其他所有关注公司成功的人。有关这些因素（包括技术、全球化、吸引和赢得人才）的论述强调了培训在帮助公司赢得竞争优势方面所扮演的角色。

接下来，本章将重点放在当今培训领域的一些发展趋势上。这部分内容介绍培训者在企业中所扮演的角色以及培训职能部门是如何组织的，让你了解当今的培训实践、培训者可能承担的工作类型及培训者需要掌握的技术（如果你是一名管理者，则要了解如何识别一位优秀的培训者）。本章最后以对全书内容的概述结束。

■ 1.2 培训与开发：学习的关键因素

本书的主要目的是帮助大家理解培训与开发在当今企业中的作用。所以，在一个更为宽泛的商业背景下理解培训与开发的含义颇为重要。图1-1显示了培训与开发在商业活动中分别扮演的角色。总的来说，培训与开发的目的就是学习。**学习**（learning）是指雇员获取知识、技能和竞争力，培养态度、塑造行为习惯的行为。但进行雇员培训与开发并非只出于雇员自身发展的考虑。如今，仅以提供培训项目为由不足以得到企业高层在资金和其他方面的支持，也难以达到对管理者和雇员进行培训与开发的目的。在企业环境下开展的学习必须有利于提升企业的竞争优势。具体来说，要能提高雇员绩效，促进企业策略（如扩大企业规模）的贯彻。另外，通过学习要达到改进质量、提高生产率、促进新产品开发及留住重要雇员的目的。从企业的角度看，雇员的学习成果有利于人力资本等企业无形资产的开发。**人力资本**（human capital）是指知识（了解是什么）、先进的技能（了解方式）、系统的理解和创新（了解原因），以及提供优质产品和服务的动机（了解原因）。[1]人力资本是一家企业独有的资产，难以模仿，更不可能通过购买得到。因此，与有形资本

（设备和技术）和财务资本（货币资产和现金）相比，人力资本更有利于帮助企业赢得竞争优势。

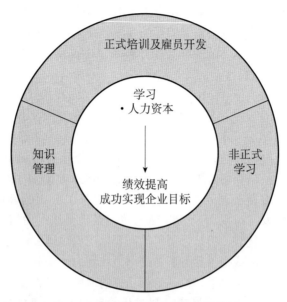

图1-1　培训与开发在企业中的作用

　　企业环境下的学习有多种形式（参见图1-1中外围圆圈显示的内容）。**培训**（training）是指企业有意识地促进雇员学习的行为，旨在提高雇员的工作能力和技能、丰富其知识并改善其行为方式。培训的目的是确保雇员掌握培训中强调的知识、技能和行为，并将其运用到日常工作中。传统意义上，企业借助正式培训（例如课程、项目或活动）来确保雇员顺利掌握工作必需的知识、技能和行为。开发与培训的概念类似，但开发更加专注于未来的发展。**开发**（development）是指有助于雇员胜任未来的工作和职位的因素，包括培训、正式教育、工作经历、人际关系，以及对雇员个性、技能和能力的评估等。本书第9章将详细介绍雇员开发的知识。**正式培训与开发**（formal training and development）是指企业策划和组织的培训与开发项目、课程及相关活动。企业要求雇员参加或完成上述项目，包括面对面的培训项目（例如导师主导的课程）和在线课程。本章稍后将会介绍美国企业斥资数百万进行正式培训的案例。

　　非正式学习对于企业开发人力资本同等重要。[2] **非正式学习**（informal learning）是指由学习者主动发起的，以行动为主、旨在实现发展的学习过程（这一过程并不在正式学习场合进行）。[3] 非正式学习没有培训师或导师在场，学习的广度、深度和持续时间均由学习者自行决定。非正式学习是由需求驱动的，学习者可能独自学习，也可能借助科技手段或直接与人面对面进行社交活动。非正式学习的形式多种多样，包括与同伴的即时交流、写邮件、非正式谈话、利用企业开发的社交网站或类似于推特和脸书的公共社交网络开展社交活动。企业将社交媒体的运用从营销战略扩展到学习战略，再加上2.0网络技术（各类社交网络、微博、维基）的使用，使得雇员可以通过社交活动来学习，也就是通过多人协作与分享来达到学习的目的。[4] 有人预测，在企业内部的所有学习方式中，非正式学习所占比例高达75%。

　　非正式学习显得尤为重要的一个原因是它可以促进内隐知识的获得。内隐知识是与外显知识相对的一个概念。[5] **外显知识**（explicit knowledge）是指记录在文件中，表述清晰且便于人际传播的知识。程序、清单、流程图、公式和定义等属于典型的外显知识。外显知识是企业进行正式雇员培训与开发时侧重的主要知识类型。**内隐知识**（tacit knowledge）是指基于个人经验的个人知识，很难以文字的方式呈现。正式培训与开发项目的课程时间相对较短，可能包含在线培训，缺少实践机会。这些特点会限制内隐知识的获取广度。因此，非正式学习是获得内隐知识的主要途径，因为内隐知识是在雇员与朋友、同事和专家的互动交流过程中获得的。然而，我们必须认识到，非正式学习无法代替正式培训和雇员开发。正式培训与开发有助于雇员胜任本职工作，并为日后的职业发展做好准备。但由于雇员无法通过正式培训获得内隐知识，因此需要非正式学习作为正式培训的补充。事实上，研究显示提供正式学习的机会可以鼓励雇员参与后期的非正式学习。[6]

　　知识管理（knowledge management）是指通过设计和运用工具、流程、系统、结构和文化来改进知识的创造、共享和使用，从而提高公司绩效的过程。[7]知识管理有利于促进非正式学习。思考一下，G4S 安保公司（G4S Secure Solutions）在世界范围内提供安全解决方案，公司的雇员遍布全球的办事处和客户的所在地。[8]大部分 G4S 安保人员无法接触计算机或受限于客户的防火墙，但是安保人员需要得到及时的信息从而保护客户和财产安全。分享知识可以拯救生命。因此公司开发了一份内部社交解决方案。这一方案可以使安保人员获得公司的材料、公告、制度、流程、培训手册、运营和支持工具以及访问最佳实践论坛。不论雇员在公司、所在办事处还是在工作团队，都可以提出问题并寻求答案。这一解决方案包含类似于脸书的社交网络功能。雇员可以创建自己的个人信息，其中包括技能、兴趣、成就、项目、联系信息。他们可以参与线程式讨论，并可以用标签标注同一话题的相似讨论和文件。卡特彼勒公司（Caterpillar Inc.）通过知识管理逐渐成为一家持续学习型企业。这是一家致力于提供建筑工程机械、矿用设备、柴油和天然气发动机及工业燃气轮机的制造商。[9]30 年前，工厂和设备是企业的主要资产，如今，无形资产已成为公司的主要财富。Knowledge Network 是卡特彼勒公司采用的一个基于网络的知识管理系统，该系统包含数千个网络实践社区。每个社区又包含全球不同地区的雇员，规模从几人到数百人不等。雇员可在此发布信息、提出问题、分享参考资料。这些实践社区对雇员获得外显知识和内隐知识均大有裨益。在螺栓接头和紧固件社区，以前只能单枪匹马解决问题的机械制造工程师如今可以向其他同行寻求帮助，从而优化设计并解决问题。通过实践社区，该企业在决策制定、团队协作和产品设计与开发等方面的工作逐渐得到完善。以螺栓接头和紧固件社区及经销商服务培训社区为例，雇员通过该平台的交流为公司节省了150 多万美元。

　　在充分了解学习的价值后，许多企业采取有效措施来保证企业的战略性商业目标同正式培训与雇员开发这两个领域相结合。企业运用指导性的设计来保证高效的雇员培训与开发，并将自身的培训开发项目与同行业竞争对手的培训开发项目进行对比。[10]

　　思考一下学习在西联汇款（Western Union）发挥的作用。[11]作为一家金融服务公司，西联汇款正面临不断变化的法规、激烈的竞争及优化客户支付和汇款体验的迫切性所带来的挑战。据估计，西联汇款每秒处理 31 次交易。为应对这些挑战，管理者需要创造一种全新的高效工作文化。"行动中的领导层"（LIA）旨在让最高领导层接受变革，并帮助其他管理者了解变革的重要性。公司的最高领导者每月与不同部门的领导者会面，讨论包括赋能、通过反馈和问责制改善业绩以及进行薪资决策在内的话题。导师主导的培训、网络学习、角色扮演、严肃游戏和社交媒体等形式的学习有效地补充了面对面学习。

上述讨论并不意味着传统的培训方式不再重要。企业应该认识到，如今雇员培训的重心已从强调知识、技术和能力的获取转移到强调持续学习与知识的创造和分享上。第 2 章将详述这一培训重点的转变。

■ 1.3　设计有效的培训项目

培训设计过程（training design process）是指开发培训项目的系统方法。图 1-2 说明了这一过程包含的七个步骤。第一步是进行培训需求评估，明确是否需要培训。第二步是确保雇员做好受训准备，并且具备学习培训内容的基本技能。第三步是营造学习环境。第四步是确保培训成果转化，即确保受训者能将培训内容应用于实际工作，包括让受训者理解如何运用先进技术及如何与他人合作并获得管理者的支持。第五步是制定评估计划。包括明确希望培训最终达到的结果（例如知识、工作表现、能力）；选择评估工具，测量培训对这些结果产生的影响；说明培训如何对"底线"（即利用成本收益分析来计算培训带来的利润）产生影响。第六步是选择培训方法。在明确了培训的必要性和培训目标且选定学习环境后，下一步就要选择培训方法。有大量的培训方法可供选择，包括传统的面对面互动培训和近来新开发的培训方式，如虚拟现实和互联网培训。第七步是监督和评估培训项目，包括对项目做必要的调整或重新回顾前几个步骤来改进项目，使培训目标顺利实现。

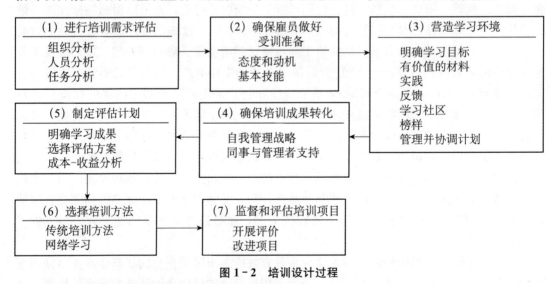

图 1-2　培训设计过程

图 1-2 描述的培训设计过程是基于指导性系统设计的原则实现的。**指导性系统设计**（instructional system design，ISD）是指设计和开发培训项目的过程。目前并没有一个统一的指导性系统设计模型。培训设计过程也称为 ADDIE 模型，因为它包含分析、设计、开发、实施、评估。[12] 在图 1-2 中，第一步（进行培训需求评估）和第二步（确保雇员做好受训准备）与分析相关。接下来的三步（营造学习环境、确保培训成果转化、制定评估

计划）与设计相关。第六步（选择培训方法）与实施相关。第七步（监督和评估培训项目）与评估相关。所有的指导性系统设计方法都具有下列共同点。[13]

- 只有帮助雇员达到预期目标的培训设计才是有效的。
- 在培训开始之前必须确定可量化的培训目标。
- 培训评估对于选择培训方法、监督培训交付、调整培训项目都起着很重要的作用。

作为一家工业洗衣服务公司，ITU AbsorbTech 的内部学院 AbsorbU 的培训者使用ADDIE 模型设计培训课程。[14] AbsorbU 聚焦与客户服务、生产、领导力、销售相关的学习需求。AbsorbU 的培训者发现使用 ADDIE 模型可以发现培训需求，并带来良好的培训成果，同时可关注知识转化和行为变化。在回顾课程时，培训者也使用 ADDIE 模型以确保课程持续可用。

1.3.1　克服指导性系统设计模型的缺陷

有培训专家认为 ISD 模型存在缺陷，原因有四[15]：第一，在组织形式上，培训设计过程很少会遵循图 1-2 中的步骤。第二，为了使培训过程中所使用的 ISD 方法标准化，企业往往会要求培训者在进行模型中的任何一项活动时都必须提供详细的文件资料，结果导致在培训项目上耗费更多的时间和金钱。第三，ISD 以评估为终结点。但是，优秀的指导性设计应包括设计、执行、评估，以及再次考量项目设计需求，还应涵盖学习环境、培训成果的转化，以及 ISD 涉及的其他活动。第四，许多公司强调采用教学设计方法，却忽略了它的应用。[16]具体有以下四种表现：首先，对于与竞争对手的绩效差距，有的企业理所当然地认为培训是最佳解决方案，因而不去寻找导致绩效差距的其他原因。其次，无法确定培训的目标和成果。再次，过于注重培训方法，而忽略了培训成果转化过程中工作环境的作用。最后，将评估重点放在受训者是否喜欢某一项目，而非评估培训对雇员的工作表现或经营业绩的影响上。不过，尽管对 ISD 存在负面评价，但它仍旧是保证培训与开发效率的最佳方式。

为了适应商业需求，培训设计过程应兼具系统性和灵活性。在进行培训设计时，不同的步骤是可以同步完成的。比如，随着萨福克建筑公司（Suffolk Construction）的业务不断发展，公司对于培训的需求与日俱增。[17]公司的领导者要求培训部门减少在培训开发和调整方面花费的时间。因此培训团队使用了 ADDIE 模型，并纳入了三条"精益"管理原则（流动效率大于资源效率、活跃的可视化、持续改善）。利用精益管理原则，萨福克建筑公司可为内部客户提供针对培训设计与开发的时间与成本预估标准。同时公司的内部客户也可以获得简单易懂的可视化课程制作模型。我们须谨记一点，不成系统的培训设计会妨碍培训效果的呈现。例如，若在尚未确认培训需求、未确保雇员做好培训准备就去选择培训理论，所选择的理论很可能并不是保证满足培训需求的最佳选择。在这种情况下，有可能没有必要实施培训，甚至会白白浪费时间和金钱。因为雇员有可能已经掌握了培训将要涉及的知识、技能或行为方式，只是没有足够的积极性来运用这些知识与技能罢了。

本书第 8 章将介绍培训过程中新技术的运用（例如利用移动终端学习）。这一趋势凸显了一种转变：以前受训者不得不在一个固定的地点接受导师的培训，现在受训者则不受地点限制，可以独立学习。相比而言，不变的是对于优秀培训设计的衡量标准。优秀的培训设计仍需确认受训者的需求、发掘所需的资源，以保证受训者学到他们所需的知识。另外，当受训者在工作中遇到难题、感到疑惑或者困扰时，可以通过相关的参考资料和知识库来解决问题。[18]

基于网络的培训项目注重培训管理者召开高效的商务会议的技能，这一项目的发展为系统设计过程提供了一个范例。设计过程的第一步是需求评估，包括确认管理者缺乏组织召开高效会议的技能，以及确定管理者参与的会议类型。在需求评估环节，需要采访管理人员并观摩各种会议。需求评估还有助于确定最合适的培训方法。

培训设计者和企业管理层认为基于网络的培训是一种较为合适的培训方式，原因如下：企业的受训者分散在各个地点，使用电脑接受培训更方便；企业希望培训项目可以由受训者控制进度、自主完成，同时他们可以在工作之余接受培训。考虑到培训需要借助网络进行，因此培训设计者必须确保管理者可以连接到网络，并且能够熟练使用相关工具（例如网页浏览器）。这就需要培训设计者确认受训者是否已经做好接受这类培训的准备。

下一步是营造积极的网络学习氛围。培训设计者要确保将项目目标清晰地传递给受训者，并在项目进行过程中设置练习和反馈环节。例如，受训者需要在培训中提交如何召开高效会议的提纲。项目设计者需要建立一个项目反馈系统，指出受训者列出的哪些步骤正确、哪些步骤需要改进。项目设计者也要通过评估测试让受训者在项目进行过程中得到反馈，从而根据他们的测试得分来决定是继续学习还是温习已学内容。评估测试将包括受训者在项目开始之前和项目完成之后的会议技能测试。评估测试的分数将保存在数据库中，企业可以通过查看数据库中的测试结果来检验受训者所掌握的会议技能与培训前相比是否有所提高。

■ 1.4　影响工作和学习的因素

表1-1列举了影响工作和学习的因素。全球化、人口构成的变化和劳动力的多元化、新技术及经济结构的变化等因素正影响着我们生活的方方面面，包括购物方式、学习方式、沟通方式以及价值观。[19]这些因素会对雇员个人、群体、企业、社会产生重大影响。为了生存，公司必须意识到这些影响以及培训所起的重要作用。

表1-1　影响工作和学习的因素

经济周期	人才管理
全球化	重视客户服务和质量
无形资产和人力资本的附加值	新技术
注重经营战略的连接	高绩效工作系统
人口构成的变化和劳动力的多元化	

1.4.1　经济周期

如今，很多迹象表明美国经济健康。[20]美国股市达到历史新高。道琼斯工业平均指数在2018年以20 000点达到了历史新高。经济产出的年增长率已经接近3%。基于对经济的信心，许多企业都增加了就业岗位并开始扩张。劳动力市场已接近或达到了充分就业，美国的失业率达到历史新低4%。随着经济的增长、失业率的降低以及一些公司开始经历劳动力短缺，很多从业者的工资增加。比如，零售业的工资水平在2018年第二季度增加了 3.8%。在包括 IT 行业在内的高端产业中，技能熟练的从业者获得了更具竞争力的工资。抛开工资增长，随着消费者价格指数保持在低水平，从业者没有由于商品价格上涨而工资缩水。我们要认识到无论经济处于什么周期，培训对于公司业绩的提升都做出了积极的贡献。比如，在 2009 年经济衰退前实施了选择性人员配备和培训的企业的产能都高于它们的竞争对手，且更快实现了复苏。[21]

然而，美国经济也面临着许多威胁。[22]美国联邦储备银行就面临着加息以及当失业率和经济增长倒退回历史的低水平时所带来的挑战。时任美国总统特朗普提出针对中国进口产品增加关税以解决美国的贸易逆差，美国的贸易逆差在 2016 年达到了 5 020 亿美元，这是四年以来的最高水平。他还重新考虑与加拿大和墨西哥签署北美自由贸易协定（NAF-TA）。美国的贸易逆差意味着美国的进口量大于出口量。特朗普相信在贸易方面采取行动会持续刺激经济增长，而对于美国中产阶级来说，这有助于促进就业。然而，贸易、经济增长和就业之间的关系相对复杂，并受汇率、政府支出和税务等因素的影响。事实上，美国在经济衰退和扩张时期都出现过贸易逆差。如果美国增加关税，并实施强硬的贸易政策，其他国家可能会对美国进口商品采取报复性措施。这并不能帮助美国企业，反而会损害美国企业的利益。比如，美国的约翰迪尔（John Deere）和波音（Boeing）等制造企业会因为使用从其他国家进口的铝和铁等材料而生产成本上涨，并导致就业岗位流失。针对美国产品的关税也会损害苹果（Apple）等科技公司的利益，因为它们拥有包括中国在内的巨大国际产品市场。

在现行的低失业率经济中，一个最大的问题是企业无法找到技术熟练的从业者替代退休的员工来帮助企业扩大生产，并应对市场对产品和服务需求的增加。[23]同时表现优异的雇员可能会跳槽或寻找更好的职业发展机遇。

因此，来自酒店业、零售业和制造业的企业很难吸引、找到并留住有才华的雇员。很多企业将培训作为解决方案。比如，分析一下酒店业和零售业。[24]一项预估显示，包括酒店和餐厅在内的酒店业的年岗位流动率为 70%。大量雇员会离职并寻找更具吸引力的工作和职业发展机遇。这使得酒店必须采取措施吸引并留住雇员。其中一项措施是酒店为雇员提供学费资助，同时将他们作为管理职位的储备人员。美国酒店业协会正在测试一个针对酒店业雇员的项目，这个项目会承担雇员通过在线学习获得两年制大专学历的所有费用，以及获得学士学位的大部分费用。来自包括红屋顶旅馆（Red Roof Inns）和温德姆度假酒店（Wyndham Hotels and Resorts）在内的 10 家酒店的 50 000 名雇员已经参加了这个项目。

零售业正面临着巨大的挑战，零售企业需要用更低的价格满足顾客的需求，同时吸引并留住有价值的雇员。为了避免雇员流失，沃尔玛（Walmart）在两年内投资了 27 亿美元用于增加雇员的工资以及提供额外的培训。沃尔玛针对新老雇员的培训旨在为他们提供成功所需的社交和商业技能，分享职业发展道路，帮助他们了解零售业的商业模式，并阐释他们所从事的工作的使命。作为培训的一部分，沃尔玛在全世界范围内建立了超过 100 所培训学院。培训课堂设立在商店后面的房间，雇员在商店实践培训内容。雇员可以选择学习包括领导力、推销、运营、技术以及客服在内的各种主题。他们还会接受关于所属部门的培训。培训的目标是提升雇员满意度和技能，这有助于优化对顾客的服务。

一些公司甚至不只针对现有雇员进行培训，以确保公司在未来有足够的雇员。[25]总部位于佛蒙特州的吉达优塑胶公司（GW Plastics）在自己的厂房为高中生提供可以计入学分的先进制造业培训课程。公司为毕业于佛蒙特技术学院并获得机械工程学士学位的学生提供奖学金以及带薪实习机会。作为一家机器人制造企业，APT Manufacturing Solution 在自己的厂房设立了培训中心，为高中生提供可以计入大学学分的课程。同时 APT 设立了一个实习计划，为每周工作 40 小时的在校生支付学费。位于堪萨斯州的威奇托市拥有数家飞机制造企业。总体而言，航空制造业的就业岗位数量有所下降，但是由于退休雇员数量的增加和新技术的使用造成技能短缺和劳动力短缺，因此包括德事隆（Textron）在内的许多公司与当地技术学院合作以确保现有的雇员能够得到制造业岗位的培训。得益于当地公司的资金支持，威奇托技术学院可以提供免费的培训课程，课程内容包括金属板材的组装以及复合材料技术。

1.4.2　全球化

许多公司通过向海外出口商品、在其他国家建立制造基地和服务中心、与外国公司建立战略联盟、参与电子商务进入国际市场。一项预估显示发展中经济体和新兴经济体，尤其是金砖国家已经占据全球经济的 19%。[26] 包括印度尼西亚、马来西亚、肯尼亚、哥伦比亚、波兰在内的其他国家有着良好的基础设施、商业友好型的法规以及稳定的政府，它们很有可能成为新的新兴市场。美国大型跨国企业增加海外劳动力特别是亚洲的劳动力，充分体现了国际化的重要性。[27] 奥迪、宝马和奔驰在中国是高端品牌，但是美国车企准备抢占它们在中国的市场份额。[28] 福特汽车旗下的林肯品牌于 2014 年在中国设立了 3 个展馆，林肯发现中国市场没有满足客户的需求，因此雇用了文华东方（Mandarin Oriental）的销售人员。百胜餐饮集团（Yum! Brands）于 2016 年在全球范围内开设了 2 000 家餐厅，其中 600 家设在中国，为公司贡献了 50% 的利润。跨国企业正在努力吸引并留住有才华的雇员，尤其是在新兴市场。许多公司进入中国、印度、东欧、中东、东南亚和拉丁美洲，但是有才华的雇员还是供不应求。许多美国企业将成功的本土管理者派往世界各地，但是他们对当地文化缺乏了解，因此无法吸引、激励并留住当地雇员。为了解决这一问题，公司正采取行动让这些管理者以及他们的家人为派驻海外做好准备，并确保培训与开发机会能够惠及全球雇员。跨文化培训可以让雇员和他们的家人了解派驻国的文化和规范，以及在外派结束后如何适应母国文化和规范。第 10 章将介绍跨文化培训。例如，麦当劳将俄罗斯定为高增长区域，在西伯利亚地区开设了 12 家餐厅，并计划开设更多餐厅。[29] 位于托木斯克的麦当劳餐厅第一天营业时就接待了 6 000 名顾客。为了对管理者进行店面运营、领导力以及员工管理方面的培训，麦当劳在全世界设立了 7 所汉堡大学，分别位于伊利诺伊州的奥克布鲁克、悉尼、慕尼黑、伦敦、圣保罗、东京、上海。所有学院都提供适应当地语言和文化的培训材料。为了与其在印度的竞争对手 Ola 对抗，优步（Uber）开始对其在印度的 100 万名司机进行培训，在印度大部分人不会开车或没有车，并且这些司机不懂英语或不会使用手机软件。[30] 鉴于当地的市场规模，这个市场非常重要。印度拥有十几亿人口，因此优步雇用了许多的士司机、公交车司机，同时还雇用了很多为公司或家庭服务的私人司机以及无驾驶经验的新手。为了在印度市场取得成功，优步不得不教授这些司机如何谈吐礼貌、着装得体并遵守交通规则。优步要确保这些司机拥有必要的证照，并教授他们如何使用手机应用程序以及网上银行。优步还要帮助他们租赁汽车。如今优步在印度拥有 40 万名司机，并希望在接下来的两年内增加 100 万名司机。

作为一家全球糖果公司，玛氏（Mars）通过遍布全球的伙伴关系帮助国际雇员开发技能。玛氏公司的大使计划花费 6 周时间支持由热带雨林联盟（Rainforest Alliance）或世界野生动物协会（World Wildlife Federation）等组织管理的项目，或与当地社区合作，为雇员提供分享专业知识与开发专业技能的机会。[31]比如其中一支大使团队就花费一周时间帮助波多黎各当地重建动物收容所。当地社区因能够为动物提供更好的照顾和更高质量的生活而受益。雇员们学到了如何在艰难环境下进行团队合作。另一支团队与罗马尼亚首都布加勒斯特的学生合作，为他们的学校设计并实施了能源审计，从而节约了大量的能源和成本。

全球化还意味着在美国工作的雇员可以来自其他国家。移民为美国人口和劳动力的多元化做出了贡献，包括高科技行业、肉类包装业、建筑业、种植业、服务业在内的许多行业都依靠移民。每年有 100 万移民来到美国，4/10 的人拥有美国亲属。[32]墨西哥、古巴是合法永久居民或绿卡持有者的主要出生地，这些人可以在美国任何地方工作。另有 12% 的人依靠工作签证来到美国，他们中的一些人可以出色地胜任科学研究、商业以及艺术方面的工作。美国政府为一定数量的高学历从业者提供临时工作签证，允许他们在规定时间内在美国工作，但并不将他们视为移民。

如果不依靠移民，美国公司将会面临困境。较低的失业率意味着雇员无法完全满足全职或者季节性的职位需求。[33]比如，King of Texas Roofing Company 就放弃了几个价值数百万美元的项目，原因是它无法找到足够多技能熟练的屋顶工人，这些工人主要来自墨西哥。数以千计的墨西哥从业者可以在佛罗里达从事柑橘采摘工作，可以在旧金山的餐厅工作，可以在科罗拉多州从事园艺工作。苹果、谷歌等高科技企业依靠美国的签证项目获得外国雇员以提供软件和新产品设计所需的高端技能。

一项预估显示，非法入境人数比想象的多。[34]移民带来了科学才能，同时也填补了就业市场。移民的影响对美国的某些地区是非常大的，尤其是太平洋沿岸的几个州，因为在这些州 70% 的新进劳动力是移民。[35]美国大学无法满足对工程师的需求，因此许多公司不得不寻找来自中国、日本、韩国、印度的工程师。[36]H-1B 签证是针对从事技术领域的高端技能人才的签证，它要求申请人必须完成高等教育。每年美国发放 65 000 张新签证，其中 20 000 张发给拿到美国硕士学位的雇员。2016 年有 40 000 家公司提交了签证申请。H-1B 签证不对在政府、大学或其他非营利组织中工作的雇员数量设定上限。大量的 H-1B 签证发给了在计算机相关行业工作的雇员（43%）。申请 H-IB 签证的高端企业包括高知特信息技术公司（Cognizant Technology Solutions）、IBM、微软。[37]塔塔咨询公司（Tata Consultancy）和威普罗公司（Wipro）等印度公司获得的 H-1B 签证数量最多。其他的签证项目针对同样紧缺的低端临时工和季节性工人（H2-A 和 H2-B）。这些雇员需要接受培训以了解美国文化。同样，美国雇员也需要提高自身的技能，从而可以与拥有不同文化背景的雇员沟通。

全球化也意味着美国公司要认真考虑将就业岗位转移到海外和使用外国供应商的成本与收益。**离岸外包**（offshoring）指将美国等发达国家的就业岗位输出到成本较低的国家的行为。印度、加拿大、中国、俄罗斯、爱尔兰、墨西哥、巴西、菲律宾是就业岗位的主要输出目的地。为什么要实施离岸外包？[38]原因主要是海外劳动力成本相对较低，同时技能熟练的从业者拥有良好的道德水平。莱克斯诺公司（Rexnord）计划关闭其在印度的工厂，将就业岗位转移到墨西哥，这样每年可以节省 3 000 万美元。[39]莱克斯诺公司有一半的雇员来自美国，公司在欧洲、亚洲、非洲设有分支机构。然而，与离岸外包相比，就业岗位回流到美国越来越普遍，主要原因有航运成本高、自然灾害和政局动荡使供应链遭到破坏、质量问题、负面宣传等[40]；同时一些发展中国家的劳动力成本大幅提高；一些国家在安全、健康以及工作环境上的标准远低于美国，使得负面宣传接踵而至，许多客户因此中止了与公司的合作。比如，哈尼丝品牌服装（Hanesbrands）在位于北卡罗来纳州的工厂增加了就业岗位[41]，袜子在这里进行编织，然后被送往位于萨尔瓦多的工厂进行缝制、染色、包装。尽管萨尔瓦多的劳动力成本相对较低，但是北卡罗来纳州的电费更低。同时，在这两地设立工厂还可以避免突发问题的出现。Peds Legwear 也在北卡罗来纳州生产袜子，这可以使公司避免进口关税，削减航运成本，并快速应对需求的变化。这也是沃尔玛与该公司签约的主要原因。

苹果公司以推出具有革命性和功能性的产品为人们所熟知，比如，iPhone、Mac Air 电脑以及 iPad。[42]苹果依靠亚洲的合作伙伴制造产品，因此受到了许多劳工组织的批评，这些组织批评苹果的亚洲制造商对待雇员的方式。苹果对此非常重视，并已采取措施对这些制造商进行审查。苹果的《供应商行为准则》要求不能雇用童工，必须提供足够的培训和安全的工作环境，并支付公平的薪资。2017 年有 300 万雇员接受了这种培训。

1.4.3 无形资产和人力资本的附加值

培训与开发有益于企业无形资产的增值，从而可以提升企业价值，最终增强企业竞争力。企业价值包括三方面的资产，即金融资产（现金和债券）、有形资产（地产、厂房和设备）以及无形资产。这三方面的资产对于企业提供产品和服务至关重要。表 1-2 列举的无形资产包括人力资本、客户资本、社会资本和智力资本。人力资本是企业雇员在工作中运用的生活阅历、知识、创新能力、精力以及热情等要素之和。[43]**智力资本**（intellectual capital）是指已编码的知识。**社会资本**（social capital）是指企业内部的人际关系。**客户资本**（customer capital）是指企业为了达成目标，与企业外部有业务往来的个人及组织所形成的关系（例如，企业与供应商、顾客、零售商及政府机构的关系）具备的价值。无形资产同金融资产和有形资产一样重要，但这种资产是无法感知的，也无法用金钱衡量。

表 1-2　无形资产示例

人力资本	社会资本
● 内隐知识	● 企业文化
● 教育	● 管理理念
● 与工作相关的知识	● 管理实践
● 与工作相关的能力	● 非正式网络系统
客户资本	● 教练/导师关系
● 客户关系	智力资本
● 品牌	● 专利
● 客户忠诚度	● 版权
● 分销渠道	● 商业机密
	● 知识产权

资料来源：Based on L. Weatherly, *Human Capital—The Elusive Asset* (Alexandria, VA: SHRM Research Quarterly, 2003); E. Holton and S. Naquin, "New Metrics for Employee Development," *Performance Improvement Quarterly* 17 (2004), pp. 56-80; M. Huselid, B. Becker, and R. Beatty, *The Workforce Scorecard* (Boston, MA: Harvard University Press, 2005).

无形资产对企业的相对竞争优势至关重要。几项研究显示，对培训与开发的投入可以提高财务业绩、生产率以及创新能力。[44]美国培训与发展协会（American Society for Training and Development，ASTD）发现，在雇员培训与开发方面投入最多的企业的投资回报要比投入不足的企业高 86%，比市场平均水平高 46%。[45]雇员培训与开发对人力资本和社会资本有直接影响，因为它直接影响雇员的教育、与工作相关的知识、与工作相关的能力以及工作关系。雇员培训与开发还会对客户资本和社会资本产生间接影响，它有助于雇员更好地为客户提供服务，也有助于向雇员传授申请专利和知识产权所需的相关知识。

前面已经提到，人力资本等无形资产对企业形成竞争优势至关重要，因为这类资产难以模仿和复制。[46]比如，作为一家提供新鲜食材以及为顾客提供烹饪指导的公司，Blue Apron 在开发人力资本、社会资本以及客户资本方面投入了大量精力。[47]Blue Apron 举办红酒优惠活动，旨在与顾客建立友情，并促进顾客之间的社交，同时介绍本月与餐食一起销售的红酒。全职雇员会参与一次露营旅行，参观一家农场，亲身观摩 Blue Apron 所使用的食材的生产过程。Blue Apron 会为每一层级的管理者提供领导力培训项目。这些项目聚焦领导者如何实现自身开发、如何开发雇员以及领导整个公司。

第 7 章至第 9 章将讨论有助于人力资本和社会资本开发的培训与开发活动。第 6 章将分析如何衡量人力资本。企业的无形资产和人力资本的价值主要体现在三个方面：重视知识型雇员；雇员敬业度；更加重视适应变革和持续学习的能力。

重视知识型雇员

企业增加其无形资产（尤其是人力资本）的方式之一是注重吸引、开发和保留知识型雇员。与体力劳动者相比，**知识型雇员**（knowledge worker）是指通过自身掌握的知识（关于消费者的知识或其他方面的知识）为公司做出贡献的雇员。知识型雇员不是简单地按照要求完成任务，而是通过分享知识和相互合作来找到问题的解决方案。知识型雇员所提供的专业知识可能是管理者未掌握的（例如客户信息），所以管理者会对他们分享的信息形成依赖。知识型雇员总是很抢手，他们可以选择跳槽到原公司的对手公司，利用自身掌握的知识为新公司服务。越来越多的工作需要知识型雇员来完成，所以这类人才的就业市场很广。

雇员敬业度

要充分利用雇员所掌握的知识，就需要形成鼓励雇员的管理风格。**雇员敬业度**（employee engagement）是指雇员全身心投入工作的程度、对工作中的承诺的履行程度和为企业服务的程度。[48]积极投身于工作并服务于企业的雇员能为企业带来竞争优势，使得生产率更高、提供的客户服务更优、人员流失率更低。

也许理解敬业度的最佳方式是考虑公司如何衡量雇员敬业度。虽然各公司设计的问题各不相同，但研究发现，这些问题大多涉及雇员为企业工作的自豪感、对工作的满意度、对企业未来发展的愿景，以及接受有挑战性工作的机会。[49]我们如何了解雇员是否敬业？一个敬业的雇员工作时充满激情，致力于公司的发展和实现自己的工作使命，并努力为此做出贡献。雇员敬业度调查显示只有 33% 的美国雇员全身心投入工作，51% 的雇员不够敬业，16％的雇员根本不敬业[50]，这些雇员造成美国每年损失数十亿美元。

看看 Echo Global Logistics、Adobe、全食超市（Whole Foods）和 Timberlane 等公司是如何提升雇员敬业度的。[51]Echo Global Logistics 使用类似于脸书的应用程序，这一程序允许雇员将积极的反馈和徽章分享给同事，允许使用可以反映公司价值观的谚语。雇员之间使用谚语进行交流使公司的价值观得到重视。这一应用程序还可以调查雇员的敬业度并跟踪改善情况。雇员敬业度调查可以每周或者每天进行反馈，这样可以使公司尽快采取行动加以改善。雇员敬业度调查要求雇员根据一些陈述做出相应的回答，比如，"我可以看到我的业绩与薪资之间的联系"，或"公司的发展基于强大的价值观和良好的商业道德"，抑或"各个部门之间拥有良好的团队合作"。Adobe 的雇员敬业度调查包含询问雇员对工作的满意度、晋升机会以及薪资待遇。Adobe 的雇员敬业度调查能够了解雇员是否可以在工作中实现自我，是否被鼓励创新，是否与管理者进行过关于职业发展的讨论。这一调查分析了 Adobe 提供给雇员的为期六个月的带薪产假以及兼职工作的机会等福利是否可以提高雇员的敬业度。全食超市则允许雇员团队针对新雇员在试用期结束后是否可以转正给出建议。Timberlane 公司根据雇员的测试结果将他们分配到最适合的岗位上。

重视适应变革和持续学习的能力

为了吸引并留住知识型雇员，公司要能够适应变革。**变革**（change）意味着对新理念和新行为的采纳。技术进步、劳动力结构和政府政策的改变、全球化、新竞争对手的出现等都是要求公司变革的因素。由于产品、公司甚至整个行业的生命周期变短，因此变革是不可避免的。[52]比如，希尔顿集团（Hilton Worldwide）在使用新技术提高工作效率及与客人从预订到退房期间的互动方面面临挑战。[53]培训在希尔顿集团利用技术扩大市场份额方面发挥着重要的作用。在 4 400 家酒店中，超过 8 万名前台工作人员和管理者都必须熟练掌握客人预订房间和入住所使用的数字应用程序。希尔顿集团使用包含游戏、岗位辅助、推荐指导在内的集成培训方法。培训通过计算机或智能手机进行。前台雇员和管理者必须满分通过培训。截至目前，已有 67 000 人通过了培训。利用科技助力培训很好地契合了数字应用程序的使用。高效的流程变革特征将会在第 2 章进行讨论。

不断变化的环境意味着所有雇员必须接受持续学习的理念。**学习型组织**（learning organization）提倡终身学习，鼓励雇员不断尝试学习新知识并与他人分享。对产品或服务质量的改进不会因培训结束而终止。[54]雇员需要资金、时间和培训活动等资源（例如课程、工作体验、发展机会）来扩充自己的知识。管理人员在确定培训需求、保证雇员将所学知识付诸实践方面起着积极的作用。同时，应鼓励雇员通过网络、电子邮件等方式和同事以及公司其他工作小组的成员共享知识和信息。[55]作为一家全球性企业，鲁宾制药公司（Lupin Limited）通过公司内网向雇员发布信息。[56]这创建了一种强调持续学习、知识分享、在组织内部开发知识库的组织文化。雇员可以通过关键字或浏览项目清单查找信息。第 5 章将详细讨论学习型组织和知识管理。学习型组织的成功要求雇员团队通过协作满足客户的需求。管理者应授予雇员分享知识、发现问题并做出决定的权利，这样可以使公司在实践中不断改善。

企业社交协作平台和社交网络技术的运用有助于雇员分享知识、发展学习型组织。[57] CareSource 利用维基（由用户创建的网站）以及讨论板等来鼓励雇员进行批判性思考，并通过分享如何运用在正规培训中学到的技能来相互学习。科威国际不动产公司（Coldwell Banker）鼓励其房地产专业人士利用企业的视频门户网站开发和分享有关销售技巧的视频，也利用实践社区来鼓励雇员分享最佳实践，就如何以最佳方式完成特定工作发表见解。inVentiv Health（现为 Syneos Health 的组成部分）则通过脸书帮助雇员分享信息、更新学习课程。

1.4.4　注重经营战略的连接

考虑到无形资产和人力资本对企业相对竞争力的重要作用，管理者开始把雇员培训与开发看作支撑经营战略的重要手段。企业的经营战略是指企业达成宏伟的目标（例如，利润、市场份额和质量方面的目标）的计划。管理者希望由从事雇员培训与开发的专业人士设计和开发的学习活动能帮助企业成功推行战略以达到商业目标。本书第 2 章将详细讨论战略性培训的知识。

1.4.5　人口构成的变化和劳动力的多元化

作为美国劳工部所属的下设机构，劳工统计局（Bureau of Labor Statistics）追踪劳动力构成的变化并预测未来的趋势。由于人口的增长和劳动力的多元化，企业面临多项挑战。人口是决定劳动力规模和组成的最重要的因素，这里的人口由工作人口和求职人口组成。根据测算，2016—2026 年，劳动力人口将会增加 1 150 万，到 2026 年劳动力人口将会接近 1.68 亿。[58]届时，与过去 40 年的任何时候相比，劳动力的平均年龄将更大并且文化将更为多元化。

民族和种族多元化呈上升趋势

由于移民和少数族裔劳动力参与度的增加以及少数族裔家庭比例的增加，2016—2026 年，美国的人口将继续呈现种族多元化的特点。2016—2026 年，拉丁裔（2.7%）和亚裔（2.5%）移民的年增长率大于非裔移民和其他族裔移民。[59]到 2026 年，美国劳动力人口将会由约 76% 的白人、约 12% 的非裔美国人、约 7% 的亚裔美国人以及约 4% 的其他族裔组成。到 2026 年，劳动力人口的男女比例分别是 53% 和 47%。企业不仅需要克服种族、性别、国籍等问题，从而为劳动力提供公平的工作场所，而且需要开发培训项目以帮助移民获得服务于客户的技能。

劳动力老龄化

图 1-3 比较了劳动力人口在 2016 年和 2026 的年龄分布。到 2018 年，婴儿潮时期出生者的年龄将达到 57～70 岁，并且这一年龄段的人数到 2026 年将急剧增加。劳动力的老龄化趋势日益明显。到 2026 年，预计 55 岁及以上年龄的人数将增长近 600 万，达到 4 200 万。这意味着 2016—2026 年，这一年龄段人数的增长率将达到 8%。预计到 2026 年，劳动力中位年龄将达到 42.3 岁，这将是有史以来的最高纪录。[60]到 2026 年，婴儿潮

时期出生者大多会退出劳动力市场。然而，有的人将会继续工作，因为相比过去，人们现在的寿命更长且更健康，这就使他们有机会继续工作。此外，医疗保险费用高昂、健康福利逐渐减少使得许多在岗劳动力希望继续工作来获得健康保险，而那些失业者希望重返工作岗位以获得雇主提供的健康保险。另外，养老保险的发放侧重于考量个人对企业的贡献，而非服务的年限，这也促使年长的劳动者继续工作。

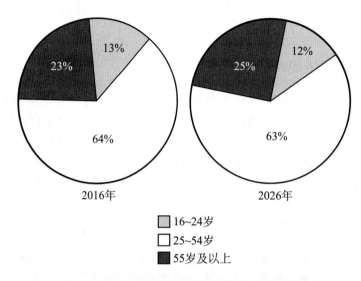

图 1-3　2016 年和 2026 年的劳动力年龄对比

资料来源：Based on Bureau of Labor Statistics，U. S.，Department of Labor，Employment Projections：2016—2026，News Release，October 24th 2017，from www. bls. gov/emp，accessed March 23，2018.

　　不断老龄化的人口意味着企业聘用的老年雇员的比例将上升。其中一些老年雇员将开始从事人生的第二份或者第三份工作。老年雇员有工作的欲望，许多人认为自己处于半工作半退休的状态。许多老年雇员的工作能力和学习能力并未因年龄的增长而大打折扣。[61] 老年雇员有意愿也有能力学习新技术。目前的趋势是：工作能力强的老年雇员可以做兼职，或者每年只工作几个月。这实际上是向退休生活过渡的一种方式。退休之后继续从事第二份工作、做兼职、参加临时工作任务到底意味着什么，雇员和企业都在重新定义这些概念。

代际差异

　　社会劳动力通常涵盖五个不同代际的劳动力，代与代之间既有相似性又有差异性。表1-3 展示了每代人的出生年份、名称及年龄分布。每代人都有自己的特征。[62] 比如 Z 一代的人出生于 1995 年后，他们已经大学毕业，成为劳动力的一部分。相比千禧一代，他们更熟悉数字技术，更倾向于通过手机或平板电脑进行学习。与其他世代的人相比，Z 一代的人更具创业精神，更看重工作的意义，而不是只对钱感兴趣。由于经济衰退时他们正值青少年时期，因此他们不能工作，所以他们缺乏基本的工作技能。随着"婴儿潮"时期的出生者开始退休，Z 一代雇员开始获得就业和职业发展的机遇。Z 一代的从业者希望能在可以即时沟通并获得答案的工作环境中工作。

表 1-3　劳动力的构成

出生年份	名称	年龄
1925—1945 年	保守主义者 沉默的一代	73 岁及以上
1946—1964 年	婴儿潮一代	54～72 岁
1965—1980 年	X 一代	38～53 岁
1981—1995 年	千禧一代 Y 一代 回声潮一代	23～37 岁
1996 年以后	Z 一代 数字原住民	22 岁及以下

千禧一代在多元化的学校环境中成长，他们的父母通常出生于婴儿潮时期。父母对他们的参与给予表扬、指导和鼓励，而并不在意他们所取得的成就。这一代人的特点是乐观、愿意学习和工作、渴望取悦他人、自立、具有全球视野并支持多元化和团队合作。他们的自尊心更强，受教育程度很高。他们用科技相互联系，并用利己的心理看待职业发展。他们经常跳槽，总是寻找各种机会，并希望理解如何融入工作、团队和公司。他们希望从事能够激发使命感和存在感的工作。他们觉得自己不会受到工作的束缚。

对于千禧一代的人来说，学习和成长的机会非常重要。他们相信自己已经渡过了经济衰退的难关。在经济衰退时期，他们目睹自己的父母失业，退休储蓄随之缩水，因此他们更渴望得到发展的机遇使自身更具就业优势。[63] 盖勒普（Gallup）最近的一份调查显示，87%的千禧一代将职业发展机遇视为自身发展的重要因素。（回顾章首案例中亚马逊、塔可钟以及林肯金融集团是如何为千禧一代的雇员提供发展机遇的。）超过 1/3 的千禧一代的雇员表示最近他们在工作中的学习机会并不值得自己花费时间，60%的人正在考虑换工作。[64]

X 一代的人成长于离婚率成倍增加、外出工作的女性数量增加、个人电脑问世的年代。他们在放学后通常独自一人，与电子产品为伴（又被称为"钥匙儿童"）。他们尊崇怀疑论和实用主义，不拘小节，希望在工作和生活中寻求平衡，不喜欢严格的监管，有时缺乏耐心、愤世嫉俗。他们的一生都在经历各种变化（包括家庭和居住的城市）。

婴儿潮一代也叫"我一代"，他们参加游行反对当权派，要求权利平等，同时要求结束战争。他们有着强烈的社会责任感和独立精神，乐于竞争，吃苦耐劳，重视得到公平的待遇。他们通常会被人们看作工作狂，总是严格服从规定。

保守主义者又被称为"沉默的一代"。他们在经济大萧条的环境下长大，紧接着又经历了第二次世界大战。他们节俭、爱国、忠诚且坚守原则，对雇主忠心不二，勇于承担责任，并且愿意为公司的利益做出牺牲。

值得注意的是，不仅代际存在差异，同一代人之间也会有差别，就像相同性别或相同种族的人之间也存在差异一样。研究表明，不同代的雇员间既有相同点也有不同点。研究发现，婴儿潮一代、X 一代和千禧一代的雇员有着不同的职业观。[65] 然而，千禧一代的雇员在工作信念、职业价值观和性别观念方面要比其他代的雇员表现出更多的相似性。大部分雇员将工作视为发挥技能、满足兴趣、追求向往的生活方式的途径。他们也看重工作与生活的平衡，这意味着灵活的工作制度使他们可以选择工作的时间和地点。

不同代的雇员之间可能存在误解，这些误解会导致同事关系紧张。[66] 比如，管理 Z 一代雇员的 X 一代管理者可能不愿意反复回答雇员提出的与工作方式有关的问题，同时不愿意给予雇员快速的反馈或表扬。千禧一代可能会认为 X 一代的管理者严厉、无趣又粗鲁，不关心下属，不是好领导。反过来，X 一代的管理者会认为千禧一代过于需要关注，要求太多，并且过于自信。千禧一代认为婴儿潮一代过于严厉，并且总是拘泥于公司规定。他们还认为年龄较大的一代对社交媒体接受得太慢，却把工龄看得比知识和工作表现更重要。保守主义者和婴儿潮一代认为千禧一代没有坚定的工作伦理观，因为他们过于关注工作和生活的平衡。年龄较小的一代可能会对还要工作多年才会退休的婴儿潮一代和保守主义者不满，因为他们阻碍了年轻雇员的晋升之路。第 4 章和第 5 章探讨代际差异对培训与开发的意义。

企业可以利用代际多元化来获得竞争优势。多元化实践的重要成果包括提升企业形象，拉高财务底线，减少冲突和法律纠纷，实现劳动力多元化。[67]

培训在确保雇员相互接纳、提高合作效率方面扮演着至关重要的角色。为了成功管理多元化的劳动力，管理者和雇员都必须接受培训以掌握一系列新技能，包括：

1. 与来自不同背景的雇员有效沟通。
2. 指导和开发不同年龄、不同文化程度、不同民族和种族、不同身体素质的雇员。
3. 提供不基于性别、种族或身体缺陷的价值观或刻板印象的绩效反馈。
4. 培训管理者识别代际差异并给出相应回应。
5. 营造一种工作环境，使不同背景的雇员都能发挥创造力与革新能力。[68]

有些企业正在实施一些项目，将老年雇员所掌握的技能转化为商业利益，满足他们的需求，并为多元化劳动力提供发展机会，同时解决代际差异问题。[69] 这些计划大多是公司处理多元化问题的一部分，将在第 10 章中进一步讨论。

医药连锁店 CVS 推出的"雪鸟计划"（Snowbirds）允许年龄较大的雇员根据自身情况变换工作地点。这一计划对那些喜欢在南方过冬、在北方消夏的雇员来说十分重要。参与的雇员共有 1 000 多名，包括柜台销售员、药剂师和管理者。Scripps Health 在每一间病房都配置了升降机以帮助年龄较大的雇员将病人从病床转移至轮椅上。美国国立卫生研究院（National Institutes of Health，NIH）提供两期退休计划，这个计划允许雇员选择减少工时以实现退休的过渡，或选择尝试退休，不过可以在退休一年内重返工作岗位。这有利于雇员退休前的过渡，同时让他们有时间分享知识使年轻雇员接替他们的工作。

微软的多元化策略关注雇员、文化、供应商、客户。[70] 为了找到最好的雇员，微软拓展了招募新员工的大学、会议和活动，包括 National Society of Black MBAs、National Society of Hispanic MBAs、Out and Equal 以及 Recruit Military Expo。为了促进高中阶段信息技术教学的发展，并为女性和少数族裔提供更多机遇，公司与全国性的女子大学、传统黑人大学和服务于拉丁裔的大学合作。同时，通过 DigiGirlz 和"微软少数族裔学生开放日"（Microsoft Minority Student Day）项目，高中生可以接触到高科技工作领域。多元化以不同的形式得到了促进。雇员可以加入不同的资源小组，这些小组针对家长、亚裔美国人、非裔美国人、拉丁裔美国人、女性、残疾人等。所有的雇员和管理者都可以获得包括多元化管理、构建包容性文化、理解无意识偏见在内的培训课程。微软提供灵活的工作制度以帮助雇员平衡工作与生活，包括转介服务以及产假制度。在客户方面，微软斥资20 亿美元用于帮助少数族裔女性、退伍老兵、残疾人。微软正在开发相应的技术，通过消除人与人之间的障碍促进多元化。比如，Kinect 手语翻译器消除了沟通障碍。

作为一家提供专业服务的会计师事务所，安永会计师事务所（Ernst and Young）正在采取行动满足 Z 一代和千禧一代雇员的需求，这些需求包括通过技术辅助学习、弹性制工作、更加快速的反馈以及更多开发职业技能的机会。[71]比如，安永的绩效评估体系允许管理者和其团队实施每日数字对话。雇员通过展示与人工智能和机器人技术相关的高端技能可以获得奖章。雇员通过发表论文、帮助同事或在社区从事志愿者服务也可以获得奖章。安永的雇员可以在脸书和领英上展示获得的奖章。

1.4.6　人才管理

人才管理（talent management）是指一个公司系统性、有计划、有策略地进行一系列人力资源管理实践，包括招聘和评估雇员、学习和开发、绩效管理，以及吸引、保留、开发和激励高素质雇员和管理者。如今人才管理变得越来越重要，原因包括多个方面：对特定职位和工作岗位的需求发生改变，婴儿潮一代雇员开始退休，需要培养有领导才能的管理者。同时，调查结果也表明，职业发展、学习和从事挑战性工作时的绩效是雇主是否继续聘用或任命雇员的重要因素。[72]

作为北美地区最大的货运公司，BNSF 铁路公司（BNSF Railway）认识到商业的成功必须依靠公司内部人才的开发和晋升。这主要源于公司所从事工作的性质、复杂的运营环境以及公司渴望维护的企业文化。[73]BNSF 铁路公司使用不同的项目和流程开发人才，这些项目包括针对本科生和研究生的实习以及管培生项目，部门内部定期讨论人才晋升问题以及针对不同雇员的发展需求匹配相应的开发计划。这一举措已经开始奏效。公司 38% 的高级人才得到了晋升，在公司最高领导层的 500 名成员中 96% 来自公司内部。迈阿密儿童健康系统（Miami Children's Health System）实施了相应的项目，旨在将千禧一代的雇员推向高级领导层。[74]在其中的一个项目中，临床部门的雇员与学习和开发团队合作制作了关于公司运营流程的视频。这些雇员因此获得公司的奖金，并受到表扬。千禧一代的雇员还可以参加公司的职工大会，并可以与首席运营官、副总裁以及其他高级领导互动。

职业和岗位需求的变化

预计全美有 4 650 万个岗位空缺，其中超过 3/4 的岗位是为了接替退休或离职人员。[75]2016—2026 年增加的岗位大部分将来自服务业。医疗支持和医师岗位增加速度最快，并将在 2016—2026 年提供最多的就业岗位（1/4）。除制造业、林业、种植业和渔业外，其他行业都将在 2016—2026 年增加就业岗位。

表 1-4 展示了 2016—2026 年 30 类增长速度最快的职业中的 10 类。在这 30 类增长速度最快的职业中，16 类职业与医疗相关（比如居家医疗助理、私人医疗助理、医师助理、护师）。其他职业包括与能源以及计算机和信息技术相关的职业。在这 30 类增长最快的职业中，18 类要求接受过高等教育。医疗领域就业岗位的快速增长反映了美国社会的老龄化人口需要门诊和住院的医疗护理。随着人工智能、机器人以及其他技术相关职位的增

加，计算机相关职业的岗位需求将会大幅增加。能源价格的上涨将会带动相关职业的增长，尤其在油气开采和太阳能方面。

表1-4　增长最快的职业示例

岗位	2016—2026年就业变化			
	数量（千）	增长率（%）	学历或培训要求	年工资中位数（2016年5月）
太阳能光伏板安装人员	12	105	高中毕业或同等学力	39 240美元
风力发电机组维修技术人员	6	96	高等教育，接受长期在职培训	52 260美元
居家医疗助理	431	47	高中毕业或同等学力，接受短期在职培训	22 600美元
私人医疗助理	778	39	高中毕业或同等学力，接受短期在职培训	21 920美元
医师助理	40	37	硕士	101 480美元
护师	56	36	硕士	100 910美元
统计员	13	34	硕士	80 500美元
理疗助理	27	31	大专	56 610美元
软件开发工程师	255	31	本科	100 080美元
数学家	1	30	硕士	105 810美元

资料来源：Based on Bureau of Labor Statistics, U. S. Department of Labor, "Employment Projections：2016—2026," News Release, October 24, 2017, from www.bls.gov/emp, accessed April 7, 2018.

退休的婴儿潮一代

随着婴儿潮一代开始退休，劳动力队伍受到很大影响。[76]当前劳动力市场的状况可能进一步恶化，继而阻碍经济增长，并对仍然留在劳动力队伍中的雇员形成巨大的压力。他们很可能不得不延长工作时间，尤其是那些受新技术影响较小的职业（例如医疗服务和教育岗位）。除非能够留住老雇员或者招募到合格的新雇员，否则可能出现人才供不应求的局面。即使是那些受新技术影响较大的职业（例如制造业的加工岗位），其学习曲线也很陡峭。这意味着新雇员必须尽快适应工作，从而在婴儿潮一代退休之前成长为熟练工。

对公司而言，获取正在流失的宝贵知识也很重要。[77]看看亚洲涂料公司（Asian Paints）和康菲石油公司（ConocoPhillips）是如何获取知识的。[78]作为一家印度涂料公司，亚洲涂料公司鼓励雇员使用社交网络分享最佳实践和新的方式以支持经销商。销售团队通过这些信息找到可以采用的实践方法以应对挑战。假如一名经验丰富的销售人员退休或离职，他的知识不会因此而流失。作为一家跨国石化企业，康菲石油公司使用维基获取包括退休雇员在内的所有雇员的信息。许多公司的退休雇员重新兼职上岗。他们检查公司维基网站的信息，发现遗漏的信息，并提供相应内容。他们的经验诠释了维基网站存在的原因、方式和内容。康菲石油公司同时利用导师项目，将经验不足的雇员与高级雇员配对以实现知识共享。

技能要求

随着失业率的下降以及经济的增长,建筑业和制造业的小型雇主发现想要找到好的雇员非常困难。简单的流水线工作被需要计算机、信息技术或其他专业知识和技能的高级制造业工作所取代。在今天许多重复性工作已实现自动化或被外包出去。Kyocera SGS Precision Tools 公司的总部位于俄亥俄州,目前它拥有的雇员数量只是 20 年前的一半,但得益于计算机辅助的制造工具以及技术更加熟练的雇员,这家公司的产量已达到之前的 2 倍。[79]公司正努力寻找拥有电气和机械技能的雇员以维护设备的正常运行。现在具有 **STEM 技能**(STEM skills)的雇员十分短缺。STEM 指科学、技术、工程及数学。许多雇员还缺乏软技能,包括沟通能力、行动能力、解决问题的能力以及与同伴和客户相处的能力。[80]许多公司提供多元化和个性化产品,这就要求雇员必须具有创造力并善于解决问题。同时,持续的革新需要雇员不断地学习。

几项研究显示,美国企业正面临技能短缺问题。[81]技能短缺不局限于一个部门、一个行业或一项工作。接近一半的美国企业的 CEO 认为技能短缺的确存在,这将造成业务和资金的流失,降低客户的满意度,并使得产品与服务严重滞后。Manufacturing Institute 发现 80% 的制造企业报告称技能熟练度较高的应聘者非常短缺。一项预估显示,由于无法找到具有相关技能的雇员,在未来 10 年,将近 60% 的制造业岗位将面临空缺并无法填补。经济合作与发展组织(OECD)发现,在数学技能表现方面,美国在 23 个国家中排名第 21,在解决问题方面,美国在 19 个国家中排名第 17。但技能短缺不只是美国公司面临的问题。比如,在意大利和西班牙,10 名雇员中有 3 人不能熟练使用文字和数字。一项研究显示,参与调查的公司中有一半认为自己的雇员已经可以胜任工作。公司最需要的基本技能是阅读、写作和数学。很多雇主很难找到具备包括工作道德、团队合作以及沟通能力在内的软技能的雇员,这些雇主认为这些软技能比阅读和写作等硬技能更为重要。对于服务业来说,沟通能力、学习能力、创造力和解决问题的能力是最重要的,因为雇员要对最终的产品和服务负责。

缺少合格的从业者意味着雇主不得不将岗位空置,这会限制公司的生产和增长。一种折中的解决方案是公司雇用无法完全胜任工作的雇员,此后通过培训开发相应技能。思考一下现在公司所面临的技能短缺问题以及如何通过培训获取这些技能。[82]尽管印度拥有成千上万的工程类职业学校的毕业生,但他们不能助力印度企业完成为波音、空中客车以及阿尔斯通(Alstom)等公司制造零件的合同。因此,包括塔塔集团在内的零件制造商不得不投资培训或将雇员送到国外学习。

为了帮助雇员掌握工作技能,一些公司不得不与美国联邦或各州赞助商或出资的组织建立伙伴关系。比如,Kentuckiana Works 是一家服务于路易斯维尔的地区性就业服务组织。这个组织为这一地区的学生提供培训并帮助他们找到工作。[83]该组织与 Cardinal Aluminum、福特汽车、家乐氏(Kellogg's)等当地雇主合作设计认证生产技术培训。虽然只有一半的学生最终能完成培训,但一旦完成培训,他们就能找到工作。

有些公司依靠培训刑满释放人员以填补岗位空缺。作为一家位于马里兰州从事供热和制冷管道安装的企业,Kogok 公司最近雇用了一名刑满释放人员。[84]出狱后,此人曾有一份零售工作,但由于背景调查最终失去了这份工作。通过参加由巴尔的摩市"快速起步"

项目提供的建筑培训，他掌握了作为一名板材机械工所需的技能。

培养领导力

通过对企业的调查发现，企业在人才管理上面临的最大挑战是如何招聘到有管理才能的雇员，并对他们进行相应的培训。[85]这主要是因为劳动力老龄化、全球一体化以及对管理职位的招聘需求增加。行政、管理和经理岗位将会因为雇员退休或去世而经历巨大转折。[86]很多公司缺乏有能力领导企业应对全球化挑战的雇员。[87]为了适应经济全球化，管理者要有自我意识，有能力组建跨国团队，开展跨国业务，管理多元化的雇员队伍并与雇员进行交流。管理者不仅要执行基本的管理职能（计划、组织、领导和控制），而且要具备优秀的沟通技能，能够帮助雇员成长并与雇员融洽地合作。

几项调查显示，千禧一代的雇员非常愿意得到职业发展的机会，他们希望成为管理者和领导者。与其他世代的雇员相比，他们更希望参加正式的领导力开发项目。[88]各个世代的雇员在管理技能方面都存在优缺点。千禧一代的雇员更具适应力并更关注客户。千禧一代的雇员与X一代的雇员在领导力和交际能力方面非常相似，具体包括开发他人、获得信任和沟通能力。对于千禧一代的雇员而言，想要成为高效的领导者，他们需要开发自身的决策、规划和组织能力，并学习如何设定更高的工作标准。

因此，包括通用电气（General Electric）和宣伟（Sherwin-Williams）在内的许多公司正在采取措施以留住有才干的千禧一代的雇员，并开发他们的管理技能。[89]比如，通用电气对管理者实施轮岗制，这使他们可以与不同的高级管理者在不同的业务单元一起工作，从而获取更多的工作经验。这项措施满足了千禧一代的雇员希望增加经验并与公司领导者交流的需求。与此同时，他们的技能在工作中得到开发，使他们能够应对各类客户以及工作中的挑战。作为一家涂料制造和销售企业，宣伟已经认识到公司管培生的流失率居高不下。根据调查和面谈中获取的数据，宣伟发现公司的管培生感到自己并没有融入公司，也没有获得参与感。为解决这一问题，宣伟开发了一个新的职业发展模型。与以往一年一次的绩效考评不同，宣伟对管培生半年进行一次绩效考评，这使得管培生可以得到及时的反馈以及加薪的机会。同时，区域经理会定期与管培生就他们的长期发展目标进行讨论。在入职后的两年中，管培生有机会尝试公司的各类岗位，包括与销售代表一起工作，或在负责地面铺装和为建筑承包商提供商业服务的店铺工作。

1.4.7　重视客户服务和质量

顾客注重产品质量和性能。因此，要让顾客满意，公司需要关注自身产品和服务的特点，并注重与顾客的交流。为确保顾客满意，要做到以下几点：理解顾客的需要并预测其未来需求；减少产品缺陷和错误；确保产品达标；降低顾客投诉率。公司如何解决产品质量问题对吸引并留住顾客十分关键。

由于知识的增长和竞争的日趋激烈，顾客变得更加理智，并不断追求完善的服务。这给直接与顾客打交道的雇员带来了挑战。店员、销售人员、前台人员以及服务人员与顾客交流的方式都将直接影响公司的声誉和业绩。雇员需要掌握产品信息和服务技巧，恰当地处理与顾客之间的矛盾。本书第2章将详细论述客户服务是如何成为战略性培训与开发的原动力的。

　　为了应对激烈的竞争，不管是本国公司还是跨国公司，都需要提高产品和服务的质量。如果质量不合格，产品或服务的销售将会受到限制。一些国家制定了质量标准，规定只有质量达标的公司才能获得在当地的合法经营权。**全面质量管理**（total quality management，TQM）是指全公司范围内持续不断地改进人员、机器和系统的工作方式的共同努力。[90] 全面质量管理的核心价值如下[91]：

- 方法和过程的设计符合内部和外部顾客的需求。
- 公司所有雇员都接受质量培训。
- 把高质量渗透到产品和服务的生产过程中，避免发生错误，而不是发现或改正错误。
- 与销售商、供应商以及顾客合作，以改进产品或服务质量并降低成本。
- 管理人员利用反馈数据衡量取得的进展。

　　关于质量至今还没有一个统一的定义。各种定义的主要区别在于强调的重点是顾客、产品还是生产过程。例如，质量专家爱德华兹·戴明（Edwards Deming）强调的是产品或服务在多大程度上满足了顾客的需要。菲利普·克罗斯比（Phillip Crosby）则强调服务或生产过程符合工程技术标准的程度。

　　从马尔科姆·鲍德里奇国家质量奖（Malcolm Baldrige National Quality Award）和 **ISO 9000：2000** 质量标准的设立可以看出美国对质量的日益重视。马尔科姆·鲍德里奇国家质量奖是美国国内最高级别的质量奖项。这个奖项每年都会颁发。为获得参评资格，申请企业必须填写一份有关公司基本情况的详细申请表，同时提交一份公司制定的如何提高质量标准的详尽说明书。表 1-5 列出了马尔科姆·鲍德里奇国家质量奖的各类指标和分值。该奖项并不局限于某种特定的产品或服务。组织机构可以参与六个行业的奖项角逐，这六个行业分别是制造业、服务业、小商业、教育业、医疗业和非营利行业。每年马尔科姆·鲍德里奇国家质量奖在这些行业中进行评选，每年最多有 18 家企业获奖。提交申请的每个公司都要接受长达 300~1 000 小时的严格审查。审查委员会由 400 多名主要来自私人机构的检查人员组成。每一家提交申请的公司都会收到一份概括其强项、弱项和有待改进之处的书面评价材料。

表 1-5　马尔科姆·鲍德里奇国家质量奖考核的指标和分值

指标	分值
领导力	120
高层管理者树立和保持远见、价值观和使命，促进行为合法、合理，促进公司可持续发展，重视与雇员的交流	
测量、分析和知识管理	90
公司选择、收集、分析、管理并改进各类数据、信息和知识财产	
战略规划	85
公司制定战略方向和具体计划，为保证计划的实现而建立相应的绩效管理体系	
人力资源开发与管理	85

续表

指标	分值
公司能充分开发并利用劳动力以创造高业绩，努力营造有利于全员参与的工作环境，追求个人与组织的共同成长	
过程管理	85
过程设计和控制，包括以顾客为中心的设计、产品和服务的支付、辅助性服务及供给管理	
经营成果	450
公司在关键业务领域（产品、服务、供给质量、生产率、运作效率和相关财务指标）取得的成果及绩效改进程度	
顾客和市场导向	85
公司对顾客、顾客服务系统、现有顾客和潜在顾客关注的问题及顾客满意度与参与度的认识	
总分	1 000

资料来源：Based on National Institute of Standards and Technology（NIST）"2017—2018 Criteria for Performance Excellence and Point Values Baldrige Excellence Framework" from the website for the National Institute of Standards and Technology（January 2017），www. nist/gov/baldrige.

　　马尔科姆·鲍德里奇国家质量奖的得主通常在人力资源实践方面（包括雇员培训与开发）表现突出。例如，2016 年马尔科姆·鲍德里奇国家质量奖的得主是唐·查默斯福特汽车销售服务公司（Don Chalmers Ford，简称查默斯福特公司），2017 年马尔科姆·鲍德里奇国家质量奖的得主是 Bristol Tennessee Essential Services。[92]查默斯福特公司是一家位于新墨西哥州里奥兰考市、拥有 182 名雇员的福特汽车经销商，由于较高的顾客满意度以及在过去 17 年间市场份额增长了 13 倍而在全美闻名遐迩。在过去的四年里，它的利润增长了 13%，超过福特汽车全美经销商平均水平（8%）。除了对服务和销售流程进行每日、每周和每月的分析以发现可以改善的机会外，查默斯福特公司的人力资源部门还促进了公司对质量的追求。为了留住好的销售顾问，新雇员会得到高级领导者的指导以确保他们理解公司的商业战略，并确保他们的工作与公司的核心价值相符。得益于这一措施，2015 年查默斯福特公司的雇员保留率达到了 71%，比福特汽车非奢华品牌经销商的全美平均水平高出了 45 个百分点。为满足劳动力多元化的需求，查默斯福特公司为雇员和他们的家人提供免费的医疗诊所。为提高雇员的敬业度，查默斯福特公司的管理层向雇员提供公司运营和商业计划的阅读分析报告，管理团队定期讨论顾客满意度，并提供绩效反馈。雇员被鼓励提出他们的想法，高级领导者负责分析、讨论并实施这些想法。Bristol Tennessee Essential Services 是一家仅拥有 68 名雇员，却服务 33 000 名顾客的电力公司。公司使用在线培训网站公布流程标准、标准作业流程及流程的变化和改善。每一季度雇员都要完成指定的模块，所有雇员每年都能得到发展机会。

　　国际标准化组织（International Organization for Standardization，ISO）由多个国家的标准化机构组成，拥有 160 个成员，总部在瑞士日内瓦，是世界上最大的国际标准开发、发布组织。[93]ISO 负责开发管理和其他领域（包括教育、音乐、船舶乃至儿童保护）的标准。ISO 标准的采用基于自愿原则，但许多国家都采用了这一标准，因而它也成为参与市场竞争的要求。ISO 9000 是一组与质量相关的标准的统称（ISO 9000、ISO 9001、ISO 9004 和 ISO 19011）。ISO 9000 说明了公司的操作标准和顾客的要求，旨在不断提升顾客满意度。该标准代表了国际上对质量管理操作的一致认同。ISO 9000 是在八项管理原则的基础上形成的：以顾客为中心、领导力、全员参与、过程方法、系统管理方法、持续改进、以事实为依据做出决策及与供应商建立互利关系。ISO 9001：2008 是应用最广泛的标准，因为它为所有的公有、私有组织机构都提供了质量管理体系标准。ISO 9001：2008 已经被176 个国家的 100 多万家组织机构采用。ISO 9000：2015 作为质量标准已在 170 个国家得以实施。这意味着企业在这些国家开展业务必须遵循这一标准。ISO 9001：2015 已在全球超过 100 万家组织机构中实施。ISO 9004 为希望改进产品或服务质量的公司提供了指南。

　　制定质量标准的作用是什么呢？顾客可能需要检查其从厂商处购买的产品是否符合质量要求。最有效的一种方法是依照国际标准查看产品说明书。这样，供应商和顾客使用的就是同一个参考标准，即使他们来自不同国家或地区，也能在质量标准上达成一致。现在很多产品在上市以前都要经过检验，以鉴定其是否符合产品说明以及安全性能是否达标。甚至一些简单的商品也需要提供包含检验数据的支持性技术文件。随着国际贸易日趋频繁，这样的活动要在厂商和客户之间直接开展显得不切实际。这就需要一个特殊的第三方介入。此外，国家法律可能要求由独立部门负责执行检验过程，尤其是当产品或服务涉及健康和环境方面的问题时。ISO 标准的实例在本书以及几乎其他任何一本书的封底都能找到：封底上有一串 ISBN 序列号。ISBN 代表国际标准图书序列号（International Standard Book Number）。出版商和经销商都很熟悉这个号码，因为通过它可以订购图书。尝试在网上买一本书，你会发现 ISBN 序列号的作用——每本书都有一个独一无二的编号，它是由 ISO 标准规定的。

　　为了赢得质量奖项并获得 ISO 质量认证，很多公司采用六西格玛质量管理过程。**六西格玛质量管理过程**（Six Sigma process）是指在公司产品或服务的缺陷达到六西格玛质量标准的情况下对问题进行界定、测量、分析、改进和控制的过程。六西格玛质量管理的目标是高度关注顾客，也就是随时满足顾客的任何需求。例如，在通用电气公司，引进六西格玛质量管理意味着在生产制造和顾客服务的每一个环节，把缺陷率由原来的每 100 万个操作出现 35 000 个缺陷（这是大多数公司的平均水平）降低到每 100 万个操作只有不到 4 个缺陷，涉及通用电气业务操作的每个流程，从制造机车部件，处理信用卡账户与抵押贷款申请到接听电话。[94]培训是六西格玛质量管理过程很重要的一部分。六西格玛质量管理团队成员由倡导者、黑带大师、黑带以及绿带组成，他们必须接受严格的培训。这些成员负责领导并培训规模日益庞大的质量项目组。质量项目旨在提高效率并降低产品和服务的缺陷率。六西格玛质量管理已经为通用电气带来了超过 20 亿美元的收益。

　　培训可以通过向雇员灌输"精益思维"的概念来帮助公司解决质量问题。**精益思维**（lean thinking）提倡用更少的劳动力、设备、空间和时间做更多的事情，但仍能为顾客提供他们所需的产品和服务。精益思维包括训练雇员学习新技能或将新的方法应用于已掌握的技能，这样雇员可以快速承担新的任务或使用新的技能来完成订单。Baylor Health Care System 希望在旗下几家医院实施精益思维和流程改善，减少浪费，提高患者满意度，改善治疗效果。[95]这一措施包括培训雇员如何改变工作流程。精益思维和流程改善带来了巨大的价值。比如，供应链管理团队将完成合同所需时间缩短至原来的 1/3，针对不同项目开发了决策树，减少了错误的出现，这一措施节省了1 000万美元。一家医院负责病患再次入院的团队重新设计了病人出院的流程以降低病患30天内再次入院的概率。他们在为期半年的时间内将病患再次入院率降低了44个百分点，并提高了病患的生活质量，并帮助Baylor Health Care System从政府获得医疗保险/医疗补助。

ISO中的一个组织起草了一份雇员培训标准。ISO 10015是确保培训与企业需求紧密相关的质量管理工具。ISO 10015有两个关键特点[96]：第一，企业必须根据业绩来确定投入到培训中的经费。第二，ISO 10015要求公司设计合理有效的培训项目。ISO 10015将培训设计分为分析、计划、实践和评估四个部分（回顾本章对指导性系统设计模型的讨论）。

1.4.8　新技术

技术已经重塑了人们的娱乐方式、沟通方式、工作方式和规划生活的方式。许多公司的商业模式都包括电子商务，电子商务允许消费者在网上购买产品和服务。互联网集合了全球的计算机网络，允许用户交换数据和信息。将近84%的美国家庭拥有计算机（台式电脑、笔记本电脑、平板电脑）、智能手机，75%的家庭已经接入互联网。60%的美国人会访问谷歌，43%的美国人有自己的脸书账号。[97]通过iPhone、黑莓手机或个人电脑访问互联网（如脸书、推特、领英或其他社交网络工具），公司管理人员可以与雇员联系，雇员也可以与家人、朋友和同事联系。

对培训的影响

复杂技术的推进以及技术成本的降低在许多方面正在改变人力资源管理。具体来看，许多公司正在使用或考虑使用社交网络、人工智能、机器人技术实施培训，并使培训更加现实，同时使雇员可以选择工作的时间和地点。新技术的发展使培训在任何时间和任何地方都能实现。[98]

电子和通信软件的技术进步使移动技术——个人数字助理（PDA）、iPad以及iPod应运而生，并通过开发社交网络增强了互联网的功能。社交网络指的是各类网站，如脸书、推特、领英、维基和博客。这些网站促进了人与人之间的交流，通常是在有相同兴趣的领域交流。表1-6显示了社交网络是如何应用于培训与开发的。[99]

表1-6　社交网络在雇员培训与开发上的潜在作用

问题	潜在作用
因雇员退休而丧失的专业知识	共享、获取和储备知识
雇员参与度	收集雇员意见
识别和提升雇员的专业技能	提供在线专家交流
提高创新和创造能力	鼓励雇员在线讨论
强化学习	分享最佳实践、应用、学习要点、文章链接和在线研讨会
雇员需要指导和辅导	与辅导员和提供指导的同事交流

资料来源：Based on P. Brotherson, "Social Networks Enhance Employee Learning," *T+D* (April 2011), pp. 18 - 19；T. Bingham and M. Connor, *The New Social Learning* (Alexandria, VA: American Society for Training & Development, 2010)；M. Weinstein, "Are You Linked In?" *training* (September/October 2010), pp. 30 - 33；S. Gilbert and A. Silvers, "Learning Communities With Purpose," *TD* (January 2015), pp. 48 - 51.

一般而言，社交网络能够促进交流、分散决策和相互协作。社交网络可以帮助忙碌的雇员与同行和管理人员分享知识与想法，在日常生活中，他们也许没有太多时间进行面对面的交流。雇员们（尤其是千禧一代或 Y 一代的年轻雇员）已经学会使用社交网络工具（如脸书），并将这些社交网络工具视为工作和个人生活不可或缺的一部分。

许多公司仍不确定是否应该接受社交网络，尽管它具有潜在优势。[100]它们担心（也许这种担心是有道理的）社交网络会导致雇员浪费时间、冒犯或骚扰同事。但有些公司认为，在人力资源管理实践中使用社交网络、允许雇员在工作时间访问社交网站的利大于弊。它们相信雇员可以高效地使用社交网络，积极制定个人使用的政策，并就隐私设置和社交网络礼仪对员工进行培训。它们意识到，雇员确实会去浏览个人的脸书、推特和领英页面，但一旦工作效率下降，他们便不再浏览。在某些方面，访问社交网站已经成为在办公桌上打盹或者去休息室跟同事闲聊的一种替代形式。

技术的应用会带来许多优势，包括降低出行成本、更容易获得培训、确保传授的一致性、有机会接触业内专家、与他人一同分享学习心得，并有可能创造一个有许多积极特征的学习环境，如提供学习反馈、自定进度以及提供实践练习等。虽然以培训者为主的课堂培训仍然是最受欢迎的培训方式，但一些公司表示它们打算通过企业内部网络和 iPod 等来传授大部分培训内容。比如，在 Rackspace 公司，雇员可以使用移动设备查看工资单、考勤记录以及分享知识。[101]在渤健（Biogen），销售人员可以在平板电脑上获取网络学习模块。百事公司的招聘网站支持移动端访问。

人工智能、机器人技术、计算机辅助设计、射频识别技术和纳米技术正在改变工作模式。技术也使得监测环境和操作设备更加简单。[102]无人驾驶汽车、铁矿采矿场中的无人驾驶卡车以及执行法律研究的计算机都是自动化领域的最新进展。人工智能可以模拟人类思维。通过数据学习，人工智能可以预测影响未来搜索的趋势和方式，并给出建议。目前，人工智能已应用于家庭和工作场所中。[103]人工智能可以为我们提供私人助理服务，包括苹果的 Siri 和亚马逊的 Alexa 在内的人工智能服务允许我们发出购买商品或播放音乐的指令。IBM 将自己的人工智能服务（称为 Watson）与人力资源部门相关联，从而帮助客户准备纳税申报单，并最大限度地增加客户的退税。Watson 可以用于医疗行业提供癌症诊断，在法律行业进行法律研究，在服务行业回答客户的提问。

机器人已应用于服务业与制造业。[104]一款名为 Heasy 的机器人可以在酒店或度假胜地为游客指路。机场的引导机器人可以用英文、中文、日文、韩文回答乘客的提问，扫描乘客的机票，并可以为乘客指路。作为一家烘干机生产商，惠而浦（Whirlpool）的机器人可以通过抓拍找出产品瑕疵。在宝马，机器人帮助安装车门和挡风玻璃。机器人可以将车间工人从重复性和重体力工作中解放出来，从事更为重要的工作。机器人可以帮助公司省钱，因为它更加高效且劳动力成本更低，但是它们依然无法完成许多任务。比如，机器人无法像人类一样将衣物折叠整齐，因为它们无法区分织物类型、重量以及不规则的尺寸。

可穿戴设备已经开始在培训和绩效支持解决方案中得到应用。可穿戴设备提供智能眼镜和摄像头，雇员不必动手，用语言便可访问程序和记事清单，并通过平板电脑与专家沟通。这些技术实现了数据和视频的分享，可在流程前或流程中总结最佳实践方法，并给予实时通知或警告。[105]比如，在偏远的钻井平台工作的操作员或在无菌手术室工作的外科医生可以与专家分享实时视频，并在获得专家就如何修复损坏的阀门或完成手术提出的建议的同时继续专注于钻探设备或医治病患。

灵活的工作时间和工作地点

随着经济全球化和电子商务的发展，40 小时工作制的理念已经过时。调查显示 46% 的雇员每周工作超过 45 小时[106]，因此公司需要 24 小时全天有雇员值守。制造业和呼叫服务中心的雇员被要求从原来每天工作 8 小时调整为 12 小时，或上下午班和夜班。专业服务型雇员也面临着不断增加的工作时长和要求，工作已经影响到他们的生活。笔记本电脑、智能手机、智能手表用大量的信息和工作需求轰炸着雇员。无论在车上，还是在假期，抑或是在飞机上，甚至在卫生间，他们都会被工作需求打扰。高强度的工作会造成雇员压力增加、工作满意度降低、生产率降低、离职率增加，这些都会给企业带来巨大的损失。75% 的雇员报告称没有足够的时间陪伴孩子，61% 的雇员报告称没有足够的时间陪伴丈夫或妻子。只有 50% 的美国雇员认为他们可以灵活地管理工作和家庭生活。[107]许多公司已经认识到为雇员提供灵活的工作时间、安排居家办公、保护雇员的自由时间以及更加高效地利用雇员的工作时间可以为公司和雇员带来益处。这些益处包括吸引并留住有才华的雇员、降低雇员的压力，使雇员身心健康，从而最大化地利用自己的工作技能。据估计，43% 的雇员大部分的工作在家完成，这意味着他们工作时大多远离同事。[108]管理类企业的雇员或金融服务类企业的雇员大部分时间居家办公。

比如，在 Automattic 公司大部分的工作通过远程实现。[109]作为一家在全球 50 多个国家拥有 500 多名雇员的企业，Automattic 公司提供针对网站的内容管理系统。公司正在出售位于旧金山的办事处，因为几乎没有雇员在那里办公。公司依靠包括 Slack、Zoom 以及内部讨论组在内的几款工具完成文档工作、进行讨论，并召开视频会议。使用这些工具意味着人人可以获取内部信息，从而构建了一种透明和包容的工作氛围。在戴尔，58% 的雇员远程办公，尤其是涉及人力资源、法务和数据服务以及营销部门的相关职位。

增加使用非传统雇佣

越来越多的公司已经不再依靠基于全职从业者的传统雇佣。**非传统雇佣**（nontraditional employment）包括使用独立承包商、自由职业者、应召从业者、临时工和合约公司的从业者。研究显示美国有 20%～35% 的劳动力已被纳入非传统雇佣，其中包括那些有全职工作的雇员（第二职业）。[110]依靠非传统雇佣满足产品和服务需求的企业正在**零工经济**（gig economy）下应对激烈竞争。[111]尽管许多公司将继续依靠传统雇佣模型（全职雇员、兼职雇员），但是 40% 的公司表示在未来 10 年它们会使用非传统雇佣模型（基于项目的工作）。非传统雇佣是怎样进行的？通常情况下，我们使用网站或移动客户端分配工作，从业者自行设定工作时间。因为这些从业者不只为一家公司工作，他们的收入不需要被扣税，他们不需要获得最低工资或加班工资，因此他们也无法享受全职雇员的薪酬待遇和失业保险。依靠零工经济发展的公司包括交通服务行业的优步和来福车（Lyft）以及食品配送行业的 Caviar 公司。对于雇员和个人而言，非传统雇佣有利有弊。[112]

越来越多的从业者选择非传统雇佣。非传统雇佣可以造福个人和雇主，越来越多的人不希望只为一家公司服务。他们希望能根据自己的时间灵活工作。他们可能希望减少工作时长以更好地平衡工作与家庭。被裁的雇员可以在寻找全职工作的同时选择非传统雇佣的工作方式。

从公司的角度出发，需要时增加临时雇员，不需要时解除工作关系相对更加容易。兼职雇员拥有全职雇员不具备的技能，而且对于一些必须在特定时间内完成的项目，兼职雇员是一个很好的选择。兼职雇员比全职雇员成本更低，因为他们不需要得到医疗补偿或参加养老金计划。通过雇用包括实习生在内的兼职雇员，公司可以判断他们能否达到业绩要求或与公司的文化是否契合。如果答案是肯定的，公司会考虑为他们提供一个固定职位。比如，包括霍尼韦尔（Honeywell）在内的一些技术企业依靠众包，使用 Topcoder 和亚马逊的 Mechanical Turk 寻找科学家和工程师，这些人拥有其公司雇员不具备的技能，他们可以帮助公司解决问题，开发应用程序，撰写代码。[113] 作为谷歌的母公司，Alphabet 拥有相同数量的全职雇员和临时雇员，他们测试无人驾驶汽车，管理项目，或检查法务文件。非传统雇佣也存在一些弊端。这些弊端包括无法保证工作质量、无法保持公司的文化和团队氛围，以及法律责任问题。[114] 非传统雇佣和居家办公孕育了联合办公和共享办公室，包括设计师、艺术家、自由职业者等独立承包商在内的多元化雇员以每日或每月支付一定费用的方式获得办公空间。[115] 联合办公场所通常配备办公桌、网络、会议室，有一些场所甚至提供沙发以及免费的咖啡和啤酒。联合办公场所可使居家办公的自由职业者免受打扰，并为他们提供比咖啡厅更加舒适的工作环境。

非传统雇佣面临的核心问题是培训需求，这些培训需求非常具体，涉及具体工作。[116] 培训兼职雇员可以确保他们按照公司的要求工作，并使他们在未来愿意继续为公司工作。培训非传统雇员面临的挑战包括确保培训的类型和时长是足够的，但又不能像享受工资和福利的全职雇员那样宽泛。

1.4.9　高绩效工作系统

新技术导致技能需求和工作角色的变化，常常导致重新设计组织结构（如使用工作团队）。[117] 例如，计算机集成制造使用机器人和计算机使生产过程自动化。只需对计算机重新编程，便可制造不同的产品。因此，劳动者、物料员、操作员/装配工和维护人员可以合并成一个职位。计算机集成制造需要雇员监控设备，用先进的设备来检修故障，与其他雇员共享信息，并了解生产过程中所有组件之间的关系。[118]

通过技术手段，雇员更容易获得改善客户服务和产品质量所需的信息。这意味着雇员将承担更多的责任以满足客户需求，也决定了他们如何开展工作。增强雇员的责任感和加强雇员管理最流行的方法之一是采用工作团队。**工作团队**（work team）包括拥有各种技能的雇员，他们合作组装产品或提供服务。工作团队可能会开展很多通常留给管理者的活动，如选择新的团队成员、制定工作时间表、协调与客户和公司其他部门的活动。为了让这个团队拥有最大的灵活性，需要对团队成员进行交叉培训。**交叉培训**（cross training）是指对雇员进行广泛的技能培训，这样他们就可以胜任团队需要的任何角色。

看看 HindlePower 公司的高绩效工作系统。[119] HindlePower 是一家电池充电器制造商，公司的工厂有 75 名组装工人。工厂没有计时钟，雇员无须打卡，工厂也没有休假的规定。雇员没有滥用这一制度，97％～100％的工作时间全员上岗。HindlePower 公司开发了一个名为"专业制造团队"（Professional Manufacturing Team）的项目，这一项目将培训与雇员参与相结合，设计出更加高效的流程。培训针对每条生产线定制了25～30门课程。雇员需要完成这些课程，在完成这些课程后，他们会被认定为专业制造人员。雇员还参与培训以外的决策，比如，雇员重新设计了一条生产线，每周可以多生产150 000件产品。

使用新技术和工作设计（如工作团队），需要特定的人力资源管理实践的支持。这些实践包括[120]：

- 雇员选择新雇员或团队成员。
- 雇员接受正式的绩效反馈并参与绩效改进过程。
- 强调并奖励正在进行的培训。
- 奖励和薪酬与公司绩效挂钩。
- 设备和工作过程鼓励最大限度的工作灵活性以及雇员之间的互动。
- 雇员参与有关设备、布局和工作方法的计划变更。
- 雇员了解自己的工作对最终产品或服务将做出怎样的贡献。

培训的作用是什么？雇员需要特定的工作知识和基本技能来使用采用新技术研发的设备。因为技术通常是实现产品多样化和定制化的一种手段，雇员必须具备倾听以及与客户沟通的能力。诸如谈判、处理矛盾和解决问题等人际关系技巧比体力、协调能力和精细运动技能更重要，而后者都是以前制造业和服务业的工作所要求具备的能力。虽然技术进步使雇员改善产品和服务成为可能，但前提是管理者必须授权雇员做出改变。

除了改变公司内部生产产品或提供服务的方式，技术也使公司与一个或多个公司形成伙伴关系。虚拟团队是指员因时间、地域、文化或组织界限而分开，且几乎完全依靠技术（例如邮件、互联网和视频会议等）相互交流以完成项目的团队。**虚拟团队**（virtual team）可以在一个公司内形成，这类公司的机构分散在全国甚至全世界。公司也可以使用虚拟团队与供应商或竞争对手合作，把必要的人才组织在一起来完成一个项目或加快产品进入市场的速度。虚拟团队要取得成功，就要有明确的任务和良好的沟通技巧，并且要相信各成员会在截止日期前完成任务，还要理解各自的文化差异（如果团队成员来自不同的国家）。

比如，Art & Logic 公司的所有软件工程师都在美国和加拿大各地居家办公，或者在租赁的办公室以及联合办公场所办公。[121]公司的客户来自不同领域，其中包括教育、航天、音乐、技术、消费电子产品、娱乐、金融服务。公司项目团队解决了许多其他公司的开发者无法解决的棘手问题。公司努力将独特的工作时间和工作风格融为一体，项目团队的协作性非常高。每一个项目设有一名项目经理，最多由5～7名开发者组成。项目团队使用谷歌应用程序分享文件和沟通（团队内部沟通以及与客户沟通）。

■ 1.5　培训实践简介

培训在帮助公司赢得竞争优势、成功应对挑战方面发挥着关键作用。在我们讨论如何通过培训来帮助公司实现经营目标、如何进行培训设计与选择培训方法和其他专题之前，了解一下美国现有的培训数量与类型是非常必要的。这也有助于更全面地了解培训者的具体工作。为达成这一目的，下面将向你提供有关培训实践的一些数据资料（例如，公司的培训支出，现有哪些培训类型，谁是受训者），并讨论成为一名培训者需要具备的技能。

1.5.1　培训事实和数据

本小节提到的培训实践是对不同渠道的数据进行分析的结果。这些数据来源于 *training* 杂志以及美国人才发展协会（Association for Talent Development）的调查结果。美国人才发展协会此前被称为美国培训与发展协会（American Society Training and Development）。[122] 将这些数据看作对培训的合理估计而不是精确的事实主要有几个原因。其中一个原因是所选样本可能无法代表所有规模或类型的公司。例如，*training* 杂志委托一家调研公司通过发送电子邮件来邀请用户参与网上调查，中型企业（1 000~9 999 名雇员）的回复率为 41%，小型企业（100~999 名雇员）的回复率则为 36%。美国人才发展协会每年发布的《国家行业报告》（*State of the Industry Report*）涵盖主要行业的数百个组织机构，这些组织机构共分为两类：培训获奖公司（美国人才发展协会的年度最佳企业学习奖获得者）以及给出统一回复的公司。

你可能会问："企业在培训上花费了多少时间和资金？""讲师授课的培训方式过时了吗？"表 1-7 提供了工作场所学习趋势的简介。

表 1-7　有关培训实践的问题和答案

投资及支出的分配
问：美国的组织机构在雇员培训和开发方面投资多少？
答：大约 8 760 亿美元。
问：每位雇员的平均花费是多少？
答：1 296 美元。
问：投入雇员培训与开发的资金占工资的比例是多少？
答：3.3%。
问：这部分投资在利润中的占比是多少？
答：8.4%。
问：雇员每年参加正式培训的时间有多长？
答：34.1 小时。
问：接受培训的主体是谁？
答：包括非豁免雇员、豁免雇员、经理和执行官，其培训预算分别占 39%、27%、24%、10%。
问：哪个行业在培训上投资最多？哪个行业在培训上投资最少？
答：投资最多的是管理咨询（行业），人均 2 136 美元；投资最少的是制造业，人均 614 美元。
效率
问：减免的学费占总费用的比例是多少？
答：8%。
问：每位培训人员对应多少雇员？
答：每 392 名雇员配备 1 位培训人员。
问：每名雇员接受一个学时培训的平均成本是多少？
答：77 美元。
问：每学时正式培训的平均成本是多少？
答：1 896 美元。
问：实际学时与可利用学时的比例为多少？
答：54:1。

培训方式

问：培训方式有哪些？

答：36％的培训由指导者在课堂内进行，69％通过综合方式进行（包括面对面的培训以及使用技术实现的培训），26％在线进行，2％通过社交网络或移动设备进行。

问：支付给外部承包商（如外包）的费用在直接学习费用中占多大比例？

答：26％。

资料来源：M. Ho, "2018 State of the Industry"（Alexandaria，VA：Association for Talent Development 2018）；"2018 Industry Report," *training*（November/December 2018），pp. 18－31.

表 1－7 显示美国机构持续在雇员学习上投入大量资金。有关投资方面的主要趋势如下：

- 培训支出在 2016 年增长了 33％，达到 906 亿美元，2017 年下降到 876 亿美元。
- 在过去几年，每一名雇员的平均培训支出逐渐增加。
- 自 2012 年以来，每一名雇员的平均培训学时逐年增加，但在 2016 年—2017 年这一数据保持不变。
- 对包括管理者、专业人员和特定行业内容在内的专业学习的需求在增加。
- 使用技术手段提供培训已经由 2010 年的 29％增加至 2017 年的 42％。
- 自定进度的在线学习已经成为基于技术的常用学习方法。
- 如回用率所示，基于技术的学习提高了学习效率。回用率用于衡量公司向雇员提供培训的效率。2017 年的回用率达到 54％。这意味着每个培训学时的内容可以提供给 54 名雇员。
- 传统型讲师主导的课堂依然是最受欢迎的培训形式，然而，这类培训的比例在持续下降（2010 年 61％ vs. 2017 年 54％）。

在 87.6 亿美元的培训费用中，68％用作内部成本，如培训人员工资和课程开发；27％用于外部供应商的服务，如顾问、研讨会或公司外部培训的费用；8％用于学费报销。2017 年每学时的成本下降，延续了 2014 年以来的趋势。这表明公司在员工培训上的投入更加有效。

图 1－4 显示了公司提供的不同类型的培训。管理和监督、流程、程序和商业实践，以及强制性与合规性培训占学习内容的 36％，涉及基本技能和其他技能的培训较少。在线培训的使用因内容而异。[123]强制性与合规性培训、销售培训、信息技术与系统培训通常在线提供，主管开发和新雇员入职培训较少在线提供。

1.5.2　培训投资领导者

本章开篇阐述了培训如何帮助公司获得竞争优势。在美国，公司培训的高额投资与创新人才培养实践和高绩效的工作实践有关，包括工作团队、雇员持股计划、利润分享制度、个人发展计划和雇员参与企业决策。公司对培训的投资和这些有效的工作实践增加了公司收益，提高了顾客和雇员的满意度，并且有助于公司留住人才。比如，包括威普罗、胜牌、IBM、威瑞森（Verizon）在内的许多企业认识到培训可以提高公司的竞争力。它们加大培训投入力度，以拉动包括生产率、客户服务在内的重要商业成果。第 2 章将讨论

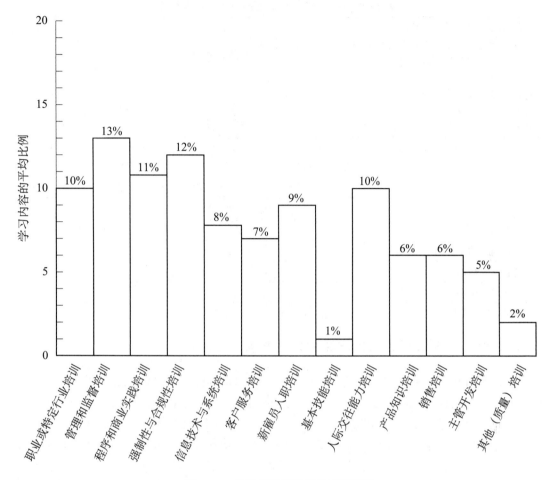

图 1-4 公司所提供培训的不同类型

说明：数据来自统一回复的问卷（公司提交的年度数据作为美国人才发展协会的基准化项目的一部分）。

资料来源：Based on M. Ho，"2018 State of the Industry"（Alexandraia，VA：Association for Talent Development，2018）.

培训如何帮助企业实现商业目标。

在培训实践方面，认识到培训在获得竞争优势方面发挥重要作用的公司与其他公司有何不同？在 2017 年的《国家行业报告》中，美国人才发展协会比较了给出统一回复的企业和获得由该机构设立的奖项的企业的不同（受表彰的企业清晰地体现了培训与业绩的关系）。[124] 给出统一回复的企业包括向美国人才发展协会提供标准培训信息（培训小时数）的企业，这类企业总共 399 家，平均拥有 12 422 名雇员。表 1-8 反映了获奖企业的主要特征，正如我们在第 2 章中将会讨论的，这些获奖企业都实施了战略性培训和开发性培训，并针对企业的战略性成果实施相应的开发。获奖企业共有 45 家，这些企业平均拥有 42 244 名雇员。表 1-9 比较了获奖企业与给出统一回复的企业的不同：与其他企业相比，获奖企业能够更加高效地实施培训（成本更低，回用率更高）；获奖企业的雇员参与培训的时间亦多于其他企业的雇员。

表 1-8　获最佳企业学习奖的公司的主要特点

经营战略和培训与开发相结合
学习被视为公司文化的重要部分并得到高管的积极支持
学习的效率和效益可以衡量
在培训与开发上投资
向雇员提供不同的学习机会
衡量培训与开发活动的效率和效益
使用包括组织开发和流程改善在内的非培训解决方案

资料来源：Based on M. Ho, "2018 State of the Industry"（Alexandria，VA：Association of Talent Development，2018）；L. Miller, "2014 State of the Industry"（Alexandria，VA：Association for Talent Development，2014）.

表 1-9　获最佳企业学习奖的公司与给出统一回复的公司的对比

	给出统一回复的公司	获最佳企业学习奖的公司
每个雇员接受培训的时间	34 小时	48 小时
每小时培训的平均成本	1 896 美元	1 548 美元
每名雇员的培训费用	1 296 美元	1 057 美元
实际学时与可用学时的比例（回用率）	53.8	108.9

资料来源：M. Ho, "2018 State of the Industry"（Alexandria. VA：Association for Talent Development，2018）.

1.5.3　培训专业人员的角色与能力素质要求

培训者可从事多种工作，如指导性设计师、技术培训师或培训需求分析专家。每种工作都有特定的角色或职能。表 1-10 列举了培训与开发中的角色。这些角色已经被纳入不同的岗位，比如培训师、虚拟讲师、学习技术人员、课程设计师、内容管理师、学习顾问、培训经理。[125]培训部主管花费大量时间扮演商业伙伴和学习战略师的角色。培训部主管可能参与项目管理，但由于他们还有其他职责，因此他们的参与程度小于项目管理专员。尽管人力资源部门主管的主要职责是管理人力资源部（比如，员工配置、招聘、薪酬管理），但是他们也可能被要求完成一些培训任务。完成此类工作需要特殊的知识、技能和行为，这些内容也被称为素质。

表 1-10　培训与开发的角色

学习战略师	判断如何在公司实施培训以最大限度地实现商业战略
商业伙伴	使用业务和行业信息开发可改善绩效的培训
项目经理	规划、获取并监督培训和绩效解决方案的实施，以促进业务发展
专业人员	设计、开发、实施、监督培训和绩效解决方案

资料来源：Based on M. Allen and J. Naughton, "Social Learning: A Call to Action for Learning Professionals," T+D（August 2011），pp. 50-55.

美国人才发展协会对培训专业人员进行了最全面的研究。[126]图 1-5 所示为美国人才发展协会的素质模型。该模型描述了个人如何在培训与开发领域获得成功。这一模型包括特定领域的专业知识和素质，专业知识领域包括完成工作所需的知识和行为（比如，变革管理、学习技术、培训交付）。尽管培训专员将大量时间用于设计学习（教学设计）、实施培训、管理学习项目，确定、选择和使用学习技术，提供教练指导（与雇员进行一对一交流以促进个人发展），但他们还有其他工作要做。这一模型认识到专业知识的其他重要领域包括绩效改善（设计、开发用于缩小绩效差距的解决方案）、人才管理（包括人才获取、开发、保留）与知识管理。

美国人才发展协会针对培训与开发职业的素质要求

特定领域的专业知识	素质
绩效管理	商业技能
教学设计	全球视野
培训交付	行业知识
学习技术	交际能力
评估学习影响	个人能力
管理学习项目	技术素养
集成人才管理	
教练指导	
知识管理	
变革管理	

图 1-5 美国人才发展协会的素质模型

素质是素质模型的基础。素质包括交际能力、商业技能、全球视野、行业知识、个人能力与技术素养。无论一名培训师在专业知识领域的表现如何，他的素质都非常重要。而每一个角色和专业对素质的要求程度各不相同。

培训部门中只关注一种专业技术（如教学设计和技术文档撰写）的传统意义上的工作岗位正在改变。为了对企业做出贡献，拥有多领域的专业技术对培训与开发来说更为必要。项目管理需要新的培训技术（如网络学习、知识管理系统等）和能力来管理经理、工程师、科学家以及其他比培训师更富有经验、知识或技术领悟力的人。

为了了解培训专业人员的职责和专业知识要求，表 1-11 提供了美国人才发展协会网站发布的指导性系统设计师工作的一个示例。

表 1-11 美国人才发展协会网站公布的职位

教学设计师

角色概述：符合条件的职位申请者将会加入我们的培训与开发团队。职位申请人在成人学习与发展方面有深厚的专业知识，热衷于为雇员提供良好的学习体验，帮助雇员学习并成长，帮助销售团队打造学习历程。核心工作职责包括建立培训目标和培训项目，推动核心专家的参与，并就培训实施方法提出建议。

职责

● 与培训主管和培训专家合作；分析商业需求，设计并创造学习体验，审定绩效目标。

● 与公司内其他成员进行沟通，帮助他们发现根源问题，并找到最好的解决方案。

● 开发一系列的学习体验，包括讲师主导培训的设计、互动性网络学习模块、视频、工作辅助、讲师手册和资源材料。

● 开发评估行为和商业影响的培训评估工具。

● 与内部专家协作，将知识转化为有效的学习体验。

● 确保并推动项目、内容以及学习和管理体系的标准化。

● 与利益相关者建立牢固的关系，从而设定并管理培训预期、制定项目计划、定期公布项目最新进展。

● 协调课堂学习和虚拟学习。

● 对讲师进行技术使用方面的培训。

任职资格和经验要求
- 已获得学习设计或相关学科的学士学位。
- 具有三年以上的课程设计经验，最好有针对销售的高度互动的解决方案。

知识、技能、能力
- 具备选择和权衡学习模式所需的知识。
- 具备使用网络学习工具的经验。
- 可将技术内容转化为有效的学习解决方案。
- 了解 Cornerstone On Demand 的人员优先。
- 最好有与销售团队合作的经验。
- 具有协调课堂培训的经验。
- 能够在组织范围内将自己的观点清晰明了地传递给他人。
- 注重细节。
- 具有自主协作意识，并在坚持目标的同时寻求反馈。
- 在适当的时候可独立工作。
- 具备出色的项目管理和组织技能。
- 具备强大的关系管理能力。

资料来源：From ATD Job Bank http：//jobs.td.org/jobs/，accessed April 7，2018.

表 1-12 显示了培训专业人员的工资中位数。请记住，如果不具备在多类培训岗位上进行开发的能力，很少有人能胜任高薪职位（培训经理、高级经理）。

表 1-12　培训专业人员的平均工资

高管级培训/人力资源部主管	138 859 美元
信息技术培训主管	100 335 美元
培训部主管（有 1～5 名培训师向你汇报）	91 422 美元
培训部主管（有至少 5 名培训师向你汇报）	104 257 美元
一人培训部	75 581 美元
课堂讲师/培训师	73 265 美元
课程设计师	76 023 美元
中央商务平台/网页/多媒体项目设计师/主管	84 484 美元
管理/职业生涯/组织开发专员	89 693 美元
人力资源管理专员	73 495 美元

资料来源：Based on "Learning Earnings?" *training* (November/December 2018)，pp. 32-37.

1.5.4　谁提供培训

大部分公司的培训与开发活动是由培训者、管理人员、内部咨询师和雇员专家共同负责的。然而，培训实践概要表明培训与开发活动通常都被外包出去。**外包**（outsourcing）意味着从外部供应商处获得培训服务。外部培训供应商包括大学、职业与技术学院、产品供应商、咨询公司、贸易和专业组织以及政府部门等。第 2 章将对外包做更详细的介绍。

1.5.5　谁负责培训

培训与开发是负责人力资源、人力资源开发、组织开发工作的专业人员的职责。[127]公司可能会设一个部门来提供培训与开发，称为人力资源部门、人力资源开发部门、人才管理或开发部门或者组织开发部门。

在小公司里，培训是公司创始人和所有雇员的责任。当公司规模扩大到 100 名雇员时，会安排专职人员负责人力资源事务，包括企业培训工作。此时，培训便成为人力资源专员的职责之一。在大中型机构里，培训可以是人力资源专员的责任，也可以是人力资源开发、人才管理与开发、学习、组织开发等独立部门的职责。

人力资源开发（human resource development）是指公司综合运用培训与开发、组织开发以及职业生涯发展来提高个人、团队和组织的效率。人力资源开发专业人员可能会参与工作和任务分析、教学系统设计、在职培训和个人绩效提升等工作。组织开发专业人员可能专注于培训、团队建设、冲突避免、雇员开发和变革管理。人才管理专业人员则集中于识别公司中的精英，确保他们获得个人晋升或者新职位所需的培训与开发。学习专业人员负责正式的培训与开发活动，并通过使用社交工具确保非正式学习和知识分享。从这些描述中可知，培训与开发活动可以是人力资源管理、人力资源开发、组织开发专业人员或部门的责任。一定要牢记，无论由哪个人、哪个部门负责，为了使培训与开发活动有效开展，雇员、管理者、培训专业人员和高层管理者都应承担责任。需要明确的一点是：虽然培训可能是某一个人的工作职责，但公司各个层面的雇员对于培训的成功都起着重要作用。而且，无论由什么人或部门负责培训与开发，都必须使其适应经营战略，支持商业需求。负责培训与开发的专业人员可能擅长特定的领域，如组织发展专家擅长变革管理，但他们同时也负有培训与开发的责任。如图 1-5 所示，为了成功地实现工作场所的学习和绩效，专业人员必须了解这个行业，并且应具备基本素质和特定领域的专业知识。

随着公司不断发展并认识到培训对于商业成功的重要性，公司会设立一个完整的培训或学习部门（第 2 章将讨论如何设立培训部门）。培训部门的成员可能包括教学设计者、讲师、技术培训师和教学技术领域的专家。

人力资源管理和培训的关系因公司而异。[128]一些公司将培训视为人力资源部门的职能的一部分，认为这样做能使之与其他业务部门的职能相协调，并在全公司范围内保持一致。例如，总部位于田纳西州主营老年保健设施的一家公司——Life Care Centers of America 将培训纳入人力资源部门的职能，因为该公司认为设计培训课程和进行学习评估是人力资源部门的专长。由人力资源部门专门负责培训可以使资源得到最大限度的利用，并有利于企业管理文化的形成。

有些公司则将培训和人力资源职能分割开来，因为这样做能将培训功能分散化，更好地满足不同业务部门的需求。A. G. Edwards 公司的培训与开发部门有一个学习中心，定期为财务顾问和雇员开发培训项目。[129]培训部门的代表定期在公司总部与公司的管理委员会会晤，也和地方负责人及分公司经理见面，以帮助他们了解培训对实现商业目标的作用。基于此前针对管理人员的能力差距的调查及参与者的建议，该公司启动了管理人员认证项目。参与项目的管理人员将该项目纳入自己的职责范围并提出项目开发建议，之后提交给公司领导，以获得项目经费和认可。无论用于实现培训功能的组织方式是怎样的，都应满足其培训需求。

1.5.6　准备从事培训工作

　　每个人在一生中的某个时刻都有可能成为培训者。回想最近一次你把某项技能教给你的同伴、兄弟姐妹、配偶、朋友甚至你的老板的情景。尽管有些人通过试错来学习如何培训他人，但掌握培训技能的最佳途径是参加有关培训与开发的课程或者选择与培训相关的专业继续学习。例如，在大学和某些专业院校，教育系、工商管理系和心理系通常会开设培训与开发的课程。商学院会为人力资源管理专业的本科生和研究生提供培训与开发、组织发展的课程。这些学位课程包括指导性设计、课程开发、成人学习、培训评估、在岗培训等。心理系也会开设培训与开发的课程，这类课程可能是工业心理学或者组织心理学的学位课程的一部分。如果你有幸进入一所综合性大学学习，就有机会去教育系、工商管理系或者心理系学习和培训与开发相关的课程。同时你需要考虑你所关注的素质，以及如何去掌握这些素质（课程、工作经验、美国人才发展协会的认证等）。

　　成功的专业培训人员需要获取最新的研究成果和培训实践的信息。对培训与开发感兴趣的读者可以关注几个主要的专业组织，包括美国人才发展协会、人力资源开发学会（Academy of Human Resource Development，AHRD）、人力资源管理协会（SHRM）、工业与组织心理学会（Society for Industrial and Organizational Psychology，SIOP）、美国管理学会（Academy of Management，AOM）以及国际绩效改进协会（International Society for Performance Improvement，ISPI）。有关培训实践的文章可以在下列期刊中找到：*training*，*T＋D*，*Training and Development*，*Chief Learning Officer*，*Workforce Management*，*HR Magazine*，*Academy of Management Executive*，*Academy of Management Learning and Education*。有关培训与开发的研究可以在下列期刊中获得：*Human Resource Development Quarterly*，*Human Resource Development Review*，*Performance Improvement*，*Personnel Psychology*，*Journal of Applied Psychology*，*Academy of Management Journal*，*Human Resource Management*。

关键术语

竞争力（competitiveness）

竞争优势（competitive advantage）

人力资源管理（human resource management）

利益相关者（stakeholder）

学习（learning）

人力资本（human capital）

培训（training）

开发（development）

正式培训与开发（formal training and de-velopment）

非正式学习（informal learning）

外显知识（explicit knowledge）

内隐知识（tacit knowledge）

知识管理（knowledge management）

培训设计过程（training design process）

指导性系统设计（instructional system design）

离岸外包（offshoring）

智力资本（intellectual capital）

社会资本（social capital）

客户资本（customer capital）

知识型雇员（knowledge worker）

雇员敬业度（employee engagement）

变革（change）

学习型组织（learning organization）

人才管理（talent management）

STEM 技能（STEM skills）

全面质量管理（total quality management, TQM）

马尔科姆·鲍德里奇国家质量奖（Malcolm Baldrige National Quality Award）

ISO 9000：2000

六西格玛质量管理过程（Six Sigma process）

精益思维（lean thinking）

ISO 10015

非传统雇佣（nontraditional employment）

零工经济（gig economy）

工作团队（work team）

交叉培训（cross training）

虚拟团队（virtual team）

外包（outsourcing）

人力资源开发（human resource development）

讨论题

1. 描述影响工作场所和学习的因素。培训是如何帮助公司应对这些影响因素的？

2. 讨论正式培训与开发、非正式学习和知识管理之间的关系。它们与学习和创建学习型组织是如何联系起来的？

3. 培训设计过程包括哪些步骤？你认为哪一个步骤最重要？为什么？

4. 无形资产是什么？无形资产和培训与开发有什么联系？

5. 在今天的经济形势下公司如何利用培训与开发创造效益？

6. 培训专业人员一直在讨论指导性系统设计模型是否存在缺陷。一些人认为，指导性系统设计应该被当作项目管理方法而不是确立培训项目步骤的方法。另一些人认为，指导性系统设计这个过程过于线性化和刚性化，主要原因是培训费用太高，开发培训课程所花的时间太长。指导性系统设计注重输入，而管理层注重输出。企业关注的是结果，而不是运用什么设计技术。你认为指导性系统设计模型有用吗？为什么？在哪些情况下，指导性系统设计模型对设计培训来说是更有效的方法（或更无效的方法）？

7. 在培训专业人员扮演的角色中，你认为哪种是最难学的？哪种是最容易学的？

8. 技术是如何影响培训人员的重要作用的？技术能够降低其重要性吗？它还有其他作用吗？

9. 描述你参加过的培训课程。这些课程对你有何帮助？请就提高课程质量提出你的建议。

10. 获得最佳企业学习奖的公司和没有获奖的公司的培训有何不同？

11. 劳动力代际差异的影响是什么？从培训与开发角度来说，为给公司带来好处，公司应该考虑采用哪些策略来处理劳动力代际差异问题？

12. 新技术是如何促进培训与开发的？借助 iPhone 或 PDA 来开展培训的局限性是什么？

13. 解释培训是如何吸引新雇员、留住好雇员、激励雇员的。

14. 人才管理和雇员敬业度之间的关系是怎样的？在经济困难时期，在保持较高的雇员敬业度方面，培训与开发实践能起到什么作用？请给出解释。

15. 使用推特和脸书等社交协作工具对培训、非正式学习和知识管理有何帮助？识别社交协作工具并解释使用它能获得的潜在好处。

案　例　Zappos：面对竞争与挑战

Zappos 公司的总部设在拉斯维加斯，它是一家在线零售商。其最初的目标是通过为顾客提供各种品牌、风格、颜色和尺码的鞋子，努力成为买鞋的最佳网站。如今，Zappos 已经发展成可以在线购买鞋子、包、耳环、手表和各种装饰品的网站。公司的目标是在鞋类商品以及其他类别的商品方面提供最好的在线服务。Zappos 还认为，顾客收到网购产品的速度对其未来的在线购物起着重要作用，所以它一直致力于确保顾客能尽快收到网购产品。Zappos 公司在工作场所文化和实践方法方面获得了许多大奖，其中包括连续六年荣登《财富》最佳雇主榜单。

Zappos 的首席执行官谢家华（Tony Hsieh）总结分享了关于企业文化、品牌和经营战略的十个核心价值观。

1. 用服务制造惊喜；
2. 接受并推动变革；
3. 创造乐趣和一点点不可思议；
4. 勇于冒险、创新和开放思维；
5. 追求成长和学习；
6. 组建真诚与开放的沟通机制；
7. 组建具有家族精神的积极团队；
8. 花小钱办大事；
9. 保持热情和决心；
10. 保持谦逊。

"用服务制造惊喜"意味着客服中心的雇员需要提供优质的服务。他们鼓励来电顾客订购多种颜色和尺寸的商品，因为送货和退货都是免费的。公司鼓励他们充分发挥想象力来满足顾客的需求。

在 Zappos，人力资源工作人员不仅是角色执行者，同时需要保护公司文化并对雇员进行教育。人力资源部门聚焦于与管理者和雇员进行互动，从而了解他们的需求（人力资源工作人员被邀请参加工作团队的"欢乐时光"活动）。Zappos 公司的雇员实践活动延续了公司的文化。招聘过程同样看重工作技能和在公司文化下工作的潜力，100 名职位申请者中只有 1 人能够通过招聘。有一些管理者认为被录用人员最重要的素质是"谦卑"，这包括关注集体而不是自我。求职者面试时会被考量是否适合公司文化以及是否愿意改变和学习。他们会观察求职者在午餐时是与他人交谈还是只与他们认为能够做出录用决定的人交谈。人力资源团队会使用包括"你怎么这么奇怪？"或"你的主题曲是什么？"在内的非常规性面试题，从而找到具有创造力和较强个性的雇员。

Zappos 在公司食堂为雇员提供免费午餐（冷盘），并提供一位全职的人生教练（雇员坐在天鹅绒宝座上吐槽）。管理者会花时间在办公室外与雇员进行交流。一位雇员可以由于良好的绩效获得其他雇员 50 美元的打赏。呼叫中心的雇员可以使用在线调度工具来安排自己的工作时间，他们可以在客户需求旺盛的时段工作而获得更高的工资。在 Zappos 公司的 1 500 名雇员中，大部分按小时支付工资，每一名新雇员都将接受为期四周的培训，在此期间他们要记住公司的文化，并花费两周时间处理来电客户的需求。那些在公司工作并不愉快的雇员会在培训期间被淘汰，但可获得 2 000 美元。Zappos 公司提供免费的早餐、午餐、小食以及自动售货机零食。工作会持续发生变化，开放式办公环境略显嘈杂，团队会频繁互动。Zappos 公司雇员经常调整工作时间，例如，呼叫中心的雇员每月都可以调换班次。为了不断强化 Zappos 公司的十大价值观，公司的绩效管理系统要求管理者通过雇员是否展示出包括保持谦逊的心态和彰显个性在内的核心价值观对雇员的行为进行评估。为了评估任务绩效，管理者被要求向雇员提供进展报告，比如，他们通过电话处理客户需求花费的时间。进展报告和核心价值观评估会作为资料信息或用于发现培训需求。

Zappos 公司认为应该帮助他人了解公司文化。公司创建了 Zappos.com 图书馆，馆内收藏了许多有关客户服务、产品和当地社区的书籍。这些书籍被摆放在办公室的前厅，并被雇员广泛阅读和讨论。企业文化不仅仅是价值观，它依靠复杂的人际互动网络来维持。在 Zappos，雇员可以自由使用包括博客和推特在内的社交网络，这增进了雇员之间以及雇员和客户之间的联系。Zappos 公司每月会通过幸福感调查来衡量公司的健康状况。雇员需要对许多意想不到的问题进行作答，这些问题包括："你是否认为与利润相比，公司更看重自身使命？""你们的角色是否有意义？""你们是否可以掌控自己的职业发展道路？""你们是否将同事视为家人和朋友？""你们是否能从工作中获得幸福？"调查结果根据部门进行分类，借此识别开发机会并采取行动。比如，调查发现一个部门偏离了公司发展轨道时，公司会设计相应的培训项目，让这个部门的雇员了解到他们的工作是公司整体密不可分的一部分。

为了保持公司的活力，Zappos 公司的首席执行官谢家华斥资 3 500 万美元在新的总部所在地拉斯维加斯开发了一个社区。谢家华希望为雇员提供可以工作、生活和社交的场所。最近，Zappos 公司实施了一种全体共治的管理文化，这一文化赋予雇员自由和责任来决定如何完成工作，同时撤销部门管理者。谢家华的目的是让雇员像企业家一样做事，从而激发新的想法，这一措施会发挥所有雇员的潜能，并令雇员相信工作的目的不只是赚钱。谢家华认为这一切会有利于公司发展，在团队和"圈子"中的雇员会发生改变。然而，很多雇员发现新的管理系统令人困惑，他们把更多的时间花在会议上，他们想知道如果没有人从事管理工作，他们如何获得加薪和职位晋升。总共有 210 名雇员对这种新理念非常不满，他们获得了 3 个月的工资作为离职补偿离开了公司。此后 Zappos 公司调整了招聘流程，从而使新雇员可以更好地适应全体共治的管理文化。尽管遇到了一些挫折，但其他公司正试图效仿 Zappos 公司的做法。Zappos Insights 是 Zappos 公司的一个部门，其职责是将 Zappos 公司的企业文化分享给其他公司。Zappos Insights 提供的项目包括构建文化（为期三天的活动）、用服务制造惊喜（惊喜学院）、基于教练指导的文化（教练活动）、人力资源如何保护并促进文化（人才学院），以及习俗项目。参与上述项目的费用为每人 2 000～6 000 美元。

　　Zappos 公司面临的什么挑战令其不能成为最好的在线零售商？培训与开发是如何帮助 Zappos 公司应对这些挑战的？你认为 Zappos 公司的雇员敬业度高吗？为什么？你认为培训与开发最可能对 Zappos 公司的十个核心价值观中的哪一个产生影响？最不可能对哪一个产生影响？为什么？

　　资料来源：Based on www. zappos. com, accessed February 17，2017；E. Bernstein，J. Bunch，N. Canner，and M. Lee， "Beyond the Holocracy Hype," *Harvard Business Review* （July/August 2016），pp. 38 - 49；J. Reingold, "The Zappos Experiment," *Fortune* （March 15，2016），pp. 206 - 14；*The Columbus Dispatch* （April 6，2015），p. C3； "Zappos Insights," www. zapposinsights. com, accessed March 1，2017；D. Richard， "At Zappos, Culture Pays," *Strategy ＋ Business* （August 2010），p. 60；www. strategybusiness. com, accessed March 25，2013；K. Gurchick， "Delivering HR at Zappos," *HR Magazine* （June 2011）；R. Pyrillis, "The Reviews Are In," *Workforce Management* （May 2011），pp. 20 - 25；J. O' Brien, "Zappos Knows How to Kick It," *Fortune* （February 2，2009），pp. 55 - 66；R. Silverman, "Going Bossless Backfires at Zappos," *Wall Street Journal* （May 21，2015），pp. A1，A10.

注　释

第 2 章
战略性培训

通过本章的学习，你应该能够：

1. 阐述经营战略如何影响公司培训的类型和数量。
2. 阐述战略性培训与开发的历程。
3. 阐述公司人员配置和人力资源规划策略如何影响培训。
4. 解释培训需要通过集中战略、内部成长战略、外部成长战略和撤资战略实现。
5. 阐述集中式培训的利与弊。
6. 阐述一所企业大学以及它所带来的益处。
7. 阐述培训中业务嵌入式学习模式的优势。
8. 说明一所企业大学的情况及效益。
9. 开发针对一门培训课程或项目的营销活动。

▼ 章首案例

凯勒威廉姆斯投资培训旨在成为市场首选的房地产企业

作为北美地区最大的房地产品牌，凯勒威廉姆斯国际房地产公司（Keller Williams Realty，简称凯勒威廉姆斯）的愿景是成为房产经纪人及客户的首选房地产品牌。与世界范围内其他房地产公司相比，凯勒威廉姆斯更注重雇员培训，从而使他们可以取悦顾客，发展业务，并实现财务成功。正如位置是吸引买家购买民用和商用地产的关键因素，培训是凯勒威廉姆斯实现其商业目标的根本途径，其商业目标是每年都能够增加房产经纪人的数量，并提高销售和获利能力。凯勒威廉姆斯的首席执行官相信培训对于吸引房产经纪人而言至关重要，因为培训可以帮助他们快速地达成房屋销售并带来销售佣金。对于如今的房产经纪人而言，最大的挑战是如何提高他们的工作效率。为了加强凯勒威廉姆斯对培训的重视程度，公司的高管要在各个网点对员工进行培训。公司对于培训的投入以及培训在商业成功中发挥的作用已经通过公司入围 *training* 杂志 125 家上榜企业这一事实得到认可，且该公司在 2015 年和 2017 年排名第一。

凯勒威廉姆斯拥有不同的培训项目，这些项目能够帮助房产经纪人开展业务。公司的培训包括线上培训和课堂教学，培训包括与导师进行互动和教练指导，同时房产经纪人有机会通过知识分享相互学习。比如，KW Connect 可以让人们随时随地获取培训课程，培训涵盖了来自超过 150 000 名学员生成的内容，其中包括音视频文件、链接、相关问题的回答，以及对于回答的打分，同时还可以通过搜索日历注册培训课程。此外，还有一项功能可使学员关注高管并收到内容更新的通知。管理者可以针对房产经纪人和其他雇员群体定制培训项目。KW Connect 中的一个视频是关于公司业绩优异的房产经纪人的相互比拼。每一名业绩优异的房产经纪人可以制作或更新视频，以解释自己如何应对房产销售的挑战。其他学员会被邀请观看视频并为视频打分。获得高分的房产经纪人会进入下一轮比拼。"商业目标：经过设计的人生"（Business Objectives：A Life By Design BOLD）是一个为期七周的培训项目，在这期间房产经纪人将接受思维练习、语言技巧的应用以及拓展销路方面的培训。这门课程聚焦个人素质和商业技能。在这门课程中，房产经纪人会按照讲师的指导给客户打电话，在学习的同时拓展业务。与没有参加这门课程的学员相比，这门课程的学员的销售额增长了 80%，佣金增长了 118%。"百万经纪人扩展计划"（Mega Agents Expansion，MAE）帮助房产经纪人了解在何时以何种形式进入新市场。这门课程包括讲师授课、网络研讨会、对专家的采访和教练指导。这门课程帮助学员了解业务拓展的各个方面，其中包括如何集中拓展销路，如何开发可行的商业计划。学员可以通过社交媒体进行学习和分享，每月有向业务拓展能力最强的经纪人提问的机会。"增长新方案"（GI）是一个远程学习和指导项目，旨在培训管理者进行高效招聘和保留雇员。这个项目包括每周一小时的研讨会，并要求管理者在一周的五天之内每天都要完成两个招聘任务，这一项目还会帮助管理者将最佳实践方法分享到专属的脸书页面。除了培训项目以外，凯勒威廉姆斯还在公司位于得克萨斯州奥斯汀市的总部投资兴建了培训中心。培训中心管理培训学习的各个方面，并开发与学习有关的工具和视频。

　　凯勒威廉姆斯不仅投入时间和资金进行培训，同时也采取措施确保培训的有效性。为了保证培训的高标准，公司的每一位培训师和讲师在开始授课之前都必须参加"讲师培训"课程。该课程分析业绩优异的销售人员的行为以及行为方式，并将这些内容融入具体的培训项目，所有的学员都会从中受益。在所有的培训课程中，所有的学员都有时间制定专属行动计划，将学到的内容运用到自己的工作中。每一位房产经纪人都被鼓励加入公司的教练组织，其目的是将理论与实践相结合，从而提高工作效率。每周他们都有机会参加由公司高管讲授的教练课程。房产经纪人和管理者可以得到各类评估数据。所有的培训都是自愿参加的，因此，针对培训的一个衡量标准就是参与度。这包含追踪雇员参与培训的时间（平均每名雇员参加 82 小时的正式培训）以及每年课堂培训的参与人数（100 000 人）和在线课程的参与人数（26 000 人）。课程的投资收益率已经计算出来。比如，BOLD 课程的成本是每人 799 美元，但是每人每年的额外收益已达到 55 000 美元。凯勒威廉姆斯还追踪各种指标，比如房产平均在售时间。相较于竞争对手，公司房产的在售时间更短，这证明了培训可帮助经纪人更快地完成交易，并能够提供更好的服务。

　　公司预计其业务将会快速增长，同时也认识到房地产行业是一个基于人脉的当地产业。凯勒威廉姆斯将培训视为为公司、学员、客户创造价值的关键。自 2013 年以来，经凯勒威廉姆斯的经纪人买卖的房产数量翻了一番，这意味着公司和经纪人的财务成功，比如，经纪人的佣金增长了 150%。

资料来源：Based on L. Freifeld, "Keller Williams Realty's View from the Top," *training*（January/February 2017），pp. 26 - 32；"Top 125 2018 Top 10 Hall of Fame, Keller Williams Realty, Inc.," *training*（January/February 2018），p. 47；L. Freifeld, "Keller Williams Is at Home at No. 1," *training*（January/February 2015），pp. 28 - 34；L. Freifeld, "Keller Williams Is On the Move," *training*（January/February 2014），pp. 40 - 42.

2.1　引　言

凯勒威廉姆斯的培训与开发计划支撑着企业的经营战略。在意识到学习是雇员职责的一部分后，管理者、同事以及培训人员都积极帮助其他雇员增加新技能、拓宽视野。这有助于强化学习的价值以及其对企业的重要性。凯勒威廉姆斯承认，贯穿培训与开发的学习对于决胜商场是至关重要的。

为什么强调战略性培训至关重要？商场上，公司以营利为目的，每一个业务部门都面临着压力，要展示其对企业成功的贡献，否则就会面临开支削减甚至外包的风险。为使企业获得成功，培训活动应帮助企业实现其经营战略。**经营战略**（business strategy）是整合了企业的目标、政策和行动的计划。[1]它影响企业如何使用物质资本（例如工厂、技术和设备）、金融资本（例如财产和现金储备）以及人力资本（例如雇员）。经营战略帮助管理企业活动（生产、金融、销售和人力资源）以实现特定目标。这些目标多是企业在中长期发展中希望实现的目标。大多数企业的目标包括财务目标，例如股东财富最大化。但是企业也有与雇员满意度、行业地位和社区服务相关的其他目标。

培训与经营战略和目标有直接或间接的联系。培训帮助雇员拓展技能，从而直接影响企业的运营。为雇员提供学习和发展的机会有利于创建积极的工作环境，吸引有才能的雇员以及激励和留住现有雇员来支持企业的经营战略。

看看 Aerospace Corporation 是如何利用培训促进公司业务发展的，以及该公司如何考虑其面临的紧急问题并利用现有资源解决这一问题。[2]该公司是一家非营利企业，主要为国防和智能项目提供支持，现有雇员 3 500 人，大部分是从事航天和地面支持系统工作的科学家和技术人员。公司的愿景是为应对最复杂的挑战提供工程解决方案。公司的价值观、对使命的专注度、卓越的技术、对人才的投入、正直的企业观、坚定的目标都在支持着这一愿景。为了实现这一愿景，公司每年为每一位雇员提供 40 小时的培训学习。培训的实施促进了持续学习。由于公司的雇员遍布 40 个不同的地区，因此公司需要仔细规划政府投入的资金。公司使用 50 - 50 的混合培训方式，其中包括讲师课堂授课，利用学习管理系统和包括企业信息门户在内的协作工具。这可以将参与培训的成本保持在低水平，而且无论雇员在哪里，他们都可以获得培训。

经营战略对公司现有培训的类型和数量以及资源（金钱、培训者的时间和项目开发）是否被用于培训有重大影响。同样，经营战略影响公司所需技能的类型、水平和组合形式。经营战略对于决定如下几点有特别重要的影响：

1. 致力于当前或未来职业技能开发的培训的数量。
2. 基于雇员的特殊需要而开发的培训以及基于团体、单位和部门的需要而开发的培训。
3. 培训是针对雇员中的特定团体（比如被认为具有管理才能的人）还是面向全体雇员。

4. 培训是经过设计或者得到系统的管理，还是仅在问题出现时提供，或为应对竞争对手而自主开发。

5. 与其他人力资源管理实践（比如甄选和激励）相比，我们对培训的重视程度如何。[3]

本章首先讨论培训是如何发展的。传统上，培训被视为一项旨在开发特殊的、明确的知识和技能的活动或程序。但是管理者和培训者以及人力资源专员已经意识到基于经验的知识难以通过培训传授。他们拓展了培训的作用，将学习、设计创建和分享知识的方法纳入培训的范围。接下来讨论战略性培训与开发的进程，包括确定经营战略、选择战略性培训与开发支持此战略的举措，开展支持战略方案的培训与开发活动，以及确定和选择度量标准来论证培训的价值。本章随后描述组织因素对培训的影响是如何与经营战略相关联的，其中包括雇员和管理者的作用、高层管理者对培训的支持、企业单元的整合、人员配备和人力资源规划战略、工会化程度，以及管理者、培训者和雇员的参与度等内容。本章详细介绍了战略性培训的类型和意义。最后，着重强调被管理者和雇员采纳、接受和使用的战略性学习、培训与开发。我们需要从变革模式和市场的角度对此加以考量。本章的末尾将描述实现培训职能的不同方式，由于公司提出了培训活动和商业目标相结合的战略，业务嵌入式学习和企业大学模式得到普及。

2.1.1　培训的发展过程：从项目到学习

越来越多像凯勒威廉姆斯这样的公司意识到持续学习对于应对经营挑战、赢得竞争优势的重要性，因此培训在公司中所扮演的角色也在不断发生改变。

第1章论述了公司实现学习目标的不同方式。学习可以通过培训、开发、非正式学习和知识管理实现。由公司制定的培训与开发计划是确保雇员学习的一种方式。在一些战略性方法中，培训包括雇员必须参与的一系列程序和项目。在参与培训计划后，雇员应将培训中所学应用到工作中，他们能否得到支持取决于管理者的想法。而且，培训不会提供任何信息来帮助雇员理解培训内容和工作绩效、发展目标或商业目标之间的关系。这种培训方式通常不能提高工作绩效和满足业务需求。关于程序或项目的培训的作用会持续到将来，因为我们需要教授雇员专业知识和技能。这种方式假定商情是可预测的，公司可以控制和预料雇员未来需要的知识和技能。这些假设对于某些技能（比如沟通和冲突化解）来说是可以实现的。然而，这些培训项目和程序与绩效提升密切相关，商业活动也需要从高管层那里得到帮助。第1章中的培训设计模型和第3章至第8章中论述的模型的不同方面有助于你了解如何制定培训计划来提高雇员绩效和满足业务需求。

■ 2.2　战略的重点是学习

2.2.1　学习型组织

在意识到学习的战略意义之后，许多公司努力成为学习型组织。正如第1章中所讨论的，学习型组织是指拥有不断增强的学习、适应和变革能力的公司。[4]在学习型组织中，雇员获取、分享并应用知识和技能，从而改善个人和组织的绩效。学习是组织价值观的一部分，培训流程要经过仔细检查以确保与公司目标一致。在学习型组织中，培训被视为创造人力资本系统的一部分。一项预估显示 1/3 的企业拥有学习型组织，但是大部分学习型组织仅表现出一些特征。将学习视为战略重心是否会影响公司的"底线"？答案似乎是肯定的。高效能企业拥有学习文化的可能性是低效能企业的五倍。

西尔斯控股公司（Sears Holding Corporation）旗下有西尔斯零售店[5]，这些实体店正面临来自包括 eBay 和亚马逊在内的在线零售商以及包括开市客（Costco）和山姆会员店（Sam's Club）在内的折扣商店的挑战。西尔斯试图通过关闭一些店面和提高毛利润等降低成本的措施求得生存。对西尔斯而言，要想实现自我改造和盈利，需要雇员通过提供出色的服务来做出改变。持续学习是重中之重，因为积极的雇员体验与出色的客户服务密切相关。西尔斯的学习文化关注如何增强公司的竞争优势、如何为雇员提供有利于未来发展的技能，以及如何通过非常规手段解决问题。公司的学习与开发团队努力提供创新性学习解决方案——团队摒弃了固有思维，并尝试思考如何去做事。创新性思维的一个例子是被人们称为 Segno 的学习管理系统。Segno 的开发在支持公司的商业目标的同时促进了学习文化。像许多常规系统一样，西尔斯的学习管理系统可以提供课堂培训并追踪出勤人数，这个系统还可以追踪非正式学习，比如阅读书籍或与管理者进行辅导谈话。西尔斯还使用了一款工具，可以让雇员了解他们应用知识的熟练程度，如果雇员参加了培训，但是他们的客户服务没有得到改善，这款工具可以给出相应的建议，或提供有助于改善服务的其他活动，从而提高雇员的客户服务能力。另外，这款工具还可以将公司的数据与学习活动相关联。

表 2-1 展示了学习型组织的最主要的特点。请注意，学习型组织的学习不仅发生在雇员个体层面（传统上对于学习的认识），还应该渗透到团队和整个公司的层面上。在学习型组织中，高层领导应通过担任顾问或在培训课程中担任讲师或主讲人来提供相应的指导。此外，学习型组织应强调知识管理。

表 2-1 学习型组织的主要特点

互助的学习环境
- 雇员在讲述工作思路、提出问题、与管理者争论以及承认错误时有安全感。
- 不同的功能视角和文化视角都可以被欣赏。
- 公司鼓励雇员承担风险、创新、探索未经检验的和未知的事物，例如尝试新工艺以及开发新产品和服务。
- 公司鼓励雇员回顾公司的发展历程。

学习进程和实践
- 实现知识创新、宣传、分享和应用。
- 发展创造、获取和分享知识的体系。
- 每一位雇员都有一个发展计划，并应完成计划中包含的学习内容。

管理者加强学习
- 管理者积极提问并倾听雇员的心声，鼓励对话和辩论。
- 管理者愿意考虑不同的观点。
- 将时间投入问题认定、学习过程和实践以及绩效审计中。
- 学习是一种奖励、提升和支持。

资料来源：Based on M. Ho and M. Jones (eds.), "Building a Culture of Learning" (Alexandria, VA: The Association for Talent Development, 2016); A. Edmonson, "Strategies for Learning from Failure," *Harvard Business Review* (April 2011), pp. 48-55; F. Gino and G. Pisano, "Why Leaders Don't Learn From Success," *Harvard Business Review* (April 2011), pp. 68-74. Based on D. Garvin, A. Edmondson, and F. Gino, "Is Yours a Learning Organization?" *Harvard Business Review* (March 2008), pp. 109-116.

学习型组织最主要的一项能力是可以让雇员从失败和成功中吸取经验。也就是说，通过学习，理解事情为什么会发生以及为什么一些选择会导致这样的结果。[6]成功和失败都会促使人们开展调查研究，来帮助雇员修正假设、模型和理论。例如，苹果公司的 Newton 平板电脑在 1990 年推出之初遭遇惨败。经历此次失败后，苹果公司开始重新思考怎样才能生产出大获成功的产品。苹果公司意识到，与市场上现有的智能手机相比，触屏手机应该比较容易为消费者所接受。随后，借助 iPhone 手机的成功经验，苹果公司成功开发了平板电脑 iPad。虽然曾推出了许多受欢迎的动画电影，但皮克斯动画工作室（Pixar）仍然经常回顾制作每一部电影的过程。例如，皮克斯动画工作室明确了雇员最愿意做和最不愿意做的五件事情。这对于更好地理解成功经营背后的缘由是至关重要的，因此，我们需要分享其成功的经验。为了能从失败和成功中吸取经验，需要给雇员提供体验产品和服务的机会，这与工程和科学研究领域相似。成功的必要条件包括：存在真正的不确定性，失败的代价较小且可控，失败的风险是可接受的且有可能被消除。有一种观点是：失败会提供重要的信息，成功是明确的，机会是至关重要的。

在过去的十年里，迪士尼公司的培训逐步演变为灵活的学习方式、定制的学习体验与内部培训顾客协同发展。[7]迪士尼的引导式培训方式转变成面对面教学（在教室或工作中）与在线教学（游戏模拟、网络学习）相结合。这符合迪士尼一贯注重的将技术和方法与观众——不论是顾客还是雇员——相匹配的经营战略。

由于外显知识是众所周知的，传授知识的计划又易于开发和模仿，因此一个单一的培训项目或计划不太可能给公司带来竞争优势。然而，通过体验和雇员之间的相互交流而获得和分享的内隐知识是难以模仿的，它能给公司带来竞争优势。皮克斯动画工作室成功制作了很多动画电影，如《机器人总动员》（讲述荒废的地球上机器人的爱情故事）和《美食总动员》（讲述想当厨师的法国老鼠的故事），这需要有才华的导演、作家、制片人，以及不同地区、不同水平、不同领域的美工的团队合作。[8]皮克斯动画工作室遵循以下三项工作原则：（1）不论雇员的地位和所属部门，所有雇员都有与其他雇员交流的自由；（2）公司为发表意见者提供安全保障；（3）公司需要关注学术界的革新。皮克斯大学为参加培训和交叉培训的雇员提供专业领域的内部课程。它也提供选修课程，为不同领域的雇员提供见面和学习的机会。剧本写作、图画和雕塑与业务直接相关，普拉提和瑜伽课程与业务并不相关。不同专业水平的雇员，不论是新手还是专家都可以学习这些课程。这强化了所有雇员都可以共同学习的理念，并且增加了雇员共同学习的乐趣。

2.2.2　学习对于人力资本开发的意义

注重学习有许多意义。第一，学习与帮助雇员提高绩效和公司实现商业目标息息相关。这种关联确保雇员具有学习的积极性，将有限的学习资源（时间和金钱）集中在可直接帮助公司取得成功的领域。第二，企业经营环境的不可预测性将成为常态。由于公司难以准确地预测问题，因此要根据需要安排学习。公司可利用工作经验、在线学习、移动学习等手段帮助雇员获取经营中所需的知识和技能。第三，内隐知识很难通过培训获得，公司需要支持基于指导、社交网络和工作经验的非正式学习。第四，学习不仅需要物质资源和技术资源的支持，而且需要心理上的支持。公司的工作环境应有助于学习，管理者和同事需要鼓励学习以及帮助雇员找到在工作中获得知识的途径。同样，管理者需要理解雇员在个人利益和事业上的目标以便帮助他们找到适合的发展活动，从而为他们胜任公司的其他岗位做好准备或者成功应对现有工作的扩展部分。第 5 章将阐述如何创建一个有助于培训和学习的工作环境。

创造和分享知识是指公司人力资本的开发。如第 1 章所述，人力资本包括知识（了解是什么）、先进的技能（了解方式）、系统的理解和创新（了解原因）以及提供优质产品和服务的动机（了解原因）。[9] 传统上，培训注重认知技能和先进技能。但是企业最高价值的创造是通过使雇员理解制造和服务的过程、部门之间的相互关系（理解系统）以及激励他们创造高质量的产品和服务（关注为什么）实现的。为了创造和分享知识，公司需要提供实际的空间和技术（电子邮件、网站、社交网络）来鼓励雇员合作、分享知识。福特汽车围绕各功能区组织实践社区。[10] 例如，在全球每个福特汽车装配厂，所有的油漆工都属于相同的社区。在每一个工厂，都有一位油漆工充当"核心人物"。如果其他油漆工发现了一种更好的方式来改善着色的某个步骤，核心人物就会创建一个描述这一进步及其带来的利益的模板。这个模板会以电子邮件的方式交给福特公司总部的核心专家，这些专家会审查此项实践并且决定是否与其他装配厂分享。如果有必要分享，公司会核准此项实践并且将它在线发送给其他装配厂。福特公司预计会从中获益 13 亿美元，目前已经从实践社区获取了超过 8 亿美元的收益。

根据埃森哲学习公司（Accenture Learning）的调查，公司需要用七种核心能力来实现培训与开发的价值，并将它作为学习战略的一部分。[11] 这些能力如下：

1. 将学习目标和商业目标并列。
2. 整体业务的测量影响学习功能。
3. 公司之外的学习活动将客户、销售商和供应商包括进来。
4. 对于最关键的工作，需要着重发展能力。
5. 与其他人力资源功能（如知识管理、绩效支持和人才管理）的学习整合。
6. 提供包括课堂培训和网络学习在内的学习方法。
7. 设计和提供领导力发展课程。

这些能力是战略性培训与开发过程的组成部分，本章接下来将进行阐述。

2.3 战略性培训与开发过程

你已经了解了培训在公司中的演变过程、经营战略的概念以及培训是如何支持经营战略的，接下来将学习战略性培训与开发过程。图 2-1 借助战略方案、培训活动和指标的实例展现了战略性培训与开发过程的模型。

通过模型可以看出，战略性培训与开发过程的第一步是确定经营战略。第二步是选择支持战略的战略性培训与开发策略。第三步是将这些培训与开发策略转化成具体的战略性培训与开发活动。第四步是确定实施措施和指标。公司利用这些指标来确定培训是否会帮助其实现经营战略目标。下面我们来详细介绍每一步。

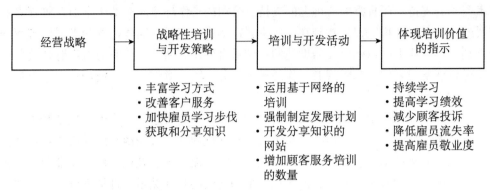

图 2 - 1　战略性培训与开发过程

2.3.1　经营战略的形成和确定

如图 2 - 2 所示，制定一项新的经营战略或改变一项现有经营战略通常包括五个部分。[12]第一部分是公司**使命**（mission），它是对公司存在理由的陈述。公司使命虽然各不相同，但通常包括服务顾客的信息、公司存在的理由、公司的作为、顾客得到的价值、公司应用的技术。公司使命通常伴随着对公司愿景和价值的陈述：**愿景**（vision）是公司未来想要实现的蓝图，**价值**（value）是公司代表的利益。第二部分是公司**目标**（goal），即公司想在中长期实现的目标。它反映出使命是如何得以实现的。培训有助于不同商业目标的实现，这体现在表 2 - 2 中。营利组织和非营利组织的目标通常是满足利益相关者——包括股东（如果公司公开交易且以营利为目的）、社区、客户、雇员以及与公司走向成功有着利益牵连的其他团体——的需求。

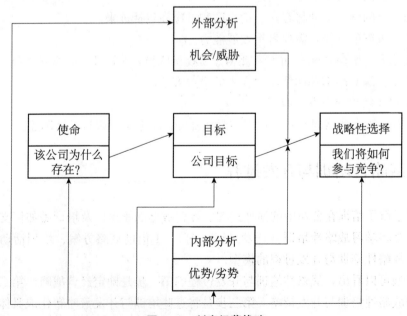

图 2 - 2　制定经营战略

表 2-2 可能受培训影响的商业目标

提高生产率
减少废料和返工
提高客户满意度
降低因雇员粗心大意引发的操作风险并减少事故
提高雇员满意度和雇员保留率
增加时间和有价值货物的产出，例如增加计费项目的时间
更好的管理决策
加大人力资本的开发力度
带来竞争优势和增长的继任计划

资料来源：Based on R. Rivera， "How to Demonstrate Value：Key Measures Every Learning Professional Should Know." in *WLP Scorecard*：*Why Learning Matters* (Alexandria：VA：ASTD Press 2007)，pp. 17-24.

本书将第三和第四部分中的外部分析和内部分析合起来称为 SWOT 分析。**SWOT 分析**（SWOT analysis）包括内部分析和外部分析，内部分析是对优势和劣势进行分析，外部分析是对目前存在或预期的机会和威胁进行分析。**外部分析**（external analysis）包括检查公司运营环境来确定机会和威胁。第 1 章中提到的商业挑战代表公司面临的机会和威胁。机会包括公司服务的客户和全球市场、促进公司发展的技术、未曾利用或未被充分利用的有才能的雇员。威胁包括经济中的各种变数、人才和领导力的短缺、新竞争对手的出现、立法中对经济产生负面影响的部分。**内部分析**（internal analysis）试图定义公司的优势和劣势。它着重检查金融资本、物质资本和人力资本的可用数量和质量。最后一部分为战略性选择。在完成 SWOT 分析之后，公司（通常是参与战略规划的管理者）拥有所有的信息，需要考虑形成一些可供选择的经营战略并且做出战略性选择。关于如何制定决策见表 2-3。基于实现公司目标的能力，对可供选择的战略进行比较。**战略性选择**（strategic choice）代表可以实现公司目标的最好的战略。

表 2-3 就如何实现公司目标制定决策

1. 去哪里竞争？
   我们在什么样的市场（行业、产品）中竞争？
2. 怎样竞争？
   我们基于什么标准和差异性特征竞争？是成本、质量、信任度、交付还是创新性？
3. 拿什么竞争？
   什么样的资源可使我们击败竞争对手？我们如何获得、开发和配置这些资源？

资料来源：R. Noe，J. Hollenbeck，B. Gerhart，and P. Wright，"Strategy Decisions About Competition," *in Human Resource Management*：*Gaining a Competitive Advantage*，9th ed. (Burr Ridge IL：Irwin/McGraw Hill. 2013)，p. 77.

比如，Texas Health Resources 的首席执行官通过考察公司所有领导者的能力使公司更具竞争力。基于对公司的 SWOT 分析，他强调公司领导者的职责应该更具创新性，并且能够为客户提供始终如一的医疗服务。[13] 为了提高公司的竞争力，首席学习官通过取消一些不受欢迎且时间较长的课程来降低员工培训的成本。为了实现培训创新，首席学习官引入了基于网络的培训方式，并制定了一项长期计划，这项计划可以就公司如何利用技术降低培训成本，同时使培训更容易获取提出建议。学习与开发促进了医疗服务的始终如

一，这得益于培训课程聚焦如何减少错误，以及如何实施标准化流程。

尽管以上决策同样重要，但公司常常忽视"拿什么竞争"这一问题，结果导致目标无法实现。在该决策中，公司需要确定如何利用人力资本、物质资本和金融资本。要利用人力资本来获得竞争优势，需要将公司的人力资源管理实践（如培训与开发）与经营战略相联系。

2.3.2　识别支持战略的战略性培训与开发策略

战略性培训与开发策略（strategic training and development initiative）是指公司为实现其经营战略采取的与学习相关的行动。[14]战略性培训与开发策略依据公司所处行业、目标、资源以及能力不同而有所变化。开发策略的基础是公司对商业环境的理解、对公司发展目标和资源的掌握以及对其潜在培训和开发选择的洞察力。它们为公司的具体培训与开发项目指明了方向，展示出培训是如何帮助公司实现目标的（正因为如此，也展示出培训将如何提升公司价值）。

公司制定战略与真正实施战略还存在一段距离。为了尽可能让战略成功实施，学习专家需要帮助管理人员，以确保战略性培训策略及培训项目与经营战略保持一致，并为培训项目正常进行提供必要的财政资源和支持。[15]

在推动一家公司的经营战略方面，培训的重要性体现在理解并支持公司的经营战略，给客户带来价值。将培训计划与经营计划相结合也很重要，因为经营计划不仅体现了公司的重点（即如何规划或经营），而且会说明培训参与者、商业环境及其如何影响培训计划、培训计划如何实施，以及做出何种决定来增加计划成功的可能性。在印度工业信贷投资银行伦巴第综合保险公司（ICICI Lombard General Insurance Company），培训与开发部门同高管层一起制定了年度培训计划，这一计划出炉后会与业务部门以及所有雇员进行分享。培训与开发部门根据公司的经营战略判断公司需要的商业能力，以及学习如何为其提供支持。所有的雇员都要撰写开发目标，并确定实现这些目标所需采取的措施，包括在职经历和项目，正式培训与非正式学习。[16]OptumRx 是针对保健产品和处方药的项目，这个项目的团队选择战略性培训与开发来实现公司的五个商业目标。这些目标包括增长与雇员保留、创新、卓越的运营、质量与合规、领导力与人员的发展。[17]比如，为了促进增长与雇员保留这一目标的实现，在合并导致雇员人数翻番的情况下培训与开发团队提供计算机系统和业务流程的交叉培训。为了实现质量与合规这一目标，培训与开发团队对质量数据和错误报告进行监控，根据需要开发了一个电子学习课程，培训病患权益倡导者如何正确地处理紧急病例。

表 2-4 显示了战略性培训与开发策略及其对培训的影响。丰富学习方式是指公司需要提供更多的学习机会，而不仅仅是传统的培训项目。这些学习机会包括：在工作场合与同行接触和交往等非正式学习；新的工作经验；利用导师、教练和反馈机制来迎合雇员需求的个性化学习；运用技术开展学习（如网上培训）。这样的培训通过自学实现，并可在正式课堂环境之外进行（这些学习机会将在第 7 章、第 8 章和第 9 章中详细讨论）。

表 2 - 4 战略性培训与开发策略及其对培训的影响

战略性培训与开发策略	启示
丰富学习方式	● 在培训中运用技术，如互联网 ● 促进非正式学习 ● 提供更多个性化的学习机会
增加受训者数量	● 培训客户、供应商和雇员 ● 向非管理类雇员提供更多学习机会
加快雇员学习步伐	● 快速识别需求，提供高品质的学习解决方案 ● 缩短开发培训项目的时间 ● 促进所需学习资源的利用
改善客户服务	● 确保雇员具备产品和服务方面的知识 ● 确保雇员具备与客户交往的技能 ● 确保雇员了解自己的角色和决策权
提供发展机遇，加强 与雇员的沟通	● 确保雇员有自我发展的机会 ● 确保雇员了解职业机会并清楚个人成长机会 ● 确保培训与开发可满足雇员目前的工作需求并实现个人成长
获取和分享知识	● 从知识渊博的雇员身上捕获洞察力和有效信息 ● 有逻辑地组织和存储信息 ● 提供使信息可用的解决方法（如资源指导、网站）
使培训与开发策略和公司的 发展方向保持一致	● 确定所需的知识、技能、能力 ● 确保目前的培训与开发项目满足公司经营战略的需求
确保工作环境有利于 学习和培训	● 消除学习的限制因素，例如缺乏时间、资源和设备 ● 提供物理空间以促进团队的合作、协作、创造以及团队间的知识分享 ● 确保雇员了解学习的重要性 ● 确保管理者和同行理解并支持培训、开发和学习计划

资料来源：Based on A. Lander, "Do You Know How to Create an Actionable Learning Strategy?" *Chief Learning Officer* (April 2017), pp. 45 - 47, 57；S. Tannenbaum, "A Strategic View of Organizational Training and Learning", in *Creating，Implementing，and Managing Effective Training and Development*. ed. K. Kraiger (San Francisco：Jossey - Bass，2002)，pp. 10 - 52.

N2 Publishing 公司提供社区新闻，新闻主要与社区故事、商业新闻和当地的一些问题有关。新入职的销售代表在线接受培训。每一位新入职的销售代表都由一位区域销售主管负责指导，这些销售主管会回答他们的问题并帮助他们开发业务。[18] 为了促进持续学习，Persistent Systems 公司为雇员提供不同的学习方式，其中包括在线学习、集成学习、移动学习。与此同时，公司鼓励雇员参与非正式学习以分享并获取知识。雇员可使用在线评估工具获得技能认证。[19]

之所以增加受训者数量，是因为雇员是企业接触客户的主要人群，他们需要接受比管理者更多的培训。Shaw Industries 公司每年向其雇员提供 100 万小时的培训，这些雇员包括机械师、市场人员、科学家、销售代表、设计师、数据科学家、护士以及行政人员。[20] 公司还激励雇员进行产品创新，鼓励创造性思维，并追求品质。

同时，为了给供应商、零售商和客户提供更好的服务，企业需要发布如何使用其提供的产品和服务的信息。一些公司开始培训供应商，以确保供应商所提供的产品和服务满足客户的质量标准。一家公司要想获得成功，必须能够应对技术的革新、客户需求的变化和全球市场的波动，必须快速识别培训需求并提供有效的培训。换句话说，公司必须加快雇员学习的步伐。同时，公司也将逐步依靠电子绩效支持系统（EPSS）为雇员提供即时信息、建议和指导（第 5 章详细讨论）。电子绩效支持系统支持通过个人电脑、平板电脑或手机进行即时访问。为了节省客服部门的雇员了解岗位知识所需的时间，Paycor 公司重新设计了培训，将原来的面对面培训转变为如今的集成培训。[21]为期八周的培训包括讲师主导的课程、导师课程、网络学习、引导性实践。实施集成培训意味着雇员在接受培训的第五周就可以开始上岗（无须等到培训结束后上岗）。在培训的最后三周，雇员可以一边工作一边学习技能，他们的导师会给予相应的支持。基于商业伙伴的投入，Anthem 公司的培训与开发团队设计了高效的培训，这一培训可以提高雇员的参与度，并使雇员可以控制自己的出勤，由此提高了培训效率并降低了成本。[22]公司原有的面对面培训转变为现在的翻转课堂，培训的内容包含在线自步学习。这种学习方式将培训通过率提高了 19 个百分点，并减少了 22 000 小时的课堂学习，但是培训效果并没有因此打折扣。

　　雇员要提高客户服务的质量，应掌握产品和服务的知识，还要具备客户服务技能。密歇根蓝十字蓝盾公司（Blue Cross Blue Shield of Michigan）、威普罗以及 University Health Systems 正通过培训来改善客户服务。[23]密歇根蓝十字蓝盾公司认为它与其他保险公司的区别在于它持续关注客户和雇员。公司设计了培训以帮助雇员以更大的同理心和灵活度应对客户的需求。培训使得公司用于评估客户专注度和服务代表参与度的指标在五年内得到改进。威普罗的首席执行官有两个经营战略，一个战略是通过聚焦整合、淘汰、自动化来实现人才开发战略的现代化，另一个战略是推动未来的发展。人才开发战略的一部分是帮助那些由于数字化而面临业务中断的客户，服务好这些客户需要雇员掌握新技术。为了帮助雇员获取知识，培训与开发团队设计了一款游戏，帮助雇员选择他们想要掌握的技能和知识，并获得相应的学分。University Health Systems 的战略是改善患者体验、提升服务质量和工作效率，这是培训的驱动力。比如，培训团队为"同理心培养计划"（Cultivating Compassion Initiative）提供支持。除此之外，培训团队还提供客户服务以及如何解读病患满意度数据的培训。

　　提供并公开所有的发展机会非常重要，这可以确保雇员相信他们可以通过培训学习技能并实现成长。这些机会对吸引并留住有才华的雇员非常重要。GI 公司为希望得到其他职业发展机会的高级销售人员开发了一个项目[24]，项目参与者选择与其职业兴趣相匹配的课程。他们可以了解自己渴望的职位的职责和挑战，以及需要开发的技能和体验。获取并分享知识能够确保关于客户、产品、流程的重要知识不会因为雇员的离职而流失。另外，帮助雇员获取知识可以提高雇员对客户的响应速度，从而改善产品和服务的质量。比如，雇员可以通过数据库搜索其他雇员针对一些问题的解决方案，而不是"浪费时间做无用功"。Cerner 公司向顾客提供信息技术。[25]为了确保雇员了解技术、安全、数据、安全工具方面的最新发展，公司使用了名为 uCern 的社交学习平台，在这个平台上学员、客户、合作伙伴可以进行讨论，并分享包括文件、视频、博客、维基在内的内容。与 uCern 推出之前相比，如今的技术更新只需要几个小时就可以完成。

　　根据公司的战略方向调整培训与开发是非常重要的，这可以确保培训满足商业需求。公司必须发现雇员需要具备什么样的能力（比如知识、技能），以及是否可以通过培训提高这些能力。公司的首席执行官非常看重培训的价值，但是他们希望培训更具相关性，花费更少的时间，同时雇员可以快速地将学到的技能应用到工作中。

　　看看理光美国公司（Ricoh USA）和电通公司（iProspect）是如何根据公司的战略方向调整培训的。[26] 随着理光美国公司将自己的定位从销售转变为提供服务，公司大力推动变革。为了帮助销售团队出售服务型业务，提高运营效率，并使客户更易于与公司开展业务，理光美国公司的培训部门提供了许多培训项目，其中包括针对服务管理的跨部门培训。作为一家数字媒体营销公司，电通公司将营业额增长设为公司的目标。为了实现这一目标，公司的学习与开发团队推出了为期六个月的集成培训以开发雇员的沟通能力。该项目包括面对面培训与在线培训，如在线研讨会、教练指导、移动学习，将制定实现业务增长目标的行动计划，确定应采取的行动，并衡量目标的实现情况。

　　最后，支持性的工作环境对于激励雇员参与培训、将所学内容应用于工作中、互相分享知识非常有必要。有形的支持包括投入的时间和资金，以及雇员可以会面并交流想法的工作区域。来自管理者和同伴的心理支持也非常重要。对于培训的有形支持和心理支持将在第 5 章进行讨论。比如，在 US Security Associates，学员需要完成为期三年的培训以提升自身的人际交往技能，同时开发具体的工作能力。[27] 管理者对雇员进行教练指导，以确保雇员掌握职位所需的能力。

　　如何确保一家公司的培训与开发策略与其经营战略相关？表 2－5 显示了一家公司在战略性培训与开发策略中需要回答的问题。为了帮助公司得到这些问题的答案，培训师需要阅读公司年度报告、战略规划、业绩报告，并进行分析。要理解经营战略及其对培训的影响，最有效的方式是邀请管理者一同参加培训和雇员发展会议，并就公司经营战略发表自己的看法。此外，对于拥有多个部门的公司，培训师必须清楚每个部门的业务，包括一个部门如何衡量有效性、如何监控和汇报绩效，以及部门面临的挑战，如供应链管理、新产品开发、竞争压力、保修等方面的问题。

表 2－5　开发战略性培训与开发策略需要回答的问题

1. 公司的愿景和使命是什么？说说经营战略的战略驱动因素。
2. 公司应具备怎样的能力来应对经营战略和商业环境带来的挑战？
3. 哪种类型的培训与开发最能吸引、留住和培养公司成功所需的人才？
4. 哪些能力是公司取得成功和实施经营战略的关键？
5. 公司是否制定了相关计划以让高管、经理、雇员和客户清楚培训与开发和经营战略之间的联系？
6. 公司的高层管理团队是否公开支持培训与开发计划？
7. 公司提供的培训与开发机会是否既针对个人也针对团队？

　　资料来源：Based on R. Hughes and K. Beatty, "Five Steps to Leading Strategically," *T＋D* (December 2005), pp. 46 - 48.

2.3.3　提供和战略性培训与开发策略相关的培训与开发活动

　　公司在选择有关其经营战略的战略性培训与开发策略之后，便要着手规划具体的培训与开发活动，以确保策略成功实现。这些活动包括：使用与新技术相关的开发策略，增加特定雇员群体参与培训的机会，缩短开发时间，以及开发新的培训内容。比如，威瑞森的战略重点包括提供良好的客户体验，实现业务和获利能力的增长，并打造团队文化。[28]为了支持自身的战略重点，威瑞森的培训与开发团队组织并执行了战略性培训与开发活动，活动内容包括确定学习体系、开发学习项目、实施学习并衡量学习如何帮助实现业务目标。培训与开发确保雇员、承包商以及经销商有足够的知识和技能来实现公司的战略重点。比如，为了改善客户体验，威瑞森针对零售店的雇员开发了培训项目，项目聚焦如何优化雇员的行为，从而更好地改善客户体验。公司针对门店经理开发了培训项目，旨在帮助门店经理对雇员的行为给予指导和加强。培训带来了门店营业额的增加以及客户满意度的提高。

2.3.4 识别并运用指标来证明培训的成功

公司如何确定培训与开发活动是否真正有助于推动经营战略的实施以及目标的实现？这就涉及识别和运用**指标**（metrics）、选择业务成果来评估培训和学习策略的整体价值。识别和运用指标体现在留住雇员的措施、调查雇员敬业度、提升客户服务水平、检查生产效率和质量等方面。认识到培训的成果和业务指标之间存在的差异是很重要的。通常情况下，培训项目的评估涉及测量受训人员的满意度，受训人员在知识、技能和能力方面的提升，或者评定该培训是否影响业务结果，如生产率。关于进行培训评估、收集培训成果以衡量培训是否有效的过程将在第 6 章详细讨论。在培训结果的评估中指标更注重绩效成果而非其他成果。它们是与战略业务相关的措施。也就是说，它们不仅与一门课程或一个项目相关，更代表了多个项目或学习策略的期望值。

指标应直接与经营战略和目标相联系。例如，指标可以用来评估客户服务、雇员的满意度和参与度、雇员离职率、产品缺陷的数量、产品开发的时间、专利的数量以及填补管理职位所花费的时间。比如，作为一家商业服务提供商，简柏特（Genpact）的指标主要用于衡量培训如何促进公司的增长、利润率的提高、能力建设与变革目标的实现。[29]公司的培训与开发活动将服务预订率提高了 34 个百分点，并开发了许多紧俏岗位雇员的技能，同时节省了 900 万美元。作为一家金融公司，United Shore 利用培训和教练指导提高业绩。[30]公司实施了团队技能指导与培训项目，以及针对公司领导者的技能开发和能力认证项目。这些项目强调公司领导者需要花时间监管团队成员，并随时处理出现的问题。公司认为这些项目帮助公司增加了价值 70 亿美元的贷款。纽约社区银行（New York Community Bancorp）的销售培训项目增加了 9 800 万美元的客户存款，以及 350 亿美元的贷款。[31]

一些公司使用平衡计分卡来评估企业的各个方面。**平衡计分卡**（balanced scorecard）是一种绩效测量工具，它能帮助管理者从内外部客户、雇员和股东的角度来考察整个公司或各个部门的绩效。[32]平衡计分卡从四个方面衡量公司绩效：客户、企业内部、创新与学习以及财务。这些指标的衡量标准都是基于公司的经营战略和目标确定的。这四个方面的衡量标准如下：

- 客户（时间、质量、性能、服务、成本）；
- 企业内部（影响客户满意度的过程）；
- 创新与学习（工作效率、雇员满意度、持续改进）；

● 财务（盈利、增长、股东价值）。

可用于评估培训对平衡计分卡的作用的指标包括接受培训的雇员比例（受训雇员人数除以雇员总人数）、培训成本（总培训成本除以受训雇员人数），以及每小时的培训成本（总培训成本除以总培训时长）。例如，EMC 技术公司采用平衡计分卡来跟踪和衡量学习。[33]公司用指标衡量每季度的业绩，包括业务一致性、劳动力准备情况、季报跟踪、全球化和有效性。该公司还采用直接关系当前和未来业务需求的业绩指标。又如，英格索兰公司（Ingersoll Rand）要求每个分公司都能利用新拨付的资金创造更好的业绩。[34]根据这一模型，英格索兰大学提出学习会导致差异的产生，使用指标将有助于改善经营战略的实施，指标包括预期收益、一次性成本与后续成本的对比、学习产品的有效期以及预期雇员参与率等。每一年，英格索兰大学都会为公司提供年度报告，与公司讨论其成就、挑战、战略方向和运营效率。例如，英格索兰大学已根据精益六西格玛提出建立"过程完善工作坊"，并将其作为业务重点。英格索兰大学发现，车间通过将供应商的快递成本减少76％已节省了数十万美元。识别和收集培训评估的指标，可参考第 1 章图 1 - 2 的最后一步。第 6 章将讨论用于评估培训项目的不同类型的指标。由此可见，培训直接关系到公司的"底线"（例如，改进服务、销售以及产品质量），这是有价值的培训最有说服力的证据。

2. 3. 5　战略性培训与开发过程的示例

在战略性培训与开发的过程中，可以参考两个完全不同的公司：多来店（Dollar General）和迈克洗车公司（Mike's Carwash）。多来店因店内的食品、医疗和美容产品、清洁用品、服装、居家用品价格低廉而广为人知。[35]

多来店的使命是服务他人，它的使命影响着顾客、雇员和社区。对于顾客而言，多来店每天都通过社区的便利店为他们带来价值和便捷。对于雇员而言，多来店的使命意味着尊重以及雇员有机会实现个人成长与职业发展。对于社区而言，多来店的使命是给予支持。多来店成功的关键是在不影响公司使命的前提下发展业务。2017 年，公司计划开设两个配送中心以及 1 300 家门店（平均每天开设 3 家门店）。这一年也是公司有史以来新增雇员最多的一年。多来店对培训的重视表现在公司希望雇员能够接受 150 万小时的培训。

为了促进公司的发展，多来店的培训与开发团队参与了几个战略性培训与开发项目。其中的一个战略性培训是加快雇员学习步伐。培训与开发团队与主管店面运营的副总裁合作改善了新员工的入职流程。为此，他们选择业绩优异的门店经理担任门店培训主管。培训师需要接受一系列培训。雇员敬业度以及保留率是评估培训师的培训是否有效的重要指标。

另一个培训活动聚焦于多元化的学习资源，同时提供发展机会，并确保培训得到支持。在这个案例中，培训团队设计了全新的门店经理培训项目，将在线进行虚拟门店实践加入培训内容。经认证的门店培训主管每周与新的门店经理会面，讨论学习和实践的问题。新的门店经理可以参加为期三天的课堂培训课程，从而提高自身的领导力。新的门店经理会完成行动计划，以应用所学技能。公司对门店经理保留率进行分析，并将其作为培训项目的一个重要指标。公司发现相较于培训项目实施之前，门店经理的保留率有所提高，而且由于培训成本的降低和工作效率的提高，公司节省了开支。此外，加快雇员学习步伐这一培训推动了多来店履行使命，雇员也得到了发展的机会。评价培训项目是否有成效的一个指标是内部晋升率，在本案例中，内部晋升率超过 50%。这意味着多来店超过 50%的空缺职位由内部雇员填补。

除此之外，为了促进当前和未来的增长，多来店投资建设招聘管理系统。为了吸引更多有才华的雇员，多来店的培训与开发团队为应用这一系统的所有人开发了一门基于计算机的课程以及相关参考指南，这些人包括人力资源部工作人员、门店经理、区域经理以及登录多来店网站求职页面的求职者。针对招聘系统的培训可以确保系统的有效性。在系统投入使用以后，职位申请数量增加了一倍，完成职位申请的时间减少了 60%。

总部设在印第安纳州印第安纳波利斯的迈克洗车公司是一家私营连锁洗车行，在印第安纳州、俄亥俄州和肯塔基州拥有 41 家分店。[36]公司于 1948 年创立，第一家店被称作 "Mike's Minit Man Carwash"，该名称源自最初使用的设备。此后重组形成两个公司：员工洗车店（Crew Carwash）和迈克洗车公司。表 2-6 展示了迈克洗车公司的愿景、使命以及价值观。图 2-3 显示了迈克洗车公司是如何将培训与开发和其经营战略联系起来的。

表 2-6　迈克洗车公司的愿景、使命和价值观

愿景

我们致力于成为服务领导者，我们接受革新，并为每一位团队成员提供发展的机会，从而发挥他们的最大潜能。

使命

我们会为客户提供最好的价值，为他们提供干净快捷的洗车服务，并献上我们的微笑。

价值观

安全、诚信、团队合作、有趣、负责、盈利。

资料来源：From www.mikescarwash.com, accessed March 30, 2018.

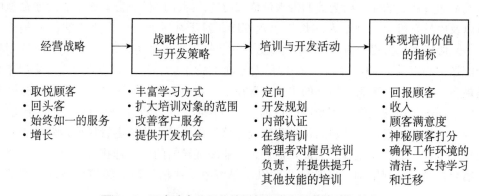

图 2-3　迈克洗车公司将培训与开发和经营战略相结合

迈克洗车公司的使命是通过提供干净、快捷、友好的体验培育终身客户。该使命支持公司的经营战略：始终如一且快速的服务，回报顾客，且每年都实现业务增长。公司提供的自动化洗车服务、特色设备、系统、技术全部由自己的雇员开发。公司将它的成功归因于家族的商业智慧，同时也归功于雇员及公司的招聘和培训方式。公司创始人乔（Joe）和埃德·达姆（Ed Dahm）告诉雇员，公司真心实意为人们服务——只是从事的是洗车这一行。他们也因为拥有这样的理念而被大家所熟知。公司的使命是向"老板"（即客户）提供友好、快速且性价比高的服务。

顾客满意度对迈克洗车公司来说非常重要，公司注重通过服务顾客吸引回头客，这样他们才会再次光顾。目前，公司面临的最大挑战是如何持续提供令人愉快的顾客体验。公司一直试图通过创新和新想法来改善顾客体验。如果一个新想法成功实施，则它在分公司各个部门都会得到实施。公司相信，要提供始终如一的顾客体验，不仅要寻找优秀的雇员，而且要对现有雇员进行培训与开发。迈克洗车公司在招聘时十分挑剔，50 名候选人中可能只有一个人被选中。公司利用培训与开发来吸引和留住雇员。每个雇员都有自己的开发计划，并且每年都要接受两次绩效评估。新雇员培训的内容包括让雇员熟悉最佳实践的操作方法以及如何在不同的情况下帮助顾客解决洗车过程中遇到的问题。在新雇员迎接第一位顾客之前，他们将在车间实践两天。在这里，他们将重点关注顾客服务，包括如何对待顾客、如何从服务的失败和错误中吸取教训以及如何应对棘手的顾客。公司还提供培训帮助雇员进步。雇员在公司的职业路径是明确的：从助理到监管者，再到值班经理，最后是副经理。工作表现良好且完成内部认证可以获得晋升，内部认证包括 12 周的培训以及 3 门考试，要求成绩至少达到 80 分。公司每半年进行一次雇员敬业度和满意度调查，每半年收集一次离职人员信息。雇员在选择和设计培训与开发项目的过程中起着重要的作用。由门店经理提名的一个由 15～20 人组成的团队将担任为期一年的主题专家，帮助开发新的培训项目以及修订已有的培训项目。团队成员还是新项目的首批受训者，他们根据需求的变化提出意见并对项目的有效性进行反馈。

除了定期对新雇员进行培训和认证外，迈克洗车公司还开发了其他项目来满足其新业务的需求。由于经济衰退导致顾客数量以及公司收入减少，公司意识到，若要增加顾客的消费，则雇员要让顾客意识到增值服务如车身底板清洗、轮胎护理以及透明涂层应用的重要性。为了做到这一点，迈克洗车公司开发了一个在线培训模块，要求管理者鼓励雇员利用销售技巧（在月度雇员会议中传授）来完成他们的培训和实践。

公司意识到管理者在帮助雇员学习的过程中发挥了极大的作用。在迈克洗车公司，管理者需要积极支持并提供培训，他们负责培训的推动以及雇员能力的开发。在此过程中，管理者学会了如何帮助雇员发现自己在服务顾客方面的不足，并且每周都会提供训练课程对雇员进行强化指导。管理者还要积极观察并记录雇员向顾客推荐服务的过程，并向雇员提供反馈意见。这项计划的实施取得了成效：总体收入、顾客人均消费、顾客满意度以及"神秘顾客"（指经过严格培训的调查员在指定的时间内假扮成顾客，根据事先设计的一系列问题来完成商业调查）的评分都得到了提高。

■ 2.4　影响培训的组织特征

培训的数量、类型以及公司培训职能受以下因素的影响：公司规模；雇员和管理人员的角色；高层管理人员对培训的支持；公司业务部门的整合程度；公司在全球的业务情况；公司所处的商业环境；其他人力资源管理实践，包括人员配置战略与人力资源规划；公司的工会化程度；管理人员、雇员和人力资源专员在培训与开发中的参与度等。[37]

2.4.1　公司规模

大型企业和小型企业的培训有所不同。[38]大部分针对小企业的培训是非正式的在岗培训。公司的所有者、管理者或者经验丰富的雇员负责实施培训，使受训者能够以雇主希望的方式工作。培训主要聚焦于培养雇员所在岗位需要的知识和技能，而不会开发他们未来要从事的职位所需的技能。如果小型企业开展正式培训，那么培训往往由行业协会举行，并且课程时间较短，或者培训由企业所有者和管理者提供。培训之所以会以这种形式出现是由于以下几个原因。在小企业（通常雇员数量是 0～250 人）中，培训的决定由企业所有者而非培训师或培训主管做出。培训与开发也许不是小企业所有者的战略重心，因为他们更关注公司的经营，而且缺乏资金以及开发有效的培训课程所需的技能。企业主会担心培训雇员会导致他们跳槽。非正式或在岗培训的益处是小企业可以根据商业需求和挑战的变化为雇员灵活地提供培训。随着公司规模的不断扩大，公司需要正式培训，以使雇员做好准备从而获得内部晋升的机会，并因此被保留。正式的培训与开发还可以吸引新雇员。

2.4.2　雇员和管理人员的角色

雇员和管理人员的角色影响公司的培训、开发与学习活动的关注点。传统意义上，雇员根据管理人员的指示开展工作，并未参与到提升产品或服务质量的过程中。然而，如今强调的重点是人力资本的创造，以及基于团队的高绩效工作体系。许多过去由管理层完成的工作（例如招聘、工作时间安排以及与客户、卖家和供应商的交流等）如今都由雇员执行。[39]如果公司通过团队制造产品和提供服务，则团队成员需要接受如何解决人际交往中的问题和团队技能方面的培训（例如，如何处理冲突和给出反馈）。如果由雇员负责产品和服务的质量，则他们需要接受如何利用数据进行决策的培训，包括数字化流程控制技能培训。正如第 1 章所提到的，团队成员也可以接受团队中所有职位所需技能的培训（交叉培训），而不仅仅是针对他们所做的具体工作的培训。为鼓励交叉培训，公司可采用基于技能的薪酬系统，工资标准取决于雇员所掌握的技能数量，而非现在工作中所使用的技能。

研究显示，如今的管理人员应做好以下工作[40]：

● 管理个人与团队绩效。激励雇员提高绩效，提供绩效反馈并监测培训活动。清晰阐述个人和团队的目标，并确保其与公司目标一致。

● 开发雇员潜能并鼓励持续学习。解释工作安排，提供专业技术知识，营造鼓励学习的环境。

● 计划和分配资源。将战略计划落实到工作安排中，并确定项目的完成日期。

● 协调活动与相互依赖的团队。说服其他工作小组提供本工作组所需的产品或资源，并了解其他团队的目标与计划。确保本团队满足内部客户和外部客户的要求。

● 管理工作小组的绩效。明确责任，同其他管理人员探讨工作小组发生变动所产生的影响，推动变革，并落实经营战略。

● 加速决策过程。加速团队和个人的决策，鼓励采用有效的决策过程（冲突处理、数字化流程控制）。

● 建立和维持信任。确保每个团队成员各司其职，做好本职工作；尊重所有成员，认真听取他们的想法。

● 代表本团队。同其他管理人员保持良好的关系，交流各自的工作需求，并将本团队的工作进程告知其他团队。

无论级别高低（即便是高层管理人员），所有管理人员在面对其他工作小组、管理人员和供应商时，均应是所属团队的发言人（即代表本团队）。当然，管理人员在此类角色中所投入的时间与其级别密切相关。业务主管比中层主管或经理花更多时间来管理个人绩效和开发雇员潜能。中层主管和经理最重要的职责是计划和分配资源，协调相互依赖的团队，以及管理团队绩效（尤其是管理变革）。经理也需要通过分析市场发展趋势来监测商业环境，与客户保持良好的关系，并监督海外市场的销售和营销活动等。

要想成功地管理一个团队，管理者需要接受人际交往技能的培训，包括谈判协商、人际敏感、辅导他人、冲突处理和沟通技巧等。缺乏这些技能可能会导致管理者无法在其职业生涯中获得发展。[41]

2.4.3　高层管理人员的支持

公司的最高管理者首席执行官在决定公司培训和学习方面扮演了重要角色。首席执行官应负责[42]：

- 设定清晰的学习指导（愿景）；
- 为战略性学习提供激励、资源和支持（支持者）；
- 积极管理学习活动，包括评价目标和提出建议以指导如何评估培训效果（管理者）；
- 为公司制定新的学习计划（核心专家）；
- 提供在线资源和教学项目指导（教师）；
- 作为全公司学习的榜样，并表现出持续学习的意愿（学习者）；
- 通过讲话、每日报告、访谈以及其他公关策略宣传公司对学习的投入和重视（营销代表）。

看看 Leading Real Estate Companies of the World、纽约社区银行和 Signature Consultant 的首席执行官和高管团队是如何鼓励并支持培训的。[43] 在 Leading Real Estate Companies of the World，高管负责公司的培训与学习，首席执行官的愿景是公司在线学习平台搭建的动力。首席执行官会定期与培训团队会晤，以得到关于课程的反馈以及新的想法。首席运营官对培训的支持确保了培训团队可以得到公司内部的资源，从而开发出高质量的课程材料、视频等。首席财务官监督培训预算，帮助培训团队判断培训项目带来的财务价值，并报告财务成果。在纽约社区银行，高管团队确保培训计划能够支持公司的战略。每月负责企业培训的主管与首席运营官和首席行政官共同回顾主要培训目标，以及为实现这些目标所取得的进展。Signature Consultant 的创始人兼首席执行官提供培训与开发战略的反馈，并强调学习的重要性。公司培训与开发团队的主管同时在公司业务部门任职，这确保了培训与公司的业务密切相关，也确保了培训的可信度与必要性。

2.4.4　业务部门的整合程度

公司业务部门的整合程度与培训密切相关。在一个高度整合的公司，雇员需要了解公司的其他部门、服务和产品。培训可能会让雇员在不同部门轮岗，以使他们了解公司的整体状况。

2.4.5　全球业务

正如第 1 章指出的，开发全球产品和服务市场是美国公司面临的一个重要挑战。对于拥有全球业务的公司而言，培训旨在为雇员短期或长期派往海外工作做准备。同时，由于雇员分散在美国以外的各个地方，公司需要确定培训是借助位于美国的中心机构来统一协调进行，还是借助海外工厂的卫星设施完成。核心挑战是确保针对不同语言和文化背景的雇员的培训的有效性。

看看全球化是如何影响飞利浦（Philips）、研科电信（TELUS）、阿提哈德航空公司（Etihad Airways）的培训实践的。[44]作为一家荷兰技术公司，飞利浦专注于医疗、照明、消费产品的制造。飞利浦的培训部门服务来自 100 多个国家的雇员，因此公司开发了标准的全球培训方法，适用于各地环境。飞利浦实施全球统一标准以确保培训的质量，同时，不同的业务单元也被鼓励根据不同地区的雇员的需求定制培训。印度的雇员更多使用一对一的教练指导，而欧洲的雇员主要通过网络接受培训。

作为加拿大的一家电信公司，研科电信为其位于中美洲地区的外包呼叫中心的雇员提供培训与开发。公司的培训项目涉及英语以及职业技能的培训。受训者来自农村地区，那里几乎没有工作机会。在接受培训期间，他们领取工资，完成培训后，他们会得到工作机会。研科电信的雇员深受鼓舞，且技能熟练度很高，公司也因此受益。所有受训者都希望留在研科电信，进一步发展他们的事业，因此表现也很好。

作为一家位于波斯湾的航空公司，阿提哈德航空公司使用英语进行运营，而英语是大部分雇员的第二语言。因此阿提哈德航空公司调整了培训项目，为来自 113 个国家的雇员提供了更多视频学习的内容。互动式计算机培训项目教授空乘人员如何通过点击和拖动照片将商务舱的餐桌按公司的标准进行摆放。此外，阿提哈德航空公司斥资数百万美元为空乘人员构建了全动态模拟舱。全动态模拟舱可以制造颠簸、机舱的烟雾、储藏区和行李架的火灾等场景。受训者需要学习在因前轮损坏致使飞机单侧着陆的情况下疏散乘客，打开舱门撤离飞机。

2.4.6　商业环境

当失业率很低或企业高速发展而需要更多的雇员时，企业往往发现难以吸引新雇员，难以获得具备必要技能的雇员或留住在职雇员。[45]企业可能会发现有的雇员不能胜任工作。在这类商业环境中，企业需要留住优秀雇员。在知识经济条件下，特别是在信息技术和医药领域，产品的研发依赖雇员的专业技能。失去一个关键雇员可能会导致项目被推迟，或阻碍公司启动新项目。培训在提高雇员生产率、激励和留住在职雇员方面起到关键作用。一项关于雇员留职率影响因素的研究表明，优秀的同事、有挑战性的工作任务、职业生涯发展机会是雇员决定留在一家公司的最主要因素。在所有行业中，从高科技产业到零售业，企业越来越依赖通过雇员培训与开发来吸引新雇员、留住在职雇员。例如，在北美安联人寿保险公司（Allianz Life Insurance Company of North America），培训与开发团队和人力资源部合作开发了旨在降低呼叫中心雇员离职率的培训项目。[46]新的培训项目为期 120 天。这个培训项目帮助呼叫中心的雇员学习技能，并将这些技能应用于工作中，随后他们将继续接受新技能的培训。长时间的培训可以帮助呼叫中心的雇员缓解焦虑，并提高他们接听客户电话的技能。得益于这一培训项目，新雇员的离职率降低了 20 个百分点。

对处于不稳定或经济衰退的商业环境中的公司而言，由于并购或投资紧缩，培训有可能被搁置或留给管理者自行决定，或缩短时间（如提供的培训课程仅是弥补技能不足，而不是为新的工作任务做准备）。无论公司的结构如何，这些项目都会强调开发必要的技能（例如，如何应对变革）。培训也可能不是有计划的工作。在公司经历并购或投资紧缩之后，仍留在公司的雇员通常会发现，他们现在的工作职责有所不同，需要新的技能。在一家处于上升期的公司，顾客对产品和服务的需求不断增加，雇员可能会有许多工作调动或晋升的机会，这些新机会源自销售、营销和制造业务的扩张，或新业务部门的成立。雇员通常对此热情较高，因为新岗位往往能提供更高的工资和更有挑战性的任务。

如果公司试图振兴和调整其业务，却在盈利方面表现平平，就会导致参加培训的动力——如升职与加薪——不足。在很多情况下，企业会通过裁员来削减运营成本。此时，培训活动的重点是确保雇员能填补因退休或离职而空缺的职位。培训还包括帮助雇员避免技能过时（第 10 章将详细讨论）。

2.4.7　其他人力资源管理实践

人力资源管理实践（human resource management（HRM）practices）所包括的管理活动与人员配置（确定需要多少雇员，以及对雇员进行甄选与招聘）、投资（时间、精力和金钱）、绩效管理、培训以及薪酬和福利相关。采用最先进的、有助于实现经营战略的人力资源管理实践的公司，往往会比不这么做的公司有更高水平的绩效。[47]这些人力资源管理实践有助于吸引、激励和保留人力资本（即雇员所拥有的嵌入式知识、技巧和能力），帮助企业获得竞争优势。培训、甄选、绩效管理和薪酬都影响人力资本的吸引力、激励与保留。培训有助于开发公司特有的技能，从而提升生产率，最终推动公司业绩的增长。此外，培训有助于为雇员提供胜任新岗位所需的技能，以提高他们的满意度和敬业度。影响培训类型和培训资源投入的因素有：人员配置战略、工作岗位和雇员独特性的战略价值以及人力资源规划。

人员配置战略

人员配置战略（staffing strategy）是指公司针对在何处招聘雇员、如何甄选雇员以及使雇员技能与某职位（临时的或全职的）相匹配等一系列问题的决策。我们必须认识到，不同公司的培训与开发以及学习机会有所不同，因为各公司对劳动力市场、人员配置战略、各工作岗位独特性的战略价值等的评估存在差异。例如，一个公司的人员配置战略要决定在多大程度上依靠内部劳动力市场（公司内）或外部劳动力市场（公司外）来填补空缺职位。一个公司的人员配置战略会在两个方面影响培训：用于做出晋升和任务分配决定（指派流）的标准，以及公司更愿意从哪些地方获得人力资源以填补空缺职位（供应流）。[48]

各公司在多大程度上以个人绩效还是团体或业务部门绩效为基础来决定雇员的晋升和指派有所不同。另外，不同公司对于人员需求的满足程度也有所不同。这取决于公司在多大程度上依靠现有的雇员（内部劳动力市场）或从竞争对手那里跳槽来的雇员以及近期进入劳动力市场的人员，如大学毕业生等（外部劳动力市场）。图2-4显示了人员配置战略的两个维度。指派流和供应流的不同组合产生了四种类型的公司：堡垒型、棒球队型、俱乐部型和学院型。每类公司培训活动的重点不尽相同。例如，部分公司（如医学研究公司）强调创新和创造力，这类公司被看作棒球队型公司，因为它们可能很难培养与创新和创造力相关的技能。它们满足人员需求的方式往往是从竞争对手处挖走雇员或雇用具备专业技能的应届毕业生。学院型公司往往是像宝洁之类的企业，它们占据行业或市场的主导地位，主要依靠培养与开发在职雇员（即内部劳动力市场）来填补新职位和空缺的管理职位。俱乐部型公司通常出现在规范程度很高的行业（如能源或者医疗保健业），它们不仅依赖于从内部劳动力市场开发人才，而且依赖于依据团队或部门的绩效来确定雇员晋升、参与重要发展活动或获得指派的机会。堡垒型公司包括那些正在经历显著变化且挣扎求生的行业中的公司。在堡垒型公司中，资金和其他资源不能用于培训与开发，所以企业倾向于从外部劳动力市场"按需"招聘人才。图2-4可以用来识别支持特定人员配置战略的开发活动。例如，如果一个公司想奖励雇员的个人贡献，并从内部提拔人员（见图2-4的右下角），那么它需要在职能部门内或跨职能部门地采用平级调动、晋升和降职等方法来支持人员配置战略。

图2-4　人员配置战略对培训的影响

资料来源：Adapted from J. A. Sonnenfeld and M. A. Peiperl, "Staffing Policy as a Strategic Response: A Typology of Career Systems," *Academy of Management Review* 13 (1988), pp. 588-600.

工作岗位和雇员独特性的战略价值

影响公司投资于培训与开发资源的另一个战略与雇员的不同类型有关。部分公司为其管理者和个人贡献者准备的培训与开发活动有所不同。管理者可能会得到诸如职位体验和海外指派等个人贡献者不会得到的发展机会，因为他们正在接受评估并为担任公司领导职务做准备。另一种识别不同类型雇员的方式是基于他们对公司的战略价值和独特性。[49] **独特性**（uniqueness）指的是雇员的稀缺度、专业化程度及其在劳动力市场上的获得难度。**战略价值**（strategic value）是指雇员提高企业效益和效率的潜能。依据这一标准可区分出四种类型的雇员：知识型雇员（高价值，高独特性）；基于工作岗位的雇员（高价值，低独特性）；合同制雇员（低价值，低独特性）；联合/伙伴关系雇员（低价值，高独特性）。

例如一家制药公司有许多雇员群体，包括科研人员（知识型雇员）、实验室技术人员（基于工作岗位的雇员）、秘书及行政人员（合同制雇员）以及法律顾问（联合/伙伴关系雇员）。由于知识型雇员拥有宝贵而独特的技能，该公司将投入巨资来培养和开发这些雇员，特别是在公司所需的技能方面。基于工作岗位的雇员获得的培训可能要比知识型雇员少，因为尽管他们为公司创造了价值，但他们并不独特。他们接受的培训的重点在于完成工作所需的必要技能。除非被认定为杰出的雇员，否则其发展机会有限。对合同制雇员的培训可能仅限于确保他们遵守公司的政策和相关法律法规，或达到行业要求。对于联合/伙伴关系雇员而言，尽管他们提供的是有价值的服务，但由于他们不是公司的正式雇员，对他们的培训往往侧重于鼓励他们分享知识，并利用团队培训和体验式练习来让他们同基于工作岗位的雇员和知识型雇员建立信任和联系。

人力资源规划

人力资源规划（human resource planning）包括在人力资源领域识别、分析、预测和规划必要的变革，以帮助公司应对不断变化的商业环境。[50] 人力资源规划使公司得以预计因人员更替、转岗、退休或晋升活动而发生的人力资源流动，还可以帮助公司明确什么部门需要具备什么技能的雇员。培训可使雇员有能力胜任现有职位，或承担起晋升、平级调动、转岗以及降职后的新增职责。这些均属于人力资源规划预测的内容。

2.4.8　工会化程度

培训带来的利益使工会与管理层联合培训计划得以出台，以帮助雇员为适应新工作做好准备。当公司开始进行再培训和提高生产率时，若没有工会的参与，这些努力很可能会失败。工会可能会将其视为让雇员更加努力工作却不分享生产率提高所带来的成果的又一次尝试。工会与管理层联合培训计划（将在第 10 章详述）确保相关各方（工会、管理层、雇员）理解雇员开发的目标，并共同致力于进行必要的变革，从而使公司获利，雇员保住工作，双方分享增加的利润。

2.4.9　培训与开发中的雇员参与度

一个公司培训项目开展的频率和效果会受培训过程中管理者、雇员和专业开发人员的参与度的影响。如果管理者不参与到培训中（例如，不确定培训需求、不担任培训者），可能导致培训与业务需求不相关。管理者也可能不会全力确保培训的有效性（例如，未给予雇员工作上的反馈），那么培训帮助该公司实现目标的作用会十分有限，因为管理者可能会觉得培训是一种"无法避开的灾难"，是培训部门强加给他们的，而不是帮助他们实现业务目标的一种手段。如果业务主管了解何种开发活动可以实现诸如缩短填补空缺职位的时间等目标，通常会更愿意参与进来。如果有奖励，他们也会更多地参与到培训中。

Mountain America Credit Union 致力于雇员学习与开发的目标是希望拥有高质量的雇员。[51]公司的培训与开发团队被各部门的领导者视为战略合作伙伴，因为培训与开发团队了解他们的商业需求。因此，公司的首席学习官以及负责人才和成员开发的高级副总裁会参与部门领导者的讨论，以了解这些部门的培训需求。每一个部门的领导者都被要求确定他们希望达到的商业成果、希望改善的重要方面，同时明确如何通过培训与开发帮助他们实现目标。公司提供一系列培训项目，包括新雇员入职培训。在培训中，高级领导者会分享自己在公司的工作经历，在线知识中心提供公司各类流程的相关信息。此外，虚拟柜员培训和网络研讨会也是公司培训项目的一部分。个人开发计划帮助雇员获取与其现在的岗位以及未来希望从事的岗位相关的技能。培训对公司商业成果的贡献以不同的方式得到评估，其中包括焦点小组、雇员调查、职位绩效和雇员保留率。比如，公司的金融服务代表在接受培训 90 天后处理贷款违约的绩效超出公司目标 20％，从而帮助公司节省了 3.6 亿美元。

如今，企业希望雇员主动发起培训项目。[52]对持续学习的理念具有较高认同度的公司需要更多的发展规划。公司将支持培训与开发活动（如报销学费、提供课程、举办研讨会和组建学习小组等），但是自我开发的规划将由雇员自己负责。培训与开发规划涉及明确需求，选择预期效果（例如，行为的改变、知识的增加等），确定应该采取何种行动，决定如何测量进展，创建进展时间表。为了明确优势、劣势和培训需求，雇员需要分析他们想做什么、能做什么、别人如何看待他们，以及别人的期望等。需求可源自雇员当前的能力和兴趣与雇员希望今后从事的工作或职位之间的差距。需求评估过程将在第 3 章进行更详细的讨论。

■ 2.5　不同战略下的培训需求

表 2-7 描述了四种经营战略——集中战略、内部成长战略、外部成长战略和撤资战略，并强调了每种战略对培训活动的影响。[53]每种战略是根据不同的经营目标制定的。**集中战略**（concentration strategy）侧重于扩大市场份额、降低成本，或为产品和服务开发一个利基市场。多年来，西南航空公司一直采用集中战略。它侧重于提供短途、廉价、高频的空中运输服务。公司使用一种类型的飞机（波音 737），并且不预留座位，不提供餐点。这使西南航空公司保持了低成本、高收益的经营业绩。**内部成长战略**（internal growth strategy）侧重于新市场和新产品的开发、革新以及合资。比如，大陆航空公司（Continental Airlines）和美国联合航空公司（United Airlines）的并购创造了世界上最大的航空公司。**外部成长战略**（external growth strategy）强调收购供应商或相关企业以使公司拓展新市场。比如，作为一家电子商务公司，亚马逊收购了全食超市。**撤资战略**（disinvestment strategy）是企业进行清算和资

产剥离的一种行为。比如，通用电气在新任首席执行官的领导下重新制定了公司的战略方向，减少了在交通、医疗、信息技术方面的投资。

表 2-7 经营战略对培训的影响

战略	重点	如何实现	关键事项	对培训的影响
集中战略	● 扩大市场份额 ● 削减运营成本 ● 开发或维护利基市场	● 提高产品质量 ● 提高生产率或革新技术流程 ● 定制产品或服务	● 技能交流 ● 现有劳动力的开发	● 团队建设 ● 交叉培训 ● 特殊项目培训 ● 人际交往技能培训 ● 在岗培训
内部成长战略	● 市场开发 ● 产品开发 ● 创新 ● 合资 ● 兼并 ● 全球化	● 推销现有产品/增加分销渠道 ● 拓展全球市场 ● 调整现有产品 ● 开发新的或不同的产品 ● 通过联合企业扩张 ● 识别和开发管理人员	● 创建新的就业岗位和任务 ● 创新 ● 人才管理	● 产品价值的高质量传播 ● 文化培训 ● 发展重视创造性思维和分析的组织文化 ● 工作中的技术能力培训 ● 管理人员接受反馈和沟通方面的培训 ● 协调冲突的技巧培训
外部成长战略（收购）	● 横向一体化 ● 纵向一体化 ● 集中多元化	● 收购在产品市场链上处于同一位置的公司（新市场准入） ● 收购能供应或购买产品的企业 ● 收购与本公司完全不同的企业	● 整合 ● 裁员 ● 改组	● 评估被收购公司雇员的能力 ● 整合培训系统 ● 整合公司的策略与程序 ● 团队建设 ● 培育共享文化
撤资战略	● 削减开支 ● 转产 ● 业务剥离 ● 债务清算	● 降低成本 ● 减持资产 ● 创收 ● 重新制定目标 ● 出售所有资产	● 效能	● 激励、目标设定、时间管理、压力管理和交叉培训 ● 领导力培训 ● 人际沟通培训 ● 再就业援助 ● 求职技巧培训

初步研究表明，经营战略与培训的数量和类型密切相关。[54] 如表 2-7 所示，不同战略对应的培训活动会有很大区别。处于业务剥离阶段的企业需要培训雇员的求职技巧，同时对留职人员进行交叉培训，因为留职人员可能会肩负更多的工作职责。专注于利基市场（集中战略）的公司需要强调技能的价值和在职雇员的发展。通过并购而形成的新公司则需要确保雇员具备帮助公司实现新战略目标的能力。此外，为了成功实现并购，雇员需要了解合并后的新组织及其企业文化。[55] 新组织必须提供培训以使雇员了解各个系统，如公

司的内部沟通、电子邮件以及内部工作。管理者需要接受培训来思考如何使新的兼并取得成功（例如，克服变革的阻力）。Ascend Federal Credit Union 的业务增长意味着公司需要为管理岗位确定并开发雇员。[56]领导力开发项目将雇员已有的技能和经验作为起点，包含岗位轮换，雇员可以通过轮岗体验多个管理职位。有抱负的领导者会参加公司组织的研讨会，以更有效地管理人力资源问题，并了解公司的战略方向。项目参与者的晋升率已达到 42％。

采用内部成长战略的公司面临着识别和培养人才，尤其是管理人才的挑战。作为一家科技类咨询公司，HCL Technologies 的业务不断增长，雇员数量也因此增加。[57]公司的雇员必须持续关注新的工具，以及移动网络技术的最新发展。为了确保雇员能够与时俱进，公司建立了技术学院，提供线上课堂以及在岗体验和导师指导。为了促进雇员的持续进步，公司鼓励雇员学习相关课程获得技术认证。课程以虚拟在线实验室的形式呈现，可以模拟真实的技术环境。90％的培训项目实现了内部开发。公司在培训方面的投资已达数百万美元，公司相信这笔投资可以帮助其在竞争中处于领先地位，并且带来业务的增长。公司发现雇员在完成认证培训后工作效率变得更高，在公司任职的时间更长，对公司的满意度也更高。

当市场对汽车和卡车的需求开始下降时，丰田汽车公司（Toyota Motor Corporation）选择保留雇员和工厂，并鼓励雇员参加培训课程以提高技能水平，从而找到更好的汽车组装方法。[58]丰田将经济下行作为提高雇员技能的契机，公司承诺绝不解雇任何一名全职雇员或未加入工会的雇员。培训使得雇员的表现持续改进。比如，当在车门边缘安装电动开关时，由生产线工人设计的聚四氟乙烯管可以防止涂料受损。

撤资战略导致爱德华兹生命科学公司（Edwards Lifesciences）从另一家公司中剥离出来。[59]新公司的管理团队制定了新战略计划，阐述了销售增长、新产品开发、客户忠诚度、雇员的参与度以及满意度等目标。该公司意识到，它必须培养可以帮助公司实现战略目标的领导者。一项关于领导才能的调查表明，该公司需要开发领导力培训。随后公司启动了领导力项目，为来自不同部门的 20 人提供培训。为期一周的培训专门安排了仿真模拟，即管理团队尝试经营自己的公司，并负责营销、制造和财务等事务。该项目还包括公司高管授课，由他们讲述公司的经营战略等重要内容。

▌2.6　培训部门的组建模式

大部分公司都希望培训部门能够为不同职责、地区、业务单元的雇员提供培训项目。这些培训项目由在公司总部或企业大学任职并负责培训的雇员进行开发（或从培训供应商处采购），提供给公司的雇员。与此同时，公司希望培训部门提供的培训能够满足不同业务单元或产品线的需求。

在组建培训部门（学习部门）时，公司需要考虑的重大决定之一是培训和学习的集中化程度。通常，公司不会选择完全集中或完全分散的培训和学习方式，而是选择支持商业战略并满足其需求的方式。这通常涉及一种方法，即某些培训由企业的培训部门或企业大学提供，而其他培训是针对具体的部门、生产线或地区定制的（业务嵌入式学习）。**集中式培训**（centralized training）意味着培训与开发的课程、资源、人员主要集中在一个地方，培训的投资、内容、实施方式也由相关部门决定。

集中式培训的优势包括：能够增强与商业战略的一致性；通过培训可以开发一套通用的指标或计分卡来度量培训质量和实施效果；可以简化流程；由于受训者数量众多，培训的成本优势非常明显。集中式培训有助于公司更好地将针对领导者以及管理人才的开发项目与变革时期的培训和学习进行整合。比如，在思爱普公司（SAP），培训基金主要用于不同业务单元的重要培训项目。[60]思爱普公司的几个学习小组在统一的品牌、学习技术、教学设计理念下开展活动。公司的培训与学习部门会持续响应来自不同业务单元以及不同类型的雇员的需求。作为一家生产电锯、鼓风机和修整机等户外电力设备的企业，斯蒂尔集团（STIHL）的培训针对三类利益相关者，分别是雇员、批发商、零售商。[61]公司通过ToolingU 提供在线技术培训，通过一个名为 iCademy 的远程培训项目支持经销商的业务、满足其培训需求。针对专业景观服务、伐木服务、公共电力服务的职业指导项目可以帮助雇员更好地使用设备，并避免事故的发生。

2.6.1 企业大学（企业培训大学）

为了强化集中式培训的优势，许多大学采用企业大学模式，如图 2-5 所示。**企业大学**（corporate university）服务雇员、管理者以及公司外部利益相关者。企业大学可以通过解决困扰培训部门的历史问题而为公司的学习提供很多优势（参见图 2-5 的左侧部分）。企业大学通过为学习提供明确的使命和愿景，使学习更具战略性，并且保证其与经营需求相一致。对于拥有牢固的企业文化和价值观的公司来说，企业大学有助于这些品质在学习课程中得到强调。同样，企业大学能控制学习成本以使学习的效益最大化。这些通过提供一致的培训活动，在全公司范围内传播最好的学习实践，有效地应用技术来支持学习，评估学习对雇员和经营成果的影响，与公司其他利益相关者（团体）建立伙伴关系来实现。[62]作为由安泰保险公司（Aetna）创办的一所大学，安泰大学专注于领导者的开发，实施了集成培训项目，由来自其他公司和哈佛大学等知名大学的商界领导者授课。安泰大学提供包括领导力的必要条件、客户服务、销售技巧、Adobe 应用程序等主题在内的自步课程。[63]接下来，我们继续讨论公司如何通过企业大学促进发展。[64]

达维塔大学最重要的培训项目叫作学院项目。雇员可以通过这个项目了解公司的文化，达维塔公司（DaVita）向世界提供良好的医疗服务和药品，每年有超过 9 000 名雇员参加这个项目。参加这一项目的雇员的离职率比没有参加这一项目的雇员的离职率低 12 个百分点，每年可为公司节省 1 200 万美元。

作为一家产品检测和认证的企业，美国保险商实验室（Underwriters Laboratories）创办了美国保险商实验室大学（ULU）。大学开发了培训项目，并提供组织开发技能，从而开发人才，改善客户服务，同时提供精益六西格玛技能，以促进公司的持续改善。大学还帮助诊断问题，并提出解决方案。比如，美国保险商实验室大学与耶鲁大学合作开发了一个行动学习项目，这一项目要求管理者开发一个商业理念，并制定引入这一理念的计划。联邦制药厂有限公司（The United Laboratories）的亚洲分部希望获得美国保险商实验室大学的帮助，以改善制药厂针对千禧一代的雇员所实施的培训。大学与这家制药厂的亚洲分部的领导者合作，使用社交媒体促进了学习和知识的转化。在参加培训课程之后，受训者被鼓励以小组形式制作视频，将所学内容应用到实际工作中。这些视频被发送到大

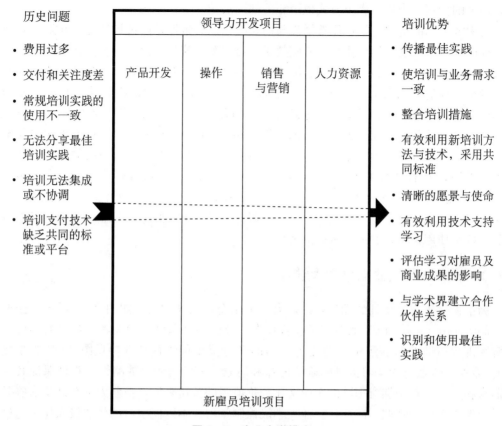

图 2 - 5　企业大学模式

学，并被上传到门户网站，以供大家观看，同时大家还可以给这些视频投票。最受欢迎的视频将获得奖励。

作为一家美国润滑油企业，捷飞络公司（Jiffy Lube）创办了捷飞络大学，并向公司服务中心的 20 000 名技术人员提供网络学习以及线上和线下课程。对培训的评估基于几个重要的绩效指标，其中包括顾客满意度、培训完成的百分比、雇员保留率。捷飞络大学为服务中心的雇员提供职业发展路径，以使雇员为自己的职业发展负责。比如，为了进一步推动雇员的职业发展，服务中心的雇员可以通过捷飞络大学提供的课程获取职业学校、学院、大学的 25 小时的学分。

德勤会计师事务所（Deloitte LLP）投资 3 亿美元在得克萨斯州创办企业大学。[65]该企业大学采用了最先进的学习技术，设有 800 间客房，还有一个舞厅。其学习方式不同于旨在节约成本及提高效率的移动学习、虚拟现实和网络学习——学习者使用私人电脑、iPhone 或 iPad 即可学习，不必前往实体培训场所。德勤在投资建设企业大学实体校园前进行了广泛的调查研究。结果表明，其合作伙伴持支持态度，大多数年轻一代的雇员需要一个可以面对面交流和学习的实体场所。同样，其 CEO 相信学习是最重要的投资，有助于招募有才能的雇员来提升竞争优势，从而帮助德勤应对快速变化的经营环境。

企业大学支持德勤为雇员提供个人和专业发展的文化。德勤大学的培训包括技术技能、专业技能、产业技能和领导力技能。培训采用互动式教学技术，其中包括实例讨论和模拟，讨论中教师和学生之比为 1∶5。德勤的社交网络系统 D Street 被雇员用于参加课程前后的互动，他们会谈论自己学到了什么，探索潜在应用并发现整个公司的专业知识。

麦当劳的汉堡大学致力于持续传授被其创始人雷·克罗克（Ray Kroc）当作成功秘诀的核心价值观：质量、服务、清洁度和价值观。[66]创立于 1961 年的汉堡大学是最古老、最高效的企业大学之一，据估计每年约有 5 000 名麦当劳雇员前往该大学求学，并已有超过 90 000 名经理和业主从那里毕业。汉堡大学是麦当劳进行操作培训和领导力开发的全球中心。同时，它也使雇员有机会获得大学文凭。麦当劳在伊利诺伊州奥克布鲁克设有 1 所大学，另外设有 6 所全球性大学以及 22 个地区性培训中心。为了提高学习能力，汉堡大学提供的设施和项目都是经过审查和改进的。因此，汉堡大学已经从课堂教学模式过渡到更少的大型小组会议，更多的是在 25~35 名学生的班级中进行互动式学习，然后进一步将班级划分成更小的小组来进行讨论和练习。麦当劳的这一变革是为了适应大部分学生（他们被认为是"Y 一代"）的学习方式。一线服务人员的教育背景已经影响到课程设计，课程朝着更加简单易懂的方向发展。网络学习用于传授餐厅运营或管理方面的基础知识，课堂教学和模拟用于帮助学员将所学的基础知识用于实践。如今，小会议室和小教室可以促进合作和互动。虚拟教室的建成将世界各地的麦当劳雇员同讲师连接在了一起。学员戴上耳机，与在课堂上使用学员的母语进行教学的培训人员交流。

除了课堂教学，汉堡大学还拥有模拟厨房和免下车购物窗口。尽管学员已经对柜台后面的运营了如指掌，但他们也都参加了这项模拟练习，制作真的食物，处理订单，就如同他们身处现实中的麦当劳餐厅一样。学员需要达到绩效目标，并收到来自同班学员和培训人员的反馈。通过查看受训者的在线课程结业报告，管理者可了解其在知识和行为方面的测试分数，从而支持和追踪学习者的进展。麦当劳的所有管理课程和中层经理的课程都是经官方认可的，这意味着参与者可以得到大学学分。这些课程的学分相当于在一所两年制的学院里获得副学士学位所需学分的一半，或者在一所四年制学院或大学里获得工商管理学士学位所需的大部分学分。现在，部门经理的课程考试内容都很明确，培训时间已从 1.5~2 年缩短到 4~6 个月。

企业大学真的有效吗？Corporate University Xchange 对 170 个公司的企业大学进行了调查[67]，发现企业大学的前五个组织目标是：提高客户服务水平和留职率，提高生产率，降低成本，保留有才能的雇员，增加收益。这项调查发现衡量业务影响极为重要。70% 的公司通过产品和服务质量以及客户服务来测量业务影响，50% 的公司通过运营成本的下降和收益的增加来进行衡量。

比如，丽思卡尔顿酒店（Ritz-Carlton Hotel）在世界范围内经营豪华酒店。[68]每一位客人都可以享受到优美的环境以及一流的服务。丽思卡尔顿的"领袖中心"（Leadership Center）项目的设计目的在于提高公司产品和服务的质量并增加销售额。领袖中心项目包括为所有时薪雇员的培训和开发提供场地的卓越绩效学校、培训领导者的卓越领导经营学校和确保高质量客户服务的卓越服务学校。卓越服务学校通过将项目提供给其他公司为丽思卡尔顿酒店带来超过 100 万美元的年收入。这些收入正好抵消了雇员培训与开发的成本。比如，为客房服务人员新定制的一个培训认证体系使用光盘资料和网络培训。这项培训与不同时间（比如某一天、某个星期、某一年）的房间检查结果中存在的问题息息相关。之后客房部经理就可以给出正确的流程来纠正这些错误。这种准时制培训提高了丽思卡尔顿酒店的顾客满意度。这家酒店仅通过提高清洁程度就在不到 6 个月的时间里将顾客满意度从 82％提高到 92％。

2.6.2 创办一所企业大学

白手起家创办一所企业大学包括以下几个步骤[69]：第一，高层管理者和业务经理需要组建一个负责确立该大学愿景的监督部门。（也就是说，该大学的政策、体系和计划有哪些？培训课程的开发需要关注哪些关键领域？）第二，将愿景具体化，愿景陈述与经营战略应紧密相连。例如，英格索兰公司的业务目标是收入中有 38％来自产品创新。[70]为此，英格索兰大学所提供的大部分计划和课程讨论的是如何接近客户、如何进行创新和战略营销。该计划是专门针对团队工作中的实际业务问题而设计的。核心专家和经理的授课需根据关键产品的上市日期事先安排。第三，公司决定如何对大学进行资助。企业大学可以通过向业务部门收取费用和/或直接从公司预算中获得资金。第四，公司决定对所有培训的关注度。许多企业大学把重点放在学习理念、核心课程设计以及与注册、管理、测试、营销和远程教育相关的政策和计划的开发上。地方性和区域性的在岗培训及专业化的业务课程是由业务部门开发的。第五，确定包括雇员、管理者、供应商和外部客户等在内的大学"客户"的需求是至关重要的。第六，开发产品和服务。蒙特利尔银行（Bank of Montreal）的服务团队包括一位客户关系经理、一位核心专家和一位学习经理。客户关系经理同业务部门一起工作，以确定它们的需求。核心专家确定满足其需求的技能要求。学习经理提出最佳的学习组合方式，包括课堂培训和基于网络的培训。第七，公司选择学习伙伴，包括供应商、咨询公司、学院和专门从事教育事业的公司。第八，公司开发一项战略，旨在利用技术来培训更多的雇员，比教师指导的培训要更频繁、更具成本效益。第九，在企业大学中学习的成果应与绩效改进挂钩，这涉及确定如何测量绩效改进（利用测试、销售数据等）。例如，斯普林特公司（Sprint）的卓越大学开发了等效标准培训（standard training equivalent，STE），这是为其业务部门的客户开发的一种评估工具。[71]STE 相当于传统教师主导的课堂上向集中在一起的一组雇员讲授一小时课程。通过公司内网所讲授的一小时课程远比相同时间内在教室里所讲授的内容有价值。STE 计划助力卓越大学向提供资助的公司业务部门完美展现自身价值。第十，将企业大学的价值传递给潜在的"客户"。这将有助于解决培训项目的类型、学习方式以及报名参训方式等问题。

业务嵌入式学习

许多公司正在建立培训职能，以便更好地控制培训成本，确保培训与经营战略保持一致，同时又能快速响应客户需求，为其提供高品质的服务。[72]**业务嵌入式学习**（business embedded（BE）learning function）的特点体现在五个方面，即战略方向、产品设计、结构多功能性、产品交付和问责结果。战略方向包括向部门描述清晰的目标和方向，以客户为中心、以满足客户需求为目的的定制化培训项目以及不断改进的方案。业务嵌入式学习模式下的培训职能不仅将受训者当作客户来看待，而且将负责安排雇员参加培训的经理以及为培训拨款的高级管理者当作客户来看待。表 2-8 显示了传统培训部门在业务嵌入式学习模式下构建的培训职能的特点。培训职能是以客户为中心的。它需要对学习和评估培训成果承担更多的责任，提供基于客户需求的定制化培训方案，还要决定何时以及如何根据客户的需求提供培训。作为一家企业税务咨询公司，瑞安有限责任公司（Ryan LLC）的学习顾问开发了培训课程以及针对每一个岗位的行动计划，以有效地支持公司的实践。[73]学习顾问还参与公司的战略开发与实施。这使得学习顾问提供的解决方案可以确保雇员掌握必要的知识和技能以执行公司的战略。

表 2-8 业务嵌入式学习模式下培训职能的特点

战略方向
广泛地传播一个清晰明确的使命
认识到其客户群是细分的
提供定制化的解决方案，以满足客户需求
了解产品的生命周期
根据竞争力来推出产品
争夺内部客户

产品设计
使用基准调查和其他创新设计
实施策略，快速开发产品
战略性地让供应商参与进来

结构多功能性
雇用精通产品、课堂指导、管理和内部咨询的人才
利用多领域的资源
让部门经理决定部门的产品及目录

产品交付
提供学习菜单
在工作场所提供培训

问责结果
认为雇员个人必须为自己的成长负责
跟进工作，以确保学习持续进行
将管理者视为支持学习的关键人物
评估培训的战略效果以及其底线结果
确保培训可以提高绩效

资料来源：M. Bolch, "Training Gets Down to Business," *training* (March/April 2010), pp. 31 - 33; M. Weinstein. "Look Ahead: Long-Range Learning Plans," *training* (November/December 2010), pp. 38 - 41; S. S. McIntosh, "Envisioning Virtual Training Organization," *Training and Development* (May 1995), p. 47.

业务嵌入式学习的结构是其最引人注目的特点。[74]在培训中，所有参与者都会进行沟通和资源共享。负责开发培训材料、提供指导和支持受训者的培训者一起工作，以确保学习持续进行。例如，开发者可以向课堂指导者推荐项目经理和相关主题的专家，而课堂指导者往往缺乏这些资源。培训者的数量根据产品和服务的需求各不相同。培训者不仅要有专业能力（例如，教学设计），还可以担任内部顾问，提供广泛的服务（例如，需求评估、内容改进、方案定制和结果测量）。

目前的做法：业务嵌入式学习与集中式培训相结合

由于许多公司都意识到了培训在促进经营战略上起到的关键作用，因此培训职能呈增

长态势，特别是在那些有独立业务部门和企业大学，将业务嵌入式学习与集中式培训相结合的公司。这种方法既可使公司获得集中式培训的好处，又确保了培训能够提供满足特定业务需求的计划、内容和呈现方式。

看看麦肯锡公司（McKinsey & Company）和默克集团（Merck）是如何将业务嵌入式学习与集中式培训相结合的。[75]作为一家总部位于纽约的管理咨询公司，麦肯锡公司在培训部门创建了卓越中心。卓越中心专注于设计与开发、数字化学习和实施培训。每一个卓越中心都有与公司内部的雇员和外部的专家合作的团队，卓越中心的项目包括开发公司短视频目录，以及公司雇员可以通过移动平台获取的微课程。当公司的雇员获得新的客户或参与新的项目时，微课程会自动分配给他们。麦肯锡公司的培训与开发团队一直试图通过与各部门领导以及客户就他们的需求进行频繁的沟通以加强与业务部门的关系。

为了确保工作效率的提高，默克集团的培训部门针对一些流程实施中心化或分散式管理。培训部门由两个团队组成，"管理部门"团队包括负责战略运营的培训专员，他们负责绩效咨询、开发课程、年度学习计划管理。管理部门的团队成员与每一个业务部门合作以确定并管理每一个业务重心。公司的"后援部门"由默克集团以及来自 GP 战略公司（GP Strategy）的雇员组成，GP 战略公司是一家提供培训解决方案，并专注于培训内容开发、虚拟学习、学习评估的企业。以这种方式组织培训与学习可以降低运营成本，提高效率。

2.6.3　变革模型视角下的学习、培训与开发

正如第 1 章所讨论的，变革涉及公司采取新的行为或想法。公司被迫做出改变有很多原因，包括新技术的引进，更好地利用雇员的技能优势和多元化的雇员队伍，或者进入全球市场的愿望。为经营战略做出贡献的培训与开发计划以及学习活动必须得到顺利实施，并被客户（包括管理者、高层管理者和雇员）接受。

变革发生的条件如下：（1）雇员必须理解变革的原因，并且接受这些原因；（2）雇员必须拥有实施变革所需的技能；（3）雇员必须知道管理者和其他雇员都支持这项变革；（4）薪酬和绩效管理系统等也必须支持这项变革。[76]对于管理者和雇员来说，实施变革并没有那么容易。即使雇员知道另一项实践或计划可能会更好，他们也已经学会适应现有项目的不足之处。因此，他们有可能会抵制新的培训与开发项目。因此，在实施新的培训与开发项目之前，培训者应考虑提高其被接受的可能性。

图 2-6 显示了变革模型。变革的过程是基于组织内部四个组成部分之间的互动，这几个组成部分是：任务、雇员、正式的组织安排（结构、流程和系统）以及非正式组织（沟通模式、价值观和规范）。[77]如图所示，受变革影响的组成部分不同，由此引起的与变革相关的问题也不同。例如，公司引进新的培训技术（如使用互联网的多媒体培训）可能会改变该组织的权力结构。通过使用这项新技术，管理者对培训计划的控制权被削弱。其结果是新系统造成的权力失衡引发了矛盾。如果这些问题得不到解决，管理者将不接受这项新的技术或不会支持培训的转换或改变。

在启动任何新的培训之前，必须解决的与变革相关的四个问题是：抵制变革、失去控制、权力失衡以及任务重新定义。**抵制变革**（resistance to change）是指管理者和雇员不愿接受变革。管理者和雇员可能对变革表示担心，觉得自己无法应对和评价目前的培训实

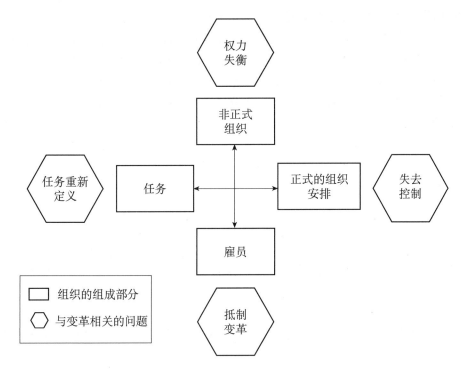

图 2-6　变革模型

资料来源：David A. Nadler and Michael L. Tushman，"A Congruence Model for Diagnosing Organizational Behavior," in *Organizational Psychology*：*A Book of Readings*，eds. D. Rabin and J. McIntyre（Englewood Cliffs，NJ：Prentice Hall，1979），as reprinted in David A. Nadler，"Concepts for the Management of Organizational Change," in *Readings in the Management of Innovation*，2d ed.，eds. M. L. Tushman and N. Moore（Cambridge，MA：Ballinger Publishing Co.，1988），p. 722.

践，或不明白新实践的价值所在。**控制**（control）涉及改变管理者和雇员获取和分配宝贵的资源（如数据、信息或金钱）的能力。变革可能会导致管理者和雇员对资源的控制权削弱，也可能为以前从未参与过流程（如选择参加哪些培训项目）的管理者和雇员赋予控制权。**权力**（power）是指影响他人的能力。管理者可能会失去影响雇员的能力，因为雇员可以获得数据和其他信息，从而获得有关产品和服务的更多自主权。在自我指导的培训中，雇员需要对自己负责。基于网络的培训方法，如**任务重新定义**（task redefinition），使管理者和雇员的角色和岗位职责发生了改变。雇员可能不仅要参加培训，还要考虑如何提高其质量。管理者则可能被要求成为培训的推动者和讲师。

　　高层管理者在试图实施变革时经常犯三个严重的错误，这可能会导致无法预期的后果。[78]这三个错误是：（1）告知雇员，让他们为变革买单；（2）认为他们足够了解公司，可以理解变革对个人的影响，以及如何变革才能达到预期的效果；（3）忽略或没有充分考虑变革可能遇到的阻力，从而导致变革举措的失败。培训部门在协助高层管理者实施变革时有天然的优势，特别是该部门在公司扮演战略角色时，因为该部门有机会同公司的领导和雇员讨论遇到的问题、挑战及需求。看看拥有 300 名雇员的技术公司 Mandix 是如何在专注于为客户提供网页和移动应用程序的同时引入一个全新的学习系统的。[79]业务的快速增长使得增加并培训新的销售代表变得十分迫切，与此同时，公司还需要缩短获得每个订单所需的时间，并增加更多的销售机会。为了实现这一目标，公司开发了一个学习系统，这个系统可以制作自步学习模块，发送给销售经理和销售代表。销售团队的一些成员，尤其是经验丰富的销售代表对这个学习系统非常抵触，他们认为这个系统会占用他们的时间，从而影响发现新客户并将产品销售给现有客户。Mandix 公司采取了四个步骤，慢慢地帮助销售团队接受这个系统。第一步，在业绩优异的销售人员中引入这一系统，这些雇员的销售额明显提高。第二步，公司在年度销售会议上引入这一系统，并分享了完成培训的销售人员所取得的成就。销售冠军认可这一系统的价值，并协助他人使用这一系统。第三步，为了减弱雇员对这一系统的抵触情绪，公司首席执行官强制要求所有销售代表使用这一系统完成培训，他本人公开支持这个系统，并变革了公司的薪酬模式，从而为那些完成培训的销售代表提供季度奖金。公司在销售代表中营造友好的竞争氛围，并表彰不同层级和地区业绩最优异的销售代表。第四步，公司公开表彰第一个完成培训的销售代表。Mandix 公司的这一举措取得了成功。在这一系统被引入整个销售团队八周之后，87%的销售代表完成了规定的培训模块，针对这个系统的价值和使用的调查显示，很多销售代表报告称，通过使用这一系统他们学到了新的知识和技能，建立了新的业务关系，完成了更多销售任务。

表 2-9 列出了专业培训人员可采取的帮助高层管理者有效管理变革举措的七个关键步骤。

表 2-9　变革过程的步骤

1. 明确变革的要求。陈述变革的理由很重要吗？变革该如何与公司的经营战略相辅成？为什么要进行变革？有多少人受到变革的影响，变革是如何影响他们的呢？变革的结果又是什么呢？
2. 让视野开阔起来。确定变革的原因，变革后会实现什么，以及变革将如何实现。
3. 设计解决方案。绩效评估和反馈、支持工具、学习计划、正式的培训和工作流程的最佳组合是怎样的？分析潜在的风险和使用不同方法的好处。
4. 为经营活动做沟通和宣传。与即将参与进来的其他团队进行沟通，包括通信、金融和运营团队，考虑变革的影响，并制定一个内部营销计划。
5. 尽快选择并公布行动方案。受变革影响的雇员必须尽快得知这一消息。雇员需要知道为何以及如何选择最终行动，进展如何，以及在未来几天和几个月将会发生什么。沟通和论证有助于克服变革阻力。为雇员做好铺垫，让他们知道即将迎来怎样的变革。
6. 执行方案并赢得短期胜利。管理部门的关注和把事情做好的愿望是成功的必要条件。管理者和负责变革的领导者必须带头成为变革过程的热情支持者。领导者应该鼓励雇员参与进来并为他们提供必要的培训和资源。如果采用小规模试验或测试程序，应让雇员及时知晓进展情况，并询问他们的意见。学习时应该避免发生任何错误。
7. 跟进、重新评估和修改。如果需要，要灵活、变通地进行变革。分享关于错误或问题的信息，并与解决这些问题的雇员一同工作。

资料来源：Based on C. McAllaster, "Leading Change by Effectively Utilizing Leverage Points Within an Organization," *Organizational Dynamics* 33 (2004), p. 318; L. Freifeld, "Changes with Penguins," *training* (June 2008), pp. 24-28, N. Miller, "Brave New World," *T+D* (June 2010), pp. 54-58.

■ 2.7　营销培训与创建一个品牌

尽管许多管理者和雇员逐渐意识到培训和学习对实现业务目标的重要性，但他们可能无法识别培训的价值。需要通过内部营销让管理层和雇员对培训和学习感到兴奋，这一点对于担任企业顾问的培训人员而言尤其重要。要生存，这些顾问就必须通过提供服务来获取酬劳。营销对于成功采用新的培训计划也至关重要，它有助于克服变革阻力，特别是关于培训价值的误解。下面是一些成功的内部营销策略。[80]

- 让目标受众参与开发培训或学习活动。
- 演示如何利用一个培训和开发计划来满足特定的业务需求。
- 展示一个示例，说明公司内部是如何利用培训来满足特定的业务需求的。
- 确定一位积极支持培训的"冠军"（例如，高层管理者）。
- 倾听从客户、管理者和雇员那里收到的反馈意见并据此行事。
- 通过电子邮件、公司网站发布广告，或在雇员休息区发布公告。
- 指定培训部门中的某个人作为客户代表，他将与培训设计师或团队以及业务部门互动。
- 确定高层主管关心哪些财务指标，如资产回报率、运营现金流、净盈利或亏损，并展示培训与开发是如何改善这些指标的。
- 使用雇员和管理者可以理解的语言，不要使用专业术语。
- 获得地区或全国范围内的培训大奖或表彰。
- 使用新闻公报宣传雇员或管理者的成功故事，将那些获得认证的雇员作为宣传主体。

开发和传播培训品牌也同样重要。**品牌**（brand）涉及培训职能的外在感知，用于令客户产生期望。品牌用于获取和留住客户。[81]想要建立一个培训品牌，请遵循表 2-10 中的建议。培训部门也需要制定自己的战略，并将其传递给客户。[82]该战略应该包括计划提供的产品和服务，谁将如何处理培训需求，如何向公司的其他部门展示伙伴关系，以及想要达到的客户服务水平。培训、开发或其他学习活动前期、中期、后期的服务需要纳入考虑范围。培训职能战略应与经营战略保持一致并为其提供支持。

表 2-10 如何建立培训品牌

- 询问一下目前培训的"客户"（包括要求培训的管理者和参加培训的雇员）对品牌的看法如何。例如，什么情绪可描述他们对培训品牌的感受？哪些话可以总结他们的感受？他们对与你合作做了怎样的总结？这些问题的答案提供了有关培训品牌的优势，以及它是否被积极对待或符合预期的信息。
- 明确你想如何被现有和未来的客户看待。
- 确定影响客户对培训职能的感知的因素。
- 审视每一个因素，确定它是否按照你认为的方式支持品牌和向客户传递品牌信息。
- 进行变革，使每一个因素都可以支持品牌。
- 这个过程中的每一步（定义品牌、识别因素、提出修改建议等）都要获得客户的反馈。
- 与客户互动时，创造一种能够支持和识别品牌的体验。

资料来源：Based on M. Smith and M. Chilcote, "Take the Mystery Out of Marketing Your Learning Function", (March/April 2018), pp. 14-15；A. Hand, "How To Enhance Your Training Brand," *T+D* (February 2011), pp. 76-77.

作为一家投资管理和保险公司，林肯金融集团推出了针对"践行领导力"（Leadership in Action）这一新项目的市场计划。[83]这个项目的开发帮助在六个地区工作的雇员获得了培训机会。在这个项目推出之前，培训与开发团队以内部公告和电子邮件的形式对这个项目进行了推广。在这个项目推出之后，培训与开发团队发送了信息，对培训内容做进一步宣传。

一些培训职能中心通过向其他公司提供培训课程及听课席位成为利润中心。[84]公司出售培训服务的原因很多。一些公司在运营的某些领域很擅长，所以另一些公司便向它们学习经验。有些公司则针对其客户和经销商进行培训。在一些情况下，培训部门出售培训项目或网络学习课程的席位。例如，迪士尼公司在佛罗里达的迪士尼学院出售顾客服务及组织创造力的培训课程。该学院向来自其他公司的雇员提供机会来了解迪士尼是如何发挥其业务优势的，其中包括领导力开发、服务、顾客忠诚度以及团队建设等内容。Zappos Insights 是 Zappos 公司负责将企业文化分享给其他公司的部门。[85]Zappos 公司因用服务创造惊喜为大家所熟知（参阅第 1 章末的案例）。Zappos Insights 提供的项目包括构建文化（为期三天的活动）、用服务制造惊喜（惊喜学院）、基于教练指导的文化（教练活动）、人力资源如何保护并促进文化（人才学院），以及习俗项目。参与上述项目的费用为每人 2 000～6 000 美元。

■ 2.8　培训的外包

外包（outsourcing）是指让外部公司（外部服务公司）掌管一些培训与开发项目并负全责，或者接管公司培训的全部或大部分，其中包括管理、设计、实施和开发。[86]**业务流程外包**（business process outsourcing）是指任何业务流程（例如人力资源管理、生产或培训）的外包。调查结果显示，超过半数的公司将业务流程外包。[87]半数以下的公司将部分或全部培训内容和课程的开发外包出去。为什么公司会将培训外包？原因在于：可节省成本；可节省时间以便公司集中精力研究经营战略；可提升适应性以及培训的准确度以遵守联邦政府、州政府或当地政府的规定（例如安全培训）；可根据学习需求发现公司能力的欠缺之处；渴望获得最好的培训。一些公司选择综合性方法，外包所有培训活动。外包供应商埃森哲（Accenture）就提供相关的服务。[88]埃森哲学习部门为亚美亚（Avaya）这一全球通信系统、应用及服务的领军公司运营企业大学。[89]埃森哲帮助澳大利亚顶尖的电信和信息服务公司 Telstra 开发自定进度的网络学习课程、虚拟教学培训和博客，为来自各地的雇员提供学习机会。

尽管一些公司外包培训的趋势不断增加，但是大多数公司只外包一些小项目，而不是全部的培训与开发职能。原因有两个：（1）外包供应商不能满足公司的需求；（2）公司希望掌控培训与开发的各方面，特别是对培训实施和学习内容方面的管理。表 2-11 列出了当公司决定是否外包培训时需考虑的一些问题。有关外包培训的任何决策都是复杂的。不会为公司增加任何价值的培训项目很可能最终被外包（详见表 2-11 中问题 1 至问题 4 及问题 9）。许多公司拥有能增加价值的培训项目，但是仍然不能满足培训需求。例如，一个公司拥有有效的培训项目，并且很重视培训，认为培训对于经营战略十分重要，那么该公司很可能不需要外包全部的培训项目。但是，该公司很可能因为超出雇员能力范围的特殊培训需要或某些迅速变化的特定培训内容而转向外包。看看麦克森公司（McKesson）的案例。作为一家医疗服务公司，麦克森公司向客户推销自己开发的循证临床决策支持系统。[90]除了出售系统，麦克森公司还向客户提供关于如何使用系统的培训项目。客户也可以选择多层次培训。麦克森公司发现培训给客户的工作带来了困扰，当客户参加培训后，他们的工作效率反而有所降低。麦克森公司还发现现有的课程给培训带来了不少麻烦，比如，不同的讲师针对不同的培训主题所花费的时间及重视程度有所不同。为了改善自身的培训，麦克森公司与一家名为 Aptara 公司的培训解决方案提供商合作，开发了集成培训方法，这种培训涵盖了基于网络的自步学习，并与虚拟或线下课堂培训相结合。新的培训项目使得受训的客户人数有所增加，并提高了客户满意度以及培训的购买量。研究显示，公司对培训与开发外包的满意度取决于公司和供应商之间的相互信任（例如公司和外包供应商的经理对彼此诚实，并考虑对方的利益）以及承包的特殊作用（例如承包协议是否明确双方的责任）。[91]

表 2 - 11　将培训外包时需考虑的问题

1. 公司内部培训部门的能力如何？雇员是否知道公司会提升自己所需的培训技能，或者是否需要借鉴其他公司的培训技能？
2. 公司内部培训部门能否承担额外的培训职责？
3. 培训对公司战略是否关键？是否专有？
4. 公司是否重视培训机构？
5. 培训内容是否快速变化？
6. 外包培训者是否被看好？
7. 你是否明确公司当前培训项目的优缺点？
8. 公司是否要外包全部培训项目？
9. 公司总经理是否努力使培训对公司的影响最小化？公司是否接受培养技能和人才的责任？
10. 内外部培训相结合是不是最佳解决方法？

资料来源：Based on G. Johnson, "To Outsource or Not to Outsource …that Is the Question," *training*（August 2004），pp. 26 - 29；K. Tyler, "Carve Out Training?" *HR Magazine*（February 2004），pp. 52 - 57. N. Srivastava, "Want to Stay Competitive and Cut Costs? Consider Outsourced Training," *Workforce*（January 2015），p. 47.

小　结

如果想要通过培训帮助一个公司获得竞争优势，那么培训必须能帮助该公司实现商业目标。本章重点陈述了工作角色、组织因素、培训角色的变化如何影响培训的数量和类型以及培训项目机构。战略性培训与开发的流程仍有待讨论。本章阐述了不同战略（例如集中战略、内部成长战略、外部成长战略、撤资战略）如何影响商业目标以及创造不同培训需求。本章对培训项目的不同模式进行了讨论。因为培训对实现经营战略和目标的贡献巨大，所以业务嵌入式学习及企业大学模式颇为盛行。因为学习、培训与开发涉及变革，所以本章讨论了管理者和雇员接受新项目并从中获益的必要条件。最后，本章概述了营销和外包培训项目的相关内容。

关键术语

经营战略（business strategy）　　　　　价值（value）

使命（mission）　　　　　　　　　　　目标（goal）

愿景（vision）　　　　　　　　　　　SWOT 分析（SWOT analysis）

外部分析（external analysis）

内部分析（internal analysis）

战略性选择（strategic choice）

战略性培训与开发策略（strategic training and development initiative）

指标（metrics）

平衡计分卡（balanced scorecard）

人力资源管理实践（human resource management（HRM）practices）

人员配置战略（staffing strategy）

独特性（uniqueness）

战略价值（strategic value）

人力资源规划（human resource planning）

集中战略（concentration strategy）

内部成长战略（internal growth strategy）

外部成长战略（external growth strategy）

撤资战略（disinvestment strategy）

集中式培训（centralized training）

企业大学（corporate university）

业务嵌入式学习（business‑embedded（BE）learning function）

抵制变革（resistance to change）

控制（control）

权力（power）

任务重新定义（task redefinition）

品牌（brand）

外包（outsourcing）

业务流程外包（business process outsourcing）

讨论题

1. 你如何看待在产品市场占主导地位的公司与那些侧重于研发的公司在培训上的不同？

2. 你认为影响培训的最重要的组织特征是什么？请给出解释。

3. 为什么业务嵌入式学习被认为是组织培训项目的最佳方式？

4. 几年前，先灵葆雅（Schering‑Plough）公司决定扩大其生产线，开发便携棒和喷雾式 Coppertone 防晒霜。此前，该防晒霜只有挤压瓶式的包装。公司针对该产品市场的开发进行了战略分析。公司通过市场调研得知，Coppertone 的消费者在沙滩上会使用挤压瓶式包装的防晒霜。由于人们逐渐意识到过度暴露皮肤的危害，此前并未在沙滩以外的地点使用防晒霜的消费者开始寻找一种日常使用的防晒产品。公司经理认为如果该产品被重新包装，方便放进口袋、钱包或运动包里，那么可以显著扩大市场。确定这一经营战略后，会产生什么培训需求？该决定对制造商和销售人员有哪些培训启示？

5. 无论经济环境如何，哪种战略性培训与开发策略应该得到所有公司的支持？请解释理由。

6. 对于小企业来说，哪些战略性培训与开发策略更重要？请解释理由。

7. 培训项目将如何支持经营战略？

8. 工作的战略价值以及独特性如何影响培训和学习资源的投资？

9. 什么是人力资本？人力资本如何影响培训角色从获取技能与知识向创建与分享知识转变？

10. 如何应用 SWOT 分析将培训实践与企业的经营战略及目标紧密联系在一起？

11. 越来越多地利用团队来制造商品或提供服务将会对培训产生哪些影响？

12. 你会如何设计一所企业大学？说明设计的每一个步骤。

13. 集中式培训的优缺点是什么？

14. 在决定是否外包全部培训项目时，公司应该考虑哪些因素？如果公司要外包一个培训项目，需要考虑的内容是否会有所不同？请解释理由。

15. 培训品牌是什么？它为什么重要？在组织中如何将其与营销培训或学习项目联系起来？

16. 变革与培训和学习有什么关系？如果想让一个新的培训项目被雇员接受，那么必须向雇员说明与变革相关的哪四个问题？

案　例　日立数据系统公司的全球培训团队

　　日立数据系统公司（Hitachi Data System Corporation，简称日立）为客户提供信息技术（IT）基础设施、分析、内容服务、云计算解决方案。公司的产品包括存储系统、网络解决方案、软件产品。公司负责全球培训的团队的使命是开发雇员、合作伙伴、供应商和顾客的技能、知识和态度。日立的培训团队包括商业互助（BI）专员，他们和公司的产品经理、工程师、销售人员合作，了解这些部门的战略方向。BI专员还同客户、供应商一起工作，从而了解公司的雇员，以便为他们提供开发产品和解决方案所需要的知识和技能。公司的培训团队负责几个培训项目，其中一个项目名为"全球销售训练营"（Global Sales Boot Camp）。这个训练营针对销售部门的新雇员。这个培训可以帮助新雇员了解日立的产品和解决方案。另一个培训项目是针对销售工程师的产品培训，通过培训销售工程师可以向顾客更好地展示公司的IT产品，并给出更好的建议。还有一个培训项目针对现场工程师，通过这个培训项目，现场工程师可以掌握软件安装、电缆铺设、服务器架设、日立产品运维的相关知识和技能。由于日立的雇员服务100多个公司，因此让他们了解公司的最新产品、知识、解决方案是一件非常困难的事情。为了应对这一挑战，培训团队为雇员提供在线培训项目和学习机会。让合作伙伴、供应商和顾客参与培训是否具有战略意义？为什么？日立采用什么模式来组织培训部门？请解释并给出示例。

　　资料来源：Based on "Building Talent：The Very Best of 2017，Hitachi Data Systems"，*TD*（October 2017），p. 35；"Company Overview of Hitachi Data Systems Corporation" from www.bloomberg.com，accessed February 19, 2018.

注　释

综合案例 1　陶氏化学通过把雇员送到不熟悉的环境中工作来开发领导者

陶氏化学的使命是"在化学、生物、物理的交叉领域为利益相关者带来创新"。陶氏化学努力成为世界上最有价值且最受尊敬的科技公司。公司的战略是投资以市场为驱动力的科技引领型优势产业，从而为股东和客户创造最大的价值。

随着陶氏化学在全球范围内的影响力逐步扩大，公司需要有能力与当地商界和政府建立良好关系的雇员。为了开发公司的领导者，陶氏化学将最具潜力的雇员送去公司位于密歇根州米德兰的总部参加为期一周的领导力开发培训班。在培训结束以后，他们会被派往位于中国上海、巴西圣保罗、阿联酋迪拜等地的分公司工作一周。这些地方都是陶氏化学的大区总部，工作环境与公司总部类似。

陶氏化学负责领导力开发的主管和负责人力资源的副总裁都认识到这个培训项目有一个弊端——缺少让雇员了解公司文化背景的实践。让雇员接触不同文化背景下的突发问题可以帮助他们自我反省并考虑如何处理这些不确定性与变化。这样做还可以开发领导者在不同文化背景下开展业务的能力。陶氏化学想改变这个项目，从而创造一种既能开发领导力技能又能培养正直和谦逊的品格的学习经历，因为正直和谦逊的品格对于在新的市场开展业务尤为重要。

陶氏化学推出了新的领导力培训项目，名为"践行领导力"（Leadership in Action）。该项目首先在加纳首都阿克拉实施，因为陶氏化学刚在那里设立了第一家办事处。陶氏化学希望将雇员派往需要可持续发展项目支持的企业，从而满足世界范围内的需求，尤其是在阿克拉这类业务高速增长的区域，这一做法非常有必要。之所以选择这个西非国家的首都作为项目的启动地，是因为在这里雇员可以了解一个新的商业地域，开发新的市场，并与当地社区建立联系。36 名雇员被分配到 7 个团队，每个团队都加入一个社会组织，完成一个当地社区需要的项目。这些项目包括判断在哪里种植可以用于治疗疟疾的植物，以及帮助当地学校制定科学技术、工程、数学的教学大纲。参与者花费五个月的时间在总部对这些项目进行规划并与当地人员协作。他们的沟通技能得到了开发，他们也能够处理包括突然断电和电话服务中断在内的突发问题。在公司总部进行了五个月的虚拟工作后，这些雇员会前往非洲完成这个项目。

这个培训项目的第二组人员在埃塞俄比亚的首都亚的斯亚贝巴工作，陶氏化学正考虑在那里设立一家办事处。其中一个团队与由 IBM 的雇员组成的团队一道开展卫生活动的宣传工作。这些雇员通过与人道组织和企业的协作开发了自身的技能。在加纳和埃塞俄比亚工作的团队需要学习如何在不同的文化和社区中解决问题。他们需要了解当地社区的社会结构和当地人的价值观，从而提出有意义的且能被接受的解决方案。在非洲工作的这两个团队代表陶氏化学接受了新闻采访，这提高了他们处理媒体关系的能力，并使他们了解了如何为公司代言。培训项目结束后的调查显示，参与者感到他们的世界观有所改变，并且希望能够继续参与公司在非洲的发展项目。

陶氏化学的雇员还参与了针对埃塞俄比亚的其他项目，其中包括将固体和液体废料转化为肥料的推广工作，以及帮助当地农业公司打开市场的相关工作。参与这些项目的合作伙伴包括 Precise Consult International、美国国际人口服务组织（Population Services International）以及许多大学和学院。此后在 2015 年和 2016 年陶氏化学分别在印度尼西亚和菲律宾开展了践行领导力的培训项目。2017 年，43 名雇员前往越南的河内和海防。这些团队参与的项目包括重建并保护西湖的生态系统，以及帮助当地居民了解水资源监测的重要性，从而防止水体污染和洪涝灾害。

问题

1. 促使陶氏化学开发践行领导力这一项目的竞争性挑战是什么？

2. 你认为践行领导力项目是否促进了陶氏化学的经营战略和目标的实现？为什么？

3. 你如何判断践行领导力项目是否有效？你会收集哪些指标或结果进行评估？为什么？

4. 与包括正式课程（比如 MBA 项目）和增加工作职责在内的传统领导力培训方式相比，践行领导力这一培训项目有哪些优势和劣势？

资料来源：Based on K. Everson, "Dow Chemical's New Formula for Global Leaders," *Chief Learning officer*（April 2015），pp. 42 - 43，49；"Mission & Vision," from www. dow. com, accessed April 10, 2018；"Leadership in Action：Ethiopia," from www. dow. com/en-us/careers/working-at-dow/learning-and-development, accessed April 10, 2018；"Vietnam 2017" from www. dow. com/en-us/science-and-sustainability/global-citizenship/dowcorps/leadership-in-action/vietnam，accessed April 10，2018.

第二部分

设计培训

第二部分重点介绍如何系统地设计有效的培训。第 3 章"培训需求评估"讨论确定培训是否必要的过程。培训需求评估包括组织分析、人员分析和任务分析。第 4 章"学习与培训转化"讨论培训理论的学习和转化，以及营造一个有助于受训者通过培训取得预期成果并将所学应用于工作中的培训环境所带来的启示。第 5 章"培训项目设计"回顾培训方案设计的实际问题，包括制定培训课程和项目、选择和准备一个培训场地、选择顾问或供应商，以及营造一个可以最大限度地提高学习与培训转化水平的工作环境，其中包括管理者和同事的支持。此外，还会讨论知识管理在培训转化中的作用。第 6 章"培训评估"介绍如何评估培训项目，包括需要测定的成果类型和可评估的设计类型。

　　第二部分以一个关于 CA 技术领导力项目的案例结束。

第 3 章
培训需求评估

学习目标

通过本章的学习，你应该能够：

1. 说明培训需求评估中组织分析、人员分析和任务分析所扮演的角色。
2. 掌握培训需求评估的不同方法，并指出每种方法的优缺点。
3. 了解培训需求评估过程中高层管理者、中层管理者和培训者各自关注的重点问题。
4. 说明个体特征、工作输入、工作输出、结果和反馈是如何影响绩效和学习的。
5. 为雇员接受培训创造条件。
6. 了解进行任务分析的步骤。
7. 分析有关任务分析的数据，明确对雇员进行培训的任务。
8. 阐释素质模型，并描述开发素质模型的过程。

▼ 章首案例

麦当劳、ADP 公司和 HireRight 公司的培训需求评估

需求评估是设计新的培训课程及修订目前的培训课程时关键的第一步。看看麦当劳、ADP 公司和 HireRight 公司是如何进行培训需求评估的。

麦当劳实施了培训需求评估以解释为什么公司的培训需求从原有的学习性目的转变为帮助实现战略目标。麦当劳的首席学习官以及她的团队对雇员的背景进行了调查，包括受教育水平、性别、语言、年龄、所处的年代，从而更好地了解这些受训者。他们获取了雇员使用在线课程的频率以及获取这些课程的便捷度的相关数据。他们还调查了每一个岗位的职责、任务、领导力技能，以确保这些内容通过培训可以得到加强。对结果的评估显示，虽然大部分受训者是千禧一代和 Z 一代的雇员，但是培训的实施并没有满足其需求。因此，他们开发了时间相对较短的课程，这些课程可以通过智能手机、计算机、平板电脑获取。

ADP 公司为客户提供人力资源管理系统和服务。ADP 公司需要对一个为期 17 周的新雇员培训项目进行调整。这个培训项目对于新雇员来说时间过长，影响他们为开始履行职责做好准备。为了开发一个时间更短且非常有效的培训项目，ADP 公司实施了培训需求评估。ADP 公司的学习与开发团队访问了许多业绩优异的销售代表，观察了他们与客户

的通话过程，并分析了来自 300 万通与客户的通话的数据，从而发现了通话的原因和解决客户问题的方法。

作为一家提供背景调查服务的企业，HireRight 公司实施了培训需求调查，调查重点是雇员敬业度在何种工作环境下可以得到最大限度的提高，调查人员访问了公司的领导者以及表现优异的雇员，并了解了被调查者的技能需求。他们对公司的基准数据和重要业绩数据进行了分析。培训需求评估的数据被用来制定领导力开发项目和创建绩效管理系统，同时还可以被用来启动一个针对雇员敬业度的计划。

资料来源：Based on A. Kuzel, "How to Conduct a Learning Audit", *Chief Learning Officer* (November/December 2016), pp. 23 - 25, 66; "Outstanding Training Initiatives：ADP, LLC: Major Accounts (MAS) Fast Path", *training* (January/February 2017), p. 100; www. adp. com, accessed March 14, 2018; "Building Talent: The Very BEST of 2017, HireRight, LLC", *TD* (October 2017), p. 81.

3.1 引 言

在第 1 章中我们已经讨论过，有效的培训实践包括培训设计过程的应用，而这个过程又始于需求评估。具体的步骤依次为：保证雇员具有接受培训的动力并且具备学习所必需的基本技能，创造一个积极的学习环境，保证受训者能将培训中所学的技能应用于工作，选择培训方法，评估培训是否取得了预期的成果。正如章首案例所示，在选择培训方法之前，你需要决定哪一种培训是必要的以及如何实施这一培训。**需求评估**（needs assessment）是指用来确定培训必要性的过程。

培训需求评估一般包括组织分析、人员分析和任务分析。[1]组织分析通常要考虑培训的背景。也就是说，**组织分析**（organizational analysis）是指在给定公司经营战略、培训可利用的资源以及管理者和同事支持培训活动的条件下，确定培训的适当性。你应该已经熟悉了组织分析的一个方面，因为第 2 章已对公司经营战略在决定培训频率和类型方面扮演的角色进行了讨论。

人员分析有助于了解谁需要培训。**人员分析**（person analysis）包括：（1）弄清工作绩效差的原因是知识、技能、能力的欠缺（与培训有关的事宜），还是个人动机或工作设计方面的问题；（2）明确谁需要接受培训；（3）让雇员做好受训准备。**任务分析**（task analysis）包括确定重要的任务，以及需要在培训中强调的雇员完成任务所需的知识、技能和行为方式。

3.2 为什么进行培训需求评估是必要的？

由于管理者或者其他客户要求接受培训——主要是为了缩小由于缺乏知识或技能而造成的技能短缺——实际上可能想获得或需要其他东西，如激励雇员的方法、改变他们的观点或态度，或者希望重新设计工作流程，因此培训需求评估很重要。[2]如果管理者要求针对绩效问题进行培训，那么他所寻求的是问题的解决方案，该解决方案可能与培训有关，也可能无关。进行培训需求评估时，你的任务是确定培训是不是最合适的解决方案。

培训需求评估是指导性设计过程的第一步。如果没有合理地实施这一步，那么将产生以下问题：

● 培训会被错误地当作解决绩效问题的措施（解决绩效问题实际上要解决的是雇员的动力、工作设计或就绩效期望进行更好的沟通等问题）。

● 培训项目可能使用错误的内容、目标或方法。

● 那些不具备培训所需的基本技能或先决技能以及学习自信心的受训者会被要求参与培训项目。

● 培训传授的不是期望的学习内容、行为改变或公司期望的财务结果。

● 在与公司经营战略无关的培训项目上浪费资金。

图 3-1 显示了培训需求评估涉及的三种类型的分析，以及从培训需求评估中得出的培训原因和结果。我们可以看到，存在许多不同的"压力点"，这表明培训是必要的。这些压力点包括绩效问题、新技术的应用、内部或外部顾客的培训要求、工作的重新设计、新法规的出台、顾客偏好的变化、新产品的开发或雇员基本技能的欠缺。比如，思考一下 BNSF 铁路公司和威瑞森是如何通过压力点判断培训是否必要的。[3]由于美国联邦政府引入了针对制动系统安全标准的联邦法案，BNSF 铁路公司不得不设计一个新的培训项目，以帮助雇员熟练掌握制动系统的检修技能。BNSF 铁路公司开发了虚拟现实培训，雇员可以通过这个培训模拟对机车的制动系统进行检修。面对全新的消费者和商业定价规划，威瑞森只有六天的时间对数千名客服代表进行培训。为了成功实施培训，培训与开发团队使用网络直播和视频的培训形式，受训者可以通过 iPad 获取培训内容，同时培训师和门店经理对受训者进行面对面的技能培训。

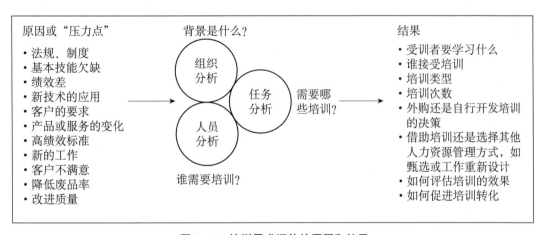

图 3-1　培训需求评估的原因和结果

注意，这些压力点并不能说明培训就是解决问题的正确途径。再举一个例子，假设一名卡车司机的工作是向医疗机构输送麻醉气体。这个司机错误地将麻醉气体的输送管线与一家医院的氧气供应管线连在了一起，从而导致这家医院供应的氧气受到了污染。这个司机为什么会犯这个错误呢？问题出在哪里呢？原因也许是这个司机缺乏连接麻醉气体管线的正确知识，或者是他对最近经理拒绝他的加薪要求不满，抑或是连接气体供应管线的阀门没有标识。然而，只有知识的缺乏可以通过培训手段来解决，其他的压力点则需要通过与司机的冲动行为（解雇司机）或工作环境设计（提醒监管者和司机进行检查以确保所有工作场所的阀门和线路都贴上标签）有关的办法来解决。

　　培训需求评估的结果是什么呢？需求评估为培训设计中的大多数步骤提供了重要的信息输入。如图 3-1 所示，需求评估过程可使你获得谁需要培训和受训者需要学习什么等方面的信息，包括他们通过培训要完成的任务，知识、技能、行为方式及其他工作要求。需求评估还可帮助你决定公司是否将培训外包（即从供应商或顾问那里购买培训，还是利用内部资源自行开发培训）。明确受训者需要学习什么对指导性设计过程的下一步（即明确学习成果和目标）至关重要。第 4 章将探讨明确学习成果和学习目标，以及如何营造有助于学习及其成果的应用的培训环境等问题。同时，需求评估还提供了可以用来评估培训效果的信息。培训评估将在第 6 章介绍。

■ 3.3　谁应该参加培训需求评估？

　　由于培训需求评估的目标是明确是否存在培训需求、谁需要培训、哪些任务需要培训这样一些问题，因此将所有的利益相关者都纳入需求评估过程是十分重要的。**利益相关者**（stakeholder）包括组织中有兴趣参与培训与开发的人，他们的支持对于培训的成功至关重要。利益相关者包括公司的领导者、中高管理层以及作为培训对象的雇员。我们可以采取几种方式以确保利益相关者参与培训需求的评估。一种方式是建立培训顾问委员会，委员会的成员定期会晤，并讨论相关问题。另一种方式是确保利益相关者参与到与培训需求评估相关的面谈、焦点小组、众包以及调查当中。传统上，只有培训者参与需求评估过程。但正如第 2 章所示，随着培训日益成为辅助公司实现战略目标的工具，中高层管理者都应参与需求评估过程。

　　表 3-1 列出了高层管理者、中层管理者、培训者和雇员感兴趣的有关组织分析、人员分析和任务分析的一些问题。高层管理者包括董事长、首席执行官和副总裁，他们从公司发展前景的战略角度来看待需求评估过程，而不是局限于特定的工作。他们参与需求评估过程的目的在于明确培训相较于其他人力资源活动（如人员甄选、薪酬管理）在公司扮演的角色。公司的领导者希望通过培训预见公司的需求并使培训与公司未来的发展保持一致。培训与开发应该以支持公司战略的方式提高雇员的绩效。在学习方面付出的努力（培训、开发、知识管理）应该采用综合与整体的方法为公司增加价值（而不是一系列碎片式的课程和培训项目）。高层管理者还要决定哪些职能部门或单位需要培训（人员分析），公司是否具备必要的知识、技能和能力来实现战略目标并保持市场竞争力。

表 3-1　高层、中层管理者、培训者及雇员在培训需求评估中关注的重点

	高层管理者	中层管理者	培训者	雇员
组织分析	培训对实现我们的经营目标重要吗？培训会对我们的经营战略起到怎样的支持作用？	我愿意花钱实施培训吗？花多少钱？	我有资金购买培训服务吗？管理者会支持培训吗？	学习是否会得到奖励？我是否可以得到晋升？我的主管是否鼓励我参加培训？我是否可以获取学习内容？

续表

	高层管理者	中层管理者	培训者	雇员
组织分析	公司的人才库会面临什么威胁？	培训与开发如何帮助实现我的经营目标？我们是否可以通过培训留住最好的雇员？		
人员分析	具体职能部门和经营单位的雇员是否需要培训？	哪些人需要接受培训，是管理者、专业人员，还是核心雇员？	我怎样确定需要培训的雇员？	我是否想要学习？我是否可以学习培训内容？这些内容对我而言是否有价值？
	雇员需要为公司实现目标做出何种努力？			
任务分析	公司拥有具备参与市场竞争所需的知识、技能和能力的雇员吗？	哪些工作领域的培训可以大幅提高产品质量或客户服务水平？	雇员需要接受哪些任务的培训？完成该任务需要哪些知识、技能、能力和其他要素？	我现在的岗位、将来的岗位、职业发展需要哪些知识、技能、素质？

中层管理者则更关心培训将如何影响本部门财务目标的实现。因此，中层管理者的组织分析的重点在于明确：（1）他们将在培训上投资多少；（2）哪种类型的雇员需要培训（比如是工程技术人员，还是直接参与产品生产和服务提供的核心雇员）；（3）什么样的工作培训能提高产品质量、改进客户服务。

比如，在 BayCare 公司位于佛罗里达州的医院中，学习团队设立了由公司各层级管理者组成的培训顾问委员会。[4] 顾问委员会为所有的人才管理项目提出意见和建议。比如，顾问委员会就培训的实施办法、参与培训的人员、如何确定培训是否有效等给出意见。

位于芝加哥的 LaSalle Network 公司是一家提供员工配置和招聘服务的公司，拥有 150 名雇员，这些雇员经常被问到他们有哪些缺点需要改进，以及他们希望学习哪些技能。包括公司的首席执行官、人力资源部的员工、管理者、导师、培训师在内的所有人会提出这些问题。然后选择相应的培训课程、培训项目、雇员培训与开发活动来弥补识别出来的弱点与技能短缺。[5] 在 CarMax 公司，表现优异的雇员会被观摩并被询问他们表现优异的原因。[6] 这些雇员在工作中的行为会在培训中得到强调，从而帮助所有的雇员。表现优异的雇员还被要求提供素材，或出现在公司的培训视频中。培训团队与业务部门的领导者以及人力资源部共同开发了评估培训有效性的计划。

如第 2 章所述，培训者应考虑培训与公司经营战略的协调一致。但是，培训者（包括培训管理者和指导性设计师）的主要关注点在于通过需求评估来获得其管理、开发和支持培训项目所需的信息。其中包括：决定是外购还是自行开发培训项目，明确雇员需要接受哪些工作任务的培训，确定中高层管理者对培训是否有兴趣并愿意提供支持。

雇员对于培训需求评估有几个关注点，从公司角度来看，他们关注公司对学习的重视程度：参加学习是否会得到回报？参加学习是否可以帮助他们提高绩效或实现职业发展的目标？他们是否可以很容易地获得正式或非正式的学习机会？同时他们希望了解主管是否鼓励他们参加非正式学习，并支持他将所学内容应用到实际工作中。雇员需要判断他们是否被鼓励参加学习，并了解他们的工作和职业发展所需的知识、技能或素质。

虽然高层管理者常常负责审查培训是否符合公司战略，然后提供适当的资金支持，但他们一般不负责决定哪些雇员需要培训，雇员需要接受哪些任务的培训以及完成这些工作任务需要哪些知识、技能、能力和其他要素。这是核心专家所扮演的角色。**核心专家**（subject-matter expert，SME）可以是雇员、管理者、技术专家、培训者，甚至可以是顾客或供应商。他们熟悉以下内容：（1）包括所需执行的任务在内的培训事项；（2）完成任务所需的知识、技能和能力；（3）必要的设备；（4）执行任务所需的条件。有关核心专家的一个关键问题是要保证他们对培训所涉及的内容有充分的了解，而且能够从实际出发，在分配培训课程的时间时优先考虑关键内容。同时，核心专家必须掌握与公司的业务相关的信息，并且对公司用语、设备和产品有一定的了解。关于究竟哪些类型的雇员应参与需求评估，并没有一个统一的原则。但是，在评估过程中从**在职人员**（job incumbent）（目前正从事工作的雇员）中抽取一定的样本是很重要的。因为他们对各项工作最了解，而且如果需求评估过程中没有他们的声音，那么他们将会成为培训的一大阻碍因素。

作为一家建筑公司，马斯科技公司（Mas Jec）为电力、油气管道、通信领域的企业的相关基础设施提供设计、采购、建设与维护服务。公司想要开发一个在线学习管理系统，让雇员可以获得培训与开发课程。[7]马斯科技公司实施了培训需求评估以判断使用何种技术和功能可以支持培训，并发现雇员的需求。开发团队首先进行了关于利益相关者的分析，他们需要了解谁应该参加培训，如何合作，并判断这些利益相关者可以提供什么信息。他们的工作包括会晤负责安全事务的团队领导者、培训师、负责建设的团队成员，观察雇员的工作表现，并参加已有的培训课程。开发团队记录了这一过程产生的所有需求，通过分析，他们确定了管理系统的四个目标。第一，加强培训内容的可获得性。第二，提高培训实施和完成的灵活性和多样性。第三，改善针对雇员的培训注册流程。第四，开发汇报工具，使培训要求、培训参与者、培训的结业信息能够清楚地向雇员、管理者以及雇员开发团队展示。

在位于巴基斯坦的法蒂玛化肥公司（Fatima Fertilizer Company），成为培训协调员的工程师或技术员与公司的管理者和雇员一起衡量雇员的绩效，并根据每个部门的知识和素质目标判断具体的培训需求。高管和部门委员会每个季度和培训与开发团队举行一次会议，以评估他们在知识和素质目标上所取得的进展，并据此调整培训计划。[8]

■ 3.4 培训需求评估的方法

在培训需求评估中可以采用几种方法，其中包括观察雇员在工作中的表现、采访核心专家，以及要求核心专家完成有关各项任务和工作所需的知识、技能、能力和其他要素的调查问卷；与核心专家组织焦点小组；阅读技术手册和其他文档；使用技术和历史数据。表3-2介绍了各种方法的优缺点。

表 3-2 培训需求评估方法的优缺点

方法	优点	缺点
观察	● 可得到有关工作环境的数据 ● 将评估活动对工作的干扰降至最小	● 需要高水平的观察者 ● 雇员的行为方式有可能因为被观察而受影响
问卷调查	● 费用低 ● 可从大量人员那里收集数据 ● 易于对数据进行归纳总结	● 时间长 ● 回收率可能很低，答案可能不符合要求 ● 不够具体 ● 只能提供与问题直接相关的信息
面谈	● 有利于发现培训需求的细节，以及问题的产生原因和解决办法 ● 能够发现一些未曾预料到的问题 ● 可对问题加以修改	● 费时 ● 分析难度大 ● 需要高水平的访问者 ● 会对核心专家造成威胁 ● 不利于做出安排 ● 核心专家可能只提供他认为你想听到的信息
焦点小组	● 有利于发现那些人们不易发现或不愿发现的复杂或矛盾的问题 ● 可对问题进行修改来探究无法预料的问题 ● 降低基于需求评估的培训被利益相关者拒绝的风险	● 组织工作费时 ● 小组成员只提供他认为你想听到的信息
文件（技术手册、记录、研究）	● 是有关工作程序的理想的信息来源 ● 客观性强 ● 为新工作和正在创建的工作提供理想的任务信息	● 可能不了解技术术语 ● 材料可能已过时
技术	● 客观性强 ● 可最大限度减少工作中断 ● 需要有限的人员参与 ● 数据可以快速地汇总成报告	● 可能对雇员造成威胁 ● 管理者可以使用这些信息进行惩罚，而不是培训
历史数据审查	● 提供与绩效和实践相关的数据	● 现有数据可能不准确、不完整，或不能完全代表绩效

资料来源：Based on A. Kuzzel, "How to Conduct a Learning Audit", *Chief Learning Officer* (November/December 2016), pp. 23-25, 66; S. V. Steadham, "Learning to Select a Needs Assessment Strategy," *Training and Development Journal* (January 1980), pp. 56-61; R. J. Mirabile, "Everything You Wanted to Know About Competency Modeling," *Training and Development* (August 1997), p. 74; K. Gupta, *A Practical Guild to Need Assessments* (San Francisco: Jossey-Bass 1999); M. Caesey and D. Doverspike, "Training Needs Analysis and Evaluation for New Technologies Through the Use of Problem-Based Inquiry," *Performance Improvement Quarterly* 18, (2005), pp. 110-124.

　　面谈和电话采访虽然耗费时间，但是可以收集一些关于培训需求的具体信息。看看 Nuance Communications 是如何使用面谈进行培训需求评估的。该公司是一家总部位于马萨诸塞州的语音传输公司，使用新技术实现人机语音交互。[9]公司的首席执行官希望学习与开发团队能够提高技术人员的保留率和职业发展水平。学习与开发团队同公司的领导者交流，了解了他们的担忧和期待。基于公司的投入，学习与开发团队提出了最初的培训设想，并要求得到反馈。团队也与技术人员进行面谈，了解了他们印象中公司的战略方向，并发现了表现出色的技术人员的普遍特征和行事风格。与领导者和技术人员的面谈对于开发满足公司需求的三个培训项目至关重要。在第一个培训项目中，内部专家分享了自己的知识和经验，第二个培训项目可帮助雇员更好地了解公司，第三个培训项目则帮助雇员获得行业或技术性的知识。

问卷调查的优势在于它可以从大量人员那里收集信息，而且可以让更多的雇员参与需求评估过程。但是，问卷调查很难收集到有关培训需求的具体信息。**焦点小组**（focus group）是核心专家面谈的一种形式，包括核心专家小组参加的面对面会议，会上会提出有关培训需求的具体问题。比如，Cartus 公司的焦点小组由接受培训的部门管理者和雇员组成[10]，焦点小组讨论部门的目标以及存在的差距。焦点小组发现培训需求，并确定相应的优先需求。**众包**（crowdsourcing）要求大批雇员（即"众"）帮助提供与需求评估相关的信息。以往雇员并未被要求这样做。Computer Services 公司使用了"Ideation"这个基于网络的协作和众包工具，来帮助识别培训需求。[11]这个过程需要一个审查小组进行筛选、排序，选出最好的想法。这个过程允许学习部门接触许多涉及培训需求评估过程的雇员，而不是只依赖于采访核心专家。对面谈、问卷调查和焦点小组的结果进行验证是很重要的，因为雇员和管理者所说的和他们实际做的可能并不相同。

对于新出现的工作，培训者往往无法从在职人员那里获得信息。但是，技术图表、仿真模拟和设备设计人员可以提供有关培训要求、任务和工作所需条件的信息。这一信息对于新出现的工作职位尤为重要，因为这个职位上没有可供培训师进行观察、面谈、询问或要求参加焦点小组的人选。Leading RE 公司将从咨询公司那里购买的研究结果作为培训需求评估的一部分。[12]这项研究确定了民用房地产客户的兴趣、愿望、情感、态度与生活方式。Leading RE 公司利用这些信息设计培训，以使经纪人通过询问一些问题更好地了解客户的偏好。这样可以拉近经纪人与客户的关系，从而促进销售。

用于追踪雇员行为和绩效的技术对于培训需求的评估也非常有用。包括谷歌眼镜在内的软件和可穿戴设备可以用来收集关于雇员行为和偏好的数据。比如，在 H&H Castings 公司，负责金属熔化的雇员的工作条件非常严格甚至有些危险，他们需要将温度很高的铝水倒入铸模中。[13]为了减少事故的发生，并改善新雇员的培训，公司分析了负责金属熔化的雇员的工作职责，并确定了完成这一工作的多项流程。为了确保雇员按照流程完成工作，雇员需要在工作时佩戴能够实现眼球追踪的眼镜。眼镜与一台计算机相连，从而可以记录雇员的眼动，并清晰地了解雇员是如何完成工作的。结果显示这项工作需要精力高度集中，通过眼镜获得的数据可以用于制作针对新雇员的培训视频，同时也可以用于将倒铝入模这一工作流程改善得更加安全与高效。这些信息对于确定培训需求非常有用，雇员也可以获取关于自身优劣势的反馈。在呼叫中心，技术可用于持续的绩效评估。[14]如果员工没有达到规定的标准，比如收到超过五次未解决问题的回电，就会触发在线系统，该员工会被自动视为需要工作帮助或培训。如表 3-2 所示，技术有几大优势：它提供了关于行为的客观报告，数据可以快速汇总成报告，不需要培训者或核心专家来观察或访问雇员，能最大限度减少工作中断。此外，为了确保网络技术的有效性，管理者需要确保这些信息是用于培训雇员，而不是惩罚他们。否则，雇员就会感觉受到了威胁，对此不满而离职。

　　历史数据审查为判断培训需求提供了有用的信息。历史数据审查包括根据电子或纸质记录收集绩效数据。它提供关于当前绩效水平的信息，这对于确定实际绩效和期望绩效之间的差别是有用的。例如，医院通过收集历史数据进行需求评估，以确定医生在放射检查（例如 X 射线）中出现大量错误的原因，包括检查不正确、使用不正确的诊断代码以及重复检查。[15]将历史数据与半结构化访谈和观察相结合，找出错误原因和干预措施来减少错误的发生。对于引入新技术的公司来说，历史数据的另一个来源是帮助台，公司常建立帮助台来处理有关问题、培训中的不足或文档、软件、系统中的不足的来电。[16]帮助台管理软件可以通过应用程序、来电或供应商对电话和问题进行分类和跟踪。软件中内置的报告创建功能使生成关于用户问题的文件及确定电话中的主题变得很容易。分析这些电话对于确定培训的差距是有实际意义的。例如，对呼叫问题常见的类型进行分析，以确定它们是否由培训计划内容合适、受训者使用的书面文件和工作辅助工具不足导致。

　　没有哪一种方法绝对优于其他方法，所以通常会综合运用多种方法来进行培训需求评估。各种方法在信息类型和信息详细程度上有所不同。比如，作为饮料和酒的生产者和销售者，布朗-福曼公司（Brown-Forman Corporation）通过不同的方式确定培训需求，其中包括监控雇员发展和绩效管理的数据、行业的发展趋势，以及支付培训服务费用的经营部门提出的问题。[17]为了针对新任主管开发领导力培训项目，优选酒店（Choice Hotel）设立了由经验丰富的主管组成的焦点小组，以确定培训应该包括的主题。此外，优选酒店还审查了人才评估数据[18]，高管层审查了正在开发的课程描述，以确保课程聚焦于提升雇员的工作技能。

　　许多公司常常利用其他公司的培训实践信息来帮助确定自己的培训类型、培训水平和培训频率，这一过程被称为**基准化**（benchmarking）。[19]例如，波音公司、美国联合包裹速递服务公司（UPS）、沃尔玛、约翰逊维尔香肠公司（Johnsonville Sausage）和其他 50 家公司都是美国培训与发展协会论坛的成员，每家公司都完成了一次内容相同的调查。[20]调查内容包括培训成本、企业人员规模、行政管理、培训项目设计、项目开发和信息传递手段等方面的问题，最后将所得信息加以汇总并和参与的公司共享。

3.5　培训需求评估的过程

　　这部分将介绍培训需求评估的三个方面：组织分析、任务分析和人员分析。图 3-2 显示了培训需求评估的过程。尽管每一项分析都可以表明培训的需求，但是公司在做出培训决定之前要考虑来自这三项分析的信息。组织分析、人员分析和任务分析的先后顺序并无定规。由于组织分析通常用于确认培训是否符合公司的战略目标以及公司是否具备培训所需的资金、时间和专业技术（培训的背景），因此一般首先进行组织分析。人员分析和任务分析一般会同时进行，这是因为我们在了解任务和工作环境之前，很难确定绩效欠佳是不是培训可以解决的问题。最初的组织分析可能会显示公司并不愿意在培训上投入资金，但是，如果人员分析的结果显示，在某个与公司经营目标相关的重要领域（如客户服务），有大量雇员缺乏技能，那么高层可能会因此改变决定，并分配一定的资金用于培训。

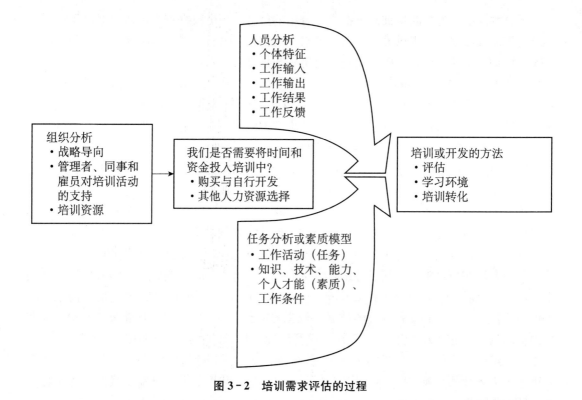

图 3-2　培训需求评估的过程

3.5.1　组织分析

　　组织分析包括确认培训是否支持公司的战略导向，管理者、同事和雇员是否支持培训活动，以及是否拥有培训资源。表 3-3 列出了组织分析中培训者需要询问的一些问题。为此，需要综合运用文件、面谈以及由培训活动中的管理者和个人组成的焦点小组。

表 3-3　组织分析中要询问的问题

- 培训内容将如何影响雇员与客户的关系？
- 供应商、客户或合作伙伴应该了解培训项目的哪些内容？
- 这个项目如何与经营战略保持一致？
- 培训与开发的主要客户（业务主管）希望获得什么样的商业和绩效成果？
- 组织资源是否应该投入这个项目？
- 为了使培训取得成功，我们应该从管理者和同事那里获得什么信息？
- 具有哪些特征的工作环境会妨碍培训的进行（例如，缺乏设备，没有时间运用新技能）？
- 我们拥有能够帮助开发培训项目并保证项目满足公司经营需求的专家吗？
- 雇员认为培训项目对他们来说是机会、奖励、惩罚，还是浪费时间？
- 哪些人或团体（如雇员、管理者、销售商、供应商和项目开发者）希望看到培训取得成功？我们需要谁的支持？

资料来源：Based on D. Robinson，"Transitioning From Order-Taker to Impact-Maker." *TD* (January 2018). p. 42-46; F. Nickos，"Why a Stakeholder Approach to Evaluating Training?" *Advances in Developing Human Resources* (February 2005), pp. 121-134, S. Tennamhaum，"A Strategic View of Organizational Training and Learning." in *Creating, Implementing and Managing Effective Training and Development*, ed. K. Kraiger (San Francisco：Jossey-Bass 2002) pp. 10-52.

战略导向

公司的经营战略对培训的影响已在第 2 章讨论过。培训的战略性角色影响着培训的频率和类型及培训部门的组建模式。在那些期望培训有助于实现经营战略与目标的公司中，分配给培训的金额及培训的频率一般要高于那些随意进行培训或没有战略目标的公司。举例来说，那些相信学习能够使自身获得竞争优势或采用了高绩效工作系统（例如，团队）的公司会有更多的培训预算，并进行更多的培训。同时，经营战略还会影响培训的类型。例如，正如第 2 章指出的，实施撤资战略的公司会比实施其他战略的公司更看重诸如再就业和寻找工作的技能方面的培训。最后需要指出的一点是，公司越强调培训的战略性角色，越有可能按虚拟培训组织或企业大学模式组建培训部门。这两种模式都主张通过培训来解决经营问题。

比如，为了保持公司的竞争力，IBM 必须时刻关注最新技术动态。[21]IBM 需要不断改造自己以满足客户的需求，这意味着雇员也必须开发新的知识和技能。从学习的角度来看，IBM 提供的线上和线下的培训课程要确保雇员获得最新的技术和技能。为此，IBM 追踪了雇员使用培训内容的频率，并根据雇员的评估对培训的有效性进行评估。2013 年底，IBM 取消了 39％的培训内容，其中包括 7 600 门使用率较低的培训课程。

管理者、同事和雇员对培训活动的支持

大量研究表明，同事和管理者对培训的支持影响雇员参与培训的热情和动力。关键在于同事和管理者对参与培训活动是否持积极的态度，他们是否愿意向受训者提供有关如何在工作中有效利用培训中学到的知识、技能、行为方式的信息，并为受训者提供在实际工作中运用所学内容的机会。[22]如果同事和管理者不采取支持的态度或行为，那么雇员就很难将培训成果运用到实际工作中。

培训资源

弄清楚公司是否拥有培训经费、培训时间及与培训相关的专业知识是很有必要的。公司必须回答的一个问题是，它是利用所拥有的资源（例如，时间、金钱和专业知识）来开发自己的培训项目，还是从供应商或咨询公司购买培训项目。这就是所谓的"购买还是开发"的决策。例如，如果有一家公司计划安装基于计算机的生产设备，那么它有三种战略性选择来满足拥有计算机知识的雇员的需求。第一，公司可根据自身拥有的人员的专业水平及预算约束，利用内部顾问培训所有相关人员。第二，为节约成本，公司可通过测试和抽样来考察哪些雇员精通计算机，将那些没有通过测试的人或者在样本平均水平之下的人调整岗位。选择这种战略说明公司更愿意将资源分配到人员甄选和配置上，而不是用于培训。第三，由于缺乏时间或专业能力，公司可选择从咨询公司那里购买培训项目。我们将在第 5 章讨论如何确定和选择提供高质量培训服务的供应商或咨询公司。

对于那些在全国或全球各个分公司具有相同的运作流程和部门设置的公司而言，确认培训资源的一种方法就是分享它们的实践经验。作为一家总部位于加利福尼亚州的医疗企业，Kaiser Permanente 由区域性业务单元组成。[23]公司将包括医院、门诊服务与保险服务在内的医疗服务进行整合。公司现在的挑战是如何向各个地区的雇员提供高质量的培训与

开发机会。为此，负责培训与开发的副总裁创立了一个名为"全国学习型领导者"的任务小组。这个小组由来自财务管理、销售、合规、质量改进、患者安全等部门的领导者组成，每三个月召开一次全体会议，每个月举行一次小规模会议。讨论的话题包括在公司各部门实施的学习解决方案和针对每个区域的解决方案。通过会议，公司制定了学习项目，这些项目适用于各个区域，并有效地提高了雇员的参与度。比如，针对患者安全的线上线下结合的课程已经开发完成，相较于只有 50 人参加的传统课堂教学，有 19 000 名雇员参加了这类课程。

3.5.2 人员分析

人员分析能帮助你确定哪些雇员需要培训，他们需要培训的原因也许是缺少培训或接受的培训不够专业。通常我们将之称为**差距分析**（gap analysis）。差距分析包括判断导致雇员的实际绩效与理想绩效出现差距的原因。培训需求可能来自图 3-1 中的压力点，包括绩效问题、工作变化或新技术的应用。人员分析也有助于确定雇员的受训准备情况。**受训准备**（readiness for training）包括两个条件：（1）雇员具备学习培训内容并将其应用于工作的必要的个体特征；（2）工作环境有利于学习且不会干扰工作绩效的实现。这个过程包括评估个体特征、工作输入、工作输出、工作结果以及工作反馈。[24]

培训的一个主要压力点是绩效差或未达到标准水平，反映在顾客投诉、工作效率低或者工作中的偶发事件（如发生事故和不安全行为）上。另一个体现培训需求的潜在指标是工作变化，它的出现要求提高现有工作绩效水平或者雇员必须完成新的任务。

人员分析的过程

图 3-3 给出了分析影响雇员绩效和学习的因素的过程。**个体特征**（person characteristic）指雇员的知识、技能、能力和态度。**工作输入**（input）是指这样一些指导，它告诉雇员应该做些什么、怎样做和何时做。工作输入还指那些提供给雇员以帮助他们完成工作的各种资源，包括设备、时间和资金。**工作输出**（output）指工作绩效水平。**工作结果**（consequence）指雇员由于业绩良好而得到的激励。**工作反馈**（feedback）指雇员在开展工作时收到的信息。

我们可以用面谈和问卷调查来衡量个体特征、工作输入、工作输出、工作结果和工作反馈。例如，一家包裹运输公司相信，技术熟练的司机参与新雇员的在岗培训是很有价值的。[25]为此公司雇用了 110 名技术熟练的司机，他们的工作包括驾驶、运输和登记。由于对新雇员进行培训和指导为他们的工作增添了乐趣，因此他们可以从中受益。此外由于在岗培训费用低并且有效，公司也获益匪浅。技术熟练的司机能够很快地指出并纠正新雇员的绩效问题，此外，他们对运输工作的技术层面也非常了解。虽然大部分熟练司机是优秀的培训者和教练，但是公司仍然认为他们应该学习如何指导和培训新雇员。公司运用面谈法来确认技术熟练的司机指导和培训雇员所需的技能类型。访谈的对象是 14 名技术熟练的司机和 6 名主管以及 2 名区域副总裁。询问技术熟练的司机的问题主要包括：

- 如果让你来指导，你需要怎样的环境？
- 你觉得哪些因素会阻碍你成为一名优秀的在岗培训者？

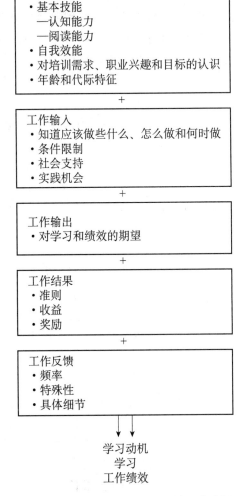

图 3-3　影响雇员绩效和学习的因素分析

资料来源：R. Jaenke，"Identify the Real Reasons Behind Performance Gaps"，*T+D*（August 2013），pp. 76-77；
C. Reinhart，"How to Leap over Barriers to Performance," *Training and Development*（January 2000），pp. 20-24；
G. Rummler and K. Morrill，"The Results Chain," *T+D*（February 2005），pp. 27-35.

●你是如何鼓励或激励其他技术熟练的司机的？你使用激励或奖励方式吗？你是否试过其他的方法（例如，称赞、个体关注）？

●新雇员一般会遇到什么类型的绩效问题？

●作为新的教练和培训者，你遇到的最大问题是什么？你曾犯过什么错误？在这段时间里你学会了什么？

●说说你的一次成功指导的经历和一次不成功的经历。

通常会对访谈数据进行分析和分类。例如，有关培训障碍的访谈问题一般围绕三个主题：缺乏培训时间，缺乏物理环境（不能保护隐私），不愿意培训同事。这三个主题都将在培训课程中涉及。

个体特征、工作输入、工作输出、工作结果和工作反馈还会影响学习动机。**学习动机**

（motivation to learn）是指受训者学习培训项目的内容的欲望。[26]想一想你自己的学习动机是如何受个体特征和外部环境影响的。也许在理解和掌握本书的内容时你不会遇到问题，但是你的学习可能会由于你对本课程的态度而受到限制。也就是说，也许你认为这门课对你的职业生涯并不重要，之所以选这门课仅仅是因为时间合适或者你的学位计划要求你这么做。学习还会受到环境的阻碍。例如，你也许想学习，但你的学习环境不允许。当你准备看书或复习时，你的室友恰好在开舞会，即使你不参加，嘈杂的声音也会让你难以集中精力。

万豪国际（Marriott International）是一家经营旅店和餐馆业务的连锁企业，它发现个体特征在公司的工作福利项目中起到举足轻重的作用。[27]这一项目包括对接受救济的人进行培训，使他们能在公司的旅店和餐馆工作（这类项目会在第 10 章做更详细的说明）。许多受训者因为孩子无人照看、丈夫或男友不支持而没能完成培训项目。因此，万豪国际建立了一套严格的标准来选拔参加培训的救济者。这些标准包括受训者的孩子有人照看，无交通问题，并且能将家务安排妥当。万豪国际还计划在培训中增加一项毒品测试。

大量研究表明，学习动机与培训中知识的获得、行为方式的改变或技能的提高密切相关。[28]除了个体特征之外，管理者还应在选择参加培训的雇员时考虑工作输入、工作输出、工作结果和工作反馈等因素，它们有助于判断培训是不是解决绩效问题的最佳途径。这些因素也与雇员的学习动机有关。下面我们将描述每个因素与绩效和学习的关系。

个体特征

个体特征包括基本技能、自我效能和其他特质，这些是雇员在培训与开发项目中有效完成他们的工作或学习所必须具备的。个体特征还包括雇员的年龄和代际特征，这可能会影响他们对学习方式的偏好。如第 1 章所述，劳动力技能水平预测和调查结果表明，目前公司出现了技能短缺。也就是说，公司很难找到拥有合适的知识、技能或能力的雇员来填补空缺职位，或成功参加培训并为现在的工作做好准备。

基本技能　基本技能（basic skill）是指雇员完成工作和学习培训内容所需的技能。基本技能包括认知能力及阅读和写作能力。例如，你的教授在这门课中所做的一个假设是你具有掌握本书和其他课程资料（如幻灯片、录像带或文章内容）的基本阅读能力。如果达不到必要的阅读水平，你很可能从这门课中学不到东西。第 1 章曾提到，对美国的劳动力所具有的技能水平的最新预测表明，管理者将不得不与那些缺乏基本技能的雇员共事。阅读和写作能力考核可以被用来检测雇员的基本技能水平。表 3-4 列出了阅读和写作能力考核所包括的一系列活动。

表 3-4　考核阅读和写作能力的步骤

第一步：对雇员进行观察，确定他们顺利完成工作所需的技能。注明雇员工作中所使用的资料、所执行的工作任务和雇员在工作中涉及的阅读、写作和计算事宜。

第二步：收集所有雇员在工作中阅读和写作的材料及必须完成的计算工作，以确定基本技能所必须达到的熟练水平。这些材料包括账单、备忘录和表格，如存货单和申请表格。

第三步：与雇员进行面谈来了解他们对完成工作所需基本技能的想法。然后，你思考一下工作本身所要求的具体的基本技能。

第四步：判断雇员是否具备胜任一项工作所需的基本技能。将通过观察和访问收集到的信息和雇员工作中所使用的评价表综合起来。就胜任一项工作所需的阅读、写作和计算能力起草一份工作说明书。

第五步：自行开发或购买一份与雇员所从事工作相关的测试题，让雇员完成。

第六步：将测试结果与工作说明书（由第五步得到）做比较。如果雇员的阅读、写作和计算能力与工作所需的基本技能不匹配，就说明存在基本技能问题。

资料来源：U. S. Department of Education，U. S. Department of Labor，*The Bottom Line：Basic Skills in the Workplace*（Washington，DC：1988），pp. 14－15.

需要注意的是，拥有高中学历或大学学历并不能保证雇员具备基本技能。如果参与者不具备培训所需的基本的阅读、写作和计算技能，就不能有效学习，不能将培训成果应用于工作中（这一过程称为转化，将在第 4 章中讨论），公司可能会将钱浪费在不起作用的培训上。培训者在设计培训项目前需要评估受训者的优势和劣势。由此确定的技能劣势可以用来确定受训者在参加一个培训项目前需要或必须获得的先决条件。如何确定培训者的技能短缺？[29]首先，培训者需通过特定职位的培训材料和职位描述收集一般信息。他们还需要观察工作情况以熟悉必要的技能。接下来，培训者与核心专家会面，核心专家包括雇员、管理者、工程师或其他熟悉工作的人。在这些核心专家的帮助下，培训者确定定期开展活动的清单，并根据重要程度对活动进行排序。最后，培训者确定开展活动或执行工作任务所需的能力和技能。例如，护士必须留意患者病情、反应性和舒适度的变化；他们在观察患者时要关注细节。这些活动需要良好的观察能力，而培训者需要找到或开发一个小测试来测定这些技能。一旦技能分析完成，培训者会进行基本（或培训前）技能评估，以确定需要弥补的技能短缺。

认知能力　研究表明，认知能力会影响学习效果和工作绩效。**认知能力**（cognitive ability）包括三个方面：语言理解能力、定量分析能力和推理能力。[30]语言理解能力指一个人理解并使用书面和口头语言的能力。定量分析能力指一个人解决数学问题的速度和准确率。推理能力指一个人发现解决问题的途径的能力。研究显示，认知能力与所有工作的成功都有一定的相关性。[31]随着工作越来越复杂，认知能力对于工作的成功也就越来越重要。

例如，超市收银员需要在认知能力的三个维度上都达到一定的水平才能完成他的工作。收银员必须知道不同的纸币和硬币的面值，能为顾客正确找零；必须有随机应变的能力（比如，在顾客想要购买没有定价的商品时，知道该怎么办）；还需要理解顾客的想法，并与顾客进行沟通。相比之下，急诊室医生则需比收银员具备更强的语言理解能力、定量分析能力和推理能力。比如，在处理婴儿突发疾病这种紧急情况时，医生应该能够结合婴儿体重准确地计算出药物的使用剂量以控制病情，还必须迅速诊断病情并采取必要的措施（化验血液、拍 X 光片、呼吸疗法），并且要与患者的父母就治疗和恢复过程进行沟通。

受训者认知能力水平的高低还会影响他们在培训项目中的学习成果。[32]认知能力水平低的受训者很有可能无法完成培训，或者在培训结束后的测试中得分很低。

为了识别那些不具备完成工作或培训项目所需认知能力的雇员，公司要采用书面形式对认知能力进行测试。例如，美国联邦航空局（Federal Ariation Administration，FAA）采取一些办法来确定能顺利完成培训的候选空中交通管制员。[33]空中交通管制工作需要具备敏捷的分析思维和较强的沟通能力。在空中交通管制员的培训中，这些技能被强化并获得进一步发展。除了课堂培训，空中交通管制员通过基于计算机的机场塔台和航线中心（引导飞机在不同的机场之间飞行）的仿真模拟接受培训。美国联邦航空局估计，在过去，它每年在不成功的受训者身上花费 1 000 万美元，导致培训成本翻倍。为了降低培训成本，增加有望获得成功的新管制员的数量，美国联邦航空局使用 8 小时的认知技能测试来确定申请人是否具备空间思维能力，是否具有良好的短期和长期记忆，并能很好地在压力下工作——空中交通管制员获得成功所需的技能。明确一项工作所要求具备的认知能力是任务分析过程的一部分，本章稍后会讨论。

阅读能力　　可读性（readability）指书面材料的阅读难度。[34] 阅读水平过低会阻碍培训项目中的学习和绩效。应对培训中所使用的材料进行评估，以保证它们没有超过工作需要的阅读水平。对可读性的评估一般包括对句子长度和词汇难度的分析。

如果受训者的阅读水平达不到阅读培训材料所要求的水平，那么可以有四种选择。第一，判断降低培训所需的阅读水平、使用录像或在岗培训是否可行。第二，通过阅读测试来确定哪些雇员不具备必要的阅读水平，然后将他们分配到与其技能水平相匹配的工作岗位上。第三，再次进行阅读测试，找出那些缺乏基本阅读技能的雇员，然后向他们提供有助于提高阅读水平的培训。第四，判断是否可以将工作重新设计，以适应雇员的阅读水平。第四种选择的成本最高，可操作性最差。这四种培训方法都值得考虑，当然管理层也可以选择非培训选项。非培训选项指可根据阅读能力、计算能力、写作能力和其他基本技能要求，挑选合适的雇员参加培训。

为了开发基本技能或弥补技能短缺，很多公司都在进行技能评估或培训，或两者兼而有之。它们正在努力确定并弥补技能短缺，要么独自进行，要么与州政府机构合作进行。[35] 例如，为了确保雇员具备完成培训所需的基本技能，乔治亚太平洋公司（Georgia-Pacific）开发了一个基本技能评价和培训项目。公司会就测试结果进行私下沟通，并且不会将测试结果记入雇员的个人档案。这样做是为了缓解雇员对缺乏素养将导致失去工作的忧虑，也是为了激励他们参加基本技能培训。基本技能培训由一所地方性的社区大学提供。课堂设在乔治亚太平洋公司的厂房附近，这样雇员可以在上班前或下班后参加培训。经过评估和培训，现在的劳动力已经具备了必需的基本技能。为确保新雇员不再存在基本技能缺陷，乔治亚太平洋公司调整了它的录用条件。公司不再接受那些没有在社区大学完成为期 18 个月的特别课程的人员的应聘申请。Delta Wire 公司是一家位于密西西比州的小型制造公司，它制定了基本技能培训计划，帮助雇员了解如何记录、解释和传递统计控制图上的信息，这有助于将产品缺陷率从 7% 降至 2%。

作为一家总部位于俄亥俄州的自动化控制公司，PK Controls 的业务得到了快速发展。但是公司现在很难找到合适的技术人员。[36] 于是公司通过一些培训开发自己的技术人员，同时还与哥伦布州立社区学院合作开发雇员的工作技能。公司与包括本田和沃辛顿工业公司（Worthington Industries）在内的当地企业共同参与了由哥伦布州立社区学院组织的现代制造业培训项目。通过这一培训项目，学员可以获得机电专业的大专文凭。学员每周有两天上课，三天上班。学员在完成三学期的课程后开始接受在岗培训。毕业生可以获得薪资在 50 000～60 000 美元的工作，而对于 PK Controls 这类企业而言，它们获得了技能熟练的雇员。

自我效能　　自我效能（self-efficacy）是指雇员对自己能够胜任工作或有效地学习培训

内容的一种自信。工作环境会对过去没能圆满完成工作的许多雇员构成压力。例如，你会在第 10 章中看到，通过福利计划——旨在帮助那些依靠救济来生活的人找到工作的计划——找到工作的人往往缺乏自我效能。培训环境也可能会对那些没接受过一定培训或正规教育，或者根本没接受过教育，抑或没有参加过专门培训的雇员构成压力。例如，培训雇员使用计算机辅助生产设备就可能使其产生一种潜在的压力，特别是对那些害怕新技术，并且对自己掌握计算机应用技能缺乏信心的雇员。研究表明，自我效能与培训项目的绩效水平是相关的。[37]雇员的自我效能水平可通过下列方法来提高：

1. 让雇员了解培训的目的是提高绩效水平而不是发现雇员能力上的缺陷。
2. 在真正实施培训前尽可能多地向雇员提供有关培训项目和培训目的的信息。
3. 向雇员展示现在与他们处在类似岗位上的同事的培训成果。
4. 向雇员提供反馈，告诉他们学习进展得很顺利，他既有能力也有义务克服培训中遇到的任何学习困难。

对培训需求、职业兴趣和目标的认识　为激励雇员参加培训项目，必须让他们清楚地意识到自己的技术优势和劣势，以及培训项目与克服技能弱点之间的联系。[38]管理者要让雇员了解他们参加培训项目的原因，还要就培训与克服技能弱点或弥补知识缺陷之间的联系同雇员进行沟通。这些可以通过与雇员开展绩效面谈、举办职业生涯发展讨论会，或让雇员完成一项有关自身技能优势与不足及职业兴趣和目标的自我评价来实现。比如，纽约人寿保险公司（New York Life Insurance）开发了一款网络工具，让雇员制定自己的职业发展计划。[39]这款工具帮助雇员确定如何通过经验、人脉的积累、培训、正式教育来学习，以实现自己的职业目标。

如果可能的话，让雇员自行选择参加哪一个培训项目，并且让他们明白实际的培训任务是如何确定的，以使他们的学习动机最大化。研究指出，让雇员自行选择参加什么样的培训项目并尊重他们的选择有利于实现学习动机的最大化。如果给雇员选择的权利但并不尊重他们的选择，那么只会削弱雇员的学习动机。[40]

年龄和代际特征　生物学研究表明，从 20 岁到 70 岁，人的某些心智能力会减弱。[41]人们处理信息的短时记忆能力和速度随着年龄的增长而下降。然而，年龄增长所带来的经验可以弥补记忆力和思维敏捷度的损耗。虽然思维敏捷度和记忆力的损耗稳步减少，但年老时记忆力的减退要快得多，因为其心智资源比年轻时消耗得多。

第 1 章讨论了不同世代的雇员的差异（和相似之处）。Z 一代指出生于 1995 年以后的人群，他们出生于数字时代，相比于其他世代的人群，他们更具创业精神，并且更喜欢有意义的工作，而不是金钱。千禧一代和 Y 一代是指 1980 年后出生的人，他们乐观，喜欢工作和学习，懂技术，欣赏多样性。X 一代指的是 1965—1980 年出生的人，他们看重反馈和灵活性，不喜欢受到严格的监督。他们一生都在经历改变（在父母、家庭和城市方面）。X 一代注重其工作与生活之间的平衡。婴儿潮一代出生于 1946—1964 年，他们有竞争力，能吃苦，注重所有雇员受到公平对待。传统主义者出生于 1925—1945 年，他们爱国、忠诚，了解组织的历史和工作生活。每一代人对于学习环境的布置、指导的类型和学习活动可能会有特殊的偏好。[42]例如，传统主义者喜欢稳定、有序的培训环境，而且希望指导者提供专门的知识。但 X 一代更喜欢自我导向的培训环境，这允许他们进行尝试和接受反馈。因此，将学习者的年龄和代际特征作为个体分析的一部分非常重要。我们将在第

5 章讨论培训设计的这些偏好及影响。

工作输入

雇员对工作环境的两个特点——条件限制和社会支持——的感知是工作绩效和学习动机的决定因素。**条件限制**（situational constraint）包括缺乏适当的工具与设备、材料与供应品、预算支持及时间。**社会支持**（social support）指管理者和同事提供信息反馈和帮助的意愿。[43] 如果雇员有完成工作必备的知识、能力、态度和行为方式，但缺乏适当的工具和设备，那么他们的绩效水平也不会高。

为使工作环境有助于增强受训者的学习动机，管理者应该采取以下步骤：

1. 在雇员参加培训前向他们提供运用新的技能或行为方式所需的资料、时间、与工作有关的信息和其他辅助手段。

2. 向雇员阐述培训项目的积极意义。

3. 让雇员知道当他们在工作中运用培训内容时，工作会做得更好。

4. 鼓励工作小组成员通过征求反馈意见、共享培训经验和就培训内容适用的情形进行交流，让每个人在工作中不断运用新技能。

5. 为雇员提供在工作中实践并运用新的技能和行为方式的时间和机会。

工作输出

在工作中，雇员经常出现绩效较差或未达到标准的情况，这可能是因为雇员不知道他们应达到什么样的绩效水平。例如，他们可能没有认识到质量标准与个人所要提供的服务的快慢和个性化程度有关。雇员可能具备执行任务的知识、技能和态度，却由于不知道绩效标准而导致绩效水平不理想。对绩效标准缺乏认识属于沟通问题，不属于通过培训就可以解决的问题。

了解工作需要对学习是很重要的。受训者需要搞清楚他们应该在培训项目中学习哪些特定内容。在培训计划中，为了确保受训者掌握适当水平的培训内容，受训者还应该了解对他们的熟练程度的期望水平。例如，就一项任务而言，熟练程度与雇员完成任务的好坏有关。而对于知识，熟练程度可能与一次书面测试的分数有关。绩效标准或水平是学习目的的一部分（将在第 4 章加以讨论）。

工作结果

如果雇员认为奖励不具有激励作用，那么即使他们具备必要的知识、行为方式、技能和态度，他们也不愿达到绩效标准，而且工作小组的行为准则也不会鼓励雇员达到绩效标准。**准则**（norm）是指为工作小组成员所接受的行为标准。例如，在劳动合同谈判期间，西北航空公司（Northwest Airlines）的包裹装卸工放慢了装卸包裹的速度，结果造成许多乘客的离港及进港被延误。包裹装卸工有完成工作所需的知识、技能和行为方式，但他们还是放慢了工作速度，这是由于他们试图向管理层传递这样一种信息：如果他们的合同要求没有得到满足，那么航空公司就不能有效运转。

工作结果还会影响培训项目的学习效果。激励系统，如提供可供兑换食物、衣服或电影票的礼品卡或者可用于支付未来培训课程的积分，可能会激励某些雇员参加并完成培训课程（将在第 5 章讨论）。[44]然而，激励雇员参加培训并从中学习的最有效的方式之一是交流关于培训的个人观点。例如，培训将怎样帮助改善他们的技能、职业或处理他们在工作中遇到的问题？需要明确的很重要的一点是，管理层传递的有关潜在利益的信息必须是真实的。如果培训项目不能满足雇员的期望，那么它只会削弱他们的学习动机。[45]

工作反馈

如果在工作中没有人就工作绩效的达标情况向雇员提供反馈意见，也会导致绩效问题的出现。若雇员知道自己应该做什么（工作输出），但不知道做得怎么样，培训可能不是解决这类问题的最好办法。雇员应该得到关于工作是否有效的详细反馈。对于那些达到标准要求的雇员，也要经常给予反馈，不能一年只做一次绩效评估。

第 4 章将详细讨论工作反馈在学习中所扮演的角色。要记住，反馈对受训者行为和技能的形成发挥着至关重要的作用。

明确培训是不是解决问题的最佳方案

根本原因分析法被用来判断培训是不是最佳解决方案。**根本原因分析法**（root cause analysis）是指判断培训是不是解决绩效问题或弥补绩效差距的最佳方案的方法。[46]实施根本原因分析法可以采取四种不同的方式，第一，我们要提出下列七个问题。

1. 绩效问题是否很重要，公司是否有可能因生产率下降或顾客流失而蒙受巨大损失。

2. 雇员是否知道应如何有效地工作。也许他们以前很少接受培训或根本没接受过培训，或者所接受的培训是无效的（这属于个体特征问题）。

3. 雇员能否掌握正确的知识和行为方式。雇员虽接受过培训，但在工作中可能不经常或根本就不运用培训所学的知识、技能等（这属于工作输入问题）。

4. 绩效预期是否明确（工作输入），是否存在实现绩效的障碍，比如不合适的工具或设备。

5. 绩效优秀的雇员是否会获得满意的回报，绩效差的雇员是否得不到奖励。例如，如果雇员对自己获得的薪酬不满意，那么他的同事或工会可能会鼓励他放慢工作速度（这属于工作结果问题）。

6. 雇员能否获得有关其工作绩效的及时、有意义、准确、有建设性和具体的反馈（这属于工作反馈问题）。

7. 是不是其他解决办法——如重新设计工作或给雇员调换工作岗位——成本太高，或者不现实。

在雇员缺乏完成工作的知识和技能且其他条件允许的情况下，培训是必需的。如果雇员具备执行任务的知识和技能，但工作输入、工作输出、工作结果或工作反馈不足，培训也许就不是解决问题的最佳方案。例如，如果绩效差是设备问题导致的，就不能通过培训来解决，只需对设备进行修理就可以使问题迎刃而解。如果绩效差是缺乏信息反馈导致的，就不需要对雇员进行培训，而应让他们的管理者接受如何进行绩效反馈的培训。

第二，提出五个为什么。这是另一个通过提问探究问题根源的方法。这些提问可能是"为什么雇员的业绩如此差？"或"为什么雇员不能在顾客进入店内的那一刻向顾客问好？"通过这些提问可以找到问题的根源。对于每一个问题的根源，你需要考虑：问题的发生是不是因为缺少知识、技能、行为？这一问题是否可以通过培训得到干预？是不是还有其他影响因素？第三，可以使用鱼骨图。鱼骨图是一个结构性头脑风暴技巧，它可以用来发现、探究并展示可能的问题原因。鱼骨图将机器、方法、材料、衡量标准、环境、人对问题的影响纳入考虑范畴。第四，可以使用四格法。四格法将一个正方形分为四个格子，分别代表动机、资源、培训、工作匹配度四个不同的主题。可以把可能造成问题的因素分别填入对应的格子中。通过四格法，可以判断问题的出现是否只是培训的原因，或者资源、动机、工作匹配度也在其中发挥作用。比如，如果雇员知道怎么做好工作，但是他们没有得到很好的激励，就可以认为问题的根源不是缺乏培训。然而，如果雇员不知道怎么做好工作，那么缺少培训可能是这一问题的根源。

考虑关键工作问题（公司内部对工作的成功至关重要的问题或机会）、关键流程问题（对业务流程的成功至关重要的问题或机会）和关键业务问题（对公司经营的成功至关重要的问题或机会）之间的关系也很重要。[47]如果关键工作问题、关键流程问题和关键业务问题有关联性，那么培训应该是首选方案，因为它对业务成果和结果的影响更大，将有可能获得更多的管理层支持。表3-5列出了销售代表的关键工作问题、关键流程问题和关键业务问题之间的关系。该分析由一名高级经理完成，他认为销售代表需要更多的培训，因为其提交给生产部门的销售订单不完整。

表3-5　关键工作问题、关键流程问题和关键业务问题的关系示例

关键工作问题	关键流程问题	关键业务问题
期望的结果 ● 无内容不完整的订单 ● 100％准确的订单 目前的结果 ● 10％内容不完整的订单 ● 83％准确的订单	期望的结果 ● 订货周期为3天 目前的结果 ● 订货周期为30天	期望的结果 ● 市场份额为60％ 目前的结果 ● 市场份额为48％

资料来源：Based on G. A. Rummler and K. Morrill, "The Results Chain," *T+D* (February 2005), pp. 27-35.

考虑一家面向儿童和年轻人销售耐用又时尚的运动休闲服装的全球零售商，它将如何确定是采用培训还是其他解决方案满足绩效需求。图3-4显示了该零售商如何确定需求的类型、受影响的组织层级以及纠正策略。如图3-4所示，培训与开发是可能的解决方案之一，它解决了与知识差距、共享知识和技能、非正式学习、经理和主管的支持有特定关系的问题。

3.5.3　任务分析

任务分析的最终结果是对工作活动的详细描述，包括雇员执行的任务和完成任务所需的知识、技能和能力。**职位**（job）是指要求完成某些任务的特定岗位（如表3-6所示的电工）。**任务**（task）是指雇员在特定职位上所执行的各项工作活动。表3-6给出了电工所需执行的一些任务。这些任务包括更换灯泡、插座和电灯开关。为完成任务，雇员必须具有一定水平的知识、技能、能力和其他要素（KSAOs）。**知识**（knowledge）包括事实或程序（如金的化学性质）。**技能**（skill）指明了执行某项任务所需具备的能力（如谈判技能、说服技能）。**能力**（ability）包括执行任务所需的体力和脑力的总和（如空间能力、辨别事物之间相互联系的能力）。**其他要素**（other）指执行任务的环境，包括明确雇员工

1.做什么?

决定需求的类型

| 问题 | 改善 | 未来规划 |

2.谁来做?

确定受影响的组织层级

| 整个组织 | 事业部 | 部门 | 个人 | 岗位 |

3.如何做?

确定纠正策略

是否有系统性问题?	是否有组织发展问题?
是否有相应的系统和资源来提高绩效?	政策上是否有影响绩效的障碍?激励措施是否与绩效相匹配?
我们是否能招聘到合适的雇员?	岗位安置是否有问题?
我们的招聘是否定位于吸引那些一开始就可以胜任这份工作的雇员?	是否有人不适合他的岗位?是否探索雇员的行为趋势?他们是否能胜任他们的岗位?
是否需要教练?	是否需要培训?
是否存在非正式培训或信息传递?是否支持此种做法?雇员是否拥有足够的资源来胜任他们的工作?	雇员是否具备胜任岗位的潜质?是否需要弥补知识的不足?管理者是否能够营造有利于激励绩效的环境?

图 3 - 4　确定如何解决绩效问题

作中所使用的设备和所处的环境（如是否需要戴氧气罩、是否属于高温作业）、任务完成时限（如截止日期）、安全因素和绩效标准。

表 3 - 6　对电工进行任务分析的调查问卷中的样题

		职位：电工		
		任务执行等级评定		
任务 ♯	任务描述	执行频率	重要性	难度
199—264	更换灯泡	0 1 2 3 4 5	0 1 2 3 4 5	0 1 2 3 4 5
199—265	更换插座	0 1 2 3 4 5	0 1 2 3 4 5	0 1 2 3 4 5
199—266	安装灯座	0 1 2 3 4 5	0 1 2 3 4 5	0 1 2 3 4 5
199—267	更换电灯开关	0 1 2 3 4 5	0 1 2 3 4 5	0 1 2 3 4 5
199—268	安装新的断路器	0 1 2 3 4 5	0 1 2 3 4 5	0 1 2 3 4 5
		执行频率	重要性	难度
		0＝从来没有	1＝可以忽略	1＝非常容易
		5＝经常	5＝非常重要	5＝非常困难

资料来源：E. F. Holton Ⅲ and C. Bailey, "Top to Bottom Curriculum Redesign," *Training and Development* (March 1995), pp. 40 - 44.

只有从组织分析中得出公司愿意在培训上投入时间与资金的结论后，才能进行任务分析。为什么要这样做呢？你马上就会明白，任务分析是一个耗时且乏味的过程，它需要投入大量时间来收集和整理数据，这些数据来自公司内的管理人员、在职人员和培训人员。

任务分析的步骤

任务分析包括四个步骤[48]：

1. 选择待分析的工作岗位。

2. 列出工作岗位所需执行的各项任务的基本清单，这主要通过访问并观察熟练的雇员及其管理者、与进行过任务分析的其他人员讨论实现。

3. 确保任务基本清单的可靠性和有效性，让一组核心专家（在职人员、管理人员等）以开会或者接受书面调查的形式回答有关工作任务的问题。可能问到的问题包括：执行该任务的频率如何？完成各项任务需要多长时间？这项任务对于成功完成工作有多重要？学会完成这项任务有多困难？是否要求新雇员完成这项任务？

表 3-7 给出了一份任务分析调查问卷的示例。这些信息用于确定培训项目中需要强调哪些任务。进行需求评估的人员或委员会要为不同指标确定计分标准，以决定一项任务是否应包括在培训计划中。那些重要、经常执行和难度较大的任务需要进行人员培训，那些不重要且不经常执行的任务则无须进行人员培训。但是对管理人员和培训人员来说，难点在于要判断：那些非常重要但不经常执行、也不难掌握的任务，是否应包括在培训内容中；那些重要的任务，不论是否经常执行，也不论难度如何，是否都应包括在培训内容中。

表 3-7 任务分析调查问卷示例

姓名   日期

岗位

请从以下三方面给每一项任务打分：任务对工作绩效的重要性、任务执行频率和任务执行难度。评分时请参照下列尺度。

重要性	执行频率
4＝任务对绩效至关重要	4＝每天执行一次任务
3＝任务重要但并非至关重要	3＝每周执行一次任务
2＝任务比较重要	2＝几个月执行一次任务
1＝不重要	1＝一两年执行一次任务
0＝没有执行过这项任务	0＝没有执行过这项任务

难度

4＝有效执行这项任务需要有丰富的工作经验和/或培训经历（12～18 个月或更长）

3＝有效执行这项任务需要有一定的工作经验和培训经历（6～12 个月）

2＝有效执行这项任务需要有短期的培训经历和工作经验（1～6 个月）

1＝有效执行这项任务不需要有特定的培训经历和/或工作经验

0＝没有执行过这项任务

任务	重要性	执行频率	难度
1. 维修设备、工具和安全系统			
2. 监督雇员的工作绩效			
3. 为雇员制定工作进度			
4. 使用计算机统计软件			
5. 运用统计方法监控生产过程中的变化			

4. 一旦工作任务确定下来，就要明确胜任各项任务所需的知识、技术或能力。这类内容可能很难学习或很容易出错，比如需要制定决策解决问题的任务。对于这些任务，我们要判断新手和专家的思维过程有何差别，这类信息对于培训设计非常必要，因为培训是通过提供足够的实践和反馈帮助新手学习的。这类信息可通过面谈和问卷调查来收集。回顾一下本章有关能力对学习的影响的讨论，我们会认识到，获取有关该工作所需的基本技能和认知能力的信息，对于决定受训者是否应具备一定水平的知识、技能和能力等，或者基本技能培训是否必要，都是至关重要的。就培训目标而言，有关知识、技能或能力的学习难度的信息才是重要的——正如要了解雇员在承担工作前是否应掌握有关知识、技能和能力一样。[49]

表 3-8 对任务分析的要点进行了总结。

表 3-8　任务分析的要点

- 进行任务分析，不仅要知道雇员在实际工作中做什么，还要知道他们应该怎么做。
- 进行任务分析，首先要将工作分解成职责和任务。
- 使用两种以上收集任务信息的方法来提高分析的有效性。
- 为使任务分析更有效，应从核心专家那里收集信息，核心专家包括熟悉该项工作的在职人员、管理人员和雇员。
- 在决定如何对任务进行评价时，重点应放在实现公司长远目标和现实目标必须完成的任务上。这些任务也许并不是最难完成或最耗费时间的。

资料来源：Based on A. P. Carnevale, L. J. Gainer, and A. S. Meltzer, *Workplace Basics Training Manual* (San Francisco: Jossey-Bass, 1990); E. A. Surface, "Training Need Assessment: Aligning Learning and Capability with Performance Requirements and Organizational Objectives," in *The Handbook of Work Analysis: Methods, Systems, Applications and Science of Work Measurement in Organizations*, 1st ed., eds. M. A. Wilson, W. Bennett, S. G. Gibson, and M. Alliger (Routledge Academic, 2012), pp. 437-462.

任务分析举例

任务分析的四个步骤可以从下述公共事业部门的例子中看出。培训者需要在六个月内开发出一套培训系统。[50]该项目的主要目的是明确任务，确定作为培训目标和课程安排基础的知识、能力和其他要素。

在这个项目的第一阶段，要明确公共电子维修领域内的各项工作所包含的潜在任务，可利用工作程序、设备清单和核心专家提供的信息来确定各项任务。核心专家包括管理人员、指导人员和高级技术人员。这些任务被编入向电工部所有技术人员发放的调查问卷中，问卷共包括 550 项任务。表 3-6 给出了关于电工工作的问卷的部分样题。技术人员要给每项任务的重要性、难度和执行频率打分。对执行频率的评分可为 0，0 分说明评分的技术人员从未执行过这项任务，也就无须再给任务的难度和重要性评分。

问卷回收后，可用定制的软件来分析各项分数。决定一项任务是否需要培训的首要条件是它的重要性得分。一项被认为非常重要的任务，无论其执行频率或难易程度如何，都需要进行培训。如果一项任务被认为重要性一般但难度很大，那么也需要培训。而对那些不重要、简单且很少执行的任务，则无须进行培训。

需要培训的任务清单要经核心专家复核，以保证对工作任务描述的准确性，最终确定了 487 项任务。对这 487 项任务，再由两名核心专家确认执行任务必需的知识、技能、能力和其他要素，包括工作环境状况、任务开始与结束的信号、绩效标准、安全因素及必要的工具和设备等方面的信息。所有数据都经过了工厂技术人员和培训部门人员的审查，总共归纳出 14 000 多种知识、技能、能力和其他要素。它们被分组，每个任务组有一个识别码。这些任务组构成了任务群，任务群代表了资格要求。也就是说，任务群与雇员从事该项工作的任职资格密切相关。培训者可利用任务群来确定培训课程计划和课程目标，了解每个任务群对技能的要求。

3.6 素质模型

在当今全球化和竞争激烈的经营环境中，很多公司发现它们很难确定雇员是否具备取得成功所需的能力。不同业务单元甚至同一业务单元中的不同角色所需的能力都是不一样的。因此，很多公司开始运用素质模型来帮助确定在工作中取得高绩效所需的各种知识、技能和个体特征（态度、个性）。素质模型也有助于确保公司的培训开发体系有利于知识、技能和个体特征的发展。

传统的培训需求评估包括明确知识、技能、能力和各项任务。然而，当前的培训趋势要求培训需求评估将重点放在素质水平，特别是管理职位上。**素质**（competency）指雇员胜任某项工作所需的一系列技能、知识、能力和个体特征。[51]

素质模型（competency model）确定完成每项工作所必需的素质。素质模型提供整个职业、组织、工作群或特定工作中常见的素质描述。素质模型可用于绩效管理。然而，素质模型的优势之一是它对各种人力资源实践是有用的，包括招聘、甄选、培训与开发。素质模型可以用来帮助确定填补空缺职位的最佳雇员，并作为雇员和管理者针对特定优势和发展领域制定发展计划的基础。素质模型中包含的素质因公司的经营战略和目标不同而不同，其中可以包括销售、领导力、人际关系、技术以及其他类型的素质。素质模型通常包括每种素质的名称、代表素质水平的行为以及表明掌握或精通程度的描述。表 3-9 给出了一个有关系统工程师的素质模型。表的第一列列出了技术类别（系统构建、数据转移、文件拟订），第二列揭示了可以用来评价系统工程师对每种素质高低的精通程度。

表 3-9   素质模型中的各种素质

技术类别	精通程度评分
系统构建 设计复杂的应用软件，创建协议和原型的能力。	0——不能完成基本任务。 1——理解基本原则；能在别人的帮助和指导下完成任务。 2——稳健地执行例行任务；工作只需少量监督。 3——执行复杂的多重任务；能指导或教导别人。 4——是这项任务的专家，能评价、指导和领导别人。
数据转移 建立必要的操作平台，能够有效、彻底地完成数据转移。	0——不能完成基本任务。 1——理解基本原则；能在别人的帮助和指导下完成任务。 2——稳健地执行例行任务；工作只需少量监督。 3——执行复杂的多重任务；能指导或教导别人。 4——是这项任务的专家，能评价、指导和领导别人。

续表

技术类别	精通程度评分
文件拟订 拟订全面、完整的文件的能力，文件包括工作规范、工作流程图、过程控制规则和预算书。	0——不能完成基本任务。 1——理解基本原则；能在别人的帮助和指导下完成任务。 2——稳健地执行例行任务；工作只需少量监督。 3——执行复杂的多重任务；能指导或教导别人。 4——是这项任务的专家，能评价、指导和领导别人。

资料来源：R. J. Mirabile, "Everything You Wanted to Know About Competency Modeling," *Training and Development* (August 1997), pp. 73-77.

　　了解素质模型的一种方法是将它与职位分析相比较。正如你从其他课程或经验中了解到的那样，**职位分析**（job analysis）是指制定工作说明书（任务、职责）和雇员完成工作必须具备的条件（知识、技能和能力）的过程。那么职位分析和素质模型有什么区别呢？职位分析更关注工作或任务（完成了什么），素质模型则更关注工作者（如何达成目标或如何完成工作）。因为素质模型关注"如何"而不是"什么"，这样就能为培训与开发提供更有价值的信息。最近的一项研究要求素质模型专家（咨询师、人力资源实践者、学者、工业心理学家）对素质模型和职位分析进行对比。[52]这项研究发现，职位分析与素质模型存在以下差异：首先，素质模型更容易将素质与公司的经营目标相联系。其次，无论是对于工作组、同一层级的工作还是整个组织，素质模型提供的都是对普遍素质的描述，而职位分析描述的是各个工作、工作组或组织层级之间的区别。最后，职位分析得到的是特定工作所需的具体的知识、技能和能力，这些可以作为甄选雇员的具体要求。由素质模型产生的素质则更宽泛，而且应用更广。例如，它可用于雇员甄选、培训与开发以及绩效管理。

　　另外一种了解素质模型的途径就是通过绩效管理。[53]遗憾的是，现在很多绩效管理体系对选用何种成果来进行绩效评估缺乏统一的认识，管理者和雇员对绩效缺陷的讨论也往往缺乏针对性。素质模型通过对雇员成功完成工作所需的个人素质的确认，保证了评估包含需要做什么以及怎样做两个方面。绩效反馈可以直接指向具体的实例，成功所需的知识、技能、能力和其他要素可以得到清晰的描述。

　　怎样确认各种素质并开发出素质模型呢？图 3-5 给出了开发素质模型的过程。在这个过程中要注意以下几点：一是根据经营战略确定需要哪些类型的能力以支持公司战略，确保业务目标实现。二是要区别有效的工作者与无效的工作者。三是要确定导致有效行为或无效行为的素质。有几种确定素质的方法，包括：对一个或几个优秀工作者进行分析，对熟悉工作情况的人（核心专家）展开调查，从其他公司获得优秀工作者的标准。[54]四是使模型产生效用。也就是说，必须确定模型中包括的类别是否真正与有效的工作绩效有关。在表 3-9 给出的有关系统工程师技术类别的例子中，证实所列的三项素质是工作成功所必需的以及素质水平是适当的很重要。

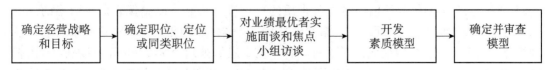

图 3-5　开发素质模型的过程

遵循图 3-5 所示的开发过程将确保胜任力和素质模型是有效的。然而，培训者、雇员、管理者和其他专家（尤其是没有经验的评估者）应接受关于如何进行准确的素质评级的培训。培训应确保评估者了解每种素质和它们之间的差异，并且可以区分低、中、高不同层次的精通程度。[55]

素质模型对培训与开发非常有用，主要体现为[56]：

● 素质模型能够确认有效的工作绩效所需的行为方式。这些模型保证了对雇员的反馈成为开发项目的一个组成部分（如 360 度反馈），并且最终促进个人和组织的成功。

● 素质模型提供了一种工具，能够用来确定哪些技术是公司当前和未来发展所必需的。它也能用来评估公司现有的培训项目与培训需求之间的关系。也就是说，它能够使培训与开发活动和公司的经营目标保持一致。此外，它还能用于评估所提供的服务与预期的技术需求之间的关系。

● 素质模型能够确认不同的职业阶段所需的技术。

● 素质模型为公司持续不断地对雇员进行指导和反馈，以保证他们能够胜任现在和未来的工作提供了一个框架。通过将现有素质和工作需要进行比较，雇员可以清楚地发现自己需要开发哪些素质，并采取相应的行动来弥补差距。这些行动包括进修、积累工作经验以及其他类型的开发手段（开发手段会在第 9 章详细介绍）。

● 素质模型提供了一幅"路线图"，用于识别和开发那些适合提升到管理岗位的雇员（接班人计划）。

● 素质模型提供一套通用的标准，用于确定适合雇员的开发培训和学习活动，以及用于评估和奖励他们的标准。这有助于整合和调整公司的人力资源制度和实践。

例如，在美国运通公司（American Express），素质模型被用来帮助管理者领导自己的团队，这通过为雇员提供一个利用优势并改善劣势的框架来实现。[57]而在公司层面，素质模型被用来确定整个公司的技能水平，包括能力、优势和机遇。这一信息被提供给管理者来确定关键的需求和计划行动，以确保雇员当前和未来的素质得到开发。

表 3-10 所展示的素质模型是由素以优质、奢华的运动眼镜著称的陆逊梯卡零售公司（Luxottica Retail）为其在现场和店面的雇员而开发的。其眼镜品牌包括亮视点（Lens-Crafters）、Sunglass Hut 和 Pearle Vision 等。[58]素质模型包括领导力和管理能力、实用技能和基本素质。其目标是定义和识别管理人员可用于招聘、绩效管理、培训的能力。此外，素质模型有助于员工确定和开发他们申请不同职位所需的技能。为了有效地用于绩效评估，素质模型必须及时得到更新。素质模型与公司的所有业务部门相关，并能提供足够的细节以准确地评估雇员的业绩。在陆逊梯卡零售公司，开发素质始于与商界领袖的会议，以了解他们当前和未来的业务战略。之后确定业务推动者，并通过问卷调查、焦点小组及与管理者和同事的会议来确定重要的素质和关系到每一个行为的例子。每过四五年或者当工作或经营战略发生重大变化时，都要对各业务单元及品牌竞争力进行审查，以确保它们相关。另外，对绩效评估中赋予各素质的权重进行审查，以确保它们是恰当的（例如，对实用技能赋予相应权重）。根据素质与某一具体工作的相关性，将这些素质进行各种组合，用于评估雇员的绩效。对于每一种素质，雇员被划分为 1～5 五个级别，5 代表"远远超过预期"。人力资源部门、培训与开发部门与运营团队共同努力来确定每种素质的水平。也就是说，应当明确当雇员被评定为"符合预期"与"低于预期"时代表什么。当

管理人员使用素质模型对雇员进行评估时，有必要确保他们使用相似的参考框架。

表 3 - 10　陆逊梯卡零售公司的素质模型

领导力和管理能力	实用技能	基本素质
指导和开发他人	国际视野	人际关系技能
培养团队精神	财务敏锐度	关注客户
战略性思维	商业核心指标	行为正直

资料来源：From C. Spicer, "Building a Competency Model," *HR Magazine* (April 2009), pp. 34 - 36.

3.7　培训需求评估的范围

到目前为止，本章已经讨论了培训需求评估的多个方面，包括组织分析、人员分析和任务分析。这涉及面谈法、观察法，甚至雇员调查。你可能会问自己：这些听起来都很好，但这个过程很复杂，也很费时。如果我没有时间去实施一个完整的需求评估会怎样？我是否应该放弃这个过程？

需求评估往往由于某些原因而被忽视，比如：认为培训存在争议或是强制性的；需求评估的成本太高、耗时太长，而且太复杂；管理者不支持。尽管需求评估受到限制，但仍有必要确定是否存在问题或压力点及最佳解决方案，而该方案可能是培训。

然而，即使管理者现在就要求参加培训课程，仍然应该进行培训需求评估。有几种方法可用来进行快速的需求评估。**快速需求评估**（rapid needs assessment）指无须破坏过程和成果质量，能够快速准确实施的需求评估。[59]进行快速需求评估的关键在于选择使用最少的资源（时间、金钱、核心专家）就可以产生最佳结果的需求评估方法。在进行快速需求评估时需考虑以下方面：首先，需求评估的范围是依据潜在的压力点的范围而定的。如果压力点是局部的，而且对公司经营只有潜在的微小影响，那么需求评估的信息收集部分可以只包括与管理者和在职人员的面谈。如果压力点对经营有较大的影响，就应再多花点时间进行信息收集。如果在与核心专家和在职人员面谈后，你觉得自己对工作已经没有任何新的了解，那么面谈就可以结束了。其次，你可以考虑使用已有的由于其他需要而收集的数据。例如，事故发生数据、销售数据、客户投诉以及能够为解决绩效问题提供线索的原有的访谈记录。捷蓝航空公司（JetBlue）使用在岗绩效数据和商业成果评估培训需求。[60]捷蓝航空公司通过分析飞机的定期维修数据，发现飞机表面受损的现象有所增加，这使得学习与开发团队需要进行深入评估以发现潜在的培训需求，而这也许就是造成飞机表面受损率升高的原因。美国交通部追踪了顾客投诉的相关数据，数据显示残障人士对捷蓝航空公司的投诉主要涉及登机前所遇到的问题。基于这类数据的收集，捷蓝航空公司调整了培训内容，从而减少了投诉。网络是一个很有用的资源，它可以使你更快地与不同地方的核心专家进行交谈。最后，如果能够很好地协调经营问题、技术开发问题和组织面临的其他问题，你就能很好地预测培训需求。例如，如果一个公司正在全球拓展其销售渠道，并且在制造厂中引进了新的技术，那么毫无疑问，跨文化的培训和帮助雇员使用新技术的培训都是必需的，但是在此之前你需要了解公司的经营状况。

3.7.1 实践中的培训需求评估

科磊公司（KLA-Tencor）为半导体行业提供流程控制设备。[61] 公司为使用先进的激光、光学、机器人技术的复杂机械提供设计、诊断与维修服务。公司的工程师需要在保持现有技能熟练度的基础上增加新的技能。这对于科磊公司快速解决机械问题至关重要，如果这类问题得不到解决，客户将会蒙受数百万美元的经济损失。提供高效的服务能够帮助公司留住老客户，并开发更多的商业机会。公司最重要的价值观之一是"不可替代性"（其他价值观还包括"坚持不懈""努力做到更好""高效能团队""诚实、坦率、始终如一"）。

科磊公司使用技能管理流程（正确的人和正确的知识流程）对雇员的技能进行监督，相关信息会作为培训变革的基础。培训变革的流程包括设计任务清单、培训相关任务、通过在岗培训获得技能认证、实施年度技能评估。年度技能评估是通过向公司超过1 000 名检修工程师发放调查问卷进行的。针对每一项工作技能，工程师被要求在"我不知道该怎么做"到"我可以教别人做"的范围内为自己打分。他们还被要求评估从"从未运用过这项技能"到"每年运用2 次这项技能"中间相隔的时间。公司会根据问卷填写情况把他们分配到不同的培训课程中，公司已经开发了超过 200 门培训课程。为了确保这些工程师能够顺利结业，公司针对他们及其主管实施了问责制。这一做法使得培训的结业率在一年之内达到了 95%。技能评估的数据还可以用于发现培训的不足，公司已经根据这些数据在课程和认证方面做出了超过 2 000 个调整。技能评估每年进行一次，以确保工程师与时俱进。

这个例子揭示了以下几方面的问题。第一，培训可以帮助公司实现战略目标，因此必须高度重视。需求评估和培训都必须投入相应的资源和时间。第二，培训需求分析包括任务或技能分析，通过分析可以判断谁需要接受培训，以及他们需要学习什么内容。第三，培训项目的开发和调整需要基于培训需求分析，这样可以有效弥补技能缺陷。

小　结

使培训成功的第一步就是要通过需求评估过程来判断是否有进行培训的必要。培训需求评估包括三个方面：组织分析、人员分析和任务分析。可运用不同的方法，如观察法、面谈法和问卷调查法等来进行评估，每种方法各有其优势。组织分析包括判断：（1）培训是否与公司经营战略和资源相适应；（2）同事与管理者是否愿意为受训者在工作中运用培训内容提供必要的支持。

人员分析重在确定是否有证据证明培训能够解决问题，哪些人需要培训，以及雇员是否具备基本的技能、态度和信心，以使他们可以掌握培训项目的内容。由于工作绩效问题是公司考虑对雇员进行培训的主要原因之一，因此将个体特征、工作输入、工作输出、工作结果和工作反馈与绩效和学习联系起来很重要。这意味着管理者和培训者在确定是否可以通过培训来解决绩效问题时应考虑雇员的基本技能水平、态度和工作环境。

在雇员不知道如何执行任务的情况下，培训可能是解决绩效问题的最佳途径。但如果雇员没有收到绩效反馈信息，缺少完成工作所需的设备，良好的工作业绩没有得到积极的奖励，或者不清楚理想的绩效标准，那么培训也许就不是解决问题的最佳方案。

为了增强雇员参与培训项目学习的动机，在派雇员参加培训前管理者和培训者需要了解一些事实，如基本技能的欠缺会影响工作绩效和学习效果。

任务分析包括明确任务和员工在知识、技能、能力方面所需的培训。素质模型是进行培训需求分析的一种新方法，它关注对个人能力（包括知识、技能、态度、价值观和个体特征）的认定。

关键术语

需求评估（needs assessment）

组织分析（organizational analysis）

人员分析（person analysis）

任务分析（task analysis）

利益相关者（stakeholder）

核心专家（subject-matter expert，SME）

在职人员（job incumbent）

焦点小组（focus group）

众包（crowdsourcing）

基准化（benchmarking）

差距分析（gap analysis）

受训准备（readiness for training）

个体特征（person characteristic）

工作输入（input）

工作输出（output）

工作结果（consequence）

工作反馈（feedback）

学习动机（motivation to learn）

基本技能（basic skill）

认知能力（cognitive ability）

可读性（readability）

自我效能（self-efficacy）

条件限制（situational constraint）

社会支持（social support）

准则（norm）

根本原因分析法（root cause analysis）

职位（job）

任务（task）

知识（knowledge）

技能（skill）

能力（ability）

其他要素（other）

素质（competency）

素质模型（competency model）

职位分析（job analysis）

快速需求评估（rapid needs assessment）

讨论题

1. 你认为在影响绩效和学习的因素中哪个最重要，哪个最不重要？

2. 假设你必须对一家新建工厂的一项新工作进行培训需求评估，请描述你将使用的方法。

3. 如果你使用在线技术为一家基于网络的服装公司确定客户服务代表的培训需求，你将采取什么步骤来确保技术不对雇员造成威胁？

4. 培训需求评估包括组织分析、人员分析和任务分析。你认为哪项分析最重要，哪项最不重要？为什么？

5. 为什么要让高层管理者参与培训需求评估过程？

6. 说明你如何判断雇员是否具有参加一个培训项目所需的阅读水平。你将如何确定雇员是否具有参与一个基于网络的培训项目所需的计算机技能？

7. 在什么情况下一家公司应从外部供应商那里购买培训项目？在什么情况下公司应自行开发培训项目？

8. 假设你要让不经常使用计算机且年龄较大的雇员参加一个有关如何使用互联网的培训班，你怎样才能确保他们为培训做好充分准备？你将如何确定他们的受训准备情况？

9. 说明你用根本原因分析法来确定绩效问题的过程。

10. 回顾电工工作所包含的具体任务及相应的任务得分情况，你认为在培训项目中应强调哪些任务？为什么？

任务	重要性	执行频率	学习难度
换零件	1	2	1
修理设备	2	5	5
翻译设备资料	1	4	5
使用小型工具	2	5	1

对分数的解释：

执行频率：1＝很少见，5＝很频繁；

重要性：1＝非常重要，5＝很不重要；

学习难度：1＝容易，5＝很难。

11. 为什么我们会考虑将年龄和代际差异作为需求评估的一部分？这是否重要？请给出解释。

12. 素质模型和传统的培训需求评估有哪些相似点？有哪些不同点？

13. 什么是快速需求评估？你将如何进行快速需求评估，以确保它是有价值的，并能准确确定培训需求？

案 例 **在安永使用虚拟头脑风暴识别培训需求**

在传统意义上，安永一直被认为是一家会计师事务所，但是现在这家公司已经转型为一家全球性专业服务提供商。安永的雇员需要理解如何运用知识、技能和行为，以实现为公司增加收益并提供更好的客户服务的目标。安永现有的培训课程聚焦于这一方面，但是全球各个分公司在培训的侧重点上有所不同。因此，安永决定针对全球所有雇员开发统一的培训项目，以使雇员更好地了解利润和客户服务的意义所在。为了确定纳入课程的知识、技能、雇员行为，安永在线上开展了头脑风暴活动。总共有来自不同部门和地区的300名优秀雇员参与了这次头脑风暴活动，这些人中有一部分是高级经理或合伙人。大家分享了提高利润以及客户满意度的经验，并讨论了为公司创造利润所需的知识和技能。基于在这次头脑风暴中获得的信息，安永开发了一项多人模拟培训，在这项培训中，雇员可将所学的知识在模拟客户端实践。当受训者回到自己的工作岗位后，合伙人和高级经理会鼓励他们将从客户身上学到的东西应用到工作中,并为他们提供教练指导,从而进一步开发他们的新技能。

　　除了虚拟头脑风暴,安永还可以使用其他哪些方法来进行需求评估?描述这些方法,说说你推荐它的理由,谁会参与其中。你会建议用这种方法来代替虚拟头脑风暴会议吗?

　　资料来源:Based on "Training Top 10 Hall of Fame Outstanding Training Initiatives,EY:Economics@EY Challenge",*training* (January/February 2018),pp. 96 - 97.

注　释

第 **4** 章
学习与培训转化

学习目标

通过本章的学习，你应该能够：

1. 了解学习成果的五种类型。
2. 说明学习理论对指导性设计的启示。
3. 将成人学习理论应用到培训项目的设计中。
4. 描述学习者是如何接受、加工、存储、提取各种信息并采取相应行动的。
5. 了解受训者学习每种能力所需的内在条件（学习者本人）和外在条件（学习环境）。
6. 讨论开放性技能与封闭性技能的启示及培训项目设计的近转化与远转化。
7. 说明保证学习与培训转化的必要的指导性特征和工作环境。

章首案例

激励培训意味着更好的学习与培训转化

枯燥的讲座、内容缺乏意义的网络学习、不为雇员提供实践和接受反馈意见机会的培训——所有这些方式使受训者失去动力，很难完成学习任务并将所学内容应用于工作中。然而，许多公司都在使用创新的指导性方式使培训更加有趣，以帮助受训者学习并将所学应用于自己的工作中。

为了迎合千禧一代雇员学习和使用新技术的需求，Bankers Life 对销售代理的培训项目进行了调整。它把培训分解成小的模块，每一个模块都包括在线课程、角色扮演、在岗培训。

作为一家商业服务企业，Intermedia 使用包括视频、网络学习模块、实验室操作、角色扮演在内的虚拟培训课程对公司的销售人员进行培训。销售人员可以在回到工作岗位后随时获取培训资源，通过这种方法，他们可以温故而知新。

为了帮助雇员更好地掌握安装与维护的技能，威瑞森的培训在实验室展开，实验室中有各种电路和设备，同时公司在实操现场为受训者准备了电线杆。公司会向雇员的电脑或手机发送培训内容和相关提问以激励他们持续学习。如果答题正确会得到确认，如果答题错误，雇员会被要求温习学习过的内容。通过使用社交媒体，雇员可以分享学习内容，提出问题，与他人联络，获取资源。

作为一家连锁超市，美国超价商店（SuperValu）使用基于网络的培训方式以加强微学习，或将培训分解成数个小的信息点以方便雇员记忆。培训包含短视频和在线模块，雇员可以根据自己的进度安排学习。

资料来源：Based on "Top 125 2018 Rankings 46 – 55，Bankers Life，" *training*（January/February 2018），pp. 60 – 61；"Training Top 125 2018 Rankings 111 – 115，Intermedia Inc.，" *training*（January/February 2018），pp. 80 – 81；"Verizon：Emergency Work Assignment Training，" *training*（January/February 2016），p. 56；A. Paul，"Microlearning 101，" *HR Magazine*（May 2016），pp. 36 – 42.

4.1 引 言

尽管上述四家公司使用的方法不同，但是它们的培训目的都是帮助雇员学习，使其能够顺利完成工作。不管采用什么培训方法，某些条件是雇员学习和在工作中应用所学内容所必备的。这些条件包括：（1）为受训者提供实践机会和反馈意见，即有关人们达成培训目标的程度的信息；（2）提供有意义的培训内容；（3）确定受训者成功完成项目所需的所有先决条件；（4）让受训者通过观察和体验进行学习；（5）确保包括管理者和同事在内的工作环境可以支持学习以及将技能应用于工作中。比如，Bankers Life 和 Intermedia 的雇员会根据角色扮演提出自己的反馈，威瑞森通过在培训中使用实操设备强化了学习的意义，Bankers Life 和美国超价商店实施培训的方式满足了雇员对学习方式的偏好。

可以看到，本章不仅强调在培训期间学习必须具备什么条件，还强调如何确保受训者将所学应用于工作中。也就是说，本章讨论学习与培训转化。**学习**（learning）是指人在能力上的一种相对持久的变化，可以包括知识、技能、态度、行为和素质，这种变化并非自然成长的结果。[1]学习的一个关键部分是受训者将他们所学的东西转移到记忆中（即记住）并能回忆起来。**培训转化**（transfer of training）是指受训者有效并持续地将培训中所学应用于工作中。[2]正如本章开头所述，在组织中，受训者的特点、培训项目的设计（或者在培训过程中发生的事情），以及工作环境都影响受训者是否学习和将所学应用于自己的工作。学习与培训转化示例如图 4 – 1 所示，培训转化包括将培训成果推广至工作中以及对所学内容的维持。**推广**（generalization）是指受训者将所学应用于与学习环境中遇到的问题和情况相似但又不完全相同的工作中的能力。**维持**（maintenance）是指受训者随着时间的推移继续使用他们所学知识的过程。

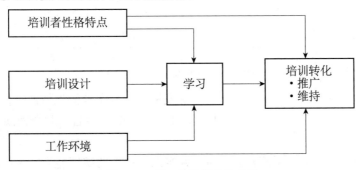

图 4 – 1　学习与培训转化示例

认识到学习与培训转化对有效培训的必要性至关重要。受训者未将培训内容应用于工作中或错误地将培训内容（培训中强调的）应用于工作中，也许是因为培训不利于学习，也许是工作环境没有为他们提供机会应用或未能支持正确应用。此外，认为应在培训结束后关注培训转化的观点是错误的。相反，培训转化应在培训的设计或购买期间得到关注。如果等到培训结束后才考虑培训转化，很可能为时已晚。受训者对工作环境的感知及其对培训的支持很可能影响他们的学习动机，甚至影响其学习（回顾第3章讨论的学习动机）。

本章内容基于图4-1中的示例。首先，我们讨论学习。先明确学习什么，即先明确学习的成果。学习成果应与出色地完成工作的条件相关。正如本章开头所述，这可能包括修理卡车、销售商品、提供服务、使用操作系统，甚至是爬电线杆进行维修。作为一名学生，你肯定熟悉一种类型的学习成果，即智力技能。我们还讨论受训者的学习风格如何影响他们偏好的学习方式。其他受训者特点（如基本技能、自我效能、年龄和代际特征以及学习动机和学习兴趣的影响）已在第3章进行了讨论。

接下来，我们考虑培训设计。培训设计包括考虑如何创建一个学习环境，帮助受训者获得学习成果。我们将讨论各种学习与培训转化理论。最后，我们关注如何运用这些理论创建良好的学习环境和工作环境，以帮助受训者获得预期的学习成果，并将它们应用于工作中。

▪ 4.2　什么是学习，学习什么？

理解学习成果是至关重要的，因为它们影响学习所必需的培训环境的特点。例如，如果受训者要掌握诸如爬电线杆之类的运动技能，那么他们必须有机会来练习攀爬并收到关于攀爬技术的反馈。学习成果如表4-1所示。

表4-1　学习成果

类型	能力描述	举例
言语信息	陈述、复述或描述以前存储在大脑中的信息	陈述遵守公司安全规程的三条理由
智力技能	应用可推广的概念和规则来解决问题和发明新产品	设计并编写一个满足顾客要求的计算机程序
运动技能	精确并按时地开展一项体力活动	射击并持续射中小的移动靶
态度	选择个人活动的方式	在24小时内回复来函
认知策略	管理自己的思考和学习过程	分别使用三种不同的策略来判断发动机故障

资料来源：Based on R. Gagne and K. Medsker, *The Conditions of Learning* (New York：Harcourt-Brace, 1996)；K. Kapp, "Matching the Right Design Strategy to the Right Content," *T*＋*D* (July 2011), pp. 48－52.

言语信息（verbal information）包括名称或标识、事实及知识体系。言语信息是雇员工作所需的特定知识。例如，一名经理必须知道不同设备的名称和全面质量管理的有关知识。

智力技能（intellectual skill）是指对各种概念和规则的掌握能力。这些概念和规则对解决问题、服务顾客和开发产品至关重要。例如，一名经理必须知道绩效评估的步骤（如收集信息、分析数据、与雇员进行绩效评估面谈），才能对雇员进行评价。

　　运动技能（motor skill）是指身体运动的协调性。例如，一名电话修理工必须具备爬梯子和电线杆所需的身体协调性和灵活性。

　　态度（attitude）是指使人偏好某种行为方式的信念和情感的综合。态度包括认知成分（信念）、情感成分（感情）和目的成分（个人根据自己的学习态度而采取的行为方式）。与工作有关的重要态度包括工作满意度、组织忠诚度和工作参与度。假设你认为一名雇员工作态度端正，这说明他热爱自己的工作（情感成分）。他喜欢这份工作也可能是因为工作本身富有挑战性并且提供了与人接触的机会（认知成分）。正是由于他喜欢自己的工作，才会留在公司尽最大努力工作（目的成分）。培训项目可用来激发或者改变人们的态度，因为态度可影响人们工作时的身体和心理状态、离职和行为方式（如帮助新雇员），甚至能影响公司的兴衰。

　　认知策略（cognitive strategy）能够调节学习过程。它们涉及学习者的下列决策：关注什么样的信息，如何记忆，如何解决问题。例如，物理学家通过记住一个名字"Roy G. Biv"（即赤、橙、黄、绿、蓝、靛、紫对应的英文的首字母）来记住光谱的颜色。

　　在本章我们会看到，每种学习成果都需要不同的学习条件。在详细研究学习过程前，首先介绍几种解释人们如何学习的理论。

▌ 4.3　学习理论

　　每种理论都从学习过程的不同方面入手。其中一些理论还与受训者的学习动机有关，这一点已在第 3 章讨论过。这些理论对指导性设计和项目设计的启示将在本章和第 5 章讨论。

4.3.1　强化理论

　　强化理论（reinforcement theory）强调，人们受到激励去实施或避免某些行为是由于这些行为过去导致的结果。[3]强化理论中提道：正强化是对满意的行为成果的加强，负强化是对不良结果的排除。例如，假设有一台机器，除非操作员将操纵杆保持在特定位置，否则将制造尖锐刺耳的噪声。操作员将学会把操纵杆保持在该位置以避免发出噪声。通过正向或负向的强化根除一种行为的过程称为消失。在某种行为之后展示不良后果，以减少该行为的过程称为惩罚。例如，当雇员因迟到而受到经理训斥时，他们当时可能不会大声反驳（但他们可能会在迟到时致电请病假、辞职，或不让老板注意到他们迟到的事实）。

　　从培训的角度看，强化理论说明，为了让学习者获得知识、改变行为方式或调整技能，培训者要知道学习者认为哪些成果属于正向成果，哪些成果属于反向成果。然后，培训者要将这些成果与学习者获取知识和技能或改变行为联系起来。第 3 章曾指出，学习者参加培训项目可获得几种好处，这些好处可以是学习一种更简单、更有趣地完成工作的方法（与工作相关），结识一些出现问题时能够提供资源的雇员（人员方面），或增加在公司内选择新职位的机会（与职业生涯有关）。根据强化理论，培训组织者可以向掌握了培训内容的学习者提供这些好处或拒绝给予。学习的有效性取决于提供这些激励或利益的方式和进度。类似地，管理者可以提供这些利益来帮助实现培训转化。

行为调整是一种主要以强化理论为基础的培训方法。例如，面包厂培训项目的目标是消除不安全行为，如跨越传送带（而不是绕行），以及为了移动障碍物，没关机器就把手伸进设备里。[4]在培训中，通过给雇员播放幻灯片，指出哪些是安全行为，哪些是不安全行为。播放幻灯片后，向雇员展示一张根据过去几周内观察到的安全行为的次数绘制的图表，鼓励雇员增加工作中的安全操作行为，并且告知他们这么做的原因：自我保护，降低公司成本，或扭转他们所在的工厂在公司所有工厂的安全排名中落后的局面。培训结束后，立即将安全提示张贴在雇员的工作场所内。同时，要继续收集雇员采取安全行为的次数的数据，并在工作场所以图表的形式展示。要求雇员的监督者在看到员工的安全操作行为时予以麦扬。在本例中，在工作场所张贴的安全行为数据表和监督者对安全操作行为的认可代表了正强化。

4.3.2　社会学习理论

社会学习理论（social learning theory）强调人们通过观察他们认为值得信赖且学识渊博的人（示范者）的行为而进行学习。[5]社会学习理论也认为那些被强化或得到奖励的行为会再次发生，观察者会不断地对那些得到奖励的示范者的行为或技能进行学习。根据社会学习理论的观点，学习新技能或行为的途径是：（1）直接体验采取某种行为或使用某种技能的结果；（2）观察别人的行为及设定行为结果的过程。[6]

根据社会学习理论，学习还受个人自我效能的影响。**自我效能**（self-efficacy）是一个人对自己能否学会知识和技能的判断。第3章将自我效能作为培训需求评估中人员分析阶段需要考虑的一个重要因素。其原因在于，自我效能是学习准备的一个决定因素。一个自我效能水平高的受训者会全力参与培训项目的学习，即使在环境不利于学习时（如嘈杂的培训教室），他们也最有可能坚持下去。相反，一个自我效能水平低的人会对自己能否掌握培训内容产生怀疑，他们最有可能由于心理或生理上的某些因素而退出培训（做白日梦或参加培训项目受挫）。这些人认为自己不论怎么努力都学不会。

一个人的自我效能可通过几种方法来提高：口头规劝、逻辑证明、对他人进行观察（示范）和业绩回顾。[7]**口头规劝**（verbal persuasion）指通过鼓励性言语使别人相信他们的学习能力。**逻辑证明**（logical verification）指论证新任务与已完成的任务之间的联系，当雇员遇到困难时，培训者和管理者可以提醒他们曾经成功地学会做类似的事情。**示范**（modeling）指让那些已经掌握了预期的学习成果的雇员向受训者做演示。这样，雇员很可能会被同事的自信和成功所鼓舞。**业绩回顾**（past accomplishment）指让雇员建立优秀业绩的档案。管理者将雇员安排到他们可能获得成功的岗位上并提供适当的培训，那么雇员就知道他们应该做些什么，怎么去做。

社会学习理论说明了学习包括的四个过程：关注、保持记忆、行为复制和激励过程（见图4-2）。

关注意味着人们只有意识到了示范者的优良绩效，才会愿意通过观察来学习。关注受到示范者和学习者个性特征的影响。学习者必须知道他们应该关注哪些技能和行为，必须清楚地识别可靠的示范者。学习者必须具备一定的身体素质（感觉能力）去观察示范者。同时，学习者只有通过观察示范者学会了某种技能或行为，才有可能去效仿示范者。

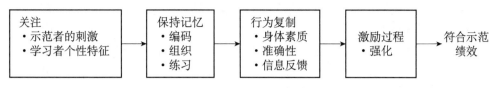

图 4 - 2 社会学习理论

资料来源：Based on A. Bandura, *Social Foundations of Thoughts and Actions* (Englewood Cliffs, NJ: Prentice Hall, 1986); P. Taylor, D. Russ-Eft, and D. Chan, "A Meta- Analytic Review of Behavior Modeling Training," *Journal of Applied Psychology*, 90 (2005), pp. 692 - 709.

　　学习者必须牢记他们所观察到的行为或技能，这就是保持记忆。他们必须将学到的行为和技能按一定的结构进行编码记忆，这样才能在适当的时候回忆起来。行为或技能可以按视觉图像（符号）或语义表达来编码。

　　行为复制指尝试实施观察到的行为，看看是否会获得与示范者一样的强化结果。重复这些行为或技能的能力取决于学习者能在多大程度上回忆起这些行为和技能。此外，学习者还必须具备采取行动或表现技能所需的身体素质。例如，消防员学会了带领一个人脱离危险的行为，但他可能会因为臂力不足而无法完成这一行为。注意，第一次做出某种行为时，通常都不会做得很好。学习者必须有机会实践并获得信息反馈来纠正他们的行为，以便更接近示范者的行为。

　　如果示范行为取得了正面效果，学习者就更可能接受这样的行为。社会学习理论强调被强化的行为（激励过程）会在将来重复。例如，管理者面临的冲突和压力的主要来源常常与绩效评估面谈有关，因此，应通过观察那些成功的同事来学习如何使雇员更多地参与绩效评估面谈（如给雇员表达自己想法的机会）。如果管理者在绩效评估面谈中采取了这样的行为，且这种行为被雇员所接受（例如，他们说"我感觉这次反馈会议是召开过的会议中最好的一次"），或者新的行为方式减少了与雇员的冲突（如反向强化），那么管理者在以后的评估面谈中会更倾向于采用这种行为方式。

　　我们将在第 7 章和第 8 章有关培训方法的讨论中看到，社会学习理论是行为示范培训的主要基础，并且影响视频中示范的使用方式，视频在面对面、在线或移动培训项目中会被用到。比如，威瑞森通过视频的方式教授雇员如何与顾客讨论公司的定价计划。[8]

4.3.3　目标理论

目标设定理论

　　目标设定理论（goal setting theory）认为，一个人的行为方式是由其有意识的目标和意图决定的。[9] 目标会通过引导精力和注意力的分配、支持长时间的努力、激励个人为达到目标而进行战略开发来影响行为方式。[10] 研究表明，具体的、具有一定挑战性的目标比模糊的、没有挑战性的目标更能激发高水平的绩效。[11] 只有人们全力为实现目标努力，目标才会带来高绩效。如果雇员认为设定的目标太难，就不会全身心地投入。

　　在一个为比萨饼送货员设计的提高其驾驶技术的培训项目中，可以看到目标设定理论对培训方法的影响。[12] 大多数送货员都是年轻的（18～24 岁）、没有经验的司机，他们的薪酬水平取决于他们所送比萨饼的数量。这就容易导致送货员为了追求快速送货而忽视安全，例如，不系安全带，不使用转弯信号灯，在交叉路口不停车，这些不安全行为导致交通事故的发生率居高不下。

在设定目标之前，管理者对送货员从离店到从客户处返回的行为进行观察。管理者对在交叉路口停车的次数进行了为期一周的观察。在培训期间，管理者和培训者向送货员提出了许多问题，例如：你在什么情况下应该停车？为什么要停车？你没有停车的原因是什么？

经过讨论，送货员赞同应该在交叉路口停车。在达成一致意见后，管理者拿出他们前一周观察并收集到的在交叉路口停车次数的数据（在那段时间内停车率为55%）。培训者要求送货员为下个月的停车率设置一个目标，他们决定将目标定为75%。

目标设定以后，每个店铺的管理者继续观察送货员在交叉路口的停车次数。在接下来的一个月中，每四天出一次海报公告停车率，当天的停车率也在展示之列。

目标设定理论还可用于培训项目的设计。该理论认为给受训者提供具体的、富有挑战性的目标有助于学习。这一理论的影响突出体现在培训课程计划的开发中。你将在后面看到，这些课程计划从特定的目标开始，这些目标向学习者提供了应采取的行动、进行学习的条件、可被接受的绩效水平等信息。目标也可以是用来激励受训者实现培训转化的行动计划或应用任务的一部分。

目标导向

目标导向（goal orientation）是指受训者在学习环境中所持有的目标。目标导向包括学习导向和绩效导向。**学习导向**（learning orientation）是指受训者努力提高自己在某项任务上的能力或素质。坚持学习导向的受训者认为真正成功的培训应该使人有所提高并且获得进步，他们认为培训者关注的应是受训者如何学习，而不是受训者的绩效如何，并且把失误和错误看作学习过程的一部分。**绩效导向**（performance orientation）是指学习者关注任务绩效以及与他人的比较。坚持绩效导向的受训者认为培训的成功在于相对他人而言更高的绩效水平，更看重能力而不是学习，而且，他们认为失误和错误会引起焦虑，因而会试图避免犯错。

人们相信目标导向会影响受训者在学习中投入的精力（学习的动力）。学习导向的学习者相对于绩效导向的学习者来说会更加关注任务，并且是为了学习而学习。绩效导向的学习者则会更加关注学习对绩效的影响而不是学习本身。研究表明，与绩效导向的受训者相比，学习导向的受训者会在学习上投入更多的精力，并且会运用更复杂的学习策略。[13]有几种方法可为受训者创建学习导向。[14]这些方法包括：围绕学习设置目标，并尝试新的方式让受训者执行培训任务而不是强调培训任务的绩效，淡化受训者之间的竞争，创建学习型团队（在后面的章节中讨论），并允许受训者在培训中犯错误以及尝试新的知识、技能和行为。

4.3.4 需求理论

需求理论解释了雇员对某一种学习成果的价值取向。**需求**（need）是指一个人在一段时间内的每一时刻都会感到不足。它激励人们以一定的行为方式来弥补这种不足。马斯洛（Maslow）和奥尔德弗（Alderfer）的需求理论注重的是生理需求、社交需求（与他人交往的需求）和成长需求（自尊、自我实现）。[15]马斯洛和奥尔德弗都认为，人们首先要满足低层次的需求，然后才会去追求更高层次的需求。也就是说，如果生理需求没有得到满足，这个人就会停留在对这些需求的满足上，不会关注社交需求和成长需求。奥尔德弗和马斯洛关于需求层次的观点的主要不同在于，奥尔德弗认为若高层次需求得不到满足，雇员可能会更加关注低层次需求。

麦克莱兰（McClelland）的需求理论主要强调成就、归属感和权力需求。[16]根据麦克莱兰的理论，这些需求可通过学习来实现。成就需求与达到并维持自己设定的成就标准有关，归属感需求关注的是与他人建立并保持紧密联系并为他人所接受，权力需求关注的是信任、影响和声誉。

需求理论说明，为激励学习，培训者应了解受训者的需求并使培训内容与这些需求相符。如果受训者某些基本的需求（如生理和安全需求）未被满足，他们就没有学习的动力。以一家正在裁员的公司为其文秘人员举办的文字处理培训班为例。如果雇员认为他们的工作由于公司裁员受到威胁（未满足安全需求），那么即使是设计得最好的培训班也很难奏效。同时，如果文秘人员认为培训计划中强调的文字处理技能并不能帮他们保住饭碗，也不能增加他们在公司内外找到其他工作的机会，那么他们也不可能有学习的动力。

需求理论的另一层意义是给雇员提供了参加培训计划的选择自由。正如第 3 章所指出的，让雇员选择参加哪些培训课程可以增强其学习动力，这是因为受训者可以选择最符合他们需求的培训课程。

4.3.5　期望理论

期望理论认为一个人的行为基于三个因素：期望、实现手段和效价。[17]相信实施一种行为的意图与实际的执行结果之间有关的想法称为**期望**（expectancy），期望类似于自我效能。在期望理论中，认为执行给定的行为（如参加一个培训项目）与特定成果（如能更好地完成工作）之间存在关联，这被称作**实现手段**（instrumentality）。**效价**（valence）是指一个人对一种成果的评价（如对更好地完成一项工作的重要性的评价）。

根据期望理论，不同的行为选择要根据它们的期望、实现手段和效价来进行评估。图4-3 说明了如何根据期望、实现手段和效价之间的数学关系来决定是否采取某种行为。通常人们会选择价值最大的那种行为。

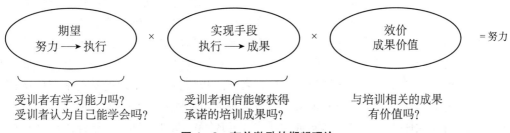

图 4-3　有关激励的期望理论

从培训的角度看，期望理论说明学习最有可能发生的情形是雇员相信自己能够学完培训项目的内容（期望）。同时，当与更高水平的工作绩效、加薪、同事的认同等成果有关（实现手段），而且雇员认为这些成果有价值（效价）时，学习和培训转化将得到加强。

4.3.6　成人学习理论

成人学习理论是在关于成人如何学习的特定理论需求的基础上发展起来的。大多数教育理论和正规教育机构都是专门培训孩子和年轻人的。教学法作为教育孩子的艺术和科学，在教育理论中占据统治地位。教学法赋予指导者的一项主要责任就是对学习内容、学习方法和学习评估做出决策。通常认为学生是指令和学习内容的被动接收者，无法把可以作为资源的相关经验带到学习环境中。[18]

教育心理学家认识到了正规教育理论的局限性，于是开发了**成人学习理论**（andragogy），即有关成人学习的理论。人们常把马尔科姆·诺尔斯（Malcolm Knowles）与成人学习理论联系在一起，他提出的模型建立在以下一些假设上[19]：

1. 成人需要知道他们为什么学习。
2. 成人有进行自我指导的需求。
3. 成人将很多与工作有关的经验带入学习情境。
4. 成人是带着一定的问题去参加学习的。
5. 成人受到内部和外部的激励而学习。

成人学习理论对培训项目的开发至关重要，因为这些项目的大多数受训者是成人，其中一些人没有接受过长时间的正规教育。表4-2指出了成人学习理论对培训的启示。

表4-2　成人学习理论对培训的启示

设计问题	启示
自我观念	共同规划和合作指导
经验	将学习者的经验作为范例和应用的基础
准备	根据学习者的兴趣和能力进行开发指导
时间角度	立即应用培训内容
学习导向	以问题为中心而不是以主题为中心

思考一下应如何将成人学习理论应用到培训项目中。[20]纽约人寿保险公司的产品咨询顾问通过与客户通话来支持销售代表的销售工作。为了帮助负责职业初期产品的咨询顾问改善自身的展示技巧，从而使他们从一个支持性角色转变成销售性角色，纽约人寿保险公司的培训与开发团队将为期五个月的线下课堂学习与同样为期五个月的实操、反馈和教练指导相结合，并纳入了一个行为学习项目。在这个行为学习项目中，产品咨询顾问会被给予一个亟待解决的商业问题。这些咨询顾问必须通过集体决策来提出解决方案，并将这一方案提交给公司的高级领导者。[21]Yapi ve Kredi 银行帮助其管理者提高激励和指导雇员技能的项目包括学校课程，在这些课程中，培训者回顾指导过程中出现的常见情形的案例研究，并为学生提供在线阅读材料和视频。高级管理人员回顾指导和开发技能，而项目参与者获得一些指导性任务，需要与其同事共同完成。B&W Pantex 针对一线经理的课程的重点是软技能，以及人力资源政策、原则和监督，并通过指导者主导的视频演示和角色扮演等培训来实现。该课程的内容包括发生在现实生活中的场景。这个项目也包括由受过培训的合格的核心专家讲解任务和步骤的在职培训。布朗-福曼公司是全球葡萄酒和烈性酒行业最大的公司之一（旗下品牌包括杰克丹尼田纳西州威士忌（Jack Daniel's Tennessee

Whiskey)、金馥力娇（Southern Comfort）、芬兰伏特加（Findlandia vodka）和马蹄铁酒龙舌兰（Herradura tequila），它开发了一个为期两天半的培训项目，致力于帮助公司的营销专业人士打造自己的品牌。该公司的首席营销官考察了这个培训班，并解释了其内容的重要性以及为什么要开发这个课程。在课程中，参与者分组合作，为样本品牌举办活动，包括展示和完成练习。布朗-福曼公司的创意机构的代表参加了该项目，其中包括与消费者互动，以确定他们的饮酒模式和喜好。在项目的最后，参与者团队向由担任裁判的高级营销管理人员组成的小组展示他们的最终成果。

4.3.7　信息加工理论

与其他学习理论相比，信息加工理论更注重对培训项目进行学习和记忆的内在过程。图 4-4 揭示了信息加工模型。信息加工理论指出，各种信息或消息经过大脑多个转换过程之后，才能被学习者吸收。[22]当来自外部环境的某种信息或刺激（可以是声音、气味、触感或图像）被感觉器官（耳朵、鼻子、皮肤或眼睛）接收到时，信息加工过程就开始了。信息被感觉器官确认并存储于短期记忆中，然后被转换或编码进入长期记忆。当对信息或刺激的反应有序时，记忆搜寻过程就开始了。反应发生器组织学习者的反应过程并告知效应器做什么。"做什么"指令与五种学习成果（言语信息、认知策略、运动技能、智力技能或态度）中的一种有关。这个模型的最后一个环节是环境反馈，这种反馈向学习者提供了对于特定反应的评价。它可以来自其他人或学习者本人对自己行为成果的观察。对反应的积极评价将强化这种行为，即这种行为是可取的并将存储在长期记忆中，以便今后在类似的情况下再次使用。

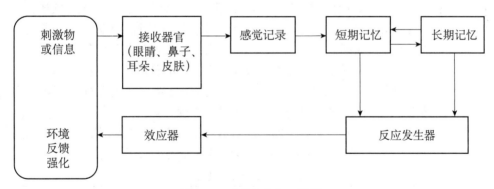

图 4-4　人的信息加工模型

资料来源：Based on R. Gagne, "Learning Processes and Instruction," *Training Research Journal*, 1 (1995/96), pp. 17-28; D. Rock, "Your Brain on Learning," *Chief Learning Officer* (May 2015), pp. 30-48.

除了强调获取、存储、恢复和对信息做出反应这些内在的加工过程外，信息加工模型还注重外在事件对学习的影响。这些事件包括[23]：

1. 影响注意力的刺激物的强度和频率的变化。
2. 将目标告诉学习者，以设定预期。
3. 增强材料（刺激物）的感性特征，以吸引学习者对这些特征的注意。
4. 口头指令、图像、图表和各种图示提示了对培训内容进行编码的途径，便于存入记忆。
5. 有意义的学习背景资料（范例、问题）可为编码过程提供一些线索。

6. 图解或口头指令可帮助学习者组织反应过程，并有助于其选择正确的反应。

■ 4.4　培训转化理论

当受训者在培训（如知识、设备操作或流程的培训）中完成一些不同但非常相似的工作环境中的任务时，培训转化更有可能发生（近转化）。当培训中的任务与工作环境中的任务不同（即出现远转化）时——如在排着长龙的收银台前，遵循客户服务原则与愤怒的顾客互动——更难发生培训转化。培训中使用的任务应该与培训目标有关。

封闭性技能（closed skill）是指与特定技能学习相关的培训目标，这些技能同样可以由受训者在工作实践中获得。如果一项工作任务需要封闭性技能，那么正确的操作方式只有一种。相反，**开放性技能**（open skill）与总体学习原则相关。例如，客户服务技能就是开放性技能的例子。正确的执行方式并不是唯一的，但是可以让学习者了解一些需要遵循的总体原则。例如，一个销售员很可能就与愤怒的顾客进行互动的总体原则或流程接受过训练，但可自由选择如何与他们进行互动，因为他们的意图和反应不是完全可预测的。[24]开放性技能比封闭性技能更难训练，因为它们需要受训者学习和回顾总体原则，并且考虑如何将其应用于多种情形下，其中有很多无法在培训中实践。同时，工作中管理者和同事的支持也很重要，因为他们给予受训者学习机会，使受训者可以观察有经验的雇员是如何运用这些技能并获得反馈的。在本章的后面，我们将讨论培训转化理论对于培训设计的启示。在第 5 章，我们将讨论具体的培训方案的设计特点如何促进学习以及开放性技能和封闭性技能的转化。

思考大陆航空公司目前面临的飞行员在做好新型 787 飞机起飞准备过程中的培训转化问题。[25]首先，大陆航空公司让该机型在其美国航线上飞行以便地勤工作人员熟悉它。大陆航空公司计划为每架飞机培训大约 24 名飞行员。787 的驾驶舱与大陆航空公司目前使用的 777 飞机相似但不完全相同。培训包括使用 787 飞行模拟器和基于计算机的课程。对于飞行员来说，最困难的一个任务就是熟悉展现在他们面前的显示器，它提供了重要的飞行信息。显示器的作用是在飞行条件欠佳的情况下提高能见度。虽然飞行员喜欢使用显示器，但需要时间来适应，因为这需要他们调整自己的深度感知。

对培训设计（学习环境）产生影响的三种培训转化理论为：同因素理论、激励推广理论与认知转化理论。[26]每个理论的重点和最适合的条件如表 4 - 3 所示。

表 4 - 3　培训转化理论

理论	重点	适合条件	转化类型
同因素理论	培训环境与工作环境相同	培训关注封闭性技能 工作环境的特点稳定且可预测 示例：设备使用的培训	近转化
激励推广理论	总体原则可应用于多种不同的工作环境	培训关注开放性技能 工作环境不可预测且高度易变 示例：人际交往技能的培训	远转化
认知转化理论	有意义的材料和编码方案强化了培训内容的存储和回忆	所有类型的培训和环境	远转化 与近转化

4.4.1　同因素理论

同因素理论（theory of identical elements）认为，当从培训课中学到的知识与受训者在工作中必须运用的知识相同时，培训转化就会发生。[27]当学习环境中的任务、材料、设备和其他特点与工作环境中遇到的相似时，转化将达到最大化。

同因素理论被用于巴尔的摩警察局（Baltimore Police Department）的人质仿真模拟培训。巴尔的摩警察局需要向警察传授处理生死攸关的人质事件的技能，例如与将妻儿作为人质、陷入绝境的丈夫谈判。人质事件发生后的第一个小时是至关重要的。警察必须迅速组织救援力量，努力使伤亡降到最低或零。选择仿真模拟是因为它提供了一个现实模型，即一个没有危险的模拟真实情景的模型。仿真模拟中可以应用多个场景，让警察练习他们面对人质危机时需要的实际技能。

仿真模拟培训首先让受训者对人质事件有大致的了解，然后让他们在参与处理类似真实事件的指导者的带领下处理这一事件。每名受训者都要面对一个难度较大和一个难度较小的事件。仿真模拟强调的是在时间紧迫的情况下清醒思考、果断决策的重要性。受训者在采取行动时应优先考虑一些因素，首先是保证人质的人身安全，将风险降至最低，并且在与嫌疑人沟通前将嫌疑人隔离。模拟情景包括许多真实的人质事件的构成要素，如强行入室、挟持人质、携带武器和威胁。当受训者参与仿真模拟时，他们的行动由指导者给予评价。指导者可以在受训者完成仿真模拟后以书面形式提供反馈，也可以在发现错误时当场纠正。

仿真模拟培训反映了警察可能遇到的真实的人质事件的各种情况。此外，警察从培训中学到的行动计划就是在街头遇到人质事件时应采取的行动计划。警察运用在培训中学会的技能成功处理了银行的绑架案，说明这个培训是有推广意义的。巴尔的摩警察局也很关注培训效果的维持。在模拟培训的总结阶段，指导者会演示如何成功地解救人质。但是，相对于警察平时执行的其他任务（例如，执行交通法规、调查盗窃案）而言，人质事件的发生概率还是很小的。所以，警察局担心他们会忘记培训中学习的内容，在真正处理人质事件时遇到困难。为确保警察们有机会经常练习这些不常用但很重要的技能，培训部门会时不时地安排相关的演习。[28]

同因素理论的另一个应用是在培训飞行员使用模拟器时发现的。训练飞行员的模拟器酷似商用飞机的驾驶舱。它与真正的飞机的各个方面（如计算器、仪表盘和灯）相差无几。用心理学术语来表达，就是学习环境对工作环境的模拟非常逼真。**逼真度**（fidelity）是指培训环境与工作环境的相似程度。如果在模拟器中学习了飞行、起飞、着陆和处理紧急情况的技能，这些技能将被转移到工作环境（商用飞机）中。

同因素理论也被用来开发设计用于衡量工作相似性的仪器。[29]工作相似性可以作为一种测量指标，用于衡量针对某一种工作所需的知识和技能的培训适用于另一种工作的程度。

同因素理论已被应用于许多培训项目，特别是那些必须学习的涉及设备使用或具体程序的项目。同因素理论对于确保近转化的发生尤为重要。**近转化**（near transfer）是指受训者将所学技能准确地应用于工作中的能力。

同因素理论并不鼓励在学习环境和工作环境不一定相同的地方进行转化。这种情况在人际交往能力培训中尤为突出。例如，一个人在冲突情境下的行为不容易预测。因此，受训者必须学习解决冲突的总体原则，以便根据不同环境下的要求灵活使用（例如，对待一位愤怒的顾客与对待一位缺乏产品知识的顾客）。

4.4.2　激励推广理论

激励推广理论（stimulus generalization approach）认为，当培训强调用于完成任务或解决问题的最重要的特征或总体原则时，就会发生培训转移。确定可以应用这些总体原则的工作情况的范围同样重要。激励推广理论强调远转化。**远转化**（far transfer）是指受训者将所学知识应用于与培训环境不一致的工作环境的能力。

激励推广理论可用于设计一些技能培训项目，这些项目以社会学习理论为基础。社会学习理论对于学习至关重要，这些理论往往在模型、实践、反馈和强化学习方面发挥作用。开发有效的人际交往技能培训项目的一个步骤是确定在某一情况下成功所需的关键行为。**关键行为**（key behavior）指可以成功地应用于各种情况下的行为。在培训场景中，示范者在视频中展示这些关键行为，从而使受训者有机会练习。关键行为被认为适用于多种场合。实际上，这种类型的培训练习课要求受训者在多种不同的情况下采取这些行为。

4.4.3　认知转化理论

认知转化理论（cognitive theory of transfer）基于本章前面所讨论的关于学习的信息加工理论。回顾一下，存储和检索信息都是这种学习模式的关键环节。根据认知转化理论，转化的可能性取决于受训者检索所学技能的能力。该理论认为，通过向受训者提供有意义的材料，促使他们将工作环境中所面临的问题与学习技能联系起来，从而增加转化的可能性。同样重要的是，为受训者提供将学习技能编码于记忆中的认知策略，使其容易检索。

在激励受训者的培训设计中可以看到认知转化理论的影响，作为项目的一部分，可以考虑其培训内容在工作中的潜在应用。许多培训项目包括让受训者确认工作问题或情形，并讨论培训内容的潜在应用。

4.5　学习过程

我们已经对学习理论进行了回顾，现在可以准备回答这样三个问题：学习中涉及的心理和生理过程是什么？学习和转化是怎样发生的？不同的受训者拥有不同的学习方式吗？

4.5.1　心理和生理过程

表4-4揭示了学习过程。这一过程包括期望、知觉、加工存储、语义编码、长期存储、恢复、推广、满足。[30]表4-4强调，学习依赖于学习者的认知过程，包括致力于学习什么（学习内容），将学习内容组织成一种心理表征，以及使学习内容与长期记忆中的知识相联系。[31]**期望**（expectancy）指学习者在指导过程中的思想状态，它包括一些因素，例如培训准备（学习动机、基本技能）以及对指导目标的理解，学习以及在工作中使用学

到的技能可能带来的好处。**知觉**（perception）指对从环境中获取的信息加以组织，使其被加工处理并成为行为指南的能力。加工存储和语义编码都与短期记忆有关。在**加工存储**（working storage）的过程中，会出现信息的编排和重复，使得信息可以被编入存储器。加工存储受一次能够加工的信息量的限制。研究表明，每次存储的信息不宜超过五条。

表 4 - 4　学习过程、外部指导事项和指导形式的关系

学习过程	外部指导事项	指导形式
期望	将学习目的告知学习者	说明预期绩效。 指出需要口头回答的问题。
知觉	展现具有不同特征的刺激物	强调感知到的事物特征。 利用文本中的图表和数字强调这些特征。
加工存储	限制学习量	将较长的资料分段。 提供学习资料的视觉图像。 提供实践和反复学习的机会，以帮助受训者获得自觉性。
语义编码	提供学习指导	提供语言线索以形成正确的顺序。 为较长的、有意义的上下文提供语义联系。 利用图表和模型解释概念之间的联系。
长期存储	对学习内容进行精加工	为资料的展示及回忆提供不同的语境与背景设置。 将新学习的资料与以前掌握的信息联系在一起。 在实践过程中提供不同语境与背景。
恢复	提供用于恢复记忆的线索	提供能够引起回忆的线索。 使用熟悉的声音或韵律作为线索。
推广	促进记忆和学习成果的转化	设计与工作环境一致的学习环境。 为复杂的信息提供语义联系。
满足	为绩效改进提供反馈	对行为的准确性与适时性提供反馈。 确认是否达到最初的预期。

资料来源：Based on M. Cole, *The Science of Learning*（Alexandria：VA：Association for Talent Development，2017）；R. Gagne, "Learning Processes and Instruction," *Training Research Journal*，1（1995/96），pp. 17 - 28；D. Rock, "Your Brain on Learning," *Chief Learning Officer*（May 2015），pp. 30 - 48；A. Beninghof, "Pathways to Retention," *T + D*（June 2015），pp. 21 - 22；M. Torrance, "Nine Moments of Learning," *T + D*（September 2014），pp. 76 - 77.

　　语义编码（semantic encoding）指新输入信息的实际编码过程。不同的学习策略会影响培训内容的编码。学习策略包括复诵、组织和详细阐述。[32]**复诵**（rehearsal）是最简单的学习策略，它侧重于通过反复（记忆）来学习。**组织**（organizing）要求学习者找到培训材料中的相似点和主题。**详细阐述**（elaboration）要求受训者将培训资料与其他熟悉的知识、技能和行为联系起来。受训者在学习中可以将这些策略结合起来运用。最佳策略是根据所需的培训成果而定的。对于知识方面的成果，最适合的策略就是复诵和组织；对于技能应用，详细阐述是必需的。信息在被关注、复诵和编码后，就可以作为长期记忆来存储了。

　　要运用所学内容（如认知能力、言语信息），就必须恢复对这些内容的记忆。**恢复**（retrieval）指找到长期记忆中的学习内容并用它来影响绩效。学习过程中很重要的一项任务是不仅能准确重复学过的内容，而且能在相似但不完全相同的环境中运用所学内容，这

就是**推广**（generalizing）。**满足**（gratifying）指学习者通过运用所学内容而获得的回报，这种回报能使学习者做出更恰当的反应，还能提供工作绩效带来的有关激励或强化的信息。

4.5.2 学习周期

学习可以被看成一个由四个阶段构成的动态过程：具体经历，思考性观察，抽象概念化，主动试验。[33]首先，受训者会遇到一个具体的经历（例如，工作上的一个问题）。接下来就要对这个问题进行思考（思考性观察），从而形成关于如何解决问题的想法（抽象概念化）。最后，将形成的想法直接用来解决问题（主动试验）。学习者通过运用他们的智慧解决问题，获取了关于其有效性的反馈信息，所以他们能够看到自己的行动带来的结果，从而再次启动学习过程。基于对个人经历的观察，受训者会不断地形成各种概念，把它们转变成自己的想法，进而将这些想法应用于实践。

研究者开发了问卷来测量受训者在学习周期中的优势和劣势。他们发现，某些人有过分重视或忽视某一个学习阶段，甚至回避某一些阶段的倾向。有效学习的关键就是要熟练掌握四个阶段。通常认为存在四种基本的学习风格，每种风格都结合了来自每个学习阶段的元素。

表4-5指出了发散型、同化型、集中型和适应型这四种学习风格的特征和主要的学习阶段。[34]请记住，尽管研究者未就人们是否拥有自己的学习风格和偏好达成一致意见，但如果我们的确有自己的学习风格和学习偏好，我们应该怎么去衡量呢?[35]

表4-5 学习风格

类型	主要学习阶段	特征
发散型	● 具体经历 ● 思考性观察	● 善于产生想法，多角度审视环境，并且能够了解它们的意义和价值 ● 对人、文化和艺术感兴趣
同化型	● 抽象概念化 ● 思考性观察	● 善于归纳推理，创建理论模型，并且综合各种不同的观点形成统一的解释 ● 注重想法和抽象的概念，较少关注人
集中型	● 抽象概念化 ● 主动试验	● 善于决策，将想法应用于实践，并且善于假设、推理、归纳 ● 更偏好处理技术类的任务，而不是人际交往方面的事务
适应型	● 具体经历 ● 主动试验	● 善于将决策应用于实践，制定计划，并且投身于新的试验 ● 倾向于与人交往，但是可能会显得缺乏耐心并且急功近利

资料来源：Based on D. Kolb, *Learning Style Inventory*, *Version 3.1* (Boston, MA: Hay/McBer Training Resources Group, 2005).

为了使教学与学习偏好相匹配，首先应根据正在传授的知识或学习成果决定指导或培训策略。然后，应当考虑通过学习风格来调整指导或培训策略。[36]

例如，AmeriCredit是一家位于得克萨斯州沃斯堡的财务公司，它试图通过调整培训方案以更好地适应雇员的学习风格。[37]公司建立了一个数据库来识别和跟踪雇员的学习风格。此外，课程设置方面也考虑了雇员的学习风格。在一个网上课堂中，那些倾向于通过行动来学习的雇员会收到一些关于重点和具体活动的信息，从而帮助他们更有效地学习；那些倾向于通过思考和推理来学习的雇员会收到更多的概念化材料，并且会更少地参与实践活动。公司计划将这个考虑了各种学习风格的网上课程和以前单一的课程进行比较，从而确定考虑雇员学习风格的培训是否会对培训满意度和学习方面产生影响。

4.5.3 学习过程和培训转化对学习指导的启示

指导（instruction）指培训者为了帮助受训者学习而对环境进行的操控。[38] 表 4-4 的第三列指出了支持学习过程的指导形式。为了给受训者提供最好的学习机会，确保培训包含这些指导形式是非常重要的。表 4-6 总结了促进学习过程的良好的指导形式的特征。对于积极的学习环境和培训转化的特征，在设计培训课程、项目或特定的训练方法时要予以考虑，无论采用演讲、电子学习还是在岗培训形式。接下来我们讨论这些特征。

表 4-6 促进学习和培训转化的指导和工作环境的特征

- 目标
- 有意义的内容
- 实践机会
- 记忆培训内容的方法
- 反馈
- 观察、体验和人际交往
- 合理安排并协调培训项目
- 鼓励受训者承担责任和进行自我管理
- 确保工作环境支持学习和转化

雇员应该知道他们的学习目标

雇员只有知道培训目标，才能最有效地学习。**目标**（objective）指培训活动的目的和预期成果。目标可以针对某一培训阶段设置，也可以针对整个培训计划设定。需谨记培训目标和商业目标密切相关[39]，商业目标影响着各个角色或职位的预期绩效，因而也会影响每个角色或职位所完成的任务。而培训目标聚焦于完成任务所需的行为、知识和技能。

回顾本章前面对目标设定理论的讨论。由于目标可以作为目的，因此受训者需要理解、接受并致力于实现培训目标，以让学习行为发生。培训目标是建立在培训需求分析的基础上的，可以帮助雇员理解他们为什么需要培训以及需要学习什么。目标也有助于明确培训成果的类型，通过衡量这些成果，可以评估培训计划的有效性。

培训目标包括三方面的内容[40]：

1. 说明雇员应该做什么（绩效或成果）。
2. 阐明可接受的绩效质量或水平（标准）。
3. 说明受训者实现期望的学习成果的条件（条件）。

培训目标所描述的绩效必须是能够被观察到的，诸如"了解"或者"知道"这样的表述都是不合适的。表 4-7 列出了一些可用于描述认知、情感和精神上的成果的动词（体能和技能）。例如，针对售货员的顾客服务培训项目的目标是："受训后，雇员能够通过简短的（不超过 10 个单词）道歉向愤怒的顾客表达自己的心意（绩效），而且必须是在顾客停止抱怨后进行（标准），同时不管顾客有多生气（条件）。"表 4-8 列出了良好的培训目标的特征。

表 4-7　培训目标中的绩效示例

领域	绩效
知识（信息回顾）	排列、定义、标注、列表、回顾、复述
整理（用自己的语言解释）	分类、讨论、解释、评论、翻译
运用（用到新的环境中）	利用、选择、论证、举例、准备
分析（分成几部分并说明它们之间的关系）	分析、归类、比较、图解、检验
综合（将各部分总结为一个整体）	整理、收集、排列、计划、制定
评价（基于标准进行判断）	评估、批评、争论、选择、比较
接收（引起关注）	倾听、观察、关注
响应（最小限度的参与）	答复、回答、赞成、服从
重视（优先选择）	获得、采用、支持、参与
组织（价值开发）	判断、决定、识别、选择
描述（所有的人生哲学）	信任、实践、执行
反应（自觉的活动）	强化、延伸、屈伸
基本活动（简单的活动）	爬行、行走、跑步、接触
感知（对刺激的反应）	转身、弯曲、平衡、爬行
生理能力（精神活动）	搬运重物、快速移动
技巧活动（高级学习活动）	操作仪器、运用手工工具

资料来源：Based on H. Sredl and W. Rothwell, "Setting Instructional Objectives," in *The ASTD Reference Guide to Professional Training Roles and Competencies*, Vol. II（New York：Random House, 1987），Chapter 16；R. Mager, *Preparing Instructional Objectives*, 3d ed.（Atlanta：Center for Effective Performance, 1997）.

表 4-8　良好的培训目标的特征

- 明确表明希望受训者在受训后能够做什么。
- 包括可以测量或评估的绩效标准。
- 陈述受训者实施特定行动或特定行为所需的具体资源（如工具或设备）。
- 描述实现预期目标的条件（例如，物理工作环境：夜间或高温；心理压力：愤怒的顾客；设备故障：计算机发生故障）。

与目标相关的最常见的问题是目标不清晰、不完整或不明确。[41] 表 4-9 提供了一些学习目标的示例。当你查看每个目标时，确定它是否包括三个组成部分（绩效、标准、条件）。这些都是很好的目标吗？有什么方法能改善它们呢？

表 4-9　学习目标示例

- 开发一个多元化的多功能团队，能在充满挑战的环境中竞争，产生提高绩效的成果。
- 面对冲突时使用冲突管理技能。
- 即使很疲惫，也要对顾客微笑，除非顾客很生气。
- 将产品缺陷率从 10% 降至 7%。
- 不使用参考手册，正确列出 DC-3 多路开关的所有节点。
- 有快速参考指南时能够完全正确地使用软件。

雇员需要有意义的培训内容

只有当培训与雇员目前的工作经历和任务相关，即培训对雇员有意义时，雇员才最有可能参加学习。[42]为增强培训内容的有效性，应使用受训者熟悉的概念、术语和例子来传递信息。同时，培训的环境必须反映工作环境。**培训环境**（training context）是指培训发生的物理环境、智力环境和情感环境。例如，在售货员的客户服务项目中，可通过使用售货员在商店工作中实际遇到过的投诉情景来提高培训内容的有效性。使受训者相信培训项目内容有意义的有用技巧包括[43]：

- 讲述别人，尤其是前受训者运用培训内容的成功案例。
- 将培训内容与受训者对工作的了解联系起来。
- 展示培训如何与公司目标和战略相关联。
- 展示受训者在工作中如何运用培训内容。
- 讨论示例或案例，让受训者回顾他们见过的好工作与坏工作。
- 在不同环境下重复运用这些观点。
- 用证据证明他们将在培训中学习的正是高绩效雇员在工作中使用的。
- 展示受训者在培训中所面临的条件与工作中的条件有哪些相似之处。
- 提供可在工作中使用的实践或应用活动。
- 提供精心组织的材料（纸质版或电子版），使受训者可以在工作中参考或用来指导别人。
- 允许受训者选择他们的实践策略及他们希望呈现培训内容的方式（如口头的、视觉的方式，基于问题的或者综合性的办法）。

雇员需要实践的机会

实践（practice）是指为了熟练掌握任务或技能的操作及知识，在身体上和精神上对任务、知识和技能进行的反复的演练。实践是让雇员在目标规定的条件和绩效标准下来演示培训目标所强调的能力（例如，认知策略、言语信息）。为了让实践更有效，应让受训者积极参与这一过程，包括反复学习（反复实践），花适当的时间，并确定适当的学习单元（学习量）。同时，实践必须与培训目标相结合。最好的方式是把示例与实践结合起来，而不是只包括实践。[44]这有助于避免受训者的记忆负荷过重，使他们能够致力于学习行为发生所必需的认知过程（选择、组织和整合内容）。查看这些示例有助于学习者开发一种新的心理技能模式，并将其应用于实践。实践方法的示例主要有案例学习、模拟、角色扮演、游戏以及口头和书面问答。

实践前的准备　培训者不仅需要注重培训内容，而且需要注重如何让受训者以一种既有利于学习，又有利于在工作中应用培训内容的方式来处理信息。实践前，培训者在培训课中可采取一些步骤强化学习动机，促进培训内容的长期记忆。实践前，培训者应做如下工作[45]：

1. 提供对学习影响最大的关于过程或策略的信息。例如，在客户服务课程中，让受训者了解他们将会接到的电话的种类（生气的顾客的抱怨、对某一产品信息的询问、对账单的质疑），如何去辨别这些电话，以及如何处理。

2. 鼓励受训者开发出新的策略（即元认知）来反映他们各自的学习过程。**元认知**（metacognition）是指个人控制自己的思想。个人致力于元认知的两种方式是监控和控制。研究表明，包括自我约束在内的元认知能够促进学习。[46] **自我约束**（self-regulation）是指学习者对培训材料的投入程度，以及对学习所取得的进步的评估。[47] 自我约束的学习者可能学习更有效，因为他们能够监控其进展情况，确定需要改进的方面，并调整自己的学习。自我约束对网络培训课程尤其重要，学习者能够在这些课程中控制学习体验从而决定是否退出课程，如果他们想努力的话，还要决定花多少精力来学习培训内容。表 4 - 10 展示了培训者可以鼓励受训者回答的问题，从而鼓励元认知和自我约束。培训者（和在线学习设计师）可以要求受训者在主题讲授结束后总结主要知识点，思考阻碍所学内容应用到工作中的因素，并开发针对受训者的小测验。[48]

表 4 - 10　鼓励自我约束的问题示例

- 我是否关注培训材料？
- 我是否理解重点？
- 课程结束后，我是否设置目标来促进对培训材料的记忆？
- 我一直使用的学习方法对学习培训材料是否有效？
- 如果我学得更多，考试成绩是否会更好？
- 课程结束后，我是否花足够多的时间反复记忆这些信息？
- 我需要额外的帮助和资源吗？
- 我需要记住什么？我该如何记忆？

资料来源：From P. Shank, "Self-Sufficient Learners Make Successful Workers," *TD* (April 2017), pp. 43 - 46; T. Sitzmann, "Self-Regulating Online Course Engagement," *T+D* (March 2010), p. 26.

3. 提供**预备资料**（advance organizer）——课程大纲、文本、图和表格，从而帮助受训者更好地组织那些要求他们进行演示和实践的信息。

4. 帮助受训者制定有挑战性的学习目标。

5. 通过与受训者就培训进展进行交流，设定对他们的合理期望。

6. 在团队中培训雇员时，要就绩效的期望值、角色分配以及责任承担与团队成员进行交流。

将经验融入实践　如果只是口头说说雇员应该做些什么，那么学习就不会发生。例如，对于前面讨论过的客户服务项目的目标，实践活动应该包括让受训者参与角色扮演，与生气的顾客（对糟糕的服务、劣质商品或商品退换条件不满）打交道。培训应当采用一种主动的学习方式，受训者必须通过这种方式探索和试验来决定有效绩效的规则、原则和策略。[49] 即使受训者已多次达到这一目标，他们仍然应该不断练习（反复学习）。**反复学习**（overlearning）帮助雇员更自然地使用新知识和新技能，并且延长了受训者保持这种知识、技能或行为的时间。比如，在威瑞森的视频培训项目中，要求客服代表观看与客户互动的多个场景，用手机或摄像头将自己的反馈记录下来，并发送给自己的指导教练。教练会指出视频中的优缺点，然后客服代表根据教练的意见重新录制视频。威瑞森发现在这个过程中，受训者可以多次实践，这有效地提升了他们的客服技能。[50]

传统观点认为我们从自己的错误中学到的最多。然而，大多数人认为错误是令人沮丧的，并导致愤怒和绝望。[51] 研究表明，从培训的角度来看，错误可能是有用的。**错误管理培训**（error management training）是指在培训中给予受训者犯错误的机会。在错误管理培训中，应指导受训者树立错误有助于学习的观念，允许他们犯错并从中吸取教训。事实上，接受错误管理培训后，受训者可能犯更多的错，需要更长的时间来完成培训。然而，错误管理培训有助于雇员在工作中使用学到的技能，实现培训转化。

错误管理培训是有效的，因为它为受训者提供了进行元认知的机会，即允许他们计划如何使用培训内容，如何监控培训内容的使用，以及评估如何使用培训内容。这会导致更深层次的认知过程，从而可以更好地记忆和回顾培训的内容。培训者应考虑在培训项目中将错误管理培训和传统方式结合使用，当受训者独自处理疑难问题或执行任务时给他们提供犯错的机会，鼓励他们将犯错当作一种学习方式。

要注意，仅仅让受训者犯错并不能促进学习。对于对学习有正面影响的错误，需要给受训者传授将犯错当作学习机会的观念。当培训课程不能完全涵盖培训内容时，错误管理培训可能尤其重要。因此，当遇到新任务或问题时，受训者必须自己发现该做什么。

一次性实践和分段实践 实践的频率会影响学习，这取决于受训任务的类型。[52] **一次性实践**（massed practice）要求个人持续、不间断地演练某项任务。一次性实践也要求受训者在一节课上一次性完成实践练习，而不是在课内分段完成练习。而在**分段实践**（spaced practice）环境下，个人在实践的过程中会有休息时间。总体而言，分段实践的效果要比一次性实践好。但是，一次性实践和分段实践的有效性会随任务特点的变化而变化。任务的特点包括任务的整体复杂性、智力需要和体力需要。**任务的整体复杂性**（overall task complexity）是指一项任务需要的不同行为的数量、任务执行过程中包含的选择的数量，以及任务执行过程中的不确定程度。**智力需要**（mental requirement）是指主体完成任务需要运用或展示智力或认知能力的程度。**体力需要**（physical requirement）是指执行或完成任务需要运用或展示身体技能和能力的程度。表 4-11 列出了各种任务之间的区别。

表 4-11 任务的整体复杂性、智力需要和体力需要

智力需要	整体复杂性	体力需要	任务
低	低	高	绕圈追赶、打字、掷球、爬梯、双向移动、转柄
高	中	低	自由回忆任务、视频游戏、外语、柜台工作、对声音的识别、课堂演讲、声音定位、文字处理、弯腰运动、语义辨别、迷宫学习、连续编号、字母印刷、远程学习、网上学习
低	高	高	体育技能、平衡任务
高	高	高	空中交通管控模拟、牛奶加热杀菌模拟、飞机控制模拟、手势记忆、魔盒任务、音乐的记忆和表演

资料来源：J. Donovan and D. Radosevich, "A Meta-Analytic Review of the Distribution of Practice Effect: Now You See It, Now You Don't," *Journal of Applied Psychology*, 84 (1999), pp. 795-805.

对于更复杂的任务（包括那些有比较典型的训练环境的任务，如基于互联网的指导、讲座和远程学习），相对较长的休息时间会更有利于任务的学习。经过实践，受训者需要获得具体的反馈来增强学习效果，这包括来自任务本身、培训者、管理者和同事的反馈。

整体实践和局部实践 有关实践的最后一个问题是我们每次应该对多少个培训项目进行实践。一个选择是**整体实践**（whole practice），即对所有的任务或目标进行一次性实践。

另一个选择是**局部实践**（part practice），即每在培训项目中引入一个目标或任务，就对其进行一次实践。也许在培训中，最好是整体实践和局部实践双管齐下。受训者应该有实践个人技能和行为的机会。如果培训中介绍的各种技能和行为方式是相互关联的，那么受训者应该在分别实践后再进行一次整体演示。培训课程中的实践环节应该让受训者接触更多的内容，因此需要更换不同的主题。这有助于学习，因为它能确保学习内容已经存储在受训者的长期记忆中。由于受训者被要求回顾并适用所学内容的方式与他们工作的方式相同（比如，在切换不同主题和问题时，使用不同的知识和技能），因此他们的学习转化可以得到强化。

有效的实践条件　为了把实践与培训目标联系起来，必须具备几个条件[53]：实践必须包括培训目标中强调的行为；一定要在培训目标具体规定的条件下完成；帮助雇员按设定的标准进行实践；提供一定的方法来对受训者的达标程度进行评价并允许受训者改正错误。

实践必须与培训目标相关。培训者应知道受训者在实践目标（绩效）时应该做什么、实现目标的标准和执行条件。这些条件应该在实践过程中予以提供。实践环节要尽量做到与现实工作一致，也就是说受训者的实践应该反映他们如何将培训内容应用到工作中。接下来，培训者要考虑受训者是否达到了足够高的绩效水平。也就是说，受训者如何判断他们的绩效水平是否达到标准？他们能否看到理想绩效的模型？是由受训者自己判断绩效是否达到标准，还是由培训者或者某种工具来将受训者的绩效与标准进行比较？

最后，如果受训者的绩效未达到标准，培训者还必须确定受训者是否明白哪里出了错以及如何修正。也就是说，培训者要考虑受训者是能够自行判断绩效水平并采取改进行动，还是需要培训者或其他受训同事提供帮助。

雇员需要记忆培训内容

当人们通过各种感官来观察事物时，记忆功能就会处理这些外界的刺激，并形成短期记忆。如果这些信息被认为是"重要"的，神经细胞之间就会形成新的连接，从而形成长期记忆。研究显示，我们可以使用几种方法来帮助受训者记住培训内容（见表4-12）。[54]

表4-12　如何帮助受训者记住培训内容

- 帮助他们理解如何学习
- 强调重点信息，删除无关信息
- 使用概念图展示观点之间的关系
- 介绍关键词，提供流程、顺序、可视化图像
- 鼓励受训者做笔记，并进行反思
- 鼓励受训者反复学习
- 培训期间提供课间休息
- 使用测试或辅助测试
- 将培训分成小的模块
- 受训者应完成培训前的准备工作

资料来源：Based on K. Kraiger and V. Mattingly, "Cognitive and Neural Foundations of Learning," in *The Cambridge Handbook of Workplace Training and Employee Development*, K. Brown, ed (New York: Cambridge University Press, 2018); "The Art & Science of Learning That Sticks," from www.grovo.com, accessed February 9, 2018; D. Rock, "Your Brain on Learning," *Chief Learning Officer* (May 2015), pp. 30-48; A. Beninghof, "Pathways to Retention," *TD* (June 2015), pp. 21-22; R. Weiss, "Memory and Learning," *Training and Development*; (October 2000), pp. 46-50; R. Zemke, "Toward a Science of Training," *training* (July 1999), pp. 32-36.

　　其中一种方法是让受训者了解他们是如何创建、处理和读取记忆的。让受训者知道他们是怎样学习的很重要。描述学习风格（前面已经讨论过）是确定受训者偏好的学习方式的有效途径。

　　重点信息应该得到加强，无关信息应被删除，这将帮助受训者最大限度地利用认知资源来记忆重点信息。包括视频和图形在内的可视化信息可以有效地向受训者提供相关重要内容。

　　要形成长期记忆，很重要的一点就是要明确培训内容，并且提供细节。有几种可以建立长期记忆的方法。培训者采用的方法之一就是绘制一幅概念图来展示各种概念之间的关系。另一种是运用文字、图和角色扮演等多样化的复习方式来加强记忆。通过介绍关键词，提供流程、顺序或可视化图像，培训者可以帮助受训者从另一种途径找回信息。帮助受训者回忆起那些他们原本了解且与现在的培训内容相关的知识、行为和技能，能够建立起与长期记忆的联系，为记忆新的培训内容提供一个总体框架。外部的回忆线索往往也是很有用的。想一下人们忘记将钥匙或者钱包放在哪里的情形，为了能够唤起记忆，人们总是尽可能地回忆物品丢失时或丢失前的所有信息。人们会去最后一次看到丢失物品的那个地方，因为周围的环境可能会帮助人们回忆起一些线索。

　　和其他来自美国国家橄榄球联盟（National Football League）的球队一样，克利夫兰布朗队（Cleveland Browns）通过在笔记本电脑上观看视频并做笔记的方式来学习战术，并准备与对手的比赛。[55]球队教练认为球员不能只观看视频，他们还需要积极地学习。因此，教练鼓励球员不仅使用笔记本电脑，还要使用纸和笔记录信息。这一做法使球员将学习内容进行加工，有助于记忆学习内容。使用纸和笔做笔记而不是在电脑上敲击键盘，可以使球员用自己的语言把知识点记录下来，这意味着他们必须对信息进行更深层次的加工。另一种帮助雇员记忆的方式是反思。**反思**（reflection）指受训者花费例如 15 分钟的时间来回顾并写下所学到的内容以及他们的表现。[56]课间休息对于帮助受训者提升对培训内容的专注力非常必要。没有课间休息，大脑会超负荷运转，这不利于培训内容的长期记忆。小测验要求受训者从记忆中调取所学信息，从而提高学习的效率，因此，培训内容的记忆时间会变得更长。

　　长期记忆在突破了一次性学习后可以得到提高。一次性学习是指受训者第一次对技能或行为进行展示，或对知识进行回顾。我们通常认为受训者已经掌握了这些知识、技能或行为，但是我们的判断总是错误的。想要确保知识、技能、行为以及其他培训内容能够存储在记忆中，我们要采取反复学习的方法。正如之前所提到的，反复学习是指多次回顾学习内容，以确保这些内容存储在长期记忆中。反复学习可以促进任务自动化。**自动化**（automatization）是指非常熟练，无须思索或集中注意力即可进行任务操作、知识回顾或技能展示。自动化可以减轻记忆压力。自动化程度越高，越可以加速记忆，集中精力学习和思考。受训者越热衷于反复学习，长期记忆保留的信息就越多，记忆力的衰退也就越慢。比如，受训者回顾所学内容也有助于提高记忆力。[57]**辅助测试**（boosters）指受训者通过回顾所学内容促进记忆的一种方法。辅助测试包括多项选择题、小测验，以及其他能够帮助受训者将信息从记忆中调取出来的活动。

　　研究表明，一次关注的对象不会超过四个或五个。如果想介绍较长的程序或过程，就需要将指令分成一小部分或一小段，以保证不超过记忆极限。[58]将课程模块化，或分解成小的学习模块，可以避免受训者花费时间回顾整个课程，因为课程中可能包含一些无用信息。[59]受训者可以跳过他们不感兴趣的内容，并可以通过完成测验来评估对所学内容的掌握情况。将课程分解成小的模块可以帮助受训者节省时间和资金，因为他们只需要关注自己需要或希望学到的内容。

微学习（microlearning）指将培训分解成小的模块，使受训者参与其中，并给予他们激励，同时促进雇员的保留。[60]培训的各个模块通过时长为5～8分钟的视频或游戏来呈现，微学习通过将课程分解为一个或几个模块的方式取代原有时间较长的课程。微学习的使用是对正式学习的强化和补充（比如，在培训之后进行小测验，或在培训之前分享一些学习内容，以激发受训者对课程的兴趣），同时它也可以开发即时学习内容。针对专业人才的调查结果揭示了有关微学习的很多重要的观点。[61]在微学习中使用频率最高的学习方式包括视频、自步网络学习、包括幻灯片和信息图在内的可视材料。在微学习中，小测验、场景模拟、实操活动、游戏最常见。微学习取代了时间较长的培训课程，这类培训课程通常包含技术内容，并与绩效挂钩，抑或是强制性的。专业人才报告称微学习的益处主要在于节省时间，他们可以在方便的时候获取培训，而且学习不需要占用太多时间，他们可以在工作需要的时候进行学习。受训者在游戏和场景模拟中取得的进步会被追踪和报告，同时，培训内容会根据不同的主题和内容相互关联。阻碍有效学习的一个因素是针对受训者学习的问责制并没有得到实施。

思考以下几家公司是如何使用微学习的。[62]作为一家管理咨询公司，Avenade的受训者可以获取包括设计思维、引领自我等主题在内的微学习内容。课程可以以渐进的方式讲授学习内容，也可以按一定顺序讲授各个主题。所有的培训课程都包含学习指南、各类活动、反思、互动讨论小组。受训者对课程的反应非常积极，他们报告称这类形式的微课程让他们能够在繁忙的日程中挤出时间来学习。作为一家为汽车经销商提供计算服务的企业，CDK Global公司使用微学习来提升销售团队的绩效。销售团队的成员可以在开车走访客户时获取短博客，并可以自定义播放清单，以满足他们平时的客服需求。PopHealth-Care公司将微学习设置为电子医疗培训的必需模式。美国奶油王后公司（American Dairy Queen）使用微学习介绍新产品，并展示配方和制作步骤。在门店工作的雇员需要接受培训，并在实操前重温培训课程。

如果你想要设计培训项目，或对现有的培训项目进行修改，但没有足够的时间和资源来采用微学习的所有原则，你同样可以避免由于使用复杂的材料而压垮受训者。你可以在培训前在网上发布一些作业，或使用练习册达到同样的效果。[63]例如，受训者可以在受训前先熟悉"基础知识"，如部分名称、定义、规则和特征，之后再接受关于怎样应用这些规则（如处理顾客投诉）或某一过程怎样进行（如检测血液样品、更换汽车水泵）的培训。这可以让受训者更好地获取认知资源，从而更好地关注并存储培训涉及的内容。

雇员需要反馈

反馈是指有关实现培训目标程度的信息。为使反馈有效，应该将反馈重点放在具体行为上，并且在受训者行为结束后立即予以反馈。[64]而且，对受训者的正确行为要及时给予口头表扬或强化。录像是给予反馈的一种有效工具，培训者应与受训者一同观看录像带，就如何改进行为提出具体意见，同时要表扬那些行为达到要求的受训者。也可以通过考试或小测验、在职观察、绩效数据、导师或教练、文字交流和人际交往给出反馈。

如果希望受训者理解什么会导致低水平绩效及高水平绩效，那么提供给受训者的反馈的具体程度应是不同的。[65]例如，雇员可能需要学习在设备出现故障以及正常工作时如何应对，因此，在培训期间提供的反馈意见不应过于具体，否则会导致雇员只了解关于正常工作的设备的知识。反馈越不具体，受训者越容易犯错导致出现设备问题，从而有机会学习什么行为导致设备问题以及如何解决。犯错以及反馈次数的减少会导致受训者在实践过程中遇到困难，这会促使他们致力于探索和进行信息处理来做出正确的反应。

雇员通过观察、体验和人际交往来学习

如前文所述，根据社会学习理论，人们是通过观察和模仿示范者的行为来学习的。为了让示范更有效，必须对期望的行为或技能进行明确的阐述，并且使示范者具备与目标受训者相似的特点（如年龄和职位）。[66]在对示范行为进行观摩后，受训者应该有机会在实践课上重复示范者演示的技能和行为。根据成人学习理论，受训者通过实践来学习是最有效的。[67]这包括向雇员提供实践经验，让他们和更有经验的雇员在一起，为他们提供弥补自身知识缺陷所需的工具和材料。向学习者进行行为和技能示范的一种方式是向他们展示如何使用 YouTube 视频。比如，在 Cheesecake Factory 的视频资料库中，可以找到公司优秀雇员的视频。[68]

同时，雇员通过互动来学习也是很有效的，包括与其他学习者、培训者或指导者交流培训内容。[69]表 4 - 13 展示了雇员通过互动来学习的三种方式以及何时使用它们。**学习者-学习内容交互**（learner-content interaction）是指学习者与培训内容进行交互。学习内容交互包括阅读网络或书本上的文本，听多媒体材料，执行需要使用操作工具的活动（如写作），完成案例学习和工作表，或者创建基于所了解信息的新内容。传统意义上，所有培训内容都来自正规培训课程上培训师的授课内容。[70]现如今，一个流行的趋势是培训内容中加入了学习者自创的内容，典型的例子是受训者通过手机录制并分享工作实操流程。

表 4 - 13　三种指导性交互

类型	使用时间
学习者-学习内容交互	需要掌握的是独自完成的任务。了解所学知识及采取行动的过程。
学习者-学习者交互	需要掌握的是团队完成的任务。学习者通过与同事讨论所学内容来获得新知识或验证他们的理解。
学习者-指导者交互	最适合进行最深入的话题探讨及开发批判性分析和批判性思维方面的优势。当需要在短时间内呈现大量材料时，讨论可能受到限制。

资料来源：Based on H. Nuriddin, "Building the Right Interaction," *T＋D* (March 2010), pp. 32 - 35; D. Leonard and W. Swap, "Deep Smarts," *Harvard Business Review* (September 2004), pp. 88 - 97.

学习者-指导者交互（learner-instructor interaction）是指学习者和专家（培训者）之间的互动。培训者可以通过展示、演示及强化内容促进学习。此外，培训者提供支持、鼓励和反馈，这为大多数学习者所重视。学习者-指导者交互有助于学习者理解内容，增强自我意识，进行自我评估，乐于接受不同的意见，以及将想法付诸实践。要最大限度地提高学习者的批判性思维和分析能力，讨论不应局限于指导者提出问题和学习者做出回答。

学习者-学习者交互（learner-learner interaction）是指学习者之间的互动，可以有指导者，也可以没有。学习者-学习者交互包括观察、与同事分享经验，可能对培养人际交往能力（如交流），获得基于经验的个人知识（如关于如何结束交易或解决冲突的内隐知识）、特定的知识（如国际地位的管理），以及学习应对不确定性或新的情况（如销售新产品或服务）尤为有用。[71]

看看农夫保险公司（Farmers Insurance）和通用汽车（General Motors）是如何令受训者积极投入培训中，从而确保培训转化的。[72]农夫保险公司名为"客户体验由我做主"（CE-It's Up to Me）的培训包含 4 个在线模块和时长 2 分钟的视频，这些内容都配有相应的练习题以帮助雇员观察实际的客户互动，发现他们对互动的影响，并改善客户的体验。受训者在完成在线模块和短视频的学习之后，主管会与他们开会讨论培训内容。在通用汽车，区域主管的培训项目包括面对面授课，在经销商网点、客户呼叫中心、售后服务中心的实操体验，自我指导性培训，来自经验丰富的主管的指导以及与其他受训者分享培训收获。

实践社区（community of practice，COP）是指在一起工作、互相学习并就如何完成工作达成共识的一组雇员。[73]实践社区与面对面交流或电子沟通有关。实践社区的概念说明在工作中进行的学习是社会交往的结果。每个公司都存在自然出现的实践社区，它是雇员在开展工作的过程中建立关系的产物，也是工作环境设计的产物。Leading World Real Estate Companies of World（LeadingRE）设立了"首席执行官交换小组"，这个小组由公司的首席经纪人组成。这些经纪人从没有进行过互相比拼。[74]他们每年会举行数次会议，或以电话会议的形式讨论他们所面临的挑战，分享工作中的最佳实践方法。

实践社区同样可以采取社交网络、讨论板、在线服务以及其他以电脑为媒介的交流方式，这样雇员就可以进行电子沟通。通过这种方式，每个雇员都能够相对快捷地获取知识，就如同和一个专家组进行会谈一样。惠氏制药有限公司（Wyeth Pharmaceuticals）有 11 个实践社区，旨在让车间生产保持精益求精。[75]实践社区使雇员易于分享最佳实践，互相学习，改善业务流程。维修部门利用实践社区提供了超过 600 个小时关于新技术和维护流程的培训。这使得设备更可靠，生产率更高，例如可以将一个制造工厂的设备使用率从 72%提升至 92%。

当管理者和雇员相信他们为公司的核心业务运营（如工程或质量）做出贡献时，实践社区对于学习和提高工作绩效是最有效的。[76]虽然经过改进的交流能够带来一定的益处，但是这种社区有一个缺点：由于参与往往是自发的，因此有些雇员并不愿意与别人分享他们的知识，即使组织文化支持这种参与。也就是说，如果雇员没有受到一定的激励，他们可能不愿主动参与，因为他们担心如果与他人分享了知识，可能会失去个人在加薪或晋升上的优势。[77]另外一个潜在的缺点就是信息负载过大，雇员会收到太多信息以至于无法处理。这会使雇员退出实践社区。

雇员要求合理安排并协调培训项目

培训项目的协调是培训管理的一个重要方面。**培训管理**（training administration）指对培训项目实施前、实施中及实施后所发生的活动进行的协调。[78]培训管理包括：

1. 将课程和培训项目告知雇员。

2. 对参与课程和培训项目的雇员进行登记注册。

3. 准备并印制培训前需要的一些材料，如阅读资料和测试题。

4. 准备指导过程中需要的材料。

5. 安排培训设施和房间。

6. 检查指导过程中要用的设备。

7. 准备备用设备以防止设备出问题。

8. 在指导期间提供支持。

9. 分发评估材料（测验试卷、培训效果反馈表、调查问卷）。

10. 在培训中及培训后为培训者与受训者之间的沟通提供便利（例如，交换电子邮箱）。

11. 在受训者培训记录或人事档案中记录课程结果。

良好的协调工作可保证受训者不会因为其他事情（如房间不舒适或者资料准备不充分）而分心。培训项目前的活动包括向受训者通报项目目标、举办地点、出现问题时的联络人及所有应由他们完成的前期工作，还应准备教材、扬声器、培训手册和录像设备。为保证房间和设备的正常使用，应做好必要的安排。对培训场地的布置应有利于各项培训技巧的实施。例如，开展小组活动时，如果座位不能移动，就很难保证"团队建设"课程的有效性。若使用视觉辅助手段，就要让所有受训者都能看得到。要保证房间光线充足、通风良好。应将上下课时间、休息时间和卫生间地点告知受训者。减少会转移注意力的因素（如电话）的干扰，要求受训者关闭手机。如果想让受训者评价培训计划或参加检验学习内容的测试，应将其安排在培训结束前。培训结束后，应记录完成培训项目的受训者的名字和得分。要将培训手册和其他培训材料保存好或者还给咨询机构。如果下次还想提供这种培训，培训结束时也是考虑改进计划的好时机。我们会在第 5 章讨论有关选择与准备培训场地以及培训项目设计的具体问题。

鼓励受训者承担责任和进行自我管理

受训者需要对学习和转化负责[79]，包括为培训做准备，积极参加培训，并将培训内容应用于工作中。培训前，受训者需要思考他们为什么参加培训，并设定具体的学习目标（单独完成或最好与管理者讨论），并将之作为完成行动计划的一部分（行动计划将在本章后面详细讨论）。此外，受训者需要完成培训前布置的任务。受训者还需要参与培训过程，也就是说，他们需要参与讨论，分享经验，去实践，并在感到困惑时提出问题。培训结束后，受训者需要回顾培训内容，并为达成他们在行动计划中设立的目标而努力。他们必须愿意做出改变（例如，尝试新的行为或运用新知识），并在需要时请求同事和管理者给予帮助。

自我管理（self-management）指的是一个人试图控制决策和行为的某些方面。培训项目应该使雇员为将新技能和行为应用于工作中做好自我管理的准备。自我管理包括：

1. 确定在工作环境中使用新获得的技能的支持程度和负面影响。

2. 为运用所学技能设定目标。

3. 将学到的技能应用于工作中。

4. 监控在工作中运用所学技能。

5. 致力于自我强化。[80]

研究表明，与未采用自我管理策略的受训者相比，采用自我管理策略的受训者表现出更高水平的行为和技能转化。[81]

确保工作环境支持学习和转化

没有神奇的"公式"能够确保培训转化的发生。对培训转化有效的策略包括确保受训者的动机及管理者和同事对学习和转化的支持。[82]当培训开放性技能时，这些策略尤其重要。也就是说，受训者对于采用什么培训原则和如何采用这些培训原则有更多选择。封闭性技能包括更少受管理者、同事和工作环境影响的规定性行为。此外，设计培训以增加知识和增强自我效能感也与培训转化呈正相关关系。

表 4 - 14 展示了工作环境中可能阻碍学习和培训转化的因素。它们包括：（1）与工作本身有关的因素（如时间压力）；（2）缺乏来自同事和管理者的支持。由于许多公司都会采取重组、裁员及压缩成本的战略，因此受训者在实践中经常会遇到这些障碍。

表 4 - 14　工作环境中阻碍培训转化的因素示例

因素	所产生影响的描述
与工作本身有关的因素 时间压力 设备不足 很少有机会使用技能 预算不足	受训者在使用新的知识、技能或行为方式时遇到困难
缺乏同事支持 挫伤工作中使用新知识和新技能的积极性 不愿意提供反馈 认为培训是在浪费时间	同事不支持使用新的知识、技能或行为方式
缺乏管理者支持 不接受培训中学到的观点或建议 不讨论培训机会 反对使用培训中学到的技能 认为培训是在浪费时间 不愿意为受训者提供使用培训内容需要的强化、反馈和鼓励	管理者没有强化培训或给受训者提供使用新知识、技能和行为的机会

资料来源：Based on J. Tracey and M. Tews, "Construct Validity of a General Training Climate Scale," *Organizational Research Methods*, 8 (2005), pp. 353 - 374; R. D. Marx, "Self-Managed Skill Retention," *Training and Development Journal* (January 1986), pp. 54 - 57.

例如，新技术使雇员可以通过互联网或笔记本电脑访问各类资讯和产品的说明。但是，当雇员接受通过新技术利用这些资源的培训时，他们常常会垂头丧气，因为他们的工作地点没有配套的技术。雇员可能因为电脑的内存不足或未接入互联网而无法使用所学的技能。

这些阻碍因素往往会导致偏差过失的出现，从而阻止转化的进行。**偏差过失**（lapse）是指受训者继续运用以前学过的效率低下的技能，而没有尝试运用培训项目中强调的技能的情况。继续使用陈旧的行为方式和技能的现象非常普遍。受训者应该避免走老路或使用过时、无效的能力（例如，知识、技能、行为方式、策略）。此外，受训者要明白偏差过失是很常见的，要做好准备去应对它们。那些没有做好准备防范偏差过失的受训者可能会放弃尝试运用新技能，特别是那些自我效能水平低和自信心不足的受训者。

确保学习和培训转化发生的一种方法是保证转化氛围是积极的。**转化氛围**（climate for transfer）是指受训者对能够促进或阻碍培训技能或行为应用的各种工作环境特征的感觉。这些特征包括管理者和同事的支持、运用技能的机会以及运用所学技能的结果。[83]表4-15 给出了有利于培训转化的氛围的特征。研究表明，培训转化氛围与管理者在培训之后的管理行为和人际关系行为的积极变化密切相关。为了支持强调主要业务指标的财务培训转化，西南航空公司在培训后在全公司范围内分发说明雇员如何为公司的利润做出贡献的费用清单。[84]在工作区域张贴的活动挂图显示了管理者-雇员问答阶段的重点。所有的管理者都收到了印有公司的四个"神奇数字"（净收益、单位成本、净利润率和投资资本）的大型海报。海报包括需要管理者完成并定期更新的空白列，以显示上一年的表现、本年度的目标，以及当年的最新数字和季度业绩。

表 4-15　有利于学习培训转化的氛围的特征

特征	示例
主管和同事鼓励受训者使用培训中获得的新技能和行为方式并为其设定目标。	刚接受过培训的管理者与他们的主管和其他管理者共同讨论如何将培训内容应用到工作中。
任务线索：受训者的工作特点会督促或提醒他使用在培训中获得的新技能和行为方式。	刚接受过培训的管理者的工作就是依照他使用新技能的方式来设计的。
反馈结果：主管支持受训者运用培训中获得的新技能和行为方式。	主管应关注那些刚刚接受过培训就运用培训内容的管理者。
不轻易惩罚：不公开阻止雇员使用从培训中获得的新技能和行为方式。	当刚接受过培训的管理者在运用培训内容的过程中出现失误时，他们没有受到惩罚。
外部强化结果：受训者会因运用从培训中获得的新技能和行为方式而受到外部奖励。	若刚接受过培训的管理者成功运用了培训内容，他们的薪酬就会增加。
内部强化结果：受训者会因运用从培训中获得的新技能和行为方式而受到内部奖励。	主管和其他管理者应表扬那些刚接受过培训就将所学内容应用于工作中的管理者。

资料来源：J. B. Tracey, S. I. Tannenbaum, and M. J. Kavanagh, "Applying Trained Skills on the Job: The Importance of the Work Environment," *Journal of Applied Psychology*, 80 (1995), pp. 235-252; E. Holton, "*What's Really Wrong*: Diagnosis for Learning Transfer System Change," in *Improving Learning Transfer in Organizations*, eds. E. Holton and T. Baldwin (San Fransisco: Jossey-Bass, 2003), pp. 59-79.

看看 Sacramento Municipal Utility District 和 Gables Residential 为营造良好的学习氛围和克服培训转化的障碍所做的努力。[85]Sacramento Municipal Utility District 为加利福尼亚州萨克拉门托市提供电力服务以及相关产品。公司需要多名战略客户顾问，这些人需要代表公司服务于公司最大的商业伙伴，从而使公司能够发现更多销售机会。公司针对这类人员开发了为期两天的课程。在培训期间，学员学习了客户的价值链以及如何为客户提供相匹配的产品和服务。学员要在参加培训班的六个月后撰写一份针对客户的计划书，并将这一计划书呈交给电力公司的最高管理层，客户计划书的设计是基于培训所学的内容。在完成计划书的展示后，他们需要再确定 10 个客户以完成另一份计划书。他们得到了管理层的指导以确保他们将所学内容应用到工作中。作为一家房地产企业，Gables Residential 的领导力开发项目专注于培养自我意识以及指导并管理高效能团队的技能。每个月当一门培训课程结束后，培训与开发部门的主管会与课程参与者讨论他们在培训中所学到的内容，并鼓励他们进一步开发自身技能。

激励措施可以为学习和转化创造良好的氛围。Hudson Trail Outfitters 的 300 名雇员在门店销售户外装备。[86]公司的管理层发现雇员的学习受到了激励，相对于奖金而言，雇员更看重培训结业后公司提供给他们的免费外套和打折商品。公司的收益超过了为员工提供免费外套所投入的成本。完成培训的雇员在公司的任职时间相对更长，他们每天的销售量更大，每一笔交易销售的商品种类更多。唐恩品牌集团（Dunkin's Brands）（你也许知道它生产的甜甜圈和咖啡）向雇员发放证书和奖品，并给予雇员现金奖励，雇员可以用这些钱来兑换礼物，或有机会与公司的主厨见面。

许多公司为培训结业并获得认证或掌握某项技能的雇员颁发数字勋章。[87]数字勋章会放在雇员的个人信息中，并可以通过社交网络进行分享，数字勋章甚至可以被放置在虚拟背包中，雇员可以带着它去参加面试。勋章在很大程度上激发了雇员对学习的热情。勋章是对雇员完成培训、获得认证、掌握技能的回馈，可以有效地激励雇员继续学习。雇员可以在社交网络上将勋章分享给自己的同事，这会鼓励雇员取得更多的成就。勋章可以促进雇员与他人的沟通，这可以增加雇员的职业发展机遇。勋章对于公司而言也是非常有益的，公司可以因此创建一个识别雇员的知识和技能的数据库。数据库可以反映公司人力资本的整体状况（比如知识和技能的优势和劣势）。

比如，在 IBM，来自 178 个国家的超过 100 万名雇员获得了公司的勋章，IBM 已经看到颁发勋章带来的积极成果。参加 IBM 大数据大学至少一门在线课程的雇员回到工作岗位后平均可以获得三个勋章。大数据大学的课程下载量增加了 64％，而且调查显示，87％的勋章获得者希望进一步参与公司的事务。三星电子（Samsung Electronics）为完成学习模块和通过测试的雇员颁发勋章。雇员获得的最新勋章会在他们的个人主页上展示，雇员获得的所有勋章会保存在他们的个人学习空间中。三星电子为雇员颁发的数字勋章提高了雇员的培训结业率，并吸引了更多人访问公司的学习管理系统以获取在线课程。

◼ 4.6 对于学习成果的指导重点

本章讨论了学习过程对培训指导的启示，提供了有关如何促进学习的总体原则。你应该了解这些总体原则与学习过程之间的关系。不同的学习成果需要不同的内在和外在条件。**内在条件**（internal condition）指学习者自身必须具备的学习条件，包括信息的注册、存储及恢复。**外在条件**（external condition）指有利于学习的环境条件，包括学习的自然环境及开展实践、接收反馈与强化的机会。外在条件会直接影响指导形式的设计。表 4-16 说明了对于学习过程中的每一步进行指导所需的条件。例如，在记忆培训内容的过程中，语言线索、上下文之间的语义联系及图表和模型都是必不可少的。如果培训内容未被编码（或未准确编码），学习就会受阻。

表 4-16　学习成果所需的内在条件和外在条件

学习成果	内在条件	外在条件
言语信息 标识、事实和主张	以前学过的知识和语句信息 将信息编码存入记忆的策略	反复练习 有意义的内容 有前瞻性的组织者 回忆性线索
智力技能 知道如何去做	先决条件的掌握 先决条件的回忆	将新知识和旧知识联系起来 按照从简单到复杂的顺序教授技能 提供各种示例和实践机会
认知策略 思考和学习的过程	回忆前提条件、类似的任务和采取的策略	策略的口头描述 策略说明 提供反馈的实践 为应用策略提供机会的各种任务
态度 个人行为选择	掌握先决条件 确定示范者 认知失调	示范演示 有利的学习环境 可靠的信息来源 强化
运动技能 肌肉活动	回忆局部技能 项目协调	实践 演示 外部反馈逐渐减少

资料来源：Based on R. M. Gagne and K. L. Medsker, *The Conditions of Learning* (Fort Worth, TX: Harcourt-Brace College Publishers, 1996).

美国烹饪学院（Culinary Institute of America）的培训项目反映了取得学习成果所必需的内部条件和外部条件。作为世界上最好的主厨培训机构之一，美国烹饪学院拥有将近 2 000 名脱产学生，并在多地设有教学点。该学院的毕业生成为世界顶级餐厅、知名私人餐厅的主厨，他们掌管大型连锁酒店，比如万豪酒店、凯悦酒店（Hyatt）、丽笙酒店（Radisson）、希尔顿酒店（Hilton）的餐饮部门。你可能听说过电视剧《铁人料理》（Iron Chef America）中主厨的扮演者卡特·科拉（Cat Cora）。除了提供学历教育，美国烹饪学院还接收了 6 000 名来自各类公司的受训者，这些公司都拥有自己的餐饮部。

无论讲师教授的是切肉技巧还是煎炒技巧，美国烹饪学院的学习环境都是一样的。授课结束以后紧接着是亲身展示，以及持续数小时的指导性实操。受训者会收到来自讲师的反馈意见，培训师的角色由最开始的讲师变成了课程教练。课程视频会发给每一名学员，无论在学生公寓还是在学院的视频学习中心，学员都可以按照自己的进度复习视频中的内容。

美国烹饪学院不仅关注认知学习，还聚焦情感学习和生理学习。学生除了学习烹饪和烘焙课程之外，还要学习生理学、全面质量管理、语言、市场营销、餐厅管理、团队管理等课程。学校的教学大纲中还包括食品伦理、可持续发展、健身与压力管理。为什么？因为管理一家私人厨房需要长时间高强度的工作，因此对身体的要求非常严格。得益于美国烹饪学院的学习环境，这所学院被公认为烹饪培训的全球引领者，为全世界的主厨提供基础知识的培训。[88]

小　结

要使培训有效必须进行学习与培训转化。本章首先介绍了学习与培训转化的定义及学习的五大成果：言语信息、智力技能、运动技能、态度、认知策略。为了让大家理解如何学习这些能力，本章介绍了一些学习理论：强化理论、社会学习理论、目标设定理论、需求理论、期望理论、成人学习理论和信息加工理论。为了解如何确保将所学到的内容应用于工作中，本章介绍了三种培训转化理论：同因素理论、激励推广理论和认知转化理论。接下来，本章考察了学习过程及人们的学习方式对指导性设计的启示。学习过程强调了内部过程（预期、储存和恢复）及外部过程（满足）对学习的影响，还考察了学习风格对学习的潜在影响。然后阐述了学习过程、培训转化与指导性设计之间的关系。项目设计的重要因素包括告诉学习者他们为什么要学习，提供有意义的内容、实践的机会、反馈、互动的机会及组织协调。同时，项目设计还应该鼓励学习者进行自我管理并确保学习者的工作环境支持学习和转化。

关键术语

学习（learning）

培训转化（transfer of training）

推广（generalization）

维持（maintenance）

言语信息（verbal information）

智力技能（intellectual skill）

运动技能（motor skill）

态度（attitude）

认知策略（cognitive strategy）

强化理论（reinforcement theory）

社会学习理论（social learning theory）

自我效能（self-efficacy）

口头规劝（verbal persuasion）

逻辑证明（logical verification）

示范（modeling）

业绩回顾（past accomplishment）

目标设定理论（goal setting theory）

目标导向（goal orientation）

学习导向（learning orientation）

绩效导向（performance orientation）

需求（need）

经验（experience）

实现手段（instrumentality）

效价（valence）

成人学习理论（andragogy）

封闭性技能（closed skill）

开放性技能（open skill）

同因素理论（theory of identical elements）

逼真度（fidelity）

近转化（near transfer）

激励推广理论（stimulus generalization approach）

远转化（far transfer）

关键行为（key behavior）

认知转化理论（cognitive theory of transfer）

期望（expectancy）

知觉（perception）

加工存储（working storage）

语义编码（semantic encoding）

复诵（rehearsal）

组织（organizing）

详细阐述（elaboration）

恢复（retrieval）

推广（generalizing）

满足（gratifying）

指导（instruction）

目标（objective）

培训环境（training context）

实践（practice）

元认知（metacognition）

自我约束（self-regulation）

预备资料（advance organizer）

反复学习（overlearning）

错误管理培训（error management training）

一次性实践（massed practice）

分段实践（spaced practice）

任务的整体复杂性（overall task complexity）

智力需要（mental requirement）

体力需要（physical requirement）

整体实践（whole practice）

局部实践（part practice）

反思（reflection）

自动化（automatization）

辅助测试（boosters）

微学习（microlearning）

学习者-指导者交互（learner-instructor interaction）

学习者-学习内容交互（learner-content interaction）

学习者-学习者交互（learner-learner interaction）

实践社区（community of practice，COP）

培训管理（training administration）

自我管理（self-management）

偏差过失（lapse）

转化氛围（climate for transfer）

内在条件（internal condition）

外在条件（external condition）

讨论题

1. 试比较分析下列任意两种学习理论：期望理论、社会学习理论、强化理论、信息加工理论。

2. 保证学习的最重要的条件是什么？最不重要的条件是什么？为什么？

3. 学习与培训转化是否相关？为什么？

4. 指导性目标如何有助于学习行为的发生？

5. 假设你在培训一名雇员如何判断并修理插座里松动的电线。演示过程结束后，你让这名受训者演示一下你是怎样做的。受训者第一次就正确演示了这一过程，并接好了线路。请问这个过程中是否发生了学习？证明你的结论。

6. 你的老板说："我为什么要告诉你我需要什么类型的学习能力？我只要求培训项目能教会雇员如何向顾客提供满意的服务！"请向老板说明"顾客满意的服务"是如何转化成不同的学习成果的。

7. 实践是如何辅助学习过程的？培训课上培训者可以做什么来确保受训者能够自我约束？

8. 允许受训者在培训中犯错是否有用？为什么？

9. 为了对培训内容进行短期或长期的记忆，需要哪些学习条件？

10. 什么是微学习？它如何促进学习和培训转化？

11. 什么是近转化？什么是远转化？它们对培训设计的启示是什么？

12. 雇员如何通过互动进行学习？是否有一些类型的互动在某些情况下最适合学习而在其他情况下则不是？为什么？

13. 工作环境如何阻碍学习和培训转化？为什么？你认为哪些工作环境特征对培训转化的影响最大？证明你的结论。

14. 在一次为期一天的课堂教学体验中，你需要帮助一组工程师和软件程序员学习如何成为项目经理。培训结束后，他们将管理一些重大项目。讨论你将使用的指导性特征和活动，以确保工程师和软件程序员学习项目管理。

案例 安全第一

BNSF 铁路公司是一家北美货运交通公司，其铁路总里程已经突破 32 000 英里。BNSF 铁路公司运输农产品、消费品、工业品、煤。公司奉行安全至上的理念，认识到公司的安全基于雇员的良好培训。雇员认同公司希望消除工伤和事故、员工之间彼此关照的愿景。得益于雇员对公司设备的小心维护，BNSF 铁路公司已经成为铁路行业的安全引领者。"用安全守护他人"（Approaching Others About Safety）是公司针对所有雇员的一个培训项目，总共有 450 名公司雇员对他们的同事进行了培训。之所以选择雇员作为培训师，是因为公司认为他们最应该守护自身和他人的安全。培训的目标是公司的雇员可以自信地给予同伴关于安全行为的反馈，并避免危险情况的发生。雇员需要认识到安全行为反馈的价值所在，当他们看到他人的行为不够安全时，就应对这些行为予以纠正。培训关注可能造成工伤的情况，比如在火车、铁轨和设备周围行走，攀爬火车等。

描述不同类型的指导的特征，该项目应该有学习和转移发生，并减少伤害和事故的结果。这些特征是否会因参加项目的人员而有所不同（例如，管理者，乘务员，维护轨道、结构或信号的员工）？如果是，会有什么变化？解释一个实践社区是如何有益于这个项目的？

资料来源：Based on M. Weinstein, "BNSF Railway Is on the Right Track," *training*（January/February 2017），pp. 42 - 44；"BNSF Railway：Approaching Others About Safety," *training*（January/February 2014），pp. 108 - 109；www. bnsf. com, website for BNSF Railways, accessed March 11, 2015.

注 释

第 5 章
培训项目设计

学习目标

通过本章的学习，你应该能够：

1. 基于受训者如何参与课程、与学习内容交互及相互交互，来选择和准备培训场地。
2. 使用课程路线图、课程计划、设计文档以及概念图为学习指导做准备。
3. 说明受训者的年龄、代际差异、性格可能如何影响项目设计。
4. 准备征询建议书和一系列问题来评估培训咨询公司和供应商。
5. 说明确保远近培训转化应包括的项目设计元素。
6. 开发培训项目的自我管理模块。
7. 设计实践应用项目和行动计划，加强学习和培训成果转化。
8. 为促进学习和培训转化，为管理者在培训前、培训中和培训后可以做什么提供建议。
9. 确定管理知识的不同方式和雇员共享知识的必要条件。

◤ 章首案例

设计学习要以学习者为中心

作为一家全球医疗技术企业，施乐辉（Smith & Nephew）为超过 100 个国家的医疗工作者提供先进的手术设备和外伤治疗与预防的相关产品。公司运动医疗部门起初并没有开发针对其 600 名销售代表的正式培训项目，但是随着竞争的不断加剧和大量新产品的推出，部门需要开发正式的培训项目。该部门现在的培训以讲师课堂授课的形式进行，还包括互动练习。学习者在了解销售流程后，需要与培训部门的员工一起完成一项角色扮演任务。培训人员在 iPad 上对受训者的表现进行评估，给予受训者相应的反馈，并使受训者改进自身对销售流程的使用。受训者还要完成一个小测验，以检验他们对销售流程的理解。顺利完成角色扮演和小测验的销售代表将通过销售流程的认证，而没有顺利完成的销售代表则需要接受额外的在岗培训。通过认证的销售代表会在接下来的六周内接受来自部门主管的每周一次的测试，以强化他们对在培训中所学到的销售流程的领悟。

全国互助保险公司（Nationwide Mutual Insurance Company）为其新呼叫中心的员工开发的培训项目非常具有互动性，注重实操，并鼓励知识的应用。每一名学员都要制定学习计划，并确定哪些方面需要复习和练习。学员要参加真实的通话体验，解决问题并交流解决方案。反馈会基于小型与大型团体活动及评估提供。

针对通用汽车区域经理的培训项目由 10 个部分组成，为期六个月。每一部分都旨在教授一些新的技能，包括在经销商门店、呼叫中心、售后服务中心进行实际工作体验；与一位资深的区域经理一起工作；在区域办公室接受导师指导；参加正式培训课程并完成相关任务。培训即将结束之际，受训者会回到通用汽车位于底特律的总部，与其他受训者分享培训中学到的内容，并为将来的工作做好准备。为了使受训者更好地胜任工作，公司会为他们安排一位导师。

资料来源：Based on "Training Top 125 Best Practices and Outstanding Training Initiatives, Smith & Nephew: Integrity Selling," *training* （January/February 2018），p. 88；"About Us" from www. smith-nephew.com, accessed March 14, 2018；"Training Top 125 Best Practices and Outstanding Training Initiatives, Nationwide Mutual Insurance: Cohort Learning," *training* （January/February 2017），p. 98；"Training Top 125 Best Practices and Outstanding Training Initiatives, General Motors Sales, Service and Marketing Division: District Manager New Hire Learning Journey," *training* （January/February 2017），p. 97.

5.1 引　言

正如第 4 章强调的，为确保发生学习和培训转化，培训项目需要包括有意义的材料、明确的目标、实践和反馈机会、学习者互动的机会，以及支持性的工作环境。然而，仅具备这些特征对于创建一个有效的培训项目来说是不够的。有效的培训项目还需要高质量的项目设计，使受训者发生最大限度的学习和培训转化。**项目设计**（program design）是指培训项目的组织和协调。比如，章首案例展示了施乐辉、全国互助保险公司、通用汽车的培训是如何确保受训者学到有意义的内容，并按照逻辑对项目和课程进行设计的。

也许你会问开发培训需要多长时间，可以根据开发一小时的课程需要多长时间来做出判断。在最近的一项调查中，培训专员认为培训开发的时间取决于培训的类型。[1] 比如，一小时的面对面授课需要花费 38 小时进行开发。开发在线课程的平均时间为 42～110 小时，只需要受训者接收信息的被动式培训的开发时间为 42 小时，而受训者与授课场景进行互动的主动式教学的开发时间则超过 110 小时。请记住一点，尽管设计在线互动式课程需要的时间更长，但是这种培训的学习与培训转化效果更好。

在设计培训项目时，拥有广阔的视野是很重要的，不论是在线或面对面的培训项目，还是课堂教学培训项目。雇员必须主动参加培训活动，将其所学应用于工作中，与他人分享自己的知识和技能，不断获得并更新知识和技能，以满足不断变化的业务和工作的要求。这意味着项目设计不仅应包括培训期间基于课程和课堂计划所进行的活动，还应包括在培训前创造条件以确保受训者愿意参与，并主动学习知识和技能。此外，项目设计应包括采取措施，确保培训结束后能将所学到的知识和技能应用于工作中，并与其他雇员分享。

图 5-1 显示了项目设计过程的三个阶段：培训前、学习活动和培训后。正如第 3 章讨论的，需求评估期间收集的信息对于确定适当的培训前活动、设计学习活动及确保培训

结束后发生培训转化至关重要。第一阶段为培训前阶段，涉及鼓励受训者并让他们做好参加学习活动的准备，还涉及确保工作环境（即氛围、管理者和同事）支持学习和培训转化。第二阶段为学习活动阶段，包括准备学习指南（课程、总体项目）和物理环境，以促进学习。第二阶段的重点是创建一个积极的学习环境，包括计划培训中开展的活动，选择高素质的指导者或者培训师，选择一个培训教室，创造与学习者的积极互动，以及拥有合适的项目设计。第三阶段为培训后阶段，包括培训转化，即让学习者将所学应用于工作中。通常情况下，人们将精力和财力放在设计和选择学习活动上。[2]然而，学习前发生的事情和学习后发生的事情同样重要，都可以用来判断学习者是否主动学习，是否掌握了新知识、新技能并进行应用和分享。

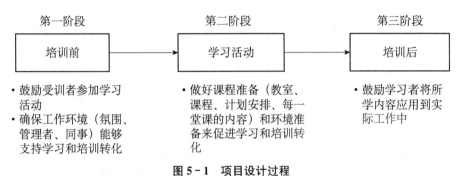

图 5 - 1　项目设计过程

资料来源：Based on M. Weinstein, "Crafting a Holistic Approach to Learning," *training*；（March/April 2018），pp. 26 - 29；J. Zenger, J. Folkman, and K. Sherwin, "The Promise of Phase 3," *T+D*（January 2005），pp. 31 - 34；R. Hewes, "Step by Step," *T+D*（February 2014），pp. 56 - 61.

　　看看阿拉莫制药公司（Alamo Pharma Services）、Bankers Life 公司、Casualty 公司和安信龙保险公司（Assurrant）是如何使用一个由三个阶段组成的模型来设计公司的销售培训的。[3]为了激励受训者（第一阶段），阿拉莫制药公司的受训者需要完成为期两周的自我学习，其中包括了解各种疾病和产品知识模块，之后受训者会参加小测验。在培训期间（第二阶段），销售代表参加讲师主导的工作坊和情景模拟，并完成相应的任务。在第三个阶段或后培训阶段（培训结束一个月后），讲师通过网络研讨会的形式为受训者提供技能、知识、行为的应用，要求受训者完成调查问卷并参与如何将培训内容应用到实际销售工作当中的讨论。Bankers Life 公司和 Casualty 公司的培训课程需要提前准备，其中包括观看视频、案例分析，以及在线获取阅读材料。具体课程包括讲座和在线模块，课程涉及各类商业和技术性内容。培训期间制定的培训计划旨在确保知识与技能得到应用。在安信龙保险公司的管理者开发项目中，受训者需要完成一门网络课程的学习，课程涉及各类概念，紧接着受训者会参加为期三天的线下课堂培训，培训后受训者可以登录公司的学习管理系统来获取相关资源，并复习学过的内容。

　　本章讨论与指导性学习过程的三个阶段有关的重要项目设计问题。首先讨论的是有效项目设计中的重要考虑因素，包括选择和准备培训场地，确定和选择最好的培训师，以及培训师如何安排培训场地，并创建一个有利于学习的指导性环境。接下来，本章介绍课程设置、课程设计和课时安排，并展示如何使用设计文档和课堂计划。由于很多公司没有设计培训项目所需的工作人员、资源或者专业知识，本章将讨论如何确定和选择培训服务的供应商或咨询公司。本章最后讨论与培训转化有关的重要的培训后问题，包括如何创建一个支持性的工作环境，为受训者提供自我管理技能，并获得管理者和同事的支持。此外，还会讨论知识管理对促进学习和培训转化的重要作用。

■ 5.2 设计有效的培训项目应考虑的因素

5.2.1 选择和准备培训场地

培训场地（training site）指实施培训的场所。一个好的培训场地应具备如下特点[4]：

1. 舒适且交通便利。

2. 安静、独立且不受干扰。

3. 为受训者提供可以自由走动的空间，有足够大的工作空间，并让他们清楚地看到其他受训者、培训师和培训中使用的任何可视材料与范例（例如，视频、产品样品、图表、幻灯片）。

培训场地可以设置在公司的办公室，亦可设置在酒店、度假胜地、会议中心、校园等地。关于培训应该在哪里进行没有标准答案，无论是在公司现场还是在异地场所，都可以为培训带来巨大的益处。[5]在公司现场实施培训的好处是可以节省交通和餐饮成本，不需要支付空间和设备租赁费用，而且公司的雇员可以充当培训师。在异地场所实施培训的好处是受训者不会因为公司的业务往来而受到干扰，可以全身心地投入培训；令人难忘的培训场地和经历向受训者传递出公司重视培训并愿意投资于培训的信号；除此之外，在异地场所实施培训还可以更好地促进社交。比如，在异地场所实施培训可以让受训者在精神和身体上得到放松，从而可以专注于学习，并且避免受到客户和其他员工的打扰。无论在哪里实施培训，培训师都应该要求受训者关闭手机，以提高专注度（除非手机用于学习）。

培训教室应考虑的细节

表5-1列示了培训教室的特征，培训师、培训项目设计者或管理者可据此来评估培训场地。记住，大多数情况下培训师都不会奢侈地选择"最佳"的培训场地。相反，他们会根据对培训场地的评估，熟悉该场地的优势和不足，以便调整培训项目和/或场地的物品摆放（如重新安排培训师的位置，使设备靠近电源插座）。

表5-1 评估培训教室应考虑的细节

噪声	检查来自暖气和空调系统、邻近房间和走廊及建筑物外的噪声。
色彩	选择柔和的色彩，如橙色和黄色属于暖色。不同类型的白色显得冷而呆板。黑色和棕色会产生心理上的封闭感，容易使人疲惫。
房间结构	使用接近于方形的房间。又长又窄的房间都会使受训者难以看见对方、听见对方说话和参与讨论。如果有必要，检查分组讨论室或案例室的可用性和大致情况。
照明	光源应主要是日光灯。白炽灯应分布在房间四周，并且在需投影时用作微弱光源。

墙与地面	会议室应铺上地毯，且应使用纯色地毯，避免分散注意力。只有与会议有关的资料才可以贴在墙上。
会议室的椅子	椅子应有轮子，可旋转，并有靠背可支撑腰部。
反光	检查并消除金属表面、电视屏幕和镜子的反光。
天花板	天花板最好有 10 英尺高。
电源插座	房间里间隔 6 英尺设置一个电源插座。电源插座旁边还应设一个电话插孔。培训师应该能够很方便地使用电源插座。如果有必要，确保受训者能将笔记本电脑接入电源插座。
音响	检查墙面、天花板、地面和家具对声音的反射和吸收情况。与三四个人共同调试音响，调节声音的清晰度和音量。
技术	检查房间里是否有培训师需要的固定屏幕和接入互联网的计算机（若受训者需要，也要为其准备）。

资料来源：Based on M. Weinstein，"Training Spaces," *training*（September/October 2010），pp. 34 - 37. C. L. Finkel，"Meeting Facilities," in the *ASTD Training and Development Handbook*，3d ed.，ed. R. L. Craig（New York：McGraw-Hill，1996），pp. 978 - 989.

　　受训者全身心的投入有助于促进学习，在选择、设计或决定如何使用培训空间时考虑到这一点至关重要。例如，密歇根蓝十字蓝盾保险公司已经改用可以根据需要调节空间大小的教室。[6]由于培训课程可能涉及网络学习、团队合作、体力运动及安静沉思，该空间需要灵活的家具和设备，可以在课堂上移动（或全部移走以腾出更多的空间）。关键是要有一间教室可用于开展各种活动及学习者-指导者交互、学习者-学习者交互、学习者-学习内容交互。例如，在销售课程中，学习者与一个伙伴一起学习。他们走过摆在地上的表示整个销售流程的地图，所经过的每一步相当于销售流程的一个环节。当选择培训空间时，无论是公司现场还是异地场所，经济保险集团（The Economical Insurance Group）的培训师都要考虑容纳受训者人数所需的房间大小，并确保物理空间有利于学习者参与，并可提升引导者和指导者的集体归属感。为确保培训空间，可以将基于技术的集成方法（如图形、多媒体、flash 技术和即时反馈工具）与面对面的培训方法（如一小群受训者的圆桌讨论）结合起来。此外，诸如领导力培训这类课程要求教室外的环境是舒适的（例如，比较安静，有花园和休闲椅），以鼓励人际交往、创造力和创新。

　　有时，培训师可能会发现自己不得不在不理想的培训空间里工作。在 21 世纪不动产有限责任公司（Century 21 Real Estate LLC），培训师要确保他们在培训前查看该空间以考虑其优点和局限性，以及如何使用它以使学习成果最大化。例如，在当地一家酒店举行的一次培训中，培训师不得不在宴会桌上讲课。因此，他们决定通过一项团队练习鼓励受训者积极参与，并保证每个位置的受训者都可以参加。Steelcase 公司改善了教室条件，学习内容可以投射到教室每一侧的屏幕上，从而使学习者可以互相检查。[7]指导者可以站在教室的任何地方，因为他们可以使用一个切换器，将每个学生或指导者笔记本电脑上的内容投射到教室的任何屏幕上。此外，除了教室，Steelcase 公司还有咖啡馆、用餐区、鼓励协作和知识共享的小房间，以及安静的区域、个人工作区域等。

　　座位摆放　培训场地座位的摆放要根据学员之间及培训师与学员之间预期的交流类型来定。[8]图 5-2 给出了座位摆放的几种形式。

　　扇形座位摆放允许受训者在房间内的任意一个角度观看，而且能很方便地从倾听讲座

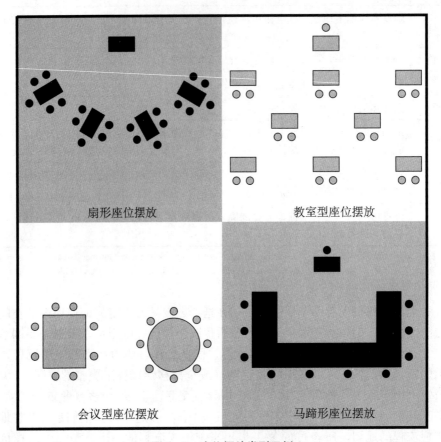

图 5-2 座位摆放类型示例

资料来源：Based on F. H. Margolis and C. R. Bell，*Managing the Learning Process*（Minneapolis，MN：Lakewood Publications，1984）.

转向分组实践，与房间里的每一个人交流。扇形座位摆放对培训是很有效的，它允许受训者参与小组和团队讨论，共同分析问题和综合信息。

如果培训主要是为了获取知识，将讲座和视听演示作为主要的培训方法，那么传统的教室型座位摆放就比较合适。传统的课堂指导可让受训者与培训师之间展开交流，但受训者难以参与团队讨论（特别是在房间内的座位不可移动的情况下）。

如果培训强调整个团队的讨论，只包括有限的发言且没有分组交流，那么会议型座位摆放是最合适的。如果培训既有发言又有整体讨论，那么马蹄形座位摆放最好。

5.2.2 选择培训师

显然，公司可以选择专业的培训师或顾问来进行培训。培训师无论来自公司内部还是外部，都需要有专业的技能和培训经验。[9]"培训培训师"项目对于管理者、雇员和那些知识渊博的专家来说都是必需的。专家可以通过这个项目提高表达能力和沟通技巧，了解学习过程的关键环节（例如，反馈、实践），学会开发课程计划等。这个项目同样可以帮助雇员和管理者获得通过培训师资格认证所需的技能。为了提高新培训师第一堂课的成功率，他们需要接受更有经验的培训师的监督、指导和反馈。如果公司利用内部专家进行培训，那么他们应尽量用比较具体的方式来传授培训的内容（例如，运用案例），尤其是当听众对培训内容非常不了解的时候。专家可能会倾向于运用一些比较抽象和先进的观点，这会使受训者感到困惑。[10]

应该鼓励公司的内部专家讲述他们的工作经验和背景，并通过不同的活动加强受训者所学到的内容。同时他们应该组织讨论并回答受训者的提问，为了解决内部专家缺乏教学技巧或不愿意参与培训的问题，你可能会考虑让他们和讲师一起接受培训。这样讲师可以关注课程的流程，而内部专家则专注于他们所擅长的内容，即分享经验，并给出真实的案例。

把管理者和雇员作为培训师，可以使培训内容更有意义。因为雇员和管理者了解公司的业务，所以他们倾向于使培训内容与受训者的实际工作更接近。同样，把雇员和管理者作为培训师还能够增加他们对学习的支持，减小公司对高成本的外部顾问的依赖。如果雇员和管理者能够得到公司的认同，或者他们的培训经验能够与个人发展计划紧密联系起来，那么担任培训师对他们来说是一种奖励。

在威瑞森的 TEACH（即技术员、教育者、顾问、教练、主持人）培训项目中，学员需要完成接近 100 小时的培训，培训包括翻转课堂、自步学习模块、同伴之间相互学习、虚拟培训课程、面对面的工作坊。[11]作为一家引进与遗传和分子诊断相关的临床信息系统的新产品线的小型企业，SCC Soft Computer 公司需要既能够开发工具，又能作为培训师来服务员工和客户的核心专家。[12]雇用拥有细胞遗传学背景的专业培训师的成本非常高。因此，公司开发了一个培训师培训课程，这个课程针对那些参加过包括产品展示在内的非正式培训的员工，课程内容包括应用成人学习原则，确定并开发学习目标，为实现学习目标制定相应内容，开发并使用学习助手，制定课程规划，通过使用反应、学习、行为、成果构建课程规划评估（将在第 6 章中讨论），以及确定转化培训技能的方法。

看看默克集团和波音公司是如何选择培训师的。[13]默克集团通常使用一名来自学术机构的讲师搭配一名公司内部领导者的方法进行员工培训。在培训之前两人会提前会面。讲师会介绍学术界的观点，给受训者提供最佳实践方法和模型，而公司的领导者则可以讨论如何将这些实践方法和模型应用于公司中，并帮助公司解决一些商业问题。波音公司的每一名副总裁每年至少要教授两个领导力培训班，教学被纳入他们的年度绩效评估，这种由领导者负责领导者培训的方法包括让领导者参与对话，提出具有挑战性的问题，并讲述引人入胜的故事。参与培训的学员被鼓励向领导者发问、挑战领导者的权威、倾听领导者的个人经验，并将这些内容教授给别人。这种方式创建了一个持续学习的环境，在这里所有的雇员既是学习者也是老师。

5.2.3 培训师如何使培训场地和指导有利于学习

作为培训师，你在培训前和培训期间可以通过以下步骤使培训场地和指导有利于学习。[14]

学习环境的创造

在选择培训教室之前，考虑受训者应该如何学习。也就是说，确定受训者的学习时间、地点和学习方式（自主学习），以及学习是否通过与他人交流（协作）来进行。[15]表

5-2描述了培训教室的类型，使其适合自主学习、在学习中协作。例如，配有易移动设备的教室可高度支持协作，但只能低度支持自主学习；这个教室可用于讲课、演讲、讨论和开展小团体活动。配有电脑、摄像机、数据设备的远程学习室则支持需要低度协作但高度自主的学习。自主学习对协作的要求并不高，因此最适合配有计算机和软件的实验室，它们可以支持网络学习、基于计算机的培训及软件学习指导。当然，一个专门的培训空间可能没有必要满足所有这些学习要求，因为受训者可以使用自己的个人电脑，无论是在家里还是在办公室。网络学习的优点和缺点将在第8章讨论，但要知道，雇员可能不希望在网络学习项目中出现缺乏面对面协作的问题。

表 5-2　使培训教室满足学习需要

学习需要	建议的培训教室
高度协作，低度自主学习	有分组讨论室的教室 有分会场的报告厅
高度协作，高度自主学习	分组讨论室 项目室 会议室
低度协作，低度自主学习	教室 电脑教室 报告厅
低度协作，高度自主学习	远程学习室 媒体实验室 计算机实验室

资料来源：Based on "Workplace Issues：One in a Series. Learning Environments for the Information Age," available from the www. steelcase. com（accessed March 1，2006），and "Rethinking Higher Education Spaces," available at www. steelcase. com（accessed June 12，2012）.

考虑一下培训教室的物理要求。受训者是否需要集中精力和书写？他们是否需要看清具体的图像？找一个足够大的能够满足你要求的房间，而不仅仅是为了能够容纳一定数量的受训者。不要把 25 个人安排在能够容纳 250 个人的房间里。数量很少的受训者被安排在大房间中会显得不够人性化，而且会使受训者觉得自己不受重视。在培训课程开始前就应该考虑好房间的设计，并与培训场地的管理人员一起设计环境，使其能够满足学习的需要。

材料准备

培训师必须清楚地知道培训内容。通过身体和精神上的反复演练建立自信心，并且估计培训材料的进度和时效性。通过观察有经验的培训师来获得新的观点。从受训者的角度来设计培训——对自己计划的任何事情都要问问"会怎样"。如果使用电脑、互联网、远程学习或其他技术，你必须清楚地知道该如何运用设备并准备好备份材料以防设备出现故障。确保你的视觉资料至少以两种格式存在（例如，幻灯片和影像资料）。提前 15 分钟到达培训教室，以确保教室布置合理、材料齐全、各种设备正常运行。当受训者走进教室时，向他们表示欢迎。

了解听众：年龄以及代际和性格差异

培训师要对听众进行分析。要成为一名有效的培训师，你需要关注流行文化和国际事件，熟悉相关的研究和调查，并了解你的听众。[16]培训师需要知道学习者基于年龄、性格或其他特征（如地域、文化、专业或经验）的共同价值观。这将有助于你在培训中使用与学习者的经历相关的语言、例子、故事、插图和参考资料。

年龄和代际差异　传统主义者喜欢使用具有稳定有序的学习环境的标准培训教室。他们不喜欢在其他受训者面前出洋相。他们更看重直接介绍信息和组织良好的培训材料。他们喜欢培训师请他们分享经验或轶事，也希望培训师提供专业知识。

婴儿潮一代喜欢课堂学习。婴儿潮一代对互动式培训活动反应良好，他们喜欢集体活动和组织良好的包括简要信息的培训材料，并喜欢通过一种简单的方式来获取更详细的信息。相对于其他群体，他们若认为培训内容对个人有益，就会特别主动地学习。婴儿潮一代需要努力将其知识转换成技能。这意味着培训师应该为婴儿潮一代的雇员提供将所学知识应用到实践中的机会。

X一代的成员喜欢提供技术传授方法、自我指导的学习环境。他们对允许自控进度的培训方法（例如利用光盘和基于网络的培训）反应最好。X一代的学习者积极性很高，他们将培训看成提高其就业能力的方式。他们喜欢通过实践和反馈来促进学习。他们对提供视觉刺激且文字相对较少的培训材料反应最好。问答环节满足了X一代雇员希望获得反馈的需求。

千禧一代的学习方式受到自身对谷歌以及社交网络的熟练掌握的影响。他们通常通过谷歌和社交网络获取信息、知识、想法，并得到来自朋友的反馈。千禧一代喜欢用时较短的课程模块，并希望学习更具参与性。他们喜欢与同伴协作学习，并希望自己有一位导师。他们喜欢基于网络的自控进度的集成学习方式，从中获得基本概念、观点和知识。他们也参加集体活动并动手实践，这使他们能够合作解决问题、处理案例和进行角色扮演。[17]他们主动学习技能并获取知识，以减轻工作压力，提高就业能力。他们看重金钱，因此将培训与金钱奖励挂钩可能会促进学习。千禧一代雇员看重有助于他们成长的经历，他们通过这些经历获取技术，他们也看重社交和协作的空间，并希望得到真诚的反馈。和千禧一代类似，Z一代也希望必要时可通过手机、笔记本电脑、平板电脑获取培训。[18]Z一代雇员也看重通过工作获取学习和社交的机会。这意味着他们对通过在岗学习或通过导师进行学习的期望非常高，相比之下，他们并不喜欢传统的课堂教学。负责管理Z一代雇员的X一代需要回答Z一代关于为什么要以特定的方式从事工作的问题，并给予快速的反馈。当Z一代完成工作后，X一代还要给予表扬。培训必须具有互动性，并使用多媒体展示手段（可视信息、语音、音乐），如果条件允许，游戏也应该融入培训中。

在联合包裹速递服务公司（UPS），千禧一代司机的事故率比平均水平高得多。最初，公司计划利用视频游戏和仿真模拟开展培训。然而，在进行需求评估后发现，尽管这些雇员希望培训中用到这些技术，但他们也想参加成为优秀司机所需的技能培训。因此，位于马里兰州的UPS为受训者准备的新的集成学习设施包括网络学习、播客和视频，以及课堂培训和仿真模拟（驾驶送货车在一个名为"Clarksville"的虚构小镇的街道上运送包裹）。[19]

代际差异会影响学习的潜力，因此了解学习者的年龄和代际特征是非常重要的，这有助于培训师尝试创建一种学习环境，并开发出符合学习者喜好的材料。最近一项关于年龄对培训表现的影响的研究发现：自步学习对年龄超过 40 岁的受训者在培训中的表现影响最大。[20]自步学习使年龄较大的受训者有时间来确定其学习责任，重视所要学习的知识，理解培训及其重要性。此外，在小群体中进行的培训对于年龄较大的受训者有益。由于大部分培训群体包含不同代际的学员，因此创建有益于所有代际受训者的学习环境非常重要。[21]如果培训能够得到妥善管理，那么所有的雇员都可以从跨代际的互动中受益。无论雇员来自哪个代际，他们都需要了解培训与工作的相关性。也就是说，每一个受训者都应该知道"我从中可以收获什么"，每一个受训者都渴望被接纳，并对社交给予积极回应。培训的开发和实施要求培训师将各代之间的冲突降到最低，并最大限度地利用各个代际的优势。培训师需要找到各个代际的共同点，以促进各个代际受训者的学习。培训师需要考虑使用面授以及基于新技术的培训方法（如网络学习模块、网络广播），从而使所有受训者可以参与其中（这被称为集成学习，我们会在第 8 章中讨论）。为了确保基于新技术的教学针对年龄较大的受训者的有效性，需要确保教学有清晰的结构，并能够提供反馈和指导，同时还需要使用用户友好型界面。[22]使用音乐、游戏、幽默可以让学习者对培训保持兴趣，尤其是那些有信心掌握培训内容并不满足于一味地模仿的学习者。[23]为了保持学习者的注意力，每一个模块的时长不要超过 20 分钟（回顾第 4 章介绍的如何帮助受训者将培训内容存储在记忆中）。随后应该安排各类活动和讨论，以促进受训者记忆培训内容，并帮助受训者理解如何应用这些内容以从中受益。

个性 除了了解受训者的学习风格外，有些公司正在使用其他评估工具来帮助指导者更好地了解参加课程和项目的受训者的喜好和特点。普华永道会计师事务所（PwC）的学习与开发组织将迈尔斯-布里格斯类型诊断量表（MBTI）作为指导者了解学习者需求和风格的工具。[24]MBTI关注我们如何收集信息，如何做出决定。这是一个评估工具，旨在帮助个人了解自己的性格，以及在工作和生活中如何运用自己的性格偏好。MBTI 理论认为，性格在四个维度上存在差异：我们收集信息，要么强调事实和细节（感觉，sensing，S），要么强调抽象类型和可能性（直觉，intuition，I）；我们基于逻辑分析（思维，thinking，T）或个人价值观（情感，feeling，F）做出决定；此外，我们的取向以及应对环境的方式也不同，外倾（extroversion，E）的人从人际交往中获得能量，内倾（introversion，I）的人则倾向于从自身汲取能量；有判断偏好（judging，J）的人喜欢结构化和封闭，有知觉偏好（perceiving，P）的人则更喜欢有多种决策选择。MBTI 评估提供了以四个字母表示的涉及四个维度的性格类型，这些维度组合形成 16 种性格类型（例如，ISTJ、ENFP 或 INFP）。

指导者可以让学习者在参加培训课程前完成评估，然后利用关于学习者性格类型的信息，帮助设计令学习者感兴趣并能增强学习动机的培训课程。例如，如果指导者给一个感觉型学习者上课，这意味着他通过涉及五种感官的线性方式接收和处理信息。这样一来，指导者会希望采用可调动多种感官的培训方法。逻辑和分析会吸引思维型学习者，情感型学习者则需要一个个人原因来促进学习。对于思维型学习者，指导者可以强调某种方法的逻辑性；而对于情感型学习者，个人需求、信仰、价值观和经验值得重视。学习者的外倾程度与内倾程度，可以帮助指导者决定是使用结构化的还是灵活的学习环境。

即使你不能提前评估受训者的学习风格或性格类型，仍然可以保证至少有一部分培训内容会吸引多数学习者。美国富达担保公司（American Fidelity Assurance Company）强调以学习者为中心来培训具有不同学习方式的雇员。这意味着，在每个课程中，鼓励培训师组织多种活动，营造轻松的学习环境，开展需要合作互动的练习。

文化和语言　如果你的受训者中有许多英语为第二语言的学员，或者你作为一名讲师在另一个国家开展培训项目，那么你需要根据实际情况定制教学内容。可以采取不同的方式进行课程定制。第一，培训内容应该包含与受训者相关的语言、熟悉的名字和例子。比如，谨慎使用俚语、习语、类比。[25]尽管"干得漂亮"和"一文不值"对于熟悉美国文化的人来说容易接受，但是会令来自其他国家的人感到困惑。在案例分析阶段，应该使用符合该国文化的常用表达方式。第二，要判断受训者的英语水平，这项工作应该放在培训需求评估环节，你需要与当地公司的雇员或在当地拥有授课经验的讲师进行交谈。在与受训者见面以后，你需要判断他们的英语流利程度，以决定是否调整幻灯片。可能的话，尽量使用当地语言。第三，除了语言以外，还应该考虑文化规范，因为权力和地位以及社交风格的差异可能影响受训者之间的活动和互动。比如，在一些国家，公开给予他人反馈意见或挑战他人（在案例分析时可能发生这种情况）被视为违反文化规范。同样，在培训练习阶段，让雇员与管理者进行团队合作可能会遇到阻力，导致受训者感觉不舒服，并对培训师失去信任。

5.2.4　培训前：通过沟通、前期工作和管理者参与增强学习动机

第 4 章讨论了学习动机对学习的重要作用。为了增强受训者的学习动机，在受训者参加培训前与受训者交流课程目的、学习目标、课程先决条件以及其他参与人员是很重要的。同样重要的是交流如何使课程有意义和有用。做到这一点的方法之一是分享其他受训者从课程中受益的例证。前期工作或培训前的任务包括阅读、查找案例、要求受训者将电子邮件发给培训师或把与任务相关的疑问或问题带到课堂，它们将被作为课堂上的例子或用于课堂讨论，这些都会加深课程内容的意义和增强学习动机，并使受训者带着目的和重点来学习。比如，夏皮罗谈判研究所（Shapiro Negotiations Institute）要求受训者将自己正在参与的谈判案例带到课堂上，以帮助他们将所学内容应用到案例中。[26]在约翰逊维尔香肠公司，在参加公司产品销售的培训课程之前，雇员被要求参加一次寻宝游戏，在游戏当中，雇员要光顾便利店，使用便利店的广告，并观察便利店是如何进行商品促销的。[27]雇员可以在课堂上分享自己的观点，并强调促销的重要性。

也可以通过以下方式增强受训者的学习动机，促使他们将培训内容应用于工作中：让他们的管理者宣传和强调培训的重要性，为受训者提供参与机会，与受训者讨论对他将培训内容应用于工作中（甚至教别人使用所学内容）的期望。在本章的后面，我们将详细讨论如何使培训获得管理者的支持。

5.2.5　提供课程概述

当开设一门课程或一个培训班时，向学习者展示"蓝图"（即究竟包含什么）很重要，

"蓝图"包括目标、时间表、活动、任务以及其他相关信息。[28]首先应呈现整体的概念、课程的有用性、目标、与工作的关联性，然后说明课程结构如何实现其目标。这对让学习者进入适合学习的精神状态，让他们了解课程内容对个人的意义、与工作相关的意义及课程内容的相关性（回顾第 4 章的讨论）很重要。使用流程图或课程大纲时，应该首先呈现总体内容，其次是更具体的子主题。**概念图**（concept map）也可以用于组织和呈现知识，它包括框中显示的概念，以及通过连接线表示的概念之间的关系。在每个部分的开头，你可以适当呈现概念图、大纲和流程图的一部分。这有助于学习者组织内容以便记忆。此外，在课程中你还可以返回整个概念图、流程图或大纲来说明所涵盖的内容是如何与课程相适应的，以及该内容与下一个主题的关系。指导有效绩效评估的课程的概念图如图 5 - 3 所示。概念图显示该课程包含三个主题，并列出了重点知识和技能。比如其中的一个课程概念是帮助受训者理解为什么要进行绩效评估。实施绩效评估的四个重要原因分别是工资、发展、职位晋升、培训。

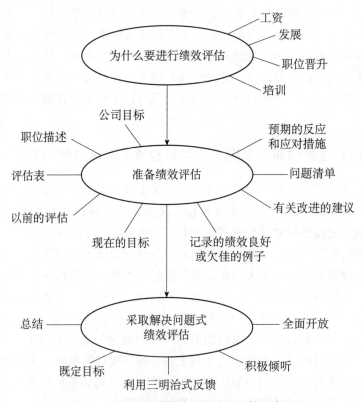

图 5 - 3　指导有效绩效评估的课程的概念图

　　帮助受训者记住和回顾培训内容　为了帮助受训者记住和回顾培训内容（我们想让他们学到什么内容），你应该考虑我们了解多少关于大脑如何加工并存储信息的内容（见第 4 章）。你需要考虑是否可以将培训分解为每节课不超过 20 分钟的模块。[29]20 分钟以后，让大家休息一下，或使用不同的培训方法（练习、问答环节、到另外一个房间进行案例或问题分析）。这样可以保持受训者对课程的注意力，并帮助受训者记住培训内容。

　　助记符和隐喻对回忆起重要观点很有用。它们有助于把将要学习的观念、行为和知识与学习者已经知道的概念建立联系。这使得从记忆中提取信息变得更容易。助记符是缩略词，该单词的第一个字母代表过程中的一个术语或步骤。例如，在一门介绍在会议上提出新观点的方法的课程中，缩略词 PIN 用于帮助学习者记住识别该观点的积极方面（P），提出该观点的有趣的或重要的启示（I），以及考虑该观点的价值后再做出评论（N）。[30]授课者会给每一个参加培训的人一枚小的安全别针作为纪念品和标记物，帮助他们回忆会议上提出的观点。授课者也可以用别针刺破气球以表示观点被扼杀，然后引入安全别针的比喻，以此来让学习者记住压制新观点是多么容易。

使用新奇或不寻常的方法同样可以帮助受训者记住培训内容，通过在培训中使用图片、故事、神秘演讲者、特别的培训和展示活动可以让培训变得吸引人（通过让学习者击鼓演奏音乐的方法教授团队合作）。不要过分强调培训中的新奇活动，这样做会使受训者将过多的注意力放在新奇的活动上，而忽视了培训内容本身。[31]为了避免这类情况的发生，需要让受训者意识到新奇的活动是为了阐述作为培训重点的概念、技能与行为。

另一种帮助受训者回顾所学内容的方式是让他们考虑如何将正在学习的知识应用于工作中。当受训者在环境中遇到恰当的线索（问题和工作环境）时，应用题可以增加受训者回顾培训内容并将其应用于工作环境中的可能性。**应用题**（application assignment）是指让受训者运用培训所学的内容来解决工作问题或处理实际情况。在培训中使用应用题有助于受训者理解所学技能与实际应用之间的联系，从而在需要的时候更容易回忆起这些技能。

桑德斯普林银行（Sandy Spring Bank）是一家总部位于马里兰州的社区银行，银行在管理技能培训班中使用应用题。这些应用题涉及构建团队、领导层变革和放权。[32]为了完成这些应用题，受训者必须研究所选主题，准备相应的综述，并将所学内容应用于自己管理的团队中。他们把所做的一切与自己的主管分享，主管会与他们讨论他们所学的内容以及如何应用。

最后，为了帮助受训者记住并回顾培训内容，也许你需要利用微学习的原则开发一门课程（回顾一下第 4 章针对微学习的讨论）。根据微学习的原则设计培训课程不仅需要参加课程，还要将课程分解成不同的模块，按照顺序完成各个模块。设计微学习课程的最好方法是首先确定最终目标（或者你希望受训者在完成课程模块后达到的程度），随后将课程分解成不同技能或"模块"（可行性目标）。[33]微学习应该聚焦于每一个涉及的技能。作为销售人员，有效的销售技能是找到客户、提出问题、倾听客户的想法，教授客户关于产品与服务的知识，为客户提供购买机会，最后完成销售。微学习课程的开发应该基于这些技巧（找到客户、提出问题等），这可以使销售人员实现有效销售。

表 5-3 展示了有效微学习的主要特征。[34]IBM 设计了微学习课程。IBM 的任何雇员都可以获取微学习课程，但是管理者会根据雇员希望获取的技能安排具体的课程内容。其中的一个微学习模块聚焦于销售人员为了与客户建立良好的关系所实施的行为，它包含 12 项具体活动，其中包括实施赊购、根据客户的工作或职位采取行动、根据新客户的行为采取应对措施。微学习模块包含一个名为"敢于尝试"的环节，这个环节鼓励受训者应用其在培训中所学内容，并与他的主管讨论实践结果。最后一个环节叫作"展示自我"，通过游戏的形式来测试受训者的学习效果。

表 5-3　有效微学习的主要特征

- 通过游戏和反思等环节使受训者参与其中。
- 使用视频、记事清单、图表或其他视觉材料为受训者提供有意义的培训内容。
- 通过场景模拟等环节为受训者提供实操机会。
- 允许受训者在工作中将培训内容作为参考。
- 允许受训者选择学习的内容和时间。
- 使用小测验去评估受训者的学习效果。

资料来源：Based on M. Cole, "Microlearning: Delivering Bite-Sized Knowledge" (Alexandria, VA: Association for Talent Development, 2017)；C. Torgerson, "Bit by Bit," *TD* (November 2016), pp. 26-29；A. Paul, "Microlearning 101," *HR Magazine* (May 2016), pp. 37-40；Grovo, "Training the Trainer: How to Create Microlearning," from https://www.grovo.com/resources/white-papers, accessed February 1, 2018.

教室管理

有效的课程设计包括管理培训环境，检查教室是否有多余的椅子，是否有装满杂物的垃圾桶，是否有之前培训留下的成堆的材料。一个凌乱无序、令人厌倦的培训教室会使学习受到干扰。经常给受训者一些中途休息时间，让他们可以离开教室放松一下，更有利于接下来的学习。

与受训者互动

作为一名培训师，你必须对受训者的学习负责。你必须与他们就将要涉及的内容、要运用的学习方法以及对他们的期望进行充分的沟通。你必须有足够的吸引力，使受训者能够关注重点。有研究表明，在培训师充满热情并且很少有语音干扰（例如，"嗯""啊"）的情况下，受训者更容易回忆起培训内容。[35]此外，你应该使用一种轻松的风格，令学习者感到舒服。[36]作为一名培训师，你应该认识到你对受训者学习的期望和你的刻板印象可能导致他们认同你的看法（即自我实现的预言）。[37]指导者的负面期望可能导致学习者对培训和培训师的负面评价。[38]

你该如何根据教室的大小和受训者的人数来吸引他们的注意力呢？教室越大，你就越需要用夸张的肢体动作来吸引他们的注意力。为了增加团队的紧密度，你必须与他们近距离接触，站在教室的前方只是建立权威的方式。有一个很好的吸引受训者注意力的方法就是使教室中不同位置的受训者都能方便地参加讨论。作为培训师，你要努力引导培训过程，但也要把注意力放在受训者身上。要帮助他们形成自己的想法，使用各种工具和技术，并且运用参考资料找出培训和工作中的有效解决方案。通过提问引导他们形成你想要的答案和要点。尽可能多地与受训者进行交流——关于培训的主题，受训者可能拥有更多的实际经验，有过更多的接触和实际应用。创建一个有助于受训者互相学习的培训环境。倾听受训者的意见，总结学习的重点，并且给他们提供反馈。

看看 Total Quality Logistics 和 Guckenheimer 公司是如何鼓励互动的。[39]Total Quality Logistics 认为最好的学习方式发生在培训师与受训者互动的面对面教学中。因此，公司的新雇员培训和销售培训由一位讲师主导。培训课程非常具有互动性，其中包括角色扮演和班级展示。尽管 Guckenheimer 公司的流程改善培训通过虚拟形式进行，但是课程中包含了许多互动环节。课程中会进行调查和随堂测验，会使用网络摄像头和虚拟休息室。

表 5-4 提供了如何让受训者参与培训课程的例子。

表 5-4　如何让受训者参与培训课程的例子

- 准备和询问与分组讨论中涉及的内容相关的开放式问题。
- 使用与培训内容相关的创造性活动或游戏。
- 通过评估或测量，让受训者了解自己和对方。
- 加入角色扮演。
- 通过询问让受训者或来自同一公司或工作小组的团队成员考虑如下问题："本次课程结束后，你打算开始（停止或继续）做什么？你想得到更多关于哪个主题的信息？"
- 进行调查和随堂测验。

资料来源：Based on M. Torrance, "Nine Moments of Learning," $T+D$ (September 2014), pp. 76 - 77; J. Curtis, "Engage Me, Please!" $T+D$ (November 2008), pp. 68 - 73.

领导讨论

正如我们在第 4 章中所提到的，学习者之间以及学习者与讲师之间的互动是非常有用的。互动可以帮助学习者理解培训材料的意义，并帮助学习者记住培训内容。有效的讨论基于明确的目标、话题焦点、时间的安排、提前设定的问题、参与讨论的规则。[40] 讨论可以设定一系列的目标，其中包含通过头脑风暴来提出问题的解决方案（培训前或培训后）；对学习活动的反思（培训结束前）；通过应用知识与技能制定行动计划（培训中或培训结束前）；通过聚焦对课程的印象以及具体内容给予课程相应的评估（培训结束前）。在设定目标后，你需要选择讨论的主题、预计的时间、合适的座位安排及包括照片、幻灯片、传单在内的讨论材料。你应该以开放式问题作为讨论的开始，这类开放式问题的答案不应只是简单的是或不是。接下来应该提出后续问题，并设定相应的讨论提示。比如，可以将"绩效反馈的好处有哪些？"作为后续问题，并给出类似于"请举出一个有效反馈的例子。为什么你认为这是有效反馈？"的讨论提示。你需要考虑如何邀请学习者参与讨论（比如，举手或直接进入讨论）。你还需要考虑打断别人的规则、手机的使用、尊重别人的观点、何时课间休息。最后，你需要考虑自己的角色。你是旁观者、讨论的引导者，还是讨论的领导者？在讨论开始前，你需要提前告知学习者讨论的目标、主题、时间安排、预期、结构。

应对扰乱课堂的受训者

如果在上课前就被告知有不想接受培训的雇员，你会怎样处理这个问题？这与公司业务有何关系？[41] 首先，立即对该课程负起责任，出示你的证件，并以一种友好且自信的方式告诉雇员为什么培训是非常重要的，以及对他们有何帮助。然后，让他们发泄自己的不满。可以让受训者描述如果他们没有参加该项目，他们将会做什么，让受训者说出他们身边的人对参加该培训的感觉，或者让受训者打破小组的限制，让一些组列出不想参加培训的十大理由，让另一些组列出参加培训的十大理由。重新调整培训课程，首先讨论不想参加培训的理由，最后以讨论参加培训的理由结束。对于扰乱课堂、上课睡觉、持续打断培训课程的受训者，考虑采用让他们有兴趣参与并投入进去的活动。让扰乱课堂的受训者离开课堂只能作为最后的手段，只有在这里讨论的所有其他选择都不奏效时才使用。

团队的动态管理

你要合理地进行分组，以保证各团队总体的知识和专业技能相当，通过询问受训者来了解他们认为自己是初学者、有经验者还是这方面的专家。合理地组建团队，从而保证每个团队中都有初学者、有经验者以及专家。团队的动态管理也可以通过改变学习者在教室中的位置来实现。你要在教室中来回走动，观察哪些团队士气比较低落，团队中哪些人比较沉默，哪些人控制着整个团队。你的角色就是保证团队中的每个人都有机会出谋划策。类似于长条桌的座位安排方式通常会根据座次赋予受训者权力。例如，长桌的末端被认为是权威的位置。因此，把一个比较沉默的人安排在这样一个位置上，其实就是给了他在这个团队中充当领导的机会。

对于鲁宾制药公司而言，培训与开发至关重要，因为公司的增长速度是行业增长速度的2~3倍。[42]阻碍有效学习的一个因素是印度的社会等级制度。这意味着在课堂上雇员要按照等级高低就座，低级别的雇员不会质疑高级别雇员提出的观点。然而，鲁宾制药公司要求雇员在参加培训的时候不考虑自己的层级，这使得公司培训班的参与度得到了提高，学习效果也因此得到了提高。

5.2.6 课程设置和课时设计

在这里我们要指出的是，虽然培训项目设计是由指导性设计师承担的，但是，人力资源专家及作为培训项目"客户"的管理者都应该参与其中，就像我们在第3章讨论过的管理者和雇员都要参与到培训需求分析过程中一样。此外，他们的任务还包括审查项目的范本、提供事例和相关内容，以及作为指导者参与到项目中。[43]

看看威瑞森是如何开发针对电信设备和电线杆维修人员的培训项目的。[44]为了确保设计合适的课程，课程开发人员收集了所有雇员平时使用的设备（比如，电钻、钳子、拔桩机），他们可以观察并触摸这些设备。课程设计持续五天，课程开发人员与包括安全专家、视频制作和图形设计师、管理者、雇员在内的核心专家一起实施课程设计。课程开发人员和公司的核心专家一起工作可以确保根据实际工作的完成情况，以安全和高效的方式创建课程内容。

课程设置（curriculum）是指一个有计划的学习项目，其设计的目的是达成复杂的学习目标。例如，将受训者培养成销售人员、持有资格证的网络技术人员、通过认证的护士或管理者。[45]通常设置几门课，侧重于开发完成某一任务所需的一系列能力。由于这些能力往往需要随着时间的推移而开发，因此课程设置和各门课程都是在较长的时间内完成的。

与课程设置相比，**课程**（course）或**项目**（program）通常包括更具体的学习目标，涉及数量更为有限的能力或技能。例如，这些课程可以提出诸如谈判、人才管理、客户服务，甚至（如果你正在学习）培训与开发方面的主题。一门课通常包括几个单元或几个课时，它们往往是较小的部分或模块，涵盖不同的主题。这些课程可能持续一到数小时、半天、一整天、甚至数周的时间。

尽管课程设置、各门课和各课时都有学习目标，但它们的特点往往会有所不同。课程设置的学习目标比各门课或各课时的目标范围更广，更不易衡量。[46]例如，项目管理课程的目标之一可能是"使用文字和图形描述该项目生命周期的四个阶段"。然而，课程设置的目标之一可能是"在选择项目时应用辅助决策模式"，比课程目标要宽泛得多，因为它描述了整个课程中要开发的一般知识、技能与能力，其他课程也会强调。

项目设计应该被视为项目管理的特殊情况。**项目管理**（project management）指管理一个团队的人员和资源，从而指出一个学习解决方案所需要的技能。[47] SPADES（启动、规划、执行、开发、参与、结束）包含的项目管理概念涵盖了所有教学体系设计的原则（回顾第 1 章关于教学体系设计的讨论）。"启动"环节涉及了解学习解决方案的所有利益相关者（雇员、管理者、核心专家），还涉及需求分析和结果评估以了解谁需要培训、培训的主题及预期的结果。"规划"环节涉及确定采取的措施和需要的资源，包括明确任务、完成任务所需的时间、执行者（比如，网页设计师或核心专家）所需要的专业技能。"执行"环节涉及任务监管以及与项目团队、利益相关者、核心专家进行沟通，还涉及确保任务能够在规定时间和预算范围内完成。"开发"环节涉及指导性系统设计过程的步骤，其中包括确定培训目标、培训方法、评估方法及如何确保培训转化，这一环节还涉及设计真实的培训，包括培训材料和在线模块。"参与"环节是培训的落地过程，这个环节包含培训评估（将在第 6 章讨论）。"结束"环节包含完成项目，支付供应商的费用，并与利益相关者会晤，以确定培训是否达到他们的目标和预期。

5.2.7　课程路线图

课程路线图（curriculum road map）是指呈现某一科目的所有课程、学习者可选择的完成课程的方式、课程安排顺序等信息的概览图（例如，确定先修课程）。安全管理培训项目的课程路线图的例子如图 5-4 所示。每一门课都提供可用于帮助开发和设计详细课程的信息。具体包括[48]：

1. 课程目的的简短陈述，包括课程为什么重要。
2. 课程所需的必备技能。
3. 课程涵盖的学习目标或能力以及支持性或激励性目标（即为了实现学习目标必须达成的一个目标）。
4. 课程内容和期望值。可能涉及涵盖的内容、呈现内容的方式，以及内容的结构。
5. 内容的传授方法（例如，在线、课堂和集成学习）。

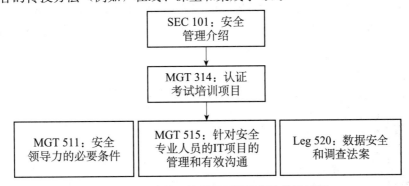

图 5-4　安全管理培训项目的课程路线图示例

资料来源：Based on SANS Training Roadmap, from www.sans.org/media/security-training/roadmap.pdf.

设计文档

设计文档可以用来指导培训的开发和向管理者、核心专家、审查者或者其他培训师说明培训情况。设计文档模板如表 5-5 所示。[49]设计文档的信息以第 3 章讨论的需求评估中获得的信息为基础。

表 5-5　设计文档模板

项目范围	● 培训时间
● 目标	● 问题和机会
● 听众	目标
● 设计时间和检查点	● 资源
● 课程时长	● 参与者
交付	● 课程提纲
● 内容	● 管理和评估
● 方法	● 与其他项目的联系

资料来源：Based on G. Piskurich, *Rapid Instructional Design* (San Francisco: Pfeiffer, 2006).

设计文档的详细程度可以变化。项目范围包括：目标、成果或受训者成果预期；受训者描述；开发课程所需时间的描述，在开发课程时所需安排的检查点或任务的描述；课程时长。课程时长取决于受训者能力及其参与培训的可能性、培训所需的资源，该课程是一门更大的课程的一部分还是独立的课程，以及进行模块开发的目的——避免让受训者产生压抑感而为其提供应用概念和技能的机会。

交付包括课程涵盖的内容，如何交付（例如，面对面或在线），培训时间的估计，以及任何可能影响课程的特殊情况或问题的确定（例如，在获取角色扮演录制设备和提供反馈等方面存在问题）。

目标是指课程或项目的目标。这是该项目目的的更广泛的总结陈述。资源是指材料，即供指导者或参与者使用的案例、DVD、视频、模型、过程图、播客、课程计划或指南，这些需要购买或开发以用于该课程。参与者包括培训师、项目设计师，以及参与项目设计、交付和评估的个人。课程提纲包括对项目中涉及的主题的概述。管理和评估是指谁负责排课，受训者如何入选，如何进行课程评估，以及谁负责审查和更新课程。与其他项目的联系是指任何其他的需求，如培训培训师项目、管理者介绍或项目启动。表 5-6 显示了一个简单的绩效评估审查课程的设计文档，旨在提高管理者进行绩效评估审查的有效性。绩效评估审查会议是管理者和雇员之间的会议，在此期间，将讨论雇员表现出来的优点和缺点，并就改进目标达成一致。

表 5-6　设计文档

目的：使管理者准备好通过直接报告的方式召开有效的绩效评估会议
目标：管理者能够使用问题解决法召开绩效评估会议
目标受众：管理者
培训时间：一天
方法：讲座、视频、角色扮演
每次会议参与人数：20～25 人
地点：视情况而定

先决条件：无

问题和机会：新的绩效评估体系出台；管理者不喜欢召开反馈会议

指导者：卡罗琳·奥康奈尔（Caroline O'Connell）和促进者

课程或课程计划

课程计划通常比设计文档更详细，包括课程涉及的具体步骤、指导者和受训者活动，以及课程中为每一主题所分配的时间。课程计划可以针对为期一天、一周或仅仅几个小时的培训项目来制定。如果培训要进行若干天，那么每天都要准备一个独立的课程计划。

详细课程计划（detailed lesson plan）是培训师实施培训活动的指南。课程计划包括培训期间将要进行的各项活动的先后次序及管理细节。表 5-7 给出了一个课程计划，它提供了培训活动内容的一览表。这有助于保持培训活动的连贯性，而不管培训师是否发生变化。课程计划还有助于确保培训师和受训者了解课程和项目目标。大多数培训部门都有拟好的书面培训课程计划，存储于笔记本电脑或数据库中。由于课程计划可以以文件形式分发，因此受训者和培训部门的客户（例如，支付培训费用的管理者）可以共享有关信息，以便了解关于项目活动和目标的详细信息。

表 5-7　详细课程计划示例

课程名称：召开有效的绩效评估会议

课题：在绩效评估中采用问题解决法的风格

课程时长：全天

学习目标：

1. 说明绩效评估的目的。

2. 描述准备绩效评估的步骤。

3. 准确描述在给予评估反馈的问题解决法中采取的八种关键行为。

4. 准确说明在评估反馈角色扮演中的八种关键行为。

目标受众：管理者

先决条件：

　　受训者：无

　　指导者：熟悉讲述-销售、讲述-倾听技巧，以及用于绩效评估反馈面谈的问题解决法

房间布置：扇形

需要的材料和设备：电脑、投影仪、笔、角色扮演练习所需材料

评估和分配：角色扮演；读一篇题为"开展有效的绩效评估面谈"的文章。

点评：需在会议前两周分发该文章

课程大纲	指导者活动	受训者活动	时间安排
引入并说明开展绩效评估的原因	演讲	倾听	8：00—8：50
讨论如何准备及实施评估的步骤	提问	参与	8：50—10：00
休息			10：00—10：20
观看三种风格的视频	讨论各自的优缺点	观看	10：20—11：20
午餐			11：30—13：00
问题解决法的八种关键行为的演示和视频	演示	观看	13：00—14：00
角色扮演	观看	实践关键行为	14：00—15：00
总结	回答问题	提问	15：00—15：15

表 5-8 列出了有效课程计划的特征。课程计划包括学习目标、涵盖的主题、目标受

众、时间安排、课程提纲、涉及的活动、需要做的准备或先决条件、评价学习的方式以及确保培训转化的步骤。[50]

表 5-8　有效课程计划的特征

特征	说明
学习目标或成果	课程设计需要达到什么效果？ 有效学习的标准是什么？
目标受众	谁去上课？受众具备什么样的特征？
先决条件（受训者方面和指导者方面）	在参加培训并从中受益之前，受训者应该具备什么样的能力？谁有资格设计培训项目？谁有资格担任指导者？
时间安排	课程的每部分应分配多长时间？
课程提纲	要讲哪些专题？按什么顺序讲？
活动	在每个专题中，指导者和受训者分别扮演什么角色？
支持性材料	哪些材料或/和设备是课程传授必需的，或有助于课程传授的？
物理环境	教室是否需要特定的大小和布置？
准备事项	在课程开始之前，受训者是否需要完成一定的作业？ 指导者需要做些什么？
课程专题	课程将要涉及什么专题？
评估	用什么方法来评价学习（例如，测试、角色扮演）？
转化和保持	该做些什么来保证培训内容能够被应用于实际工作中？

资料来源：Based on R. Vaughn, *The Professional Trainer* (Euclid, OH：Williams Custom Publishing, 2000)；R. F. Mager, *Making Instruction Work*, 2d ed. (Atlanta, GA：Center for Effective Performance, 1997)；L. Nadler and Z. Nadler, *Designing Training Programs*, 2d ed. (Houston, TX：Gulf Publishing, 1992)；Big Dog's Human Resource Development website, www. nwlink. com/donclark/hrd. html; A. Barron, "Design Workshops for Maximum Engagement," *T+D* (June 2015), pp. 68-69.

　　在设计课程提纲时，培训师需要考虑各种主题的合理顺序。培训师需要回答一些问题，例如："首先需要学习哪些知识和技能？""知识、技能和行为应该以什么样的顺序来传授？""什么样的顺序对学员来说是最有益的？"关于顺序有不同的选择。[51]比如，关于工作任务或职责，首先需要了解这份工作以及完成工作任务的步骤。关于知识的传授，首先要从学习者比较熟悉的理念或者内容开始，并在此基础上构建新的信息。请提前与受训者沟通各个主题的顺序，这有助于他们跟上课程，促进课程内容的记忆。

　　故事板对于课程设置而言非常有用。**故事板**（storyboard）指通过使用铅笔和纸，或在笔记本、可擦标记板、活动挂图或者幻灯片中使用标记笔的方式创作的可以讲述一个故事的一组图片。故事板对于在培训课程或项目中展示各个环节和各个概念的顺序非常有用。[52]

　　同样，考虑目标受众也是很重要的。他们的各种信息，例如培训经历、参加培训的目的、兴趣，以及学习风格和背景（例如，教育背景、工作经验），对于选择一个有价值的范本，决定培训内容、资料，建立培训的可信度都是很有价值的。这些关于目标受众的信息都可以从培训需求评估的人员分析中找到（见第3章）。如果可能的话，其他信息可以通过与"委托人"（例如，管理者）进行交谈来获得，因为他们既是培训项目的提出者，也是参与人员名单的决定者。支持性材料包括一切有利于课程内容传授的设备，例如电脑、投影仪或录像机。培训者还要安排采购上课会用到的白板、图钉和标签等物品。对于受训者进行实践或做准备工作时需要的各种练习材料，例如阅读、角色扮演、评估和预测试所用的材料，也要事先准备或复印（在得到版权许可之后）。在考虑指导者和受训者的活动时，应该关注并确保课程具备尽可能多的积极学习过程的特征，包括对目标的交流、反馈、实践机会、受训者分享经验与提问的机会以及示范或演示。转化和保持培训成果的策略包括建立聊天室、及时和管理者面谈以及制定行动计划，这些将在本章后面进行讨论。

课程"召开有效的绩效评估会议"的四个学习目标如表 5-7 所示。学习目标中提到的八种关键行为如下：（1）说明会议目的；（2）要求雇员描述他理应获得肯定的行为；（3）要求雇员描述停止做、开始做或将做什么不同的事情；（4）让雇员确定你可以提供帮助的领域；（5）向雇员表述你对他的表现的意见；（6）询问并听取雇员对你给予的评价的想法；（7）在你们每一个人将采取的步骤/行动上达成一致；（8）约定一个随访日期。[53]

先决条件包括：（1）安排培训场地、设备和所需资料；（2）指导者的准备；（3）受训者的准备。在本例中，指导者需要一台电脑来播放有关绩效评估反馈形式的视频，还要有一台投影仪来反映受训者在讨论视频中所展示的各种评估方式的优缺点时陈述的要点。房间座位要摆成扇形，这样受训者可以看到培训者和其他学员。而且，扇形布置有助于受训者参加两三个人一组的角色扮演练习。

受训者的先决条件（trainee prerequisite）包括各种准备活动、基本技能或参加培训项目前需具备的知识（可回顾第 3 章关于基本技能的讨论），主要包括掌握基本的数学和阅读技能，完成前期培训，顺利通过测试、认证或取得学位。指导者的先决条件是为培训所做的准备（例如，租赁设备，回顾前一天的培训内容）以及他们所要具备的教育背景。课程计划还包括如何对课程进行评价及受训者需要完成的各项任务。在本例中，要求受训者阅读一篇题为"开展有效的绩效评估面谈"的文章。指导者需要熟悉绩效评估的目的，了解如何准备绩效考核，以及如何开展评估反馈面谈。

看看 Morrison Healthcare 和 Bankers Life 公司是如何通过设计培训课程来促进学习与转化的。[54]Morrison Healthcare 的职业发展系列课程有 10 个模块，这 10 个模块分两次课完成，每次课持续五个小时。两次课间隔两周，在此期间学员可以将所学内容应用于工作中，并完成培训布置的家庭作业。Bankers Life 的销售培训包含相互联系的几个模块，每一个模块都分为四个步骤，分别是在线学习、提问、角色扮演、在岗培训。

项目设计的一个案例

看看总部位于沙特阿拉伯宰赫兰的阿美石油公司（Saudi Aramco）是如何开发针对专业人员和石油工程师的培训项目，从而鼓励批判性思维，并探究更多的选择的。[55]阿美石油公司依靠一支由一名教学设计师、一名技术文档工程师、一名图形编辑专员、一名专业开发顾问、一名核心专家组成的培训与开发团队。这个培训项目包含课程、课程中的模块、模块中的各个环节。这一项目的设计包含以下步骤：

1. 培训与开发团队与主要的在岗人员合作来判断哪些工作流程和任务对于有效绩效

来说至关重要，并确定这类流程和任务是否可以通过培训得到改善。

2. 培训与开发团队实施结构化面谈，这些面谈关注具体岗位，并收集相关数据。这些数据涉及各个岗位、岗位的职责和任务以及各项任务的绩效因素、重要的工作成果、完成任务所需的知识。

3. 确定培训所需的工作流程和任务，培训与开发团队对这些任务进行分析并确定实现主要绩效成果的方法，搭建好行动框架。

4. 通过任务分析，培训与开发团队对课程内容进行了设计，并对课程内的各个环节进行了排序。这包含确定如何将概念和任务与课程模块相结合。

5. 确定项目的主题和实施办法，确定各个主题的顺序，讨论项目的先决条件和评估结果。

6. 开发模块的目标、结果、顺序、教学方法、实践方法，要求受训者在回到岗位前必须达到预期的绩效水平。

7. 选择模块中每一个环节所需的媒体、工具、设备。这些选择基于受训者应当采取的行动。

■ 5.3　内容策划：确保培训内容的时效性、条理性与可及性

正如我们在第 1 章中所讨论的那样，受训者的学习方式可以是正式学习、雇员开发、知识分享与非正式学习。这些学习方式需要使用视频、播客、指南、其他手写材料，开展面对面以及技术辅助性的互动（比如社交媒体），采用讲师主导或在线的正式培训课程、工作坊、在岗培训及工作实操等方式。提供不同的培训方法和培训工具表明公司重视培训。公司还为雇员提供了选择学习方式的权利，并为雇员预留了一段时间专门用于学习，同时雇员还可以在工作时获取学习内容。然而，为了使不同的学习方式带来的益处最大化，培训内容应该具有条理性、可及性、时效性与相关性（比如雇员希望学到的知识和技能）。如果你去过博物馆、图书馆或美术馆的话，你应该熟悉策划这个词语。博物馆和美术馆会雇用一位馆长，馆长的工作是决定向公众展示什么内容。而在培训中，**内容策划**（content curation）是指确定相关培训内容，并以受训者容易获得的方式进行组织的流程。[56] 比如，在 Mariner Finance，每年会对现有的培训内容进行 4 次修订，以确保培训的相关性，这一相关性是基于雇员在完成培训并与管理者讨论后给出的反馈。雇员会在线参与随堂测验，出错率高的问题会受到关注并被用来调整课程重点。在 immixGroup，来自培训部门的内容专员在核心专家的帮助下对培训内容进行调整和更新。

5.3.1　如何选择一个提供培训服务的供应商或咨询公司

如果一家公司决定从咨询公司或供应商处购买培训项目，而不是自主开发培训项目，那么选择一个高质量的供应商是非常重要的。培训机构通常包括个人顾问、咨询公司、专门从事培训课程设计和销售的公司或学术机构。你应该如何确定一个培训服务供应商？负责培训的人员（比如首席学习官）通常会利用个人关系、专业协会、会议、展会。[57]

培训服务供应商最重要的素质包括：提供产生积极效果的产品，提供高性价比的服

务，并且与其合作非常轻松。对于服务供应商而言，非常重要的一点是它们应该了解一些商业问题，并通过向客户提供高质量的产品和服务来解决这些问题。好的服务供应商能够提出正确的问题，并聆听你的答案，它们可以在规定的时间和预算范围内，定制并交付客户期望的学习内容。而服务供应商饱受诟病的一点是它们总是提供已有的学习解决方案，而不是根据公司的需求定制相关产品。

许多公司通过使用征询建议书来确定提供培训服务的供应商和咨询公司。[58]**征询建议书**（request for proposal，RFP）是指这样一种文件：它向潜在的供应商和咨询公司概括说明了公司所寻求的服务种类、所需参考资料的类型和数量、接受培训的雇员数量、项目资金、评价满意度和服务水平的后续流程、预期完成项目的时间及公司接收建议书的截止日期。它同时描述了用于评估建议书的打分标准。公司可以将征询建议书以邮寄的方式送到潜在供应商的手中或者通过公司网站来发布信息。征询建议书之所以具有价值，是因为它提供了评价咨询专家的一整套规范的标准，而且征询建议书使公司没有必要对那些不能提供满意服务的外部供应商进行评估。

征询建议书通常可以帮你找出符合标准的几家供应商，下一步就是选择你所青睐的培训服务供应商。表 5-9 给出了询问培训供应商和咨询公司的问题示例。管理人员和培训者应该与供应商以前的顾客及专业组织（如美国人才发展协会）取得联系，以查明该供应商的声誉，还应对它们的经验做出评价。比如，它们从事过哪个行业的培训工作？管理人员还应认真考虑咨询合同中提出的服务、材料和收费等事宜。例如，允许咨询公司保留培训材料、手册和辅助材料的所有权是不足为奇的。如果公司今后还想使用这些资料进行培训，就必须向咨询公司再次支付费用。

表 5-9　询问培训供应商和咨询公司的有关问题

- 你的公司在设计和提供培训方面有多少经验，这些经验分别属于什么类型？
- 公司的雇员有什么样的资历和经验？
- 你能说明或者提供一个你开发过的项目的例子吗？
- 你能为你所服务的客户提供参考资料吗？
- 你有哪些证据可以证明你提供的培训项目是卓有成效的？
- 你使用什么指导性设计方法？
- 你的产品或服务如何满足我们的需求？
- 经常性费用（如涉及管理、更新和维护培训计划的成本）如何计算？你能否提供技术支持？

资料来源：Based on C. Anderson, "Do You Have the Right Business Partners?" *Chief Learning Officer* (March 2014), pp. 48-50; B. Chapman, "How to Create the Ideal RFP," *training* (January 2004), pp. 40-43; M. Weinstein, "What Vendors Wished You Knew," *training* (February 2010), pp. 122-125.

当有咨询公司或其他的外部供应商来提供培训服务时，很重要的一点就是要考虑培训项目适应公司特定需要的程度，或者说咨询公司是否准备根据以往在其他组织中使用的培训的基本框架。例如，韬睿咨询（Towers Perrin）是纽约一家颇有名气的咨询公司，它告诉客户，在对客户进行了深入细致的研究之后，会提供符合需要的定制化培训项目。然而最后，包括日产（美国）公司、汤普森家电公司（Thomson Consumer Electronics）和BMO 哈里斯银行（BMO Harris Bank）在内的六家公司收到了 18 条相同的合理化建议（例如，将反歧视行动与多元化管理区别开）。[59]

请记住你不需要在公司内部开发培训项目和通过供应商或咨询公司购买培训服务之间

举棋不定。很多公司都在使用内部开发和通过供应商购买的混合式培训内容。比如，威瑞森购买了有关领导力开发的培训服务，但是关于产品、服务和定价方面的培训内容由公司内部的培训师开发。在约翰斯·霍普金斯社区医生（Johns Hopkins Community Physicians），课程设计师和核心专家根据具体需求开发了培训内容，这使培训内容非常有意义。当埃博拉病毒爆发之时，负责临床教学的团队与来自约翰斯·霍普金斯大学的传染病控制专家合作，因为后者一直与美国疾控中心（Centers for Disease Control）保持着密切的沟通。他们迅速开发出针对防护设备的教学视频，雇员在几周内得到了相应的培训。

5.3.2 培训转化的项目设计启示

回顾一下第 4 章关于同因素理论与近转化、激励推广理论与远转化的讨论。培训者必须做出的重要决定之一是确定学习环境和学习条件是否应当与工作环境完全一致，或者是否应该强调适用于不同工作情况的总体原则。另外，为促进培训转化，指导者需要考虑鼓励受训者自我管理所学技能的应用，以及如何确保管理者和同事为受训者提供运用培训内容的机会。

确定重点：近转化还是远转化

学习者取得成功所需技能和知识的灵活性、变通性的程度对于判断学习环境和条件与职位本身和工作环境的匹配程度至关重要。[60]例如，如果培训中强调的任务可利用标准化方式处理可预见的情况，那么培训设计应将重点放在同因素和近转化上。在这种情况下，我们强调运用程序性知识或者采取一系列步骤以确保任务成功完成。公司雇员通常必须遵循规定以达到准确性水平，这样的例子包括接听电话、确保办公室和建筑物的安全、处理客户问题、操作计算机并使用软件。在这种情况下，学习指导应强调近转化。近转化是指将所学技能准确地应用于工作环境的需要。强调近转化的项目应包括以下内容[61]：

- 受训者需要按照标准化程序、流程和清单操作。
- 应向受训者说明培训和工作任务之间的差异。
- 应鼓励受训者只专注于培训任务和工作任务之间存在的重要差异（例如，完成的速度），而不是不重要的差异（例如，设备具有相同的功能，但型号不同）。
- 应向受训者解释为何以及如何执行这些程序，以帮助他们了解程序背后的概念。
- 受训者在项目中学到的行为或技能应有助于有效提高绩效。

例如，考虑警官培训设计中认真遵循这些原则的重要性。在警官培训中，学员（受训者）练习射击。在练习课上，学员射出一梭子子弹，清空手中的弹夹，并将弹夹扔到最近的垃圾桶内。这个过程重复若干次。从警校毕业后，一名新警官在执行公务时开枪射击，将弹夹拿在手里，想找到一个垃圾桶扔进去。结果，他被对方的枪手看到而打死了！

如果培训中强调的任务包括与人或者设备以及可预见反应的互动，那么培训应该重点强调一些总体原则和知识，使我们知晓何时以及为何要采取一系列措施，也就是说培训应该强调远转化。在这种情况下，要教学习者掌握如何应对全新的情况，涉及利用原创思维提出解决方案，创造新产品或解决难题。强调远转化的项目应包含如下内容[62]：

- 传授一般概念、总体原则或关键行为。可能适用于比培训课上呈现的背景更宽泛的背景。

● 提供一列提示和问题，以帮助触发思考和问题集，例如，"这与我以前遇到的问题有什么相似之处?"和"我找到真正的问题了吗?"可以帮助受训者看到不同情况下的有效策略之间的联系。

鼓励自我管理

让受训者做好准备以处理工作环境中可能遇到的障碍（例如，缺乏使用技能的机会或遇到一名不提供支持的管理者）的一种方式是，在培训项目结束时提供使用自我管理技术的学习指导。表 5-10 显示了自我管理模块的一个例子。该模块以讨论偏差过失开始，强调偏差过失不是个人不足之处的证据；相反，它们是由随着时间的推移发展起来的知识和技能的使用习惯所致。偏差过失提供改进所需的信息。这有助于确定对培训转化产生最不利影响的情况。接下来，针对特定的行为、技能或策略进行培训转化。这些技能应该是可测量、可量化的。然后，确定培训转化的障碍，可能包括工作环境特征和个人特征（如低水平的自我效能感）。然后，为受训者提供应对技能或策略概述，用来处理这些障碍。这些技能和策略包括时间管理、个人支持网络的搭建（与他人谈论如何将技能应用于工作环境中），以及促使技能成功转化的自我监控。接下来，为处理偏差过失，要指导受训者注意最有可能发生该情况的地方。该模块的最后一部分讨论资源使用问题以帮助实现培训转化。这些资源可能包括通过电子邮件与培训者或其他受训者交流以及与老板讨论。

表 5-10　自我管理模块示例

1. 讨论偏差过失	● 设置优先级
● 注意不足之处的证据	● 自我监控
● 提供改进方向	● 自我奖励
2. 确定针对转化的技能	● 个人支持网络
● 确定技能	5. 确定可能发生偏差过失的时间
● 使这些技能可衡量、可量化	● 情况
3. 确定导致偏差过失的个人或环境因素	● 处理导致偏差过失的行动
● 低水平的自我效能感	6. 讨论确保技能转化的资源
● 时间压力	● 管理者
● 缺乏管理者或同事的支持	● 培训者
4. 讨论应对技巧和策略	● 其他受训者
● 时间管理	

资料来源：R. D. Marx, "Improving Management Development through Relapse Prevention Strategies," *Journal of Management Development* 5（1986），pp. 27-40；M. L. Broad and J. W. Newstrom, *Transfer of Training*（Reading, MA：Addison-Wesley, 1992）；R. D. Marx and L. A. Burke, "Transfer Is Personal." *In Improving Learning Transfer in Organizations*, eds. E. Holton and T. Baldwin（San Francisco：Jossey-Bass, 2003），pp. 227-242.

例如，一名管理者参加了一个培训项目，旨在提高其领导能力。讨论偏差过失后，该管理者可确定一项目标技能（比如，参与决策，即在做出可能会影响工作小组的决策前与下属讨论问题或潜在解决方案）。该管理者给出了技能的定义以及衡量方法："每周至少两次与我的下属讨论问题和解决方案。"下一步，该管理者确定可能导致偏差过失的因素。其中一个因素可能是该管理者缺乏应对与自己持不同意见的下属的自信。该管理者确定的潜在应对策略可能包括：（1）制定与下属见面的时间表（时间管理）；（2）与老板沟通转化目标并寻求帮助（创建一个支持小组）；（3）参加自信心培训课程。在什么情况下管理者最有可能出现偏差过失？该管理者认为，当他需要在短时间内做出决策（时间压力变成一个障碍）时最有可能出现偏差过失。该管理者承认，当时间很紧而下属缺乏专业知识时试图达成共识可能是不恰当的。在该模块的最后一步，建议他做好以下工作：（1）与他的指导者见面，讨论他的进展；（2）与其他管理者交流，了解他们是如何有效参与决策的；（3）与参加培训课的其他管理者交流。该管理者还承诺监控自己参与决策的情况，并在日记中指出成功和失败之处。

鼓励管理者支持培训

管理者支持（manager support）是指受训者的管理者在何种程度上强调参加培训项目的重要性、将培训内容应用于工作中，以及为受训者提供将其所学应用于工作中的机会。管理者可以与受训者交流对他的期望，为受训者提供将培训内容应用于工作中所需的激励和资源。一个公司要求受训者和他们的老板准备备忘录并发送给对方。该备忘录描述了其他人应该"开始做""继续做""少做"或"停止做"什么来促进学习转化。[63]

管理者可以对培训活动提供不同程度的支持，如图 5－5 所示。[64] 支持水平越高，培训转化越有可能发生。管理者应积极参与设计和提供培训项目。管理者可以提供的基本水平的支持是接受（允许受训者参加培训），最高水平的支持是作为指导者参加培训（在项目中授课）。担任指导者的管理者更有可能提供较低水平的支持，如强化使用新学到的技能，与受训者讨论进展，并提供实践机会。为了使培训转化最大化，培训师需要尽可能提供最高水平的支持。

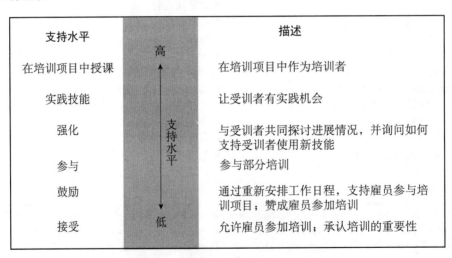

图 5－5 管理者对培训的支持水平

管理者也可以通过强化促进转化的实现（利用行动计划）。**行动计划**（action plan）是一份书面文件，包括管理者和培训师为确保将培训成果应用于实际工作中所采取的各个步骤（参见图 5－6 所示的行动计划示例）。该行动计划包括：（1）确定培训内容及其如何应用的目标（项目、问题）；（2）达到目标的策略（包括受训者会做的事情、需要的资源，以及来自管理者和同事的支持类型）；（3）接收反馈的策略；（4）预期的绩效成果。该行动计划还提供了一个进度检查时间表，列出了管理者和受训者讨论将其所学技能应用于工作中的进展情况的具体日期和时间。该行动计划应始于确定一个目标以及旨在实现这一目标的策略。一旦目标确定，就必须制定获得反馈的战略并确定目标实现后的效果。为了完成自己的行动计划，受训者可能需要其他的技术支持，如与可以回答问题或提供参考资料的专家取得联系。培训师或项目经理可以通过面对面会议或在线会议帮助受训者获取完成行动计划所需的资源。

培训主题_____
目标包括培训内容（知识、技能、行为方式、能力等）和应用（项目、问题等）
为实现目标所采取的策略
修正行为（我将要做哪些不同的事？）

所需的资源（设备、资金）

来自管理者和同事的支持（尽可能具体）

获得有关我的进步的反馈意见的策略（包括与同事和管理者进行会谈，对进步进行自我监督，了解客户的反应等）

期望的成果
有什么不同之处？

有谁会注意到这些不同之处？

他们会注意到什么？

成果检验日期 _____

图 5 - 6　行动计划示例

索尼克汽车公司将管理者作为培训师，受训者要完成行动计划来促进他们的学习和新技能的应用。[65] 为了强化培训在公司业务中的作用，索尼克汽车公司的每一家经销商选择一位管理者担任培训师，这些管理者更换了自己的头衔、职位描述、薪酬计划，以支持履行新职责。他们的新职责就是为现有雇员和新入职的雇员提供培训和教练指导。当雇员完成培训后，要求他们找到在门店应用这些新技能的机会，他们的行动计划要在 7 天内开发,并在 45 天之内实施。

表 5-11 列出了培训前、培训期间和培训后用来确定管理者支持水平的清单。管理者表示同意的陈述越多,他们对培训项目的支持水平越高。有几种方法可以获得管理者对培训的支持。[66]一是,向管理者简单介绍项目的目的及其与业务目标和经营战略的关系,给管理者提供了解课程的进度和为确保转化在培训后应该做什么的清单。二是,鼓励受训者将他们在工作中遇到的问题和情况带到培训课上,作为练习材料或列入行动计划。应与管理者共同确定这些问题和情况。三是,将从过去的参与者那里收集到的从该课程中受益的信息与管理者分享。四是,培训师可以安排受训者与其管理者共同完成行动计划。五是,如果可能的话,让管理者担任培训师,即先培训管理者,然后让他培训自己的下属。

表 5-11 确定管理者支持培训水平的清单

请仔细阅读每个句子,并找出所有适用于你的句子:
____我已经讨论过该课程,并为雇员设置了学习目标。
____我理解培训目的。
____我知道培训内容如何与雇员需要学习的知识相一致。
____我足够了解培训,能够支持培训结束后雇员应用他们所学的内容。
____雇员已完成行动计划或其他类型的学习任务,我会帮助他将所学的内容应用于工作中。
____我已经表达了我对培训的期望。
____课程或项目结束后,我鼓励雇员分享学习成果。
____我鼓励雇员参加培训,利用呼叫转移和电子邮件通知功能来防止分心。
____我允许雇员参加培训。
____培训结束后,我会听取雇员关于学习目标的汇报并讨论如何将其应用到工作中。
____培训结束后,我会与雇员会面,听取他对如何应用所学内容的想法。
____我会提供机会让受训雇员与其他雇员分享学习成果。
____我会认同并奖励在工作中得到证明的学习。

资料来源:Based on R. Saunderson, "ROI for Recognition," *training* (November/December 2010), pp. 52-54; A. Rossett, "That Was a Great Class, but ...," *Training & Development* (July 1997), p. 21.

在普华永道,90%的培训由公司的合伙人以及高级领导者提供。[67]所有的高级合伙人以及公司美国董事会主席完成了 66 小时的技术和社交技能培训。为了展示普华永道对雇员学习的重视,他们作为培训课程的领导者,为雇员提供非正式的教练指导。Gables Residential 的领导力开发项目注重指导并管理高效能团队所需的技能和自我认知能力。[68]每月在培训课程结束后,一名培训主管会与每一位受训者会面讨论他们所学到的内容,并给予他们指导和支持,以帮助他们进一步开发自己的技能。西联汇款有一个叫作"引领绩效成功"(Guide Performance Succeed)的培训项目,这个项目要求领导者通过设定明确的预期、提供定期反馈、实施针对自己和雇员的人才管理目标问责制来帮助开发雇员的技能。[69]

至少应安排管理者参加专门会议,向其说明培训目的,并设定预期目标,让他们鼓励雇员参加培训课程,为雇员提供实践机会,强化培训内容的应用,并跟进受训者使用新技能的进展。

同事支持

培训转化也可以通过受训者之间的支持网络得到促进。[70]**支持网络** (support network）是由两个或两个以上的受训者组成、愿意会面并讨论所学技能应用于工作中的进展情况的小组。这可能涉及面对面会议，通过电子邮件沟通，或通过类似于脸书的社交网站互动。受训者可以分享自己将培训内容应用于工作中的成功经验，还可以讨论如何获得使用培训内容所需的资源或如何应对与使用培训内容有关的工作环境。

培训者也可以利用内部简讯来指导受训者进行培训成果转化。每个受训者都可以获得一份简讯，上面刊载的是对那些成功应用新技能的受训者的访谈。培训者也可以为受训者推荐一个有经验的雇员，甚至是之前参加过相同培训项目的同事来担任顾问。顾问可以提供与培训转化问题相关的建议和支持（例如，如何寻找机会应用所学技能）。

看看易安信集团（EMC）和纽约社区银行是如何鼓励同事支持培训的。[71]易安信集团为新入职的技术支持工程师提供了一款在线工具，让他们可与同事对话并提出培训涉及的相关概念的问题。纽约社区银行的培训与开发团队开发了一个博客，这个博客囊括了提问频率最高的问题和场景以及相关的回复、评论与后续提问。雇员被鼓励使用这一博客来寻求帮助并与同事分享最佳实践。

应用所学技能的机会

应用所学技能的机会即**执行机会**（opportunity to perform），指的是受训者得到机会或积极寻求机会来应用培训项目中新学的知识、技能和行为方式的程度。执行机会受工作环境和受训者动机的影响。受训者应用所学技能的一种机会是所分配的工作需要用到所学内容。受训者的管理者通常在分配工作方面起关键作用。执行机会也受到受训者寻求应用新技能的主动性的影响。

执行机会由使用范围、活动水平和任务类型决定。[72]使用范围指在工作中执行培训任务的数量。活动水平指在工作中执行培训任务的次数或频率。任务类型指工作中实际执行的培训任务的难度或重要性。有实践机会的受训者比没有实践机会的受训者更可能保持所学技能。[73]

可以通过询问先前的受训者来衡量执行机会：（1）是否执行了任务；（2）执行了多少次；（3）执行难度大且有挑战性的任务的情况。报告执行机会少的个人可能是"复修课程"（旨在让受训者练习和复习培训内容的课程）的主要候选人。复修课程是必要的，因为这些人很可能由于没有执行机会而导致学习能力退化。执行机会少也可能表明工作环境干扰了新技能的应用。例如，管理者可能不支持培训活动或不给雇员机会执行应用新技能的任务。最后，执行机会少还可能表明培训内容对雇员的工作并不重要。

技术支持

电子绩效支持系统（electronic performance support system，EPSS）是一种能按要求提供技能培训、信息资料和专家建议的计算机应用系统。[74]EPSS可通过向受训者提供电子信息来源来促进培训转化。当他们在工作中尝试应用所学技能时，可以根据需要参考这些电子信息来源。EPSS在培训中的应用将在第8章详细讨论。

国泰人寿保险股份有限公司（Cathay Life Insurance）为销售代理提供了包括不同应用程序的iPad，通过iPad他们还可以获得所需的其他培训。[75]其中一款应用程序帮助他们安排时间表，并对自己的销售业绩进行评估，他们的主管可以给予相应的建议，并根据应用程序使用的数据安排新的培训。另一款应用程序是一个销售工具，通过这款应用程序，销售代表可以向客户展示参保计划，并在线进行理赔。销售代表还可以通过一个应用程序获取多媒体课程和视频，提高自己的学习效果。作为一家为人熟知的零售药房，CVS Health 公司提供涵盖游戏、可视化信息、小测验在内的培训内容，时长为 10 分钟。[76] 雇员可以在完成培训后随时获得培训内容，从而加强了对所学内容的记忆。

5.4　通过知识管理促进学习和培训转化

回顾第 2 章可知，知识是指雇员个人或团队知道是什么或如何去做（人文和社会知识），以及公司的规章、流程、工具和规范（结构化知识）。知识要么是内隐知识，要么是外显知识。内隐知识是一种基于个人经验，被知觉和价值观影响的个人知识。内隐知识需要通过讨论和演示实现个人交流。外显知识指的是以正式语言描述的说明书、公式和规范。对于外显知识，可以将其存入一个知识数据库进行管理，也可以通过知识管理系统进行管理。例如，福陆公司（Fluor Corporation）拥有一个基于网络的知识体系，雇员可以访问所有的程序、准则、标准和履行具体工作职责所需的最佳实践。[77]

知识管理（knowledge management）是指通过设计和运用各种工具、流程、系统、结构和文化来改进知识的创建、分享和使用，从而提高公司绩效的过程。[78]知识管理可以通过给予雇员学习和发展机会来帮助企业把产品更快地推向市场，更好地服务客户，开发创新产品和服务，并吸引新雇员和留住现有雇员。

知识管理是如何发生的？以下几种方法有助于知识的创建、分享和使用[79]：

1. 使用技术、电子邮件和社交网站（如脸书或 MySpace）或公司内部网，让人们存储信息并与他人共享。

2. 发布目录，列出雇员要做的事情、彼此联系的方式，以及他们拥有的知识类型。

3. 开发信息地图，找出具体的知识存储在公司的什么地方。

4. 设立首席信息官（CIO）和首席学习官（CLO）职位，负责记载和促进信息在公司的传播。

5. 要求雇员向其他雇员展示他们在培训项目中所学的知识。

6. 允许雇员利用工作时间来获得知识、研究问题、参加培训和使用技术。

7. 创建关于学习资源（如期刊、技术手册、培训机会和视频讲座）的网上图书馆。

8. 设计办公空间，以方便雇员之间的互动。

9. 通过面对面的会议、维基、博客为对某一主题（比如，产品、服务、客户或问题的类型）感兴趣的雇员创建实践社区，在那里他们可以合作、分享想法、提出解决方案和进行创新。

10. 在每个项目结束时使用"行动后审查"来审查所发生的事情以及从中汲取的教训。

11. 使用讲故事的方式来传递知识，故事可以描述一个特定情况（比如，问题、挑战）、采取的措施（知识、技能、素质的使用）、成果（满意的客户、修复的漏洞、完成的销售）。

12. 讨论并记录业绩最佳雇员的工作热情以及雇员需要了解和学习的内容。

知识分享涉及项目完成后对其进行审查或审计，与其他雇员分享审查中获得的观点。例如，"行动后审查"（After-Action Reviews）过程被许多公司采用，包括对每一项任务、项目或重要活动进行审查。[80] 审查时需要考虑四个问题：（1）我们已经开始做什么？（2）实际上发生了什么？（3）为什么会发生？（4）我们接下来（停止、继续或打算）做什么？可以把所学知识放在网站上，对各级领导进行询问和调查。研究显示"行动后审查"能够有效地促进团队绩效，并通过开发项目增加领导力行为。[81]

其他重视知识管理的公司包括 Moneris、塔塔咨询、Synaptics。Moneris 公司是一家提供支付处理和支持性技术的加拿大企业[82]，它的客户有着精准、复杂的支付需求。为了获取满足客户需求所需的知识和技能，雇员可以通过公司的学习与开发网站来获取包括领导力开发、销售、行业新闻、通用商业技能等主题在内的学习资源。在培训完成以后，受训者可以在网站上分享所学内容与最佳实践，并在讨论区提出问题。讨论区还鼓励雇员通过与同事和专家协作的方式来学习培训课程以外的内容。作为一家全球性的信息技术服务咨询和商业服务组织，塔塔咨询公司在其社交协作平台上向雇员提供实践社区。[83] 实践社区包括用于分享新理念、成功故事、技术趋势的卓越中心，用于分享技能并帮助他人的学习者赋能中心，用于提供各国文化小测验的文化中心。Synaptics 公司提供适用于手机、电脑、汽车的触控式产品。[84] 公司发现由于雇员的知识没有得到存储，他们经常重复解决同样的问题。为了实现知识存储，并帮助雇员更好地获取知识，公司在 YouTube 上开发了一个检索频道，这一频道推出几个月后，公司各地的雇员制作、分享并观看了超过 600 个视频。

正如我们在第 1 章提到的，很多公司都对知识管理感兴趣，因为它们正在经历因老雇员退休所致的外显知识和内隐知识的流失。电力行业正面临许多有才能的技术人员（包括工程师和管理人员）流失的现状。[85] 它们也面临高中毕业生短缺的问题，但高中毕业生需要进一步学习或参加培训来获得完成工作所需的各种技能。这意味着公用事业公司需要找到方法让经验丰富的雇员和经验不足的雇员分享知识。位于俄勒冈州波特兰市的太平洋公司（PacificCorp）要求其雇员使用一个文件来记录他们所使用的程序。位于华盛顿州的 Puget Sound Energy 聘请技术文档工程师采访雇员并撰写报告。位于密歇根州安阿伯市的 DTE 能源公司鼓励有经验的工程师指导缺乏经验的工程师。他们一起工作，用新的数字设备替换原来的仪器，这有助于缺乏经验的工程师了解设备和监控室，学习与维修工人打交道所需的人际交往能力。

5.4.1　有效的知识管理的关键

影响有效的知识管理的关键因素包括：培训部门和信息技术部门之间的合作，设立知识管理领导职位，提供易于使用的技术，并确保雇员之间的信任和共享知识的意愿。[86]

培训部门和信息技术部门之间的合作　为使知识管理有效，培训部门和信息技术部门必须合作。[87] 培训部门可以帮助开发文化、内容和学习策略。信息技术部门能开发出获取、分享和存储知识并提供培训的体系。例如，加拿大皇家银行（Royal Bank of Canada）的内部网就是公司的中央信息储备库，它提供了关于公司已完成的、计划好的或正在进行的工作的相关信息，还包括培训项目经理使用的模板和其他工具。一个独立的网站以参加过会议和课程的雇员发布的摘要为特色。技术人员负责开发基础设施，培训师则推荐哪些功能应包括在内。[88] 美国陆军每一次执行任务、项目或重要活动之后，都要确定、整理应汲取的教训并确保能通过网络获得。[89]这就涉及对前述四个简单但关键的问题（我们已经开始做什么？实际上发生了什么？为什么会发生？我们接下来做什么？）进行评估。

设立知识管理领导职位　诸如 IBM、通用磨坊和 Randstad of North America 等公司设立了领导职位，以促进持续学习和知识管理。**首席学习官**（chief learning officer, CLO）也称**知识官**（knowledge officer），是一个公司负责知识管理工作的领导。CLO 的工作是开发和应用公司的数据库、内部网等技术基础设施，并将其与知识学习的文化联系起来。他们寻找知识并创建、获取和传播知识，必须保证培训者、信息技术人员和业务部门支持并且致力于知识管理实践的开发。此外，他们还有责任指明管理方向、支持学习与开发活动，确保知识管理转化为企业实实在在的利益，来支持战略经营目标。[90]比如，Texas Health Resources 的首席学习官丹尼尔·甘得瑞拉（Daniel Gandarilla）调查了学习如何帮助公司在保持创新性和提供高质量服务的同时降低成本。[91]他对基于网络的学习进行了标准化设计，并开发了一个长期学习计划，这个计划包括推荐如何使用新技术来转化学习成果。同时他和他的团队走访了许多利益相关者以了解需要改善的方面，其中包括缺乏沟通、资源受限、在电子医疗记录培训等方面缺乏标准化实践。这一切最终促成了企业大学的设立。

易于使用的技术　导致知识管理系统失败的原因有两个：技术过于复杂或企业没有对如何激励雇员分享知识给予足够的重视。[92]这类知识管理系统可能使雇员完成工作更难而不是更容易。如果系统要求雇员使用多个搜索引擎、协作工具和不同的计算机系统上的文件管理软件，知识管理系统将不会被使用。重要的是，要合理建设技术基础设施，使雇员可以很容易地获取并分享工作环境中的信息。在收购了阿尔斯通的电力业务之后，通用电气开发了一款应用程序，这款程序整合并鼓励通用电气和阿尔斯通雇员之间进行信息分享。[93]这款应用程序将拥有类似技能、教育水平、经验的雇员进行匹配，同时为他们提供协作空间来实现虚拟互动，并推荐讨论主题。

雇员之间的信任和分享信息的意愿　信任和分享信息的意愿是涉及知识分享的关键的个人因素。雇员可能不了解或不信任其他雇员，可能会存储知识以实现对他人的控制，可能会担心他们的想法被嘲笑或质疑，可能会认为知识分享涉及太多的工作和更多的责任。[94]为了鼓励知识分享，企业必须支持并帮助那些愿意学习、指导他人的雇员。例如，要让施乐公司在世界各地的现场技术人员为公司的维修技巧数据库做出贡献，就要让他们成为众所周知的思想领袖或专家。[95]当该系统开始投入使用时，技术人员并不认为提交他们所知道的知识是理所应当的。为了消除工程师的顾虑，管理者对提交建议者给予现金或其他奖励，并公布这些人的姓名。做出贡献者收到了那些认为他们的意见有帮助的人的留言。如今，该系统拥有 70 000 条建议，每年可为公司节省数百万美元的维修费用。其他鼓励知识分享的方式是展示分享的观点被公司采纳，并获得了成功。AT&T 通过知识分享帮助全球销售团队分享竞争信息，这对达成交易是有用的。

由于知识管理具有提高公司竞争地位的潜力，一些正在进行知识管理的公司采用多种措施来评估其知识管理实践的有效性（将在第 6 章中详细讨论）。这些措施涉及公司和客户的利益，包括：关键雇员的吸引和保留，雇员对公司的承诺，有效团队的激励和促进，最佳实践的应用以及这些实践（新产品的推出、客户满意度的提高、客户关系的维护）的审查和更新。[96]

小　结

学习是培训项目的一个重要方面，但同样重要的是鼓励受训者将所学的内容应用于工作中（培训转化）。本章讨论了涉及指导性学习过程的三个阶段（培训前、学习活动及培训后）的重要的项目设计问题。本章讨论了有效的项目设计，包括选择和准备培训场地，选择最好的培训师，与受训者沟通，并确定培训师如何安排培训场地和创建一个有利于学习的指导性环境。培训设计中应该考虑到受训者的年龄以及代际和性格差异。本章介绍了课程设置、课程路线图、各门课和课时的重要性，并展示了在项目设计中如何使用设计文档和课程计划。由于很多企业没有设计培训项目所需的人员、资源或专业知识，本章还讨论了如何选择供应商或咨询公司来提供培训服务。本章结尾讨论与培训转化相关的重要的培训后问题，包括如何创建一个支持性的工作环境，为受训者提供自我管理技能，获得管理者和同事的支持。此外，讨论了知识管理对促进学习和培训转化的重要作用。对于使用知识管理系统的雇员，需要让发现和使用知识变得容易，需要让他们相互信任并有分享知识的意愿。

关键术语

项目设计（program design）
培训场地（training site）
概念图（concept map）
应用题（application assignment）
课程设置（curriculum）
课程（course）
项目（program）
项目管理（project management）
课程路线图（curriculum road map）
详细课程计划（detailed lesson plan）
故事板（storyboard）
受训者的先决条件（trainee perquisite）

内容策划（content curation）
征询建议书（request for proposal，RFP）
管理者支持（manager support）
行动计划（action plan）
支持网络（support network）
执行机会（opportunity to perform）
电子绩效支持系统（electronic performance support system，EPSS）
知识管理（knowledge management）
首席学习官（chief learning officer，CLO）
知识官（knowledge officer）

讨论题

1. 什么是设计文档？设计文档中包含什么？它如何对培训起作用？
2. 千禧一代与婴儿潮一代的课程设计应有何不同？
3. 概念图如何帮助学习者？
4. 指导性学习过程的三个阶段中，哪个阶段最重要？为什么？
5. 如果工作环境是不利的或不能改变的，如何加大培训转化的可能性？
6. 客户服务培训涉及远转化。你希望客户服务培训项目具有哪些设计特征，以确保发生培训转化？什么是课程路线图？它为什么很重要？

7. 什么是应用题？为什么要在培训项目或课程设计中考虑？

8. 你如何激励管理者在培训转化中扮演一个更积极的角色？

9. 如果你被要求实施知识管理系统，你对确保雇员分享和访问知识有什么建议？请给出解释。

10. 对于涉及小组讨论案例的培训课程，你会选择哪种类型的座位安排？对于一个包括幻灯片和 YouTube 视频的讲座呢？请给出解释。

11. 列出项目管理的各个步骤，讨论每一步是如何促进有效的设计的。

12. 假如你要开发一个培训项目，你希望从潜在的受训者那里获得什么信息，从而帮助你设计寓教于乐的课程？你将如何进行受众分析？

13. 作为一名培训师，你应该怎样做才能让你的培训内容和教学适合来自不同国家的受训者？

14. 什么是内容策划？为什么它对于培训而言非常重要？

15. 有效的微学习的必要特征有哪些？请确定这些特征，并阐述它们如何促进学习。

案 例　为来自全国互助保险公司呼叫中心的雇员设计有效的培训

在全国互助保险公司的呼叫中心，有 1 300 名雇员负责接听客户的电话。呼叫中心面临如何在竞争压力巨大的就业市场中吸引并留住新雇员的挑战，同时还面临如何提高自身应对不同类型的客户来电的能力的挑战。为此，全国互助保险公司推出了"全体培训项目"（Cohort Training Program）。在这一项目中，传统授课方式被分组讨论和其他活动所取代，这些活动鼓励提出问题的解决方案，并确保知识得到应用。学员被分为 4～6 个小组，每一个小组由不同经验水平和性格类型的成员组成。每一名学员都需要制定学习计划，并确定需要回顾并实践的知识和技能。培训的各个活动环节和场景模拟了呼叫中心的真实情况。学员需要解决问题，并为客户提供解决方案。关于知识和技能的评估被用来为雇员提供学习反馈。同时雇员和同事也在小组活动中为彼此提供相应的反馈。

相较于参加传统课堂授课的学员，参加集体培训项目的学员的呼叫等待时间平均减少了 72 秒，他们的呼叫处理时间平均减少了 49 秒，这使得他们一年可为公司节省 63 000 美元。

确定有助于受训者学习并将所学内容应用于工作的项目设计元素，解释这些元素是如何促进学习和转化的。

资料来源：Based on "Training Top 125, Best Practices & Outstanding Training Initiatives, Nationwide Mutual Insurance Company: Cohort Learning," *training* (January/February 2017), p. 98.

注　释

第 6 章
培训评估

学习目标

通过本章的学习，你应该能够：

1. 阐明培训评估的重要性。
2. 明确并选择用于评估培训项目的成果。
3. 讨论规划和实施一次理想的培训评估的过程。
4. 讨论不同评估方案的优缺点。
5. 根据公司的特点、培训的重要程度和培训目标选择合适的培训评估方案。
6. 进行培训项目的成本收益分析。
7. 解释大数据、劳动力分析和仪表板在决定培训实践的价值方面发挥的作用。

▶ 章首案例

培训评估帮助马里兰州运输管理局实现了公共交通运输服务的安全准时

作为美国境内最大的运输管理系统之一，马里兰州运输管理局（Maryland Transit Administration）提供公交、轻轨、地铁、辅助运输服务。马里兰州运输管理局因为能够将乘客安全、准时地送达目的地而倍感骄傲。但是最近马里兰州运输管理局发现很多完成培训的公交司机却发生了交通事故。于是马里兰州运输管理局的培训运营主管和他的团队一起实施了需求分析以判断交通事故发生的原因。对招聘流程和新司机培训项目的审查并没有发现问题，他们认为在培训课程、教室、在岗培训、讲师等方面与之前事故率相对较低的年份没有什么差别。

团队开始关注培训评估流程，以发现事故率上升的原因，从而减少事故的发生。他们使用柯氏四级评估模型（Kirkpatrick Model）对新司机培训进行评估，这一评估模型强调关于受训者反应、行为、结果的数据的重要性。具体地讲，马里兰州运输管理局关注司机对于讲师、课程内容、培训环境（反应）、知识和技能（学习）、将所学内容应用于工作中（行为）、培训对事故造成的影响（结果）是否满意。在培训结业之时，公交司机会完成针对讲师、课程内容、培训环境（有效成果）的满意度调查。在实施柯氏四级评估模型之前，马里兰州运输管理局的工作目标是填补每一个空缺岗位，从而减少员工加班，并为乘客提供不间断的服务。因此，几乎所有的受训者都可以顺利完成培训。新的评估流程通过笔试检验受训者所学的机动车操控技能。新司机完成培训并经历 90 天的试用期之后还要接受培训师更为严格的考察，培训师会和司机一起上路，并使用记事清单来考察司机是否采取了 60 个标准行为，其中包括是否用双手紧握方向盘，以及在交叉路口是否观察各个方向的交通情况。最后，马里兰州运输管理局委托当地的咨询公司来开发一款用于帮助管理者和培训师追踪事故发生率的仪表板。

根据受训者的反馈数据，马里兰州运输管理局通过增加轮询设备来打造一个更具互动性的学习环境，这使得培训课堂更具参与性。另外，在用于培训的公交车上安装运动相机可以让受训者随时观看视频，并对自己的驾驶行为进行评估。马里兰州运输管理局还要确保无论是在课堂培训还是在驾车练习时，新司机都能有更多的时间与培训师相处，从而掌握必要的技能来预判潜在的事故风险。

在完成评估数据的收集和培训项目的调整后，2015 年因交通事故造成的索赔为 56 万美元，与 2013 年的 300 万美元相比已经大幅减少。

资料来源：Based on C. Denault, "MTA: Why the Kirkpatrick Model Works for US," *Chief Learning Officer* (November/December 2016), pp. 60 - 61; Maryland Transit Administration, "About the MTA," from https：//mta. maryland. gov, accessed January 18, 2018.

■ 6.1 引 言

正如章首案例所示，马里兰州运输管理局想知道在技术人员培训上投入的时间、资金和精力是否发挥了作用。也就是说，培训职能部门应对培训项目的有效性进行评估。**培训效果**（training effectiveness）是指公司和受训者从培训中获得的收益。培训给受训者带来的好处是他们可以学习各种新的技能和行为方式；公司的收益则可能包括销售收入增加及顾客满意度提高。培训效果评估包括衡量对项目收益起决定作用的特定成果或标准。**培训成果**（training outcomes）或**标准**（criteria）指培训者和公司用来评价培训项目的尺度。为判断项目的有效性，相关部门必须进行一次评估。**培训评估**（training evaluation）指收集培训成果以衡量培训是否有效的过程。对于马里兰州运输管理局而言，它的成果包括对课程满意、掌握机动车操控的知识、安全驾驶行为、事故率降低。**评估方案设计**（evaluation design）指信息的收集，其中包括收集什么信息、从哪里收集这些信息、从谁那里收集这些信息。信息的收集有助于我们判断培训的有效性。任何对培训进行评估的组织都应该相信培训是导致结果（比如，离职率、生产率）发生变化的主要因素。结果的改变是由培训引起的，这取决于所用评估方案设计的类型。

回顾第 1 章图 1-1 的指导性系统设计模型以及第 2 章至第 5 章所讲的主题。这些有关培训需求分析、学习环境特征和为确保培训成果转化而采取的步骤的信息都能够帮助我们开发评估计划。为了确认合适的培训成果，公司必须考虑自己的经营战略、组织层面的分析（为什么要实施培训，这与公司的经营有什么关系）、人员层面的分析（谁需要培训）、任务层面的分析（培训内容是什么）、培训的学习目标以及培训转化计划。

本章帮助你理解为什么要评估培训计划以及如何进行评估。首先讨论培训项目评估所选用的成果的类型，接下来讨论影响方案选择的各种现实因素，并介绍不同类型的设计方案。本章总结了实施评估的总体过程，并以讨论可以采用哪些指标来评估培训职能部门的战略价值结束。

6.2 进行培训评估的原因

公司在培训项目上投入了大量的资金，希望以此赢得竞争优势。公司对培训进行投资，是因为学习能够创造知识，正是知识将那些成功的公司和雇员与不成功的公司和雇员区分开来。研究机构调查了培训与人力资源产出（如态度和动力、行为及人力资本）、组织绩效产出（如绩效和生产率）或财务产出（如利润和财务指标）之间的联系，对调查结果进行总结，发现开展培训的公司的人力资源产出和绩效产出都更胜一筹。[1]由此可见，培训对人力资源产出和组织绩效产出的影响较大，对财务产出的影响则最弱。这个结果并不出人意料，因为培训基本上不会影响到组织的财务绩效，但可能会自始至终影响人力资源实践。正如第 2 章中介绍战略性培训的概念时强调的，当培训与组织的业务战略和资本强度相匹配时，它与组织绩效产出的关系更加密切。正是由于公司在培训和教育上投入了巨大的成本，并且将培训作为公司获得成功的一项策略，因此它们希望培训带来的成果和收益是可以测量的。

诺顿医疗集团（Norton Health Care）针对实践经理的领导力开发项目专注于提高实践经理的领导力、实践操作、病患对护理服务的获取、病患体验。[2]这一项目的参与者会分享最佳实践，向领导者学习，并制定针对实践操作的行动计划。这一项目的实施使得医院的病患接待量增加，就诊人数也有所增加，在对病患就诊后的调查中越来越多的病患回复他们肯定会把医院推荐给他人。捷飞络公司的培训评估不只是计算雇员每年参加培训项目的数量。[3]捷飞络公司依靠为客户的爱车提供服务，并使客户心满意足，让客户成为公司的回头客。因此，捷飞络公司的雇员必须通过认证才能上岗。公司对认证以及其与商业结果的关系进行了追踪，公司对雇员的个人认证和门店层面的认证都进行了追踪。一名雇员必须在入职 30 天内完成入门级认证。公司 76% 的门店达到了80%～100%的认证水平。在所有达到 100% 认证率的门店中，1/3 的门店的销售额比其他门店高出 9%。

培训效果评估能够告诉人们培训产生的收益并提供改进培训所需的相关信息。[4]如果在培训上的投资没有获得足够的回报，公司就会削减对培训的投资，或者借助外部培训人员来获得改善绩效、生产率、顾客满意度或公司期望得到的其他成果的培训。培训效果评估能够提供必要的数据，证明公司确实从培训中获得了收益。培训评估包括事前评估和事后评估。[5]

6.2.1 事前评估

事前评估（formative evaluation）指在项目设计开发过程中进行的评估。也就是说，事前评估有助于保证：（1）培训项目组织合理且实施顺利；（2）受训者能够参与学习并对培训项目感到满意。事前评估提供了有关如何使培训项目更理想的信息。事前评估通常用于收集培训项目的定性数据，包括对培训项目的看法和感觉。在信息收集过程中会通过访谈了解客户、雇员、管理人员和核心专家对培训内容和目标的描述以及对项目设计的意见。他们要对培训项目的清晰度及应用的难易程度进行评估，而项目内容会通过所有可能的方式向他们展示（比如网络、面对面沟通或者视频资料）。[6]事前评估要求在项目正式实施之前先在个人或者团体中试行，培训者的任务是衡量项目实施所需的时间。只有借助事前评估，培训内容才可能更准确、更易于理解或者更吸引人。可以通过调整培训方法来改进学习（例如，给受训者更多的实践机会或者提供反馈）。同时，尽早向管理者和客户介绍培训项目有助于他们参与项目，毕竟他们在帮助雇员学习和促进技能转化过程中扮演着重要的角色。这也有助于在项目实施前就消除他们的疑虑。

试验性测试（pilot testing）是指与潜在的受训者、管理者或其他客户（培训项目开发的出资人）预先试行培训项目的过程。试验性测试可以作为"彩排"，将培训项目演示给管理者、受训者和客户。同时，它也可以作为事前评估来使用。例如，要求他们预览或试验性测试一个网上培训项目。该项目结束后，让受训者和管理者就项目中使用的图表、视频或音频是否有助于（或干扰）学习发表意见。同时，他们也可以对完成培训项目中的练习的难易程度提出意见，并且对完成练习后给予他们的反馈进行评价。从预览中获得的信息还可以用于项目的改进，然后再将培训项目用于全体雇员。圣乔治银行（St. George Bank）开发了一套针对柜员的全新网络培训系统。[7]在项目全面推行之前，一组最有可能参与这个培训项目的用户先试用系统并给出了改进建议，项目的教学设计人员根据建议进行改进，形成了最终版本。

6.2.2 事后评估

事后评估（summative evaluation）指为了衡量受训者参加培训项目后的改变程度而进行的评估，也就是评估受训者是否掌握了培训目标中确定的知识、技能、态度、行为方式或取得其他成果。事后评估还包括对公司从培训中获得的货币收益（也称作投资回报）的测量。事后评估通常运用测试、行为等级评定或者绩效的客观评价标准（例如销售额、事故发生率、取得的专利）来收集定量数据。

通过对事前评估和事后评估的描述，你可能已经明白为什么要对培训项目进行评估。

1. 明确培训项目的优势和不足，包括判断项目是否符合学习目标的要求，学习环境是否令人满意，以及培训成果是否在工作中得到了应用。

2. 评价培训项目的内容、组织和管理——包括日程安排、场地、培训者及使用的资料，看看它们是否有助于学习和培训内容在工作中的应用。

3. 明确哪些受训人员从培训中获益最多，哪些人获益最少。

4. 通过了解参与者是否愿意向他人推荐该培训项目、为何要参与该项目以及对该项目的满意度，收集有助于推销该培训项目的信息。

5. 明确项目的财务成本和收益。

6. 比较进行培训和不进行培训（例如，重新设计工作或优化雇员甄选系统）的成本与收益。

7. 比较不同培训项目的成本和收益，选择一个最优项目。

6.3 评估过程概览

在我们详细解释培训评估涉及的各个方面之前，需要先了解整个评估过程（如图6-1所示）。前文关于事前评估和事后评估的讨论说明，培训评估既要考察培训前的情况，也要考察项目完成后的情况。图6-1强调，管理者和培训者应在培训之前就考虑进行一次评估。就像本章前面指出的那样，从培训设计过程中获得的信息对于培训效果的评估是很重要的。

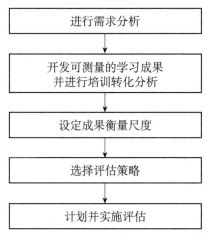

图6-1 评估过程

资料来源：Based on D. A. Grove and C. Ostroff, "Program Evaluation," in *Developing Human Resources*, ed. K. N. Wexley（Washington, D. C.: Bureau of National Affairs, 1991）, pp. 5 - 185 - 5 - 220; K. Kraiger, D. McLinden, and W. Casper, "Collaborative Planning for Training Impact," *Human Resource Management*（Winter 2004）, pp. 337 - 351.

评估过程应从培训需求评估（已在第3章中讨论过）开始，需求评估有助于确定需要哪些知识、技能、行为方式或其他能力，以及确定培训预期在哪些方面产生影响。需求评估能够聚焦培训所关注的内容：确定培训目标、资源需求（人力方面、财务方面和公司层面）以及用来证明培训项目有效的结果。[8]下一步就是要确定具体的、可测量的培训目标。第4章已讨论了理想的培训目标的特点。这些目标越具体、越容易测量，就越容易确定用于评估的相关培训成果。分析学习成果除了要考虑学习和培训目标外，考虑那些支持培训项目和对培训感兴趣的人（利益相关者，如受训者、管理者和培训者）对培训的预期也很重要。[9]如果需求评估做得好，那么利益相关者的兴趣与培训项目的目标就可能有大幅重叠。对工作环境进行分析，以确定培训成果的转化（已在第5章中讨论过），对于确定如何将培训内容应用于工作也是很有用的。成果衡量尺度建立在学习目标和培训成果转化分析的基础之上，它们被用来评价学习和培训成果转化发生的程度。

一旦确定了培训成果，接下来就是确定评估策略。选择方案时要考虑诸如专业技术、获得信息所需的时间、变革的可能性及企业文化等因素。规划和实施一项评估包括进行项目预测（事前评估）及根据评估方案收集培训成果。评估的结果可用于项目的改进、营销或赢得更大的支持。当然，也鼓励培训过程的所有利益相关者（包括管理者、雇员和培训者）设计和选择最优的培训方案，这些方案有助于公司实现战略目标，有助于管理者和雇员实现自身职业目标。[10]

6.4 培训项目评估中所使用的成果

为评估某一培训项目，公司必须明确怎样判断项目的有效性，也就是说，有必要确定培训成果或标准。

表 6-1 给出了六大类培训成果：反应成果、学习或认知成果、行为与技能成果、情感成果、绩效成果以及投资回报率。[11]

表 6-1 评估成果

成果或标准	层次	测量内容	举例	测量方式	问题
反应成果	1	受训者的满意度	● 舒适的培训空间 ● 有用的材料和项目内容	● 调查 ● 访谈	他们喜欢培训吗？
学习或认知成果	2	受训者掌握的原理、事实、技术、操作步骤和工作过程	● 电学原理 ● 安全规则 ● 采访步骤	● 测试 ● 工作样本测试	他们学到了什么？
行为与技能成果	2 或 3	人际关系 受训者掌握的交际性和运动性技能或者行为水平	● 准备甜点 ● 锯木头 ● 飞机着陆 ● 倾听技能	● 测试 ● 观察 ● 自己、同事、客户或者管理者的评价 ● 工作样本测试	他们是否使用这些行为或技能？
情感成果	2 或 3 或 4	受训者的态度和动机	● 对多样性的包容 ● 对安全的态度 ● 客户服务导向	● 态度调查 ● 访谈 ● 焦点小组	他们的态度是否改变？
绩效成果	4	公司的回报	● 生产率 ● 产品质量 ● 成本 ● 回头客 ● 顾客满意度 ● 事故发生率	● 观察 ● 从绩效记录或者公司数据库中收集数据	公司的底线是否受到了影响？
投资回报率	5	确认并比较项目的成本和收益	培训投入占生产总收益的比例	培训的经济价值	投资学习的回报是什么？

资料来源：Based on K. Kraiger, J. K. Ford, and E. Salas, "Application of Cognitive, Skill-based, and Affective Theories of Learning Outcomes to New Methods of Training Evaluation," *Journal of Applied Psychology* 78 (2) (1993), pp. 311-328; K. Kraiger, "Decision-Based Evaluation," in *Creating, Implementing, and Managing Effective Training and Development*, ed. K. Kraiger (San Francisco: Jossey-Bass, 2002), pp. 331-375; D. Kirkpatrick, "Evaluation," in *The ASTD Training and Development Handbook*, 2nd ed., ed. R. L. Craig (New York: McGraw-Hill, 1996), pp. 294-312.

表 6-1 给出了柯克帕特里克（Kirkpatrick）划分培训成果的层次框架体系以及每个

成果的描述和测量方式。最早的柯氏四级评估模型包含四个层次（反应、学习、行为、结果），但是最新的观点表明投资回报率（ROI）作为第五个层次对于展示培训的经济价值非常必要。第一层次和第二层次的标准（反应和学习）是在受训者参加完培训返回工作岗位前收集的。第三层次的标准（行为与技能）也可以在培训结束后收集，以便于确定受训者在培训结束后的行为能力水平。为了确定受训者是否将培训内容应用于工作中（比如是否发生培训转化），可以通过第三层次、第四层次以及（或）第五层次的成果来判断。第三层次的标准用来判断行为技能是否应用于工作中。第四层次和第五层次的标准（绩效成果和投资回报率）用来判断培训是否改善了营销结果（比如生产率和客户满意度）。这些标准有助于衡量培训效益是否超过培训投入。请记住，这些层次并不意味着这些成果的重要性不同，也不表示低层次的成果会导致高层次的成果。[12] 也就是说，反应成果会引起学习兴趣，同时学习也会反过来影响技能和结果。评估所收集的成果是基于培训需求、项目目标和培训的战略因素。我们将在"评估实践"一节中继续讨论。

6.4.1 反应成果

反应成果（reaction outcome）是指受训者对培训项目的感性认识，包括对培训设施、培训者和培训内容的感觉。（反应成果通常被认为是"个人舒适度"的一个衡量尺度。）它们通常被称为课堂或者培训者评估。这些信息通常在培训项目结束时收集。你可能会在学期课程或者培训项目结束后被要求填写针对课堂或者培训者的评估调查表。反应对于确定受训者认为什么样的培训是成功的、什么阻碍了学习是非常有用的。反应成果在柯克帕特里克的框架中是第一层次（反应）的标准。

人们常借助让受训者完成调查问卷的方法来收集反应成果的信息。比如，Bass & Associates 公司使用短视频来帮助法务部员工一步步地学习工作流程，在观看完视频后，员工会完成一项满意度调查。[13] 反应成果的测量包括受训者对培训者、培训材料和培训管理（比如报名的难易程度、课程描述的准确性），以及课程目标的清晰度和培训内容的实用性等方面的满意程度。[14] 表 6-2 给出了一个涉及这些方面问题的反应衡量尺度。反应成果测量还会使用一些关于学习者体验的开放性问题。[15] 这些问题包括"在你所学到的内容中，哪些最有可能应用到工作中？""哪些课程涉及的主题令人感到困惑？"相对于分析表 6-2 中的内容，分析这类问题所花费的时间更长，但是此举可以为改进项目设计和实施提供相关建议。

表 6-2 反应测量样本

仔细阅读以下各种表述，利用给出的评分标准表示你同意或者不同意的程度。
1＝完全不同意　　　2＝不同意　　　3＝无所谓　　　4＝同意　　　5＝完全同意
1. 我已经掌握了学习这门课程所必需的知识和技能。
2. 这些设备和设施有助于学习。
3. 课程达到了所有目标和要求。
4. 我清楚地知道课程目标。
5. 传授课程的方法是有助于有效学习的方法。
6. 培训课程中涉及的内容是有用的。

7. 课程内容的安排很有逻辑性。
8. 有足够的时间去学习培训内容。
9. 我能感觉到培训师希望我们好好学习。
10. 向培训师提问时很轻松。
11. 培训师课前准备很充分。
12. 培训师对课程内容非常精通。
13. 我从这个课程中学到了很多。
14. 在课程中学到的内容对工作有很大帮助。
15. 我获得的关于培训课程的信息是准确的。
16. 总之，我对培训师非常满意。
17. 总之，我对课程非常满意。

准确的评估需要包括与有利的学习环境相关的所有因素。[16]大多数对培训师的评估或者课堂评估包括培训师的课前准备、教授过程、引导讨论的能力、对培训材料和内容的组织、视觉辅助手段的使用、讲课风格、回答问题的能力和意愿、激发受训者对课程的兴趣的能力等方面。这些内容来自培训师手册、培训师认证项目和对成功培训师的观察。从培训师的角度出发，其他因素也与课程的相关性和有效性密切相关。所有 X 一代的雇员在完成一门面授或者网络课程后，都被要求完成一项调查，这项调查用来测量学习者对课程的满意度以及课程与工作的相关性。[17]

传统观念认为，喜欢一个培训项目（对项目有积极反应）的受训者能够在培训中学到更多，也更有可能改变行为方式和改善工作绩效（培训成果转化）。这是真的吗？最近的研究表明，反应与情感学习成果的变化的相关性最大。[18]调查还发现，反应与说明性和程序化的知识有显著的相关性，这推翻了之前反应与学习无关的研究结论。对于多元化培训和规范化培训类的课程，受训者的反应尤为重要，因为这类培训影响受训者对态度转变的接受能力。当培训教学中应用了最新技术时，我们发现反应与岗位培训动机、受训者自我效能感和陈述性知识有很强的相关性。这表明，对于在线培训方式而言，确保受训者很容易参与在线培训和培训内容有效（比如，与他们现在的任务和工作中存在的问题有关）很重要。

一些公司使用净推荐值来评估学习者的满意度。[19] **净推荐值**（net promotion score，NPS）指要求受训者使用数字 1～10 对是否可能将培训课程推荐给另一位同事进行打分，从而衡量课程满意度。根据区间范围将雇员给出的分值分为三类，即"差评"（0～6）、"中评"（7～8）、"推荐"（9～10）。净推荐值的计算公式是（推荐人数－差评人数）/参与打分的人数×100%。比如，100 人完成了同一门在线课程，他们都对这门课程进行了打分，其中差评 5 人、中评 25 人、推荐 70 人，按照净推荐值的计算公式计算，（70－5）/100×100%，则这门课程的净推荐值为 65%。

净推荐值的区间为－100 至 100，相对于传统的反应测量，它有几个优势。一个优势是净推荐值使用起来非常简单，另一个优势是相对于针对一个反应测量的平均分值，净推荐值能够让我们更好地了解学习者对培训项目的整体反应。如果 100 个受训者对一门课程的平均打分是 3.2（其中 5 人对课程非常不满意，5 人对课程非常满意），如果不查看具体的分值分布，我们很难解读受训者对课程的打分。净推荐值可以让我们知道谁喜欢这门课程（推荐者）、谁不喜欢这门课程（差评者），这样一来我们可以更好地了解他们给出不同分数的原因。我们可以使用这类信息来对课程进行改进。第三个优势是净推荐值通常作为客户对其他业务方面的满意度的衡量标准。这意味着净推荐值可以作为针对市场营销和销售人员的其他业务方面的有效性衡量指标。这一标准更容易理解，也更容易被接受。净推荐值的一个劣势在于，由于它是基于一个问题的打分，因此相较于针对培训设施、讲师或培训内容等其他因素的衡量，净推荐值不能对培训的重要方面进行详细的衡量。为了获得净推荐值和传统衡量标准的益处，你可以考虑同时使用这两种方法。

6.4.2 学习或认知成果

认知成果（cognitive outcome）可衡量受训者对项目中强调的原理、事实、技术、程序和流程的熟悉程度，同时也能衡量受训者在项目中学到的知识。认知成果是柯氏四级评估模型中第二层次（学习）的标准。一般情况下，使用笔试来评价认知成果。**自我评估**（self assessment）指雇员利用各种信息来确定自己的职业兴趣、价值观、个性及行为倾向的评价方法。相对于自我评估，我们更倾向于使用考试和小测验来对学习进行衡量。这是因为自我评估与学习的关联度并不是很强，并且受到学习者对课程的喜爱度以及学习积极性的影响，它并不能反映学习者实际所学内容。[20] 表6-3的例子选自衡量受训者决策制定技能的一份笔试。这些选项有助于衡量受训者是否知道如何制定决策（其使用的流程），但是不能用于确定受训者在工作中能否真正运用决策技能。

表6-3 衡量学习的测试题示例

对每一个问题，选择你认为正确的选项。
1. 如果老板将一份报告退给我并要求我修改，我将：
____向老板证明我的工作不需要修改。
____按老板说的去做，并问明需要修改的地方。
____不与老板争辩，直接进行修改。
____要求调离该部门。
2. 如果我打算在工作中建立一个新流程，我将：
____自己动手，不寻求任何帮助。
____向老板征询建议。
____向与我一起工作的人征求建议。
____与公司之外的朋友讨论这个问题。

资料来源：Based on A. P. Carnevale, L. J. Gainer, and A. S. Meltzer, *Workplace Basics Training Manual* (San Francisco: Jossey-Bass, 1990), pp. 8 - 12.

哈格蒂保险公司（Hagerty Insurance）2017年启动了一个培训项目以提高雇员对不同汽车的熟悉程度，以向客户提供不同种类的汽车保险。[21] 公司通过认证考试来检验雇员的学习效果，考试涉及汽车发展史、产业趋势、工程力学、汽车的品牌和车型。有四个不同的级别（入门级、1级、2级、3级）可以用来评估雇员对这些内容的掌握程度。已有65名雇员通过了入门级考试，考试通过率达到90%。

6.4.3 行为与技能成果

技能成果（skill-based outcome）被用来评价技术性或运动性技能和行为的水平，包括技能的获得与学习（技能学习）及技能在工作中的应用（技能转化）两个方面。技能成果是柯氏四级评估模型中第二层次（学习）和第三层次（行为）的标准。受训者掌握的技能水平可通过观察其在工作样本测试（如模拟）中的绩效来进行评估。技能转化通常也是通过观察法来判断的。例如，在医院实习的医学生会在外科医生的观察、指导和帮助下做手术。受训者可能会被要求提供他们自己的行为或技能评级（自我评定）。同事、管理者和下属也会根据他们的观察给出受训者的行为或技能评级。研究表明，仅使用自我评级方式会导致对技能或培训的行为转化有不准确的评定结果，所以技能或行为评级应该从多个维度（如管理者和下属或同事）来收集信息。[22] 表 6-4 给出了等级评定表格的例子。该表格是学校校长管理技能培训项目评估的一部分。为了对培训项目进行评估，捷飞络公司的管理者评估服务中心的雇员在网络课程中所学到的汽车服务技能。管理者需要确认雇员熟练掌握技能，并给予他们认证。[23]

表 6-4　衡量行为的等级评定表格示例

等级评定任务：回想过去三个月内你对要评价的校长或校长助理的观察和接触。请阅读对各技能的定义及与其有关的行为方式，然后根据以下评分标准打分：

1＝总是　　2＝经常　　3＝有时　　4＝很少　　5＝从不

Ⅰ．敏感性：能够意识到需求、关注点和他人的个人问题；擅长与不同背景的人打交道；有解决冲突的能力；能够有效处理他人的情感需求；知道与什么样的人交流什么样的信息。

在过去三个月内校长和校长助理处理以下事务的程度：

____ 1. 表达了他们的认知、感觉以及对其他人的关心。

____ 2. 用语言或非语言的方式表达了对别人的感觉、需求及认可。

____ 3. 预测了特定行为的情感影响并采取了行动。

____ 4. 通过重新描述、应用或鼓励反馈等方式正确响应了别人的观点。

____ 5. 告知了他人完成工作所需的所有信息。

____ 6. 在出现问题时化解了不必要的冲突。

Ⅱ．决断性：判断何时需要做出决策且能马上采取行动的能力（不考虑决策质量）。

在过去三个月内这个人的决断性程度：

____ 7. 在确定了制定决策或不制定决策的结果后，明确何时需要做出决策。

____ 8. 对于学校遇到的各种情况，决定是长期还是短期解决方案更合适。

____ 9. 考虑了备选的决策方案。

____ 10. 根据可获得的数据制定了具有时效性的决策。

____ 11. 一旦制定了决策就能顶住外在压力坚持下去。

6.4.4　情感成果

情感成果（affective outcome）包括态度和动机。在评估中可能收集到的情感成果包括对多样性的容忍度、学习动机、安全态度和客户服务取向。情感成果可以通过调查来测量。表 6-5 给出了一个用来测量职业目标、规划和兴趣的调查问卷示例。对于兴趣的特定态度取决于项目目标。情感成果是柯氏四级评估模型中第二层次（学习）和第三层次（行为）的标准，这取决于人们怎么评价。如果受训者被问及他们的调查态度，就涉及对学习的测量。例如，对职业目标和兴趣的态度可以作为评估侧重于雇员自我管理职业生涯的培训的成果。看看美国微芯科技公司（Microchip Technology）和得嘉北美公司（Tarkett North America）是如何使用情感成果进行培训评估的。[24] 美国微芯科技公司通过战略收购其他企业实现了快速增长，公司将被收购企业的雇员纳入公司，并帮助他们了解公司文化的价值所在，这对于成功收购至关重要。公司的学习与开发团队通过实施定制化培训帮助公司整合被收购企业。衡量培训有效性的一种方法就是公司的年度参与度调查，调查结果实现了公司的目标，在所有类型的评估中，有80%的人给出了积极的回应。作为一家制造企业，得嘉北美公司要求所有的管理者参加一个为期四天的领导力课程，这一课程的目标是传播公司的文化，为管理者提供可用的普遍性流程和工具，开发管理者为雇员团队提供教练指导的技能。公司使用来自雇员调查的数据来评估领导力课程的有效性，这类调查每两年进行一次。78%的雇员认为主管在设定工作目标方面表现出色，并可以在需要的时候为他们提供帮助。这相较于课程推出之前提高了8%。

表6-5 情感成果示例：职业目标、规划和兴趣

1. 这一刻，我心目中有明确的职业目标。
2. 我有实现自己职业目标的策略。
3. 我的上司了解我的职业目标。
4. 我已经从我的朋友、同事以及公司职业资料库中找到了我感兴趣的特定职业领域方面的信息。
5. 我已经开始跟我的上司聊我的职业规划。

6.4.5 绩效成果

绩效成果（result）被用来确定培训项目给公司带来的收益。绩效成果包括高级人才（管理者和其他雇员）的流失率或事故率的下降带来成本降低、产量提高、设备故障停工时间减少以及产品质量或客户服务水平改善。[25]绩效成果是柯氏四级评估模型中第四层次（成果）的标准。纽约社区银行热衷于通过针对银行出纳员的培训项目来判断雇员的绩效水平。[26]经过调整后的培训项目使用不同的培训方式，其中包括讲师主导型培训、场景模拟、角色扮演、小组讨论、视频。在培训项目实施六个月后，银行收集了雇员离职率、顾客满意度、运营效率的相关数据。数据显示雇员的离职率降低了13个百分点，顾客满意度从原来的96%上升到现在的97%，顾客交易处理准确度上升了12%。PPL Electric Utilities开发了针对雇员安全问题的培训项目[27]，自项目启动以来，事故率已经降低了50个百分点。

6.4.6 投资回报率

投资回报率（return on investment，ROI）是指培训的货币收益与培训成本的比较。ROI通常是指评估体系的第五层次（如表6-1所示）。投资回报率可以以百分比或比值的形式进行衡量并公布。例如，假设新的安全培训项目使事故率降低了5个百分点。就雇员缺勤、材料和设备损坏以及雇员赔偿费用这些方面来说，每年可为公司节省15万美元（收益）的成本。而这一项目的落地成本为5万美元（包含直接成本和间接成本）。投资回报率的计算方式是收益减去成本后除以成本再乘以100%，则该项目的投资回报率为（150 000－50 000）÷50 000×100%＝200%。另一种表达投资回报率的方法是计算每投入一美元所带来的回报。在这一案例中，公司每投入一美元所带来的回报是两美元。这意味着投资回报率是2∶1。培训成本包括直接成本和间接成本。[28]**直接成本**（direct cost）包括参与培训的所有雇员（包括受训者、指导者、顾问和项目设计人员）的工资和福利，培训材料费用，设备或教室的租金或购买费用及差旅费。**间接成本**（indirect cost）与培训项目的设计、开发或实施没有直接的关系，主要包括一般的办公用品、设施、设备和相关费用，与培训没有直接关系的交通费用和其他支出，与培训没有直接关系的培训管理人员和一般雇员的工资以及行政支持人员的工资。**收益**（benefit）指公司从培训项目中获得的价值。

作为一家总部位于印度的全球性信息技术服务公司，塔塔咨询公司对技术培训项目的投资回报率进行了衡量[29]，培训的投资回报率是根据参加项目并使用新技能的参与者的开单率来计算的。从收益中扣除成本后，塔塔咨询公司的投资回报率是483%。

6.5 如何判断培训成果是否合适?

选择培训成果过程中的一个重要问题就是判断选取的成果是否合适，也就是说，这些成果能否作为判断培训项目有效性的最佳测量尺度。合适的培训成果应该是相关的、可靠的、有区分度的且切实可行的。[30]

6.5.1 相关度

标准相关度（criteria relevance）是指培训成果与培训项目所强调的学习能力之间相关联的程度。成功完成一项培训需要学习的各种能力要与胜任这项工作所需的能力保持一致。收集的培训成果应该与受训者在项目中学习得到的成果尽可能相似，也就是说，成果必须是学习的有效测量尺度。确保收集的成果具有相关度的方法之一是根据项目的学习目标进行选择。回顾第4章，学习目标能够决定预期行为、受训者实施行为的条件以及绩效的水平或水准。

图6-2给出了导致培训成果缺乏相关度的两种情况。**效标污染**（criterion contamination）是指培训成果测量不相关的能力或受到额外因素影响的程度。例如，假设将管理者的工作绩效评估作为培训成果，那么受训者得到高分可能仅仅是因为培训者知道他参加了培训项目并且相信培训项目是有价值的，所以给出了较高的分数，使培训看起来好像对绩效产生了积极的影响。效标污染也可能是由于对成果进行测量时的条件随学习环境的改变而改变。也就是说，雇员可能被要求在与学习环境所用的设备、时间限制或自然工作条件不同的情况下展现学到的能力。

例如，受训者在工作中被要求演示电子表格制作技能，但是实际操作所用的电子表格软件比培训中使用的版本要新。这就有可能出现电子表格制作技能与培训前没有多大差别的情况。在这种情况下，培训质量差并不是导致技能变化不大的原因。受训者可能已掌握了必需的电子表格制作技能，但是评估环境相对于学习环境发生了实质性的改变，因此观察不到他们技能水平的变化。

另外，标准也是有缺陷的。**效标缺陷**（criterion deficiency）是指无法测量培训项目中强调的培训成果的状况。例如，电子表格制作技能培训项目的目标要求受训者既了解电子表格制作程序上的指令（如计算），又能够利用数据组计算统计结果。在评估设计中，仅仅选用学习成果（例如，对按键作用的知识测试）是远远不够的，因为这种评估并没有测

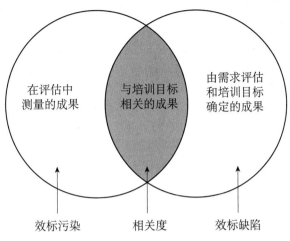

图 6-2 效标污染、相关度和效标缺陷

量培训目标所强调的成果（例如，利用电子表格软件来计算一组数据的均值和标准差）。

6.5.2 信度

信度（reliability）是指测试成果在一段时间内的一致性程度。例如，一名培训者对餐馆的雇员进行了一次笔试来衡量他们对安全标准的掌握情况，进而评估他们参加的培训项目的有效性。在雇员参加培训前后各进行一次测试。信度高的测试包括那些意义或解释不随时间而改变的项目。信度测试使得培训者相信，相对于培训前，培训后的分数提高是由于在培训项目中进行了学习，而不是由于测试特点（例如，第二次看题时更容易理解）或测试环境（例如，教室更舒适、更安静）等其他因素。

6.5.3 区分度

区分度（discrimination）是指不同受训者取得的成果反映其真实绩效差异的程度。例如，通过笔试来测试电工掌握的电学原理，以发现不同受训者在电学原理知识水平上的真正差异。也就是说，测试能够区分受训者所掌握的电学知识的不同水平（分数高的人比分数低的人更好地掌握了电学原理）。

6.5.4 可行性

可行性（practicality）是指收集培训成果的测量结果的难易程度。一些公司在培训评估中不包括学习、绩效和行为成果的原因之一是收集这些成果的数据很困难（花费太多时间和精力，从而降低经营效率）。例如，在评估针对销售人员的培训项目时，让客户评价销售人员的行为就是不可行的，因为这会占用客户太多的时间（而且有可能破坏未来的购销关系）。

■ 6.6 评估实践

图 6-3 给出了培训评估实践中使用的成果。对公司评估实践进行的调查显示，反应

成果（情感成果）和认知成果是培训评估中最常用的两项成果。尽管这些成果非常重要，但是它们并没有针对培训是否改变了雇员的工作行为以及这些行为是否对商业结果产生了积极影响进行评估。也许这能解释为什么只有36％的学习专员认为评估行为可以帮助实现商业目标。[31]尽管我们对行为成果和绩效成果的使用并不频繁，但是研究显示培训对这些成果起到了积极的作用。[32]

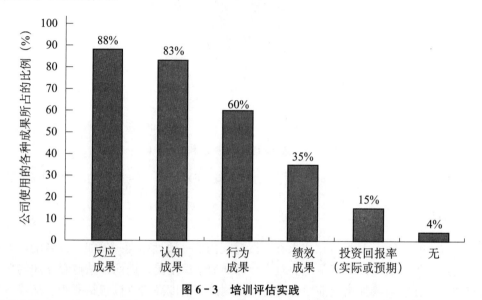

图6-3　培训评估实践

资料来源：Based on M. Ho, "Evaluating Learning," (Alexandria, VA, Association for Talent Development, 2016).

公司不对培训进行评估有多个原因。学习专员报告称成果的可及性以及获得成果所需的工具是主要的阻碍因素。[33]成果的可及性通常取决于公司的管理者对评估需求的理解以及支持程度。帮助利益相关者（管理者、高管层）了解培训的重要性、培训与公司目标的关联性，以及他们对培训设计的参与度（回顾我们在第2章和第3章的相关讨论）可以帮助你获得实施评估所需要的数据。为了获得管理者的支持并实施有效的评估，你需要确定并评估相关的重要成果，并选择和实施合适的评估设计。

6.6.1　应该收集哪些培训成果

基于我们对评估成果和评估实践的讨论，你可能会误认为必须收集到五个层次的所有成果才能对一个培训项目进行评估。当然，收集到五个层次的所有成果是比较理想的，但是就像在第2章中讨论的，培训项目的目标会确定哪个成果与广泛的经营战略更贴近。为了确保充分的培训评估，公司应该收集与学习（第一、第二层次）和培训成果转化（第三、第四、第五层次）有关的测量成果。

判断应该收集哪些培训成果的一种方式是使用逻辑模型。**逻辑模型**（logic model）指用于发现培训资源、培训活动以及项目成果之间关系的过程。[34]逻辑模型的使用分为几个步骤。首先，确定战略目标和培训项目目标，接下来，确定设计培训活动所需的培训资源，以及完成项目目标所需的培训活动，最后确定培训活动带来的短期成果（反应与认知成果），以及希望达到的即时效果和长期成果（行为和绩效成果）。

必须意识到仅测量反应成果和认知成果来进行评估的局限性。回顾第4章、第5章关于学习和培训成果转化的讨论，我们应该记住：要想使培训成功，必须使学习和培训成果转化得以发生。图6-4指出了培训项目目标的多元化以及它们对培训成果的启示。培训项目的目标通常与学习和培训成果转化密切相关。也就是说，培训项目要求受训者掌握知识和认知技能，同时也要求他们在工作中应用自己掌握的知识和技能。所以，为了保证充分的培训评估，公司必须收集与学习和培训成果转化都相关的成果衡量指标。

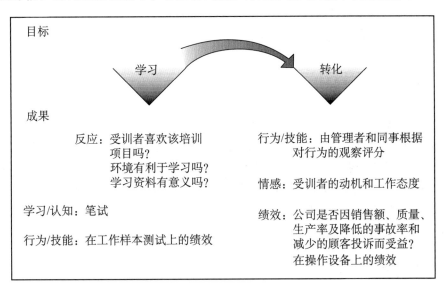

图6-4 培训目标及其对评估的启示

威瑞森针对其6 000余名无线零售领导者设立了威瑞森领导力学院。[35]领导力学院的目标是未来三年内在为零售业务的变革带来领导力支持的同时，赋能零售领导者以为公司带来积极的经济成果。威瑞森使用四个层次的成果来对领导力学院进行评估，包括项目参与者对应用知识和技能的信心（第一层级）、实际获得的知识（第二层级）、包括直接与下属沟通和授权在内的领导力行为的调查结果（第三层级）、包括平均交易时间和平均交易赊购在内的绩效指标（第四层级）。值得注意的是，各个成果的衡量指标是相互独立的。也就是说，人们一般认为，满意的受训者可以学到更多的东西，并且能将所学的知识和技能应用到工作中，从而带来行为的改变，公司也能从中获益。然而，研究表明，反应成果、认知成果、行为成果和绩效成果之间的关联度非常小。[36]

哪种成果衡量指标最有效？这取决于培训目标。举例来说，如果指导目标是与经营业务相关的成果，如顾客满意度的改善和产品质量的提高，那么评估体系就应该包括绩效成果。如图6-4所示，反应成果和认知成果都可能影响学习。反应成果能提供有关培训者、设施和学习环境可能对学习产生阻力的程度的信息。学习或认知成果能直接测量受训者对培训内容的掌握程度。然而，反应成果和认知成果不能确定受训者在工作中实际应用培训内容的程度。评估应该尽可能地包括所有能够决定培训转化程度——培训影响行为、技能或态度的转变或者直接影响与公司效率有关的目标（如销售额）——的技能、情感或绩效成果。

应该在培训结束之后多久收集成果？不同的培训成果没有公认的标准收集时间。多数情况下，培训刚结束就可以测量反应成果。[37]学习、行为和绩效成果应该在培训结束足够长的时间之后来测量，以确定培训是否对这些成果产生了影响。当学习行为已经发生，并且观察到技能、情感和绩效成果的正向变化时，说明培训发生了正向转化。如果学习行为已经发生，但是技能、情感或绩效成果没有明显变化，说明没有发生培训转化。如果学习行为发生，但技能、情感或绩效成果反而低于培训前的水平，说明发生了明显的负向转化。如果评估结果没有转化或者发生负向转化，那么培训者和管理者需要进行调查，确定培训项目是否提供了良好的学习环境（如反馈和实践机会），受训者是否有学习动机和能力以及需求评估是否正确反映了培训需求。

6.7　评估方案设计

　　培训评估方案的设计决定了评估结果的可信度，也就是说，公司能在多大程度上确定评估结果的变化是由培训引起的，培训也可能对此没有影响。没有哪个评估方案可以确保评估结果完全由培训引起，这就需要评估者使用尽可能严谨的方案（在开展评估的既定条件下），以消除评估结论的歧义，即排除对评估结果的其他解释。

　　我们将从评估者试图控制的评估方案的"歧义"展开讨论。接下来，对各种不同的评估方案进行比较。最终，在结尾处讨论培训者在选择评估方案时应考虑的因素。

6.7.1　效度威胁：评估结果的歧义

　　表6-6给出了评估的效度威胁。**效度威胁**（threats to validity）指引起评估者怀疑的因素。评估者可能怀疑：（1）研究结果的可信度；（2）评估结果被推广至其他受训者和其他情境的程度。[38]研究结果的可信度是指**内在效度**（internal validity）。内在效度威胁与公司特点（历史特点）、成果测量（工具、测试）以及参与评估研究的人员（成熟度、均值回归、品德、组内差距）有关。这些特征可能导致评估人员得到有关培训有效性的错误结论。评估研究只有具有内在效度时才能保证评估结果（尤其是正向成果）是由培训项目而不是其他因素产生的。例如，有一组管理者参加了沟通技能培训项目，在他们参加培训的同时，公司宣布进行机构重组。培训结束后，管理者都成了优秀的沟通者，但这仅仅是因为他们害怕失去工作，也许在培训过程中根本没有发生学习行为。

表6-6　效度威胁

内在效度威胁	描述
公司	
历史	某事件的发生导致培训成果的变化。
个人	
成熟度	由于受训者的自然成长或情感因素导致培训成果的变化。
品德	研究参与者不再从事研究，例如离开公司。
组内差距	受训组与对照组存在能够影响成果的个体差异（知识、技能、能力、行为）。

续表

内在效度威胁	描述
成果测量指标	
测试	受训者希望在事后测试中取得好的结果。
工具	受训者对评估后的成果变化给出解释。
均值回归	在事后测试中，得高分和得低分的受训者会向平均或中间状态移动。

外在效度威胁	描述
对事前测试的反应	培训前的测试导致受训者关注测试中的题目。
对评估的反应	受训者由于要被评估而在培训项目中更努力。
人员甄选与培训之间的相互作用	受训者的个性特征会影响项目的有效性。
不同方法的相互作用	接受不同方法的受训者所取得的结果只能推广到按同样顺序接受同样方法的受训者身上。

资料来源：Based on T. D. Cook，D. T. Campbell，and L. Peracchio，"Quasi-Experimentation," in *Handbook of Industrial and Organizational Psychology*，2d ed.，Vol. 1，eds. M. D. Dunnette and L. M. Hough（Palo Alto，CA：Consulting Psychologists Press，1990），pp. 491－576.

　　培训者也希望能将研究成果推广到其他团体和情境中（比如他们研究的**外在效度**（external validity））。如表 6－6 所示，外在效度威胁与研究工作参与者的反应及多种培训类型的效果有关。由于评估一般不能将完成培训项目的所有学员（或者将来可能会参与培训的人）全部包括进去，培训者很想证明培训项目对以后类似的项目参与者同样有效。

控制效度威胁的方法

　　培训者通常希望利用评估研究结果调整培训项目，或者说明培训方案发挥作用（这是从控制培训预算的人那里为培训争取更多资金支持的一种方法），因此将效度威胁降至最低是很重要的。有三种降低效度威胁的方法：在评估方案设计中采用前测与后测、设置对照组及进行随机抽样。

　　前测与后测　改善研究结果内部效度的一种方法是首先建立培训成果的基准线或进行**培训前测量**（pretraining measure）。有关成果的另一次测量可在培训后进行，称作**培训后测量**（post-training measure）。比较培训前测量与培训后测量，能够说明受训者由于参与培训而改变的程度。

　　设置对照组　利用控制组或对照组也可以提高内部效度。**对照组**（comparison group）是指参与评估研究但不参加培训项目的一组雇员。对照组的雇员具有与受训者相似的个性特征（例如，性别、受教育程度、年龄、工作年限、技能水平）。培训评估中运用对照组有助于排除培训之外的因素对成果衡量指标的影响。**霍桑效应**（Hawthorne effect）是指在评估中，雇员仅仅因为受到关注而表现出高绩效的现象。运用对照组能够确认观察到的雇员的绩效是由培训引起的，而不是因为受到了关注。运用对照组还有助于控制历史、测试、工具和成熟度的影响，因为对照组和受训组会受到相同的对待，使用相同的衡量指标，并且经历相同时间的发展。

例如，在一个安全培训项目的评估中，要分别对受训组和对照组在培训前后进行安全行为的衡量。如果受训组的安全行为水平较培训前有所提高，而对照组在培训前后没有变化，那么合理的结论就是：培训（而不是其他因素，如让受训组和对照组参与研究并对他们给予关注）导致安全行为发生了变化。

记住，在培训评估中对照组是很容易找到的，因为所有雇员不可能在同一时间接受培训，或者培训可能在一个或几个分公司而不是所有分公司进行。还没有接受培训的雇员可以作为对照组，他们在培训评估结束之后再接受培训。

进行随机抽样　随机抽样（random assignment）是指将雇员随机归入受训组或对照组。也就是说，在考虑让哪些雇员参与培训项目时，不考虑个体差异（能力、动机）或以前的经历。随机抽样有助于保证个体差异（如年龄、性别、能力和动机）的相似性。由于一般无法确认并衡量所有能够影响培训成果的个性特征，因此只能通过随机抽样确保这些特征均匀分布于控制组和对照组。随机抽样还可弱化由于雇员退出研究（如死亡）而产生的影响及控制组和对照组在能力、知识、技能或其他个性特征上的差异。

但要记住一点，随机抽样常常是不可行的。公司只会让需要培训的人参加培训，并不愿意提供对照组。解决这个问题的一个途径是先明确受训组和对照组的不同之处，然后在进行数据分析（一个被称作协方差分析的统计过程）时设法控制这些差异。另一个途径是在明确受训者特征之后，确保对照组中的雇员具有类似的特征。

6.7.2　评估设计方案的类型

有许多不同的方案可以用来进行培训项目评估。[39]表6-7对各种方案进行了比较，包括培训评估的参与者（受训组、对照组），收集测量数据的时间（培训前、培训后），实施评估所需的成本和时间，以及方案设计对于排除结果歧义的力度。如表6-7所示，按照是否包括培训前后成果测量及对照组，我们可识别出不同的研究方案。一般来讲，使用培训前和培训后成果测量数据及对照组的方案能够降低其他因素（并非培训本身）使评估结论产生歧义的风险，从而增强培训者使用评估结果制定决策的信心。当然，不足之处在于采用这样的方案进行评估比不使用培训前和培训后测量或对照组的评估花费更多的时间和金钱。

表6-7　评估设计方案的比较

评估设计方案	组别	培训前	培训后	成本	时间	力度
后测	受训组	否	是	低	少	小
前测/后测	受训组	是	是	低	少	中等
有对照组的后测	受训组和对照组	否	是	中等	中等	中等
有对照组的前测/后测	受训组和对照组	是	是	中等	中等	大
时间序列	受训组	是	是，好几次	中等	中等	中等
有对照组和撤销培训干预的时间序列	受训组和对照组	是	是，好几次	高	中等	大
所罗门四小组	受训组A	是	是	高	多	大
	受训组B	否	是			
	对照组A	是	是			
	对照组B	否	是			

后测

后测（post-test-only）是指只收集培训后成果的评估方案。这种方案可以通过附加一个对照组（有助于排除对变化的其他解释）得到加强。后测方案适用于受训者（有时也包括对照组）在培训前具有类似水平的知识、行为方式或绩效成果（例如，相同的销售额、对如何结束一个销售项目有同样的了解）的情况。

Anthern 公司将其线下课堂重新设计成翻转课堂。[40]翻转课堂包含与课程协调员进行视频聊天的功能，而课程协调员为学员提供培训目标和日程。此外，在翻转课堂中学员还可以体验视频游戏、小组活动、角色扮演。公司使用后测设计来比较两种课堂的有效性，在培训结束 90 天以后，参加翻转课堂的学员的平均客服打分高于那些参加传统课堂培训的雇员。客户根据雇员的服务技能、责任心、提供的解决方案、对客户问题的敏感度进行打分。

前测/后测

前测/后测（pretest/post-test）是指收集培训前后的成果的评估方案。这种方案没有对照组。这样就很难排除经营条件或其他因素导致变化发生的可能性。通常，那些希望评估一项培训，但又不愿意将一部分雇员排除在外的公司，或仅仅希望培训一小批雇员的公司会采用这种方案。

爱德华琼斯公司（Edward Jones）的保险合作项目集合了不同分部的团队，每个团队包括一名金融顾问、一名办公室主任、一名保险咨询顾问。[41]为期两天的培训主要关于如何设计并提供解决方案，并发现有保险需求的客户。一项培训评估比较了 500 个分部在培训前与培训后 15 个月的成果，培训评估结果显示培训后各个分部平均多签了一份保单，业绩最好的 50 个分部的平均固定保单数量增至 8 份，与保险相关的毛收入的增长使得投资回报率达到了 600%。

有对照组的前测/后测

有对照组的前测/后测（pretest/post-test with comparison group）是指既包括受训组又包括对照组，需要分别收集两个小组培训前与培训后的成果数据的评估方案。如果受训组的进步大于对照组，则表明是培训导致了这种差距。这种方案能控制大部分效度威胁。

表 6-8 展示了采用有对照组的前测/后测方案的例子。例子中的评估要明确三种不同的培训方式与学习、满意度和使用计算机技能之间的关系。[42]这三种方式（即计算机培训的类型）是行为示范、自步学习和讲座，研究还包括一个对照组。行为示范是通过看录像来观察示范者是如何运用关键行为来完成任务的。在这个例子中，任务是使用计算机程序（我们会在第 7 章中详细讨论行为示范）。

每种情形包括 40 名受试者。对于学习的测量包括一份有 11 道题目的测试，用来检测受训者使用计算机系统（例如，格式化是否会将磁盘上所有的数据都破坏掉）的情况。测

表 6 - 8　有对照组的前测/后测方案示例

	培训前	培训中	培训后的时段 1	培训后的时段 2
讲座	是	是	是	是
自步学习	是	是	是	是
行为示范	是	是	是	是
不培训（对照组）	是	否	是	是

資料来源：Based on S. J. Simon and J. M. Werner, "Computer Training through Behavior Modeling, Self-Paced, and Instructional Approaches: A Field Experiment," *Journal of Applied Psychology* 81 (1996), pp. 648 - 659.

量受试者对计算机程序的理解（程序理解）主要通过以下方式进行：通过计算机屏幕向受试者提供情境，然后让他们回答接下来屏幕会显示什么结果。计算机应用技能（技能方面的学习成果）是通过让受试者完成 6 项计算机任务（如变更目录）来衡量的。项目满意度（反应成果）的测量则通过 6 道题目来完成（例如，我会向其他人推荐该培训项目）。

如表 6 - 8 所示，培训者要在开展培训项目前收集受训者的学习情况和技能成果（培训前）。此外，要在培训刚结束时（培训后的时段 1）以及培训结束四周之后（培训后的时段 2）再次收集。对满意度的测量数据要在培训结束后立即收集。

研究中收集的培训后的时段 2 的数据有助于确定培训成果转化的发生及信息与技能的保留程度。也就是说，培训结束后，受训者学习并获得了与计算机培训有关的技能。在培训结束后四周收集的数据则会提供有关受训者保留这些技能和知识的情况的信息。

方差分析和协方差分析这样的统计方法可用于测试每种情况下培训前后数据之间的差异。同时，还可以对不同培训条件之间的差异以及受训组与对照组的差异进行分析。这些方法可以测试出各小组之间的差异是否显著到可以得出一个可信度高的结论：产生这些差异的原因是培训，而不是受训者在测量成果上得分的偶然波动。

时间序列

时间序列（time series）是指在培训前后每隔一段时间收集一次培训成果信息的评估方案（在本书已讨论过的其他评估方案中，培训成果只在培训结束后收集一次，可能还会在培训前收集一次）。这一方案的强度可以通过撤销培训干预来提高，**撤销培训干预**（reversal）是指在某一段时间内消除对参与者的培训干预。时间序列方案中也可以采用对照组。该方案的一个优势是可以对培训结果进行长期稳定的分析，另一个优势是同时运用撤销培训干预和对照组能够消除评估结果的歧义。时间序列方案通常还用来评估那些注重改善随时可观测的成果（例如，事故发生率、生产率或缺勤率）的培训项目。CHG 医疗服务机构通过以下方式评估新雇员培训项目的效果：首先建立一个包括总计费测量、应用程序接收和面谈在内的绩效基线。[43] 当新的培训课程开始之后，CHG 可以跟踪这些措施对新雇员绩效的影响。

图 6 - 5 给出了一个时间序列方案的例子。这个方案用于评估一家食品加工厂的培训项目在多大程度上增加了安全工作行为的次数。[44] 这家工厂的事故发生率曾与采矿业差不多，而采矿业是最危险的行业。该厂雇员经常会进行不安全的操作，例如为了排除机器故障将手伸进传送带（从而导致手臂粉碎性骨折）。

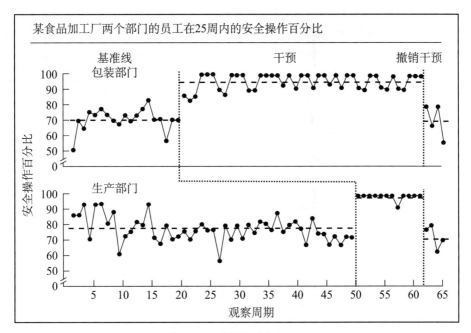

图 6-5 时间序列方案示例

资料来源：J. Komaki, K. D. Badwick, and L. R. Scott, "A Behavioral Approach to Occupational Safety: Pinpointing Safe Performance in a Food Manufacturing Plant," *Journal of Applied Psychology* 63 (1978), pp. 434-445. Copyright 1978 by the American Psychological Association.

为提高安全性，食品加工厂开发了一个培训项目，向雇员讲述安全行为，制定实施安全行为的安全政策，并鼓励他们监督自己的行为。为了评估这个项目，评估方案包括一个对照组（生产部门）和受训组（包装部门）。生产部门的工作是量取并混合各种配料，揉成面团，将面团放进烤炉，烤制完成后取出成品，最后将成品包装起来。包装部门的工作是装袋、封口并贴上商标，然后将成品堆放在滑车上等待运输。对培训成果的测量包括对安全工作行为进行历时 25 周的观察。

基准线给出了安全培训项目引入之前安全行为的百分比。用于增加安全行为的培训项目在大约 5 周（20 个观察日）之后引入包装部门，10 周（50 个观察日）之后引入生产部门。大约 62 个观察日之后，取消在包装部门和生产部门的培训。在取消培训之后，工作中安全行为的比例又有所下降（相较于培训前的水平）。如图 6-5 所示，两个小组的安全行为在不同时期都有所变化。然而，受训组（包装部门）在接受培训后安全行为总量增加了，安全行为水平在观察期内保持稳定（见图中干预阶段）。当生产部门接受培训后（10周或 50 个观察日之后），安全行为数量也有了同比例的增加。

所罗门四小组

所罗门四小组（Solomon four-group）是指综合运用对对照组的前测/后测以及对控制组的后测的设计方案。在所罗门四小组方案中，分别对一个受训组和一个对照组进行培训前和培训后的成果测量，然后对另一个受训组和对照组只进行培训后的成果测量。这种方案能够控制大多数的内部和外部效度威胁。然而，这种方式在培训评估中并不经常使用，因为它相对复杂，而且要求的组别数量较大。

一个关于所罗门四小组方案应用的例子如表6-9所示。这个方案用来比较以整体学习（integrative learning，IL）为基础的制造资源计划培训和传统（以课堂培训为基础）的制造资源计划培训的效果差异。制造资源计划培训是有效规划、协调和综合生产企业内各种资源的一种方法。[45]以整体学习为基础的培训与传统培训存在几个方面的差别。以整体学习为基础的培训要从一系列旨在创建轻松、积极的学习环境的活动开始。先询问受训者制造资源计划对他们意味着什么，然后试图强化他们的观念，并让受训者对制造资源计划有一致的了解。在培训中，受训者讲解培训材料中的内容，并参加与制造过程有关的小组讨论、游戏、讲故事和诗歌朗诵。

表6-9　所罗门四小组方案示例

	前测	培训	后测
1组	是	以整体学习为基础	是
2组	是	传统的	是
3组	否	以整体学习为基础	是
4组	否	传统的	是

资料来源：Based on R. D. Bretz and R. E. Thompsett, "Comparing Traditional and Integrative Learning Methods in Organizational Training Programs," *Journal of Applied Psychology* 77 (1992), pp. 941-951.

由于公司对以整体学习为基础的培训和传统培训之间的比较感兴趣，因此将接受传统培训的小组（而不是没有接受过培训的小组）作为对照组。对制造资源计划的测试（知识测试）和反应测试将被作为最终结果。研究表明，参加整体学习小组的人要比参加传统培训小组的人略微少学一点内容，但是整体学习小组的成员要比参加传统培训项目的成员表现出更多的积极反应。

6.7.3　选择培训评估方案时应考虑的因素

很难说哪一个评估方案是最佳的。评估方案要根据表6-10所列的评估因素来进行选择。以下理由能说明为什么有的公司选择不进行培训评估或采用不太严谨的评估方案，要比采用一个包括对照组、随机抽样和培训前测/后测的评估方案更合适。第一，管理者和培训者可能不愿意为收集培训成果投入大量的时间和精力。第二，管理者和培训者可能缺乏进行评估研究的专业技术。第三，公司可能认为培训是一种没有或者只有很少回报的投资。

表6-10　影响评估方案类型的因素

选择评估方案应考虑的因素：
培训项目能够修改吗？
无效的培训会影响客户服务、产品开发或者雇员之间的关系吗？
有多少雇员参与培训？
培训是为了学习、成果还是两者兼顾？
对结果的展示是公司文化的准则还是期望？
能分析复杂的研究成果吗？
评估费用是多少？
我们何时需要信息？

资料来源：Based on S. I. Tannenbaum and S. B. Woods, "Determining a Strategy for Evaluating Training: Operating within Organizational Constraints," *Human Resource Planning* 15 (1992), pp. 63-81.

　　然而你应该在出现下列情况时考虑使用更严谨的评估方案（有对照组的前测/后测方案）[46]：

　　1. 要利用评估结果改进培训项目。

　　2. 培训方案正在执行中且可能会对许多雇员（和顾客）产生重大影响。

　　3. 培训方案涉及不同级别的人员和为数众多的受训者。

　　4. 培训成本的确定取决于多个指标（在这里，公司对评估的定位很明确）。

　　5. 公司培训者或其他人具有设计和评价培训评估研究数据的专业技术（或有从公司外部购买专业技术的资金）。

　　6. 培训耗费成本，因此需要证实它确实可以发挥作用。

　　7. 有足够的时间进行评估。在这种情况下，并不需要立即获得有关培训有效性的信息。

　　8. 对培训后发生的变化（在知识、行为方式、技能等方面）很感兴趣，或想要比较两个或两个以上不同的培训项目。

　　例如，公司对雇员的沟通技巧在培训之后发生了多大的变化感兴趣，那么有必要采用有对照组的前测/后测方案，随机将雇员分为受训组和对照组。这一评估方案的特点能使你确信沟通技能的变化是由培训项目引起的。[47] 如果公司希望比较两个培训项目的效果，那么这种评估方案也是必要的。

　　没有前测或者对照组的评估方案最适用于确认绩效水平是否达到特定水准（例如，参加培训项目的雇员是否可以与他人充分沟通自己的想法）。在这种情况下，公司并不想了解雇员的沟通技巧发生了多大的变化，相反，它只关心受训者是否达到了一定的熟练水平。

　　有些时候对照组是天然存在的，这就使我们可以针对对照组进行前测和后测，或针对对照组实施后测评估设计。这一情况往往出现在实施新培训项目之时，因为不可能所有的雇员同时参加培训。比如，有些雇员比其他雇员接受培训的时间要晚，因此他们就被认定为对照组。培训成果的衡量和比较发生于参加过培训的雇员和等待参加培训的雇员之间。BB&T 公司的领导力开发项目也被称为"卓越领导力项目"（Leadership Excellence Program）。参加这个项目的学员会得到领导力咨询顾问的教练指导，参加关于领导力的研讨会，并参与能够提高其业务水平的项目。BB&T 公司开展了一项评估研究，在这项研究中，BB&T 将参加了卓越领导力项目的学员与没有参加这一项目的学员（对照组）进行对比。评估研究表明参加卓越领导力项目的学员比对照组的雇员晋升得更快。除此之外，参与这个项目的雇员的保留率达到 31%，这使得公司节省了 1 300 万美元的成本。[48]

　　某公司对税务专业人员培训课程的评估方案表明了与评估相关的公司准则及培训目标对评估方案选择的影响。[49] 该公司将培训看作开发人力资源的有效方法，认为培训可带来较高的投资回报率。它综合运用了情感、认知、行为和成果指标，来评估旨在帮助税务专业人员了解国家和地方税收法规的为期五周的培训班。这次培训包括为期两周的自学和为期三周的课堂教学。评估使用了有对照组的前测/后测方案。受训者在参加培训课程之前，要参加一项有关国家和地方税法知识的测验，并完成一项调查，用以评价其对正确计算税收的自信程度。评估人员还要确定受训者（会计人员）计算国家和地方税收所需的时间及这项活动产生的收益。培训课程结束后，再次确认核算时间和受训者的自信程度。评估结果表明，会计人员会比培训前花更多的时间来计算国家和地方税收。同时，在计算国家和地方税收方面，已受训的会计人员要比未受训的会计人员（对照组）带来更多的收益。而且，培训后会计人员的自信心明显增强了，他们更愿意提高计算国家和地方税收的专业技能。最终，在15个月后，公司获得的收益足以抵消培训成本。平均来看，受过培训的会计人员使公司收益增加了10%以上。

■ 6.8　确定投资回报率

投资回报率（ROI）是一个重要的培训成果。在这一部分，我们将讨论怎样通过成本收益分析计算投资回报率。这里的**成本收益分析**（cost-benefit analysis）是指运用会计方法计算培训的成本和收益，进而确定培训项目的经济效益的过程。培训成本信息之所以重要，是因为它可以用于[50]：

1. 了解培训的总成本，包括直接成本与间接成本。

2. 比较各种备选培训项目的成本。

3. 核定投入到培训开发、管理和评估上的资金比例并比较用于不同雇员群体（例如，豁免员工与非豁免员工）的培训资金。

4. 进行成本控制。

公司对测量培训与开发项目的投资回报率越来越感兴趣，这是因为需要利用这些项目的结果来证明投入资金加大培训与开发力度是有意义的。[51]大多数培训者和管理者认为培训与开发活动能够创造价值，比如，提高生产率或顾客满意度，降低成本，节省时间，降低雇员的流失率。投资回报率为培训与开发项目带来经济价值提供了证据。然而要记住，投资回报率并不能代替其他项目成果，这些项目成果可以根据受训者的反应以及是否发生学习和培训成果转化提供项目成功的数据。

一般来说，投资回报率用来表明一个培训项目实施后的成本收益。不过，投资回报率也用于预测一个新培训项目的潜在价值，通过估算和比较每种方法的成本和收益来选择最有效的培训方式，并决定将来是否投资和提供培训项目。[52]

我们来看看亮视点使用投资回报率的例子。亮视点将眼科专家、各式各样的镜框和镜片以及镜片制作实验室都安排在同一个地点。[53]门店一般位于交通比较便捷的地点，营业时间也很长，并且能够当场配好眼镜。公司注重客户服务，为此提供了一站式服务，并承诺在一小时内完成眼镜制作。戴夫·帕尔姆（Dave Palm）是公司的一位培训专员，他接到了地区经理的电话。地区经理告诉他，尽管公司高层认为雇员有必要接受眼镜设计方面的培训，并且雇员对培训也很满意，但高层还是想知道用于培训的投资是否获得了回报。帕尔姆决定与操作人员合作，确定如何将培训与可衡量的培训成果（如利润率、产品质量和销售额）联系起来。在与操作人员沟通之后，他决定将以下三个方面和培训联系起来：由于质量不合格和返工造成的浪费，连锁店的绩效和销售额，顾客满意度。他选择了两个地理区域来评估培训成果，并将这两个区域的成果与另外一个没有接受培训的区域的成果进行比较。帕尔姆发现选定的两个区域中接受培训的所有门店都减少了浪费，增加了销售额并且提高了顾客满意度。因此，公司增加了分配给培训部门的资金，每年投入 1 000 万美元用于培训项目的开发和管理——多于同行业其他任何竞争对手。培训部门证明了培训确实有利于公司的运营，也因此得到了用于开发多媒体培训系统的资金支持。

计算投资回报率的过程始于对培训项目目标的理解。[54]首先，制定与目标衡量相关的数据收集计划。如果可能的话，接下来把由培训引起的成果与其他可能影响数据的因素区分开来。最后，把这些数据都转化成货币价值并由此计算投资回报率。选择用于评估的成果并设计评估方案来帮助区分培训的效果已经在本章前面讨论过了。接下来将讨论如何确定收益和成本，并且给出一个关于成本收益分析和计算投资回报率的例子。

由于分析投资回报率的成本很高，因此只分析特定的培训项目。投资回报率分析适用于以下几种培训项目：专注于操作问题（例如，容易得到可测量、可辨别的结果）、与公司整体战略相关（例如，更好地服务客户）、成本高、高度可视化、有管理兴趣、很多雇员参与、永久性的。[55]在德勤会计师事务所，对于大多数培训项目，管理者并不需要进行投资回报率分析[56]，因为在德勤，知识就是产品，培训投资被视为业务的一个重要组成部分。德勤的顾问给客户提供咨询服务都是按小时计费的。培训有助于顾问更好地为满足客户的需求做准备。德勤主要对成本高或者新的培训项目实施评估。例如，德勤对帮助新雇员更快地学习如何为客户服务的模拟培训方案进行了投资回报率分析。使用模拟培训方案后，新雇员为客户服务的速度提高了30%～40%——减去培训项目成本之后，投资回报超过 660 亿美元。

6.8.1 确定成本

一种可用于比较各种备选培训项目的成本的方法是资源需求模型。[57]资源需求模型比较了培训的不同阶段（需求评估、培训项目开发、培训项目设计、实施和评估）所需的设备、设施、人员和材料的成本。利用资源需求模型有助于明确不同培训项目成本的总体差异，同时，可以对培训过程的不同阶段所发生的成本进行项目间的比较。

还可用会计方法来计算成本。[58]总共有七种成本来源需要计算。这些成本包括项目开发或购买成本、向培训者和受训者提供的材料的成本、设备和硬件成本、设施成本、交通及住宿成本、培训者及辅助人员工资，以及受训者参加培训期间生产率下降产生的成本（或当受训者接受培训时代替他们工作的临时工的成本）。这种方法还会确认这些成本发生的时间。一次性成本指那些与需求评估和项目开发有关的成本。每次培训的成本包括培训场地租赁费用、培训者工资及每次实施计划时所发生的其他费用。每个受训者的成本包括餐费、材料费及受训者参加培训导致生产率下降而产生的成本或其间发生的替代成本。比如，思考一下虚拟培训和线下培训的成本。安泰保险公司将其针对客户代表为期18 周的入职培训从原有的线下培训转为线上虚拟培训。[59]将受训者召集到不同的培训地点的费用是 27 000 美元，相比之下，同样的培训项目采用虚拟形式的成本只有 3 000 美元。

6.8.2 确定收益

为确定培训的潜在收益，公司必须回顾一下培训的初衷。例如，实施培训可能是为了降低生产成本或削减额外成本，或者增加回头客的业务量。有许多方法可用来确定收益：

1. 技术、学术及从业者文献总结的与特定培训项目有关的益处。

2. 在公司投入大量资源之前，通过试点培训，评估一小部分受训者获得的益处。

3. 通过对成功的工作者的观察，帮助公司确定成功者与不成功者的绩效差异。[60]

4. 受训者和他们的管理者能够提供关于培训收益的大致估计。

例如，苹果公司的一位培训与开发咨询专家正在考虑流水线操作培训项目的质量和持久性问题。[61]他希望证明培训不仅有效，而且能够带来财务上的收益。为此，这位咨询专家选择的培训项目包括两个独立的受训小组——每个小组包括 27 名雇员，以及两个未受训的小组（对照组）。他收集了一些需要衡量的生产线上的成果（生产率、质量和劳动效率）在培训前的信息。他决定在培训结束后两个月对受训组和对照组的培训效果进行比较。这位咨询专家发现，没有受过培训的小组比受过培训的小组要多出 2 000 分钟的停工时间。这一发现意味着受过培训的雇员能够为顾客生产和运输更多的商品——证明了培训对于苹果公司的经营目标是非常有益的。

为了进行成本收益分析，这位咨询专家让受训组中的每一位雇员估计一下行为改变对某个特定的业务衡量指标的影响（例如，将工作分成几部分做有利于提高生产率或效率）。此次评估还考虑了受训者的自信度。为了对每一个受训者进行成本收益估计，咨询专家将每个月的成本收益乘以自信度水平，再除以雇员的数量。例如，有一个拥有 20 名受训者的小组估计，与经营改善有关的月总成本收益为 336 000 美元，自信度水平平均为 70%。将 336 000 美元乘以 70% 的自信度水平，得到的成本收益为 235 200 美元。将这个数再除以 20（235 200 美元/20 名雇员），就得到了每个雇员的成本收益的平均估计值（11 760 美元）。为了计算投资回报率，应该遵循以下步骤[62]：

1. 确定成果（例如，质量、事故发生率）。

2. 给每一个成果确定一个权重。

3. 在消除其他潜在因素对培训结果的影响后，确定绩效的变化。

4. 通过比较培训前后的结果（以美元计），获得每年的收益数额（操作结果）。

5. 确定培训成本（直接成本＋间接成本＋开发成本＋一般管理费用＋受训者薪酬）。

6. 计算总结余，方法是用收益（经营成果）减去培训成本。

7. 计算投资回报率，方法是用收益（经营成果）除以成本。投资回报率是对花在培训上的每一美元获得的货币回报的大致估计。

6.8.3　成本收益分析举例

通过一个实例可以很好地说明成本收益分析。[63]有一个木材厂专门生产承包商用作建筑材料的木镶板。这家木材厂雇用了 300 名工人、48 名一线主管、7 名轮值监管人员和 1 名工厂经理。公司的经营中出现了三个问题：第一，每天生产的木镶板有 2% 由于质量太差而被淘汰；第二，生产区域环境管理不佳，如木镶板堆放不合理，有可能会砸到雇员；第三，可避免的事故的发生率高于行业平均水平。为解决这些问题，该厂对一线主管、轮值监管人员和工厂经理进行了如下培训：（1）与质量问题和雇员不良工作习惯有关的绩效管理和人际关系技能培训；（2）表彰绩效提高的雇员的技能培训。培训在工厂附近的一家酒店内进行。培训项目采用购买的视频资料，该项目的指导者是一名咨询专家。表 6－11 给出了每一种成本及其确定方法。

表 6-11　成本收益分析中成本的确定　　　　　　　　　　　　　　单位：美元

直接成本	
指导者	0
公司内指导者（为期 12 天，每天 125 美元）	1 500
小额福利（工资的 25%）	375
交通费	0
材料费（60 美元×56 名受训者）	3 360
培训教室和视听设备租赁费（为期 12 天，每天 50 美元）	600
餐费（4 美元/天×3 天×56 名受训者）	672
总的直接成本	6 507
间接成本	
培训管理费	0
雇员和管理人员工资	750
小额福利（工资的 25%）	187
邮资、运输费和电话费	0
培训前和培训后的材料费（4 美元/人×56 名受训者）	224
总的间接成本	1 161
开发成本	
项目购买费用	3 600
指导者培训费用	
注册费用	1 400
交通和住宿费用	975
工资	625
福利（工资的 25%）	156
总的开发成本	6 756
管理费用	
组织的总体支持、高层管理者的时间成本（直接成本、间接成本和开发成本的 10%）	1 443
总的管理费用	1 443
受训者薪酬	
受训者工资和福利（根据离岗时间计算）	16 969
总的培训成本	32 836
每个受训者的成本	587

通过考察培训项目目标和项目将会影响的培训成果种类来确定培训的收益，这些成果包括木镶板质量、环境管理以及可避免的事故。表 6-12 展示了如何计算培训的收益。

表 6-12　成本收益分析中收益的确定

经营结果	测量方式	培训前的结果	培训后的结果	差异	成本
木镶板质量	淘汰率	2% 的淘汰率，即每天 1 440 块木镶板	1.5%的淘汰率，即每天 1 080 块木镶板	降低 0.5 个百分点，即 360 块木镶板	每天 720 美元，每年 172 800 美元

续表

经营结果	测量方式	培训前的结果	培训后的结果	差异	成本
环境管理	用包括 20 项内容的清单进行检查	10 处不合格（平均）	2 处不合格（平均）	减少 8 处不合格	无法用金额表示
可避免的事故	事故数量、事故的直接成本	每年 24 次，成本 144 000 美元	每年 16 次，成本 96 000 美元	每年减少 8 次，成本降低 48 000 美元	每年 48 000 美元

$$\text{ROI} = \frac{收益}{投资} = \frac{利润-成本}{成本} = \frac{220\ 800-32\ 836}{32\ 836} = 5.72$$

总收益：187 964 美元

资料来源：D. G. Robinson and J. Robinson, "Training for Impact," *Training and Development Journal* (August 1989), pp. 30 - 42.

　　一旦确定了项目的成本和收益，用收益除以成本即为投资回报率。在我们的例子中，投资回报率为 5.72，也就是说，在项目中每投入 1 美元就会带来大约 6 美元的收益。你怎样判断投资回报率是否可以被接受？一种方法就是让管理者和培训者就投资回报率的可接受水平达成一致；另一种方法是利用其他公司类似的培训的投资回报率来判断。表 6 - 13 举例说明了集中式培训项目的投资回报率。

表 6 - 13　投资回报率示例

行业	培训项目	投资回报率
装瓶公司	管理者角色定位的培训	15∶1
大型商业银行	销售培训	21∶1
电力和煤气公用事业公司	行为规范培训	5∶1
石油公司	客户服务培训	4.8∶1
保健组织	团队培训	13.7∶1
卫生与医疗服务公司	对领导者的指导	2∶1

资料来源：Based on "Top 125 Rankings 2015," *training* (January/February 2015), pp. 62 - 101. J. J. Philips, "ROI: The Search for Best Practices," *Training and Development* (February 1996), p. 45.

　　威瑞森针对两组客服代表进行了对比，第一组客服代表（培训组）有机会观看客服场景，同时进行练习并得到了反馈。第二组客服代表（对照组）观看了相关视频，但并没有进行练习。[64] 相较于对照组，培训组的新客户获取数量增加了 71%。为了计算投资回报率，威瑞森将开发成本、薪酬成本以及材料、讲师、教练所产生的成本纳入考虑范畴，最终发现在三个月内公司的收入增加了 140 万美元。

6.8.4　成本收益分析的其他方法

　　还有其他更复杂的方法可用来确定培训的经济价值。例如，**效用分析**（utility analysis）是通过估计受训雇员与未受训雇员在工作绩效上的差异、受训者的数量、培训项目对绩效产生影响的预计持续时间，以及未受训雇员工作绩效的变化来进行成本收益分析的。[65]效用分析需要利用有对照组的前测/后测方案进行，以评估受训雇员与未受训雇员在工作绩效上的差异。其他类型的经济分析是当培训为企业或政府带来经济效益时进行的评估，主要通过计算直接成本和间接成本、政府对培训的奖励津贴、培训后受训者工资的上涨以及税率和折扣率来进行评估。[66]

6.8.5　确定投资回报率要考虑的现实因素

就像本章前面提到的，投资回报率分析并不适用于所有的培训项目。最适合进行投资回报率分析的培训项目具有清晰明确的成果，不是一次性的事件，而是在公司内很常见，具有战略重点，并且能够产生可以区分的效果。在本章涉及的投资回报率分析的例子中，那些成果都是可测量的。也就是说，在木材厂的例子中，能够很容易地看到质量的变化，计算出事故率，观察到环境管理方面的行为。如果培训项目关注的是那些软成果（例如，态度、人际交往技能），就很难估计它所带来的价值。

要证明培训与获得市场份额或其他更高层次的战略经营成果的关系是很困难的。因为成果会受到许多和培训没有直接联系（甚至不在企业的控制下）的其他因素的影响，例如竞争对手的绩效水平和经济的波动。而且各业务单元可能并不会收集用于确认培训项目在个体绩效方面的投资回报率的数据。同样，对培训的衡量有时是很昂贵的。威瑞森雇用了 200 000 名雇员。[67]公司预计它研究一个项目的投资回报率需要花费大约 5 000美元。如果公司开展了大量的培训项目，那么对每一个项目都进行投资回报率分析，成本就太高了。

许多公司发现，即使不考虑这些困难，进行投资回报率分析的费用也很高。因此，许多公司试图运用其他更具创造性的方法来衡量培训的成本和收益。[68]例如，为了对一个旨在降低旷工率的培训项目进行投资回报率分析，公司要求受训者及其管理者估计旷工给他们带来的损失，并取其估计值的均值。思科公司会追踪统计其合作者返回公司网站寻求辅助指导的频率。科尔尼（A. T. Kearney）是一家管理咨询公司，通过统计由老顾客带来的新生意数量来追踪培训取得的成效。

6.8.6　成功案例和预期回报率

要确定培训的价值，并利用可以排除其他结果对培训成果的影响的方案来解决培训评估难题，方法之一就是采用预期回报率或者成功案例。**预期回报率**（return on expectation，ROE）是指将培训评估方案演示给主要的利益相关者（如高层管理者），并了解他们对培训的预期。[69]预期回报率有赖于从培训刚开始一直到开展培训评估都要与公司的利益相关者保持业务伙伴关系。

威瑞森对公司的培训课程进行了投资回报率分析，分析使用客观数据（比如销售数据），可以培训的影响分离出来（评估设计纳入了对照组，并收集了培训前和培训后的成果）。威瑞森计算了培训的净资产收益率。在培训前，公司要求为培训提供资金支持的高管确定他们所希望看到的培训目标，以及对于所面临的问题的成本预估。在培训后，询问高管培训是否达到了他们的预期，并鼓励他们为实现的预期赋予货币价值。

成功案例或故事（success case or story）是指显示培训效果的力证：学习将如何创造

企业和高管都认为值得的成果。[70]成功案例并不是要区分出培训的影响，而是提供证据表明培训是有效的。比如，德勤重新设计了有关公司商业技术分析的培训项目，增加了更多自步学习和来自用户的内容，面授课程由原来的 13 天缩短至 7 天。培训项目的重新设计意味着分析人员有更多的时间与客户相处，这使得公司的收入增加了将近 400 万美元，同时节省了 25 万美元的差旅费。[71]

6.9 测量人力资本和培训活动

到目前为止，本章一直关注的是怎样评估培训项目。要记住，评估还包括确定学习和培训活动以及培训职能有助于公司战略目标和经营目标实现的程度。第 1 章强调，要认识到培训、开发和学习可以而且应该有助于雇员绩效和业务目标的实现（见图 1 - 1）。在第 2 章中我们讨论了指标在战略性培训与开发过程中的作用，指标用来确定学习活动或培训职能带给公司的价值。

理解学习活动或培训职能所提供的价值的一种方法是与其他公司进行对比。每年，美国培训与发展协会（ASTD），也就是如今的美国人才发展协会（ATD），都会准备一份报告，总结美国的公司开展的培训。这份报告提供有关培训时间和教学方式的信息，以便各公司将其作为基准，或者与行业或规模类似的公司进行比较。

表 6 - 14 提供了培训测量指标的例子。这些度量标准对于基准测试、理解公司当前培训活动的数量以及追踪培训活动的历史趋势都是有价值的。然而，收集这些指标并不能解决诸如培训是否有效，或者公司是否使用这些数据来制定战略培训决策等问题。[72]

表 6 - 14 培训测量指标

- 每名雇员的培训支出
- 每名雇员的学习时间
- 支出占工资的比例
- 支出占收益的比例
- 一小时学习时间的成本
- 对外服务支出的百分比
- 接受每个培训与开发项目的雇员的学习时间
- 学习活动外包所占的平均比例
- 学习内容占专业内容领域（比如，基本技能、客户服务、管理开发等）的平均比例
- 不同讲授方式（比如，培训者主导、技术型培训等）的学习时间所占的平均比例

资料来源：D. Bushee, "Analyze This," *TD* (March 2017), pp. 28 - 29.; L. Miller, *2014 State of the Industry* (Alexandria, VA: Association for Talent Development, 2014); T. Wilk, "How to Run Learning Like a Business," *Chief Learning Officer* (June 2014), pp. 48 - 60.

6.9.1 大数据与劳动力分析

大数据（big data）指通过编译不同组织系统的数据而形成的复杂数据集，包括市场与销售、人力资源、财务、会计、客服、运营。大数据有三个维度，分别是数量、种类、速度。[73]数量指的是大量可获取的数据，种类指的是大量不同来源和类型的可获取数据，速度指的是生成大量数据以及评估、获取、应用这些数据的快慢。大数据可以来自包括交

易、商业应用程序、电子邮件、社交媒体、智能手机、嵌入雇员身份标识或公司产品中的传感器。

大数据的目标是基于数据而非直觉或者传统思维对人力资本进行决策。因为基于直觉和传统思维的决策可能会带来不准确的结论和建议。大数据可以用于评估学习与开发项目；判断项目对商业结果的影响；开发可以预测商业培训需求、参与人数、成本、成果的模型。比如，大数据可以帮助预测雇员何时参与培训，并预测培训与雇员保留和晋升的相关性。将与学习相关的数据纳入大数据中可以展示学习对公司的战略价值。使用大数据需要进行劳动力分析。**劳动力分析**（workforce analytics）是一种分析活动，用量化手段和科学的方法分析来自人力资源数据库、企业财报、雇员调查和其他数据来源的数据，并以此为依据做出决定，来表明人力资源实践（包括培训、开发与学习）对企业有重要影响。[74]

我们通过几个案例来展示公司是如何使用大数据和劳动力分析的。[75]作为一家汽车零售商，索尼克汽车公司使用大数据来判断培训项目是否实现了投资回报率的正增长，并判断培训是否帮助公司实现了战略目标。关于大数据的使用有以下几个目的。索尼克汽车大学对公司数百个培训模块的使用进行了追踪。招聘信息仪表板可以让我们了解公司某个职位的申请人数；经过筛选和面试的人数；公司空缺和满员的职位数量。这类信息可以帮助培训团队确定谁在招聘方面遇到了困难，并需要参加招聘工具和招聘流程方面的相关培训。对于新雇员和离职雇员的调查可以用来判断管理者在教练指导技能方面是否需要培训。为了分析学习数据如何促进公司销售团队的成功，SuccessFactors 公司使用了来自三个系统的大数据，这三个系统分别是顾客关系管理系统、学习与绩效管理系统、雇员资料系统。有关顾客关系的数据包括销售的数量和规模；学习数据则包含课程以及针对培训有效性的**自我评估**（self-evaluation）；绩效数据包含管理者的绩效得分和学习计划；雇员资料数据包含销售经验和入职日期。公司在销售经验、销售量、销售价值方面对完成培训和没有完成培训的雇员进行了对比。美国国防采办大学使用大数据来判断培训项目的有效性。大学为美国军方的现役和预备役信息技术雇员提供培训。该大学将来自人力资源、预算、财务系统的数据与受训者信息进行整合。比如，一些培训数据包含培训结束后对课程质量的调查，受训者对讲师的评价。两个月后，受训者被要求评估培训对他们的工作表现和业务成果的影响。这些数据可以帮助大学判断课程、质量、课程地点、各个业务单元的培训参与度、课程报名人数和工作绩效的相关度等方面的趋势。其中一项分析表明课程中的嘉宾与个体学习高度相关，这就对工作表现和业务成果造成了影响。另一项针对教室成本、讲师工资、差旅成本、预计参与人数、学员的差旅成本的分析，帮助大学判断进行课堂培训成本最低的地点。作为一家使用面授和在线非正式教育的电信公司，研科电信公司开发了一套针对培训获取（点击率、开发性、参与率）、使用（观看、保持、阅读、参与）、打分（知识获取）、评估（学习者评估）、回报（对绩效的影响）的测量系统。研科电信公司收集了来自不同追踪系统的数据（个人、企业、各个部门、业务）。每一位雇员都有一个学习仪表板，这一仪表板展示学习投资、评估结果和按工作团队、区域或部门进行的分析。为了确定每一季度的学习回报，公司会针对雇员过去 90 天的学习活动随机进行调查。学习回报率是根据雇员回复学习对于他们的知识和技能产生积极影响的百分比进行计算的。2013 年的平均学习回报率为 75%。

一些公司使用仪表板衡量有效性、经济效益以及学习活动与经营战略和目标的关系。**仪表板**（dashboard）是指可以接收和分析来自企业内不同部门的数据，并将信息传递给管理者和其他决策制定者的电脑界面。[76]仪表板可以将来自不同数据源（例如，公司的人力资源信息系统、学习管理或课程注册系统）的数据制成图表。仪表板非常有用，因为它可以提供一个可视化的图表来展示学习活动和企业绩效数据之间的关系——包括测量像人力资本这样的无形资产（回顾第 1 章关于人力资本的讨论）。仪表板允许用户用不同的方式访问和使用数据，包括访问某个单独领域的数据以及基于预先设定的公式创建类别（比如，每小时学习时间的成本）。捷飞络公司允许门店经理、公司领导者、特许经销商、学习专员获取在线报告，这些报告反映了雇员和特许经销商在不同区域通过认证的情况。[77]颜色编码可以帮助我们更好地理解这些数据，达到或超过规定的目标、通过认证的，用绿色表示；完成率为 50％～59％的，用黄色表示；完成率低于 50％的，用红色表示。

KeyBank 总部设在俄亥俄州的克利夫兰，是美国最大的银行主导型金融服务公司。[78]该公司的经营战略是通过以客户为中心的解决方案和卓越的服务来建立客户关系。KeyBank 提供各种培训与开发项目，帮助雇员个人及其职业得到发展。为了确保培训与开发活动的效率和有效性，KeyBank 使用仪表板为雇员提供关于战略联盟、有效性和培训项目的投资的实时数据。培训活动仪表板提供学习和培训的历史信息（"后视"视角），用户确定自己感兴趣的时间段，选择全公司或特定业务领域的信息。仪表板提供所有培训活动的信息，说明培训活动在公司内或业务上的分布，哪个培训领域得到的资金最多，以及雇员完成培训和获取技能的进展。仪表板还可以用来提供未来学习的视角（"挡风玻璃"视角）。用户可以查看培训课程或项目的完成率，并且确定 KeyBank 在美国的分支机构的进展。这些信息对培训主管了解是否达到培训目标，是提前或滞后于完成日期等非常有用，能够帮助他们更好地规划未来的培训内容并及时与当地管理者一起调整培训目标。

小　结

评估可以提供培训有效性方面的信息，包括确定适用于评估的培训成果。本章强调好的评估方案需要在实施培训之前就开始思考评估方式。需求评估的信息和具体可测量的学习目标有助于确定那些应该包含在评估方案设计中的成果。培训项目评估使用的成果包括受训者对培训项目的满意度、知识或技能的学习、工作中知识和技能的应用及绩效成果——如销售额、生产率或可避免的事故。评估还可包括培训的收益和成本的比较（投资回报率）。培训评估所使用的成果有助于确定培训项目对学习行为和培训转化的影响程度。评估还包括选择一种最适合的评估方案，以使评估结果的可信度最大化。方案的设计需要对以下方面进行详细分析：如何降低内在效度威胁和外在效度威胁，以及培训目标、专业人员的水平等公司和培训特点。依照是否包括培训前和培训后的成果测量及受训组与对照组，可将评估方案分为不同类型。本章的最后还就如何使用大数据、劳动力分析和仪表板来测量、分析和展示培训对公司人力资本的贡献进行了讨论。

关键术语

培训效果（training effectiveness）
培训成果（training outcome）
标准（criteria）
培训评估（training evaluation）
评估方案设计（evaluation design）
事前评估（formative evaluation）
试验性测试（pilot testing）
事后评估（summative evaluation）
反应成果（reaction outcome）
净推荐值（net promotion score，NPS）
认知成果（cognitive outcome）
技能成果（skill-based outcome）
情感成果（affective outcome）
绩效成果（result）
投资回报率（return on investment，ROI）
直接成本（direct cost）
间接成本（indirect cost）
收益（benefit）
标准相关度（criteria relevance）
效标污染（criterion contamination）
效标缺陷（criterion deficiency）
信度（reliability）
区分度（discrimination）
可行性（practicality）

逻辑模型（logic model）
效度威胁（threats to validity）
内在效度（internal validity）
外在效度（external validity）
培训前测量（pretraining measure）
培训后测量（post-training measure）
对照组（comparison group）
霍桑效应（Hawthorne effect）
随机抽样（random assignment）
后测（post-test-only）
前测/后测（pretest/post-test）
有对照组的前测/后测（pretest/post-test with comparison group）
时间序列（time series）
撤销培训干预（reversal）
所罗门四小组（Solomon four-group）
成本收益分析（cost-benefit analysis）
效用分析（utility analysis）
预期回报率（return on expectation，ROE）
成功案例或故事（success case or story）
大数据（big data）
劳动力分析（workforce analytics）
自我评估（self-evaluation）
仪表板（dashboard）

讨论题

1. 如何才能促使公司进行培训项目评估？
2. 效度威胁与培训评估有什么关系？明确效度的内在威胁和外在威胁。内在效度威胁与外在效度威胁一样吗？说明原因。
3. 简述下列培训评估方案各自的优缺点：后测，有对照组的前测/后测，前测/后测。
4. 什么是净推荐值？阐述它在培训评估中的作用。
5. 什么是绩效成果？你认为为什么很多组织不使用绩效成果来评估它们的培训项目？
6. 本章中我们讨论了几种影响评估方案选择的因素。其中哪个因素对选择评估方案的影响最大？哪个因素的影响最小？解释理由。
7. 你如何评估一个教授雇员使用互联网来监测股票价格的培训项目带来的收益？

8. 两周以前，一组管理者（$N=25$人）参加了领导力技能开发项目的问题解决式模拟培训，其中有两天的时间用于实践解决问题的正确方法与程序。每个管理者管理15～20名雇员。公司计划修改该培训项目，并且关注培训支出是否合理。你被要求评估这个培训项目，而且你的老板想在六周内得到评估结果。说明你选用的成果及使用的评估方案。如果管理者还没参加培训，你的答案会发生什么样的变化？

9. 当你计算一个培训项目的投资回报率时，你应该考虑哪些现实因素？

10. 评估一个公司的培训职能的有效性时选择什么指标更有用？讨论并按重要性排序。

11. 什么是预期回报率？它怎样才能在不收集数据和进行分析的情况下展示培训的成本和收益？解释与成本收益分析方法相比，预期回报率的优劣势。

12. 大数据的特征有哪些？阐述如何使用大数据展示学习对商业成果的影响。

案例 在太平洋燃气电力公司培训技术人员

天然气经由太平洋燃气电力公司（Pacific Gas & Electric）管理的管道输入加利福尼亚州，服务400万客户。作为自动检测并调整管道压力和天然气流动的设备，阀门操控器确保了天然气可以安全地流过管道。技术人员会定期对阀门进行维护，以确保它们不会因长期超压而破裂。公司对现有的针对阀门的培训项目进行了重新设计，因为原来的培训通过线下课堂进行，讲师使用道具进行教学，技术人员无法接触真实的阀门。公司还认为原有的培训没有给予技术人员足够的实践时间。公司希望能够通过培训减少技术人员在管道维护上出错的次数，并缩短维护管道所需要的时间。

新的培训项目使用3D场景模拟。场景模拟可以呈现阀门的真实工作原理，并可模拟技术人员的主要工作，比如，阀门拆装和清洗。技术人员可以看到阀门的内部构造以及何时需要对阀门进行调整。场景模拟还包括指导技术人员完成任务的教程及以检验技术人员是否正确操作的测试。技术人员还可以在工作中通过iPad获取这一教程。

太平洋燃气电力公司应收集哪些成果以确定新培训计划的有效性？它应该采用什么样的评估设计？解释你选择的成果和评估设计。

资料来源：Based on "Training Top 125 2018 Best Practices & Outstanding Training Initiatives, Pacific Gas & Electric: Becker Valve Operator 3-D Simulator," *training* (January/February 2018), pp. 92 - 93.

注 释

综合案例 2 在 CA Technologies 公司，人人都可以是领导者

CA Technologies 公司的使命是消除理念和商业成果之间的屏障。公司通过向企业提供咨询服务和专业技术来实现这一使命。

CA Technologies 公司推出了一个名为"所有层级的领导者"（Leaders of All Levels）的计划，基于雇员所需要的资源和工具来开发自我领导、领导整个组织、领导他人的技能。这个计划中的"领导力开发"项目聚焦于中层管理者和个人贡献者。"管理和领导"项目帮助新入职、晋升或现有的管理者开发技能。在这两个项目中，都是采用体验式学习、社交互动、面授指导的形式。为了确保技能在工作中得到应用，项目参与者要与他们的主管会面，并设定培训的预期，而主管会得到一款工具包，该工具包主要用来确定哪些技能应该作为培训重点，还可以展示技能的应用，并就如何加强技能在工作中的应用给予相应的建议。项目评估包含反应、学习、成果。参与者非常喜欢这个项目，并且相信这个项目与他们的个人发展与成长相关。项目前和项目后的自我评估显示，参加这个项目的管理者对团队的战略愿景和方向的认识提高了 68%，为团队成员提供绩效和发展指导的信心提高了 22%。这个项目的参与者的自愿离职率比公司整体水平低 3 个百分点。根据 CA Technologies 公司在绩效管理过程中收集的数据，项目参与者的绩效水平高于没有参与项目的员工。61% 的项目参与者表示他们在参加项目之前会与自己的主管见面，并设定培训预期。此外，76% 的项目参与者表示他们愿意与自己的主管讨论如何将所学内容应用于现有工作中。

问题

1. 哪些特征为这一领导力开发项目带来了积极的结果？确定这些特征，并阐述原因。

2. 为了进一步理解这一领导力开发项目的有效性，CA Technologies 公司需要收集哪些指标的信息？

3. 你将如何加强评估设计，从而让你更加相信积极的成果源于领导力开发项目，而并非其他原因？

资料来源：Based on "About Us," "Our Mission," from www. ca. com, accessed April 10, 2018；J. Castaneda, "Bench Strength," *TD* (June 2015), pp. 30 - 35；"Leaders at All Levels: Leadership Development Program," from www. ca. com, accessed April 10, 2018.

第三部分

培训与开发方法

本书的第三部分介绍不同类型的培训与开发方法。第 7 章"传统的培训方法"介绍了演示法、传递法和团队建设法，主要包括在岗培训（OJT）、仿真模拟和游戏、讲座法和各种团队建设法（比如，行动学习和团队培训）。第 8 章"基于新技术的培训方法"中，介绍了关于脸书和推特的话题，并且关注基于最新技术的培训与开发方法。网络学习、在线学习、远程学习、虚拟现实、慕课、增强现实、人工智能、类似于"第二人生"（Second Life）的虚拟世界、类似于博客和维基的协作工具，以及使用智能手机和像 iPad 这样的平板电脑等进行的移动学习都是本章探讨的学习方法。第 7 章和第 8 章展示了如何利用每种方法，讨论了每种方法的潜在优点和缺点，以及重要的研究成果。很多公司倾向于使用集成学习方法，以充分利用面对面指导和技术辅助指导的优势。

第 9 章"雇员开发和职业生涯管理"中，详细介绍了开发计划和不同类型的开发活动，包括评估、正式的课程和项目、亲身参与以及人际关系指导和辅导。此外，还提供了公司开发系统的实例。

第三部分结尾的案例展示了公司在为雇员提供有意义、有效、一致且可获取的安全培训方面所面临的挑战。

第 **7** 章
传统的培训方法

学习目标

通过本章的学习，你应该能够：

1. 说明演示法、传递法和团队建设法这三种培训方法的优缺点。
2. 为进行有效的在岗培训提供建议。
3. 开展案例研究。
4. 建立自我指导的培训模型。
5. 讨论行为示范培训的主要构成要素。
6. 说明使冒险性学习有效的必要条件。
7. 阐述为了提高团队绩效，团队培训应该关注的事项。

▼ 章首案例

培训推动了齐格勒汽车集团的增长

2004年，齐格勒汽车集团（Zeigler Auto Group）由四家经销商组建而成。总裁艾伦·齐格勒（Aaron Zeigler）渴望扩大公司规模。除了积极招聘外，公司计划通过培训开发雇员的技能，并使雇员与公司在价值观上保持一致。培训项目可以帮助公司吸引上进的销售人员，因为招聘人员可以证明通过培训他们的销售技能可以得到开发，并有可能进入管理层。此外，当地最大的汽车经销商拥有正式的培训项目，而齐格勒希望与之争抢人才。培训帮助公司实现了扩张的目标，如今，公司在4个州拥有超过23家经销商，拥有包括数百名销售人员和销售顾问在内的员工队伍。

公司开发的培训项目将课堂授课与视频有机地结合起来，销售人员、服务顾问、各个部门的主管都可以获取这些视频。网上资料库中有2 000余个视频，视频的时长为30秒到8分钟。视频涉及一些主要领域，其中包括如何保持积极的工作态度、如何对待客户。除此之外，视频还涵盖了一些复杂的主题，比如，如何应对顾客抵触购车的情形。在观看视频之后，雇员会接受小测验，以检验他们对于知识的理解。采用视频教学的原因是这一形式比较灵活，雇员可以根据自己的时间进行学习，雇员每月会有一到两次在教室上课的机会，其间他们会对一些主题进行深入学习。在教室上课的形式包括讲师面授课程，或者通过电话会议系统连线总部的嘉宾进行PPT展示。授课嘉宾包括获得1980年奥运会冰球金牌的美国冰球队守门员吉姆·克雷格（Jim Craig），以及电视节目《学徒》（The Apprentice）的第一位参赛选手比尔·兰塞克（Bill Rancic）。如果嘉宾本人同意，他们的演示会被录下来，并收录在公司的视频资料库中。新雇员培训包括线下面授课程，齐格勒汽车集团通过导师来开发有潜力进入管理层的雇员。导师每年在公司总部进行6~8次会晤，并讨论管理者工作中较为复杂的内容，而培训课程通常不会讨论这些内容。

衡量培训是否成功的一个标准是雇员的离职率，相较于10年前25%的离职率，如今的离职率只有7%。

资料来源：Based on Zeigler Auto Group, Careers page, www. zeigler. com, accessed February 18, 2018; Al Jones, "Kalamazoo-Based Zeigler Buys More Car Dealerships in Chicago Area," *MLive*, January 21, 2016, https: //www. mlive. com/news/kalamazoo/index. ssf/2018/03/zeigler_auto_group_buys_more_ f. html; Jon McKenna, "Training Helps Sustain Michigan Dealership Group's Evolution into a Substantial Corporate Player," *CBT Automotive Network*, December 1, 2015; https: //www. cbtnews. com/training-helps-sustain-michigan-dealership-groups-evolution-into-a-substantial-corporate-player/; Arlena Sawyers, "Getting Schooled in the Car Dealership Business," *Automotive News*, June 1, 2015, www. autonews. com/article/20150601/RETAIL07/306019979/getting-schooled-in-the-car-dealership-business, accessed April 1, 2018.

■ 7.1 引 言

齐格勒汽车集团组合使用不同的培训方法对雇员的技能进行开发。对于大部分类似于齐格勒汽车集团的企业而言，培训方法的开发或购买必须要在预算范围内，同时培训通常非常紧迫，需要培训的雇员必须及时获得培训。

几项研究显示，大部分在工作场所开展的培训并不是通过正式的课程和项目进行的，而是社交互动式的在岗培训。[1] 比如，针对公司高管的一项研究显示，70%的培训是在工作场所通过在岗培训的方式进行的，20%的培训是通过社交性的教练指导或导师制进行的，只有10%的培训是按照传统的课堂教学形式开展的。这就是 **70-20-10 模型**（70-20-10 model）。很多培训师都依靠这一模型来开发并选择培训方法，而这些方法会被纳入培训课程和项目中。与第4章中所讨论的关于学习的条件和转化的重要性类似的是，这一模型表明为了增加学习在培训中发生的可能性，学习材料必须要有意义且非常实用，学习者必须积极地参与到学习过程中，并且学习必须得到反馈和他人的支持。

在讨论具体的培训方法之前，首先要广泛考虑公司正在使用的帮助雇员学习的培训方法以及不同的培训方法旨在改变的内容。图7-1显示了一个有四个象限的学习系统。这个学习系统显示，雇员学习如何改变和影响培训方法，以及改变和影响了哪些方面。[2] 指导能力开发意味着公司已经为职位或者整个公司界定了广泛的能力和技能。在线讲座或移动学习这样的培训与开发方法能够满足公司最普遍的需求。情境学习发生在日常的工作情境中，往往能够满足雇员独特的需求，并且包括在岗培训、仿真模拟和经验学习等培训方法。指导能力开发和指导情境学习通常都是公司设计和开发以实现特定学习目标的正式的培训活动。雇员将被要求参与这些培训活动。下半部的象限包括社交情境学习，比如，雇员相互沟通协作的学习活动，可以是一对一的形式，也可以是小组或团队的形式。社交能力开发通过与他人（比如导师或教练）互动或者通过经历有挑战性的在职体验来增强与工作相关的特定的能力。通过培训开发的能力并不是成功完成当前工作的必要条件，但是有助于雇员为将来的角色或职位做准备。因此，指导、训练和在职体验被看作开发活动。我们将在第 9 章中讨论开发活动。社交情境学习是非正式的、点对点的，是在需要的时候自然而然发生的。社交情境学习涉及雇员就与他们现在的工作相关的问题和主题分享知识。过去雇员总是通过面对面的会议及与同事的电话交谈来学习，现在日益普及的智能手机和平板电脑提供了一种多媒体的、低成本的、易于使用的方式与其他人互动，常用的社交媒体包括博客、维基、社交网络（如脸书）和微博（如推特）。这些社交媒体为技术辅助的社交情境学习提供了可能。我们将在第 8 章中讨论博客、维基、社交网络和微博。记住，如果培训方法包括多种学习类型（例如，包含仿真模拟和基于社交网络的虚拟课堂），那么这种培训方法可以跨越图 7 - 1 中的象限。

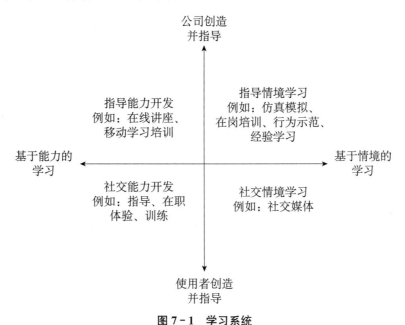

图 7 - 1　学习系统

资料来源：From J. Meister and K. Willyerd, *The 2020 Workplace. How Innovative Companies Attract*, *Develop*, *and Keep Tomorrow's Employees Today*（New York：Harper Business 2010）.

　　越来越多的公司开始使用四个象限中的培训方法。这就使雇员在学习方式和时间上有更多的选择。同时我们也认识到无论对于传统培训方法（讲师主导的课程），还是通过获取相关材料的即时学习（比如，视频），抑或是与专家或同事进行互动（通过社交媒体），都应该拿出专门的时间进行培训。传统的培训与开发活动很大程度上聚焦于导师，这就意味着指导者或培训者与公司一起负责确保雇员的学习效果。[3]学习者则扮演着信息接收者的被动角色，学习是否发生取决于学习专家提供的情境或学习方法内在条件的合适程度。例如，讲师承担的责任包括确定学习内容、确定最合适的方法以及通过学习活动评估受训者获得知识和技能的程度。随着人们对 70 - 20 - 10 模型的认识不断提高，强调学习者积极参与的培训与非正式学习越来越流行。[4]同时，在线和移动设备（如 iPod）在提供指导和促进社交协作的方面的作用给雇员提供了选择何时、如何、从谁那里学习甚至学习什么的机会。[5]图 7 - 2 汇总了公司采用不同培训方法的情况。指导者主导的课堂培训仍然是最常用的方法，但是在线学习、虚拟课堂或组合方法的使用也在持续增长。

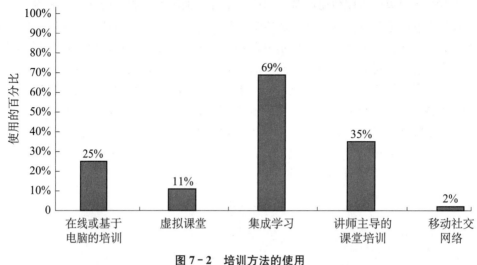

图7-2 培训方法的使用

资料来源：Based on "2018 Training Industry Report," *training* (November/December 2018)，pp. 18-31.

不管培训方法是传统的还是基于新技术的，为了保证培训的有效性，必须以第1章图1-2所示的培训设计模型为基础。需求评估、积极的学习环境和培训成果转化是使培训项目有效的关键。回顾第3至第5章中关于培训评估、学习和培训成果转化的讨论。

本章和第8章将介绍不同的培训方法。本章主要介绍**传统的培训方法**（traditional training method），这些方法需要指导者或协助者参与，并且包括与受训者进行面对面的互动。然而，这里讨论的大多数方法同样适用于网络学习、虚拟现实、移动学习或者其他基于新技术的培训。例如，课堂教学既可以在师生之间面对面地展开（传统培训），也可以通过虚拟课堂（指导者与受训者不在同一个教室）进行。此外，在指导过程中，信息的传递既可以是实时的（同步），也可以是延时的（异步）。由于新技术的应用，讲座可以在现场举办（尽管受训者与培训者不在同一个教室），也可以录像或者刻成光盘。这样，受训者就可以自由选择时间，在个人电脑上观看讲座（利用各种媒体播放软件或者在线收看）。

在第8章中，我们将讨论基于网络的培训、网络学习、虚拟现实和社交媒体。基于新技术的培训方法广泛应用于培训，因为这种方法可以提高学习效率，降低培训成本。

很多公司的培训项目综合使用了多种方法，以利用每种方法在学习和培训成果转化方面的优点。为了培养商业服务部门雇员解决客户问题的能力，在第一次会议中，Intermedia公司使用了虚拟讲师主导型培训、视频、实验室活动、角色扮演。[6]当雇员返回到工作岗位上时，他们可以随时获取这一培训以应用所学技能。[7]作为一家临床研究组织，Health Decision需要拓展雇员在女性医疗问题方面的专业技能。因此，公司开发了一个培训项目，项目包含视频、网络学习、讲师主导型课程。

我们将本章所讨论的传统培训方法分为三大类：演示法、传递法和团队建设法。[8]接下来会对各种方法进行描述，讨论其优缺点并为培训者提供设计和选择培训方法的建议。最后对各种方法的特点进行比较，包括对学习成果的影响、促进学习成果转化的程度、成本和有效性。

■7.2 演示法

演示法（presentation method）是指受训者作为被动的信息接收者的培训方法。这些信息包括事实、过程和解决问题的方法。演示法包括讲座法和视听法。需要强调的是，指导者主导的课堂演示法可能包括讲座、视频、工作手册和指南、光盘以及游戏。也就是说，这些方法的综合应用可以积极地促进受训者学习并且有助于培训成果的转化。

7.2.1 讲座法

讲座法（lecture）是指培训师用语言传递希望受训者学习的内容。这种学习的沟通方式主要是单向的——从培训师到听众。如图 7 - 2 所示，不论新技术（如互动性录像和计算机辅助培训）如何发展，指导者主导的课堂一直是一种流行的培训方法。

讲座法有几种不同的用法和优势。讲座法是按照一定组织形式有效传递大量信息的成本最低、耗时最短的一种培训方法。[9] 讲座的形式之所以有用，是因为它可向大量受训者提供培训。当讲师是知识拥有者时，讲座法是非常有用的一种方法，它可以以最高效、最直接的方式将知识传递给学习者，而且传递的信息具有一致性。讲座法也可以展示一名核心专家对某一主题的热情。阿勒莫制药服务公司使用培训师和公司领导者担任培训课程的讲师。除了演示法，课程还包括民意调查、讨论、视频和在线聊天室。[10] TED 演讲很好地诠释了讲座法何以如此激动人心、有趣，并且在不到 20 分钟的时间内向学习者传递简单的信息。讲座法还用来支持行为示范和基于技术的技巧等其他培训方法。例如，在开展互动性更强、更符合受训者特定需要的培训之前，讲座可以用于向他们传递有关培训项目的目的、概念模型或关键行为的信息。

表 7 - 1 描述了标准讲座法的几种不同形式，它们各有优缺点。[11] 团队教学法为培训带来了更多的专业知识和不同的视角，但团队教学法会占用培训者更多的时间，用于准备特定的培训内容并与其他培训者协调，尤其当各主题之间的相关度大时，就更有协调的必要。座谈小组法有利于受训者在讨论中充分表达自己的立场、观点，但其一个潜在弊端是那些对主题不甚了解的受训者会难以理解重点。客座发言法会为受训者提供一些相关的例子和实际应用，从而激发他们的学习动机。为使客座发言法更有效，培训者应就发言内容与课程内容的相关性为发言人设定预期。学生发言法可以提高资料的价值及受训者的关注程度，但如果受训者不具备发言技巧，将会抑制学习。

表 7 - 1 讲座法的不同形式

方法	描述
标准讲座法	培训者讲，可以使用黑板、投影仪或者幻灯片演示等视觉辅助手段；受训者听，积极获取信息。
团队教学法	两个或两个以上的培训者讲述不同的主题或发表对同一主题的不同看法。
客座发言法	客座发言人按事先约定的时间出席并讲解主要内容。
座谈小组法	两个或更多的发言人进行信息交流并提问。
学生发言法	各受训者小组在课堂上轮流发言。

讲座法也有不足之处。它缺少受训者的参与、反馈以及与实际工作环境的密切联系，这些都会阻碍学习和培训成果的转化。讲座法难以吸引受训者的注意，因为它强调的是聆听信息或注意事实、主要内容或过程。而且，讲座法难以使培训者迅速有效地把握受训者的理解程度。为解决这些问题，讲座法常常会辅以问答、讨论、视频、游戏或者案例研究等方法。这些方法使培训者能在讲座中为学员提供更多的参与机会、与工作有关的案例和实践练习，从而有利于学习和培训成果的转化。

比如，在针对税务专员的培训中，安永会计师事务所将网络学习、虚拟课堂以及面授课程结合起来。[12]虚拟课堂的课程时长为 30 分钟，前 10 分钟会通过在线调查的形式检验受训者对核心概念的理解情况。培训师将对受训者不理解的概念进行讲解。在调查环节完成后，受训者 5～6 人为一组进行在线案例分析。接下来，受训者参与面授课程，并按安永的流程和技术要求来完成个人所得税申报表的填写。

7.2.2　视听法

视听教学（audiovisual instruction）使用投影、幻灯片和视频。视频可以用来提高雇员的沟通技巧、谈话技巧和客户服务技巧，并且能详细阐明一道工序（如焊接）的要领。但是，视频很少单独使用，它通常与讲座法一起向受训者展示实际生活的经验和实例。

看看农夫保险公司、威瑞森、亚胜（Asurion）是如何在培训中使用视频功能的。[13]作为改善客户体验的培训的重要组成部分，农夫保险公司使用 16 个时长为 2～3 分钟的视频。雇员观察与客户的真实互动场景、确定自己的工作职责，并判断他们应该如何改善客户的体验。管理者会得到每一个视频的相关指南，指南根据如何讨论核心知识点以及雇员在完成视频学习后如何加强学习给出一些建议。在威瑞森，面对客户的雇员会使用一款应用程序获取与客户互动的视频，这些视频会示范如何以最佳方式向客户介绍公司最新定价计划的特点和收益。亚胜针对手机、消费电子产品以及家用电器提供质保和支持性服务，公司向雇员提供视频以解释产品的功能和卖点，从而帮助雇员处理客户对新产品的问题与担忧。

与视频有关的大部分问题一般来自所使用的创作方法。[14]这些问题包括：视频中涉及需要受训者学习的过多内容；演员之间的对话效果不好（从而降低了信息的可信度及明确性）；过多使用笑话或背景音乐；情境过于复杂，受训者无法弄清视频中要强调的学习重点等。

■ 7.3　传递法

传递法（hands-on method）是指要求受训者积极参与学习的培训方法。这类方法包括在岗培训、仿真模拟、案例研究、商业游戏、角色扮演和行为示范。这些方法非常适合开发特定技能、理解技能和行为如何应用于工作中、亲身经历任务完成的全过程或处理工作中出现的人际关系问题。

7.3.1　在岗培训

在岗培训（on-the-job training，OJT）是指新雇员或没有经验的雇员通过观察并效仿同事或者管理者工作时的行为来学习。在岗培训是最古老的培训方法之一，通常用作非正式培训。[15]之所以认为在岗培训是非正式的，是因为它不是培训项目必备的一部分，而且管理者、同事或导师都可以充当培训者。如果在岗培训太正式，学习就不太可能发生。在岗培训适用于培训新雇员，在引入新技术时帮助有经验的雇员进行技术升级，在一个部门或工作单位内对雇员进行交叉培训，以及帮助调任或晋升的雇员适应新工作。

在岗培训可采用多种多样的形式，包括自我指导学习和师带徒。与其他培训方法相比，在岗培训有以下优点[16]：它可以根据受训者的经验和能力专门定制。这种培训适用于要求即刻上岗的情况，因为在岗培训发生在使用真实工具和设备的工作过程中。因此，受训者学习的积极性很高，受训者在在岗培训中学到的技能更易于转化，而且受训者和培训者都在工作现场边培训边工作。这意味着公司可以节省以下几方面的成本：将受训者送往培训中心，聘请培训者，租借培训设备。在岗培训可以随时进行，而且培训者很容易找到，因为同事或管理者都可以胜任。

作为一家应急救援拖车制造企业，Nomad Global Communication Solutions 的制造流程的每一项任务都被分配给内部的雇员专家[17]，他们将每一项任务分成不同的步骤，专家向新雇员解释完成每项任务所需的各个步骤。专家反复操作复杂步骤，并提出问题以确保新雇员可以理解每一个步骤的操作，从而让他们记住这些步骤。

Sweet Candy 是一家坐落于犹他州盐湖城的糖果制造商，公司新雇员在介绍会上接受关于基本安全和紧急疏散程序的培训，然后被分配到一个导师那里。[18]导师为新雇员提供为期两周的一对一实践培训。团队每周召开例会，管理者会就涉及全年的安全问题进行培训。每周雇员还会收到安全联系卡，他们要在上面填写工作中遇到的安全隐患以及相应的处理方法。安全联系卡需要上交，公司每个月都会将安全联系卡汇总，并举办安全庆祝会。雇员会得到奖励，比如一天的假期或者 10 美元的礼品卡。公司会审查所有的安全联系卡来识别安全问题和隐患，然后将这些信息传递给雇员。

在岗培训是一种有吸引力的培训方法，因为与其他培训方法相比，它需要投入的时间和材料成本、支付给培训者的工资以及教学设计成本更少。那些工作经验丰富的管理者或同事都可以成为导师，因此，很容易让他们指导培训，因为他们的工作本身就是培训。

但是使用这种非结构化的在岗培训方法也有不足之处。管理者和同事完成一项任务的过程并不一定相同。他们也许既传授了有用的技能，也传授了不良习惯。同时，他们可能并不了解演示、实践和反馈是进行有效的在岗培训的重要条件。非结构化的在岗培训可能导致雇员接受不充分的培训，他们可能使用无效或危险的方法来生产产品或提供服务，并且会导致产品或服务质量不稳定。

为保证在岗培训的有效性，必须采用结构化的形式。表 7 - 2 指出了结构化的在岗培训的原则。由于在岗培训是通过观察别人而进行的学习，所以成功的在岗培训应以社会学习理论强调的原则为基础。这包括选择可信赖的培训者，即选择作为行为或技能示范者的管理者或同事，就特定的关键行为、实践、反馈和强化进行交流。例如，在位于纽约州的罗切斯特燃气与电力公司（Rochester Gas and Electric），辐射和化学方面的指导者会向有经验的雇员传授如何进行在岗培训。[19]当培训这些雇员如何向新雇员演示软件时，会让雇员观看其他在岗培训指导者培训新雇员的情形，这样可使他们学习新的教学法。不论属于哪种特定类型，有效的在岗培训应包括：

1. 在公司政策中阐明在岗培训的目的并强调公司对在岗培训给予的支持。

2. 明确由谁负责实施在岗培训。如果由管理者负责，那么应在其工作说明书中写明并作为其绩效考核的一部分。

3. 对同行业其他公司的在岗培训实践（项目内容、工作职位类型、项目长度、成本控制）进行全面的考察。

4. 按照结构化的在岗培训原则培训管理者和同事（见表7-2）。

5. 为实施在岗培训的雇员提供课程计划、花名册、程序手册、培训手册、学习契约和进度报表。

6. 在实施在岗培训前，考察受训者的基本技能水平（阅读、计算、写作）。[20]

表7-2 在岗培训的原则

指导前准备

1. 将工作分解成几个重要的步骤。
2. 准备必要的设备、材料和其他用品。
3. 决定你将花多少时间用于在岗培训及你希望雇员何时熟练掌握技能。

实际指导过程

1. 告诉受训者任务的目标并让他们看你演示。
2. 在演示你是如何做的时候，不对受训者做任何解释。
3. 阐明关键点或关键行为（可能的话，将关键点写出来呈现给受训者）。
4. 再给受训者演示一遍如何操作。
5. 让受训者完成任务的一个或更多独立的部分，并对他正确的操作给予表扬（可选）。
6. 让受训者完成整个任务并对他正确的操作给予表扬。
7. 若有错误，让受训者反复练习直至完成正确的操作。
8. 对受训者在学习中获得的成功给予表扬。

培训成果转化

提供支持性材料和工作帮助，如流程图、检查表或操作步骤。
安排管理者或培训者支持和观察工作，尤其是比较艰难或复杂的任务。

评估

做好准备并留足时间，以便进行最终的测试和练习，调查受训者的反应。

资料来源：Based on R. Buckley and J. Caple, "Developing One-to-One Training Programs," *T+D* (April 2010), pp. 108-109; W. J. Rothwell and H. C. Kazanas, "Planned OJT Is Productive OJT," *Training and Development Journal* (October 1990), pp. 53-55; P. J. Decker and B. R. Nathan, *Behavior Modeling Training* (New York: Praeger Scientific, 1985).

自我指导学习

自我指导学习（self-directed learning）是指由雇员全权负责自己的学习，包括什么时间学习以及谁将参与到学习过程中。[21]受训者不需要任何指导者，只需按照自己的进度学习预定的培训内容。培训者只是作为一名辅导者，也就是说，他只负责评估受训者的学习情况并回答受训者的问题。培训者不对学习过程进行控制或指导，学习过程完全由受训者自己掌握。希尔顿集团为收益管理专员提供自我指导教程[22]，集团开发的收益管理课程旨在帮助学习者获取知识和技能，并运用相应工具改进收益管理。学习者需要自己制定学习目标并完成练习，这有助于他们判断自己应该了解哪些内容，从而制定行动计划。

自我指导学习还涉及公司向雇员提供来自数据库、培训课程、研讨会的相关信息，同时雇员需要主动学习这些内容。由于自我指导学习的有效性基于雇员学习的主观能动性，因此公司还应举办关于自我指导学习流程、自我管理、学习能动性的研讨会。在百思买，当雇员完成了其职业阶段应该完成的培训之后，公司会为他们颁发虚拟"勋章"。[23]比如，当一名雇员完成基础培训为新工作做好准备之时，就可以获得铜牌勋章；当一名雇员成为领导者，完成了管理他人的相关课程之时，就会获得金牌勋章。除了勋章以外，雇员还可以获得在制服上佩戴的胸针以及用来换取产品和服务的学分。

自我指导学习有很多优点。[24]它让受训者自行制定学习进度并接受有关学习绩效的反馈。对公司而言，自我指导学习只需少量培训者，降低了与交通及培训教室安排有关的成本，而且使得在多个地点进行培训更可行。自我指导学习提供了包括专家知识在内的一致的培训内容。自我指导学习还能使雇员轮流学习培训材料。

自我指导学习的一个主要缺点是它要求培训者必须愿意自学。也就是说，受训者要有学习动力。从公司的角度来讲，自我指导学习会导致较高的开发成本，而且其开发时间也比其他类型的培训项目更长。

开发一个有效的自我指导学习计划有几个必要的步骤[25]：

1. 进行工作分析以确认工作包括的任务。

2. 列出与任务直接相关的以受训者为中心的学习目标。因为没有指导者，学习目标必须指明哪些信息是重要的，受训者应采取哪些行动，以及他们应掌握哪些内容。

3. 开发学习内容，包括开发脚本（用于视频）或教学视频（用于计算机培训）。这些内容要按照以受训者为核心的学习目标来制定。开发学习内容要考虑的另外一个因素是用于传播培训内容的媒介（例如，纸、视频、计算机、网站）。

4. 将内容分为若干部分（块）。第一部分要从了解目标开始，包括评估受训者学习行为的方法。每一部分还要有实践练习。

5. 开发评估内容，包括对受训者的评估及对自我指导学习内容的评估。对受训者的评估要以学习目标为根据（称为标准参考）。也就是说，要根据学习目标中直接列出的并且可从资料中直接找到答案的内容来设计问题。对自我指导学习内容的评估包括判断所学内容是否便于运用，材料是否过时，是否按照预期利用了评估内容，以及受训者是否熟悉了学习目标。

将来自我指导学习可能会日益普及，因为公司希望能灵活地培训雇员，不断利用新技术，并且鼓励雇员积极参与学习而不是迫于雇主的压力而学习。

师带徒

师带徒（apprenticeship）是一种既包括在岗培训又包括课堂培训的工作-学习培训方法。[26]师带徒一般持续 4 年，但也可能持续 2~6 年。根据州或联邦的指导方针，要成为合格的注册学徒，学徒至少应完成 144 小时的课堂培训，同时根据各个州的不同规定，还要获得一定时间的在岗培训。[27]比如，在俄亥俄州的师带徒项目中，学员需要完成 144 小时的课堂培训和最少 2 000 小时的带薪在岗培训。[28]一旦完成培训，学徒就可以被称为"学徒期满的工人"，而且可以通过美国劳工部或者州立师带徒机构的认证。表 7-3 列出了最常使用师带徒培训的职业。2017 年全美共有 22 000 个经过注册的师带徒项目，学徒超过533 000 名。[29]学徒的平均年薪为 5 万美元。师带徒培训可由私人公司或几家公司与工会联合发起。师带徒项目的雇主需要承担的成本为 170 000～250 000 美元，其中包括四年的课堂培训费用、医疗保险、学徒的工资。学徒毕业后并非一定要为这家公司工作。公司工会的劳资协议规定了用于师带徒项目的工时比例。如表 7-3 所示，大部分师带徒培训项目被用于技能工种，如电工、水管工、管道安装工、蒸汽管道工、木工。表 7-4 列举了一个机械师的师带徒培训项目的例子。

表 7-3　师带徒培训最活跃的 10 种职业

排名	职业	学徒总人数
1	电工	41 489
2	水管工、管道安装工、蒸汽管道工	23 094
3	木工	20 159
4	建筑工人	14 089
5	重型拖拉机、拖车、卡车司机	7 890
6	电力管道安装工	7 008
7	钣金工	6 667
8	钢结构工	5 225
9	石膏板吊顶和瓷砖铺装工人	4 509
10	屋顶工	3 946

资料来源：Based on "Top 10 Occupations for Fiscal year 2017," from U. S. Department of Labor, Employment and Training Administration. Available at https：//doleta. gov/oa/data_statistics2016. cfm.

表 7-4　机械师的师带徒项目示例

小时数	周数	技能单元
240	6.0	现场观摩
360	9.0	钻压
240	6.0	热处理
200	5.0	基本设计
680	17.0	塔式车床（传统控制与数控）
800	20.0	发动机车床
320	8.0	工具磨制
640	16.0	高级设计
960	24.0	碾压机
280	7.0	轮廓碾压
160	4.0	表面磨制
240	6.0	外部磨制
280	7.0	内部磨制
200	5.0	螺纹磨制
520	13.0	水平孔的碾压
240	6.0	钻模钻孔/钻模碾压
160	4.0	垂直碾压

续表

小时数	周数	技能单元
600	15.0	数控锤炼
240	6.0	计算机数控
640	16.0	相关培训
8 000	200.0	总计
见习：下列时间已包括在上述总的时间内，但必须在师带徒项目开始的 1 000 小时内完成。		
80	2.0	钻压（见习）
280	7.0	车床工作（见习）
360	9.0	碾压机（见习）
40	1.0	基本设计（见习）
80	2.0	相关培训（见习）
840	21.0	总计

资料来源：A. H. Howard Ⅲ，"Apprenticeship," in *The ASTD Training and Development Handbook*，4th ed.，ed. R. L. Craig（New York：McGraw-Hill，1996），p. 808.

师带徒项目明确指出了完成某一特定技能单元所需的小时数和周数。在岗培训是指受训者在工作地点协助一名通过资格认证的资深雇员（熟练工人）进行工作。师带徒项目中的在岗培训同样遵循在岗培训的有效指导原则[30]，包括示范、实践、反馈和评估。首先，雇主要确认受训者具备关于某一操作过程的基本知识。然后，培训人员（通常是一名持有证书的资深雇员）演示这一过程的每一步骤，并强调安全事项和关键步骤。最后，资深雇员给学徒提供实践的机会，直至所有人都感到满意。至此，我们认为这名学徒已经能安全且准确地完成这一过程。

师带徒项目对于学徒和公司来说都是好事[31]，学徒可以实现带薪学习，随着技能的不断提高，他们的工资会上涨。学徒通常会得到项目出资公司的职位邀请和良好的工资待遇。学徒通过课堂学习和在岗培训获得广泛的知识和技能。他们接受交叉培训，这意味着他们会从事不同的任务和工作。比如，完成机械师项目的一个学徒可以从一名机械师开始做起，随后可以从事生产环节的其他工作，然后转而去做销售，最后进入管理层。相对于大学教育所需的费用，师带徒项目的成本仅限于教材的成本。

师带徒项目的另一个益处是它可以为学徒提供所需的技能，而这些技能很难在劳动力市场中找到。[32]雇主还能从相对较高的雇员保留率和忠诚度、提高士气、重视持续学习、建立人才库、不断改善的安全环境以及根据需求定制的培训等方面获益。

Newport News Shipbuilding 公司有 13% 的雇员是师带徒项目的学徒，包括 25 个工种的 800 名学员。10 年后 80% 的学徒继续留在公司工作。由于学徒愿意学习，因此这就营造了一种老学徒向新学徒分享知识，并帮助他们学习新技能的良好氛围。因此公司的劳动力技能熟练度非常高，这在公司以外很难实现（回顾第 1 章关于公司很难找到技术熟练的雇员的讨论）。西门子（Siemens）在位于美国北卡罗来纳州夏洛特市的工厂中有一个师带徒项目[33]，西门子与当地社区大学合作，为学徒提供结合了在岗培训的课程。学徒主要来自当地高中，公司为每一名学徒支付的学费、书本费以及四年的工资等费用达到 18 万美元。学徒学习高端制造业的相应技能，并获得大专学历。作为一家金属制造企业，Scot

Forge 的师带徒项目包含在当地大学的课程以及在门店的实习工作。公司支付学徒的学费和工资，这个项目为期三年，毕业的学徒可以获得大专文凭，并获得公司保证的两年工作机会。

师带徒项目也可以用来储备新的管理者。Goldcorp 是一家采矿公司，它的总裁和首席执行官为工商管理硕士（MBA）提供为期九个月的师带徒培训。[34]师带徒培训的内容涉及跟随首席执行官观察董事会会议、谈判、矿山收购和采矿业的其他重要方面。Goldcorp 希望师带徒项目可以吸引更多的 MBA 加入采矿业——在很多毕业生看来，这个行业不安全，也很脏。凯悦酒店（Hyatt Hotels）为管理培训生提供了几个培训项目，涉及设施、烹饪艺术、销售、酒店业务、会计和餐饮。[35]受训者在酒店的各个部门轮岗，完成从洗碗到餐饮服务各个方面的工作，然后将剩下的培训时间花在他们的专业领域。完成培训的雇员会被安排到基层的管理职位上。

除了开发成本以及管理者与熟练工人为完成师带徒项目必须付出时间外，这些培训项目的另一个缺点是，尽管做了很多努力，但仍然限制了少数族裔和女性的参与。[36]另外，无法保证培训结束后就有空缺职位。这一问题在经济不景气时尤为明显。

7.3.2　仿真模拟

仿真模拟（simulation）是一种体现真实生活场景的培训方法，受训者的决策结果能反映出他在某个工作岗位上工作会发生的真实情况。仿真模拟应用于培训的一个典型实例是使用飞行模拟器培训飞行员。模拟可以让受训者在一个人造的、无风险的环境下看清他们所做决策的影响，常被用来传授生产和加工技能以及管理和人际关系技能。在第 8 章你将看到，新技术促进了虚拟现实培训方法的发展，这是一种更逼真的模拟工作环境的仿真模拟法。

模拟器是雇员在工作中所使用的实际设备的复制品。位于田纳西州纳什维尔市的Alive Hospice 采用仿真模拟培训医生和医疗工作者如何与患有绝症的病人进行沟通。[37]房间的一边是医生的办公室，另一边则是医院的病床。受训者与几名扮演病人及其家属的雇员一道进行情景模拟。四个不同的场景模拟包括告知病人关于绝症的诊断，并应对家属的愤怒举动。整个互动过程会被录像，这样一来受训者和讲师可以回放录像并总结做得好的地方以及需要改进的地方。一名医生认为仿真模拟非常有用，因为他从来没有接受过如何与绝症病人进行交流的相关培训。通过反馈他了解到当病人说话时，不要着急与之进行对话。仿真模拟的真实性帮助另一位医生认识到如何缓解由于与愤怒的病患家属进行互动从而导致的精神紧张。

在 Automatic Data Processing 公司，30 名极具潜力的全球管理者分成六人一组的团队，参与计算机业务仿真模拟活动，该活动完全复制了公司的商业模式。[38]作为公司的执行委员会，这个团队必须在竞争激烈的全球市场为公司创造五轮成长机会，最终提出一个平稳盈利的商业模式。

有效的仿真模拟具有几个主要特征[39]，受训者需要与培训师、其他受训者进行互动，得到相应的绩效反馈。受训者需要参加由培训师主导的报告会以更好地理解他们所学的内容以及如何将所学内容应用到工作中。最后，模拟器必须非常真实，也就是说模拟器要与工作中的设备高度相似。回顾第 5 章中关于近转化的讨论，模拟器要具有与工作环境相同的因素，在给定受训者的条件下，模拟器的反应要与设备反应一致。例如，飞行模拟器显示飞行员必须处理的干扰因素，比如在收听空中交通指挥中心发送的位置信息时，听到了驾驶舱计算机预警系统发出的警报声。[40]正因为如此，模拟器的开发成本很高，而且需要随着工作环境信息的变化不断更新。

7.3.3 案例研究

案例研究（case study）是关于雇员或组织如何应对困难情形的描述，要求受训者分析并评价他们所采取的行动，指出正确的行为，并提出其他可能的处理方式。[41]案例研究法的一个基本假设是，雇员只有在一个不断发现的过程中进行学习，才最有可能在必要时回忆起并应用相关知识与技能。[42]案例研究特别适合开发高级智力技能，如分析、综合及评估能力。这些技能通常是管理者、医生和其他专业雇员所必需的能力。为使案例教学更有效，学习环境必须能为受训者提供准备并讨论案例的机会，而且，必须安排受训者进行面对面的讨论或通过电子通信设施进行沟通。由于受训者的参与度对案例分析的有效性具有至关重要的影响，因此，受训者必须愿意并且能够分析案例，然后进行沟通并维护自己的立场。

表7-5给出了案例编写的过程。第一步是要明确一个事件（问题或情境）。很重要的一点是，要考虑你所选择的案例是否与培训目标相关，能否激发受训者的讨论热情，能否迫使他们制定决策，能否在合适的一段时间内进行描述，并推广到受训者可能会遇到的情形中。有关这个情形的信息要能很容易地获得。第二步就是要收集信息，访问参与者，收集有关案例细节的资料。第三步，准备有关事件的概括性描述，并将细节和证据与事件中的有关要点联系起来。第四步，确定展示案例所用的媒介。同时，在案例编写的步骤中，培训者要考虑如何进行案例练习，包括确定是让受训者单独实践还是分小组进行，以及他们如何报告自己的分析结果。最后，准备案例资料，包括汇集证据（图表、文章、工作说明书等），编写事件梗概，准备指导受训者进行分析的问题，设计一个有趣的、引人注意的案例开头以吸引受训者，并为案例提供一个快速定位。

表7-5 案例编写的过程

1. 明确一个事件。
2. 收集相关信息。
3. 准备有关事件的概括性描述。
4. 确定展示案例所用的媒介。
5. 准备案例资料。

资料来源：Based on J. Alden and J. K. Kirkhorn, "Case Studies," in *The ASTD Training and Development Handbook*, 4th ed., ed. R. L. Craig (New York: McGraw-Hill, 1996), pp. 497-516.

有许多途径可以获得现成的案例。利用现成案例的一个好处在于它们是已经设计好的成型案例，但其弊端在于这个案例可能与受训者将会遇到的工作情况或问题无关。对这些案例进行检查是非常重要的，由此可以判断这些案例对受训者到底有多大意义。你可以通过哈佛商学院、弗吉尼亚大学达顿商学院、西安大略大学毅伟商学院及其他各种渠道获得工商管理领域（例如，人力资源管理、运营、市场营销、广告等）各种问题的成型案例。

KLA-Tencor公司将案例分析作为一个名为"情景模拟室"（The Situation Room）的项目的一部分，这个项目旨在帮助管理者处理一般性领导力问题。[43]每个月，8～20名管理者一组，以线上或线下的形式阅读一篇 350～400 字的案例分析，每一个案例都基于公司的真实场景或问题。案例需要具有广泛性以保证大部分管理者都遇到过类似的问题，同时案例要非常具体和实用。在阅读完每一个案例后，管理者有三分钟的时间撰写应对问题的方案。大家会分享彼此的方案，并相互给予反馈意见。如果有同事不喜欢某个方案，可以提出替代方案。当所有人都分享了自己的方案之后，所有的成员会被分成四个小组，并布置作业。在第一节课到第二节课之间，团队成员进行一小时的会面，回顾他们在之前课程中接触到的内容、模型、方法、工具，并提出解决方案。在第二节课上，参与者会分享他们的解决方案，并进行讨论。受训者会基于他们在前两节课所学到的内容准备一份个人解决方案以应对工作中可能发生的这类情形。课程的成果会被存档在公司的知识管理系统中，这样一来当其他管理者遇到类似问题时可以查看这些实践方法。完成培训的管理者都认为这一项目非常有价值，公司正在分析雇员敬业度调查的得分，从而判断参加这一培训项目的领导者在领导力和管理分类方面是否有所提高。

7.3.4 商业游戏

商业游戏（business game）要求受训者收集信息，对其进行分析并做出决策。商业游戏主要用于管理技能的开发。游戏可以促进学习，因为参与者会积极参与游戏，而且游戏模仿了商场的竞争常态。参与者在游戏中所做的决策涉及各个方面的管理活动：劳动关系（谈判和签订合同）、伦理、市场营销（为新产品定价）及财务预算（支持购买新技术）。游戏还可以用来开发具体的工作技能，比如病人分诊和飞机维修。这些游戏与仿真模拟非常类似，它们可用于培训，不会有受伤或发生事故的风险，成本相对更高。[44]

典型的商业游戏有如下特点。[45]游戏包括受训者或者受训者团队之间的竞赛，或者挑战既定标准（如时间或数量）的竞赛。游戏设计的目的是展示对知识、技能或行为的理解或应用。有几种可供受训者选择的行为课程，受训者可以估计每种选择的结果，但是会有不确定性。受训者不确定他们的行为结果，因为这个结果一部分取决于其他参与者的决策。而且，参与者的行为受规则的限制。

为了确保学习和培训成果的转化，培训中用到的游戏应该足够简单，受训者可以在短时间内参与其中。最好的游戏能够令参与者兴奋并对游戏感兴趣。游戏的意义在于增强现实感。受训者需要感受到他们正在参与一项业务，并且能获取有助于工作的知识、技能和行为。[46]听取培训者的报告有助于受训者理解游戏体验，并促进学习和培训成果转化。报告包括反馈、对游戏中出现的概念的讨论，以及关于怎样在工作中应用游戏中强调的知识、技能和行为的指导。表 7-6 包含了汇报中会回答的问题。

表 7-6　商业游戏中的报告可能提到的问题

- 比赛的得分如何影响你和团队的行为？
- 你从这个游戏中学到了什么？
- 游戏的哪些方面让你想起了工作中的情景？
- 游戏与你的工作有什么关系？
- 你从这个游戏中学到的什么内容打算在工作中使用？

资料来源：Based on S. Sugar, "Using Games to Energize Dry Material," in *The ASTD Hand-book of Training Design and Delivery*, eds. G. Piskurich, P. Beckschi, and B. Hall (New York: McGraw-Hill, 2000), pp. 107-120.

来自北卡罗来纳大学教堂山分校的一个护理教学团队使用一款名为"急诊室的周五夜晚"（Friday Night at the ER）的游戏，来提高在乡村医院的急诊室工作的护士与医生以及其他医疗工作者的协作能力。[47]需求分析表明在急诊室工作的医疗工作者认为沟通和协作需要通过培训得到改善，以帮助他们为病人提供更好的照护服务。这款游戏通过对医院进行一天的管理对参与者提出挑战，每一位参与者所扮演的角色各不相同，但又相互联系。游戏中每一节课的结尾都会要求参与者反思自己所学的内容，并制定如何将这些内容应用到真实工作中的计划。

对电脑游戏的研究表明，当受训者积极参与学习（而不是阅读文本或聆听）时能学到更多的知识，他们访问游戏不受限制，游戏可以作为其他培训方法（比如讲座法）的补充。[48]游戏会使得团队成员更快地开发一个信息框架，也有助于形成有凝聚力的团队。对于一些团队（比如高级管理人员）而言，游戏可能比像课堂指导这样的演示法更有意义（因为游戏很真实）。

7.3.5　角色扮演

角色扮演（role play）是指受训者扮演各种角色（比如，管理者、客户或者不满的雇员），并探索角色内涵的体验。[49]通常，有关人际关系能力（比如，沟通交流、销售、提供绩效反馈、训练、领导力和团队建设）的培训项目会用到角色扮演的方法。角色扮演可以在只有两三个人的小组内完成，在这种情况下所有的受训者都能够完成角色扮演；也可以是团队中的几个受训者自愿扮演角色，其他受训者观察他们。在角色扮演中，结果取决于其他受训者的情感（和主观）反应。

在马萨诸塞州查塔姆的威夸赛特高尔夫度假酒店（Wequassett Resort and Golf Club），培训计划的安排既要让客户开心，又要帮助新雇员和重新接受培训的雇员学习。[50]从4月到10月，酒店不营业，但是340名雇员在酒店开放之前的春天就要开始工作。其中一半的雇员是首次接受培训，其他的雇员需要接受进修培训。威夸赛特学院在四所学校（培训重点分别为客户关系、技术培训、信息技术和管理）提供70门课程。培训的目的是提供一种服务，使得客户会再次光顾或者将这个酒店推荐给朋友。酒店的培训与它的业务是同步的，需要有人性化服务。培训方法包括角色扮演、课堂指导，以及视频资料的使用。雇员必须在正式工作之前获得相应的能力。例如，食品供应者必须参加培训课程以了解菜单、食品服务和红酒方面的知识。

为使角色扮演有效，培训者需要在角色扮演之前、之中和之后组织许多活动。表7-7列出了有效的角色扮演所包含的活动。

表7-7　有效的角色扮演包含的活动

- 提供关于角色扮演的目的和情境的背景信息。
- 确保提供给受训者的角色脚本足够详细，能让他们充分理解角色。
- 培训房间的布置让受训者可以看到扮演角色的人并听到他们的声音。
- 将角色扮演中强调的问题制成观察表格和清单，并在角色扮演过程中使用。
- 做汇报，涉及角色扮演者和观察者的体验、角色扮演与公司环境的关系、学习的要点。

资料来源：Based on S. Karve, "Setting the Stage for Effective Role Plays," *T+D* (November 2011), pp. 76-77; S. Thiagarajan, "Instructional Games, Simulations, and Role Plays," in *The ASTD Training and Development Handbook*, pp. 517-533.

7.3.6　行为示范

行为示范（behavior modeling）是指向受训者提供一个演示关键行为的示范者，然后给他们机会去实践这些关键行为。行为示范以社会学习理论（已在第 4 章介绍）为理论依据，该理论强调学习是通过观察示范者演示的行为及替代强化而发生的。当受训者看到示范者由于采取某些行为而受到强化时，**替代强化**（vicarious reinforcement）就发生了。

行为示范更适用于教授某一种技能或行为，而不太适用于事实信息或知识的教授。研究表明，行为示范是传授人际关系和计算机技能最有效的方法之一。[51]

表 7-8 列出了行为示范培训期间进行的活动。这些活动包括：介绍、技能准备与开发以及应用规划。[52]每次培训一般持续四小时，关注一种人际关系技能，如指导和沟通。每期培训都包括有关关键行为背后的理论基础的讲解、示范者演示关键行为的视频、使用角色扮演的实践机会、对视频中示范者的行为进行的评价和用于说明如何将关键行为应用于工作中的规划过程。在实践中，要向受训者提供反馈，告诉他们其行为与示范者所演示的关键行为有多接近。角色扮演和示范演示是根据实际工作环境中受训者需要成功解决的事情来设计的。

表 7-8　行为示范培训项目中的活动

介绍（45 分钟）
- 通过视频演示关键行为。
- 给出技能模型的理论基础。
- 受训者讨论应用这些技能的经历。

技能准备与开发（2 小时 30 分钟）
- 观看示范演示。
- 参与角色扮演和实践。
- 接受有关关键行为的执行状况的口头或视频反馈。

应用规划（1 小时）
- 设定改进目标。
- 明确可应用关键行为的情形。
- 识别关键行为在实际工作中的应用。

准备充分的行为示范培训项目的开发包括明确关键行为、设计示范演示、提供实践机会及促使培训成果转化。[53]开发行为示范项目的第一步是要确定：（1）那些由于缺乏技能和关键行为而没有被圆满执行的任务；（2）执行任务所需的关键行为。**关键行为**（key behavior）是指完成一项任务所必需的一组行为。在行为示范中，一般要按照特定的顺序采取关键行为，以完成一项任务。可通过确认完成某项任务所需的技能和行为方式，或者已经有效完成该项任务的雇员所使用的技能或行为方式，来确定关键行为。

表 7-9 给出了有关"问题分析"的行为示范培训中的关键行为，详述了有效的问题分析技能要求受训者采取的行为。注意，这些关键行为并没有详细指出解决问题时每一步的具体行为。相反，这个技能模型中列出的关键行为指出了适用于常见情境的更一般的行为。如果一项任务包括一系列界定清楚的需要按特定顺序执行的步骤，那么对关键行为的

解释通常会更具体。例如，在教网球运动员如何发球时，必须详细列出动作要求才会使培训有效（例如，站在发球线上，将球拍举到头顶后抛球，将球拍挥过头顶，使手腕向下转，然后击球）。人们在学习人际关系技巧时，由于有多种完成任务的方法，因此就要开发出更多的一般性的关键行为，这会促进远转化（已在第 5 章介绍），也就是说，让受训者做好在不同的情境中应用关键行为的准备。

表 7 - 9　"问题分析"培训的关键行为示例

通过下列渠道获取所有相关信息：
● 重新描述问题或困难，看看是否会出现新情况。
● 列出关键问题。
● 考虑其他可能的信息来源。
找出可能的原因。
必要的话，获取额外信息。
对信息进行评估，以保证其满足所有标准。
根据新的信息重新审视问题。
确定什么样的标准可以说明难题得到了解决。

在开发行为示范项目时，另外一个重要的考虑因素是示范演示。**示范演示**（modeling display）为受训者提供了他们将要模仿的一组关键行为。在在线行为示范培训中，学习者通过观看社交互动的场景模拟来练习关键行为。比如，在场景模拟的某些时刻，当被问到一个问题时，学习者须从几个答案中选择一个。在一个真实的社交互动场景中，学习者可以看到其他人如何解决这一问题（我们将在第 8 章讨论培训中新技术的应用）。有效的示范演示具有六个特征[54]：

1. 演示能清楚地展示关键行为，演示过程中的音乐和场景不会干扰受训者观看和理解关键行为。

2. 示范者对受训者来说是可信的。

3. 提供一些对关键行为的解释与说明。

4. 每种关键行为都演示两遍，向受训者说明示范者采取的行为与每种关键行为之间的关系。

5. 回顾关键行为。

6. 提供正确使用关键行为和错误使用关键行为（不使用关键行为而失败）的两种示范。

提供实践机会包括：（1）让受训者演练并思考关键行为；（2）将受训者置于必须使用关键行为的情境中（如角色扮演）。受训者可以与另外一个人进行角色扮演练习，也可以由三个或更多的受训者组成小组，保证每个受训者都能进行关键行为的实践。最有效的实践环节可以使受训者多次练习关键行为，并且由于小组的其他成员了解公司及工作情境，在小组中实践可以减少受训者的顾虑或对评估的焦虑。

实践环节还应包括向受训者提供反馈。反馈可以对受训者进行强化以表彰他们的正确行为，并且可以告诉他们如何改进自己的行为。例如，如果使用角色扮演，受训者可以从其他参与者那里获得反馈，因为其他人在不扮演角色时可以当观察员。还可以将实践过程录制下来后放给受训者看，这样可以客观地反映受训者的行为，并提供实用且详细的反馈。通过让受训者观看视频，可向他们展示应如何改进自己的行为，以及确认他们模仿的正确行为。

行为示范通过应用规划来保证培训成果的转化。**应用规划**（application planning）是指让雇员为在工作中运用关键行为（也就是促进培训成果的转化）做好准备。应用规划包括让每一个参与者准备一份书面材料，明确他可以运用关键行为的情景。有些培训干脆让受训者签订一份"合约"，承诺在工作中运用关键行为。培训者要追踪观察受训者是否履行了合约。应用规划还可包括让受训者为克服可能阻止他们运用关键行为的环境因素做好准备。作为应用规划过程的一部分，受训者要与另一个参与者组成搭档，事先约定好定期沟通的时间，以讨论运用关键行为的成功的经验与失败的教训。

■ 7.4 团队建设法

团队建设法（group building method）是用来提高小组或团队绩效的培训方法。**团队**（team）是指在一个公司内，为了实现共同的目标或使命，或者完成任务而在一起工作的两个或两个以上担任特定角色或职责的人。[55] 团队建设法允许受训者分享各种观点和经历，建立群体统一性，了解人际关系的动态，并审视自身及同事的优缺点。团队建设法注重帮助团队提高技能，以保证有效的团队合作。这种培训方法中的大多数培训技术都有助于提高工作小组或团队的绩效，建立新的团队，或促进不同团队之间的联系。所有培训都包括对团队功能的感知，对信念的检验、讨论以及制定计划，以便将培训中所学内容应用于工作中来提高团队绩效。团队建设法包括冒险性学习、团队培训和行动学习。

团队建设法通常涉及经验学习。**经验学习**（experiential learning）培训项目包括四个步骤：（1）学习概念性知识和理论；（2）参加行为示范；（3）分析活动；（4）将理论与活动和工作或现实生活中的情景联系起来。[56]

经验学习培训项目要想获得成功，必须遵循以下指导原则：保证培训与一个具体的商业问题相关；受训者需要走出舒适区，但也不能太紧张，否则会削弱受训者的动机，或导致受训者难以理解项目的目的。培训需要采取多种学习模式，包括听觉、视觉和动觉。在准备经验学习培训项目的具体活动时，培训者应该征询受训者对项目目标的意见。明确对项目目标、结果以及受训者在项目中承担的角色的预期是很重要的。最后，还需要对培训项目进行评估。培训项目若采用经验学习法，则必须把该项目与雇员态度、行为的变化和其他经营成果联系起来。如果不遵循上述指导原则，经验学习培训项目的可信度就值得怀疑。例如，由于美国邮政部门开展的团队培训活动遭到公开批评，邮政监督人员不得不提出辞职。邮政部门的雇员抱怨，培训活动让雇员互相用厕纸包住身体，装扮成猫的样子，还要举一个标有"团队工作"的牌子。[57]

7.4.1 冒险性学习

冒险性学习（adventure learning）注重利用结构化的户外活动来开发团队协作和领导技能。[58] 冒险性学习包括野外培训、户外培训、即兴活动、击鼓，甚至烹饪课程。它最适合开发与团队效率有关的技能，如自我意识、问题解决、冲突管理和风险承担。冒险性学习可能包括一些费力的、富有挑战性的体育活动，比如狗拉雪橇或登山。冒险性学习也可能采用结构化的个人和小组户外活动，如爬山、攀绳、信任感练习、登梯以及利用其他辅助设施在两座塔之间走钢丝。

比如，"The Beam"项目要求团队成员在队友的帮助下跨过一条放置在两棵树之间的长达 6 英尺的横梁，受训者可以为队友提供建议和给予鼓励。[59]空中训练活动在距地面 5～6 英尺或 25～30 英尺的地方进行。高空训练课程是一种以个人为基础的训练，其目的是帮助受训者克服恐惧。低空训练课程要求整个受训团队成功完成课程。这样做的目的是培养团队的认同感、凝聚力和沟通技巧。

RealScout 公司的 20 名程序员、市场营销人员以及产品团队成员离开自己的办公室，利用一天的时间在加利福尼亚州的山区里学习包括搭建简易房屋、净化水源、生火在内的生存技能。[60]这个项目的成本是 2 000 美元，除此之外，停业一天的损失为 7 000～10 000 美元。公司的高管认为这一培训的收益大于成本，因为这个项目有助于开发团队，帮助雇员更好地了解彼此，在为雇员带去欢乐的同时提高他们对公司的忠诚度。

冒险性学习还包括需要协作，但是不会给团队成员带来太大的负担的活动。在击鼓活动中，为每个团队成员准备一只鼓，指导者与团队一起完成鼓乐演奏。丰田在加利福尼亚州托兰斯的培训中心投入 2 万美元为 40 人提供鼓。[61]击鼓活动每周举行两次。丰田认为鼓点象征着高绩效团队的运作方式：合作默契。"Cooking Up Change"是美国的厨师、餐馆、酒店和烹饪学校联合推出的团队建设课程之一。[62]诸如本田和微软这样的公司也会开设这些课程。烹饪课是为了让团队成员一起制作套餐，以提高沟通和人际交往技巧。每个团队必须决定谁做什么（比如，煮、切、洗等），谁准备主菜、沙拉和甜点。通常，团队成员需要在准备过程中交换任务，来观察团队的反应。

为使冒险性学习项目取得成功，培训中的练习应该与参与者希望开发的技能类型有关。并且在练习后，要由一位有经验的辅导者组织一次讨论，分析在练习中发生的事情、学到的知识、练习中面对的事情与工作情景的关系，并探讨如何设置目标，如何将所学知识应用于工作中。[63]DaVita HealthCare Partners 提供包括透析在内的与肾病相关的治疗服务。[64]公司与一个培训供应商签署了合约以实施一个时长三小时的经验式培训，这一协作性培训具有较强的目的性，并可以强化包括团队精神、成就感和快乐在内的公司价值观。项目的目标是理解工作的重要性和意义，同时还要理解团队成员以何种形式与病人和队友紧密相连。团队成员还可以通过培训学习如何应对挑战。培训活动的最开始会讨论沟通和协作对于工作中团队合作成功的重要性。雇员会被分为三个团队，并被安排制作假肢手，捐献给服务于截肢人士的慈善组织。雇员在三小时内制作了 14 000 个假肢手，活动的结尾会讨论如何将所学内容应用到实际工作中。

然而，这种方法也有缺点。冒险性学习对身体素质有要求，练习中受训者之间经常发生接触，可能会增加公司出现过失行为的风险，这种过失可能涉及对个体的伤害、对感情的故意伤害以及对隐私的侵犯。为此，《美国残疾人法案》对让残疾雇员参加对身体素质有要求的培训提出了质疑。[65]

鉴于冒险性学习对身体素质的要求，考虑在什么情况下使用冒险性学习是很重要的。冒险性学习允许受训者在不受正式商业准则约束的情境下进行人际交往。这种环境对那些要将自己融入一个有凝聚力的团队的雇员来说非常关键。同时，冒险性学习的实践能让受训者共享一段具有强烈感情色彩的经历，这种经历能帮助受训者打破原有的行为方式，使他们愿意改变自己的行为。冒险性学习另外一个重要的特点在于练习可作为组织行为中的"隐喻"，即受训者在练习中会采取与在团队工作（如开发一个产品上市计划）中类似的行为方式。这样，通过分析练习中发生的行为，受训者能洞察无效行为。

冒险性学习有用吗？还没有人对其对生产率或绩效的影响做过严格的评估。然而，参加过此类项目的人都认为，冒险性学习使他们更了解自己，并且知道如何与同事交往。[66]冒险性学习获得成功的关键原因在于坚持让整个工作小组一起参与学习，这样才可以揭示妨碍群体有效性的因素，并对其加以讨论。

7.4.2　团队培训

团队培训（team training）是指旨在提高团队效率的培训方式。公司中有许多不同类型的团队，包括生产团队、服务团队、委员会、项目团队和管理团队。团队工作往往很常见。[67]也就是说，团队参与确定目标，参与人际互动，并采取行动来实现目标。当达成目标并完成任务之后，他们会重复这个循环来完成新的目标或任务。无论是什么类型的团队，其绩效都取决于团队成员的知识、态度和行为。图7-3给出了团队绩效的三要素：知识、态度和行为。[68]行为要素要求团队成员采取有利于沟通、协作、适应及完成复杂任务的行动来实现既定目标。知识要素要求团队成员具有能在意料之外的或新的情况下有效工作的智力模型或记忆结构。团队成员对任务的理解和对彼此的感觉与态度因素有关。团队士气、凝聚力、认同感与团队绩效密切相关。例如，在一些私人企业（如核电站、商业航空公司）中，许多工作都是由全体人员、群体或团队来完成的。任务成功与否取决于决策制定时个人活动的协调、团队表现以及应对潜在危险（如，过热的核反应堆）的准备。研究表明，接受过有效培训的团队能够设计出一套程序，以便发现和改正错误，协调信息收集及互相鼓舞。[69]

图7-3　团队绩效的要素

资料来源：Based on E. Salas and J. A. Cannon-Bowers, "Strategies for Team Training," *in Training for 21st-Century Technology：Applications of Psychological Research*, eds. M. A. Quinones and A. Dutta (Washington, D. C.：American Psychological Association，1997), pp. 249 - 281.

图7-4说明了团队培训结构的四个主要因素（工具、方法、战略和团队培训目标）。我们可以看到，有几种工具可用于定义并组织团队培训。[70]这些工具还提供了学习所需的环境（如反馈）。这些工具与不同的培训方法相结合，可以帮助建立培训战略。这些战略

由有效进行培训所需的方法、工具和内容组成。

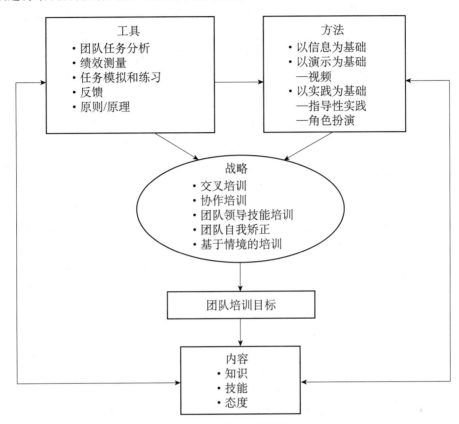

图 7-4 团队培训结构的主要因素

资料来源：Based on E. Salas and J. A. Cannon-Bowers, "Strategies for Team Training," in *Training for 21st-Century Technology*: *Applications of Psychological Research*, eds. M. A. Quinones and A. Dutta (Washington, D. C.: American Psychological Association, 1997), pp. 249 - 281; J. Cannon-Bowers and C. Bowers, "Team Development and Functioning," in *APA Handbook of Industrial and Organizational Psychology* ed. S. Zedeck (Washington, D. C.: American Psychological Association, 2011), pp. 597 - 650.

　　培训战略包括交叉培训、协作培训、团队领导技能培训、基于情境的培训、团队自我矫正。交叉培训指让团队成员熟悉所有人的工作并加以实践，以便团队成员可以随时接替暂时或永远离开团队的成员。研究发现，大部分工作团队在权衡影响团队绩效的各种因素（战略和行为）时，都会因为让团队成员充分理解队友角色而受益。[71] **协作培训**（coordination training）指对团队进行关于如何共享信息和分担决策责任的培训，以实现团队绩效的最大化。协作培训对于商业航空公司和外科医生团队尤为重要，因为他们每个人负责设备和环境的不同方面，但又必须共享信息才能制定出有关飞机安全或病人健康以及团队绩效的最有效决策。**团队领导技能培训**（team leader training）指团队管理者或辅导人员接受的培训，包括培训管理者如何解决团队内部冲突，帮助团队协调各项活动或其他技能。**基于情境的培训**（scenario-based training）是指在学习过程中将团队成员置于实际场景中的培训。这种类型的团队培训有助于受训者体验其行为带来的后果，进而做出调整，完成他们的任务并建立团队的自我效能感（认为团队可以成功地完成任务）。**团队自我矫正**（guided team self-correction）是指通过团队成员观察彼此的行为、提出及接受绩效反馈的方式来强调持续学习和知识分享的培训方式。

雇员必须掌握完成团队工作所需的技术性技能。同时，他们还需要具备沟通技巧、适应环境的能力、解决冲突的技能和其他团队工作技能。[72]团队培训一般采用多种方法。例如，可以利用讲座或视频向受训者传授沟通技巧，也可以通过角色扮演或仿真模拟为受训者提供讲座中强调的沟通技能的实践机会。无论采用什么方法，实践机会和反馈都是不可或缺的。

例如，Aquarius 是美国国家航空航天局（NASA）在极端环境任务行动（NEEMO）中使用的一个海底实验室。实验基地位于离海岸几英里的佛罗里达州基拉戈，这个基地归美国国家海洋和大气管理局（National Oceanic and Atmospheric Administration，NOAA）所有，而管理权归北卡罗来纳大学。[73]NEEMO 项目将宇航员放在一个面临生理和心理压力的双重挑战的环境中去完成一个耗时很长的任务。这些挑战包括让宇航员体验太空、月球和火星上的重力的影响，在时间紧张的情况下完成一系列任务；在太空中行走来维修或更换设备，根据应急预案营救其他队员；在与指挥中心的任务控制人员交流有延迟或受限制时完成任务。NEEMO 项目帮助宇航员开发了重要的团队流程，如沟通、协作、性能监测以及援助的流程，从而成功应对他们在 Aquarius 和太空任务中所遇到的挑战并完成任务。

团队培训帮助商用航空公司的飞行员改善了彼此沟通的技能，并因此降低了事故的发生率。为了进一步确保乘客的安全，美国联合大陆控股有限公司（United Continental Holding Inc）要求每一名飞行员参加额外一天的培训。[74]培训旨在减小由于年长的机长和相对年轻的副驾驶之间的代沟所导致的沟通和决策问题的可能性。这一培训鼓励机长通过向副驾驶分享经验和知识的方式监督他们的工作；教授机长如何向副驾驶获取反馈；增强级别较低的副驾驶与级别更高的机长进行沟通的信心。鉴于高级飞行员面临退休，而机组成员相对年轻，因此这一培训尤为重要。公司雇用了上千名新飞行员，他们被安排飞行国际航线，不同于之前的新飞行员，他们的飞行并没有高级飞行员在旁监督。

7.4.3　行动学习

行动学习（action learning）是指给团队或工作小组一个实际工作中面临的问题，让他们共同解决并制定出行动计划，然后由他们负责实施该计划的培训方式。[75]公司通过行动学习来解决重要问题，开发领导力，快速建立高绩效团队以及传递组织文化。表 7-10 给出了行动学习的步骤。在行动学习中，需要解决几种类型的问题，包括如何改善经营状况、更好地利用技术、消除顾客和公司之间的障碍，以及开发全球领导者。一般情况下，行动学习涉及 6~30 名雇员，还可以包括顾客和经销商。群体的构成可以不断变化，有时包括有问题需要解决的顾客，有时群体中的成员来自多个职能部门并且有各自的问题。一个小组可能包括各个职能部门的雇员，每个人都专注于自己的专业领域，相互合作以解决发现的问题。这就要求雇员在短时间内提出新颖的想法和解决方案。为解决问题，团队通常需要访问客户、雇员、学者和（或）行业领导者来收集数据。一旦团队收集到数据并提出了建议，就需要将建议呈送给高层管理者。

表 7 - 10　行动学习的步骤

- 确定行动学习的负责人，包括首席执行官和高层管理者。
- 确定问题或难题。
- 确定并选择可以解决问题的小组。
- 确定导师，可以帮助小组成员重构问题并通过聆听、给出反馈、提出假设等方法优化解决方案。
- 向小组展示问题。
- 小组讨论，包括重构问题，就问题本质达成一致，明确小组需要做什么来解决问题，以及小组怎样执行解决方案。
- 与解决问题相关的数据收集和分析工作可以由整个小组或个体成员来做。
- 小组展示怎样解决问题，目的是确保赞助商承诺按小组的建议采取行动。
- 自我反思并听取报告。（例如，小组和小组成员学到了什么？他们的表现有什么差异？）

资料来源：Based on P. Malone, "The Untapped Power of Action Learning," *T + D* (August 2013), pp. 54 - 59; M. Pedler and C. Abbott, *Facilitating Action Learning* (New York: McGraw-Hill, 2013).

看看 University Health System 和百事公司是如何通过使用行动学习团队来解决棘手的商业问题的。[76]在 University Health System，九个跨职能团队的成员共同努力来解决公司的问题。这些问题包括如何提高病患的满意度、如何减少开票错误、如何加强库存控制。每一个团队向"创智赢家"提交问题的解决方案。创智赢家由负责儿科业务的三名高管和首席执行官组成。创智赢家的高管为每一个团队提供教练指导和反馈。这些团队提出的解决方案帮助公司节省了数百万美元，并提高了病患的满意度。百事公司希望培训管理者的国际战略思考能力，因此公司雇用了行动学习团队担任培训项目主管，莱斯利·泰奇科莱博（Leslie Teichgraeber）认为大部分管理者只熟悉美国本土市场，因此他组建了由来自不同地区的管理者组成的团队，每一个团队都需要解决由各部门负责人确定的与业务需求相关的问题。9 个月后，他们向集团高管层提交了问题的解决方案。

行动学习项目

六西格玛质量管理和**持续改善**（kaizen）也遵循行动学习的原则。六西格玛质量管理和持续改善为雇员提供测量和统计工具以帮助减少缺陷，降低成本。[77]作为一个质量标准，六西格玛质量管理的目标是产品或客户服务的缺陷率仅为百万分之三点四。六西格玛质量管理分为几个不同的级别，目标分别是培养合格的绿带、倡导者和黑带。[78]要想成为黑带，受训者必须参加专题讨论会，并在专家的指导下完成任务。整个培训过程的持续时间超过 16 周，分为 4 个阶段，每个阶段为期 4 周。在培训期间，受训者把所学的知识应用到指定的项目中，然后应用于下一个培训阶段。受训者不仅要通过口头和书面测试，还要完成两个或两个以上的项目，这些项目对公司的盈亏往往有重要的影响。黑带培训结束之后，受训者具备开发、训练并领导六西格玛质量管理团队的能力，能为管理层提供有关六西格玛质量管理项目决策的建议和咨询，并向团队成员推荐六西格玛质量管理工具和统计方法。具备领导几个项目团队的经验后，黑带可以通过参加额外的培训来获得黑带大师的认证。黑带大师可以培训其他黑带，并帮助高层管理者把六西格玛质量管理项目纳入公司的经营目标。

作为一家金融服务公司，TIAA 提供为期两周的绿带认证课程。[79]在课程期间，受训者致力于改善商业流程以提高产品和服务质量。导师为受训者提供指导，这个项目已经帮助 TIAA 节省了 3 200 万美元。

持续改善是精益生产和全面质量管理的主要原则之一（我们在第 1 章中讨论过精益思维）。它指企业各层级雇员共同致力于使企业的业务流程得到持续改进的行为。[80] Just Born 公司生产 Mike、Ike 和 Peeps 糖果，它使用"Wow …Now Improvement Process"——一个定制的持续改善流程来改善公司的业务流程和绩效。[81] 其中包括培训雇员如何识别改进机会、收集数据、进行改进实践、测量结果和基于结果优化实践。持续改善涉及考虑一个连续的活动周期，包括计划、实施、检查和行动（PDCA）。雇员利用统计过程控制技术，包括工艺流程分析、因果图、控制图、直方图和散点图来识别问题的原因和可能的解决方案。

7.5 培训方法的选择

作为一名培训者或管理者，在工作中经常需要选择培训方法。在大量可供选择的培训方法面前，你也许会感到手足无措。这时，一种可行的办法是对各种培训方法进行比较。表 7-11 根据不同特点对本章讨论的培训方法进行了评价，例如，确认了每种方法的学习成果类型，并就每一种学习方法在学习环境、培训成果的转化成本和有效性等方面给出了高、中、低的评级。

表 7-11 培训方法的比较

	演示法		传递法					团队建设法			
	讲座法	视听法	在岗培训	仿真模拟	案例研究	商业游戏	角色扮演	行为示范	冒险性学习	团队培训	行动学习
学习成果											
言语信息	是	是	是	否	是	是	否	否	否	否	否
智力技能	是	否	否	是	是	是	否	否	否	是	否
认知策略	是	否	是	是	是	是	是	是	是	是	是
态度	是	是	否	否	否	否	是	否	是	是	是
运动技能	否	是	是	是	否	否	否	是	否	否	否
学习环境											
明确的目标	中	低	高	高	中	高	中	高	中	高	高
实践	低	低	高	高	中	中	中	高	中	高	中
有意义的内容	中	中	高	高	中	中	中	中	低	高	高
反馈	低	低	高	高	中	中	高	高	中	中	高
观察和与他人互动	低	中	高	高	高	高	高	高	高	高	高
培训成果转化成本											
开发成本	中	中	中	高	中	高	中	中	中	中	低
管理成本	低	低	低	低	低	中	中	中	中	中	中
有效性	言语信息比较高	中	结构化的在岗培训比较高	高	中	中	中	高	低	中	高

你如何利用该表来选择培训方法呢？第一步就是要确定你希望培训能够产生哪些学习成果。如第 4 章所述，这些成果包括言语信息、智力技能、认知策略、态度和运动技能。培训方法可能会影响一种或几种学习成果。对于特定的学习方法的研究发现，为了使学习更加有效，选择的指导方法必须与预期的学习成果相匹配。例如，对于行为示范和角色扮演的研究表明，这些方法能够产生积极的结果，但是有效性因采用的评估标准不同而有所不同。[82]这就强调了选择哪种学习方法来进行学习不是最重要的，学习方法的选择需要以预期的学习成果与促进学习和培训成果转化的特点为基础。一旦你确定了学习方法，下一步就要考虑这种方法对学习和培训成果转化的有利程度、开发和使用这种方法的成本以及它的有效性。

正如第 4 章所述，为使学习行为发生，受训者必须理解培训目标，培训内容要有意义，而且受训者要有实践机会并能获得反馈。另外，观察他人并与之交流也是一种有效的学习途径。回顾第 5 章的内容，培训成果转化是指培训内容在工作中的应用程度。一般情况下，培训内容和培训环境与受训者在工作中应用学习成果的情况越接近，就越有可能发生培训成果的转化。我们曾在第 6 章中指出，有两种成本最重要：开发成本和管理成本。开发成本指与培训项目的设计有关的成本，包括购买或开发培训项目的成本；管理成本指每次使用培训方法时发生的成本，包括与咨询公司、指导者、资料和培训者相关的成本。对有效性的评价主要基于理论的研究和实践人员的建议。

表 7-11 体现的趋势值得注意。第一，各种培训方法的学习成果之间有相当大的交叉重叠。团体建设法之所以比较独特，是因为它既注重个人学习又强调团队学习（如提高团队绩效）。那些希望提高小组或团队效率的培训者应该选择一种团队建设法（如冒险性学习、团队培训或行动学习）。第二，从演示法与传递法的比较中可以看出，大多数传递法能比演示法提供更好的学习环境并且更有利于培训成果的转化，而且更有效。

如果培训者不受开发和管理资金的限制，就应该选择传递法而不是演示法。开发培训方法的预算会影响培训方法的选择，预算紧张的培训者应该选择结构化的在岗培训——相对便宜又有效的传递法。预算宽裕的培训者则可以考虑更有利于培训成果转化的传递法，如仿真模拟。注意，本章讨论的很多培训方法经过调整之后可以应用到在线学习、网络学习和远程学习中去。我们将在第 8 章介绍这些方法。

如果可能的话，你也许希望在一个培训项目中使用几种不同的培训方法，从而利用每种方法的优势来促进学习和培训成果转化。例如，迈阿密儿童健康系统的新雇员培训就使用了多种培训方法。通过培训，雇员可以了解组织的文化，了解自己的工作。[83]高级领导者和雇员会就组织的愿景、使命、价值观及其作用展开讨论，雇员关于组织的所有问题都会由公司指派的"伙伴"来回答。新雇员还会参加课程、仿真模拟，并接受在岗培训。

小　结

公司会利用一系列培训方法来引导能力开发和情境学习。尽管像社交网络这样的新技术在一些公司被用来提供培训和指导，但是更多的培训仍然是指导者面对面地进行的。本章讨论了传统的面对面的培训方法，包括演示法、传递法和团队建设法。演示法（如讲座法）可以有效地与多数受训者沟通信息（知识），但需要向受训者提供实践、讨论和反馈的机会作为补充，以促进学习。传递法使受训者直接参与培训，是一种理想的技能与行为开发方式。传递法包括在岗培训、仿真模拟、商业游戏、案例研究、角色扮演和行为示范。这些方法的开发成本很高，但是它们可以结合所需的条件促进学习和培训成果转化。团队建设法（如团队培训、行动学习和冒险性学习）则注重帮助团队提高有效合作所需的技能（如自我意识、冲突解决与合作），并有助于建立团队的凝聚力和认同感。团队建设法可以使用演示法和练习，在练习过程中，团队成员相互交流与沟通。团队培训在飞行员和外科医生的工作团队中有相当悠久的成功历史，但它对于开发管理团队的有效性尚未得到明确的确认。

关键术语

70-20-10 模型（70-20-10 model）
传统的培训方法（traditional training method）
演示法（presentation method）
讲座法（lecture）
视听教学（audiovisual instruction）
传递法（hands-on method）
在岗培训（on-the-job training，OJT）
自我指导学习（self-directed learning）
师带徒（apprenticeship）
仿真模拟（simulation）
案例研究（case study）
商业游戏（business game）
角色扮演（role play）
行为示范（behavior modeling）
替代强化（vicarious reinforcement）

关键行为（key behavior）
示范演示（modeling display）
应用规划（application planning）
团队建设法（group building method）
团队（team）
经验学习（experiential learning）
冒险性学习（adventure learning）
团队培训（team training）
协作培训（coordination training）
团队领导技能培训（team leader training）
基于情境的培训（scenario-based training）
团队自我矫正（guided team self-correction）
行动学习（action learning）
持续改善（kaizen）

讨论题

1. 70-20-10 模型对于培训方法的选择有何影响？
2. 社交情境学习与指导能力开发有何不同？这两种学习类型（以及结合使用的学习方法）是否必要？请阐述原因。
3. 讲座法、案例研究和行为示范这三种培训方法各自的优缺点是什么？
4. 如果在组建一个有效的团队时你必须从冒险性学习和行动学习中做出选择，你将选择哪一种？说明你的理由。
5. 讨论行为示范培训的过程。
6. 受训者的特征是如何影响自我指导学习的？
7. 有效的团队绩效的构成要素是什么？培训是如何强化这些要素的？

8. 表 7-11 对各种培训方法的特点进行了比较。说明为什么仿真模拟和行为示范在促进培训成果转化方面的评级很高。

9. 在岗培训可能无效的部分原因是什么？如何确保其有效性？

10. 为什么师带徒项目对雇员有吸引力？为什么这种项目对公司有吸引力？

11. 讨论一个行动学习计划的步骤。你认为行动学习的哪个方面是最有利于学习的？哪个方面是最有利于培训成果转化的？说明理由以证明你的选择。

<hr>

案 例　对银行柜员的培训方法

BB&T 公司的总部位于北卡罗来纳州的温斯顿-塞勒姆，这家全美最大的金融控股公司的净资产达到 2 210 亿美元。它有大约 2 000 家分支银行，分布在北卡罗来纳州、弗吉尼亚州、西弗吉尼亚州、肯塔基州、佐治亚州、马里兰州、田纳西州、佛罗里达州、亚拉巴马州、印第安纳州和华盛顿特区的金融中心。BB&T 的运营战略不同于其他的金融控股公司。BB&T 的每个分支银行都是一个社区银行，并且有一名行长负责做出符合当地客户需求的决策。这也使得 BB&T 的客户服务响应更快、更可靠、更贴近实际。银行柜员的职责包括：

● 每次临换班的时候要清点抽屉里的纸币、硬币和支票，用电脑、计算器或其他计算机器计算每天的交易额。

● 查验签名是否正确、大小写的数额是否一致以及账户是否有足够的资金，然后兑现支票，完成支付。

● 收到支票和现金之后，验证数量，并检查存款单的准确性。

● 检查支票的背书并核实其他信息，比如日期、银行名称、收款人的身份证和文件的合法性。

● 将客户的交易信息输入电脑生成交易记录并生成收据。

● 清点收到的纸币、硬币和支票（用人工或者点钞机），准备将它们存储起来或运送到分支银行和联邦储蓄银行。

● 准备和验证支票。

● 整理和归档存款单和支票。

● 预计现金使用量以满足日常交易额的需求。

● 接受和清点每天的库存现金汇票和旅行支票。

苹果公司推出了 Apple Pay，这使顾客可以通过非接触式支付技术和独特的安全功能进行信用卡购物和支付账单。顾客可以使用 iPhone、Apple Watch、iPad 实现轻松且安全的支付。请访问 www.apple.com/apple-pay 以获取更多相关信息。

描述一下你为 BB&T 公司培训柜员使用 Apple Pay 所推荐的方法或方法组合，并证明你的选择。

资料来源：Based on "BB&T Winston-Salem, North Carolina, Channeling Aristotle," *T+D* (October 2008), pp. 50-52; "Corporate Profile," from https://bbt.mediaroom.com, accessed March 7, 2018; Tasks and work responsibilities are taken from https://www.onetonline.org/O*Net online summary report for bank tellers (Job Code 43-3071.00), accessed March 25, 2018; www.apple.com/apple-pay.

注　释

第 **8** 章
基于新技术的培训方法

学习目标

通过本章的学习，你应该能够：

1. 解释新技术如何影响培训。
2. 对互联网培训方式进行评价。
3. 解释新技术如何促进学习和培训成果转化。
4. 说明网络学习、移动学习等培训方法和仿真模拟的优势和不足。
5. 列举不同类型的社交媒体并说明它们适用于培训的情形。
6. 向管理者描述不同类型的远程学习方式。
7. 建议电子绩效支持系统应该包含哪些内容。
8. 比较传统的培训方法和基于新技术的培训方法各自的优势和不足。
9. 阐述并解释学习管理系统的优点。

▼ 章首案例

PayPal 利用基于新技术的培训取得的成效

PayPal 的数字支付平台使全世界 2 亿活跃账户持有者有信心以新的方式进行连接和交易——在线，利用移动设备，使用应用程序或面对面。通过技术革新和战略性伙伴关系，PayPal 实现了以更好的方式帮助我们管理支付和资金流动，并给予我们更多便捷的选择。PayPal 平台包含 Braintree、Venmo 以及 Xoom，平台允许个人和企业收款、提现并能将账户余额转换为不同的币种。尽管 PayPal 在实现商品和服务数字化支付方面是一种最好的支付途径，但是在应用新技术进行培训方面 PayPal 并没有走在最前沿。随着 PayPal 的培训部门将新的学习技术应用到新雇员的培训中，这种情况发生了变化。

PayPal 决定将社交媒体融入培训，因为社交媒体使用方便，并且公司的 5 000 多名雇员也非常熟悉社交网络。PayPal 开发了一个专属脸书群组，雇员可以通过这个群组相互联系，而 PayPal 也可以邀请专家在群组中提出问题并分享知识。PayPal 同时鼓励雇员使用推特观看短视频培训模块。PayPal 的雇员可以获得 Udemy for Business 的慕课。雇员可以获取 1 600 门不同主题的课程，并可以控制完成课程的进度。他们可以将重要的课程添加到书签中或对课程进行保存以便进一步学习。

在将新技术融入培训后，PayPal 发现半年内完成两门培训课程的雇员数量（活跃学习者）增加了一倍，公司的培训成本也降低了 25%。

资料来源：Based on H. Clancy, "A New Mind-Set," *Fortune* (January 1, 2017), p. 30; "About PayPal" from www.paypal.com, accessed January 29, 2018; E, Wiechers, "PayPal Invests in Workplace Skills Development With Roll Out of Udemy for Business," (April 12, 2016) from https://about.udemy.com/udemy-for-business/paypal-invests-in-workplace-skills-development-with-rollout-of-udemy-for-business/accessed January 29, 2018.

8.1 引 言

正如章首案例所示，技术对培训项目的开展具有深远的影响。PayPal 使用基于新技术的培训方法所提供的学习环境可以带来与面授指导类似的益处（实操、反馈、学习者的参与），同时还可以应对由于将雇员集中到一个地点进行培训所带来的时间和成本上的挑战。在线学习可以使受训者随时随地获取培训。支持在线学习等培训方法的技术的有效开发和应用，需要培训、信息技术部门和公司高管层的协作。除此之外，需求分析、培训设计、培训转化、培训评估也是使用技术进行培训的重要组成部分。尽管包括社交媒体、平板电脑、虚拟现实在内的新技术为我们提供了令人兴奋的能力和可能性，但是对于公司而言，使用可以支持业务和雇员需求的培训技术至关重要。

PayPal 并不是唯一一家使用新技术支持培训的企业。由于工作忙碌，雇员通常没有时间去参加培训班，小型企业也不会对正式培训给予资金支持。[1]新技术可以帮助雇员在他们需要时获取培训。比如，雇员可以登录网站获取课程推荐，网站还可以推荐同一部门内其他雇员正在学习的内容。包括 Lynda.com、Skillsoft、Grovo 在内的培训供应商为雇员提供有针对性的课程以提升他们在某一领域的技能。关于机器维护、制造流程、安全方面的短期培训模块通常只需要 15 分钟即可完成，这些模块还将一些实操活动嵌入雇员的时间表。此外，包括人工智能和增强现实在内的新技术可以帮助雇员提高在岗绩效水平。

正如我们在第 7 章中讨论的，指导者主导的课堂培训仍然是最普遍的培训方法，然而，利用新技术进行培训和指导的方法也在增多，而且有望在未来继续发展。表 8-1 提供了培训中使用的新技术概览。随着技术的改进与成本的下降，新培训技术的使用会激增，公司会认识到通过平板电脑、手机和社交媒体等方式进行培训具有节约成本、定制培训等优势。[2]在本章后面，你将会看到新的培训技术不可能完全取代面对面指导，相反，面对面指导将会与新的培训技术相结合（形成一种集成学习方法），从而使学习效果最大化。

表 8-1 新技术在培训中的应用

- 培训时间的 15% 用于虚拟课堂培训，31% 用于网络培训。
- 学习时间的 41% 涉及基于新技术的培训方法。
- 86% 的公司使用学习管理系统。按公司规模来划分，96% 的大公司（有 10 000 名或更多雇员）、89% 的中型公司（有 1 000~9 999 名雇员）、77% 的小公司（有 100~999 名雇员）使用学习管理系统。
- 54% 的大公司、27% 的中型公司和 27% 的小公司使用网络培训方法。

资料来源：Based on M. Ho. "2017 State of Industry," (Alexandria VA: Association for Talent Development, 2017); "2017 Training Industry Report," *training* (November/December 2017), pp. 20-33.

　　诸如推特和脸书等社交媒体的开发、使用和普及有可能会对培训和学习产生深远影响。很多人（尤其是千禧一代）在日常生活中经常用到这些工具。很多公司已经利用这些工具来招聘新雇员、进行市场营销和开发产品与服务。这些工具同样可以用于学习。通过让雇员与其他人建立联系和协作来控制自己的学习，社交媒体工具正在重塑学习。社交媒体工具（包括共享工作空间、社交网络、维基、博客、播客和微博）正被用于学习中。共享工作空间、社交网络和维基是最常用于学习的社交媒体。[3]

　　在利用社交媒体工具带来的益处方面，各代之间似乎有一定区别。Z 一代和千禧一代认为社交媒体工具对于学习和工作非常有用，相对于婴儿潮一代和 X 一代，他们更有可能在日常生活中使用这些工具，因此在工作中也习惯使用这些工具。

　　本章首先讨论新技术对培训方式、培训支持和培训管理产生的影响，然后描述新技术是怎样改变学习环境的。接下来介绍基于计算机的培训、在线学习和网络学习。网络学习强调互动式的学习过程、与其他受训者的信息共享以及对于互联网资源的利用。本章还介绍了包括社交媒体、平板电脑、智能手机在内的新技术在培训和教学方面的应用。接下来，本章讨论了专家系统、智能教学系统、人工智能、增强现实，它们也作为指导方法和在岗绩效支持。本章还展示了学习管理系统在传递和管理培训项目中所起的辅助作用。本章最后一部分对基于新技术的几种培训方法进行了比较。将传统的面对面培训和基于新技术的培训相结合的集成学习方法可能是综合利用各种培训方法的优势的最佳方式。

8.2　新技术对培训和学习的影响

　　第 1 章和第 2 章讨论了培训与开发在帮助公司执行经营战略、迎接工作环境改变带来的挑战中扮演的角色。要使培训帮助公司赢得竞争优势，培训必须支持公司的经营目标，并且尽量满足雇员的需求（这些雇员可能分布在不同的地方，有些在家办公，有些在国外工作）。公司要尽量减少培训支出（如差旅费），同时力争使培训获得最大的收益，包括学习和培训成果的转化。为了实现学习和培训成果的转化（即为了实现培训收益），培训必须遵循学习原则，例如为受训者提供实践、反馈和有意义的材料，并确保受训者具备通过相互交流进行学习的能力。

　　新技术降低了实施培训课程所耗费的成本，提高了学习环境的有效性，并使得培训有助于更好地实现公司目标。表 8-2 描述了本章要讨论的基于新技术的培训方法，并给出了每种方法的示例。

表 8-2　培训中用到的新技术

网络学习、在线学习、基于计算机的培训、基于网络的培训

通过计算机或网络开展的培训，可以包括有关培训主题的光盘或视频。

网络直播/网络研讨会

为不同地域的受训者提供基于网络直播的指导。

播客

通过网络将音频资料和视频资料传递给受训者。

移动学习

通过便携式移动设备（如智能手机或平板电脑）将培训内容传递给受训者。

集成学习

使用技术和面对面指导（如课堂培训和基于网络的培训）相结合的方法将培训内容传递给受训者。

维基

允许使用者创建、编辑和更新内容以及分享知识的网站。

远程学习

为其他地方的受训者提供在线培训（通过网络直播或虚拟课堂），通常需要通信工具（如聊天室、电子邮件和在线讨论）的支持。

社交媒体

允许创建、更改用户生成的内容及创造互动交流的在线和移动技术，包括维基、博客、社交网络（如脸书、MySpace 和领英）、微分享网站（如推特）和共享媒体（如 YouTube）。

分享工作空间

网络服务器上的空间，人们可以在这里分享信息和文档，如谷歌文档。

聚合订阅

更新内容自动发送给用户，而不是通过电子邮件发送。

博客

作者发表文章、读者可以发表评论的网页，如 WordPress。

聊天室和讨论区

一个供学习者交流的电子聊天室或信息板。学习者可以在同一时间或者不同时间交流，协助者或指导者可以主持按主题分组的对话。

微博或微分享

一种软件工具，可以用较短的文字、链接或多媒体，通过独立的应用程序、在线社区或社交网络实现交流，例如推特。

慕课

指可以接纳大量学习者（大规模）并向任何接入互联网的学习者免费开放（开放性的）的学习方式。这种学习方式使用讲座视频、包括讨论组和维基（在线）在内的交互式课程；有具体的开始和完成日期以及测验、评估、考试（课程）。

适应性培训

基于学习者需求的定制化培训。

机器学习

指通过应用数据算法以发现用户的趋势和模式，从而提供有关未来数据搜索的建议。

增强现实

使受训者可以看到周围的物理世界，也包括虚拟媒介。

人工智能

能够像人一样进行智能思考的系统，例如计算机、计算机控制的机器人或软件。

资料来源：Based on N. Kroc, "Reality Robot," *HR Magazine* (October 2017), pp. 46 - 51; D. Zielinski, "Get Intelligence on AI," *HR Magazine* (November 2017), pp. 60 - 61; S. Gale, "Ready or Not, the Future is Now," *Chief Learning Officer* (March 2017), pp. 20 - 21; R. High, "3 Terms All Business Professionals Need to Understand," *VentureBeat* (February 24, 2018) from http//venturebeat. com, accessed March 7, 2018; R. Johnson and H. Gueutal, "*Transforming HR Through Technology* (Alexandria, VA: SHRM Foundation, 2010); American Society for Training and Development, *Transforming Learning with Web 2. 0 Technologies*, 2010 survey report; T. Bringhan and M. Conner," *The New Social Learning* (Alexandria, VA: American Society for Training and Development Press, 2010) A. Kaplan and M. Haenlein, "Users of World Unite! The Challenges and Opportunities of Social Media," *Business Horizons* 53 (2010), pp. 59 - 68. T. Poeppeiman, E. Lobene and N. Blacksimith, "Personalizing the Learning Experience through Adaptive Training," *The Industrial Organizational Psychologist* (April 2015), from www. siop. org; R. Grossman, "Are Massive Open Online Courses in Your Future," *HR Magazine* (August 2013), pp. 30 - 36.

新技术对培训方式、培训管理和培训支持产生了深远的影响。新技术还可能带来如下好处[4]：

- 雇员能完全控制培训时间和地点。
- 雇员可以根据自己的需求获取有关知识和访问专家系统。
- 使用化身、虚拟现实和仿真模拟，可使学习环境与实际工作环境相似。
- 雇员可以自行选择培训项目中要用的媒介（如，纸质、音频或视频媒介等）。
- 实现电子化培训管理（如，课程注册、测验、记录等），缩短文案工作和管理活动所需的时间。
- 可监控雇员在培训中所取得的进步。
- 在无须雇员赶到集中培训地点的情况下，传统的培训方法（例如，课堂指导和行为示范）也能顺利运用。

技术对培训与学习的影响体现在三个方面：（1）促进了协作；（2）创建了动态学习环境；（3）增强了学习者控制。[5]

8.2.1 技术促进了协作

技术使得数字化协作成为可能。**数字化协作**（digital collaboration）是指利用新技术强化和拓展分布在不同地域的雇员协同工作的能力。[6]数字化协作采用的技术包括电子信息系统、电子会议系统以及不同主题的在线学习论坛。雇员可以通过应用各种支持人际交流的数字化协作技术进入互动论坛，分享培训资料和网站链接，访问社交网络以及文档处理系统。进行数字化协作需要一台计算机或平板电脑、带有网页浏览器或应用软件的电话，而且必须能够实现协作。数字化协作可以是同步的，也可以是异步的。[7]在**同步交流**（synchronous communication）过程中，培训者、专家和受训者可以像在面对面传授知识的课堂上那样进行实时的互动交流。诸如视频电话会议和现场网络课程（虚拟课堂）等新技术使得同步交流成为现实。相反，**异步交流**（asynchronous communication）过程是非实时的互动，也就是说，雇员没有一直使用网络，相互间的联系是延时的。尽管如此，他们仍然可以在需要时得到想要的信息资源。异步交流是依靠电子邮件、基于网络或者只读光盘的自步学习课程、讨论组和虚拟图书馆实现的。

8.2.2 技术创建了动态的学习环境

正如在第 7 章讨论的，学习曾被视为一个线性过程。也就是说，指导者把信息传递给学习者；指导过程结束后，学习者才开始实践和应用。在传统方法中，学习环境仅包括指导者（或培训者）和学习者。培训者负责讲授课程，回答学习者提出的问题，并测试学习者的学习效果；而受训者在学习过程中扮演着被动的角色。课程的信息传递过程是单向的：由指导者传递给学习者。专家和学习资源没有包括在学习环境中。如果学习者想在指导者和课程提供的学习资料之外请教专家和获得学习资源，就必须在正式的学习环境之外寻找途径。而且，学习者必须等到指导过程结束后才有可能获得这些途径。学习者之间的互动交流主要是在培训课堂之外进行的，而这样的交流主要集中于在同一地点工作的雇员。

技术使得学习成了一个更加动态的过程。如图 8-1 的右半部分所示，学习环境得到扩展：学习者和培训课程之间以及学习者和指导者之间的互动交流增加了。培训者负责设计培训内容，但是这些内容主要通过新技术（如在线学习、仿真模拟、iPod或者平板电脑）传递给学习者。指导者更像是教练和资源提供者，负责解答学习者的问题，而较少参与到课程内容的传递过程中。学习者获取新知识的途径主要包括：与其他学习者互动交流，使用博客、维基或其他类型的社交媒体培训，共同完成一个虚拟团队项目，参与游戏，倾听，交换意见，与专家（如工程师、管理者等）交流，以及利用超级链接登录其他网站去搜索需要的信息。专家和学习资源也成为学习环境的一部分。学习者通过练习、应用和仿真模拟等学习培训内容的过程中，可以与其他学习者展开讨论，或者从网上获得专家意见和学习资源。培训交付和培训管理（例如，追踪学员的学习进度）都是由一套学习管理系统（在本章后面讨论）完成的。在集成学习环境中（如图8-1下部所示），受训者可以参与到结合了在线学习和课堂指导两种方法的培训中。学习者之间、学习者和培训内容（如，仿真模拟或游戏）之间、学习者和指导者之间，以及学习者和专家之间都会发生协作。重要的是，新技术创造了一个动态的学习环境，包括协作、学习者的主动参与和对其他资源的访问。动态学习环境中可能会应用Web 2.0网络技术（包括社交网络、博客、维基和推特）。[8]

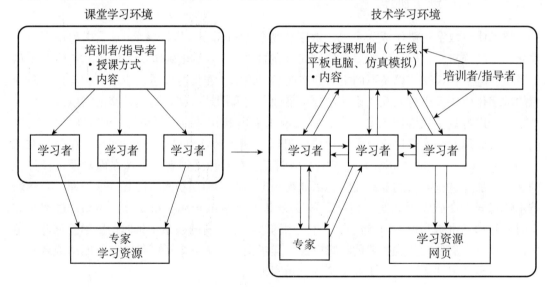

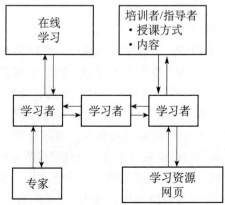

图8-1 学习环境的类型

看看 Cox Automotive 公司是如何通过使用基于云计算的视频来为公司的销售人员构建动态学习环境，并打造协作和帮助他人的公司文化的。[9]销售人员获取一个视频，然后拍摄并上传他们的回复视频。比如，其中的一个视频会询问销售代表在走访经销商时会推荐什么产品。他们的回复视频会得到同事的评论与反馈。同事还会根据行动的有效性给视频打分。在提交最终的视频之前，销售代表通常会录制 4～5 个视频，以完善他们的回复。针对视频的反馈与销售代表在面授培训中得到的反馈非常相似。这一做法的优势在于他们可以得到来自其他地区的同事的反馈。

8.2.3　技术增强了学习者控制

学习者控制（learner control）指受训者通过自定进度、练习、搜索其他资源的链接，以及与其他受训者和专家对话等途径主动学习。受训者可以选择学习内容的展示方法（比如，文本、图片、视频等），以及是否需要暂停、跳过或回看，抑或连接其他资源。也就是说，在线学习将由讲师（演示、幻灯片、视频、视觉材料）、受训者（讨论、问题）、小组互动（讨论如何应用培训内容）主导的活动融入培训，而受训者则无须置身物理的培训课堂中。新技术可以使受训者随时随地获取培训，无论是在家，在工作场所，还是在海边。受训者可以获取培训内容，也可以选择在什么时间以及在哪里进行学习。

本章涉及的许多培训方法都有如下特征。比如，在线学习和网络学习都涉及应用网络来进行指导或实施培训。远程培训包括视频会议或培训者使用电脑对在不同地点的受训者进行培训。移动技术使培训可以通过 iPhone、个人数据助理（PDA）、iPad、笔记本电脑实施，因而受训者可以随时随地接受培训。新的培训技术允许使用多媒体，其中包括文本、图形、音频、视频。因而学习内容可以多种方式呈现，满足不同学习者的偏好和学习风格。

看看新技术是如何影响农夫保险公司的培训交付方式的。[10]农夫保险公司利用集成学习方法对遍布于全美各地的不同世代的雇员和保险经纪人实施有效的培训。公司的培训项目整合了面授指导、纸质教学材料、在线学习、音频、视频、仿真模拟以及教练指导。新技术用于传递知识，而讲师主导型培训用于开发新技能。在过去的五年间，讲师主导型课堂授课的比例从 90％下降到了 50％，剩余的 50％是通过在线或非正式学习的形式进行的。比如，公司使用不同的培训方法帮助雇员应对理赔、评级、开票、产品系统方面的变化，以支持公司的业务战略。该战略强调客户体验、分销以及公司产品的卓越管理。管理者被要求完成在线培训并参与网络说明会，从而获取他们需要的知识。这些管理者还会接受讲师主导型培训，并得到相关视频和指导。

农夫保险公司还使用虚拟课堂、移动学习、社交网络、iPad、学习模拟。学习者在进入农夫保险公司的企业大学学习时，可以使用平板电脑记笔记、登录网站、获取文章、观看视频。平板电脑具有视频功能，导师可以录制受训者练习技能的视频，并给予相应的反馈和指导。讲师也可以制作类似于 iBook 的带有内置视频的学习材料。为了鼓励课后学习，公司开发了针对客户、经纪人以及雇员的应用程序，iFarmers 应用程序可以帮助客户学习不同的保险产品，iClaims 应用程序可以帮助客户管理自己的保险理赔，iAgent 应用程序可以帮助保险经纪人学习与业务相关的知识。公司一直在尝试使用社交网络来实现雇员之间的协作、开发和分享知识，并提供绩效支持。一些培训项目使用社交网络来实现协作性练习。农夫保险公司有一个名为"公司内部人士"（Agency Insider）的项目，这个项目允许学习者选择使用推特、脸书、电子邮件或博客订阅进行学习。

农夫保险公司的理赔员需要接受对地震、龙卷风、洪水中受损的房屋进行检查的相关培训。公司使用虚拟现实技术创建了不同的假设场景，而公司现有的培训项目无法模拟这些场景。公司与虚拟现实开发团队合作建造了一座遭受洪水袭击的两层房屋，每一个场景都需要 15 分钟完成，不同场景随机出现，因此，每一个受训者遇到的漏水情况都是不同的。在家办公的受训者通过数字工具来标记有问题的马桶或热水器，他们甚至可以使用仿真 iPad 来联系水管工或保险经纪人。可根据受训者发现的问题以及采取的措施的合理性来进行打分。受训者的虚拟培训体验可以在课堂上进行直播，其他受训者可以观看他们处理问题的全过程。这一虚拟现实课程也会被全程录像，并允许雇员回放。

接下来讨论培训技术，包括如何使用、潜在优势与劣势。

■ 8.3 基于计算机的培训、在线学习、基于网络的培训和网络学习

基于计算机的培训（computer-based training，CBT）、**在线学习**（online learning）、**网络学习**（e-learning）和**基于网络的培训**（web-based training）是指通过计算机以网络的形式进行指导和传递培训内容。[11] 所有这些方法可以通过整合文本来增强教学效果，使用仿真模拟和游戏进行互动，使用博客、维基和社交网络进行协作，使用附加资源的超级链接。在一些基于计算机的培训中，有些培训内容仅通过软件或光盘提供，并不连接互联网。受训者仍然可以与培训内容互动，回答问题，并根据他们在特定情况下的表现做出反应，但是他们无法与其他培训者合作。例如，威普罗公司（Wipro Limited）开发了一款名为"统一学习工具包"（Unified Learning Kit，ULK）的工具，能够使新雇员体验工程项目。[12] 一个统一学习工具包可用于传授与硬件和软件工程相关的十多门技术课程。

在线学习、网络学习和基于网络的培训都包括使用网络进行培训指导。这类培训项目可以通过公共互联网使用密码访问或直接通过公司内部网访问。在线学习有很多潜在的特点有助于受训者学习和培训成果的转化。例如，在线培训项目可以使用视频让受训者获得互动体验，也就是说，受训者观看视频，可使用键盘或点击屏幕回答问题，表明他们在特定情况下会做出怎样的反应，或者确定他们会采取怎样的步骤解决问题。交互式视频对受训者学习技术或人际关系技能是非常有帮助的。在线学习还可以通过讨论板、维基、博客与其他学习者进行沟通。接下来，我们将讨论在线学习的更多潜在特征和优点。

例如，在培训需求评估过程中，拜耳制药公司（Bayer Pharmaceuticals）发现其技术专家需要掌握新的技能才能成功管理大型项目。[13] 这些技能包括使项目经理专注于任务，管理竞争优势和领导大型跨职能团队，并监督不受他们直接管辖的雇员。掌握这些技能对于缩短一项新的技术成果投放市场的时间很有意义。为了开发这些技能，拜耳在培训过程中采用了基于计算机的仿真模拟法。这种培训方法要求团队成员共同参与完成一个大型项

目。团队成员所做的管理决策决定了他们能否取得成功。计算机可以预测每个团队成功的概率。这种仿真模拟法还引入了一些对项目有负面影响的因素，例如雇员缺乏激情、出现旷工现象、项目不能按时完成等。受训者在接受培训之前要先做好准备工作（通过网络完成）。准备工作帮助受训者对项目管理过程有一个总体的认识。另外，所有的受训者还要完成一份与团队相关行为（如冲突解决）的自我评估。评估结果可以用来讨论团队领导与普通成员的关系。完成模拟之后，受训者可以访问一个项目网站，获取有关项目管理的技巧和信息。完成这项模拟的雇员在管理项目和处理不断变化的优先事项方面更有信心，能更迅速地解决团队问题。

Discovery Financial Services 公司利用在线培训教授新客服代表自力更生，自我指导，创造性地解决问题以满足客户需求。[14]受训者可以通过教学大纲了解培训的预期与目标，获取课程材料的链接。受训者可以通过在线讨论提出问题，并分享经验。公司为每一位受训者配备了一位顾问以帮助他们设定学习目标，评估他们的表现，并给予他们教练指导。同时受训者可以在每日、每月以及客户来电的空闲时间参加一项在线游戏。

8.3.1　在线学习的特征

在线学习有可能促进学习者与培训内容和其他学习者互动，并由自己决定怎样学习。[15]图 8-2 描述了在线学习的特征。这些特征包括提供内容、合作与分享、可链接的资源、学习者控制、课程传递方式及行政管理。尤其要强调的是，并非所有在线学习方法都具有这些特征。其中一个原因是某些方法很难将一些特征融入在线培训。例如，正如你将在本章后面看到的，通过电话会议开展的远程学习可能会限制受训者和指导者之间的合作。同时，在远程学习中，受训者无法控制学习内容、实践和学习速度。另外一个原因是培训方案设计者并没有选择包含所有特征。虽然在线学习具有如图 8-2 所示的特征，但通常不会包含所有潜在特征，例如，有时项目开发者不会为受训者提供合作的机会。如图 8-2 所示，在线学习不仅能为受训者提供培训内容，而且可以向他们传授控制学习内容、学习进度、训练强度甚至学习时间的能力。此外，在线学习还允许雇员之间以及雇员和专家之间合作或交流，并为雇员提供其他学习资源（如参考资料、公司网页和其他培训项目）。课程内容可以通过文本、视频、图片和音频等形式传递给受训者。可以将仿真模拟纳入网络学习，作为一家医疗服务企业，OptumRx 在公司内网 RxTube 上向雇员提供相关视频。[16]这些视频针对不同的流程和系统提供相应的指导。除了学习渠道，公司还向高管提供用于讨论成功经验并预测挑战的渠道。

8.3.2　在线学习的优点

以上这些特征使得在线学习优于其他培训方法。表 8-3 列举了在线学习的优点：促进公司经营战略目标的实现[17]；通过吸引更多的顾客、采用电子商务等新的经营方法（通过互联网提供产品和服务）、加速新产品或新服务的开发等方式支持公司的计划。与传统的培训项目（主要针对雇员）相比，在线学习的培训范围更大。比如，受训者可以是合作伙伴、供应商、销售商或者潜在的顾客。

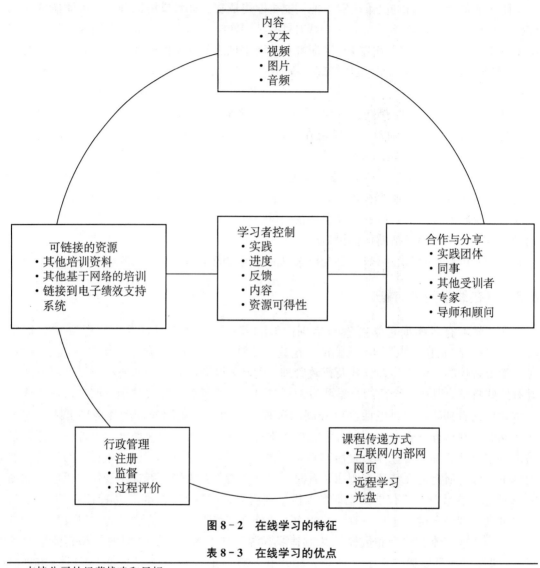

图 8 - 2　在线学习的特征

表 8 - 3　在线学习的优点

- 支持公司的经营战略和目标。
- 可在任意时间、任意地点开展。
- 受训者可以包括雇员、管理者、销售商、顾客和代理商。
- 培训不受地理位置的限制，各地的雇员都能接受培训。
- 培训速度更快，并且可以在短时间内面向更多的雇员。
- 便于更新。
- 实践、反馈、目标、评估以及其他有利的学习特征可以融入项目。
- 通过多媒体技术（音频、文本、视频、图片）的使用和受训者之间的互动交流，学习得到强化。
- 可以减少与培训管理有关的文案工作（如注册、评价等）。
- 培训可以将受训者和其他学习内容、专家以及同事联系起来。

资料来源：Based on D. Hartley, "All Aboard the E-Learning Train," *Training and Development*（July 2000），pp. 37 - 42；V. Beer, *The Web Learning Field Book: Using the World Wide Web to Build Workplace Learning Environments*（San Francisco: Jossey-Bass, 2000）.

　　在线学习可以节省培训时间，并可在短时间内面向更多的雇员。看看 Office of Disease Prevention and Health Promotion、捷飞络公司、Greyhound Lines、圣迭戈动物园 (San Diego Zoo) 是如何利用在线学习带来的优势的。[18] 在 Office of Disease Prevention and Health Promotion，在线学习通过与病人进行模拟对话和互动来建模，培训医疗工作者如何向病患提供高质量的服务。受训者要扮演不同的角色，比如由护士担任疼痛管理专业人员。受训者需要在如何解决病人的问题方面做出自己的选择，并得到相应的反馈。他们还要从自己的错误中吸取教训。捷飞络公司认为公司针对领导力开发的面授课程需要在不超出现有的 3 天课程的基础上增加新的内容。因此，在线学习模块中包含了时间管理、目标设定、财务知识的相关内容，这就为面授课节省了 8 小时的时间。另外，完成在线学习的雇员数量增加了 75%。作为一家运输公司，Greyhound Lines 将不同的雇员分开进行管理，这些雇员包括总监、现场工作人员、柜台客服人员、巴士司机。公司通过在线学习的方式向雇员提供领导力、商业、客户服务技巧方面的课程。雇员通过公司的学习管理系统获取相关课程，管理系统可以追踪雇员的课程作业和课程参与程度以及取得的进步。雇员可以通过学习管理系统获取课程作业，系统也会发送信息提示受训者交作业。公司还计划向巴士司机提供 iPhone，以帮助他们获取学习内容。圣迭戈动物园原来一直通过正式的课堂授课向饲养员提供动物喂养、监管规定、安全流程、动物保育、动物丰容、客户服务等相关课程的培训。然而，动物园认识到它需要性价比更高的培训方式，还需要考虑如何对那些由于工作时间不同而不能聚在一起的雇员进行培训，而这些雇员更希望得到实操培训。动物园确定了 13 门基础课程，包括禽流感、猪流感、西尼罗河病毒等病毒传播的防控，遵守政府法规，以及动物行为、管护、管理的基本原则等。课程还邀请核心专家授课。课程设计师根据课程内容开发了在线互动模式，在线培训包含视频案例分析，使用大量的视觉材料、已被论证的事实与概念以及模块来确保合适的课程长度，以免受训者的记忆过载。此外，在课程材料演示结束之后，还有互动评估环节，在这个环节中受训者可以得到课程组织者针对课程涉及的主题给予的支持和反馈，同时可以与他们分享如何通过掌握一个主题来掌握下一个主题。

有些公司要求所有雇员都必须完成培训，以满足公司的质量或法律要求。与面对面的指导相比，在线学习可以让更多的雇员在短时间内参与培训项目。例如，连锁店必须培训药房工作人员掌握关于隐私的规则，这是美国《健康保险流通与责任法案》（Health Insurance Portability and Accountability Act，HIPAA）的要求。为了快速培训雇员，培训课程被传到网络上，方便雇员使用笔记本电脑、智能手机和平板电脑随时访问。[19] 在线学习允许零售商如陆逊梯卡追踪参与和完成在线课程的人数，这些在线课程是某些需要认证的职位的从业者（如专业验光师）必须完成的。

由于在线学习的培训内容是通过用户友好型的网络语言（如 HTML）来编写的，因此易于更新。受训者可以在存储在线学习项目的服务器上修改内容。各地的雇员都可以共享更新后的内容。在线学习的管理模式是更加高效、无纸化的。比如，CCH 开发了一个名为"共享学习"的网络管理模块，公司可以利用该管理模块监督雇员的在线学习进程。雇员重复学习同一课程的次数、完成每节课的时间以及学习过程中进行到哪一步都会被记录下来，这样，他们再次开始学习时就能回到上一次中断的地方。[20]

8.3.3 在线学习的有效性

在线学习是否对所有类型的学习成果和受训者都有效？研究和公司经验都表明，在线学习对大部分的学习成果（包括知识、技能和行为）是有效的。[21]表 8-4 列出了在线学习与其他培训方法的有效性的部分研究成果。在线学习对那些强调认知结果，如说明性和程序性知识的培训更有效（回顾第 4 章和第 6 章关于培训成果的讨论）。课程需要遵守相关法规（如防范性骚扰或诈骗）。

表 8-4 关于在线学习有效性的研究成果

- 在教授说明性知识（使用书面测试来评估的认知知识，这种书面测试可以测量受训者是否记得培训过程中讲授的概念）时，在线指导比面对面课堂指导更有效。
- 基于网络的指导和课堂指导在教授程序性知识（学习者使用在培训中学到的技能的能力）时一样有效。
- 学习者对基于网络的指导和课堂指导一样满意。
- 基于网络的指导在以下情况下可能更有效：（1）学习者可以控制培训内容、顺序和节奏；（2）用时较长的培训课程；（3）学习者能够实践培训内容并收到反馈。
- 基于网络的指导和课堂指导在使用类似的指导方法（例如，两种指导都使用视频、实践任务和学习测试）时一样有效。
- 从在线学习中学到最多内容的雇员是那些完成较多实践内容并花费更多时间完成培训的人。
- 在线学习并非对所有的学习者都有效，尤其是那些计算机应用能力较差的人。

资料来源：Based on K. Kraiger, "Transforming Our Models of Learning and Development: Web-Based Instruction as Enabler of Third-Generation Instruction," *Industrial Organizational Psychology* 1 (2008), pp. 454 - 467; T. Sitzmann et al., "The Comparative Effectiveness of Web-Based and Classrom Instruction: A Meta-Analysis," *Personnel Psychology* 59 (2006), pp. 623 - 634; E. Welsh et al., "E-Learning: Emerging Uses, Empirical Results and Future Direcitions," *International Journal of Training and Development* 7 (2003), pp. 245 - 258.

包括 Windows 和 Jave 在内的软件/技术性技能培训非常适合通过在线学习实施，尤其是当这些课程是基于视频的形式，并可以使雇员将学到的内容应用于自己的电脑上时。比如，总部位于巴基斯坦的联合银行（Allied Bank）使用在线学习来遵守联邦政府的一项法案，这项法案要求银行雇员发现并汇报任何洗钱和为恐怖分子提供资金的行为。[22]设计师开发了英语和乌尔都语的学习网站，雇员可以根据自己能够理解的语言选择培训课程。这一举措将因参加培训而产生的差旅费由原来的 420 000 美元降低到 218 000 美元，每一位雇员的培训成本也由原来的 250 美元降低到 150 美元，同时一年内参加培训的雇员人数也由原来的 6 500 人增加至 9 200 人。捷飞络公司的认证培训项目包括 13 门课程，这些课程可以通过面对面指导的形式进行，但是公司认为通过网络学习更容易传播和理解这些课程的内容。[23]受训者还接触到了其他主题，比如管理层变革、绩效管理、组建团队。受训者通过讨论、协作、角色扮演、解决问题等方式对这些主题有了更深层次的理解。因此公司将面对面指导和在线学习相结合。

在线学习比面对面的学习方法更能促进受训者之间的互动，这是因为其他受训者同样或比指导者更频繁地访问在线学习项目，而且受训者可以通过很多方式互动，如电子邮件、博客、维基和聊天室。[24]此外，受训者可能更愿意参与在线培训，因为他们可以避免面对面学习中影响他们参与、令他们不自信的因素。Delaware North Companies 坐落于纽约州布法罗市，为国家公园、体育馆和机场提供接待和餐饮服务。该公司为雇员提供基于网络虚拟课堂的自定进度的互动式培训。[25]该公司认为，诸如管理团队、有效的沟通技巧、授权和解决冲突等软技能最适合采用在线学习，功能性和技术方面的能力最适合采用在岗培训。

在决定是否要将所有培训转移至线上之时，你需要考虑几件事情。[26]你需要判断在线培训是否与公司的商业目标以及雇员的需求一致。在线培训可以在不牺牲质量的前提下节省成本，并可以为那些无法参加面授课程的雇员提供培训。将培训转移至线上也许会带来与设计或购买培训以及提供访问相关的开发成本。一项预估显示，一小时的面授课程需要八小时的开发时间，而在线课程的开发时间会更长，当然这取决于课程内容的复杂性。当然我们也要考虑到许多受训者可能由于不熟悉培训技术而对培训产生抵触心理。如果要开发在线学习，受训者需要知道为什么要实施在线学习；如何使用在线学习来满足自身的学习需求；如何获取课程；如何从课程中获得收益。

尽管在线学习日益普及，但诸如家得宝、Recreational Equipment 和奎斯特国际通信公司（Qwest Communications International）等公司针对销售和设备维修这样的复杂工作仍然更愿意使用面对面的培训方式。[27]在线学习适用于要求雇员使用一系列标准或程序的工作。例如，Recreational Equipment 对新雇员采用角色扮演的培训方式，由培训者模拟一系列的顾客行为，帮助雇员理解想要某一特定产品的顾客与想要讨论不同的产品选择的顾客之间的区别。奎斯特国际通信公司估计，在公司的网络部门，80％的培训是通过面对面的方式完成的，只有 20％是通过网络完成的。该公司认为，为了学习如何修理和安装设备，雇员必须有实践经验，这些实践经验有助于解决他们在住宅和商业中心的实际工作中遇到的问题。在线学习也许是有价值的，但在教授复杂的分析技能、概念性的技能和人际交往技能时仍然存在不足。[28]这可能是因为在线学习缺乏沟通，一些网络课程学习者不愿意与其他学习者互动，而且，虽然在线学习使得受训者访问培训课程更容易，但雇员由于工作繁忙极有可能会拖延，导致未能完成学习活动或者在学习中表现很差。稍后，我们将会讨论如何结合在线学习和面对面指导形成集成学习方法，以充分利用这两种方法的优点。将面对面指导和在线学习相结合可以促进学习，因为使用视频、图片、音频和文本，结合有效的学习体验（如案例、角色扮演和仿真模拟），学习者会更加投入。同时，集成学习为学习者提供了实践、提出问题以及与其他学习者和同事通过面对面的方式和网络进行互动的机会。

8.4　开展有效的在线学习

表 8-5 列出了开展有效的在线学习的技巧。[29]第 1 章中讨论的培训设计和 ADDIE 模型可用于在线学习的设计。然而，每一阶段强调的重点应该略有不同。[30]需求评估、创建积极的学习体验、学习者控制、为在线学习提供时间和空间是开展有效的在线学习（包括基于网络的学习）需要解决的四个核心问题。

表 8-5　开展有效的在线学习的技巧

需求评估	确认在线学习和业务需求之间的联系。
	说服管理层投资。
	确保雇员有机会利用技术和技术支持。
	向信息技术专家咨询系统需求。
	确认具体的培训需求（知识、技能、能力和行为）。
	如果需要，培训学习者学习与计算机和互联网相关的基础知识。

创建积极的学习体验	结合学习原则（实践、反馈、有意义的材料、吸引学习者主动参与、调动多种感官）。
	设计适合特定网络带宽的课程（或者增加可用带宽来适应课程需要）。
	使用游戏和仿真模拟，以激发学习者的兴趣。
	合理组织学习材料。
	允许受训者之间以及受训者与培训者、专家与指导者之间的交流与协作。
	开发用户友好型的培训项目：缩短学习模块的用时，学习内容不能超过受训者负荷，网页不能产生歧义。
	对完成培训的雇员给予激励。
	保证每个指导阶段是独立的。
	分解培训模块。
	在两个指导阶段之间设置平稳的过渡。
	任何音频、视频或动画都应该对学习者有用，否则是对时间和带宽的浪费。
	为开发者或生产者提供明确的规范，包括要求的文件格式、文件大小、窗口和图像尺寸、导航栏、屏幕显示字体和可用的网络带宽。
	为指导性设计者和写作者提供清晰的指南，包括每页演示文稿最多写多少字、共包括多少互动练习以及哪个练习最符合培训内容。
	在大规模开展在线学习前，进行一次正规的评估（试验性测试）。
学习者控制	为学习者提供控制权限，包括跳过某些章节或模块、暂停学习、添加标签、复习和返回上次离开的地方。
为在线学习提供时间和空间	给学习者专门的培训时间用来参加在线学习。

资料来源：Based on K. Dobbs, "What the Online World Needs Now: Quality," *training* (September 2000), pp. 84 - 94; P. Galagan, "Getting Started with E-Learning," *Training and Development* (May 2000), pp. 62 - 64; D. Zielinski, "Can You Keep Learners Online?" *training* (March 2000), pp. 65 - 75; V. Beer, *The Web Learning Field Book: Using the World Wide Web to Build Workplace Learning Environments* (San Francisco Jossey-Bass, 2000); E. Zimmerman, "Better Training Is Just a Click Away," *Workforce* (January 2001), pp. 36 - 42; R. Clark and R. Mayer, *E-Learning and the Science of Instruction* (San Francisco: John Wiley, 2003); E. Salas, R. DeRouin, and L. Littrell, "Research-Based Guidelines for Designing Distance Learning: What We Know So Far," in *The Brave New World of eHR*, ed. H. Gueutal and D. Stone (San Francisco: Jossey-Bass, 2005), pp. 104 - 137; S. Boehle, "Putting the Learning Back into E-Learning," *training* (January 2006), pp. 29 - 35; A Rossett and L. Schafer, "What to Do about E-Dropouts," *T+D* (June 2003), pp. 40 - 46; M. Morrison, "Leaner E-Learning," *training* (January 2008), pp. 16 - 18; M. Allen, "The Return of Serious Design," *Chief Learning Officer* (July 2014), pp. 31 - 33.

8.4.1 需求评估

进行需求评估需要得到管理层对在线学习的支持。同时，信息技术部门需要参与到基于网络的培训项目的设计中，以确保公司网络的技术性能被了解；保证受训者可以访问他们参与在线学习所需的浏览器与网络连接以及获得提供技术支持的所有工具（如电子邮件、聊天室、超级链接）。网络教程可能需要学习者熟悉在线学习系统以及如何浏览网页。回顾第3章，需求评估会决定公司的培训资源和培训的目标任务以及分析哪些雇员需要培训。基于网络的培训或其他类型的在线培训的需求评估过程应该包括技术评估（作为组织分析的一部分）以及学习者接受在线培训所需的技能（人员评估）。技术评估应该包括确定电脑最低配置（带宽、内存、硬盘空间、软件和处理速度）的技术分析。

带宽（bandwidth）是指计算机每秒传输的信息量，用字节和位来衡量。培训课程中的图片、照片、动画和视频下载速度很慢，并且会给公司计算机系统带来冲击。网络培训课程应该在公司系统可用带宽的基础上进行设计。增加带宽有几种途径：用户电脑升级，公司网络更换运行速度更快的服务器和交换机（电脑硬件），或者鼓励受训者错开上网高峰期接受培训。[31]然而，随着计算机服务器的传输速度变快，个人电脑的处理速度日益加快，传输数据的电缆和无线信息系统的数据容量也越来越大，带宽不再是问题。在线学习还应该尝试在不用插件程序的情况下创建互动的学习环境。**插件程序**（plug-in）是指那些额外的音频或视频软件，只有在计算机上运行它们，才能听到声音或观看视频。插件程序可能会很贵，因为往往需要公司支付注册费。不仅如此，插件程序还会影响计算机处理任务的速度。如果受训者在培训过程中反复遇到技术问题（例如，下载速度慢、断网或者插件不能正常工作等），那么他们很可能失去耐心，并且不愿意参加在线学习。

8.4.2 创建积极的学习体验

正如在第 4 章和第 5 章讨论的，在设计和开发阶段，积极的学习环境的特点（如，目标、实践、互动）应该包括有助于保持所学内容和创建刺激学习者学习的有意义的体验。应该创建流程图或故事板，这涉及所有的课程内容，例如主菜单、模块、每节课的网页、评估、论坛、图像、色标和帮助菜单。[32]**快速成型**（rapid prototyping）是指一个迭代过程。在这一过程中将提出初始设计想法，并以粗略的形式在一个在线工作原型中呈现，由设计团队成员关键的学习利益相关者检查和完善。通过观察用户与课程原型的交互，可以提供关于浏览整个课程并理解其内容、要素和说明的难易度的反馈。同时，应该选择多种类型的媒体来最大限度地吸引不同学习风格的学习者，包括文本、动画、图片、视频、音频、游戏、仿真模拟甚至电子书。在线学习的设计应该尽量减少与学习目标无关的内容或工作。无关的内容可能占用学习者有限的认知资源，从而减少了有用内容的学习。表 8-6 给出了创建积极的学习体验应该考虑的设计原则。

表 8-6 创建积极的学习体验的原则

- 包含相关图像和文字的指导。
- 文本内容与视频资料大致均衡。
- 复杂的视频资料通过音频或者文本来解释，而不是同时用文本和音频来叙述内容。
- 省去无关的视频资料、文本资料和音频资料。
- 学习者通过会话语言代理参与社交活动。
- 在整个培训过程中优先解释关键概念，或者任务要与关键概念相结合。
- 为学习者提供提示来鼓励他们自我约束。
- 培训内容以学习者可以控制的短序列进行展示。
- 活动和练习应该模拟现实的工作环境。
- 为学习者提供针对测验和练习的答案解释。
- 练习应该分布在模块内部或者模块之间，而不是在单独放在一起。

资料来源：Based on R. Clark and R. Mayer, "Learning by Doing: Evidence-Based Guidelines for Principled Learning Environments," *Performance Improvement* 47 (2008), pp. 5-13; R. Mayer, "Applying the Science of Learning: Evidence-Based Principles for The Design of Multimedia Instruction," *American Psychologist* (November 2008), pp. 760-769; R. Clark and R. Mayer, *E-Learning and the Science of Instruction*, 2d ed. (San Francisco: Jossey-Bass/Pfeiffer, 2008); T. Sitz Mann and K. Ely, "Sometimes You Need a Reminder: The Effects of Prompting Self-Regulation on Regulatory Processes, Learning, and Attrition," *Personnel Psychology* 95 (2010), pp. 132-144.

　　记住，仅仅将文本放到网络上并不能保证学习的有效性。**项目重建**（repurposing）是指将指导者引导的面对面的培训项目直接转变为网络培训模式。如果在线学习只是对低效培训项目的重建，那么其效果仍然不佳。遗憾的是，许多公司由于急于开发在线学习项目，往往会对一些效果不理想的培训项目进行重建。最佳的在线学习能把互联网的优势与良好的学习环境结合起来。有效的在线学习应该充分利用网络的动态特征，并且拥有利用积极的学习特征的能力，包括通过超级链接连接其他的培训网站和内容，提供学习者控制，以及允许受训者与其他学习者协作。有效的在线学习还综合利用视频、音频、文本以及图像等方式来吸引受训者的注意力。通过有效的在线学习，受训者可以获得与实际工作相关的有意义的培训内容、相关实例和把学习内容应用到实际工作中的能力。受训者有机会通过问题、练习、作业以及测试来实践并接受反馈。

　　创建积极的学习体验的一种方式是情景模拟，情景模拟有助于预防真实的问题或要求受训者处理与工作相关的情况。[33]这些情景的使用可以帮助学习者开发包括解决难题和发现客户需求在内的批判性思维技能。使用这些情景的其他益处还在于：由于这些情景与受训者的工作息息相关，因此可以增加学习的意义；受训者有机会实践所学技能，并处理各类场景和问题；对于包括如何避免性骚扰在内的强制性培训，相较于回顾公司制度和流程的培训项目，使用不同的情景可以调动学习者的主观能动性。

　　为了确保培训材料清楚或易于理解，必须对网络培训内容进行恰当的编排。[34]应该向学习者介绍新项目的情况，解释如何进行在线学习、如何获得帮助以及如何与同事、培训者和指导者进行互动。[35]同时，应该给参与者提供培训课程或项目的概览以及成功完成项目的必备因素。当网络培训完成后，关注的重点应该转向如何更好地分配、维护、更新和改进项目。评估仍然包括收集一些反应、学习、行为和绩效成果，强调与以下几方面有关的问题：互动练习、使用多媒体的数量和质量以及导航工具使用的难易程度。在线学习的材料要组织成短小且有意义的信息模块，每个模块都与一个观点或概念有关，并且模块之间的衔接要能激发学习者积极参与的兴趣。积极的参与可能包括：受训者在互联网上找到资源，尝试测试或游戏，在可选的活动中进行选择，或者将他们所知道的知识与专家知识储备或模型进行对比。每个模块的内容都要包括学习目标、视频、实践练习、阐述模块内容的材料的链接以及测试。各个模块的顺序安排要有意义，比如根据内容的重要性，或者根据学习内容的顺序（必备条件）。受训者可以选择跳过熟悉的内容或经过测试之后掌握的内容，并复习某些尚未明白、需要反复练习的模块。

8.4.3　学习者控制

　　正如我们在本章前面讨论的，学习者控制是指受训者通过自定进度、练习、搜寻其他资源的链接以及与其他受训者和专家对话等途径主动学习。仅仅借助学习者控制并不能确保受训者充分利用在线学习提供的学习途径（如实践练习）。[36]受训者应该能够获取关于如何使用学习者控制的工具，或者如何投入时间和精力排除使用该工具的其他困难的指导。公司必须向雇员解释培训内容对实际工作的重要性和意义，并使雇员承担起完成培训的责任。

　　强生公司旗下的杨森制药有限公司（Janssen Pharmaceutical Companies）开发并销售用于治疗癌症、阿尔茨海默病以及艾滋病的药物。[37]在将药物和其他产品销售给医生和药剂师以及医院之前，销售人员需要先学习药物和产品的相关知识。销售人员需要尽快接受关于药物的培训，病人也可以尽快使用药物。由于公司的销售人员遍布整个世界，且他们总是四处奔走，因此他们没有时间参加课堂培训。为了促进学习，公司依靠数字资源来给他们提供所需的产品信息。比如，公司在推出一款治疗糖尿病的新药之前需要在不到两个月的时间内对 2 000 名销售人员进行培训。通过虚拟课堂，公司可以在药物获得政府批准四天后开始进行培训。包括视频案例分析和播客在内的其他销售培训可以在 iPad 以及其他移动设备上实施。一款名为 YouLearn 的绩效支持工具为雇员提供他们所需的技能和知识，公司要确保基于新技术的学习形式通过面对面的教练指导和开发规划与公司以及雇员的学习需求保持同步。公司要求管理者每年至少针对雇员进行五次关于个人发展的对话，而雇员每年需要完成一个开发计划。

研究提供了使学习者控制优势最大化的几点建议。[38]培训项目不应该允许学习者控制其接受反馈的数量，因为他们可能会过度依赖反馈，而难以长期记住培训内容。培训项目应该在整个实施过程中重复提供关于每个主题的练习，以便学习者不会忘记已经学完的培训主题。培训项目应该使用不同的实例为受训者提供练习，以帮助学习者完成培训内容（技能或知识）的转化，不仅要涉及受训者实际工作中可能会遇到的问题，而且应该包括意料之外的情况。应该由受训者控制他们接受指导的顺序，但是不能跳过练习。激励自我约束能够改善在线培训的效果。正如我们在第 4 章讨论的，**自我约束**（self-regulation）是指学习者学习培训内容的投入程度，以及对所取得的进步的评估。在线提示要求学习者回忆要点，或为学习者设定目标，帮助他们在课程结束后使用和记住内容，这种提示有助于受训者记住培训的关键原则和目标，以及如何在实际工作中应用他们的知识和技能。

8.4.4 为在线学习提供时间和空间

对于网络培训计划的原型进行事前评估很重要，因为这有助于确定每个模块的长度和持续的时间（事前评估在第 6 章中讨论过）。终端用户（管理者、潜在的受训者）应该参与事前评估，以确保各种传输形式（如音乐、图片、图标、动画、视频等）能够促进而非阻碍学习进程。同时，终端用户还需要检测培训内容、网络浏览器和网站地图的可用性，以确保可以在各个模块之间顺利切换，获取所需的资源，链接所需的其他网页。在线学习模糊了工作与培训的界限，希望雇员在正常工作的间歇或私人时间完成基于网络的培训是不现实的。[39]公司需要确保雇员有充足的时间和空间来进行在线学习。[40]也就是说，为完成在线学习，雇员需要安排特定的时间，以免受到工作任务的干扰。与其他的培训项目一样，雇员需要了解他们为什么要参与在线学习以及他们能够得到什么益处，进而增强他们的学习动机。培训者需要为雇员提供关于在线学习课程内容和学习活动类型的准确描述。[41]管理者需要为雇员安排一定的工作时间来接受培训，雇员则需要规划好这段培训时间来完成培训并避免受到干扰。许多公司曾期望雇员能在工作地点完成网络培训，并且不会耽误工作，但现在这种要求正在逐渐改变。为了避免受到工作环境的干扰，公司考虑成立专门的学习实验室用于开展在线学习。通过将培训课程压缩成小模块（每个培训模块持续 1～2 小时），可以提高受训者的学习效率。与标准的全日制或半日制课堂培训相比，受训者能从中学到更多的知识。这种方法还能使培训更便于在工作日展开。受训者可以每天抽出 1～2 小时参加培训，其他时间用于自己的工作。

8.4.5 协作和链接的技术

第 4 章强调学习通常是在雇员之间的互动交流或知识分享过程中实现的。雇员可以通过与专家、同事的非正式、非结构化的沟通进行学习。协作意味着两名或多名雇员之间、培训者与其他专家之间的相互交流。

超级链接（hyperlink）是指允许受训者打开其他与培训资源相关网页的链接，并与专家、培训者和其他受训者取得联系。欧文斯科宁公司（Owens Corning）的培训资源主页就拥有所有可利用的培训信息的超级链接，包括用光盘开展的培训、网络培训以及指导者主导的项目。这个网站支持网上课程注册，也有利于受训者随时接受测验并计分，从而根据测验结果注册合适的课程。[42]

研究结果表明，一些雇员不适应在线学习，而宁愿选择面对面指导的培训方式，原因是他们希望通过与同事之间的交流来学习。[43]有效的在线学习通过使用聊天室、论坛或社交媒体等协作学习工具在受训者之间建立联系，并促进交流和信息共享。为实现这一目的，还可以采取其他方法，包括让受训者参加合作性的网络项目，从专家那里获得辅导、指示和训练。网络培训还应该在受训者和指导者之间建立联系，指导者的任务包括回答受训者的问题，提供附加的学习资源，以及鼓励受训者就培训内容的潜在应用、常见的学习问题等展开讨论。

8.4.6 慕课

慕课（massive open online course）指可以接纳大量学习者（大规模）并向任何接入互联网的学习者免费开放的（开放性的）学习方式。这种学习方式使用讲座视频和包括讨论组和维基（在线）在内的交互式课程。这种学习方式有具体的开始日期和完成日期以及测验、评估、考试（课程）。[44]慕课涵盖广泛的主题，其中包括化学、数学、物理、计算机科学、哲学、领导力。同时慕课还涉及一些高精尖领域，比如机器人技术、半自动机动车、人工智能。知名的慕课提供商包括 Coursera、edX（由哈佛大学和麻省理工学院共同创办的非营利组织）、Udacity（由斯坦福大学的一名科研教授和谷歌实验室的创始人共同创办的营利公司）。课程通常是大学和公司合作开发的。

慕课的兴起源于 2011 年由斯坦福大学开设的一门名为人工智能入门（Introduction to Artificial Intelligence）的免费课程，有 16 万名学生报名。[45]自此大学开始与慕课提供商合作开发免费或低价的课程，学习者可以学习这些课程，如果他们通过相应的考试，还可以获得认证和大学的学分。通常情况下考试需要支付注册费。根据课程的内容和时长的不同，注册费在几十美元到数百美元之间。参加这类课程的学习者有什么特征？尽管参加这类课程的在校生的数量不断增加，但是通常情况下，学习者已经从大学毕业，参加课程的目的是拓展自己的兴趣或开发某项技能。慕课可以吸引大量学习者，根据 Coursera 的估计，它们已经吸引了 500 万名来自美国和其他国家的学习者。

许多企业已经开始与慕课提供商合作以开发定制化课程或企业专属课程，这些课程可以满足企业自身的技能需求。[46]作为一家慕课提供商，edX 与美国联合包裹速递服务公司（UPS）、宝洁、沃尔玛一道开发了计算机科学和供应链管理的相关课程。参加课程的学习者在完成考试后可以获得课程的认证。由麦肯锡咨询公司开发的10门慕课针对公司所有的雇员。[47]为了最大化地实现学习和应用的效果，公司决定不再提供专注于定义一个主题、讨论这个主题的重要性、强调公司对于这一主题的看法的课程内容。相反，公司的课程开发聚焦于学习者的学习目的，要求学习者使用在线笔记本来反思他们的收获。笔记本中包含他们所学内容对客户的影响。笔记本有助于学习者在课后主动发起与客户的对话。在慕课中，学习者首先接触基本技能，然后选择在哪些方面进行拓展。课程内容包含短视频、幻灯片、白板和PDF文件。课程开发六个月后的评估显示，86%的雇员参加了课程，参加慕课的学习者已经与客户进行了700次对话，至少90%的学习者计划与客户进行更多的交流。相对于面对面培训，85%的学习者更喜欢慕课。

佐治亚理工学院与Udacity、AT&T公司一道开发了针对计算机科学硕士学位的慕课。[48]而Udacity和AT&T公司开发的慕课是非学历教育课程，这类课程提升了AT&T公司程序员在软件工程、编程、网页开发方面的技能。程序员通过学习课程可以胜任相关工作，慕课帮助AT&T公司的雇员掌握STEM技能，从而使公司可以与谷歌和亚马逊竞争。

慕课有一些优势和劣势。[49]在培训方面的优势在于：没有差旅成本；不会打乱日常工作；可以提供当地培训供应商或咨询公司无法提供的学习材料；雇员可以获取高度专业化的课程以及与工作职责无关的课程。同时，这类课程也包含很多可以促进学习和转化的特征。比如，学习具有互动性，学习者可以控制学习进度，课程涉及社交并强调实操应用。学习方式是以简短的课程结合学习者与学习材料、其他学习者、讲师之间的互动。慕课强调通过案例和项目来实施角色扮演，从而加强知识与技能的实践。课程采用半同步方式进行，这意味着学习者获取相同的任务、视频讲座、阅读材料、小测验、讨论，但可以根据自己的时间来完成这些内容。许多课程提供大学学分和结业认证，这对学习起到了激励作用。

尽管很多人宣称慕课为培训和教育带来了革命性的改变，但是这类课程也有自己的劣势。对于参加这类课程的学习者而言，他们与课程的互动在课程开始两周后开始减少；课程完成率相对较低（10%～20%）；大部分完成课程的学习者不参加认证考试。研究显示，只有5%的学习者得到了公司给予的课程资金支持。[50]相较于自己负担课程费用的雇员而言，得到课程资金支持的雇员的课程完成率相对更高，且他们不再寻求其他雇主提供的职位。最后，慕课可能不适合那些需要同步实时协作或互动的课程。

为了提高课程的有效性，慕课需要设置集趣味和参与性于一体的课程内容，课程内容可以分为测试和解决问题环节，而雇员必须完成这些环节方可继续学习。完成课程学习的雇员应该获得包括勋章在内的奖励。目测表可以用作课程进展的反馈。课程还需要通过讨论板和互动视频来进行互动。学习者应具备相应的技术能力来获取课程，观看视频，并参与在线讨论。

■ 8.5 社交媒体：博客、维基、微博和社交网络

社交媒体（social media）是指用于创建互动交流的在线和移动技术，允许创建和交换用户生成的内容。[51]社交媒体包括博客、维基、社交网络（如脸书、MySpace和领英）、

微分享网站（如推特）和共享媒体（如 YouTube）。表 8-7 展示了如何将社交媒体应用于培训中。

表 8-7　在培训中如何使用社交媒体

- 为包括网络研讨会、视频、文章在内的学习内容提供链接。
- 通过使用标记功能来判断未来的培训需求和问题。
- 加强并实现持续学习。
- 作为指导工具。
- 方便学习者在培训活动前、培训活动中、培训活动后相互联系。
- 使 X 一代和千禧一代雇员参与到培训中。
- 在面对面学习之前为学习者提供学习材料。
- 在培训前、培训中、培训后促进学习者之间的联系，并建立学习社区。
- 分享和制作视频。
- 允许多名学习者同时进行文件编辑。
- 帮助学习者发现谁有他们需要的技能，并帮助学习者找到这些核心专家。

资料来源：Based on T. Bringhan and M. Conner, *The New Social Learning* (Alexandria, VA: American Society for Training and Development, 2010); M. Dencn, "Social Networking, A Force for Development?" *T + D* (July 2009), pp. 59 - 63.

博客（blog）是指创建者可以发布文章，同时访问者可以发表评论的网站。有很多种类的博客，包括个人博客、用于营销和品牌宣传的企业博客、针对某个特定主题或领域的主题博客，以及基于媒体的博客（视频博客）和基于设备（移动设备博客）的博客。为了在培训中有效地使用博客，需要考虑以下几点。[52]一个用于培训的博客应该与学习目标有关，否则，受训者会发现它是"冗杂且无用的"，无法看到它的优势。博客可以有效地帮助学习者分析和综合信息，回顾课程内容，并分享有关学习内容的想法和应用。指导者需要在博文中提供及时、相关的反馈。同时，指导者必须提供指南，指出如何评价博文或者哪种类型的博文是最受人期待的（例如，新的想法、与应用有关的内容、"我学到了什么？"）。博客也可以用于涉及团队合作（如项目和案例）的培训课程。博客为团队成员提供了一种分享评论、见解甚至进行头脑风暴的方法。

维基（wiki）是指允许众多用户创建、编辑和更新内容并分享知识的网站。**微博**（microblog）或**微分享**（microsharing）是指类似于推特的软件工具，借助独立的应用程序、在线社区或社交网络，通过短消息、链接以及多媒体的方式实现交流。**共享媒体**（shared media）是指类似于 YouTube 这样可以被访问并与他人分享音视频资料的媒介。

社交媒体是如何应用于学习、培训和开发的？很多公司都在使用社交网络工具来帮助雇员非正式地学习和分享知识，这是基于需求确定的，同时作为正式培训课程的一部分。

考虑以下使用社交网络工具的公司和非营利组织。[53]作为一家医疗服务公司，Humana 公司拥有一个名为 Knowledge Exchange 的社交学习平台。平台旨在通过建立在线社区来促进雇员之间的相互学习。比如，来自不同部门和不同工作岗位的 100 名雇员通过这个平台进行互动，并将数据可视化视为他们共同的学习需求。他们通过协作来发现学习资源，并在数据可视化方面相互学习。他们将学到的技能用于数据可视化相关产品的开发，这一产品也应用了关于培训课程有效性的调查结果。在思科公司（Cisco），每一位新雇员都将接受社交媒体应用的培训，雇员通过使用几款工具来进行互动。一个基于公司内网的社交平台可以帮助雇员实现团队协作，并得到公司内部专家的反馈。雇员可以通过一款仪表板来查看新闻推送、会议、日历，并回顾之前的工作。通用电气开发了一款名为 GE Collab 的社交媒体平台，这个平台允许雇员相互关注，并在评论中添加话题标签，以便通过搜索找到，并将讨论链接到文档。

作为一家加拿大电信公司，研科电信公司拥有一个内部社交网络（Jam），雇员可以在这个平台上制作并分享学习内容。Jam 赋予雇员权限来组织、分享、管理个人和团队的任务。通过这个平台，雇员还可以加入学习项目小组，从而进行知识和经验的交流，雇员可以利用这个平台将好的内容推荐给同事。比如，雇员可以在"As a Peer"的沙箱中提问或回复相关问题。"Parking Lot"的沙箱允许雇员就培训内容实时对话。威瑞森使用社交网络来培训雇员，以支持新的产品和设备。Device Blog、Device Forum、学习社区可以确保当新产品推出之时，雇员准备好为客户提供支持。这些社交媒体工具也可以使公司不同世代的劳动力参与其中，并促进同事之间的相互学习。Device Blog 提供关于无线设备（比如 Droid）、高频率提问、操作视频、解决方案的相关信息。Device Forum 可以帮助负责零售业务的雇员向同事和设备制造商学习。雇员可以互相提问、分享问题与经验、联系产品专家。雇员可以通过 Device Blog 进入学习社区，学习社区包含视频博客、信息板、在线培训模块的链接及产品展示。除了这些工具以外，雇员还可以进入 My Network，实现与同事的协作，分享知识和文件，并创建工作小组。一些讲师还会利用这一平台发布补充性材料，以便于学习者使用。

IBM 利用社交媒体将其全球的雇员联系起来。IBM 的网站称为 w3，它推动了公司的全球一体化。w3 On Demand Workplace 对身处全球 75 个国家的 40 万名 IBM 雇员来说是一个强大的生产和协作工具。雇员可以使用 w3，通过全世界的同事找到所需的资源和知识，最终帮助客户实现创新和获取成功。雇员可以创建个人档案，为他们感兴趣的网站和故事添加书签，也可以在公司博客发表评论，补充更新维基，分享文件，以及阅读和回顾工作报告、视频和播客。

Special People in Northeast（SPIN）是一家为残障人士提供服务的非营利组织，允许雇员获取网络播客和视频、入门手册和电子版流程图，从而确保关键雇员的知识能够记录下来，当前的实践活动和流程是可获取且能分享的。英特尔鼓励两种非正式学习方式：知识分享和为雇员提供"执行者支持"。知识分享和执行者支持都是"蓝色星球"（Planet Plan）计划的一部分，蓝色星球是一个面向全体雇员的社交媒体平台。雇员可以访问"Intelpedia"——一个可供雇员编辑的内部维基。Intelpedia 有数百万页，数千名雇员参与编辑。Intelpedia 有助于在公司内部创建一种企业文化，鼓励使用基于技术的信息分享解决方案。

如何判断社交媒体是不是公司的一个有效的学习工具？表 8-8 给出了解答这个疑问必须考虑的问题。这些问题的答案中"是"的个数越多，说明社交媒体越有可能成为有效的学习工具。更重要的考量因素是社交媒体是否已经应用于公司的培训中，这将更易于确定社交媒体是否适应公司的学习策略以及它适应培训的难易程度。

表8-8 决定在培训和学习中使用社交媒体需要考虑的因素

- 公司是否已经使用社交网络？
- 社交网络是否适应公司的学习策略？
- 雇员在地理上是否分散？
- 学习策略是否支持在职学习？
- 是否有必要培养协作精神？
- 是否有大量雇员是千禧一代或 X 一代？
- 雇员是否乐意使用社交网络？
- 公司业务是否需要大量的团队协作？
- 知识是否需要快速分享？
- 公司是否重视创新？
- 公司文化是否支持做出分权决策？

资料来源：Based on T. Bingham and M. Conner, *The New Social Learning*（Alexandria，VA：American Society for Training and Development，2010）；M. Derven，"Social Networking：A Force for Development？" *T + D*（July 2009），pp. 59 - 63.

支持社交媒体的使用非常重要，同时要考虑社交媒体所提供的理念、内容、建议是否具有较高的质量以及是否可以与公司的工作重心相匹配。作为一家高科技分析服务公司，埃文斯分析集团（Evans Analytical Group）正在使用社交媒体以减少在定位核心专家以及联系遍布全球的雇员方面所花费的时间。[54]这项工作非常重要，因为公司的800名雇员也许不认识这些核心专家，因为公司在过去几年完成了25笔并购业务。雇员使用推特、领英以及其他公司内网来找到核心专家，并与他们协作。雇员可以获取并分享他们所学的知识。社交媒体的使用可以强化在培训项目中学到的知识和技能。

埃文斯分析集团通过不同的方式来支持社交媒体的使用。雇员对社交媒体的使用与绩效考评相关联，因此他们被鼓励使用博客和维基。每周公司会公开表扬那些通过公司内部网使用社交媒体频率最高的雇员，并且在公司会议中使用社交媒体工具也得到了首席执行官的首肯。为了帮助雇员理解如何使用社交媒体工具以及这些工具的潜在价值，公司提供培训视频、教程与常见问题解答。为了确保这些工具的有效性，雇员指导委员会对雇员进行走访，并收集相关调查数据。比如，雇员指导委员会对比了两组雇员的知识存储率，这两组雇员都接受过培训，并在培训后相互协作。其中一组使用博客和维基，而另一组则使用社交协作工具 Chatter。对两个小组的知识存储率的打分没有什么差异。90％的雇员认为这些工具非常有效。IBM 实施了一项技能评估以确保雇员使用社交媒体所提出建议的质量。[55]所有的雇员都进行了年度自我评估，评估中对于客服技巧和能力的等级有着清晰的定义。技能等级的选项包括入门级、基础级、资深级、专家级、思想领袖级。这样的排序可以帮助雇员找到那些拥有他们所需要的技能和解决方案的专家。思想领袖级和专家级的自我评估必须得到二线管理者和核心专家的复核。另外，也许由一名编辑监督在线推文以确保其内容能够反映公司希望外界如何看待它是非常必要的。为确保高质量而进行评估和监督可能会妨碍协作和社交。

8.6 集成学习

由于技术给在线学习带来限制（如带宽不够或缺乏与高速网络的连接），因此受训者比较偏好面对面的指导和交流方式，再加上雇员缺乏合理安排工作和学习时间的能力，许多公司正在考虑使用一种集成学习模式。**集成学习**（blended learning）综合了在线学习、面对面指导以及其他传递学习内容的方式。集成学习课程综合利用了面对面指导和基于新技术的传递与指导方法（例如，在线学习、远程学习，或者类似于平板电脑或 iPhone 的移动技术）的优点，同时使每种方法的消极特征最小化。[56]与课堂学习相比，集成学习为学习者提供了更多的控制权限，允许雇员自我指导，需要学习者为自己的学习承担更多责任，所有的因素都与第 4 章讨论的成人学习理论的建议一致。[57]与单纯的在线学习相比，集成学习提供了更多的面对面交流与互动，并且确保至少某些指导是在专门的学习环境中给出的。集成学习利用课堂使学习者一起学习、讨论并分享观点，使学习更加生动且有意义。同事的实时反馈比网络上的反馈更可取。[58]

集成培训的一种流行方式是翻转课堂。**翻转课堂**（flipped class-room）将线上指导与线下指导结合到一起。学习者观看讲座，完成在线情景模拟，阅读相关书籍和文章，参加小测验以评估所掌握的知识和技能。随后他们来到教室完成相关项目，聆听讲师的讲解，并与他们进行互动。[59]如果基于讲座的面对面指导是针对每一名学习者而不是课堂中的一组学习者时，翻转课堂会更有效。讲座可以通过视频在线获取。这样做可以将面授课程的时间用于强化和应用知识与技能。翻转课堂的成功要素之一是学习者必须在来到教室之前理解并完成事先安排的内容。尽管学习者采用自主的线上学习方式，但是培训师应该通过电话、电子邮件、聊天室与学习者保持联系，并回答他们的问题。在参加线下课堂之前，学习者被要求参加小测验或考试以获取高于及格线的分数。集成学习由于可以更好地激励受训者，并能够更好地传递关于特定理念的信息而比面对面指导更加有效。[60]集成学习利用了线上和线下指导的积极特点。有趣的一点是学习者更喜欢线下课堂学习，原因可能是集成学习的课程要求更加严格，需要投入的时间更多。研究显示，集成学习所面临的最大问题是技术更新快、管理支持不足，以及缺乏对于集成学习的概念以及落地方式的了解。[61]

看看几家公司对于集成学习和翻转课堂的应用。[62]ADP 公司针对新雇员的培训项目包含为期一周的面授工作坊、八个情景模拟、协作性自步在线学习。这允许雇员将更多的时间用于实操培训（其中包括关于产品培训的线上虚拟课程），与导师一起工作，与同事进行互动。吉尔班建筑公司（Gilbane Building Company）针对一些建设项目采用集成培训方式。在到达工作地点之前，承包商须完成在线安全培训。受训者通过手机、笔记本电脑、平板电脑接受一个小时的培训。培训的小测验使用英语和西班牙语。承包商在通过小测验之后会被带领参观工作现场，在此期间一些潜在的安全隐患会被发现。安全培训有效地降低了事故发生率，在 30 万个小时的工作中仅出现了一次工伤。索尼克汽车公司使用集成学习方法对管理者进行培训。集成学习要求受训者在参加为期三天的线下学习之前完成在线的基础技能学习。在线培训项目包含一些任务和学习模块，这些内容可以帮助受训者为线下实操课程做好准备。

作为一家保险服务公司，Anthem 的培训从线下学习转向线上学习，这样一来学习者可以自己控制学习进度，并可以向教练和同事学习。Anthem Health Guide 作为一款消费产品可以帮助雇员更好地了解和使用他们的福利。Anthem Health Guide 的翻转课堂是以视频聊天的形式开始的，培训师会向受训者介绍课程目标、培训日程以及采用的培训技术。除了个性化指导以外，培训内容以视频、游戏、小组活动、角色扮演等形式呈现。公司内部网中设有协作网站，在这里受训者可以与培训师以及其他同事互动。BB&T 公司需要对雇员进行重新培训以使他们掌握如何使用新的商业借贷平台。公司使用翻转课堂来减少培训所耗费的时间，这种方式可以省去传统课堂培训所带来的差旅成本，还可以向雇员提供一致的培训内容。翻转课堂项目由 10 次时长为一小时的在线课程组成，紧接着受训者会接受为期两天的课堂培训。公司预计翻转课堂项目可以节省 40 万美元的差旅成本。

■ 8.7 仿真模拟和游戏

仿真模拟和游戏已经在第 7 章中作为传统培训方法做了介绍。软件和计算机技术的发展改善了仿真模拟和游戏带来的学习与培训成果的转化。仿真模拟和游戏可以让受训者使用个人电脑（或游戏技术，如 Xbox）做练习，在一个模拟现实的环境中做决策，从而了解决策的后果。模拟游戏颇受欢迎——据估计，53％的成年人都会玩电子游戏。[63]

严肃游戏（serious game）指培训内容被转换成设有商业目标的游戏。游戏化意味着将基于游戏的战略应用到培训项目中。[64]关键是如何利用游戏的娱乐性和刺激性来帮助雇员获取知识和技能。表 8 - 9 列示了四种类型的仿真模拟和游戏，一些仿真模拟包含虚拟现实，或发生在虚拟世界中。

表 8 - 9　仿真模拟的类型

仿真模拟的类型	描述
分支故事	向受训者展示一种情况，并要求他们做出选择或决策。受训者基于他们的决定进行模拟。
交互式电子数据表	给受训者提供一系列的业务标准（通常是基于财务的），然后要求他们做出影响业务的决策。决策将被输入电子表格，从而可以显示决策是如何影响业务的。
基于游戏	受训者在计算机上玩游戏。
虚拟实验室	受训者与计算机互动来了解正在接受培训的工作。

资料来源：Based on C. Cornell, "Better Than the Real Thing?" *Human Resource Executive* (August 2005), pp. 34 - 37; S. Boehle, "Simulations: The Next Generation of E-Learning," *training* (January 2005), pp. 22 - 31.

虚拟现实（virtual reality）是指为受训者提供三维学习体验的计算机技术。虚拟现实令模拟变得更加实用。通过使用专业设备或观看计算机屏幕上的虚拟模型，受训者可以感受模拟的环境并与模拟环境中的各种要素进行沟通。[65]仿真模拟可以使受训者产生身临其境的感觉，而**身临其境**（presence）指处在某一环境下的真实感知。身临其境受学习者获得的感官信息的数量控制或改变周围环境的能力的影响。在仿真模拟中，身临其境包括受训者对于动作的感知，或体验来自客户或同事的愤怒等情绪。不良的身临其境可以导致受训者出现呕吐、头晕、头痛（对于模拟器产生的不适症状）、挫败感，因为他们的感觉被扭曲了。

BNSF 铁路公司利用虚拟现实技术来培训雇员如何检查制动系统的安全。[66]在 3D 仿真模拟中，受训者利用**仿真头像生成技术**（avatar）对轨道车辆进行安全检修。在这一情景模拟中所有的零部件都需要检修，其中包括空气软管、角形旋塞和手刹。在这一情景模拟中，公司加入了所有可能出现的安全问题，其中包括由于安全原因以及示范困难而无法在在岗培训中展示的安全问题。这一培训项目有效地提高了雇员识别并解决安全问题的能力。[67]俄罗斯联邦储蓄银行（Sberbank）和沃尔玛也在培训中使用了虚拟现实技术。俄罗斯联邦储备银行希望开发雇员的社交技能，以使他们在与客户互动时更具亲和力。针对社交技能的培训所面临的困难在于情景模拟要再现真实生活的场景，但又要防范令客户不悦或造成客户流失的风险。因此，银行决定使用虚拟现实技术进行情景模拟，其中包括旨在开发雇员同理心和同情心的视频体验环节。在其中的一个培训模块中，受训者使用虚拟现实的手持设备来观看并感知一名有视觉和听觉障碍的老年顾客如何努力完成银行支付。97％的受训者报告称他们感到了强烈的同理心，而这种感受是之前没有的。沃尔玛使用虚拟现实技术来培训雇员如何应对包括黑色星期五在内的特殊情况。在黑色星期五，购买节日礼物的顾客排起长队等待商店开门营业，当商店开门后他们会冲进去疯抢打折商品。沃尔玛还使用虚拟现实技术来培训客服和运营技能，其中包括商品的摆放。

仿真模拟还可以用于团队培训。比如，IBM 使用仿真模拟来培训网络安全团队如何应对网络攻击。[68]集结区与飞行模拟器类似，但是可以容纳 24 人。视频面板覆盖了前面的墙壁，设在楼下的服务器可以模拟公司网络的数据流。仿真模拟的一项内容是向人力资源部门发送钓鱼邮件。在信息技术部门的雇员确定电脑故障的来源之前，黑客就已经获取了数据。在数据被泄露给媒体后，美国政府部门开始调查此事。随着模拟的不断深入，安全团队的成员发现黑客在公司季度财报公布之前就篡改了公司的财务数据。安全团队的成员需要学会处理这一故障带来的压力，确定被窃取的内容，通知相关人员和机构，最终消除这一故障。

虚拟世界也可以使用仿真模拟。**虚拟世界**（virtual world）指以计算机为基础，对现实世界进行在线模拟的 3D 表现形式，学习项目可以在这里进行。第二人生（Second Life）、ProtoSphere、Forterra、Virtual Heroes 是虚拟世界的典型示例。[69]受训者在课堂、网络研讨会、角色扮演中使用化身进行互动。化身指的是通过计算机描绘的虚拟教练、同事、客户、讲师。[70]虚拟世界允许雇员独自学习、与同事一些学习，或以团队的形式学习。这项技术的优势在于允许学习者与设备、同事、顾客进行互动。

PPD 是全球性合同研究机构，涉及药物研发、研制、生命周期管理、实验室服务。PPD 的主要客户和合作伙伴包括制药公司、生物技术公司、医疗设备公司、学术机构和政府组织。PPD 在 47 个国家拥有 13 000 名雇员，因此，提供不受时间和空间限制的有效培训至关重要。PPD 使用虚拟的 3D 学习环境来实施其临床基础项目。[71]学习者在虚拟的环境中用逼真的化身进行交流、发送信息、与演示和视频内容进行交互、记笔记和访问网络。学习者可以在世界任何地方进入这个模拟环境。PPD 还使用虚拟临床空间进行培训，其中包括药房、护士室、手术室。相较于课堂培训，80％的项目参与者更喜欢这类虚拟培训方式，95％的项目参与者认为这种培训方式比传统模式更具参与性。

过去，英国石油公司（British Petroleum）每年都在伦敦举办年度毕业生论坛。超过400 名在公司任职两年者会被邀请参加这一论坛。[72]与会者奔赴伦敦参加为期三天的活动，在活动中他们会与公司的同事以及高管层进行互动，并观看关于公司企业文化和价值观的展示。这一项目的成本为 500 万美元，但是与会者数量只占有资格参会人数的 1/3。很多参加这一活动的人对于活动把大量时间花在展示而不是社交方面感到非常不满。

英国石油公司与 ProtoSphere 合作开发了基于场景模拟的虚拟世界活动。毕业生以团队形式来解决一个问题，在这一过程中他们需要平衡能源、安全与环境的压力。场景模拟中的地区并不适宜居住且很难进入，这一地区还栖息着许多珍稀动物，受训者需要决定是否要使用这一地区的能源。虚拟世界包括简报室、会议室、供不同团队使用的分会议室。简报室布置了平板电视来观看视频和有关这一虚拟地区详细内容的维基文件，室内还有各个核心专家的时间表，并配备了可以进行音频回放的智能设备。受训者发现这样的体验可以帮助他们更好地了解公司的业务，并提高了他们在虚拟团队中的工作能力。相对于在伦敦举行的现场活动，这一虚拟项目为公司节省了 370 万美元的成本。

许多公司正在使用游戏和游戏化内容。美国培训与发展协会针对企业学习专员的调查显示，25％的公司在学习中使用了游戏化内容，20％的公司使用严肃游戏。[73]游戏成为独立使用的培训方法，或与讲师主导型培训以及线上虚拟课程相结合。[74]在德勤，学习团队允许讲师将一系列不同类型的游戏纳入培训课程。游戏非常具有互动性，并以个人或团队的形式进行。一款设有蜂鸣器和奖金轮的迷你游戏可以对受训者进行提问，受训者给出正确的答案后可以得到相应的分数作为奖励。另一款游戏允许讲师开发集体决策的案例。游戏会根据雇员给出的答案跳转到不同的路径，而团队的得分也是基于他们决策的质量。讲师可以使用积分榜来展示每一位受训者的得分情况，并根据受训者参加讨论和完成课程内容的程度给予相应的勋章奖励。每一位受训者都有自己的个人资料，而勋章可以作为个人资料的一部分来与大家分享。

辉瑞公司（Pfizer）在印度拥有 2 500 名销售人员，每一名销售人员都使用 iPad 来向客户推销产品并上报销售情况。[75]辉瑞公司开发了一款名为 Rocket 的移动学习应用程序来提高销售代表的素质。这款应用程序的功能包括获取视频、阅读材料，进行小测验（还可以设立积分榜，销售代表可以通过积分榜来相互比拼，了解谁的测验分数最高），视频分享，内置培训表格以便雇员在销售任务完成后得到关于培训应用的打分。公司发现这款应用程序非常好用，66％的销售代表每周都会使用这一应用程序，而 42％的销售代表每周使用三次。销售熟练度的得分是根据小测验得分的 40％和培训应用得分的 60％计算得出的。销售代表的销售熟练度得分在 16 周内提高了 24％。由销售主管负责的旨在提高培训应用得分的教练指导课程的数量增加了 29％。福特汽车的加拿大分公司使用游戏来培训隶属于经销商的销售人员。[76]这一游戏的主题是汽车赛，游戏中包含视频、产品信息、网络课程。受训者可以获得积分，从而晋升到更高的等级，他们为实现自己的个人目标而努力，并获得勋章作为奖励。他们在积分榜上与同事比拼，同时还可以与其他经销商的销售人员比拼，并得到相应的反馈。好事达公司（Allstate）的雇员通过游戏可以获取隐私保护方面的相关知识（比如，如何确保客户信息安全）。[77]游戏的最开始会播放一段视频，视频中的选手由于个人信息被盗而无法办理抵押贷款。此后这位选手会加入一家机构来打击试图窃取其他公民的数据的公司。游戏选手可以从四个角色中选择一个，比如他们可以选择成为机要队长。接下来选手会遇到一些选择题，选择题的内容基于好事达的隐私制度。随着这些问题被一一解决，选手的数据泄露问题得到解决。

通过这些案例可以看到，仿真模拟之所以有效有以下原因。[78]第一，受训者可以通过台式机或笔记本电脑使用仿真模拟，不必前往集中培训点。第二，仿真模拟非常有意义，受训者可以从情感上参与其中（他们乐此不疲），这就增强了受训者的实操意愿，鼓励他们获取知识，改善了他们的技能，提高了转化效果。第三，仿真模拟提供了受训者需要学习的内容的一致信息。受训者可以根据自己的进度进行学习，相较于面对面指导，仿真模拟可以融入受训者可能遇到的更多场景或问题。仿真模拟可以用来进行社交技能的培训以及设备使用的培训。第四，相对于真实世界而言，仿真模拟可以把受训者安全地置于模拟情景中，受训者在执行危险任务的同时无须担心自己或他人置身危险境地之中。第五，仿真模拟带来了积极的成果，比如缩短了培训时间和提高了投资回报率。

仿真模拟的确也存在一些劣势。仿真模拟的使用会受限于开发成本。定制化的仿真模拟的成本在 20 万～30 万美元，而向供应商购买非定制化的仿真模拟的人均成本为100～200 美元。[79]租赁虚拟空间的单日成本为 200～300 美元。通常情况下定制化的仿真模拟需要花费 1 000～2 000 美元租赁空间。[80]时长为 15 分钟的游戏的平均成本为 2万～3 万美元，但是也可能达到 5 万～25 万美元。[81]在虚拟世界中租赁空间非常昂贵，费用取决于空间的大小和租赁的途径，但是虚拟空间的年度租金为 5 万～10 万美元（在公共服务器中租赁私人空间的租金为每年 1 万～2 万美元）。然而，尽管仿真模拟是非常昂贵的培训方法，但是仿真模拟的开发成本在不断降低，这就使仿真模拟变得更加流行。随着技术的发展，更多真实内容植入仿真模拟中，仿真模拟作为一项培训方法的使用将会不断增加。

除了成本高，仿真模拟还有其他劣势。游戏和仿真模拟对于技能实操而言是非常有用的，但是受训者必须在玩游戏的同时获取并应用相应的知识。[82]在游戏结束后询问受训者的体验可以有效地帮助受训者理解游戏与其工作的相关性。仿真模拟的另一个劣势在于尽管它的新奇可以帮助受训者回忆自己的体验，但是它同时也会干扰培训内容的转化。[83]学习者可能不会认真对待仿真模拟，通过仿真模拟进行学习可能更适合那些有一定工作经验的受训者，因为这种学习方法可能会令一部分受训者感到困惑和压抑。最后，受训者可能不太习惯在缺少人际接触的环境中学习。

我们都知道游戏非常有趣，但是当你想要购买或设计一款用于培训的严肃游戏时，你应该考虑哪些问题？表 8-10 列出了你应该考虑的问题。设定游戏的目的和它与公司业务的关系是非常重要的，游戏可以应用于具有商业性目的的培训，包括安全培训、产品培训、团队建设与新员工入职培训。判断雇员在参与游戏后可以完成哪些行为和任务也是非常必要的，商业目的、行为、技能应该纳入游戏的学习目标。游戏应该使用积分榜来调动受训者的能动性。理想的游戏应该包含不同的关卡，要求受训者在学习更具挑战性的知识和技能之前，展示其在先决知识和技能方面的能力（获得一定的分数）。最后应该对游戏进行测试，以确保游戏易于使用，符合逻辑且使技术问题最小化（回顾我们在第 6 章对事前评估的讨论）。

表 8-10　选择严肃游戏需要考虑的问题

- 商业目标是什么？
- 能够学到哪些行为和技能？
- 游戏应该设几个关卡？可以允许多少人参与？
- 是否每个参与游戏的人都可以获取同样的技术？
- 游戏是否有趣？是否能够促进雇员参与学习？
- 游戏是否提供包括积分榜和勋章在内的反馈，以鼓励雇员或团队之间的友好竞争？

资料来源：Based on C. Balance, "Strategic Ways to Develop Game-based Learning for High ROI," *T+D* (September 2013), pp. 76–77; B. Roberts, "Gamification: Win, Lose or Draw," *HR Magazine* (May 2014), pp. 28–35; R. Paharia, *Loyalty 3.0* (New York: McGraw-Hill Education, 2013).

█ 8.8 增强现实

增强现实（augmented reality，AR）使受训者可以看到他们周围的物理世界，也包括虚拟媒介。[84]也就是说，增强现实将数字元素嵌入虚拟世界，从而强化人们可以体验到的信息和情景。

增强现实与虚拟现实有很多相似性，但也存在一些差别。[85]增强现实和虚拟现实都需要用户佩戴头戴设备或智能眼镜。然而，在虚拟现实中受训者所看到的是另一个世界。虚拟现实利用电脑模仿一个使用户完全沉浸的环境。相反，受训者佩戴 AR 眼镜或头戴设备可以看到周围真实的物理环境，但是信息和图片会投射到他们的视线中。虚拟现实和增强现实的主要区别在于增强现实总是呈现物理现实。另一种看待二者区别的方式是增强现实可以通过提供的信息来补充雇员所工作的环境，这些信息包括完成某项任务的指导、数字图形、幻灯片展示。关于增强现实，一个非常好的例子是宝可梦 GO（Pokémon Go）。当通过手机操作这款游戏的时候，卡通人物会出现在真实的场景中。相反，虚拟现实则创建了一个完全人造的培训环境。对于那些很难进行复制，或者再现成本过高或过于危险的情景而言，虚拟现实是非常有价值的。它能够让受训者看到这些场景，并看到如何在不破坏环境设施或伤害其他人的前提下将知识和技能应用到这些场景中。虚拟现实可以使受训者模拟不同的环境。

增强现实有一些优势。[86]雇员可以与专家进行互动，得到反馈，并获得实时的数据、指导、图表、指南与视频。增强现实可以向雇员展示他们应该怎么做。比如，产业工人或维修工人可以通过佩戴包括谷歌眼镜在内的设备来查看维修记录中的信息，从而得到相应的指导。他们可以联系专家，获得简短的培训视频，在不离开工作区域的情况下检查产品组装是否正确。增强现实可以支持其他面对面或技术辅助的培训方法。雇员可以完成面对面培训或仿真模拟，而增强现实可以用来提供现场支持。由于对于一些职位的培训会很快过时，增强现实可以在不干扰雇员工作的前提下帮助他们获取最新的知识和技术，从而使他们与时俱进。

包括制造业、建筑业、油气开采、医疗在内的各个领域都在使用增强现实。看看通用电气、波音、Argo 是如何使用增强现实的。[87]在通用电气，工人使用增强现实将图像叠加在一起，收集了 100 多个测量指标，此数据对制造燃气涡轮机喷嘴至关重要。波音的工人使用增强现实来组装飞机线束，通过佩戴用于增强现实的头戴设备，工人可以在他们的视野范围内看到组装流程的每一个步骤。[88]作为一家农机设备制造商，Argo 的雇员通过佩戴智能眼镜来制造拖拉机以及其他农用设备。智能眼镜可以使他们通过转换视野范围或使用语音指令来获取相关信息。同时智能眼镜也是他们的护目镜。增强现实提高了雇员培训的效率和有效性。Argo 的每一名雇员必须知道如何从事三项工作。以前，新雇员通过 50～90 天的培训来学习一项工作，通过使用增强现实，培训时间被缩减至 30～40 天，而且新雇员可以学习多项工作。同时，新雇员的工作质量也大幅提高。最后，增强现实降低了公司的培训成本。以前雇员使用平板电脑，而平板电脑的成本是 3 000 美元，当雇员组装或检查设备的时候，平板电脑可能会掉在地上而损坏。每一副智能眼镜的成本是 1 500 美元，而且不易损坏。

尽管增强现实存在很多优势，但是它的广泛使用还是受到了阻碍。比如，公司需要投资 1 000~3 000 美元购置头戴设备或智能眼镜，这使得这项技术对于小型雇主而言造价过高。所有的增强现实需要明亮的显示器，这就限制了这项技术在室外的使用。由于增强现实的耗电量很大，所以电池寿命也令人担忧。尽管呕吐和头晕大都发生在虚拟现实的用户身上，但这也是增强现实需要面对的问题。由于雇员抵制变革，或者担心增强现实令他们失业，因此他们也许不愿意使用这一技术。

8.9 移动技术和学习

移动技术使得学习可以随时随地发生。移动技术包括[89]：

● 无线传输系统（如 Wi-Fi 和蓝牙），使得数据传输可以不依靠设备之间或设备与互联网之间的物理连接。

● 移动设备，如个人数字助理（PDA）、智能手机、平板电脑、iPod、iPad、全球定位系统（GPS）设备和射频识别设备（RFID）。

● 与音频文件处理、文字处理、电子数据表、互联网、电子邮件和即时信息有关的软件应用程序。

GPS 和 RFID 被用于追踪客户、雇员和财产。例如，许多轿车和卡车都装有 GPS，允许经营者定位司机。货运公司使用 GPS 来追踪货物，并确定预期的到达时间。RFID 被嵌入产品以追踪它们的移动过程并帮助控制库存。酒店会为用户提供移动设备（如 PDA），使得用户在酒店的任何地方都能够访问有关客户服务、晚餐、娱乐和住宿的信息。航空公司为飞行员提供可在机舱使用的 iPad。[90]通过使用 iPad，飞行员可以访问机场跑道信息，获取最新的天气情况以及跑道图。在 iPad 推出之前，飞行员不得不携带飞行包（有一些飞行包可能重达 35 磅），飞行包里放置所有必要的导航图表和操作指南。除了帮助飞行员更容易地获得他们所需要的信息以外，使用 iPad 替代飞行包还帮助航空公司节省了燃料成本。据估计，使用 iPad 替代飞行包可以节省 40 万加仑的燃料，这相当于节省 100 万美元的成本。

移动学习（mobile learning）是指受训者可随时随地获取包括视频、PDF、游戏、课程在内的教学资源的培训方式。[91]教学资源可以通过包括手机、笔记本电脑、平板电脑在内的移动设备以及包括谷歌眼镜在内的可穿戴设备获取。

移动学习融合了网络学习和在线学习的所有潜在功能。但是，移动学习和网络学习有所不同，移动学习可以使雇员通过种类更多的设备获取教学资源。此外，移动学习可以根据受训者所处环境的特点提供定制化学习。以前受训者只能在空闲的时间获取新技能，现在可以在与客户会面或检修机器的同时获取新技能。[92]一项预估显示不到一半的网络学习是通过移动设备实现的。[93]移动学习包括正式学习和非正式学习。正式学习可能包括移动设备上的网络学习课程、播客或视频。非正式学习包括通过推特、播客或者脸书与其他雇员进行交流和传递信息。

移动学习的优势包括：它是一种简单的可以让雇员获取最新信息的方法；它可以通过提供后续训练促进培训成果转化；它可以为经常出差、拜访客户或者没有时间参加面对面课程或项目的雇员（例如，销售人员或主管）提供培训，受训者可以根据自己的时间，按照自己的进度完成培训。移动学习允许雇员通过创建视频、拍照片、录制采访并与他人分享来生成学习内容。移动设备也可以提供简单信息聚合订阅、共享媒体（如 YouTube）和播客。**播客**（podcast）是指使用软件（如新闻聚合技术）将音频或视频内容分解成小片段。播客最适合用于叙述性的内容，可利用音乐和声音效果来激发使用者的想象力。[94]播客非常适合采用访谈、故事和角色扮演的方式来分享核心专家的专业知识。这种方法成本低且操作简单，只需要一只麦克风、一台装有音频软件的计算机、一部便携式数码录音机、一部 Skype 电话录音机、一副耳机或一个扬声器。播客的一个优势是学习者可以在任何时间或地点，用各种类型的移动设备（如 iPhone、iPad 或笔记本电脑）获取培训内容。采用移动技术，培训和学习可以在工作日或者回家之后进行，雇员可以链接到学习社区，复习或者跳过已经知道的内容，按照自己的进度进行学习。[95]

比如，全球业务流程外包公司 Infosys BPO 的大部分雇员属于千禧一代，公司希望他们使用移动设备来学习。[96]因此，公司开发了一个雇员进行讨论、参与学习小游戏、获取培训时间表、获得行业新闻和公司最新进展的协作学习平台。公司的许多课程可以通过移动设备获取，旨在帮助雇员成为客户的合作伙伴。

很多公司为雇员提供获取培训的应用程序。**应用程序**（app）指针对智能手机或平板电脑设计的应用软件。应用程序正在成为培训的首选方法，它可以用来补充培训，管理培训的路径和顺序，帮助雇员维护培训记录。[97]家得宝公司针对园艺部门的雇员推出了一款应用程序 PocketGuide，这款应用程序为雇员提供产品信息，让雇员可以在门店进行学习。美国全国互助保险公司使用一款名为 Hazard Spotter 的应用程序对从事农业业务的雇员进行商业流程的在岗培训。这款应用程序使用虚拟现实技术来培训雇员在实施预防性维护措施以及其他危险任务之前如何穿上防护服。

一些公司将应用程序作为主要的培训方法。为了确保应用程序有助于学习和培训成果转化，通常会将它们与引人注意的视频、故事和互动相结合来吸引学习者的注意力。普华永道向雇员提供一款可以获取课程材料、完成课前学习的应用程序。雇员通过他们的移动设备已经获取了 9 000 份学习材料，并进行了 36 000 小时的学习。

我们需要认识到移动学习的潜在劣势。[98]第一个劣势在于开发者需要考虑雇员进行系统学习所需要的设备和操作系统。针对不同的设备定制不同的教学资源获取方式的成本非常高，尤其是当一些公司要求使用个人设备办公（BYOD）时。第二个劣势在于受训者使用移动设备学习时可能会受到短信、电话、闹铃以及他人的干扰。第三个劣势在于尽管许多雇员对移动设备的功能非常熟悉，但是他们可能对培训课程中使用的一些功能并不熟悉，比如如何录制视频。如果受训者缺乏熟练使用移动设备的技能，他们就不愿意使用移动学习。第四个劣势是通过短信或视频很难判断受训者是否正在使用智能手机获取教学资源。

要想使移动学习有效，它必须简短、易用且有意义。[99]一种估计是，课程长度不应超过 10 分钟，因为学习者没有很多时间学习，不宜长时间盯着小屏幕，而且学习者集中注意力的时间是有限的。屏幕的设计可以采用图像，也可以不采用。图片只用于相关内容，因为带宽的限制可能会导致下载缓慢。使用的图片大小应该合适，这样用户就不需要水平或垂直滑动。还需要考虑由于屏幕大小、网络浏览器以及移动操作系统带来的技术问题，例如 flash、Java 和 PDF 等插件程序的可用性和功能。同时，仅仅将讲座数字化并传递给雇员是不会促进学习的。例如，美国第一资本金融公司（Capital One）开发了模拟广播节目，通过听众来电提问与播音员回答来创建愉快且有趣的音频学习环境。与网络学习一样，如果将使用移动技术的培训作为集成学习方法的一部分，包括受训者之间的面对面互动和音频学习，那么它可能是最有效的。

8.10 适应性培训

适应性培训（adaptive training）指根据受训者的学习风格、能力、个性、绩效水平来定制适应性内容的培训。[100]这些适应性内容包括类别、难易程度、内容的顺序、实操问题。在适应性培训中，教学根据受训者在培训前或培训过程中不同时间段的测试分数而变化。评估有助于实现学习内容的适应性，从而最大限度地帮助受训者学习。尽管培训师想要努力满足每个学习者的学习需求，但是面对面培训很难实现这一目标。而在线培训易于通过评估确定学习者的最佳学习路径。开发适应性培训的最大挑战在于确保定制化的培训内容与学习者的需求相匹配，并帮助他们实现学习目标。

比如，LearnSmart 是一款应用于大学课程中的互动式适应性学习工具。[101]根据学生在整个课程中的测验表现，他们会被指定一些实操练习，或在线阅读教科书的某些部分。这款工具旨在帮助学生更好地利用学习时间，提高记忆力，促进他们回顾所学的材料并提高成绩。作为一家游戏机制造商，Aristocrat 科技公司利用适应性学习模块取代了针对检修人员的在线培训课程。[102]这些模块会被发送到雇员的手机上，这样一来他们可以在工作间歇完成小测验。通过小测验的分数可了解雇员掌握的知识（以及没有掌握的知识），并据此确定接下来要发送给雇员的学习内容。受训者在确保自己完全掌握这一模块的内容之后才可以进入下一模块。受训者的模块通关率会被汇总，而公司的学习主管可以从中发现雇员需要哪些额外培训。比如，公司的学习主管可能会发现大部分雇员在回答与仪表读数相关的问题方面存在困难，而仪表读数也是受训者在工作中持续学习的内容。仪表读数的得分与工作错误率相关，这表明受训者的知识短缺需要弥补。因此，学习主管决定为每一位新雇员增加与仪表读数相关的课程。

适应性培训还包含应用人工智能的智能教学系统。[103]作为一家利用直升机提供医疗运输的企业，Air Methods 公司实施了一项基于云计算的学习体系，这一体系使用人工智能，并根据每一位飞行员在测验中的表现为他们提供相应主题的知识。[104]如果飞行员在某一培训模块的测验分数不够理想，系统将会用一种全新的方式来提供教学信息，并在飞行员进入下一模块之前再次对他们进行测验。适应性培训的使用削减了50%的讲师主导型培训课程，同时减少了飞行员参加入职培训的时间，这帮助公司节省了成本。

8.11 远程学习

远程学习（distance learning）用于向分散在不同区域的公司提供关于新产品、政策、程序的信息以及技能培训和专业讲座。[105]远程学习包括虚拟课堂（有如下功能：静态画面、动画和视频图像的投影）、指导学习者参与的语音讨论、计算机软件程序的分享、使用即时轮询技术的交互，以及白板标记工具。[106]远程学习以人与人之间的双向沟通为特征，目前涉及两种技术。[107]一种技术是远程会议。**远程会议**（teleconferencing）是指位于不同地点的两个或更多个人或小组进行同步交流，互相传送视频、声音和文本。受训者通过培训设备与培训者（位于其他地点）和使用个人电脑的其他受训者进行沟通。另一种技术是通过个人电脑进行的个性化培训。[108]只要拥有个人电脑，雇员就可以随时接受培训。这种方式包括网络培训等多媒体培训方式。通过公司的内部网、视频、只读光盘，可以分发课程资料和布置作业。受训者与培训者之间则可以通过电子邮件、公告栏和电子会议系统进行沟通。

远程会议通常配备电话线，可以让观看视频的受训者通过电话向培训者提问并做出评论。公司还可以通过卫星网络来开展专业课程和教育课程的培训，使得雇员获得大学文凭和职业资格认证。国民技术大学现在是瓦尔登大学的一部分，得到了 IBM、惠普、美利肯（Milliken & Company）等企业的资助，在全美范围内推广其课程，从而为那些需要获得高级工程师资格证书的技术人员提供培训。[109]

虚拟课堂（virtual classroom）是指利用计算机和互联网为不同地域的雇员提供指导者主导的培训。虚拟课堂的潜在优势包括可节省成本和提供便利：分布在不同地点的雇员可以每周花几个小时通过虚拟课堂聚在一起参加培训，如果需要的话，核心专家也会进入教室。然而，虚拟课堂培训与面对面指导的培训有所不同。以下列出了利用虚拟课堂开发有效培训的指南[110]：

- 设计小模块，并布置相应的作业，使学习者将学习内容应用于工作中。
- 使学习可以互动并且生动有趣，例如模仿广播热线节目。
- 使用媒体，例如视频和音频。
- 限制课堂规模：不超过 25 位学习者。
- 创建提供问题、关键点与每个地点的活动主持人的指南。
- 为学习者提供相互交流或者与指导者互动的各种方法，例如网络研讨会、电子邮件、讨论室、留言板和播客。
- 在第一节课开始前，要进行技术测试。

交互式远程学习（interactive distance learning，IDL）是最新的远程学习方式，是指应用卫星技术在不同地区播放节目，方便受训者使用键盘回答培训过程中提出的问题。[111]交互式远程学习适用于雇员分散在各处并且没有计算机或不方便访问网络的公司。交互式远程学习使得不同地区的雇员都能观察行为并了解如何完成工作，而不是仅仅读到文本或听到声音。例如，杰西潘尼公司（JC Penney Company）每年生产超过 200 种不同的交互式远程学习程序，使得远程学习覆盖到每一位雇员。每个商店都有一个最多能容纳 12 位雇员的培训教室，雇员可以通过大的电视屏幕观看学习内容，每位雇员都可以通过自己的键盘与项目进行互动。雇员可以观看卫星直播，或者在直播之后回看录像带。不管是看直播还是看录像带，雇员都可以回答问题，比如"你的商店有多大面积用于销售内衣？"在项目结束时，管理者和培训者可以访问每个商店回答问题情况的报告。交互式远程学习项目的评估效果是积极的。交互式远程学习允许杰西潘尼公司为每位雇员提供培训，86％的雇员反映他们获得了有序开展工作所需的培训。

远程培训的一个优势在于能为公司节省差旅成本。这种方式可以使位于不同地区的雇员都能获得专家的培训，毕竟这些专家不可能拜访每个地区。Intuit 发现传统课堂环境有利于引入软件和为受训者提供网络培训机会。虚拟课堂培训适用于利用特殊软件进行培训的课程，通过应用程序的共享特性来进行示范和解决问题。通用磨坊公司在规模较小的工厂使用虚拟课堂，因为小工厂提供课堂培训的成本效益较低。[112]雇员能够访问如下课程：特殊产品知识（如谷物产量）、通用技能（如食品化学）和特殊功能知识（如维护）。作为一家被 IBM 收购的软件公司，FileNeT 正在关注如何使公司销售人员运用新软件以及跟上软件的更新速度。[113]公司尝试在雇员中开展自定进度的网络学习，但是发现销售人员不喜欢在网络上阅读大量关于新产品的文章。注册网络课程的雇员很少，销售人员纷纷到培训部门要求接受一对一的培训。为了解决这个问题，公司决定采用网络广播的方式。**网络广播**（webcasting）或**网络会议**（web conferencing）是指通过现场广播在线提供的课堂指导课程。网络广播将销售人员的培训课程分散到一年中的几个时段，而不是集中到两年一次的销售会议上。网络广播还有助于确保所有销售人员获得相同的培训内容。销售人员喜欢网络广播，因为这种培训方式为他们提供了及时的信息和知识，使他们能更好地与客户沟通。网络广播中的互动部分也很受欢迎，因为受训者可以自由提问。然而在 FileNeT，网络广播并没有完全取代面对面的培训方式。课堂培训仍然占培训课程的 80%，但较以前降低了 10 个百分点。网络广播每年可为 FileNeT 公司节约 500 000 美元的培训成本（公司取消了两年一次的销售会议）。

远程学习的主要缺点是培训者与受训者之间可能缺乏互动、容易出现技术故障、培训者没有做好准备。受训者之间或受训者和培训者之间的高度互动是一个积极的学习特征，但是远程学习项目不具备这种特征，因为远程学习仅仅利用广播技术来为不同区域的雇员提供讲座，这只是把传统的讲座（在学习和培训成果转化上都具有局限性）改造为一种新的培训技术。

为了使受训者参与到远程学习中，最好将在线会议的时长控制在 60～90 分钟，保持良好的指导节奏，避免展示不必要的文本，使用相关的吸引人的视觉效果（如图片和动画），允许受训者使用轮询设备以及小组休息室参与讨论和参加项目[114]，然后由小组发言人做总结并交流团队的想法。恶劣天气和卫星故障随时可能出现，将直接导致指导者和学习者的联系中断，或者使视频难以正常播放，其他多媒体演示难以进行。因此，指导者需要备份计划来处理技术问题。因为许多指导者很难与另一个地区没有现场小组的受训者交流，所以为指导者准备远程传递很重要。例如，熟悉技术的项目开发人员应该与指导者一起工作，帮助推进培训。

8.12　培训支持技术：人工智能、专家系统、绩效支持

目前，专家系统、电子会议软件、电子支持系统等新技术已被用来支持培训。专家系统和电子绩效支持系统都不是全新的概念，然而，人工智能领域的最新发展使得现有的培训支持的种类和权限发生了革命性的变化，这一变化在未来将会继续。培训支持意味着这些技术可以用来记录培训内容，以帮助未参加培训的雇员对其有所了解，还意味着可以让雇员按照自己的需求来获取有关信息和决策规则（如工作帮助）。一般来说，雇员可以在工作中获得这些技术。

表 8-11 列出了对培训支持技术需求最迫切的情形。表中所列的许多条件与阻碍培训

转化的任务或环境特征有关。例如，一名雇员的工作场所与其管理者距离较远，因而很难与管理者进行沟通，或者雇员需要的某些特殊知识正好是管理者缺乏的。这些情形使得雇员在工作中遇到难题时往往找不到解决方案，培训支持技术则可以帮助雇员根据工作环境来总结培训内容，为雇员提供培训中没有涉及的信息，从而确保培训成果的转化。

表 8 – 11 对培训支持技术需求最迫切的情形

- 工作任务的发生频率较低。
- 工作任务持续时间长，难度大，并且集中了大量信息。
- 若发生错误，后果会相当严重。
- 工作绩效依赖于经常变化的知识、程序或方法。
- 雇员的离职率相当高。
- 可利用的培训时间和培训资源相当有限。
- 要求雇员对学习和任务的完成情况负全责。

资料来源：Based on A. Rossett, "Job Aids and Electronic Performance Support Systens," *in The ASTD Training and Development Handbook*, 4th ed. ed. R. L. Craig (New York：McGraw-Hill, 1996), pp. 554 – 577.

8.12.1 人工智能

人工智能（artificial intelligence，AI）指对能够像人一样进行智能思维的系统的开发，例如电脑或电脑控制的机器人。[115]其中包括模仿人来推理、决策、提出问题、判断价值。人工智能的开发是对人如何思考、学习、决策、工作的研究，并利用这些信息来构建一套智能软件和系统。大家对于 Watson 非常熟悉，它是一台基于人工智能的电脑，可以通过快速地从海量数据中提取正确答案而打败最优秀的人类选手（包括历史上连续获得游戏比赛总冠军次数最多的肯·杰宁斯（Ken Jennings））。[116]它可以理解包括双关语、俚语、行话在内的自然语言，随着信息的不断输入，它可以通过重新自我编程来"学习"。它也会犯错。Watson 提供的答案不止一个，答案根据正确的概率进行排序。每一个答案都会弹出一个窗口，自此以后，它被用来为公司提供财务建议、完成个税申请表的填写、为人们提供娱乐或治疗癌症。比如，Watson 可以帮助 IBM 为治疗肺癌的专家提供相应的建议。它内部存储了 600 000 个医疗相关文件以及 200 万页医学杂志和临床试验的结果。医生可以向它提出问题，而它会给出治疗建议。它还被用来管理温布尔登网球赛的音视频，从而开发了"认知亮点"。它的人工智能平台可以从比赛中提取球员的精彩瞬间（打出扣杀球）、球迷的欢呼以及社交媒体的内容，从而帮助制作时长两分钟的视频。

表 8 – 12 展示了企业使用人工智能来实现流程自动化、认知洞察、认知参与。

表 8 – 12 人工智能所支持的商业需求

- 流程自动化：数字流程和物理流程的自动化
  例子：更换丢失的信用卡；"解读"法律文件；医保注册
- 认知洞察：通过使用算法来发现数据模式，并解读其含义
  例子：识别信用卡诈骗；预测客户可能购买的商品
- 认知参与：通过使用聊天机器人、机器学习、智能代理使雇员和客户参与其中
  例子：提供客户支持的智能代理；健康治疗建议系统；用于回答雇员关于福利、人力资源制度或技术方面的问题的网站

资料来源：Based on T. Daverport and R. Ronanki, "Artificial Intelligence for the Real World," *Harvard Business Review* (January-February 2018), pp. 100 – 116.

专家系统（稍后讨论）、机器学习、聊天机器人是人工智能提供认知洞察和认知参与的三种方式。

机器学习（machine learning）指能够学习的人工智能系统。这个系统通过应用数据算法以发现用户的趋势和模式，从而提供未来数据搜索的建议。[117]在培训与开发方面，软件可以用来追踪受训者的行为以及他们对于在线培训内容的投入，随后软件将"学习"如何提供其他课程的建议、何时提出这些建议、受训者偏好哪种格式的学习内容（音频、视频）。机器学习可以用来开发更加个性化和定制化的学习体验，这类似于网飞（Netflix）和 Spotify 在电视节目和音乐方面所做的工作。这将会调动学习者的积极性，因为学习内容对于他们来说非常有意义。通过确保受训者得到所需的培训，公司可以减少培训时间和培训成本。

聊天机器人（chatbot）指能够开发与人类用户进行个性化自动对话的人工智能系统。[118]如果你曾使用塔可钟网站提供的聊天机器人功能进行订餐，或曾使用脸书上的 Expedia 聊天机器人功能预订酒店，那么你对聊天机器人就不会陌生。聊天机器人正在用于促进培训的转化。[119]在培训中，聊天机器人可以用于向受训者发送他们所学过的概念的提醒信息。聊天机器人可以发送学习目标的提醒信息，询问学习者的学习进展，询问学习者在工作中应用所学内容的成功经历或困难，提供额外的学习资源以及针对课程内容对学习者进行测试。

8.12.2　专家系统

专家系统（expert system）是指把人力资源专家的知识组织起来，用于解决具体问题的技术（通常指软件）。[120]专家系统具备三个要素：

1. 包含某个领域的事实、图表和规则的知识库。
2. 一种决策能力。可以模拟专家的推理能力，并可从事实和图表中得出结论，来回答问题和解决问题。
3. 一种用户界面，为该系统的使用者搜集和提供信息。

当雇员遇到的问题和需要做出的决策超出其现有知识技能的范围时，就可以向专家系统寻求帮助。专家系统可以帮助受训者弄懂问题、了解情况，并追踪需要完成的任务。

比如，在约翰斯·霍普金斯医学中心（Johns Hopkins Medical Center），来自病历和追踪设备的数据会被整合并发送到重症监护室的平板电脑上。[121]这一系统会向重症监护室的员工展示他们需要完成的工作，以及何时应采取针对手术并发症的预防性措施。这一系统会提醒他们病人可能出现的情况，比如药物相互作用引起的医学问题。颜色标志可以提醒他们是否需要采取紧急措施（红色），是否需要马上完成一项任务（黄色），或一项必要的任务已经完成（绿色）。

专家系统除了可以作为培训的支持技术外，也可以作为培训交付机制，还可以用来对雇员进行"专家决策"规则的培训。例如，一个金融公司大幅增加了其提供给客户的产品组合[122]，销售人员需要准备好将这些产品介绍给客户并促成销售。该公司开发了一个专家系统来记录销售精英的销售过程。这种基于网络的专家系统允许销售人员访问每一种金融产品的信息，提醒他们需要从客户那里获取的信息，并基于销售人员输入的数据，使用专家逻辑来识别向客户介绍新产品的机会（专家系统与一般客户特征和特定客户特征相匹配）。

专家系统可以提供优质的服务，成本也很低。通过运用专家的决策过程，许多人都达到了专家级的决策水平。专家系统可以避免由疲劳和偏见而导致的决策失误。如果采用专家系统后，企业可以降低对雇员的技能要求（并能节省雇佣成本），那么说明这一系统是行之有效的。

8.12.3 电子绩效支持系统

电子绩效支持系统（electronic performance support system，EPSS）是一种电子基础设施，它可以通过在全公司范围内获取、存储并传递雇员个人和公司的知识资本，来帮助雇员在最短的时间和最少的外部支持下达到要求的绩效水平。[123]电子绩效支持系统包括所有可以用来支持雇员工作的软件（不只是一种或两种特殊的应用软件）。

电子绩效支持系统可以用来促进培训转化，同时提供即时绩效支持以取代培训。微软办公软件中有一项名为 Wizards 的辅助性功能，这项功能可以识别用户开始执行的任务（比如，写一封信），并提供此任务的相关信息。包括丝芙兰（Sephora）在内的零售企业向雇员提供 iPad 作为产品的参考指南（一款绩效支持工具）。作为一家从事谈判技巧培训的企业，SNI 公司使用绩效支持作为促进培训转化的一种方式。[124]公司向客户提供包含七项谈判技巧的记事清单，客户可以把这个清单存到手机上。虽然这些技巧在培训中都会涉及，但是这个清单可以辅助客户回忆并将技能转移到真实情境中。与培训雇员处理非日常任务不同的是，ADP 公司向雇员提供一份时长两分钟的学习解决方案——"Learning Bytes"，它可以轻松展示如何完成任务。Learning Bytes 减少了公司服务中心的电话呼入量。联合服务汽车协会（United Services Automobile Association）向雇员提供一款名为 WalkMe 的互动性工具，这款软件可以帮助雇员在无须阅读工作支持或向同事寻求帮助的情况下完成多项常规任务。[125]

若要利用电子绩效支持系统来替代培训，培训师需要判断相应的问题和任务是否需要雇员获取知识、技能和能力以及电子绩效支持系统是否可以提供周期性的辅助。

■ 8.13 学习管理系统：培训交付、支持和管理系统

学习管理系统（learning management system，LMS）是指用来对公司所有的培训项目进行自动管理、开发和传递的技术平台。学习管理系统可以为雇员、管理者和培训者提供管理、传递和追踪学习活动的能力。学习管理系统的部分特征如表 8-13 所示。新开发的学习管理系统的功能包括：为用户提供同时搜索数据库及公司内部网以获取培训课程信息的能力，联系公司认定的某个核心专家，一次性参与所有与认证或特定培训主题相关的课程，使用仿真模拟来确定雇员是否遵守他们在学习管理系统培训中学到的道德标准和技能要求。[126]

表 8-13　学习管理系统的特征

受训者管理和报告	追踪并报告受训者的学习进展和活动。
培训项目和资源管理	按目录组织课程和学习项目；管理并追踪课程资源，如教师和培训者；支持管理者和学习者之间的交流。
在线课程传递设备	传递在线课程；对受训者进行登记并追踪。
写作工具	创建新的课程；促进课程保持连贯性。
技能评估	创建、编辑、分配和传递评估测试；评估受训者的成绩。
专业的开发管理	基于受训者的工作或职能，追踪并比较受训者的学习与目标存在的差距。
知识基础	整合学习参考资料的链接，作为网络学习的补充。
个性化	通过使用目标课程、推荐信和电子邮件吸引雇员参与学习。
与人力资本管理相联系	与绩效管理、职业生涯开发、人才管理系统相联系。

资料来源：Based on S. Castellano, "The Evolution of the LMS," *T+D* (November 2014), p. 14; "Learning Management Systems：An Executive Summary," *training* (March 2002), p. 4.

有很多原因使学习管理系统越来越受欢迎。学习管理系统可以帮助公司减少因培训产生的差旅费和其他费用，缩短项目实施的时间，使雇员在工作时也能方便地参加培训，并且在项目追踪和课程注册等方面提供管理上的便利。比如，麦当劳曾经将培训手册打印后送到数千名特许经销商手中。[127]如今，麦当劳的学习管理系统可以通过手机和平板电脑登录，这不但节省了成本，而且使雇员能轻松获得培训视频和指南。

学习管理系统对于人力资本管理也非常重要。**人力资本管理**（human capital management）指将培训和其他人力资源管理职能（比如，绩效评估、人力资源规划）结合在一起，以追踪培训的投入以及培训费用如何转化为公司的收益。公司使用学习管理系统的原因包括对学习活动进行集中式管理，追踪监管的合规性，衡量培训的使用，衡量雇员的绩效以及促进人才管理。[128]

学习管理系统对公司非常重要的另一个原因是它可以追踪完成州、联邦、行业所规定的课程（合规培训）的雇员人数。[129]这类课程涵盖广泛的主题，其中包括财务公正性、健康与安全、环境保护、雇员的权利。比如，很多法规都强制要求公司能够证明雇员完成了关于性骚扰防范和防御性驾驶的课程。来自金融服务、炼油、制药等营利性企业的雇员与来自政府机构和医院等非营利组织的雇员必须完成某些规定课程。看看弗格森公司（Ferguson Enterprises）和 Guckenheimer 公司的学习管理系统是如何通过管理人力资本，并追踪培训来实现对公司业务的支持的。[130]弗格森公司的学习管理系统有几个目的。作为一款规划工具，学习管理系统可以追踪公司现有的培训课程、课程报名人数、完成情况、完成的课程小时数、管理者与非管理者在课程参与度上的差别。这些数据被用来判断培训对公司业务的支持。来自学习管理系统的数据还可以用于确定雇员在哪一个时间段参加了培训。这有助于确保雇员可以在空闲时间完成针对新客户服务计划的全新课程。Guckenheimer 公司的学习管理系统用来追踪课程作业、完成情况、合规性。当一名雇员入职或晋升时，他可以通过学习管理系统了解相关的学习任务。学习管理系统可以帮助公司追踪哪些雇员完成了学习任务和要求的合规培训，同时还可以追踪公司认证的更新情况。

学习管理系统可以帮助公司了解雇员的优劣势所在，包括哪里存在人才短缺。[131]学习管理系统还可以与其他人力资源体系相关联，比如，通过与绩效管理系统和雇员开发系统相结合，可以发现雇员的学习机遇，从而帮助雇员加强自身的绩效弱项。学习管理系统应该与人才管理系统相结合以实现自身有效性的最大化。系统界面应该提供包括业务单元、地理位置、职位头衔等相关信息。学习管理系统还应存储雇员已经完成的课程以及有资格参加的课程。

看看 VCA Animal Hospital、Vanguard、凯勒威廉姆斯国际房地产公司的学习管理系统是如何促进业务发展、鼓励雇员参与培训以及整合人才管理实践和系统的。[132]VCA Animal Hospital 设在全美 40 个州的动物医院拥有超过 10 000 名雇员。医院的学习管理系统提供参与性培训模块，其中包含兽医讨论医学实操的视频、仿真模拟、学习者之间以及与讲师之间的在线协作、安全核查清单。学习管理系统用于在线课程、注册兽医的线下课程，还可追踪完成课程的人数以及他们在培训后测试中所取得的分数。作为一家金融服务企业，Vanguard 的学习管理系统可以使雇员得到来自企业大学的针对他们的职业意向、发展目标、职位给出的学习建议。通过学习管理系统，雇员可以轻松获取音视频、互动性展示、文章，并可以报名参加相关课程。学习管理系统分为包括播客、文章、视频在内的非正式培训，包括线上和线下课程在内的正式培训。雇员可以获取正式与非正式培训解决方案以及由培训供应商提供的公司外部课程。凯勒威廉姆斯国际房地产公司的学习管理系统集合了所有的培训项目和相关材料，系统中还包含经纪人和管理者上传的音视频文件、链接、问答以及雇员用来寻找并申请课程的搜索日历。

有些公司将学习门户纳入学习管理系统，或作为公司内部网的一部分。**学习门户**（learning portal）指一个针对培训资源的在线访问点。[133]学习门户具有不同的组织方式。一种方式是包括新员工、领导者、工程师在内的公司雇员可以通过学习门户获取课程和相关资源。另一种方式是按照不同的内容进行组织，比如，雇员可以根据自己的需求获取客服培训或领导力技巧的相关内容。

▋ 8.14　基于新技术的培训方法的选择

表 8-14 采用第 7 章中对传统培训方法进行比较的方式对基于新技术的培训方法进行了分析。该表表明了以下趋势：这些方法需要高昂的开发费用。开发费用主要用来购买硬件和软件、开发项目，以及将项目加载到新的媒体（例如，使用应用程序的移动电话）。然而，尽管开发成本高昂，但管理费用十分低。这些方法的优势在于：（1）由于雇员可以在家或办公室接受培训，因而可以节省培训费用；（2）减少培训者的数量；（3）节省与雇员前往集中培训地相关的差旅费（如，机票费、食宿费）。而且，除了远程学习和移动学习之外，大多数培训所需具备的重要特征（如，实践、反馈等）都可以融入这些方法。需要注意的是，由于公司对基于新技术的培训方法的运用刚刚起步，因此对其中一些方法（如移动学习、社交网络和适应性学习及慕课）的有效性的研究比较有限。

表 8 - 14　对基于新技术的培训方法的比较

	基于网络和计算机的在线学习	基于计算机的培训（没有网络）	远程学习	适应性学习	仿真模拟、游戏	增强现实	移动学习	社交媒体	慕课
学习成果									
言语信息	是	是	是	是	是	是	是	是	是
智力技能	是	是	是	是	是	是	是	否	是
认知策略	是	是	是	是	是	是	否	是	是
态度	可能	否	否	否	是	否	是	否	否
运动技能	否	否	否	是	是	是	否	否	否
学习环境									
明确的目标	高	高	高	高	高	高	高	中	高
实践	高	高	低	高	高	中	低	中	中
有意义的内容	高	高	中	高	高	高	中	中	中
反馈	高	高	低	高	高	高	低	高	
互动									
学习者与内容	高	高	中	高	高	高	中	高	高
学习者与指导者	中	低	中	高	中	高	低	中	中
学习者之间	中	低	中	低	高	中	低	高	中
培训成果转化成本									
开发成本	高	高	中	高	高	高	中	中	高
管理成本	低	低	低	低	低	低	低	中	低
有效性	高	中	中	？	高	？	？	？	？

回顾第 6 章关于如何确定培训项目的成本和收益的讨论。卡特彼勒公司发现由于减少了指导者的数量，降低了与课程材料相关的成本，减少了差旅费，网络学习的费用约是课堂培训费用的 1/3。[134] 就一个班容量是 100 名受训者的一小时课程而言，网络学习比课堂培训的成本降低了 44% （9 500 美元 vs. 17 062 美元）。当受训者数量增加到 40 000 名时（卡特彼勒公司在世界各地有 70 000 多名雇员），公司可以节省 78% 的成本（110 万美元 vs. 500 万美元）。[135]

你可能会认为网络培训优于其他培训方法，但事实并非如此。网络培训的主要优势在于：可以为雇员提供协作和共享的机会（可以在受训者之间、专家和聊天室之间建立联系），并提供其他网络资源的链接。网络培训也使得学习者有机会回答开放式问题（如，撰写一份有关用户需求的报告），而不只局限于判断题或多项选择题。在网络培训中，指导者可以检查受训者的作业，并给予详细的反馈。然而，没有一种培训方法在本质上优于其他方法；任何培训方法要想有效，必须创建积极的学习环境并实现培训成果的转化。面对面的课堂学习效果差与网络学习或远程学习效果差的原因是一样的。例如，培训材料没有意义，实践机会有限，管理者不支持在工作中应用培训内容。

基于新技术的培训与第 7 章中所讨论的传统培训方法存在何种联系？当需要学习操作机械、器具、设备等复杂过程时，仿真模拟、游戏、适应性培训最有效。这些方法实际上是角色扮演、商业游戏、经验式学习、团队培训的延伸。当需要了解事实、图表、认知策略（如，怎样举行一次有效的会议）及人际交往技能（如，结束交易）时，最适合采用网络培训和慕课。这些方法是讲座法和角色扮演的技术性延伸。如果课程内容和互动足够真实，在线培训和仿真模拟可以用于培训社交技能。然而，非常重要的一点是仿真模拟、游戏、在线学习一定要和面对面课程相结合以确保技能的学习和实操能够在真实的工作场景中实现。增强现实最适合在受训者参加完集成培训或绩效支持培训后实施。当需要了解事实性的内容，但是个人互动受限、与内容的互动主要通过移动设备实现时，移动学习可能是最佳方法。如今，移动学习和社交媒体最适合作为面对面指导的补充，以此来促进学习和培训成果转化。社交媒体也是良好的知识管理工具，因为它们能促进文档、报告（维基）和个人互动（博客、推特和脸书）的组合应用。

尽管传统的培训方法依然有效，但在以下几种情况下，管理者和培训者可以考虑使用基于新技术的培训方法[136]：

1. 有充足的预算和资源来开发新技术、支持新技术的购买和使用。
2. 受训者分布在不同的地区，培训的交通费用相当高昂。
3. 受训者乐于使用互联网、其他网络、iPad 和智能手机等新技术。
4. 新技术的日益推广是公司的一项经营战略。
5. 新技术正被应用于产品制造或服务过程中。
6. 雇员接受培训的时间有限或没有时间参加培训。
7. 现有的培训方法中用于实践、反馈和评估的时间有限。
8. 新技术的使用适应组织文化或商业战略。

课堂指导的最佳应用可能是当受训者需要互动、指导者支持或视觉线索时。值得注意的是，很多公司已意识到传统培训方法和基于新技术的培训方法的优劣势，并且正在使用结合两种方法的集成学习方法。基于新技术的学习方法可以用来传递一致的培训内容，包括向分布在不同地域的雇员传递信息（知识和技能），这些雇员可以按照自己的节奏学习、练习以及与培训者和其他受训者协作。然后，受训者会被集中到培训中心，参加使用传统方法（例如，课堂培训、行动学习、游戏和角色扮演）进行的面对面培训，通过使用案例和问题使知识和技能得到应用。面对面指导也有利于促进受训者之间的互动、协作、交流和讨论。例如，必能宝（Pitney Bowes）这个邮件设备供应商将网络学习用于向分布在不同地域的雇员传递必须知道的内容，如法律法规或新产品知识。[137]需要与其他人互动的培训（例如，领导力管理培训、解决问题或做决策的能力培训）则需要采用面对面的课堂指导或集成学习方法。

<h2>小 结</h2>

本章综述了新技术在培训交付、培训支持和培训管理等方面的应用情况。许多新技术具备有利于开展学习和促进培训成果转化的特征（如网络学习）。如果这些技术设计合理，

那么它们可以通过刺激多种感官来创建积极的学习环境，并允许雇员自行控制学习进度，获得反馈和强化，以及根据自己的需求从专家那里获取信息。移动学习允许雇员无论在家还是在办公室都可以随时参与培训。雇员不仅能够控制培训的内容，而且能控制培训的时间和地点。仿真模拟和虚拟现实等新技术也可以创建一种更逼真的培训环境，从而使培训内容更有意义，并增加将培训应用于工作中的可能性。严肃游戏使学习变得有趣、有竞争性和现实感。增强现实允许雇员在工作中学习。通过人工智能、专家系统和电子绩效支持系统，雇员可以根据自己的需求获取相关知识和信息。社交媒体有助于记录雇员从培训中获取的知识，并且促进信息的分享。学习管理系统使得存储和记录培训信息（例如，课程注册人数、雇员培训记录）更容易。这就使得雇员更容易参与培训，并且容易提取与培训相关的信息，为制定管理决策提供依据。

　　大部分基于新技术的培训方法在某些方面都优于传统的培训方法，因为它们允许受训者在任何时间或地点学习课程。然而，与传统的培训方法相似，如果基于新技术的培训方法不具备互动、反馈、练习和积极的学习环境等特点，那么它们仍然是无效的。选择一种培训方法要综合考虑的因素包括开发费用、雇员的地理分布状况、雇员参与培训的难度以及新技术是不是公司经营战略的组成部分。很多公司通常选择将两种方法相结合的集成学习方法，而不是单独使用面对面的培训方法或基于新技术的培训方法。

关键术语

数字化协作（digital collaboration）

同步交流（synchronous communication）

异步交流（asynchronous communication）

Web 2.0

学习者控制（learner control）

基于计算机的培训（computer-based training，CBT）

在线学习（online learning）

网络学习（e-learning）

基于网络的培训（web-based training）

带宽（bandwidth）

插件程序（plug-in）

快速成型（rapid prototyping）

项目重建（repurposing）

自我约束（self-regulation）

超级链接（hyperlink）

慕课（massive open online course）

社交媒体（social media）

博客（blog）

维基（wiki）

微博（microblog）

微分享（microsharing）

共享媒体（shared media）

集成学习（blended learning）

翻转课堂（flipped classroom）

严肃游戏（serious game）

虚拟现实（virtual reality）

身临其境（presence）

仿真头像生成技术（avatar）

虚拟世界（virtual world）

增强现实（augmented reality，AR）

移动学习（mobile learning）

应用程序（app）

适应性培训（adaptive training）

远程学习（distance learning）

远程会议（teleconferencing）

虚拟课堂（virtual classroom）

交互式远程学习（interactive distance learning，IDL）

网络广播或网络会议（webcasting or web

conferencing)

人工智能（artificial intelligence，AI）

机器学习（machine learning）

聊天机器人（chatbot）

专家系统（expert system）

电子绩效支持系统（electronic perform-ance support system，EPSS）

学习管理系统（learning management sys-tem，LMS）

人力资本管理（human capital management）

学习门户（learning portal）

讨论题

1. 解释新技术是如何改变学习环境的。
2. 移动学习最适用于什么类型的学习成果？阐明你的理由。
3. 专家系统和电子绩效工具之间有什么区别？
4. 为什么慕课是一种非常有前途的培训交付方法？它有哪些局限性？
5. 新技术是如何促进学习的？它们又是如何促进培训成果转化的？
6. 是否所有的互联网培训的效果都相同？请加以解释。
7. 利用虚拟现实技术进行培训会存在哪些潜在问题？
8. 什么是社交媒体？阐明它是如何用于培训的。
9. 对学习者控制、信息共享和资源链接等概念加以解释。它们是如何提高网络学习的成效的？
10. 什么是项目重建？它对培训中新技术的应用有何影响？
11. 远程学习可以为分散在不同地域的受训者举办讲座。为了避免传统讲座方式存在的学习和培训成果转化问题，应该如何设计和运用远程学习？
12. 公司为什么要采用面对面指导与基于网络的培训相结合的培训方式？
13. 什么是人工智能？请列举它在培训中的应用实例。
14. 增强现实与虚拟现实的区别有哪些？
15. 增强现实最适合作为培训的实施方法还是最适合作为培训的辅助方法？
16. 在什么条件下社交媒体工具最适合作为学习解决方案的一部分？
17. 适应性培训与其他培训方法的最大区别是什么？

案 例 　面向捷飞络公司技术人员的新产品培训

作为一家汽车保养服务企业，捷飞络公司致力于为客户提供快速、优质、无忧的服务体验。公司的技术人员提供包括更换机油、轮胎平衡、冲洗汽车冷却系统、更换雨刷器在内的一系列服务。技术人员需要不断学习公司针对汽车和卡车推出的最新产品和服务设备，从而提供始终如一的出色服务。因此，培训对于公司的成功以及实现持续的卓越运营至关重要。公司针对汽车推出的一个新产品是合成机油。很多新款车型必须使用这款机油，同时这款机油也适用于老款车型。尽管很多轿车和卡车制造商推荐用户使用专业机油或合成机油，但是公司发现合成机油的使用率还是较低。根据需求评估，公司发现技术人员对合成机油不甚了解，无法有效地向用户介绍合成机油的好处。这表明有必要开展培训。对于许多在专卖店工作的技术人员而言，参加面对面培训非常困难。因此，通过技术手段实施的培训是非常现实的解决方案。

培训应该关注哪些知识、技能或行为？你推荐采用什么样的技术培训方法来就合成机油对技术人员进行培训？为什么？简要描述你将在项目中包括的学习特征，并讨论原因。

资料来源：Based on "2017 Top 10 Hall of Fame，Jiffy Lube International，Inc.，" *training* （January/February 2017），p. 54；L. Freifeld，"Jiffy Lube revs up to no. 1，" *training* （January/February 2014），pp. 30 – 38；www. jiffylube. com，website for Jiffy Lube.

注　释

第 9 章
雇员开发和职业生涯管理

学习目标

通过本章的学习，你应该能够：

1. 描述人员开发规划过程的具体步骤。
2. 说明人员开发规划过程中雇员和公司各自应承担的责任。
3. 讨论当前利用正规教育进行人员开发的趋势。
4. 阐明如何利用针对个性类型、工作行为和工作绩效的测评进行人员开发。
5. 解释如何利用在职体验进行人员开发，并提出一种能够满足人员开发的目标或需求的在职体验。
6. 说明成功的导师计划的特点。
7. 描述接班人计划的开发流程和九宫格的运用。
8. 制定一项高效的入职培训计划。

章首案例

AT&T 公司：通过帮助雇员开发职业生涯来保持竞争力和相关性

AT&T 公司被大家所熟知的原因是它负责美国的电信基础设施建设。随着电信行业的关注点从电缆和固网转向智能手机、互联网、云计算，AT&T 公司不得不重新变革其服务。这不仅意味着公司需要在无线技术方面加大投入，同时也意味着公司需要开发雇员在云计算以及编程方面的技能。这一点尤为重要，因为拥有这类技能的雇员对于包括亚马逊和谷歌在内的雇主而言已经供不应求。

为了获得公司需要的技能，AT&T 公司投资 2.5 亿美元用于雇员培训与开发，公司希望开发雇员的技能以帮助他们获得未来的职业发展机遇。因此，公司为雇员提供了很多职业发展选择。比如，在线自助平台可以提供职业概况、职业资讯、职位模拟工具。职业概况这一工具对雇员的技能、素质、经验、教育背景进行评估，提供的发展概况可以帮助雇员找到公司内部各个业务单元的空缺岗位，这些岗位与雇员的兴趣、偏好、技能相匹配，并可以帮助他们对接素质开发所需的资源。职业资讯工具为雇员提供公司招聘趋势的相关数据以及各个职位的概况，包括职位的薪资范围和这类职位的雇员人数。雇员可以通过获取这类信息做出明智的职业发展决定。职位模拟工具可以模拟雇员在工作中可能遇到的情况，并要求雇员评估自己对这类工作的偏好。这一工具基于雇员对于这类工作的喜爱程度来判断雇员是否适合从事这份工作。

利用从这些工具、其他雇员以及与管理者的讨论中获得的信息，雇员有多种发展技能的选择，包括：在线课程和面对面课程；由慕课提供商 Udacity 提供的 6～12 个月的非学位课程，涉及软件工程、编码、网络开发和数据分析等需求高的专业；以及计算机科学的在线硕士学位课程，学费由 AT&T 公司补贴。

AT&T 公司鼓励雇员在职业发展方面与时俱进，持续学习。因此，公司放弃了强调阶梯式晋升的传统职业生涯路径模式，取而代之的是不断强调职业网格的重要性和职责范围。职业网格鼓励雇员的职业生涯路径要结合横向发展、跨职能发展，甚至下行发展，从而可以扩展自身的技能，并开发跨职能的知识。因此，雇员的观念从原来的公司要对他们的职业发展负责，转变为通过寻求新的职位来为自己的职业生涯发展负责。

迄今为止，AT&T 公司的投入已经奏效。在 2016 年的前 6 个月中，留在公司的雇员填补了一半的技术管理岗位空缺，其中不到 50% 的雇员得到了晋升。公司的产品开发周期缩短了 40%，而创收时间则增加了 30% 以上。

资料来源：Based on M. Mancini, "AT&T: Continuously Dialing Up the Learning Evolution," *Chief Learning of-ficer* (June 2017), pp. 40 - 41; J. Donovan and C. Benko, "AT&T's Talent Overall," *Harvard Business Review* (October 2016), pp. 69 - 73; and C. Anthony, "Three Keys to Our Culture," *Fortune* (January 1, 2018), p. 32.

9.1　引　言

正如 AT&T 公司的案例所示，雇员开发是公司竞争优势的关键因素，它有助于雇员了解自身的优势、劣势和兴趣，并向他们展示如何提供新的工作和扩大的工作职责来满足自身发展的需要。这样有助于留住有价值的管理者，否则他们有可能离开公司加入客户或竞争者的团队。强调雇员开发不仅对管理者重要，对其他所有的雇员也很重要。雇员开发是公司人才管理工作必不可少的组成部分，是确保雇员拥有满足客户需求、创造新产品和提出客户解决方案的能力的关键。除了在经营战略方面有重要作用外，雇员开发对于留住有才能的雇员也很重要。正如我们在第 1 章中提到的，公司能否获得忠诚的雇员与管理者对待雇员的方式直接相关。雇员开发可以通过以下两条途径来吸引并留住雇员：（1）向雇员证明公司正致力于雇员技能开发；（2）负责雇员开发的管理人员营造积极的工作环境，从而留住雇员，并使他们为公司做出贡献。

本章首先探讨了人员开发、培训与职业生涯之间的关系，选择开发方法是人员开发规划过程的一个组成部分。在雇员选择开发活动之前，雇员和公司必须了解雇员开发需求和开发目的，而认清开发需求和开发目的也是人员开发规划的组成部分。本章的第二部分描述了人员开发规划过程的步骤，包括讨论开发过程中雇员和公司各自应承担的责任。此外，探讨了人员开发方式，包括正规教育、人员测评、在职体验和人际互助。本章还重点强调了人员开发方法中所需的各种重要的技能、知识和态度。本章末对雇员开发面临的一些特殊问题进行了探讨，包括接班人计划、管理者开发行为不当和入职培训计划。

9.2 人员开发、培训和职业生涯之间的关系

9.2.1 人员开发和培训

人员开发是指有助于雇员未来发展的正规教育、在职体验、人际互助及个性和能力的测评等活动。AT&T 公司的案例表明，尽管人员开发需要计划好的培训项目加以强化，但它还是要依靠各种工作经验的积累。由于人员开发是以未来为导向的，因此还包括与雇员当前所从事的工作不直接相关的学习。[1]表 9-1 显示了培训与开发的区别。从传统意义上说，培训侧重于提高雇员当前的工作绩效，开发则侧重于帮助雇员为公司的其他职位做准备，提高其转向未来的职位的能力。[2]同时，人员开发还有助于雇员为当前工作中的变化做好准备，这些变化可能源于新技术、新工作设计、新顾客或新产品市场。人员开发对人才管理至关重要，特别是对高级管理人员和有领导潜能的雇员而言（回顾第 1 章关于吸引和留住人才的探讨）。开发对于确保千禧一代在婴儿潮一代退休之时接替他们的领导岗位尤为关键。[3]公司认为人才管理面临的最大挑战是如何开发、吸引并留住现有的人才。[4]本书第 2 章强调了培训的战略地位，随着培训越来越具有战略性（与经营目标的联系更加紧密），培训与开发的界限将会日益模糊。培训与开发都是必要的，且两者都会注重个人与公司当前与未来发展的需要。

表 9-1 培训与开发的比较

	培训	开发
侧重点	当前	将来
工作经验的运用	低	高
目标	着眼于当前工作	着眼于未来的变化
参与	强制	自愿

9.2.2 人员开发和职业生涯

在传统意义上，职业生涯有多种不同的定义。[5]职业生涯可以理解为个人在工作中所经历的一系列的地位提升。例如，大学教师可以担任助教、副教授和教授几种职位。职业生涯也可以描述为组织内部的一系列职位的变动。例如，工程师可以从工程师助理做起，随着专业知识、经验的丰富和工作绩效的提高，他可以晋升为工程咨询师、高级工程师和资深工程师。最后，职业生涯还可以描述为雇员的一种特性，每个雇员的职业生涯都包含了不同的工作、职位和经历。

今天的职业生涯通常都是易变性职业生涯。[6]**易变性职业生涯**（protean career）基于个人的目标方向，随着个人在工作中对心理成就感的追求而变化。有易变性职业生涯的雇员对自己的职业生涯管理负主要责任。例如，一名工程人员可能暂时离开其工程师职位而

去 United Way Agency 做一年管理工作。这种安排的目的在于培养其管理能力，并使其能够确定自己是否更喜欢做管理工作。

易变性职业生涯对雇员开发有着重要的意义。易变性职业生涯的目标是心理成就感。**心理成就感**（psychological success）指由于实现了不仅仅限于工作成就的人生目标（如养家、身体健康等）而产生的自豪感和成就感。相较于传统的职业生涯目标，雇员可以更多地掌控自身的心理成就感。传统的职业生涯目标不仅受雇员自身努力的影响，还受到公司所提供职位的影响，而心理成就感更大程度上由雇员自己控制。它是一种自我的主观感觉，而不仅仅是由公司对雇员的认可（加薪、晋升等）决定的。

雇员需要开发新的技能，而不是仅仅依赖于固有的知识基础，这是由于公司必须对客户的服务需求和产品需求做出更敏捷的反应。正如我们在第 1 章中讲到的，学习是一个连续的过程，通常是以非正式的形式进行的，并且包括创造知识和分享知识。对连续性学习的强调导致了职业生涯运动的方向和频率（职业生涯方式）有所变化。[7] 传统的职业生涯方式包括线性等级结构中的一系列等级，较高的等级意味着较大的权力、责任和较高的报酬，而专家型职业生涯方式指终身从事某一专业领域（如法律、医疗、管理）的工作，这种职业生涯方式以后还会继续存在。相比之下，跨专业或学科的职业生涯方式（螺旋形职业生涯方式）以后会更流行。这种新的职业生涯方式意味着需要为正在进行开发的雇员（也包括自我规划职业生涯发展的雇员）提供以下机会：（1）确定他们的兴趣、技能优势和劣势；（2）在此基础上，寻找适合雇员的开发实践，包括在职体验、人际互助和正式课程。

对当今职业生涯最恰当的表述是其具有无界性和变化性。[8] 职业生涯包括在不同公司间的流动（也叫跳槽），甚至包括更换职业。跳槽会在第 10 章中讲述，研究显示 25％ 的雇员在 35 岁时已经从事过 5 份工作，而在 55 岁及以上的雇员中，20％ 人的从事过 10 份工作。[9] 1/3 的雇主认为大学毕业生跳槽是可以理解的，但是 40％ 的雇主认为 30 多岁还跳槽令人难以接受。现实是雇员不太可能把自己的整个职业生涯都献给一家公司，这意味着公司和雇员需要互相增加价值。[10] 也就是说，无论雇员在这家公司待多久，公司都需要对雇员进行开发，让他们拥有新的技能和管理能力，以帮助公司更好地适应商业环境和战略的变化。开发可以提高雇员的就业能力。开发还可以为雇员提供提升技能并将技能应用到不同领域的机会，这已被证明可以提高雇员的敬业度和满意度。[11] 开发可以减少雇员流动，因为雇员不会感到需要更换雇主来发展自身的技能或获得有价值的工作经验。比如，花旗集团（Citigroup）推出了几个项目来招聘并留住千禧一代的雇员。[12] 其中的一个项目旨在为雇员提供在国际项目中工作的机会。比如，在肯尼亚的一个项目旨在帮助小型企业开发增长战略。这类项目可以满足千禧一代雇员想要帮助他人的需求，可以将他们从高强度的银行工作中解放出来，并获得新的技能和观点。

"无界性"意味着职业生涯应该关注某项工作或职位，而不是关注雇员本人。个人或家庭的需求和价值观也会影响职业规划或目标，从这个意义上讲，职业生涯也是无界的。雇员处理私人生活和同事关系的方式也会影响到他们的角色和责任感。当认识到自身的优点和缺点、发现需要平衡生活和工作、需要寻找激发兴趣的工作时，雇员也会改变自己的职业。[13] 职业成就感并非只来源于晋升，也可以来源于雇员实现了对个人有深远意义的目标，而不是那些由父母、同事或者公司设定的目标。正如本章随后会讲到的，通过雇员和公司的关系来管理职业生涯是最好的方式：公司为雇员创建一个积极的人际关系环境会让雇员尽心尽力地为公司服务，并且也能使雇员更好地管理自己的职业生涯规划，这对公司和雇员个人来说都是有益的。

比如，29岁的凯特琳·福克斯（Katlin Fox）本希望在大学毕业后加入一个营销团队[14]，却从事着执行助理的工作，这是她获得的唯一的工作邀请。她饱受来自技术细节的工作压力，她在萨福克建筑公司（Suffolk Construction Company）的工作要求她管理邮件并安排高管的时间，但是她希望做一些更重要的事情。在上司的帮助下，她申请了一个新的项目。这个项目涉及办公室的环保改造、公司运营材料的重新修订、雇员的健康管理。通过这个项目，她喜欢上了这份人力资源工作。于是她的上司开始征求她对于会议的一些想法，并且在她的上司无法参会的时候，她会负责管理工作与生活福利委员会举行的会议。她甚至帮助委员会向包括首席执行官在内的高管团队提出建议。她的演讲反响良好，这使她得到了晋升。当她的上司晋升为另一地区的职位时，邀请她担任那个地区的办公室主任。她拒绝了他的邀请，并告知他希望继续从事人力资源工作。如今，她所从事的人力资源管理工作并不轻松，她起初并不习惯穿戴安全帽和钢制鞋出现在工作现场，而且她不得不参加培训以弥补自己所缺乏的人力资源相关知识。但是她很喜欢这份工作，并非常高兴能主动为自己寻求新的发展机遇。

一项研究显示，公司会选择使用四种不同的职业生涯管理方法来反映当今的职业生涯模式和不同类型的雇佣关系（比如，全职雇员、合约雇员、零工雇佣）。[15]结构性职业生涯管理方法可以使雇员沿着清晰的职业发展道路前行，使用这种方法的公司希望拥有深厚的雇员基础和稳定的领导接班人计划。灵活性职业生涯管理方法通过鼓励雇员的横向职位移动、职位轮岗、在岗体验来开发雇员技能的广度，同时提供良好的职业发展道路。这可以确保雇员获得所需要的技能，同时给予他们探索多种职业的机会。在开放性职业生涯管理方法中，雇员可以根据自己的兴趣以及希望得到开发的技能来选择项目。这种方法最为灵活，因为雇员可以创建个性化的职业发展道路。临时性职业生涯管理方法从组织外部寻找包括合约雇员在内的人才。职业生涯管理完全受雇员驱动，公司提供具体的培训，而雇员则负责判断哪些技能可使自己成为有吸引力的雇员，并由此开发这些技能。

雇员开发和职业发展机遇不仅可以帮助吸引并留住最好的人才，还可以提升公司的竞争力。但是许多公司没有为雇员提供开发和职业发展的机遇，即使有的话，效果也不明显。比如，只有不到50%的雇员感到雇主为他们提供了有用的职业生涯规划工具和机遇[16]，而超过40%的高水平雇员希望离开现在的公司以寻求职业生涯的进一步发展。如果公司想要留住雇员，就需要提供能够满足雇员发展需求并支持职业生涯管理的体系。对于留住具有管理潜质的雇员而言，这一点尤为重要。**人员开发规划或职业生涯管理体系**（development planning or career management system）指一个发现并满足雇员职业发展需求的雇员激励及保留体系。接下来我们来讨论这些体系。

9.3 人员开发规划体系

由于复杂程度和管理过程侧重点的不同，各公司的人员开发规划体系（也叫人员开发规划过程）也存在差异。人员开发规划体系的步骤和各项责任如图9-1所示。

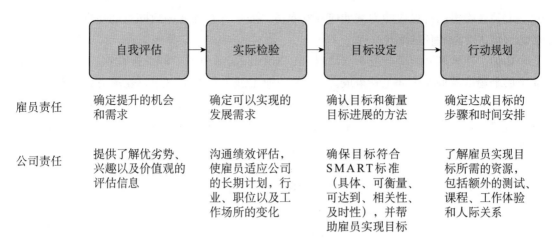

图 9-1 人员开发规划体系的步骤和各项责任

9.3.1 自我评估

自我评估（self-assessment）是指雇员使用各种信息来确定自己的职业兴趣、价值观、个性和行为倾向。在自我评估中通常采用心理测试，例如迈尔斯-布里格斯类型诊断量表（本章稍后会介绍）、斯特朗-坎贝尔兴趣调查（Strong-Campbell Interest Inventory）和自我导向调查（Self-Directed Search）。斯特朗-坎贝尔兴趣调查帮助雇员了解其职业和工作兴趣。自我导向调查则帮助雇员了解自身对不同类型的工作环境（如销售、咨询、景观美化等）的偏好。另外，还可通过测试来帮助雇员了解自身对工作和休闲活动的价值偏好。

通过这项测试可以确定雇员的开发需求，这种开发需求源于当前的工作技能、兴趣与期待的工作职位之间的差距。作为一家汽车零售企业，车美仕公司（CarMax）向雇员提供职业生涯讨论指南（Career Conversation Guide），雇员可以通过评估自己是否具备胜任入门级管理职位所需要的技能和素质来掌控个人发展。[17]在阅读完这一指南之后，雇员被鼓励主动与自己的主管进行职业生涯发展的讨论，83%的雇员在完成自我评估后与主管进行了讨论，这一指南为雇员与主管就开发需求和职业生涯路径进行讨论奠定了基础。

9.3.2 实际检验

实际检验（reality check）是指雇员收到的有关公司如何评价其技能和知识以及自己应该怎样适应公司计划（如潜在的晋升机会或平级调动）的信息。通常，这种信息由雇员的管理者来提供，并将其作为绩效评估过程的一部分。一些公司也会使用 360 度反馈测试，它是指雇员对自己的表现和能力做出自我评价，同时他们的管理者、同事、下属甚至客户也会对他们做出评估。360 度反馈的概念稍后会介绍。

管理者通常会进行专门的绩效评估和职业生涯发展面谈。由于绩效评估和职业生涯面谈的目标是不同的，因此在一次会议上同时讨论绩效评估和职业生涯发展不是一件容易的事。绩效评估注重雇员在一段时间（比如 6 个月或 1 年）内的工作表现，并且通常会涉及雇员根据自己的绩效表现所期望的奖励和加薪。职业生涯发展面谈不会涉及薪酬和奖励，它主要关注雇员的技能或能力、如何开发雇员、雇员和管理者一致同意的短期和长期发展目标（雇员可以胜任的职位）。[18]

比如，在米其林北美分公司（Michelin North America），"职业生涯铁三角"由雇员、雇员的上司以及职业生涯主管组成。[19]在与职业生涯主管的会议中，雇员可以讨论自己现在的职位以及希望开发的技能，同时还可以发现可以从事的新职位。这一讨论可以帮助雇员了解公司对他们的职位以及未来可能的职位的预期，雇员也可以了解他们的绩效表现以及如何进一步改善。公司拥有内部职位公示体系，职业生涯铁三角的成员可以搜索与他们的发展意向和目标相匹配的职位以及职业发展意向。IBM和通用电气运用现有技术为雇员提供实际检验。[20]IBM为雇员提供访问"Blue Matching"的权限，这种算法根据对于简历、工作兴趣、能力的评估向雇员提供公司空缺职位的个性化建议。在这一算法推出的前两年，它帮助1 000余名雇员找到了工作，而这一算法的用户申请公司内部空缺职位的概率是没有使用过这一算法的雇员的三倍。由通用电气开发的一款应用程序旨在增加雇员与管理者进行职业生涯讨论的有效性。这款应用程序使用来自雇员历史轨迹的数据以及不同职位描述之间的关系，可以使雇员发现公司内部可能的职位。

9.3.3　目标设定

目标设定（goal setting）是指雇员形成长期和短期职业生涯目标的过程。这些目标通常与理想的职位（3年内成为销售经理）、技能的应用水平（应用预算技能来改善部门的现金流动状况）、工作安排（2年内调到公司的市场部）或技能获取（了解如何应用公司的人力资源信息系统）相关。雇员通常要与管理者讨论这些目标，并将其写进发展计划。图9-2就是一份产品经理开发计划的范本。人员开发计划通常包括对雇员优缺点、职业目标和达成职业目标的开发活动（如工作分配、培训）的描述。成功的人员开发计划侧重于与企业战略目标息息相关的个人发展需求。

Just Born公司的雇员通过职业生涯规划来确定自己在公司的职业生涯路径，并为下一个职位做好准备。[21]人员开发计划需要确认短期和长期职业生涯目标。雇员通过实现这两个目标来促进他们在职业生涯中取得进步。Just Born公司在内部网上提供了一个能力查询表，以帮助雇员确认职业发展需求。职业生涯规划给雇员和管理者提供了讨论职业规划的机会，在职业生涯规划过程开始时，雇员要确定有利于未来工作的兴趣和工作实践，以及自己的长期职业生涯目标。雇员要和管理者讨论职业生涯规划，管理者可以支持雇员的职业生涯规划，也可以建议雇员做出调整。如果雇员未来的工作兴趣不在当前的工作部门，雇员的意愿就会被传递给其感兴趣的部门。

9.3.4　行动规划

在这个阶段，雇员需要完成行动规划。**行动规划**（action planning）是指雇员如何实现其长期和短期职业生涯目标的书面战略计划。行动规划可能会包括本章稍后讲到的开发方法中的一种或者几种的结合（例如参加培训课程和研讨会，进行额外的测评，获取新的工作经验或者找到导师或教练）。[22]雇员开发方法的采用通常取决于发展需求和发展目标。富国银行的在线网站iDevelop帮助雇员优先考虑他们的发展需求并制定开发计划。[23]员工通过这个网站来确定自己的能力。他们使用自认为是优势的能力来选择开发活动，包括培训项目和在线资源。

姓名：	职位：项目经理	直接上司：

能力
请确定你最明显的三个优势和三个可以改进的方面。

优势
- 战略性思维的执行力（自信、领导技能、行动导向）
- 结果导向（素质、激励他人、坚持不懈）
- 取胜精神（建立团队精神、关注顾客、尊重同事）

可以改进的方面
- 忍耐力（对人或过程的耐心程度、控制进度的意识）
- 书面沟通能力（用简洁、清晰的文字表达观点）
- 野心过大（过分关注项目的成功实施，而忽视了团队中的人际关系开发）

职业生涯目标
请描述你的总体职业生涯目标。
- 长期目标：晋升为一定级别的管理人员，并承担更多的责任。感兴趣的领域包括但不仅限于产品和品牌管理、技术与开发、战略规划以及市场营销。
- 短期目标：在应用产品管理、战略规划和建立全球关系方面的技能的同时，持续改进自己的市场营销和品牌管理技能。

下一个任务
明确可能的下一个任务（包括时间管理），该任务将帮助你向职业生涯目标迈进。
- 在规划、开发、生产或品牌管理方面达到经理或总监的水平。

培训与开发需求
列举有助于你当前任务或整个职业生涯发展的培训与开发活动。
- 硕士学位课程有助于练习和改进书面沟通技能。当前职位的动态性、团队协作和对其他个体的依赖有助于个人的培养耐心，更多地关注团队成员的需要和项目的成功执行。

雇员_____	日期_____
直接上司_____	日期_____
导师_____	日期_____

图 9-2　人员开发计划

9.3.5　职业生涯开发体系的案例

有效的职业生涯开发体系包括一些重要的因素（见表 9-2）。如图 9-2 中所展示的那样，其中一个因素是开发计划。有效的开发计划非常简单、明了、现实，并聚焦于与个人职业生涯和组织的战略目标相关的开发需求。[24]

表 9-2　有效的职业生涯开发体系的设计因素

1. 体系定位为响应业务需求或支持业务战略。
2. 雇员和管理者参与体系开发。
3. 鼓励雇员积极参与职业管理和开发。
4. 评估持续进行并用于改进体系。
5. 业务单元可以根据自己的目的定制体系（有一些限制）。
6. 雇员可以获得发展和职业信息（包括可用的顾问和职位）。

7. 高管层和公司文化支持开发体系。

8. 开发体系使用公司其他人力资源实践中常见的能力、技能和行为，包括绩效管理、培训和招聘。

9. 开发体系与其他人力资源实践，如绩效管理、培训和招聘系统相关联。

10. 建立一个庞大、多元化的人才库。

11. 开发计划由全体雇员完成。

12. 人才评估信息和开发计划对所有管理者都是可用的和可获得的。

资料来源：Based on S. Prokesch, "Reinventing Talent Management," *Harvard Business Review* (September-October 2017), pp. 54 – 55; P. Asinof, "IDPs: Talent Development's Superglue," *TD* (January 2016), pp. 42 – 47; B. Conaty and R. Charan, *The Talent Masters* (New York: Crown Business, 2010); and D. Hall, *Careers In and Out of Organizations* (Thousand Oaks, CA: Sage, 2002).

比如，宝洁公司的内部晋升制度就得到了每一位雇员所完成的开发计划的支持。[25]雇员的开发计划确定了他们需要的经验以及他们可能从事的下一份工作，甚至是未来的工作。雇员将自己的简历发布到网上，并向管理者展示自己具备的技能，同时表明自己是否愿意从事不同的工作。每位雇员的职业生涯路径和简历将会在每个业务单元的月度会议上被审查。

看看 Penn Station、3M、基因泰克（Genetech）等公司的职业生涯管理与发展体系。[26]作为一家经营三明治的连锁餐厅，Penn Station 向雇员提供一款职业生涯发展规划的工具。通过使用这款工具，雇员可以了解公司内部每一级别的工作所需要的技能，并确定开发这些技能的方式。纸媒、视频、在线学习、工作经验会被应用到雇员技能开发的相关项目中。

在过去的 100 多年里，3M 公司一直应用科技和创新来生产包括胶带、便利贴、绷带、砂纸在内的消费品，以及包括各类胶卷、过滤器、伤口护理敷料在内的商用产品。公司将所有的雇员视为领导，在雇员职业生涯的各个阶段为他们提供发展机会。公司希望通过聚焦雇员的职业发展愿望，使所有雇员参与进来。公司的可持续发展目标之一是到 2025 年所有的雇员（70 个国家的 90 000 名雇员）都能够参与到职业发展中。

每一年，3M 公司的所有雇员都要创建或更新自己的开发计划，其中包括提出短期和长期职业生涯目标。所有的雇员都被鼓励通过持续学习来提高技能，公司的学费报销计划通过促使雇员接受教育来满足当前的岗位职责要求，并帮助他们为可能发生的职业转变或推进他们所选择的职业生涯路径做好准备。对于一些职能部门而言，雇员可以获得相应的素质模型，并得到相关的培训机会和发展建议。雇员与自己的主管讨论，就相关建议达成共识，通过在岗培训以及社交学习的方式来开发自己选择的素质。

3M 公司相信领导力的开发将为公司带来竞争优势，因此投资于多项领导力开发项目以满足雇员在不同职业生涯阶段的需求。各个级别的雇员都可以获得商业和领导力的相关课程，所有雇员都可以获得在线课程。公司强调所有的领导力开发项目都要秉持多元化、协作、包容的精神。领导力开发项目基于核心领导者行为，这些行为与领导者的绩效评估密切相关。比如，一个名为 Leadership Way 的领导力项目分为四个等级，分别是 Spark、Ignite、Amplify 和 Catalyst。Spark 针对初级雇员，他们被认为有较高的潜质。Ignite 的参与者则是刚晋升的管理者，他们正在学习扮演自己的角色。针对有效团队构建的培训使用游戏化和虚拟现实等高科技手段。管理者通过完成一个项目来展示学习和应用在日常工作中的影响。在 Amplify 中，多个团队的领导者就项目进行合作，走访顾客，学习技能，该项目为期九个月。Catalyst 是一个为期一年的项目，领导者参加会议，获得来自包括客户在内的公司外部观点，他们要完成的项目所涉及的问题有可能是公司高层面临的问题或客户的项目中面临的问题，他们亦有可能需要完成基于社区的项目。所有级别的雇员都需要进行素质评估、360 度反馈与教练指导（我们会在本章中讨论）。

作为一家生物技术公司，基因泰克公司开发了 CareerLab 来帮助雇员更好地胜任现在的工作，并为雇员的工作丰富化以及职业生涯横向移动提供相应的机会。对于雇员而言，CareerLab 既是一个物理地点，又是一个虚拟地点。雇员在这里思考他们的优劣势、兴趣，并确定自己的发展方向；还可以获得咨询顾问的建议；参加 LearningLabs 的活动（涉及职业生涯发展以及管理个人品牌的在线研讨会和课程）；获得导师的指导；参加职业生涯工作坊。在这里雇员还可以获得在线职业生涯资源，其中包括针对个人风格、价值、技能、优势的评估。公司发现参加 CareerLab 的雇员更敬业，与主管的沟通更顺畅。他们更有可能长期为公司工作，并且工作效率更高。

■ 9.4　雇员开发方式

雇员开发通常可采用四种方式：正规教育、人员测评、在职体验和人际互助。[27]许多公司在人员开发工作中综合运用了这四种方式。图 9-3 显示了不同的雇员开发方法的使用频率。图 9-3 中所展示的高可见性任务和拓展机会都被认为是开发性工作经验。比如 CHG 医疗服务机构的领导力开发项目包括用于判断雇员的行为是否与公司的文化和价值观具有一致性的 360 度评估，除此之外，这个项目中的正规教育包括导师制和领导力开发项目。[28]

不管采用什么方式，要使人员开发项目有效，就要遵循与设计培训项目类似的步骤：进行需求评估，营造积极的开发环境，确保雇员为人员开发计划做好准备，明确人员开发的目的，选择用来实现目标的各种开发活动，保证工作环境支持计划的实施和开发成果的转化，以及开展项目评估。在确定个人、部门或者公司的开发需求之前，首先要对各自的优缺点进行分析，这样才能选择合适的人员开发活动。很多公司都明确了成功的管理人员需要具备的核心素质。回顾我们在第 3 章中的讨论，素质是指雇员完成工作所需的个人才能。素质包括知识、技能、能力或者个人性格特征。

沃亚金融集团（Voya Financial）的目标是成为"退休公司"。[29]集团帮助客户规划、投资，并保护他们用于退休的储蓄。公司服务 1 300 万名客户，由于遵守道德以及良好的工作环境获得了多个奖项。为了确保沃亚金融集团成为专注于客户的金融服务企业，集团采取措施使公司的财务战略与领导力开发战略保持一致，这可以强化其重视持续改善的企业文化和价值观。因此，沃亚金融集团首先确定了需要与公司使命和价值观保持一致的核心领导者行为。核心领导者行为包括通过人才开发和客户服务所展示的公正性、热情和领导力。接下来，集团为公司各个层级的领导者设计了领导力开发项目。这一项目有三门课程，分别是领导层变革、情景式领导力、绩效管理。在绩效管理课程中，他们学习如何发现自身在有效沟通方面的弱点，并通过技能开发来提高他们提供反馈和指导的能力。此外，他们还会学习如何识别有效绩效，并对此进行奖励。课程还涉及如何构建具有包容性和协作性的企业文化。另一门课程则聚焦于如何打造一个可以展示价值、尊重、公平对待

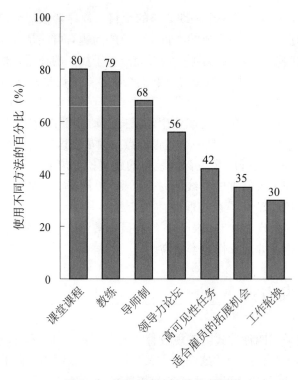

图 9-3　雇员开发方法的使用频率

资料来源：Based on EFMD, Network of Corporate Academies, Society for Human Resource Management, "Leadership Development: The Path to Greater Effectiveness" (2016), from www. shrm. org, accessed March 24, 2017.

每一位客户和雇员的环境。针对管理者的 6P 工作坊强调如何通过目的、人员、绩效、流程、伙伴关系以及解决问题来引领公司的持续改善。

值得注意的是，尽管大量的人员开发活动是为管理者设计的，但各个层级的雇员都会参与开发活动。例如，大部分雇员每年至少会收到一份绩效评估报告（这种开发活动与评估有关）。作为评估过程的一部分，要求雇员完成一份个人开发计划纲要，内容包括：（1）他们打算如何克服自身的缺点；（2）他们的未来计划（包括期望的职位或工作地点、需要的教育和经验）。下面我们会详细探讨各种人员开发方法。

9.4.1　正规教育

正规教育计划（formal education program）包括专门为公司雇员设计的脱产或在职培训计划，由咨询公司或大学提供的短期课程、EMBA 课程及住校学习的大学课程计划。这些计划包括企业专家的讲座、商业游戏、仿真模拟、冒险性学习及与客户的会谈。

正规教育计划

常见的雇员开发计划包括由咨询公司或大学提供的短期课程、EMBA 课程及大学课程。很多公司主要依赖由培训中心、人员开发中心和企业大学提供的内部人员开发计划，而不是让雇员参加由大学提供的课程计划。[30] 由于内部人员开发计划可以直接满足公司的业务需求，便于利用公司指标来衡量开发计划的成果，并且公司的高级管理层也可以参与其中，因此公司比较信赖内部人员开发计划。

大多数正规教育计划要求雇员积极参与到学习中。正规教育为基层管理者、中层管理者和高层管理者分别制定了开发计划，也为某些特定的职位（如工程师）制定了专门的计划。看看美国篮球协会（NBA）和纽约银行梅隆公司（BNY Melon）实施的正规教育计划。[31]美国篮球协会有几个不同的领导力开发项目，每一个项目都针对不同层级的领导者。每年约有 1/3 的 NBA 管理者以及 50 名高潜力领导者参加这些项目。课程主要针对新任管理者、副总裁以及高级领导者，他们在 5～7 个月的时间里需要学习 70 小时。Rising Talent Program 主要针对处于职业发展中期的管理者，Veteran Track 则是针对副总裁。这些培训的大部分课程都由美国篮球协会自己的领导者以及商学院的教授讲授。课程内容涵盖经验式学习活动和案例分析。除了参加课程以外，参与者还可以以团队的形式来解决美国篮球协会所面临的商业战略问题和挑战。纽约银行梅隆公司的领导力管理与开发学院拥有三个针对管理者的培训项目，这些项目针对新任管理者、中层管理者以及高级领导者。除此之外，公司提供名为 Critical Few 的短期系列课程，在这个课程中管理者学习一项技能并应用到实际工作中。此后，他们会与其他管理者讨论所学的内容，并得到教练指导。

通用电气公司有一个闻名世界的历史悠久的管理人员开发中心。通用电气每年为雇员培训和教育计划投资将近 10 亿美元。[32]公司的管理人员开发计划在位于纽约州克罗顿维尔的约翰·韦尔奇领导力发展中心实施。[33]公司为参与计划的雇员提供住宿，并为课程、计划和研讨会提供教室。除了纽约以外，通用电气通过位于里约热内卢、阿布扎比、上海以及班加罗尔的全球学习中心为公司的雇员提供课程培训（实际上超过 70% 的面授课程在美国以外的地区开展）。每年，管理者会根据雇员的表现和潜力来挑选管理人员开发计划的参与者。这项计划包括专业技能开发课程以及诸如风险分析和贷款结构分析领域的专业课程。所有的课程都注重理论和实际应用。雇员在课堂上共同讨论通用电气面临的经营问题。该计划的课程由内部教练、大学教授甚至首席执行官讲授。通用电气的管理人员开发计划示例如表 9-3 所示。正如我们所看到的，通用电气综合利用课程和在职体验对初级管理者和高级管理者进行开发。诸如业务管理课程和高级管理人员开发课程等项目都会涉及行动学习。如第 7 章中讲到的，行动学习是指设定一个通用电气正面临的实际问题，计划参与者向首席执行官提出自己的建议。除了管理人员开发计划和课程以外，通用电气还会举办研讨会，以更好地了解客户期望，并专门为非裔美国人、女性、西班牙裔管理者安排了领导层会议，以便讨论领导力和学习。

表 9-3　通用电气公司的管理人员开发计划

项目	总结	参与人员资格
商务管理培训生计划	为期两年的轮岗计划，通过工作轮换和参加培训的方式来提高雇员的销售能力，并使他们可以与领导者接触。这个轮岗计划培养了雇员从事销售工作或销售辅助工作所需的技能。商业技能的开发是通过商业培训、课程、全球培训峰会等形式开展的。	工程专业、相关商业或理工科专业学士，有实习或合作经验，或有三年以上销售、销售支持以及市场营销工作经验。具备优秀的分析、沟通、社交与领导力技能，并愿意更换工作地点。

续表

项目	总结	参与人员资格
商务领导培训计划	为期两年的计划包含在多个地点的国际培训和包含变革倡议在内的领导力机遇。通过参与这一计划，雇员与高级领导者的互动能力可以得到提高。雇员每四个月进行一次自我评估，并与自己的主管进行沟通，以确定自己的开发需求、职业兴趣和成就。	工商管理硕士，有销售或市场营销方面的工作经验。具备良好的领导力、沟通技能与分析能力。能够出差、英语流利，具备与公司业务相关的专业技能。

资料来源：Based on "Commercial Leadership Program Summery," from www.ge.com/careers/culture/university-students/commercial-leadership-program/global, accessed March 24，2017；"Experienced Commercial Leadership Program," from www.ge.com/au/careers/our-programs/eclp/what-you-need-to-know and www.ge.com/au/careers/our-programs/eclp/about-eclp, accessed March 24，2017.

高层经理培训

美国和其他国家的一些机构，包括哈佛大学、斯坦福大学、哥伦比亚大学、欧洲工商管理学院、俄亥俄州立大学都会提供高层经理培训。高层经理培训项目包括 EMBA 课程和以领导力、企业家精神、变革、创新和全球商业为主题的专业课程。[34]高层经理培训通常会使用集成学习方法（第 8 章讨论过），这意味着经理需要到学校参加面对面指导和会议，在线完成诸如团队项目、案例和阅读任务。比如，作为一家轮胎以及相关产品的制造企业，固特异北美分公司（Goodyear North America）使用哈佛商学院出版社（Harvard Business Publishing）的案例来设计并实施公司的领导力开发项目。[35]项目包含面授课程和虚拟课程。每一个课程模块都以面对面的会议作为开始，随后的虚拟学习由来自哈佛商学院的教授主持。参与者使用哈佛的电子平台获取阅读材料与商业案例。他们在平台上相互讨论，并参加在线研讨会。项目参与者都拥有专属的开发计划，这一计划侧重于开发其领导力和管理技能。项目还包含基于个人开发计划的行为学习和工作体验，这可以帮助参与者有效地开发他们的技能。比如，项目中的一个工作体验是将一位原来在消费品业务单元工作的管理者安排到商业业务单元工作，这位管理者可体验不同的工作环境。为了显示对这个项目的重视程度，公司的高管团队会以讨论活动的主持人身份参与到项目中，并判断项目参与者是否可以胜任公司内部的空缺职位。

除集成学习以外，商学院和其他教育机构开始为公司提供内部培训和定制计划，这有助于高层经理获取现实环境中所需的技能、了解现实环境中的商业难题，而且这些计划并不需要他们放下手头的工作专门到学校里学习。这些计划为经理提供由顾问和大学教授讲授的其他类型的正式课程。比如，杜克企业教育学院为汤森路透（Thomson Reuters）开发了针对管理者的创新思维定制课程。这个项目的赞助商鼓励每一位参与者发现公司内部需要创新性思维的机会和问题。[36]杜克企业教育学院使用经验式教学法，旨在帮助管理者思考全球范围内的不同市场是如何影响公司战略的，并帮助他们理解不同地区的消费者的品位差异。在这个课程中，参与者沉浸在不同的市场中，并思考应该如何根据不同的市场情况来开展业务。课程在纽约、伦敦和上海开设，课程还涉及走访当地社区、企业、博物馆，并与当地的领导者会晤以更好地了解每一个市场的特点。因此，项目参与者了解到如何在工作中使用创新性思维，以及如何领导多元化的团队。他们同时也了解到如何将所学知识应用到公司业务中，比如如何通过头脑风暴来整合知识和想法。

参与"创新领导力中心"（Center for Creative Leadership）开发项目的管理人员需要完成心理测试，接受来自经理、同事和直接报告者的反馈信息，同时还要参与团队活动（如第 7 章所讨论的冒险性学习），接受建议，设定改进目标并拟订发展规划。[37]

学费报销

对于很多管理者和雇员来说，具备一定的管理潜能是参加高层经理培训计划和 MBA 计划的条件。所以，很多公司为了鼓励雇员进行自我开发，为雇员提供学费。**学费报销**（tuition reimbursement）是指报销雇员上大学、参加大学课程和项目所需的花费的行为。一份预估显示，60％的雇主为本科生或研究生课程提供学费补贴。[38]通常情况下，课程必须与雇员的工作相关，雇员在完成学业之后必须继续留在公司工作一段时间，否则将自行支付全部学费或一部分学费。报销的百分比基于雇员在课程中取得的成绩（比如，达到 B 级的雇员可以报销 90％的学费。)[39]公司支出大约 100 亿美元，以报销由非营利大学和诸如卡佩拉大学等营利性大学提供的课程的费用。[40]这些课程包括面对面授课、在线学习和集成学习。提供学费报销的公司发现这个计划提高了雇员留职率、晋升的积极性和工作绩效。[41]威瑞森每年投资 260 亿美元，使 23 000 位雇员享受到学费补助。[42]雇员可以得到上大学的学费补助，参与公司在呼叫中心和办事处实施的项目的花费都可以报销。由大学教授讲授的现场课程有助于雇员在闲暇时间在工作地点上课并拿到学位证书。公司的新雇员就具有报销学费的资格，所以雇员会愿意继续留在公司。全职雇员每年可报销费用的上限是 8 000 美元，兼职雇员每年可报销费用的上限是 4 000 美元，这超过了大部分公司每年 5 250 美元的限额（以美国国内收入署（IRS）制定的最高免税限额为基准）。只有学习与雇员当前的工作相关或者与职业规划路径相关的课程才享有报销学费的资格。评估结果表明，这个计划确实改善了雇员的精神面貌，并且有助于吸引新雇员、留住老雇员。

9.4.2　人员测评

人员测评（assessment）是指在收集信息的基础上为雇员提供有关其行为、沟通类型、技能等的反馈。[43]雇员、同事、上级和顾客都可以提供反馈信息。人员测评的应用是出于以下几个原因。人员测评通常被用来衡量雇员的管理潜能以及评价现任管理者的优势和劣势。人员测评还被用来确认管理者是否具备晋升到更高管理职位的潜能，也可以用于评价工作团队里每一个成员的优势和劣势，并了解影响团队工作效率的决策过程和沟通方式。人员测评有助于雇员了解自己的行为倾向、需求以及偏好的工作环境和工作类型。[44]这些信息以及来自公司的绩效评估都有助于雇员了解最适合自己的发展目标（例如，领导职位、扩展当前职位的范围等）。当前较为流行的人员测评工具包括个性测试和人格量表、评价中心、绩效评估和 360 度反馈系统。

个性测试和人格量表

测试用来确定雇员是否具备完成特定管理工作或者国际性任务所需的个性特征。它有助于雇员了解自己如何应对冲突，工作动力是什么，如何解决问题，以及如何应对压力。一些个性测试如 NEO 人格量表（即大五人格量表）用来衡量对新事物的接受能力、严谨性或可靠性、情绪稳定性、自信心以及与人相处的能力。例如，Carmeuse North America 公司在其领导力开发计划中运用了个性测试。被认定有高潜能晋升到高管职位的雇员带领其他雇员参加开发活动，例如教练指导和正式课程。[45]喜达屋酒店与度假村（Starwood Hotels and Resorts）的子公司 Starwood Vacation Ownership 利用几种测试工具来评价公司高管人员是否重视企业的成功、对不同观点的容忍度、制定和沟通经营战略的能力、建立商业伙伴的能力及开发雇员的能力。通过测试了解到，一些雇员并不适合当前的职位，他们可能更适合国际性任务，另一些雇员需要参加培训以更好地理解公司文化。[46]Care-Source 是俄亥俄州的一个医疗护理服务提供商，它有一套识别和开发有潜力成为优秀领导者和高效管理者的雇员的程序。[47]这项测试适用于在招聘过程中就强调周到的服务这一企业价值观和企业文化的组织。公司利用多种测试工具评价管理者的素质（回顾第 3 章中关于素质的讨论）。这些测试包括迈尔斯-布里格斯类型诊断量表（MBTI），盖洛普的StrengthsFinder，主要用来了解管理者的优势，并制定有利于发挥成员各自优势的团队计划；领导力行为量表为管理者提供了关于自身领导力技能的相关信息，这些信息是由他们的同事、上级和自己评价得出的。领导力行为量表还可以用来制定领导力开发计划。一年内，CareSource 应用绩效管理系统就公司认为的成功领导者和管理者应具备的能力和行为进行两次评估，评估内容包括以服务为导向、组织意识、团队工作、沟通能力、组织领导力。根据测试结果，公司会鼓励具有高领导潜能的管理人员参加各种开发活动。

DiSC 和 MBTI 是两种比较流行的测试工具。这两种工具都可以帮助雇员了解如何调整自己的行为，从而使自己成为一个成功的领导者或团队成员。这些工具可以使雇员找到自己最可能获得成功的职位，获得改变行为或性格的经验，或者分配导师或教练帮助他们学习如何适应不同的工作环境。DiSC 主要用来衡量个性特征和行为方式，包括领导力（直率、意志坚强、有说服力），影响力（善交际、健谈），稳重（温柔、随和）和责任感（自主性、善于分析）。[48]如果想了解更多关于 DiSC 的信息，可以访问www.discprofile.com。作为一家企业餐厅管理与伙食配送公司，Guckenheimer 要求管理者完成 DiSC 测试以了解他们的沟通风格。[49]管理者完成培训以开发自身调整沟通风格的技能，从而更好地与雇员进行互动。

迈尔斯-布里格斯类型诊断量表（Myers-Briggs Type Inventory，MBTI）是指基于卡尔·荣格（Carl Jung）的人格类型理论的评估。这一理论强调我们的基本人格塑造并影响着我们对世界的理解、对信息的处理以及如何与人相处。基于这一理论的评估可以发现在 16 种不同的性格中，哪一种最符合我们的性格特点。这 16 种性格基于在内倾（I）或外倾（E）、感觉（S）与直觉（N）、思维（T）与情感（F）、判断（J）与知觉（P）上的表现形成。这一评估工具可以发现每一个人在能量（内倾 vs. 外倾）、信息收集（感觉 vs. 直觉）、决策（思维 vs. 情感）、生活方式（判断 vs. 知觉）方面的表现。[50]每一种性格类型都与他们的工作和社交习惯息息相关。比如，ISTJ（内倾、感觉、思维、判断）型的人趋向于严肃、安静、务实、有条理、讲究逻辑。这些人可以安排任务，做出决定，并按照计划和目标行事。然而，这些人也有一些弱点，因为他们不太会表现出外倾、直觉、情感、知觉的特点。这些弱点包括：对问题的解决出人意料；过于以任务为导向或在与同事交往时缺乏人情味；决策速度过快。想了解更多关于性格类型的信息，请访问 www. cpp. com。

在过去的 100 多年里，人们借助贺曼贺卡公司（Hallmark Cards）的产品来表达情感及庆祝重要的事情和时刻。[51]公司的高层管理者打算改变企业文化，使公司由专注于开发产品的制造公司转变为专注于吸引关键客户的消费者导向型公司。公司需要培养能从不同角度审视问题、互相帮助并进行团队工作、激励雇员、提出新思路的管理者。为了促进企业文化的转变，公司利用 MBIT 帮助管理者提高其在以下方面的洞察力：其他雇员与管理者如何看待他们的行为和沟通，他们在团队中倾向于如何互动，他们的工作方式和领导风格。

贺曼贺卡公司通过使用 MBTI 取得了积极的效果，管理者做决策的速度、与雇员沟通的透明度得到了很大的提高。雇员在向管理者表达自己的观点时更自然，管理者的沟通方式对各种类型的雇员也更具有吸引力。

评价中心

在**评价中心**（assessment center），多名评估人员对雇员在一系列练习中的表现进行评估。[52]评价中心通常设在会议中心等非工作场所，每次有 6～12 名雇员参加。它主要用来识别雇员是否具有管理工作所需的个性特征、管理能力和人际交往能力。目前，评价中心还越来越多地用于判断雇员是否具备团队合作的必要技能。

评价中心使用的练习类型包括无领导小组讨论、面谈、文件筐练习和角色扮演。[53]在**无领导小组讨论**（leaderless group discussion）中，由 5～7 名雇员组成的团队必须在特定的时间内协作解决某个问题。问题可能包括购买和销售设备，提名某个下属获得某项奖励或组装一件产品。进行**面谈**（interview）时，雇员需要回答关于工作经验、技能优势和劣势以及职业规划的相关问题。**文件筐练习**（in-basket）是对管理者管理工作的模拟。练习中提供了可能出现在管理者办公文件筐内的文件，参与者要阅读这些材料并给出答复，可能包括执行任务、安排会议、批复公文。角色扮演指让参与者扮演管理者或其他雇员。例如，要求评价中心的某个受试者扮演管理者的角色，这个管理者必须给其下属一个负面的绩效评估。评价中心为受试者提供了有关其下属表现的具体资料，管理者（受试者）要准备与下属召开一个 45 分钟左右的会议，讨论下属的工作表现。下属的角色由管理者、评价中心设计小组人员或公司人员扮演。评价中心还可包括其他各种测试。兴趣测试和能力测试可以用来评价雇员的词汇量、智商和推理能力；个性测试可以用来评价雇员与他人相处的能力、容忍度以及与成为成功的管理人员相关的其他品质。

评价中心所设计的练习可用来测量雇员的管理能力和人际交往能力，具体包括领导能力、口头表达能力、书面表达能力、判断力、组织能力和抗压能力。表 9-4 列出了评价中心所测技能的例子。每项练习都可让受试者展示几项技能。比如，时间安排练习可以评估雇员在满足生产要求方面所体现出来的行政管理能力和解决问题的能力。无领导小组讨论可测量对他人的敏感度、抗压能力、口头表达能力。

表 9-4 评价中心练习所测技能示例

技能	练习				
	文件筐练习	工作安排	无领导小组讨论	个性测试	角色扮演
领导能力（控制力、训导能力、影响力、应变能力）	√		√	√	√
解决问题的能力（判断力）	√	√	√		√
人际交往能力（敏感度、冲突化解能力、合作能力、口头表达能力）			√	√	√
行政管理能力（组织、规划、书面表达能力）	√	√	√		
个性（抗压能力、自信心）				√	√

说明：√表示通过练习测量的技能。

评估者通常由管理者来担任。通过对管理者进行培训，让其从雇员身上寻找与被评估技能相关的行为。一般来说，在一个练习中每个评估者需要观察和记录一两个雇员的行为，通过对记录进行分析来评估雇员的能力水平（例如，5 代表较高的领导能力，1 代表较低的领导能力）。在所有的雇员都完成练习后，评估者要会面，讨论对每个雇员的印象，并将各自的评价进行比较，力求对每个雇员的各项技能形成一致的评价。

研究表明，评价中心得出的对某个雇员的评价和其绩效、工资水平以及职业发展是密切相关的。[54]由于雇员可以通过参加评价中心的练习收到有关其态度、技能强项以及不足的反馈，因此评价中心对人员开发也有益处。[55]例如，位于密歇根州的 Steelcase 是一家办公家具生产商，公司利用评价中心来开发初级管理人员。[56]评价中心提供的练习包括文件筐练习、模拟面试和计时的工作安排练习（要求参加者填补缺席人员的空缺职位）。管理人员还要给雇员布置一个有关绩效的问题，让雇员负责改进。因为评价中心的练习与管理人员的日常工作联系紧密，所以基于他们的表现给出的反馈可以指明他们要成为成功的管理者所必备的特定技能和素质。

绩效评估和 360 度反馈系统

绩效评估（performance appraisal）是评价雇员工作表现的过程。在一定的条件下，绩效评估的相关信息有利于进行人员开发。[57]评估系统必须向雇员提供有关其绩效问题和工作改进方式的具体信息，包括让雇员了解当前表现与期望表现之间的差距，找出未达到期望的原因并提出相应的改进计划。管理者还要接受有关培训，并向下属提供信息反馈。同时，管理者还要关注雇员执行绩效改进计划的进展情况。

Just Born 公司主要生产 Mike and Ike、Hot Tamales 和 Peeps 等品牌的糖果，公司利用绩效评估进行测评和开发。[58]首先需要让雇员和管理者会面，让雇员参与讨论部门的战略措施。雇员和管理者需要商定有助于实现部门目标的四项个人目标以及与工作相关的关键绩效，同时也要确定雇员实现个人目标应具备的素质。雇员和管理者共同制定提高或者学习这些技能的开发计划。在这一年内，雇员和管理者要时刻监督为达成绩效目标、个人发展目标取得的进步以及学习计划的完成情况。每年年末的薪酬都是基于雇员的绩效表现和学习目标的完成情况确定的。

　　向上反馈和360度反馈是当前人员开发特别是管理人员开发比较流行的工具。**向上反馈**（upward feedback）指收集下级对管理者的行为或技能的评价信息的过程。360度反馈过程是向上反馈的一个特例。在**360度反馈**（360-degree feedback）中，雇员的行为或能力不仅会被下属评估，还会被同事、顾客、上司和自己评估。评估者需要完成从不同维度对人员进行评级的评估问卷。表9-5列出了360度反馈问卷中评定的与管理成功相关的技能类型的例子。一般说来，要求评估者对管理者在特定项目中的优势进行评价，或说出开发活动是否有必要。评估者可能还要描述他们观察到的某项技能出现的频率（如，经常、有时、偶尔或者从来没有）。在CHG医疗服务机构，任何对领导职位感兴趣的雇员都被要求完成360度反馈调查，这一调查可以反映雇员行为与公司文化和价值观的相关性。[59]

表9-5　与管理成功相关的技能

足智多谋	能进行战略性思考，灵活处理问题，与更高管理层一起有效地工作。
持之以恒	遇到难题时能够集中精力，坚持不懈。
快速学习	能较快地掌握新技术和业务知识。
人际交往能力	懂得如何建立和维持与雇员及外部人员的工作关系。
对下属的领导能力	有效地授权，为下属提供更多的机会并能公正地对待下属。
同情心和敏感度	关心他人，对下属的需求很敏感。
坦率和冷静	稳重、可敬。
营造学习氛围	为激励下属进行人员开发提供一种具有挑战性的氛围。
处理问题的能力	处理下属的问题时果断而公正。
团队导向	能通过管理他人而获得成功。
平衡生活和工作	通过平衡工作和生活使两者都达到最优。
决断能力	在很多场合中倾向于采取快速、粗放的行动方案，而不愿意采取缓慢、精确的行动方案。
自我认知	清楚地了解自身的强项和弱项，并不断改进。
雇用有潜力的雇员	选择有潜力的人作为团队成员。
调节气氛的能力	热情、富有幽默感。
较大的灵活性	通常采取意想不到的方式行事。

　　资料来源：Adapted from C. D. McCauley, M. M. Lombardo, and C. J. Usher, "Diagnosing Management Development Needs: An Instrument Based on How Managers Develop," *Journal of Management* 15 (1989), pp. 389–403.

　　360度反馈系统的结果表明了他人对该管理者各方面的评价，也显示了自我评估与他人评估的不同之处。表9-6列出了运用360度反馈拟定的开发计划中所包含的活动类型。[60]一般来说，管理者要认真总结反馈意见，与评估者达成共识，在认清自己优点和不足的基础上制定具体的开发目标。[61]

　　360度反馈的好处在于能获得关于工作绩效的多方面评价，允许雇员对自我评估和他人评估进行比较，加强雇员和内外部顾客之间的沟通。研究表明，由于运用了向上反馈系

表 9 - 6　运用 360 度反馈拟定的开发计划中的活动

---

1. 了解优点和不足。
回顾对自己的优点和不足的评估。
了解自我评估与他人评估（管理者、同事、顾客）存在的共性和差异。
2. 明确人员开发目标。
选择一项需要开发的技能或行为。
设定一个明确清晰的目标，并预期会产生的结果。
3. 确定目标的实现过程。
确定实现开发目标的时间表。
确定可衡量和追踪的开发目标的标准。
4. 制定实现目标的战略。
制定诸如读书、在职体验、参加培训课程、人际互助等方面的战略。
建立接收进度反馈信息的渠道。
制定强化新技能或行为的战略。

统与 360 度反馈系统，该公司雇员的绩效得到了提高，行为也发生了改变。[62]其中，变化最大的是那些自我评估优于他人评估的雇员。

360 度反馈系统的局限性包括：评估者完成评估需要大量时间；管理者可能会寻找并惩罚提供负面信息的评估者；需要辅助人员来协助解释结果。此外，公司有时不能为管理者提供按所得到的反馈进行改进的途径（如开发计划、与评估者面谈、参与课程学习等）。

成功的 360 度反馈系统有几个必要条件：系统必须能提供一致可靠的评估，所评价的行为和技能必须与工作有关（即反馈是有效的），系统简便易懂，管理者收到反馈并据此采取行动。[63]

不管采取哪种评估方式，在进行人员开发时管理者都必须同雇员共享信息。除评估信息之外，雇员还需要获得建议以改进自己的不足，并将学到的技能应用到实际工作中。这些建议可能是：参与培训课程或通过新的工作经验来开发技能。在获得评估信息和开发机会的基础上，雇员应拟定一个指导自我改进的行动计划。

密歇根蓝十字蓝盾公司将 360 度反馈纳入团队领导力开发项目。[64]360 度评估包括自我评估、主管评估、员工评估，以及来自 4～5 名同事和客户的评估。评估结果将与团队领导者以及教练进行分享，他们将确定两到三个需要改进的方面及度量成就的指标。

9.4.3　在职体验

大多数人员开发通过在职体验来实现。[65]**在职体验**（job experience）指雇员在工作中面对的各种关系、难题、需求、任务及其他事项。需要利用在职体验进行人员开发的假设前提是雇员被指派了弹性任务。**弹性任务**（stretch assignment）是指雇员的技能和已有工作经验与胜任工作所需的技能之间不匹配的任务。为了有效地开展工作，雇员必须拓展自己的技能，即必须学习新的技能，以新的方式来应用其技能和知识，并积累新的经验。[66]新的工作任务有利于充分利用雇员现有的技能、经验和人脉，同时也有利于雇员提升自己。[67]例如，詹妮弗·罗斯曼（Jennifer Rosemann）原本负责客户服务人员管理，老板让她负责部门财务管理工作。[68]她对会计不感兴趣，也不具备相关技能。老板相信罗斯曼能胜任这份工作，并期望她能成功。在管理了几个月的收入和支出后，她意识到自己喜欢团队合作的感觉和完成财务目标的成就感。此后，她被提升为执行副总裁。

大多数通过在职体验进行的雇员开发活动都来自由"创新领导力中心"开展的一系列研究。[69]这种开发要求管理者确定职业生涯中影响其管理方式的关键事件，并总结从这些经历中获得的经验教训。关键事件包括工作分配（如，工作安排失误）、人际互助（如，与上级主管的交往）和特殊形式的调动（如，当管理者缺乏必要的教育和工作背景时）。表9-7列举了工作要求和雇员可以从中学到的东西。威富集团（VF Corporation）——拥有 North Face、Vans 和 Lee 等品牌——鼓励雇员在组织内调动。[70]这有助于其位于硅谷的品牌与同样位于硅谷的高科技公司争夺千禧一代的人才。例如，一名供应链员工在威富集团的第一份工作中就掌握了制造方面的专业知识，现在她在位于多米尼加共和国的一家新工厂工作。这有助于她学习如何建立新的业务，以及如何在国际业务中进行制造、采购、分销。

表9-7 工作要求和雇员可以从中学到的东西

对工作做出调整	不熟悉的责任：管理者必须能处理新的、非常不同的或范围更广的问题。 证明自我：管理者有了更大的压力，要向他人证明自己能胜任工作。
创新性变革	拓展新的发展方向：管理者要负责组织的创新，做出战略性业务调整，进行重组或对商业环境做出快速反应。 遗留问题：管理者必须处理前任的遗留问题或接管有问题的雇员。 收缩政策：关于减产或裁员的决定。 雇员问题：雇员缺乏足够的经验，不能胜任工作或抵制变革。
承担较大的责任	高风险：具有明确的期限，并有来自高层管理者的压力，要求有较高的预见性，具有明确的决策责任。 管理多重事务：负责多个部门、多种产品、顾客和市场，工作范围很广。 超负荷工作：大量的工作要求投入更多的时间和精力。 处理外部压力：必须处理影响工作的外部因素（如与工会或政府谈判，去国外工作和处理严重的社区问题）。
处理非权威关系	非权力影响：管理者要通过影响同事、高层管理者、外部人员和其他自己不能直接管辖的人来完成工作。
面临阻碍性因素	欠佳的业务环境：业务部门或生产线面临财务问题或不良的经济状况。 缺乏高层管理者的支持：高层管理者不愿提供指导或支持以及现有项目及新项目所需的资源。 缺乏个人支持：管理者被核心层排斥在外，不能获得他人的支持和鼓励。 苛刻的老板：管理者的观点及管理方式与老板的不一致，或老板存在某些明显的缺点。

资料来源：C. D. McCauley, L. J. Eastman, and J. Ohlott, "Linking Management Selection and Development through Stretch Assignments," *Human Resource Management* 84（1995），pp. 93 - 115. Copyright 1995 Wiley Periodicals, Inc., a Wiley Company.

利用在职体验进行人员开发时，需要考虑的一个问题是雇员把在职体验看作积极压力还是消极压力。被视为积极压力的在职体验可以刺激雇员学习，被视为消极压力的在职体验则对雇员施加了不利的影响。最近的研究表明，除了一些阻碍因素之外，所有的工作要求都与学习有关。[71]管理者认为阻碍因素和变革性工作要求比其他工作要求更易导致消极压力。这说明公司在对雇员进行开发之前应认真考虑潜在的消极后果。

尽管对通过在职体验进行的人员开发的研究侧重于行政人员和管理者，但一线雇员也能从在职体验中有所收获。正如前面所说，要成为一个成功的工作团体，其成员要具备以前只有管理者才具有的各项能力（如直接与顾客打交道，分析数据以确定产品质量，化解团队成员间的冲突等）。除了参加团队组建时所开展的开发活动之外，雇员还可以通过在团队内进行角色轮换进一步开发其技能。

图 9-4 列举了利用在职体验进行人员开发的各种方式，包括工作扩展、工作轮换、调动、晋升、降级及临时指派。对于有国际业务的公司（跨国公司）而言，雇员开发通常涉及出差或迁居的安排。

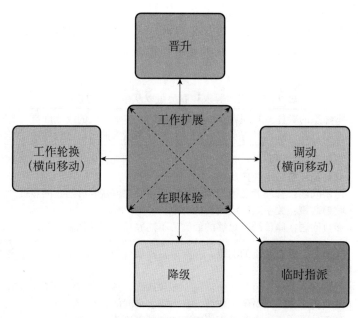

图 9-4 如何利用在职体验进行人员开发

工作扩展

工作扩展（job enlargement）是指对雇员的现有工作提出挑战或为其赋予新的责任。它包括执行某些特殊任务，在团队内进行角色轮换或寻找为顾客服务的新方法。例如，一名工程师可能会被派往某个任务组，为技术人员开发新的职业生涯路径。通过这项工作，该工程师可以承担职业生涯设计与开发的有关领导工作（如审查公司的职业生涯开发过程），他不仅有机会了解公司的职业生涯开发系统，还能发挥其组织和领导才能来帮助任务组达成目标。

工作轮换和横向移动

想要实现事业的上升发展并不总是一帆风顺的，主要是由于公司结构变化过快，而在某一位置上的雇员没有退休或在位时间过长，这就使得公司无法提供职位晋升的机会。因此，公司使用工作轮换和横向移动作为雇员开发的主要方法。**工作轮换**（job rotation）和横向移动可以给予雇员在公司不同部门工作的机会，或在一个部门的不同工作岗位进行轮换。工作轮换涉及雇员预期从事的一系列规划好的职位顺序，而横向移动则并不一定按照之前设定的职位顺序进行。贝尔和豪威尔公司（Bell and Howell）鼓励雇员在自己供职的部门之外寻求职位晋升的解决方案。这可以帮助雇员开发自身技能并拓展人脉，也有利于在公司范围内实现知识共享。工作轮换可以帮助另一位雇员从事这一职位，这也就构建了促进雇员技能持续得到开发的体系。[72]印度的塔塔咨询服务公司的工作轮换计划是把本地雇员送到中国、匈牙利和北美地区的公司。[73]这个计划为公司培养了能够在42个国家任一工作地点工作的高技能雇员，雇员也熟悉了工作地所在国家的文化。公司可以利用所有雇员而不仅仅是当地雇员的优势，这有助于提高客户服务质量。这项任务一般持续18～24个月，参与者可以向客户和当地的雇员学习。这项任务完成之后，雇员通常会从事与海外任务相同的项目，这有利于他们把学到的知识有效地应用到本地公司。

工作轮换可以使雇员全面理解公司的目标，加深对公司不同职能部门的了解，形成人际网络，并提高雇员解决问题和决策的能力。[74]鼓励雇员进行职位横向移动可以帮助公司留住希望获得新工作体验和机会的优秀雇员，这样做还可以发现雇员的优势和劣势，尤其在考虑雇员是否可以作为未来领导岗位人选的时候，这一点非常重要。雇员得到了在新项目中工作的机会，他们可以开发自身的技能，并以全新的方法来应用这些技能。同时雇员也了解了企业的各个方面，这对于未来的晋升是非常重要的。职位的横向移动可以是将雇员安排到同一栋大厦中的不同办公室工作，也可以是把他们派往美国的其他地区，甚至将他们派到国外工作。由于职位横向移动会带来困惑和压力，因此公司需要报销相关费用，并为他们提供新职位的岗前培训，或要求管理者或同事给予他们相应的指导和情感支持。要记住很多雇员尤其是千禧一代的雇员认为职位横向移动对他们不利，原因是这种移动并没有帮助他们晋升，而且他们也没有获得新技能或不同的工作体验。因此，很多有才华的雇员会选择离职或寻求更具挑战性的工作。实际上，职位横向移动很有可能会带来职位晋升，因为它能够提高雇员的当前技能，增加他们的新技能，并使他们可以了解公司的各个方面。

为了确保雇员能够理解横向移动的益处，思科公司鼓励给予雇员职业发展建议，并由公司领导者为来自其他地区的低层级管理者提供教练指导。[75]这样做的目的是讨论职位横向移动可以为他们带来的益处。领导者可以强调获得复合型技能可以帮助管理者开发自己的职业生涯。在 Haskell 公司，供职于亚特兰大 Packing Center of Excellence 的设计工程师可以得到工作轮换的机会。[76]同时工作轮换还可以为这些设计工程师提供在 Systems Analytics Group 工作的机会，而他们的工作职责涉及流程改造和针对制造系统的模拟测试。通过这一工作轮换，制造过程中的错误率大幅降低，设计得到了改善，项目安装的时间和成本也因此减少。这一工作轮换项目还确定了哪些工程师可以得到提升，在亚特兰大，2/3 的晋升机会都是通过工作轮换来实现的。

尽管工作轮换有很多优势，但是无论对于雇员还是业务单元而言，它也存在着潜在的问题。工作轮换可能会使雇员和同事对一些问题和方案持短期视角，雇员的满意度和能动性会受到影响，因为他们发现学习某一领域的专业技能非常困难，而且他们没有花足够的时间在一个岗位上接受有挑战性的任务。无论是获得轮换雇员的部门，还是对于失去原有雇员的部门，都会经历生产率的降低和工作量的增加。

表9-8列举了高效的工作轮换系统的特征。高效的工作轮换系统与公司的培训、开

发和职业生涯管理系统息息相关。工作轮换适用于所有的雇员，而不仅仅是具有管理潜能的雇员。

表 9-8　高效的工作轮换系统的特征

1. 利用工作轮换来开发雇员技能和为雇员提供管理方面的工作经验。
2. 雇员要了解需要通过工作轮换来开发的特定技能。
3. 工作轮换适用于各层次、各类雇员。
4. 工作轮换与职业生涯管理密切相关，可以使雇员了解每项工作侧重的开发需求。
5. 通过有效管理轮换的时间和帮助雇员理解其在开发项目中的轮换角色，可使工作轮换实现成本最小化和收益最大化。
6. 尽管属于不同的群体，所有雇员都具有平等的工作轮换机会。

资料来源：Based on B. Kaye, L. Williams, and L. Cowart, "Over, Not Out," *TD* (September 2017), pp. 70-72; L. Cheraskin and M. Campion, "Study Clarifies Job Rotation Benefits," *Personnel Journal* (November 1996), pp. 31-38; and M. Fiester, A. Collis, and N. Cossack, "Job Rotation, Total Rewards, Measuring Value," *HR Magazine* (August 2008), pp. 33-34.

调动、晋升和降级

大多数公司的开发目标都包括向上、平行和向下的职位移动。[77] **调动**（transfer）指给雇员在公司的不同部门安排一份不同的工作，它不涉及工作责任或报酬的增加。这与横向移动（调整后的职位与原有职位具有相似的责任）类似。**晋升**（promotion）则指提升到一个新的职位，这一职位比以前的工作更具挑战性，并被赋予更多的责任和权力。晋升通常伴随工资的增加。比如，百事公司前首席执行官卢英德（Indra Nooyi）将负责欧洲和撒哈拉以南非洲业务的主管提升为负责全球运营、企业战略以及公共政策和政府事务的总裁。[78]由于职责包括增加销售和投资，因此这个职位会拓展主管的技能。这次晋升让他有机会证明当卢英德决定离开公司的时候，他可以作为一个内部人选来领导公司。

调动可能涉及工作地点在国内的转移，也可能是由境内转移到境外。由于诸多原因，调动可能产生较大的压力。如果雇员已经成家，那么随着雇员工作角色的变化，其家庭必须进入一个新的社区，其配偶也必须寻找一份新的工作。调动可能会打乱雇员的日常生活、人际关系和工作习惯。[79]他们必须寻找新的住房、商店、医疗机构和休闲场所，并有可能要远离朋友和亲人。同时，他们一方面需要处理好与新同事和新上司的关系，另一方面要学习一系列新的工作规范和程序。尽管雇员对新的产品、服务、工作流程和自己管辖的人员知之甚少，但公司还是期望他们的新工作和以前一样富有成效。

调动可能会引起人们的焦虑不安，因此许多公司往往很难说服雇员接受调动。研究表明，雇员的某些特征与其调动意愿有关[80]，如有远大的职业理想，对自己在公司的前景持乐观态度，相信接受调动是获得成功的必经途径等。单身人士和在组织中不活跃的雇员最乐于接受调动。在已婚雇员中，配偶的迁移意愿是影响雇员调动的最重要的因素。

雇员的责任和权力被削减即为**降级**（downward move）。[81]它包括横向移动到另一职位，但责任和权力有所减少（平行降级），临时性跨部门移动或由于工作表现不佳而导致的降级。在人员开发中使用最多的降级方式是临时性跨部门移动，这使雇员拥有了在不同部门工作的经验。例如，想从事管理工作的工程师通常在较低职位上（一线主管）开发管理技能。

由于晋升能带来心理的满足和收入的增加（良好的自我感觉、较高的薪酬、在公司内部享有更高的地位），因此雇员更乐于接受晋升，而不愿接受平级调动或降级。当公司效益良好并高速发展时，晋升的机会最多。而当公司进行变革、利润稳定或下降时，尤其是当许多雇员对晋升感兴趣而公司希望从外部劳动力市场招聘高层主管时，晋升的机会可能会相当有限。[82]

然而，很多雇员难以把调动和降级与人员开发联系起来。他们把降级视为一种惩罚，而不是有利于他们获得长期成功的技能开发机会。许多雇员宁愿选择辞职也不愿服从调动安排。除了雇员的重置成本外，与调动相关的管理成本也相当高，因此必须有效地进行调动管理。公司面临的一个挑战是怎样使降级和调动成为人员开发的一种机遇，即要让雇员相信把握这些机会能为其带来长期收益。

为了让雇员确信调动、晋升和降级都是一种开发机会，公司应该提供：

- 关于新职位和工作地点的信息、挑战、所带来的潜在收益等。
- 通过让雇员预先察看新的工作地点，了解新的社区和其他应聘机会，让他们参与调动决策。
- 明确的工作绩效目标和及时的工作绩效反馈。
- 新工作地点的东道主应帮助雇员尽早适应新社区和新的工作环境。
- 有关新工作机会如何影响其收入、纳税、抵押贷款及其他花费的信息。
- 为售房、购房或租房提供的补贴和帮助。
- 新地点和新工作的岗前培训计划。
- 确保雇员所获得的新经验有利于其职业生涯规划。
- 对雇员家庭的帮助，包括帮助他们选择学校及照看儿童和老人的机构。
- 帮助雇员配偶认识自身的能力，并通过自我推荐找到新工作。[83]

临时指派

临时指派（temporary assignment）包括担任新角色、项目工作、雇员交换、带薪休假和志愿者工作。雇员在这一过程中通过从事某项工作来确定自己对新职位是否感兴趣。所有的临时指派都有期限，到期后雇员需要回到自己原来的工作岗位上。作为一家拥有10万名雇员的零食企业，亿滋国际（Mondelez International）希望帮助管理者学习如何利用移动设备实施产品营销。在为期几天的培训中，公司会将需要培训的管理者派往九家小型移动技术企业，从而使他们了解这些公司是如何快速提出新理念，并测试新的营销理念的。[84]一位来自百事公司纽约总部的品牌见习主管在爱彼迎（Airbnb）待了一周的时间，作为一家初创企业，爱彼迎只有200名雇员。两个公司的管理者都希望在品牌管理方面相互学习，两家企业都拥有轻松且协作性很强的工作环境。相较于百事公司，爱彼迎的品牌管理更多基于直觉，而并非来自数据分析和营销公司提出的理念。爱彼迎的品牌主管想了解百事公司是如何构建市场调研的数据集的。为了更加全面地了解公司的业务，基因泰克公司的管理者在6~9个月的时间里，将10%的时间用于在另一个职能部门做项目，参加各类问题的工作组，并观摩商业领导者的工作。[85]

临时指派的另一种类型是雇员交换。宝洁和谷歌曾开发了一个互换雇员的项目[86]，来自两家公司的雇员参与公司的培训计划，并参加讨论有关计划的会议。两家公司都希望从雇员交换中获得益处。宝洁想要了解如何把洗衣产品、卫生纸、皮肤清洁产品销售给新一代的年轻消费者，因为年轻消费者的上网时间多于看电视的时间。谷歌希望公司改变营销品牌的方式，从电视转向 YouTube 之类的视频分享网站，从而获得更多的广告收入。当宝洁发现汰渍洗衣液换成了浓缩配方的小包装，而消费者在在线宣传活动中找不到相关解释时，才有了交换雇员的想法。两家公司都可以从雇员交换中获得好处。谷歌的雇员了解到汰渍亮橙色的包装是品牌营销的重要组成部分，并采用了宝洁的营销风格。宝洁的雇员也了解到在线广告可以提高品牌的认知度，甚至对不通过在线销售的产品如纸尿裤也是如此。宝洁邀请"妈妈博客"成员参观公司的婴儿用品产品线，以更好地了解如何使公司的纸尿裤满足妈妈们的需求。

临时指派也包括**带薪休假**（sabbatical），即暂时离开公司更新技能或开发新技能。带薪休假的雇员可以享受全薪和公司福利。带薪休假可以减轻雇员的压力和倦怠感，以提高雇员的工作效率，而且有利于雇员获取新的技能和想法。[87]带薪休假使雇员有更多的时间实现自己的追求，例如写书或者有更多的时间陪孩子。[88]从咨询公司到快餐店等不同行业的企业都有带薪休假制度。尽管可以享受公司的福利，但是雇员并不愿意带薪休假，因为他们认为这会改变自己的职业生涯。[89]因此，公司会提供短期的带薪休假。在 David Weekly Homes 公司，雇员只有工作满 10 年才可以获得带薪休假。[90]选择带薪休假的雇员会被给予 2 000 美元。Morris Financial Concepts 公司会为工作满 10 年的全职雇员每 5 年提供一次为期一个月的带薪休假。在此期间，雇员无须工作，当他们回到工作岗位时，会感觉精神焕发。[91]

志愿者工作也可以用于雇员开发。**志愿者工作**（volunteer assignment）帮助雇员通过服务于社区和社区居民来开发自身的技能。志愿者工作为雇员提供机会来管理变革、教授知识、增强责任感、接触表 9－7 所示的其他工作要求。有些公司鼓励雇员在不影响自己的工资和假期的前提下贡献自己的专业技能。[92]一名来自通用磨坊的产品研发工程师利用一部分工作时间来帮助非洲的小型食品公司。通过使用电话会议技术，他帮助非洲的小型食品公司在开发新配方的同时避免了食品污染的风险。他还去往马拉维，帮助当地食品企业为接受政府的检查做好准备。他的公益性服务是值得表扬的，这也帮助他在目前职位所限制的方面运用自己的专业技能。在保德信金融集团（Prudential Financial），五名雇员可以组成一个团队，并与公司的非营利合作伙伴一道开展相关咨询项目。这些项目都得到了公司的支持，因为公司认为人人都应获得金融安全的保障。这种伙伴关系提高了伙伴组织的能力，并为雇员提供了在工作环境以外提高商业技能和领导力的机会。

如何使在职体验符合雇员开发的需求和目标

不同规模的公司都利用在职体验进行人员开发，但是形式和效果大不相同。[93]例如，拥有 195 000 名雇员的医疗保健公司 HCA 等大型企业，可以为高潜能雇员提供不同类型的开发实践。例如，行政人员可以先就职于小型保健公司，然后跳槽到诸如医院和大型保健公司这样的大公司。小公司可能不像大公司那样有很多大型开发实践项目，但是可以鼓励雇员在工作之余参加相关的实践活动。比如，管理者可以加入非营利组织董事会，从而帮助他人。[94]在非营利组织的工作经历可以帮助管理者开发领导力，扩展人脉。他们在这里可以得到在公司无法得到的工作经验，比如，如何管理集资项目，如何实施战略规划。

这些经历有助于巩固他们的现有技能，并开发新的技能。比如，有一名公司的管理者加入了一家非营利组织的董事会，他在这里获得的招聘管理者的经验有助于他更好地为公司挑选合格的求职者。如今，他会考验求职者，看他们如何应对压力，并花时间与其他管理者讨论求职者是否适合公司的文化。非营利组织也可以从中受益，因为它们需要可以帮助组织高效运营的管理者。无论公司规模大小，为了使在职体验能够更加高效地应用到开发活动中，在职体验都应该与雇员开发需求和目标相吻合。表 9-9 列出了符合不同雇员开发需求和目标的在职体验。

表 9-9　符合雇员开发需求和目标的在职体验

在职体验	雇员开发需求和目标
工作扩展	侧重于开发新技能，愿意留在当前的工作职位，当前职位能够提供技能开发的机会
工作轮换和调动	期待一个和当前工作有相似责任的新工作，但是需要新的技能，愿意了解其他部门、地区或组织的产品
晋升	乐于承担更多的责任，愿意对其他雇员和项目负责，希望能够影响公司的决定
降级	愿意尝试新工作或职业，需要获取新技能，希望减轻工作压力或者平衡工作和生活，更喜欢以前的工作
临时指派、项目工作、志愿者服务、带薪休假	对客户、产品、社区问题有新的理解和看法，获取公司内部没有的工作经历和技能，在新的工作环境中应用技能并开发现有的技能，避免倦怠和缓解压力

资料来源：Based on B. Kaye, "Up is Not the Only Way ... Really!" *T+D* (September 2011), pp. 41-45.

9.4.4　人际互助

雇员还可以通过与组织中资深成员的交往来开发自己的潜能，并增进对公司和客户的了解。导师制和教练指导是人员开发中的两种人际互助形式。

导师制

导师（mentor）是指帮助开发缺乏经验的雇员（学员）的经验丰富、卓有成效的资深雇员。由于缺乏有潜能的导师，并意识到雇员可以从同事和伙伴中获得益处，很多公司实施了群体辅导计划和同伴辅导计划。在**群体或同伴辅导计划**（group or peer mentoring program）中，一位成功的资深雇员与 4~6 名经验不足的新雇员分在一组。群体辅导计划的一个潜在优势在于学员不仅可向资深雇员学习，还可以相互学习。同时，群体辅导计划还考虑了一个现实问题，即一位导师很难给雇员提供全方位的指导并满足他的需求。群体辅导计划为雇员开发提供了一个网络：雇员可以利用小组获得导师支持，也可以依靠小组学习自己感兴趣的内容。导师可帮助学员加深对组织的了解，引导其分析自己的经历，并帮助他们找到职业生涯发展方向。每个成员要完成某项特定任务或者与小组其他成员一起来解决某个问题。[95]

在 IBM，导师制采取了雇员可以用来交流知识的战略形式。[96] 这不是为了阻止传统的一对一指导关系，而是鼓励雇员开发并使用 IBM 的社交网络工具来识别同龄人、管理者，甚至潜在的导师。雇员可以使用这个工具来搜索和分享知识，寻找具有自己所需知识的其他人。生产牙线、Gore-Tex 防水布料等产品的戈尔公司（W. L. Gore & Associates）依赖赞助商，由赞助商担任其雇员的教练、倡导者和导师，指导雇员学习新技能。[97]

大多数导师关系是基于导师和学员的共同兴趣爱好或价值观而形成的。研究表明，具有某些个性特征的雇员（情绪稳定、具有较强的环境适应能力、对权力和成功有强烈的需求等）更有可能去寻找导师并得到导师的赏识。[98]导师关系也可以作为正式导师计划的一部分进行开发（也就是说，公司会把成功的资深雇员和缺乏经验的雇员分配到一起）。表 9-10 是公司利用正式导师计划的实例。导师计划有很多重要的目的，包括使新雇员社会化、开发管理人员、为女性和少数族裔雇员提供分享经验的机会、学习晋升到管理职位所需的技能。

表 9-10 导师计划的实例

易安信公司（EMC Corporation）	针对技术工程师的培训将导师制和讲师主导型培训相结合，工程师可以向同事学习，并与导师讨论相关概念。
伟事达公司（Vistage Worldwide）	由 15～20 名雇员组成的团队提出关于个人与职业发展挑战的建议。一名经过培训的讲师负责指导讨论，团队成员倾听别人的发言，参与讨论，并提出探究性问题，从而为问题的解决方案提出新的观点。
吉尔贝恩公司（Gilbane）	为期六个月的一对一导师项目将公司的领导者与公司外部的高管联系到一起，这一项目旨在使领导者为全新的工作做好准备，并加强他们的领导力潜质。导师制项目基于人才调查和性格评估。导师与学员每月见一次面，双方会分享职业生涯建议以及公司的相关知识。
索迪斯集团（Sodexo）	来自同事的辅导由网络小组直接管理，在多元化的背景下，网络小组由想要提高自己在公司的知名度的雇员建立并组织化。网络小组的分类依据有国家、种族、性别、服兵役状况和代际特征。"师友之桥项目"（The Spirit of Mentoring Bridge Program）旨在使新雇员和一线管理者以非正式组合的方式一起工作，以扩大专业性开发的机会，并增加索迪斯集团管理的深度和多样性。
思科公司	为了缩短董事会新成员融入团队的时间，一名经验丰富的董事会成员会充当导师。导师会向他们介绍董事会，提供董事会的相关材料，解释简报材料中出现的术语，并就如何选择正确的座位给出建议。
麦当劳	雇员可以使用公司提供的虚拟网络辅导计划培养自己的技能，并建立人际关系。
埃迪亚贝拉（Aditya Birla Minacs Worldwide）	公司开发的职业发展项目旨在帮助一线员工走上领导岗位。这一项目的成果包括雇员为实现职业的发展所采取的自主行为。在"魔法导师"（Mentor Magic）项目中成功的导师会根据他们的经验和表现给予一线员工行为指导。

资料来源：Based on J. Lublin, "New in Boardrooms: Buddy System," *The Wall Street Journal* (September 20, 2017), p. B7; "Training Top 125, Gilbane," *training* (January/February 2016), p. 69; "Training Top 125, Vistage Worldwide," *training* (January/February 2017), p. 69; M. Weinstein, "Mentoring in the Digital Age," *training* (September/October 2016), pp. 28-31; R. Emelo, "Shift Your Focus with Modern Mentoring," *TD* (September 2015), pp. 36-41; www. sodexousa. com, the website for Sodexo, Inc.; "Training Top 125, Aditya Birla Minacs," *training* (January/February 2014), p. 101; "Best Practices and Outstanding Initiatives," *training* (January/February 2011), pp. 94-98; "Training Top 125," *training* (January/February 2011), pp. 54-93; and R. Emelo, "Conversation with Mentoring Leaders," *T+D* (June 2011), pp. 32-37.

开发成功的导师计划 正式的导师计划有一个显著的优点，那就是所有雇员都能得到帮助，无论性别和种族。另一个优点在于参与者可以了解自己承载的期望。[99]正式的导师计划也有其局限性，即在人为创造的导师关系中，导师可能无法提供恰当的咨询和培训。[100]为了解决这个问题，导师和雇员需要花时间交流各自的工作方式、个性特征、教育和工作背景，这有助于双方建立信任关系，并使两个人的相处更加融洽。[101]东芝美国医疗系统（Toshiba America Medical Systems）没有正式的导师计划，但是从雇员开始工作起就鼓励他们参加非正式的导师计划。管理者和人力资源部工作人员会带领新雇员认识同事并参观工作环境。[102]

表 9-11 列举了成功的正式导师计划的特点。导师的选择基准是人际交往能力和业务能力，导师也需要接受培训。[103]公司会尽可能为导师和雇员提供辅导所需的工具和其他各方面的支持。[104]比如，美国政府问责办公室（Government Accountability Office）利用导师项目来创建协作性工作环境，提高雇员的敬业度，并提供开发机会。导师参加岗前培训以确保他们理解这个项目以及他们在其中扮演的角色。此外，导师每一季度举行一次会议以获得支持和培训。[105]

表 9-11　成功的正式导师计划的特点

1. 导师和学员自愿参与该计划。这种关系可在任何时候终止，且不会受到任何处罚。
2. 导师和学员的磨合过程并不会限制非正式关系的培养。例如，可通过设立导师组来让学员从中选择导师。
3. 选择导师时，应考虑他们过去在开发雇员方面的记录，成为导师的意愿，有关积极指导、沟通和倾听技巧的证明。
4. 导师和学员的磨合基于导师的技能如何满足学员的需求。
5. 有清晰明了的计划目标，明确导师和学员各自的活动。
6. 明确计划的持续时间，鼓励导师和学员在业余时间更好地发展关系。
7. 导师和雇员需要确定维持关系的机制：什么时间会面，多久会面一次，在会议之外怎样交流。
8. 鼓励学员之间相互交往，共同研讨问题并共享成果。
9. 要对导师计划进行评估。当某些方面令人不满意时，导师和学员应通过会面来获得即时的信息反馈。此外，还可通过调查表来获得更多详细信息，以了解该计划所带来的益处。
10. 人员开发是有回报的。这向管理者说明，辅导和其他开发活动是值得投入时间和精力的。

导师计划成功的关键是确保导师和学员之间展开交流，既可以是面对面的沟通，也可以是电视会议等虚拟形式。Mariner Finance 公司利用聊天工具、视频、网站来帮助导师与学员以及参加导师计划的所有雇员实现即时沟通。[106]通用汽车利用相关软件对导师和学员进行匹配。[107]软件会分析导师和学员所填写的个人资料。导师会被问及自己的专业技能和从业年份，以及如何帮助学员开发技能。学员会被问及他们希望得到开发的技能，以及他们希望导师具备多少年的从业经验。学员会得到一个符合标准的导师清单，清单中的导师数量大概是 10 人。清单中会展示导师和学员资料的匹配度。在他们这段关系确立之前，导师和学员都被鼓励从公司的职业生涯开发网站上获取相关的资源。这些资源包含对第一次担任导师者的一些建议以及如何从导师关系中受益的在线讲座。在 PayPal，导师和学员不是事先安排好的。[108]相反，雇员可以报名参加小组课程，在课程中六名雇员可以与潜在的导师互动。在经过几次会面之后，如果雇员感觉他们与导师之间相互吸引，他们可以表达希望成为这位导师的学员的意愿。

嘉德诺健康集团（Cardinal Health）的导师计划有许多成功的特征。[109]公司使用基于云计算的系统来匹配导师与学员。为了确保导师与学员的关系是有意义的，确保参与者理解他们需要投入的时间和参与程度，公司实施为期六个月的导师计划，并允许将这一计划延长六个月。导师必须在公司工作至少一年，一旦被选中，就必须参与到这个项目中。基于云计算的系统利用匹配算法来匹配导师和学员，并追踪和管理他们之间的关系。雇员可以通过移动设备或笔记本电脑来报名参加这个项目。在进入系统之前，导师和学员要完成资料填写。导师的资料需要强调他们的技能以及他们可以为雇员提供的帮助，而学员的资料需要描述他们的身份以及他们希望找到什么样的导师。学员可以自己挑选导师，或使用系统根据资料的匹配度所推荐的导师清单。每一个导师清单都包含导师的资料和导师的目标，以及导师与学员的匹配度。一旦匹配完成，系统会允许导师与学员安排会面，并发送相关提醒。学员可以主动联系导师，并通过系统获得导师计划的目标和会面的具体日程安排。在六个月的导师计划结束时，系统会自动提醒学员总结他们是否完成了导师计划的目标，是否愿意将这个导师计划延长六个月。同时系统也会追踪学员的职业发展动向，他们是否被留在了公司，以及他们是否完成了自己的开发目标。

从导师关系中获得的益处　导师和学员都可以从导师关系中受益。研究表明，导师为其辅导对象提供了职业支持和社会心理支持。**职业支持**（career support）包括辅导、保障和资助，让其承担有挑战性的任务，使雇员得以展示自己和获得关注。**社会心理支持**（psychosocial support）包括充当学员的朋友或示范者，关心和认可学员，以及允许学员表达他们的忧虑和发泄不满。对于学员来说，额外的好处还包括技能的开发、更大的晋升可能性、更多的薪酬以及更大的组织影响力。[110]

导师关系提高了导师的人际交往能力及在组织中的自尊感和价值感。如果导师处于技术领域（例如工程和医疗服务），学员可以帮助他们获得相关专业领域重要的新信息（使他们不至于在知识和技术上落后）。乔斯·亚内斯（José Yanes）在福特汽车公司担任几名雇员的导师。[111]他发现做导师促使他开发沟通技能、更加努力地与他人建立信任，从而实现了个人开发。学员也可以帮助导师使用包括推特、脸书在内的社交媒体，并使导师了解年轻雇员的需求和动机。[112]这种情况在反向导师项目中可以得到充分的体现。**反向导师制**（reverse mentoring）指一名相对年轻且经验较少的雇员指导一名相对年长的雇员的导师关系。

联合健康集团（UnitedHealth Group）将高级管理人员与具有潜质的千禧一代领导者进行配对。[113]这一项目的目的是帮助高级管理人员以不同的角度观察公司的发展，从而更好地了解如何使用社交媒体，并营造一个可以吸引并留住千禧一代和Z一代雇员的工作环境。比如，对于公司的一位高级领导而言，护理质量与病患的恢复状况息息相关。通过每月与千禧一代的导师的会面，他会意识到这一代人也非常关注获得护理和客户服务的速度。通过参与这个项目，千禧一代的导师获得了与更高层级的领导者接触的机会，尽管他们相对年轻且经验不足，但是通过这个项目他们的信心大增，因为他们看到了其想法对于公司非常重要，公司也能从他们的想法中获益。

导师制也可以在不同公司的导师和学员之间进行。比如，约会软件Bumble的开发者开发了Bumble Bizz，通过这个功能，用户可以寻找导师，并与其他专业人士社交。[114]用户可以通过填写职业发展目标来创建个人资料，完成技能量表，并上传数字简历和照片。当两个用户刷到对方的资料时，可以使用文本进行聊天。

导师计划可以帮助有意愿走上领导职位的女性和少数族裔雇员开发管理技能，并晋升到管理职位。[115]埃森哲公司设定了到 2025 年增加董事总经理职位中女性的比例的目标。为了实现这个目标，公司推出了一个为期四年的赞助计划，每年有 30 位女性可以参加这个项目。每位女性可以得到来自公司高管团队的两位导师的指导，一旦出现董事总经理职位空缺，导师就会推荐。80％的项目参与者都增加了工作职责，或晋升到了更高的领导职位。

教练指导

教练（coach）就是同雇员一起工作的同事或管理者。教练可以鼓励雇员，帮助其开发技能，并能提供激励和反馈。教练可承担三种职责。[116]教练的主要职责是开发高潜能管理者，作为管理者的倾听者，改变导致管理者效率低下的行为。[117]部分教练指导采取一对一的形式（例如提供反馈）。另一种职责是帮助雇员提高学习能力，包括协助他们找到可以提供帮助的专家，并教导他们如何从他人那里获得反馈信息。还有一种职责是向雇员提供资源，例如导师、培训课程、在职体验，这些资源可能是雇员通过其他途径无法获得的。研究表明教练指导可以有效地提高雇员的技能和绩效，尤其是公司使用内部教练（比如，接受过教练培训的管理者）时。[118]

看看光明地平线家庭解决方案公司（Bright Horizon Family Solutions）、爱德华·琼斯公司（Edward Jones）、United Shore Financial、盖茨基金会（Gates Foundation）、Wide Open West 以及 University Hospitals 是如何使用教练指导的。[119]光明地平线家庭解决方案公司根据雇员的兴趣、教练指导的需求以及管理岗位的潜能为雇员提供教练指导。教练会实施 360 度评估，并根据评估结果与雇员一起工作 3～6 个月。爱德华·琼斯公司为新入职的金融顾问提供教练指导服务，如果他们需要，教练会与他们进行私密电话沟通。教练的目的是留住这些金融顾问，并帮助他们取得成功。United Shore Financial 要求公司的领导者每月为团队成员提供教练课程。盖茨基金会使用接受过专业培训的教练为由 8～10 名雇员组成的小组提供教练指导，课程主题包括真正的领导力、勇敢的对话、开发全球视野。在 Wide Open West，管理者与每一位下属都建立了教练关系，管理者向下属提供每天的绩效反馈，与下属一道开展学习活动，并设定开发计划。在 University Hospitals，教练指导被视为高管开发项目的一部分，而这一项目主要针对医生和职能部门领导者。项目参与者可以获得一对一的教练指导，也可以成为认证教练。这可以使他们在将来为有潜力成为领导者的雇员担任教练。他们得到的教练指导包括如何发现理想的自我、如何了解真实的自我、如何创建学习日程、如何尝试新行为及如何利用信任关系。教练指导使用 360 度评估机制来发现理想中的自我与真实自我的差距，并用全新的行为和个人关系来创建学习日程，从而缩小理想与现实的差距。研究显示，通过帮助雇员设定具体改进目标和征求改进意见，教练指导可以有效地提高管理者对于 360 度反馈的使用，因此，雇员的绩效得到了提高。[120]

能源公司 PG&E 聘请了一位教练与一位技术娴熟的经理一起工作，这位经理自以为是，影响了她与同事的关系以及她的职业生涯。[121]教练录下了她在角色扮演中与一位管理者就新信息系统发生冲突的情况。在这个过程中，她冷漠、粗暴，盛气凌人。教练帮助她认识到自己的问题，她向同事道歉，并听取他们的意见。教练帮助她学习如何保持冷静，专注于所说的内容而不是说话的人。

优秀的教练应该富有同情心、会赞赏别人、经验丰富，而且有自信，但教练并不知道所有的答案或者应告诉别人该怎么做。[122]愿意接受培训的雇员应该思想开放、充满兴趣，而不应有防御心理、思想闭塞或者只关心自己的名声。教练和接受培训的雇员都需要承担教练关系中的风险。教练利用自己的专业知识和经验帮助雇员，雇员需要真诚地与教练交流自己的弱点。

为了培养管理者的训导能力，培训计划应关注为什么有些管理者不愿意提供辅导和帮助，原因有四个。[123]第一，为了避免双方对立。有时培训对象是一个能干的雇员，管理者不愿意与其讨论绩效问题。当管理者的专业知识不如雇员时，情况更是如此。第二，管理者可能善于发现绩效问题，却不善于帮助雇员解决绩效问题。第三，管理者可能认为雇员会把训导看作一种指责。第四，当公司缩小规模、裁减雇员时，管理者会觉得没有足够的时间对雇员进行辅导。

9.4.5 雇员开发的新主题：接班人计划、对管理行为不当的管理者进行开发、入职培训

接班人计划

接班人计划（succession planning）是指确定、评估和开发未来能够胜任不同职位的高潜能雇员的过程。雇员流失、晋升或业务增长造成了公司职位的空缺。在考虑公司的管理者或最高领导者时，我们会讨论接班人计划，接班人对于任何一个职位而言都非常重要。接班人计划可以通过几种不同的途径促进组织进步。该计划帮助公司确定并储备了未来的领导层，当有核心雇员和管理者离开时，确保公司能够正常运转，同时为雇员提供开发和晋升的机会。管理者只有完成一系列开发体验活动，才能被认为符合高层管理职位的要求，而这可以避免公司提拔那些没有为晋升做好准备的人员。接班人计划还通过提供各种与晋升相关的开发机会来帮助公司吸引和留住管理人才。

接班人计划关注高潜能雇员，**高潜能雇员**（high-potential employee）指公司认为能胜任更高层管理职位的雇员，如战略经营部门的总经理、职能部门总监（如营销部总监）或者首席执行官。[124]高潜能雇员通常会参加个人开发计划，包括教育、行政指导和教练指导，以及通过工作分配来进行工作轮换。工作分配通常根据高潜能雇员将取代的人员的成功的职业发展路径而定。高潜能雇员还可接受特殊的工作分配，如在公开场合演讲、在委员会和项目小组工作等。高潜能雇员群体往往是公司高层管理人员的后备力量。

尽管接班人计划非常重要，但是很多公司在这方面做得不太好，在一项针对公司管理者的调查中，只有不到一半的管理者在接班人计划上投入了足够的时间，有18％的人认为他们的公司没有足够的后备力量。[125]**后备力量**（bench strength）指拥有大量有才干并且在需要的时候可以随时胜任新工作或新岗位的雇员。对于接班人计划的不满可能源于公司只关注副总裁及以上的领导，公司担心许多潜在领导者由于失望而离开公司，因此就不制定接班人计划。对接班人计划的不满也有可能源于公司只在出现职位空缺时才考虑接班人计划，而并不是将开发后备力量作为一个长期目标。

接班人计划的开发流程

表 9 - 12 列举了公司开发接班人计划的流程。[126]第一步，明确接班人计划中包括的职位，即确认包括所有管理职位还是仅仅包括某些级别的管理职位。第二步，确定能够参加接班人计划的开发对象。例如，在一些公司，只有高潜能雇员才有资格参加接班人计划。第三步，明确如何进行职位评价。例如，职位评价是以胜任该职位所必需的能力为重点，还是以与职位相关的工作经验为重点。第四步，确定如何衡量雇员潜能，即是否会把雇员潜能与其当前工作绩效及潜在绩效联系起来，是否会考虑雇员的兴趣和职业目标。第五，对接班人计划进行审查。一般来说，接班人计划的审查会涉及雇员的上级主管和人力资源部门。有效的审查还必须包括对领导力的全面评价、对高潜能雇员的识别，并就如何避免核心管理者流失展开讨论。第六步，接班人计划要基于其他人力资源体系，包括薪酬、培训与开发、人员配置。开发活动还可以与雇员的奖金、红利挂钩。为了满足开发的需求，公司需要为雇员提供培训课程、在职体验、导师计划和 360 度反馈等培训活动。公司还需要做出晋升决策，例如，面对管理职位空缺，是提升公司内部经验相对欠缺的雇员，还是从外部招募一位能直接为公司创造效益的管理者。第七步，公司要为雇员提供有关未来发展、预期职业路径、开发目标和体验的反馈信息。第八步，评估接班人计划。这包括确定和衡量结果（例如，缩短填补管理者职位所需的时间，增加内部晋升等），从雇员和管理者那里了解对接班人计划开发过程的满意度。另外，还需要确定、讨论并弥补接班人计划的不足之处。

表 9 - 12　接班人计划的开发流程

1. 明确目标职位。
2. 明确目标雇员。
3. 设计职位评价标准（例如，能力、必备经验、必需知识和开发价值）。
4. 确定如何衡量雇员潜能（例如，当前绩效和潜在绩效）。
5. 开展接班人计划的审查。
6. 把接班人计划和其他人力资源职能（如培训与开发、薪酬和人员配置）结合起来。
7. 确定雇员接收反馈的类型。
8. 评估接班人计划的有效性。

资料来源：Based on A. Cremo and T. Bux, "Creating a Vibrant Organizational Leader-ship Pipeline," *TD*（July 2016），pp. 76 - 77；W. Rothwell, "The Future of Succession Planning," *T + D*（September 2010），pp. 51 - 54；B. Dowell, "Succession Planning," in *Implementing Organizational Interventions*, eds. J. Hedge and E. Pulaskos（SanFrancisco：Jossey-Bass，2002），pp. 78 - 109；and R. Barnett and S. Davis, "Creating Greater Success in Succession Planning," *Advances in Developing Human Resources* 10（2008），pp. 721 - 739.

采用九宫格评价并制定雇员开发计划

很多公司利用九宫格来审查接班人计划。**九宫格**（nine-box grid）是一个 3×3 的矩阵，管理者和高管理层使用这一矩阵对企业内同一部门、职能部门、分公司甚至整个公司的雇员进行对比。[127]也可以利用九宫格分析、讨论雇员的才能，以制定有效的雇员开发计划和策划相关活动，并发掘有潜力担任公司高层管理人员的雇员。如图 9 - 5 所示，矩阵中的单元格是基于雇员工作绩效的测评结果，其他的单元格代表"潜能"或者"晋升能力"。管理人员对雇员绩效和潜能的评估会影响雇员的开发计划。例如，在图 9 - 5 中，表现优秀的高潜能雇员位于矩阵右上方的单元格中，公司会把这些雇员培养成胜任领导职位的管理者。与高潜能雇员开发计划相比，高绩效雇员位于九宫格的其他区域。表现相对较差和潜能不足的雇员的开发计划则侧重于当前工作技能的提升，而不是让他们接受新的工作挑战。如果在当前的职位上仍然没有进步，他们很有可能被解雇。表现出色但潜能较低的雇员位于左上角的单元格中。这种雇员很可能是他们所在工作领域的专家，针对他们的开发计划注重维持现有的知识、技能和能力，找到能够激励他们提高创新能力的实践活动。表现欠佳但很有潜能的雇员（位于九宫格右下角的单元格中）会被安排到其他新的工作岗位，公司不会给他们时间证明自己以后会有较好的表现，或者他们的知识、技能和能力只是不适合现在的工作需求。针对这类雇员的开发计划是安排他们到更适合自己能力的工作岗位，或者调到其他职位，确保他们得到培训开发的机会和资源，以提高他们的绩效水平。位于九宫格中部的核心雇员是职位最稳定的，但他们的工作表现并不出色，潜能也处于中等水平。为了保证这些雇员能有比较稳定的工作表现，针对他们的开发计划主要是培训和开发相结合。另外，核心雇员的开发计划也包括开发实践，这些开发实践有利于提高他们的技能，激发他们的兴趣，以适应需要不同技能和承担更多责任的工作。

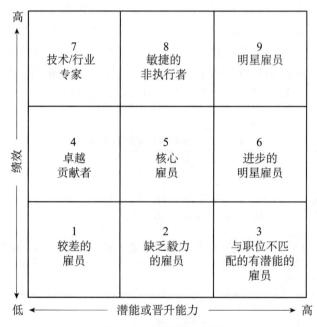

图 9-5 九宫格的实例

资料来源：Based on K. Tyler, "On the Grid," *HR Magazine* (August 2011), pp. 67 - 69; and D. Day, *Developing Leadership Talent* (Alexandria, VA: SHRM Foundation, 2007).

公司该怎样利用九宫格呢？首先需要清楚地定义每个单元格（例如什么是明星雇员），并向管理者提供公司所期待的雇员表现的范例。下一步，管理者根据人员调查结果在单元格中进行分类，然后与其他管理者一起比较、讨论、确定他们的分类（这个过程通常叫作校准会议）。管理者利用九宫格来制定雇员开发计划，并确定推荐哪位雇员担任高潜能领导职位或参与雇员开发计划。通常，九宫格由代表部门、分公司、地区甚至整个公司的单元格组成。向公司高层普及九宫格的应用可以使人力资源主管、高级经理和高层管理者看清雇员的潜能和执行力。这些信息可以确定公司现有的人才能否满足公司的战略需要，比如业务增长过程中人才缺乏和人才过剩的部门，雇员绩效水平和潜能随着时间的推移发生的变化。比如，CHG 医疗服务机构曾经的目标是使公司的领导者人数增加 15%，并降低领导者的离职率。[128]然而，公司使用九宫格来发现潜在的领导者，并由此开发公司的后备力量。对雇员的评估是根据他们的绩效和潜能做出的，具有高潜能的高绩效雇员会被挑选出来接受 360 度技能评估。这一评估在领导力开发项目中得到了应用，该项目旨在开发雇员的潜能和技能，从而确保他们已经准备好接受职位晋升。评估的结果非常好，领导层的离职率下降了 1/3，雇员内部晋升率提高了 50%，领导与雇员的比例提高了 24%。

　　九宫格的价值在于它是基于人才特征的多样性和共同性建立的，有利于管理者根据雇员的绩效和潜能制定出最适合雇员的开发计划和开发实践（例如，导师关系、工作轮换、培训机会等），并为公司提供后备人才。为了使九宫格在人员开发和人才管理中发挥更有效的作用，管理者需要与雇员坦诚地交流，就收集到的信息和雇员进行讨论，这有利于制定适合雇员个人的开发计划，将雇员安排到能最充分地利用其技能的关键职位。

　　请记住，随着任务、工作、公司目标的变化，绩效也会变化。[129]当管理雇员的绩效时，应该考虑图 9-5 中涉及的内容，但是雇员也需要做出改变的机会。公司可以与雇员进行频繁的绩效谈话，帮助他们认识到应该改变或保持现有的绩效。通过设定预期，根据雇员的技能和兴趣为他们安排工作，同时要求雇员以为自己的绩效负责的方式积极地进行自我管理，的确可以带来巨大的改变。

接班人计划的案例

　　密歇根蓝十字蓝盾公司的接班人计划涉及所有级别的职位。[130]对于潜在接班人的评估包括他们是否已经为新职位做好了准备，比如，他们是现在已经做好了准备，还是 3～5 年后才能做好准备。这就使得公司管理职位的后备人才得到了开发。所有的管理岗位都至少有一名接班人，而 75% 的接班人可以随时上岗。同时对于公司范围内的所有雇员进行筛选。公司的人力资源部门评估雇员的绩效和潜力，并召开人才筛选会议。在 ITU AbsorbTech 公司，由于雇员老龄化的不断加剧，接班人计划已经成为公司的工作重心。[131]接班人计划包括对雇员的绩效和潜力进行为期两年的评估，并发现优秀的接班人。雇员需要完成职业生涯发展规划，这可以帮助他们发现短期或长期的潜在职位。公司也开展了包括导师项目在内的开发活动，帮助雇员为未来的职位做好准备。公司需要对每个职位进行评估，以确定是否因为雇员退休或晋升而出现空缺。

　　在胜牌机油所处的行业中，离职是司空见惯的事情。[132]这意味着接班人计划和开发后备人才对于所有雇员而言至关重要。每个月主管会给每一位雇员打分，以评估他们是否为下一个职位做好准备，主管可以了解雇员是现在已经做好准备，还是在未来六个月内可以做好准备。主管和雇员一起完成开发计划，这个计划旨在帮助雇员为新的职位做好准备。开发计划和评估会被录入在线系统中，以帮助高级管理者发现哪家门店或哪个区域没有接班人计划。管理者也可以确定哪些雇员是"绊脚石"，这些人不愿意或不能够得到进一步开发，但是其他雇员可以取代他们的职位。接班人计划也刺激了对培训的需求，这样可以确保助理主管得到开发，而高级技术人员可能会接替他们的工作，对于新的技术人员而言，他们也希望能够承担更多的职责。高层管理者通过使用在线系统来确定他们是否可以通过招聘更多人才来实现公司在某一地区的扩张。公司也希望通过衡量绩效的平衡计分卡来识别更多可以得到晋升的管理者。

　　迈阿密儿童医院的接班人计划涵盖了医院所有层级的雇员和领导者。[133]医院的首席执行官与其他高管团队成员就核心领导职位的学习与开发计划以及如何确定接班人展开了对话。他们讨论了医院人才缺口，并提出了解决方案以确保高管层有后备人才。他们还讨论了公司范围内所有层级的管理者的绩效和潜力。首席执行官是高管层讨论活动的牵头人，而高管团队的其他成员则负责牵头其他层级管理者的讨论。所有的管理者都要完成开发计划，并确定自己首选的职业生涯路径。

沛齐公司（Paychex）的接班人计划着眼于领导力素质模型。[134]公司使用九宫格来发现具备高绩效和高潜能的领导者。潜能评估基于雇员的敏捷性、能力和抱负。潜在的接班人需要参加两个领导力开发项目。每一个接班人都要完成自己的开发计划，通过参与开发活动来满足商业需求，并弥补素质差距。公司的开发活动被称为3E，3E分别代表教育（education）、接触（exposure）和体验（experience）。一名专属"领导力开发者"与雇员和他的主管一起工作，帮助他们完成开发计划，并监督项目进展。上一年有1 700名执行官、高级执行官、管理者以及总监完成了针对领导力素质、绩效和潜能的评估。公司的接班人计划最终使25%的高级管理者和管理者为未来1～2年的晋升做好了准备。同时公司也实现了对所有高级管理岗位接班人计划的开发，而公司18%的高级管理岗位空缺也是由内部雇员填补的。

接班人计划的问题

接班人计划面临的一个重要问题是：是否应告诉雇员他们被列入了晋升高级别职位的候选人名单。[135]公司需要考虑几点有利因素和不利因素。公开接班人计划名单或者告知名单上的雇员的一个好处是使他们更愿意留在公司，因为他们知道自己会有新的工作机会。另一个好处是对其他职位不感兴趣的高潜能雇员可以及时表达自己的想法，这就避免了公司对其进行开发而浪费资源，并使公司对高潜能候选人有一个更准确的预判。公开高潜能雇员名单的不利之处是不在名单上的雇员可能会因倍感失望而离开公司，也许他们没能进入名单是公司经营战略的改变和绩效水平导致的。另外，如果雇员知道候选人名单已经确定，他们或许会认为自己已经没有公平的机会参与领导职位的竞争。避免这些问题的一种方法是让雇员知道自己在名单上，但是不告诉他们将晋升的具体职位。另外一种方法是经常审核候选人名单，并且清晰地向他们传达计划和对他们的期望。Midmark公司是位于俄亥俄州凡尔赛的医疗器械制造商，经理每六个月审核一次接班人名单（这已经成为公司绩效评估过程的一部分），并据此确定候选人名单。有些雇员被称为高端专业人士，高端专业人士是指执行力强、热爱当前工作、愿意晋升到更高职位的雇员。这样，雇员就有机会成为领导职位的候选人。领导职位的高潜能候选人要接受开发任务的挑战，例如调任海外。通过面试，公司可以确定接班人名单上的雇员是否有兴趣或者有能力胜任领导职位。

接班人计划对于家族企业而言尤为重要（或困难）。由于家族企业的创始人退休或去世，企业需要选定新的接班人。[136]一项预估显示，不到1/3的家族企业能够延续到家庭成员的第二代。一个非常重要的原因是家族企业忽视了接班人的培养，或没有开发可以选为接班人的人才库或家庭成员库。之所以出现这种情况，是因为家族企业的掌门人把大部分的精力放在发展业务而非未来的规划上。通常情况下，非家族企业有三类利益相关者（员工、企业所有者、持有企业股份的员工），但是家族企业的组成相对复杂，因为家族企业有四类利益相关者，即员工的家庭成员、企业所有者的家庭成员、家族成员、既是员工又是公司所有者的家庭成员。一些专家曾建议家族企业在公司创始人计划退休的七年前就开始实施接班人计划。在接班人计划实施的前几年，公司应该聘请第三方来对企业进行评估，这样一来公司的资产可以在家族成员之间进行分割。企业可以聘请行业心理学家或咨询顾问来确定哪一位家族成员最有能力执掌公司。

对管理行为不当的管理者进行开发

大量研究指出了一些不恰当的管理行为，这些行为可能会使一个本来很能干的管理人员成为一名"恶毒"或低效的管理者。这些行为包括对他人不敏感，无法融入团队，傲慢自大，处理冲突的能力欠佳，不能达成业务目标，或不能适应某项变革要求。[137]如果一个管理者人际关系欠佳，好斗且专制，那么他可能会发现自己很难激励下属，并可能疏远内部和外部顾客，同时自己的观点也很难为上级所接受。由于这些管理者行为不当，他们有可能丢掉工作，将来也很少有晋升的机会。对此，公司可以综合使用评估、培训和咨询等方式来帮助管理人员改变其不当的管理行为。例如，美国阿迪达斯旗下的子公司泰勒梅高尔夫公司（Taylor Made-adidas Golf，TMaG）生产高尔夫装备，其首席技术官数十年的工作经验、教育背景和技术能力足以胜任管理上百名工程师和其他雇员的职位。[138]然而，他的人际交往能力有待提高。在会议上，他总是对雇员的看法提出质疑，快速地评价技术性知识，但不愿意花时间回答雇员提出的问题。其人际交往能力的缺乏导致部门雇员的离职率较高。为了提高人际交往能力，这位技术官聘请了一位教练来了解自身的优缺点。他和教练共同制定了一套明确的改进方案，每个月会面两次以提高自己的人际交往能力。经过培训，雇员会带着问题第一时间请教他，因为他变成了一个乐于倾听的管理者。

个人辅导有效性训练计划（Individual Coaching for Effectiveness，ICE）是专门用来帮助行为不当的管理者的培训计划之一。[139]虽然这种计划的有效性还有待进一步调查，但研究表明，通过参与这些计划，管理者会提高自身能力，减小被免职的可能性。[140]ICE计划包括诊断、训练和支持活动，具体要根据管理者的需求而定。临床医学、咨询、工业/组织心理学方面的专家都会参与ICE计划的各个阶段，他们为管理者进行诊断、提供训练和咨询，并让管理者将新技能应用到工作中。

ICE计划的第一步是诊断。主要是收集与管理者的个性、能力和兴趣爱好相关的信息，一般通过与管理者、其上司和同事面谈以及进行心理测试来获取信息。这些信息可用来确定管理者能否真正改变其不当行为。例如，具有极强防御性等个性特征的管理者可能很难改变其行为。如果确信管理者能从该计划中获益，就可以根据他们的需求制定特定的开发目标。在该过程中，管理者及其上司都要参与进来。

在该计划的训练阶段，首先要向管理者提供关于目标技能或行为的信息。这些信息可能包括有效沟通或团队工作的规则、对于工作中个体差异的容忍度或举行有效会议的方法。其次是让管理者参与行为示范培训（在第7章中已经讨论）。管理者还要接受心理咨询，以克服不利于学习期望行为的一些想法。

入职培训

当雇员加入一家公司时，非常重要的是帮助雇员快速适应新的工作。公司可以通过建立良好的人际关系来提高满意度，通过明确目标和期望来提高绩效水平，通过提供反馈信息、教练指导、后续活动来降低雇员离职率，这些对于雇员适应新工作都有极大的帮助。**入职培训**（onboarding）或社会化是指帮助新雇员适应社会及其新工作的过程。[141] 不同公司的入职培训计划有所不同。然而，高效的入职培训计划都应该包括如图 9 - 6 所示的四个步骤。高效的入职培训计划需要几天或几周甚至几个月完成。正如你们所经历的那样，**岗前培训**（orientation）是雇员获得有关职位、公司以及工作规则相关信息的活动。雇员需要了解如何完成纳税申报表、如何制作考勤表或差旅费报销表。此外，岗前培训还应包括增强新雇员的自信心，帮助他们提高社交的满意度，被同事和管理者接纳，帮助他们了解自己的角色和工作期望、责任及绩效要求，理解并融入公司文化。高效的入职培训计划与雇员和公司的很多行为息息相关，包括较高的工作满意度、组织奉献精神、较低的离职率、高绩效水平、较小的工作压力和有效的职业规划。[142]

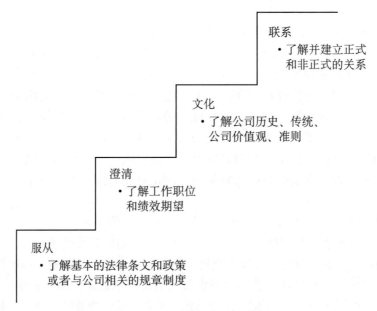

图 9 - 6 入职培训的四个步骤

资料来源：Based on T. Allen, L. Eby, G. Chao and T. Bauer, "Taking Stock of Two Relational Aspects of Organizational Life: Tracing the History and Shaping the Future of Socialization and Mentoring Research," *Journal of Applied Psychology* 102（2017），pp. 324 - 337; T. Bauer, *Onboarding New Employees: Maximizing Success* (Alexandria, VA: SHRM Foundation, 2010); G. Chao et al., "Organizational Socialization: Its Content and Consequences," *Journal of Applied Psychology*, 79（1994），pp. 730 - 743.

表 9 - 13 列举了有效的入职培训计划的特征。有效的入职培训计划需要雇员积极参与，一些公司的入职培训计划涉及表中所列的特征。[143] 作为一家拥有 350 名雇员的金融服务企业，FORUM Credit Union 曾经使用传统的以讲座和完成作业为主的入职培训形式。为了帮助新雇员更好地了解公司的产品和文化，公司推出了一项包含游戏的入职培训。在名为"（金融）人生"（（Financial）Life）的游戏中，各个团队的雇员相互比拼，通过有趣且互动性很强的桌面游戏来学习公司的产品和服务。在一款名为 FORUMway 的游戏中，新雇员会得到一个衣服架，被要求从中选出工作服。他们将答案交给由人力资源部门的同事组成的裁判小组，而后者将会给出反馈。在另一款名为"公司总部竞技"（The Amazing Headquarters Race）的游戏中，新雇员投入到一个时长为一小时的寻宝活动中，并需

要与整栋大楼的雇员沟通。对 Bazaarvoice 软件公司在美国、欧洲、澳大利亚办事处的新雇员而言，入职培训强调建立关系。新雇员参加包括跟踪客户来电、安排视频会议、与同事一起回答琐碎的问题、组织茶歇等任务在内的寻宝游戏。这个项目还包括全球视频会议，在视频会议中新雇员需要向世界各国的同事做自我介绍。

表 9 - 13 有效的入职培训计划的特征

- 鼓励雇员提问。
- 提供与工作相关的技术信息和社会生活信息。
- 培训应由新雇员的管理者负责。
- 不应贬低新雇员，或使新雇员处于尴尬的境地。
- 让雇员了解公司的文化、历史、语言、产品、服务、客户。
- 后续的相关活动应该在雇员加入公司一年后的不同时间点开展。
- 让新雇员与管理者和同事进行正式或非正式的接触。
- 公司需要提供安置协助服务（比如帮助雇员寻找住房并针对雇员和他们的家人举办社区介绍会）。

　　战略技术咨询公司博思艾伦（Booz Allen）制定了入职培训计划，有效地缩短了新雇员融入公司和进入高效工作状态的时间，并且增进了雇员对公司文化和核心价值观的认知。[144]面对面活动和在线活动提高了入职培训的效率。为期 12 个月的新计划包括三个阶段的学习活动和安排。第一个阶段是"参与"，这个阶段是为了激励新雇员并让雇员为第一年的工作做好准备，参与阶段历时 2～3 周。在这个阶段，来自不同部门、处于不同水平的新雇员一起积极参与学习活动。新雇员可以用笔记本电脑搜索制定职业生涯规划和个人开发计划的相关资源。由三名新雇员组成的团队开始在为期一年的客户模拟项目中竞争，他们有机会接触经验丰富的雇员，这些雇员会给新雇员介绍一些自己在工作中与客户打交道的心得和实例。另外，公司高层领导会向新雇员传递友好的消息，组织如何在公司中获得成功的讨论活动。入职培训计划的第二阶段是"装备"，这个阶段开始于新雇员任职的第二周，一直持续到第六个月。装备阶段为雇员提供了在公司成功任职所需的技能、行为表现和工具，包括与经理一起参加的 30 天会议、60 天会议和 90 天会议，以及一系列电子通信工具和熟悉业务的方法，这些工具和方法可以强化和巩固雇员在培训计划的第一阶段学到的知识。第三阶段也是最后一个阶段，即"优化"，侧重于专业性开发、建立人际关系和接受公司价值观。优化贯穿雇员入职一年后的七个月。在优化阶段的最后，会对雇员第一年的工作绩效进行回顾。除了这三个阶段以外，公司还鼓励新员工使用公司的社交媒体和知识管理工具，也就是所谓的"入职培训社区"，通过博客发现和分享信息，并参与支持新员工入职培训计划的在线活动。

　　该计划的结果很乐观，超过 8 000 名新雇员参与完成了这项计划。超过 95％的参与者认为该计划对自己加入并留在公司产生了积极的影响，并激发了他们的工作热情。在公司任职只有六个月或更短时间的雇员的离职率下降了 4 个百分点。新雇员提高生产率所用的时间减少了，从而为公司节约了上百万美元的费用。

　　顺普集团（Shape Corp.）设计、制造并测试用于吸收撞击力，从而保护机动车、驾驶员及路人的金属和塑料产品。[145]公司的雇员经常和切割器、焊接工具以及研磨工具等机械设备打交道。因此，针对雇员的入职培训要聚焦安全问题。为期四天的入职培训针对所有雇员，随后在制造部门工作的雇员将接受为期六天的制造技术培训。入职培训的流程包括主讲嘉宾的内容分享、参观公司的厂房、介绍公司的导师计划、基于网络的培训以及讲师主导型培训。如果雇员没有通过制造技术课程的考试，就不能在制造部门工作，他们可能因此被终止合同。这一入职培训项目针对全球 1 800 名雇员，培训使用雇员的母语进行。顺普集团根据每半年举行一次的焦点小组来修订公司的培训课程。得益于这一入职培训项目，在公司工作一年或不到一年的雇员出现的工伤次数减少了 75%。这个项目帮助雇员获取了工作的相关知识，增强了安全意识，并提高了社交技能。

小 结

本章介绍了公司使用的几种人员开发方式：正规教育、人员测评、在职体验和人际互助。大多数公司采用其中一种或几种方式进行人员开发。正规教育是指让雇员参加由公司、教育机构提供的课程或研讨会。人员测评是指评估雇员的绩效水平、行为表现、技能或者个性特征。在职体验包括工作扩展、工作轮换、晋升和调动等。雇员通过参与导师项目或反向导师项目可以更好地了解公司，应用新技术，并接触公司的核心人物。管理者的一部分工作职责是辅导雇员。无论采取何种人员开发方式，雇员都应该制定一份人员开发计划来确认以下几个方面：（1）人员开发模式；（2）人员开发目标；（3）人员开发的最佳方式；（4）人员开发目标能否实现。为了有效实施人员开发计划，雇员和公司都应承担相应的责任。本章结尾讨论了人员开发过程中出现的重要问题，包括接班人计划、管理行为不当的管理者和入职培训。

关键术语

易变性职业生涯（protean career）
心理成就感（psychological success）
人员开发规划或职业生涯管理体系（development planning or career management system）
自我评估（self-assessment）
实际检验（reality check）
目标设定（goal setting）
行动规划（action plan）
正规教育计划（formal education program）
学费报销（tuition reimbursement）
人员测评（assessment）
迈尔斯-布里格斯类型诊断量表（Myers-Briggs Type Inventory，MBTI）
评价中心（assessment center）
无领导小组讨论（leaderless group discussion）

面试（interview）
文件筐练习（in-basket）
角色扮演（role play）
绩效评估（performance appraisal）
向上反馈（upward feedback）
360 反馈（360-degree feedback）
在职体验（job experience）
弹性任务（stretch assignment）
工作扩展（job enlargement）
工作轮换（job rotation）
调动（transfer）
晋升（promotion）
降级（downward move）
临时指派（temporary assignment）
带薪休假（sabbatical）
志愿者工作（volunteer assignment）
导师（mentor）

群体或同伴辅导计划（group or peer mentoring program）

职业支持（career support）

社会心理支持（psychosocial support）

反向导师制（reverse mentoring）

教练（coach）

接班人计划（succession planning）

高潜能雇员（high-potential employee）

后备力量（bench strength）

九宫格（nine-box grid）

入职培训（onboarding）

岗前培训（orientation）

讨论题

1. 怎样利用人员测评来建立一个高效的工作团队？

2. 列举并解释有效的 360 度反馈系统的特征。

3. 公司为什么制定正式导师计划？导师和学员通过正式导师计划能获得哪些益处？

4. 什么是反向导师制？导师和学员如何从中受益？

5. 很多雇员由于已经适应了当前的社区环境而不愿意接受工作调动，他们的配偶和孩子也不愿意搬家。但是雇员需要开发新技能，改善技能劣势，需要接触业务新领域以胜任管理职位。那么在不用调动工作的前提下，怎样改变雇员的现有工作，从而开发其领导才能呢？

6. 教练指导是什么？教练指导只有一种类型吗？请给出解释。

7. 公司为什么要积极帮助雇员制定开发计划？公司可以从中获取什么收益？有哪些风险？

8. 公司可以使用哪些职业生涯管理方法？阐述各种方法以及它们的差别。

9. 管理者在开发系统中的职责有哪些？哪一项职责对于管理者最为困难？哪一项职责最为简单？请列出管理者拒绝参与职业生涯管理的原因。

10. 人员开发计划应包括哪些内容？你认为人员开发计划中对确保雇员开发效果来说最重要的是什么？请解释你的选择。

11. 公司是应该确认高潜能管理者并且告知他们，还是应该保密？管理者应该知道自己被认定为高潜能管理者吗？请解释你的观点。

12. 拥有 5 000 名雇员的 Nationalwide Financial 公司位于俄亥俄州的哥伦布市，公司利用九宫格审查接班人计划。对于职位稳定但表现并不出色、具有中等领导潜力的雇员，你推荐哪种类型的开发计划和开发活动？这些计划和表现出色的高潜能雇员的开发计划有何不同？请给出解释。

13. 使用九宫格进行人才评估有哪些优势和劣势？

14. 说明入职培训计划的四个步骤。新雇员可以从每个步骤中学到哪些知识？社交媒体和互联网对入职培训过程有什么帮助？

15. 什么是后备力量？它对于公司是否重要？接班人计划如何影响公司的后备力量？

16. 家族企业的接班人计划面临哪些挑战？

案 例　开发 Vi 公司的领导者

作为一家在全美范围内运营 10 个老年人持续护理社区的企业，Vi 公司拥有几个领导力开发项目。"突破领导力项目"（Breakthrough Leadership Program，BLP）旨在提高高潜能管理者的能力和效率。公司认为投资于高潜能领导者可以留住公司最顶尖的人才，而他们也可以带动其他雇员更加敬业。敬业的雇员可以为客户提供高质量的服务，而这将影响他们的工作满意度，同时可以给予其他有潜力的雇员相应的建议。通过这个项目，他们可以承担更多的职责，晋升到更高的职位上。这个项目的内容包括建立问责制、开发雇员、改善沟通和影响他人。这个为期一年的项目包含课堂学习、虚拟学习、在线学习。项目参与者获得教练指导，从而帮助他们制定并执行针对自身开发需求的行动计划。这个项目主要聚焦于开发那些在工程部、餐饮部、行政部门供职的雇员。这个项目包括相关课程、经验式学习以及教练指导。在"未来领导力项目"（Emerging Leader Program）中，雇员参加为期六个月的虚拟学习，通过学习知识和技能，他们可以成长为公司的领导者。

为了培养领导者，Vi 公司还需要考虑哪些其他开发活动？确定一项活动，并解释为什么 Vi 公司应该考虑它。Vi 公司的学习和开发团队应该收集哪些数据或成果来监控领导力项目的有效性？解释你选择数据的业务原因。

资料来源：Based on B. Hassell，"At Vi, Business Is All About Living and Learning," *Chief Learning Officer* (June 2017)，pp. 32 - 33；and "What Is Vi" from www. viliving. com and "Training Programs" from https：// jobs. viliving. com/training-programs, accessed March 7, 2018.

注 释

综合案例 3　布鲁明戴尔的时尚和安全

作为一家高端百货商场连锁企业，由梅西百货所有的布鲁明戴尔在全美 12 个州拥有 10 000 名雇员。自 1872 年成立以来，布鲁明戴尔一直被认为是发现最新时装设计之地。尽管与制造业相比，零售业的工作是安全的，但是布鲁明戴尔的雇员还是出现过各类工伤。比如，雇员可能在更换展示柜的时候不小心从楼梯上跌落，或在使用裁纸刀打开包装的时候伤到自己，抑或是没有按照操作流程来清理打碎的玻璃，而碎玻璃通常是顾客不小心把商品或展示柜打破而造成的。布鲁明戴尔希望通过增加雇员的安全实践知识、为所有店面的雇员提供安全培训、要求雇员提醒同伴的不安全行为等方式来减少工伤索赔。

布鲁明戴尔使用不同的方式来增强雇员的安全意识，其中包括在休息区发布安全提示、提供课堂培训、在换班前举行会议。但是公司并不认为雇员得到的安全信息是一致的，并且公司也不知道雇员是否理解安全流程以及是否可以在工作中应用。

公司正在寻求一种培训方法，该方法应能够：（1）让雇员在工作期间完成培训；（2）吸引多元化、不同世代的雇员参与培训；（3）足够灵活，可以用来解决各个门店所面临的挑战；（4）衡量雇员的学习情况，并将学习和商业目标联系起来。

资料来源：Based on "About US" from www. bloomingdales. com，accessed April 15，2018；"Axonify Case Study：Bloomingdale's Saves Millions by Investing in Associate Knowledge-Building"（2016）from http：//resources. axonify. com/case-studies/bloomingdale-s-case-study，accessed April 14，2018.

问题

1. 你将如何进行需求分析以选择培训方法，并确定雇员需要的安全知识和技能？谁将会参与需求评估？

2. 你推荐布鲁明戴尔使用哪种培训方法？请解释这种培训方法以及它如何满足布鲁明戴尔的安全培训预期。

3. 布鲁明戴尔应如何评估你提出的培训方法的有效性？你如何证明培训可以促进公司的业务发展？

第四部分

社会责任与未来发展

第 10 章为"社会责任：法律问题、多元化管理和职业生涯挑战"，本章的侧重点是介绍通过与工会、社区大学和其他教育机构合作，公司如何基于培训来履行社会责任。有社会责任感的公司也会采取措施进行多元化管理，帮助雇员提高在不同文化环境中的工作效率，做好应对职业生涯挑战的准备，例如平衡工作与生活、应对职业生涯中断、应对职业生涯循环、处理裁员问题和准备退休。

第 11 章为"培训与开发的发展趋势"，讨论未来培训与开发将如何进行。许多因素会影响培训与开发的前景，包括：新技术的发展，这可能会影响培训交付的方式以及指导的质量和真实感；对可以应用于开发学习的更快速、更有效的方法的日益重视；对可以表明培训、开发与商业需求之间关系的大数据的使用日益重视。

第四部分结尾是一个关于耐克的案例，讲述了耐克在开发多元化的管理团队方面所面临的挑战。

社会责任：法律问题、多元化管理
和职业生涯挑战

学习目标

通过本章的学习，你应该能够：

1. 讨论培训合作在提升技能和为本地社区做贡献方面发挥的作用。
2. 了解与培训有关的潜在法律问题。
3. 开发有效的、多元化管理的培训计划。
4. 设计培训方案，让雇员为跨文化工作做好准备。
5. 讨论职业生涯路径和双重职业生涯路径对公司和雇员的重要性。
6. 制定使雇员达到工作与生活平衡状态的制度。
7. 描述公司如何帮助退伍军人提升技能和就业力。
8. 说明阶段性退休计划对老年雇员有何意义。

▼ 章首案例

培训合作促进了技能和职业的发展

公司、求职者、联邦政府和地方政府都希望向劳动力提供工作所需技能的培训。Central Iowa Works 是由雇主、雇员、公共和私人基金以及相关社区伙伴建立的，其目的是缩小雇主和求职者眼中的技能差距，帮助企业找到合格的从业者到艾奥瓦州中部工作。求职者接受培训，并得到真正的职业发展机会。该组织与能源行业和金融服务行业的企业合作开发师带徒项目。在参加师带徒项目包含的课堂培训和带薪在岗体验（有些时候也称带薪学习）之后，雇员就具备了从事入门级工作的技能。公司招到了接受过良好培训的雇员，他们干劲十足，离职率有所降低，而公司也因此受益。

Techtonic Group 是一家位于科罗拉多州博尔德的 IT 企业。公司很难招到合适的软件开发人员，因为求职者往往缺乏职位所需的技能。公司只能将软件开发工作外包到亚美尼亚。但是公司发现时差、语言差异、不断增加的薪资成本使得这种做法的成本非常高。公司将这一情况视为打造本土多元化人才库的契机。公司成立了自己的学院，并向当地女性、高中生、大学毕业生以及问题青年提供技能开发的机会来从事软件开发工作。公司与来自丹佛县和博尔德县的劳动派遣机构合作以寻找求职者，共有 400 名求职者申请了公司的 15 个职位空缺，而公司每年会多次采取这类招聘活动。求职者必须展示出他们理解重要的基础软件概念的能力。对于那些拥有软件开发经验的求职者而言，公司在筛选之前会为他们提供三门网络课程，这可以让他们熟悉相关技能。在公司的学院中，受训者接受为期五周的软件编程素养（比如基础计算思维、逻辑结构）培训。这一课程可以发现那些具备逻辑思维和解决问题能力的学员，公司希望找到能够在项目环境中工作，并可以与用户互动的雇员。这个课程是免费的，但是博德尔市会给予相应的补贴。公司收到了科罗拉多州政府的工作法案拨款，以确保公司在 2017 年可以招到 40 名合格的学员。从学院毕业的学员可以得到在公司信息技术开发部门为期八个月的带薪实习机会。在 35 名完成培训的学员中，32 人被选入了师带徒项目。这些人在 Techtonic Group 工作，并与公司的客户以及商业伙伴打交道。他们从初级开发者做起，帮助公司辅导新的学员，并筛选出可以进入公司学院的人选。

资料来源：Based on Central Iowa Works, from www.centraliowaworks.org, accessed March 21, 2018；T. Bingham and P. Galagan, "Offshore No More," *TD* (December 2017), pp. 26 – 31；and C. Magyar, "In Search of Apprentices," *TD* (December 2017), pp. 32 – 36.

■ 10.1　引　言

培训与开发应该有助于公司实现其业务目标、创造利润并为股东带来回报。但是股东只代表那些对公司的成功感兴趣的团队（或利益相关者）中的一部分，其他重要的利益相关者包括当地社区和雇员，他们也可以从培训与开发中受益。公司有社会责任通过保护环境、支持文化活动、帮助减少贫困及失业来改善其所在的社区。例如，公司可以和学校、社区学院、大学合作设计提高劳动力技能的方案。由于这些合作关系可以为公司提供拥有娴熟技能的雇员，因此它对公司是有利的。同时这种合作关系也有利于当地社区，因为它们可以提高当地劳动力市场的技术水平，有助于避免雇主去美国的其他地方甚至国外寻找拥有所需技能的人才，并且可以帮助吸引新的雇主。本章章首介绍了旨在帮助求职者找到工作、帮助公司找到从业者的伙伴关系（回顾第 1 章的相关讨论）。本章的第一部分讨论公司正在积极与学校、工会、非营利机构建立不同类型的合作关系来获得技能娴熟的雇员。

社会责任也意味着公司需要遵守法律法规，但更重要的是，无论雇员拥有怎样的背景，面临什么样的职业问题，公司都要采取行动并且创造条件帮助雇员成长、发展，并为实现公司目标做出贡献。本章的第二部分讨论法律法规是如何影响培训与开发的，以及如何充分利用多元化雇员的才能和技术，这包括多元化与包容性管理，打破女性雇员晋升到更高管理职位面临的玻璃天花板，为雇员胜任跨文化工作做好充分准备。本章的最后讨论雇员所面临的具体职业生涯挑战，以及雇员如何应对这些挑战。这些挑战包括平衡工作与生活、职业生涯中断、裁员、跳槽、职业生涯循环和退休。

10.1.1　培训合作

政府机构、贸易集团、基金会、公司和学校进行合作以提升雇员技能，并提供就业机会。**跨界合作**（sector partnership）是指政府机构、贸易集团帮助识别当地雇主所要求的技能，并与社区学院、高校和其他教育机构合作共同为公司提供合格的雇员。跨界合作伙伴关注那些要求具备高于高中学历但又不超过四年大学学历的工作，为专业型雇员（例如工程师）提供所必需的技能。通过此类合作，雇员可以比单个劳动者更快地获得劳动技能。[1] Job Corps 是由美国国会出资、劳工部实施的职业发展与技术开发项目。这一项目为16～24 岁的年轻人提供信息技术职业技能培训，从而使他们可以从事包括石匠、木匠、护理在内的相关工作。私人供应商为学员提供教育培训和辅助性服务，这些学员在遍布于美国的 119 个培训中心参加培训。特洛伊·卡特（Troy Carter）一直梦想成为一名成功的音乐人，他在位于马里兰州的 Job Corps 中心获得了高中同等学力，现在是 Coalition Media Group 的首席执行官，这是一家从事艺术家管理和数字营销的企业，总部位于加利福尼亚州贝弗利山庄。他与肖恩·康姆斯（Sean "Diddy" Combs）以及威尔·史密斯（Will Smith）一起工作，他的客户包括 Lady Gaga。

一些项目是为了帮助就业困难的人群（比如低收入、无家可归或者有犯罪记录的人群）专门设计的，这些人通过学习市场上所需的技能来找到工作，从而摆脱贫穷。比如，百事公司和 Disability Solutions 公司一起合作招聘残疾雇员。[2] 百事公司实施了"共同实现变革"（Achieving Change Together）计划，培训公司领导者如何招聘残疾雇员，并提供与残疾雇员一起工作的最佳实践；帮助领导者了解不同种类的残疾，并提供使残疾雇员绩效优化的学习和生产效率战略。这一计划旨在帮助残疾雇员进入劳动力市场，它聚焦于简历撰写、面试技巧以及帮助退伍军人在求职过程中转化过去的军事技能和经验。很多残疾人通过这一计划在百事公司找到了工作，也有很多残疾人通过培训在其他公司找到了工作。这帮助百事公司建立了人才库，同时也为当地社区做出了贡献。

思考一下下列合作是如何帮助雇员具备在具体领域或职位上工作的能力，并帮助失业的从业者获得再就业技能的。能源劳动力开发中心（Center for Energy Workforce Development）收到了来自盖茨基金会的 100 万美元的资助，来帮助年轻人找到能源领域的工作。[3] 年轻人因此得到了在天然气、电力以及建筑行业的工作机会。能源劳动力开发中心与能源部门一道解决由于雇员退休或离职所造成的劳动力短缺。一项预估显示，供职于美国能源行业的 40％的雇员将在五年后步入退休年龄。能源劳动力开发中心是首个与能源部门、相关协会、承包商以及工会进行合作的项目，旨在为满足行业的未来需求而打造技术熟练的劳动力。

能源企业正在通过与大学和工会合作来开发并推广在线教育和其他类型的培训项目，从而确保能源行业能够拥有技术熟练的劳动力。比如，通过与俾斯麦州立学院合作，学员获得了解电力系统、电力零部件以及变压器所需的基础技能。[4] 在一个名为"电力技术"（Electric Power Technology）的项目中，学员参加由行业工程师开发的在线课程。这类课程专门为师带徒项目中的在岗学习设计。

怡安集团（Aon）的使命是赋能经济和人类的可能性。[5] 通过与芝加哥城市学院-哈罗德华盛顿学院合作，怡安集团提供保险、科技以及人力资源方面的师带徒项目。在参加项目期间，学员都是怡安集团的正式全职雇员，并从事实际的工作。怡安集团为他们支付学费，给予他们相应的补助，使这些人通过这个项目能够获得副学士学位。在为期两年的时间内，学员每周参加 20 小时的课堂学习，另外花费 20 小时工作。一家名为 Coalfield Development Corporation 的非营利组织坐落于美国西弗吉尼亚州，公司旨在通过师带徒项目来帮助下岗的矿工重新找到工作。[6]在这一为期两年的项目中，学员每周必须完成 33 小时的带薪工作、6 小时的社区大学课程及 3 小时的生活技能训练。这一项目的目的是帮助学员获得副学士学位以及从事太阳能设备安装、石棉清除、伐木以及农业（种植蓝莓、黑莓以及中草药）等工作所需的相关认证。

作为一家位于俄亥俄州的控制器制造企业，PK Controls 公司的业务非常火爆，但是公司很难找到合适的技术人员。[7]因此公司通过内部培训来开发技术人员，同时与哥伦布州立大学合作对公司需要的技能进行开发。公司与包括本田、沃辛顿工业公司（Worthington Industries）在内的企业一起参加由哥伦布州立大学组织的现代制造业项目，这一项目的毕业生可以获得机电工程的副学士学位。学生每周两天上课，三天工作。学员在完成三个学期的先进工程课程学习后开始接受在岗培训。项目的毕业生可以找到年薪为50 000～60 000 美元的工作，而包括 PK Controls 公司在内的企业则可以招到具备从业技能的雇员。

联邦立法提倡教育机构、雇主和工会之间相互协助。《学生就业机会法案》（School-to-Work Opportunities Act）旨在帮助各州建立学生就业适应性培训系统，以使学生将来有机会获得高技能、高薪酬的工作，或进一步深造。该法案提倡教育机构、雇主与工会之间相互协助，要求每个学生就业培训系统都包括在职学习和课堂学习，就适合学生的活动与雇主联系，做到将课堂与工作场所相结合。威斯康星州拥有最完善的学生就业适应性培训项目，在包括旅游和工程在内的 13 个领域提供了师带徒培训。雇主和教员委员会就此开发了一系列所需的技能，并确定了合适的课堂教学和在职体验。比如"威斯康星州健康科学青年培训计划"（Wisconsin Health Science Youth Apprenticeship Program）聚焦于健康科学的不同路径，其中包括诊疗服务（牙科、护理、医师助理）、信息学（病患数据管理）、移动/辅助性服务（餐饮、实验室、验光）。[8]这一计划通过将课堂教学与在岗学习相结合的方式为高中生提供从事这类职业所需的知识和技能。

《劳动力创新与机会法案》（Workforce Innovation and Opportunity Act）旨在帮助求职者获得就业、教育以及辅助性服务，从而使他们能够在劳动力市场中获得成功，同时帮助雇主招到技能熟练的雇员。[9]这一法案是于 1998 年通过的《劳动力投资法案》（Workforce Investment Act）的修正案。《劳动力创新与机会法案》得到了国会两党的支持，这是 15 年以来针对公共劳动力的第一个法案性改革。这一法案通过消除原有的项目，并审定一系列普遍性指标来评估余下的项目，从而简化劳动力开发系统。这一法案还允许各州通过灵活拨款来支持本州所需的技能，并为劳动力提供包括在岗培训以及开发机会在内的相应支持。最后，这一法案还确保残疾人获得必要的技能以成功就业，并为辍学青年提供就业支持。这一法案的基石是将各类培训、教育以及就业项目集合成一个独立的客户友好型一站式服务体系。一站式服务的理念是项目、服务和治理结构之间相互协调，客户可以获得一个无缝衔接的劳动力投资服务系统。我们希望各类项目可以使用统一入口、案例管理以及职位开发服务，从而最大限度地发挥这一系统的潜在效率和有效性。包括各类培训和就业项目在内的服务可以满足雇主和求职者的需求。而发挥一站式服务体系的潜力所面临的挑战是确保各州或当地管理委员会可以与贫困家庭临时救助机构、公共交通机构、城市规划组织、儿童护理机构、非营利社区合作伙伴以及其他相关组织通力合作。

　　一家名为 Electric Boat 的潜艇设计和制造企业坐落于美国康涅狄格州格罗顿。[10]这家企业最近获得了一个来自美国海军的大额合约，但是公司现在无法招聘到具备必需技能的雇员。根据估算，到 2030 年公司需要招聘 15 000～18 000 名雇员。为了解决这一问题，公司将原有的培训预算翻了一倍，并与东康涅狄格州劳动力投资委员会（Eastern Connecticut Workforce Investment Board）合作。这个组织是根据《劳动力创新与机会法案》强制设立的非营利组织，有超过 4 000 人报名参加了这个组织提供的技能培训项目，600 人已经完成了培训，并被 Electric Boat 公司以及其他雇主雇用。

　　O* NET（职业信息网络的简称）实质上是一个独特的、综合性的数据库和目录，提供的信息包括职业名称、雇员能力、工作要求和资源。[11]O* NET 支持一揽子交付服务的实施，是美国国内职业信息的主要来源。O* NET 的数据库包含技能、能力、知识、工作活动以及与职业相关的兴趣等信息。O* NET 提供的信息可以用来促进职业开发、职业咨询和一系列人力资源开发活动，例如下达工作指令，创建职位描述，选择与具体工作相匹配的培训项目。找工作的人可以利用 O* NET 寻找那些与他们的兴趣、技能和经验相匹配的工作，并且明确他们的理想工作所需的技能、知识与能力。

10.1.2　工会与管理层联合计划

　　这些计划的初始目的是通过技能培训和外部安置来帮助被解雇的雇员重新找到工作。**工会与管理层联合培训计划**（joint union-management training program）提供了一系列服务，旨在帮助雇员学习与工作直接相关的技能，并为其开发"便携式"技能（在其他公司或行业也适用的技能）。[12]雇主和工会都要为该计划出资，并监控其运作情况。国家通信教育和学习联合组织（National Coalition for Telecommunications Education and Learning，NACTEL）作为通信公司（包括 AT&T、Century Link、Frontier 和威瑞森）与工会——例如美国电信工人工会（Communication Workers of America，CWA）和国际电气工人兄弟会（International Brotherhood of Electrical Workers，IBEW）——的合作组织，已经开发了很多在线教育计划。[13]国家通信教育和学习联合组织提供的项目包括半正式学位计划（如通信专业学位计划）和认证计划（如介绍通信产业的计划），主要由佩斯大学的计算机和信息系统学院负责实施。

　　总部位于伊利诺伊州芝加哥的 Siteline Interior Carpentry 公司在得克萨斯州设立了新的分支机构，因为公司认为在那里可以找到并培训合适的木工。公司开发的为期三天的培训项目每个月进行一次。这一项目是与达拉斯和奥斯汀的木工工会共同开发的。[14]全美汽车工人联合会克莱斯勒培训中心（United Auto Workers Chrysler National Training Center）为来自克莱斯勒汽车美国公司（Fiat Chrysler Automobiles United States）的产业工人提供旨在提高工作和生活技能的培训。[15]培训中心下设世界级制造学院，学员在这里学习世界级制造业生产系统。世界级制造业强调雇员的参与、提高生产率以及汽车质量。每年经由克莱斯勒培训的雇员超过 1 200 人，这就创建了企业持续学习的文化。培训中心提供的课程涵盖机器人技术、金属精加工、焊接、电气故障检修以及计算机辅助设计。这些课程帮助熟练技工和生产工人避免由于新技术的引入而被淘汰。此外，培训中心还负责学费资助计划，这一计划是为那些在大学接受培训的雇员而设立的。为了确保雇员的安全，培训中心还和当地工会以及管理层一起开发健康与安全培训项目。培训中心还实施了"雇员援助计划"（Employee Assistance Program）来帮助雇员应对个人挑战，并改善他们的个人生活。

10.2 法律问题和管理国内与国外的多元化劳动力

10.2.1 法律问题

表10-1列举了容易使雇主受到起诉并损害公司声誉的潜在培训活动和情形。之后，我们将对每种情形及其对培训的影响进行描述。[16]

表10-1 可能会引起法律诉讼的培训情形

- 不为雇员提供必要的培训或者提供的培训不足。
- 雇员在培训活动中受伤。
- 雇员或他人在培训课程外受伤。
- 违反保密制度或中伤他人。
- 在培训课堂上未经许可就复制和使用受版权保护的资料。
- 把女性、少数族裔雇员、老年雇员排除在培训计划之外。
- 培训中不能平等对待雇员。
- 要求雇员参与侮辱性项目。
- 培训期间出现歧视性信息。
- 培训项目不为残疾受训者做出合理调整。
- 把培训费用错误地作为一种支出，或不把培训补偿计为收入的一部分，或没有为雇员参加培训支付报酬。

不为雇员提供必要的培训或者提供的培训不足

为了遵守一系列法律法规，公司必须证明雇员不仅完成了培训计划，而且正在工作中应用他们学到的新知识。大部分公司为雇员提供培训，以减小恶劣的工作环境导致雇员诉讼事件发生的可能性。在这方面，雇员受《民权法案》第七章（Title Ⅶ of the Civil Rights Act）（主要针对由种族、肤色、性别、宗教、国籍、出生地等因素引起的非法行为）、《就业年龄歧视法案》（针对由年龄歧视引起的非法行为）和《美国残疾人法案》的保护。[17]例如，美国最高法院认为，如果公司要避免因为性骚扰事件而受到惩罚，那么应为雇员提供防范性骚扰的培训课程。雇主还要培训雇员遵守一定的行为准则，防止受《民权法案》第七章保护的人群受到骚扰。

联邦法律可以要求公司为雇员提供一定类型和时长的培训。例如，飞机乘务员必须接受入职培训，内容包括如何为旅客服务、使用用餐设备、撤离飞机和使用公共广播系统。2009年美国航空公司的1549航班在哈得逊河安全着陆是极为罕见的，客机的迫降没有造成乘客或机组人员伤亡。因此，联邦航空管理局为航空公司制定了新的培训法规和规则，呼吁所有乘务员亲自动手使用应急设备并熟悉规程。[18]同时，联邦航空管理局引进了基于场景模拟的培训标准，帮助飞行员熟悉新型飞机的操作，这些飞机拥有集成化系统，速度更快，飞行高度更高，配有新的多功能航行显示器。[19]

医疗保健领域的公司必须遵守《健康保险流通与责任法案》（Health Insurance Porta-bility and Accountability Act），财务公司必须遵守《银行保密法》（Bank Secrecy Act），娱乐行业的公司需要培训雇员如何保管钱财以及如何报告可疑活动。[20]在美国，随着警察执法遭到质疑的事件不断增加，联邦政府也开始调查针对警察的培训。比如，一名警察由于射杀一名企图逃跑的男性而遭到起诉，政府开始调查针对警察所实施的 12 小时培训是否足够，并审查警察应该在何种情况下以何种形式执法。[21]2017 年通过的《克里斯·柯克帕特里克医生举报人保护法案》（The Dr. Chris Kirkpatrick Whistleblower Protection Act of 2017）要求联邦政府机构每年对监管人员进行培训以更好地应对举报者。[22]举报者就违法行为对相关部门进行提醒。柯克帕特里克医生举报了一家退伍军人医疗中心所涉及的不安全的医疗行为，他在举报后自杀。法律还要求公司开展相关培训，例如有关药品滥用的培训和咨询，处理有毒物质和使用《职业安全与健康法案》（Occupational Safety and Health Act）中规定的安全设备的培训，以保证雇员在无毒、安全的工作环境中工作。

雇员在培训活动中受伤

在岗培训和仿真模拟往往要用到工作器械和设备（如焊接机、印刷机）。这些设备如果使用不当，就会导致雇员受伤。很多州的赔偿法规定，如果雇员在与工作相关的活动（如培训）中受伤，那么雇主负责向雇员支付薪酬，并提供经济赔偿。管理人员要确保：（1）警告雇员设备使用不当的潜在危险；（2）使用安全的设备。

雇员或他人在培训课程外受伤

在允许雇员操作设备或与顾客打交道之前，管理人员要确保受训者达到必要的知识、技能和行为水准。即使由公司出资让服务提供商开展了培训，那些行为不正确或不符合要求的雇员仍有可能受伤。将培训外包给服务提供商或咨询公司的公司要确保签订赔偿条款，对培训者的能力进行确认，并了解培训者以前是否被起诉过。培训者应保留好培训笔记、培训活动和培训手册的副本，来证明培训程序的正确性，并证明培训是按照许可证和认证机构要求的步骤进行的（如果适用的话）。

违反保密制度或中伤他人

管理人员应确保雇员档案中的培训表现记录是准确的。同时，在与其他人讨论某一雇员在培训中的表现或把培训表现作为决定晋升或薪酬的依据之前，管理者应把培训表现记录的用途告诉雇员。

在培训课堂上未经许可就复制和使用受版权保护的资料

版权（copyright）是对一种思想的表达方式（如一个软件项目的培训手册）进行的合法保护，但并不保护材料所包含的思想（如软件项目中帮助性窗口的使用）。[23]版权同样禁止他人在原作的基础上创作，并禁止他人在未经许可的情况下进行复制、传播或出版。

未经版权所有人许可而在培训课堂上使用录像带、辅助资料、培训手册及其他受版权保护的材料是非法行为。管理人员应确保所有的培训材料都是从编写材料的服务提供商或咨询公司购买的，或者已获得复制权。网络上的资源并不都是不受版权法律约束的。[24]很多网站和出版的资料受公平使用原则的制约，这就意味着有一小部分有版权的资料是可以在未经许可的条件下免费使用的，只要使用过程符合四个标准。这些标准涉及：（1）资料的使用目的；（2）资料的内容；（3）使用的比例；（4）使用该资料给版权所有者带来的货币损失。将网络上的文章改头换面，以自己的名义发表可能会违反版权法。例如，美国一家小型培训公司课里播公司（Crisp Learning）经常发现自己的版权受到侵犯。该公司主要负责音像培训课程的开发和销售，内容涉及如何撰写商业报告以及如何进行时间管理等。这一系列课程被命名为"50分钟系列"，由于它的应用性强且播放时间短，因此很受欢迎。但是公司发现违法分子盗用其版权，并以他们自己的名义在市场上出售。

侵犯版权的代价是很高的。盗版者一旦被查处，不仅要支付高额的法律费用，还要赔偿对方的损失。赔偿金往往比通过合法途径购买培训资料的费用要高得多。如果要获得版权许可，你必须直接与资料所有者沟通，了解如何使用该资料以及如何标注所有权。另一种获得版权许可的方式是获得诸如版权结算中心（Copyright Clearance Center，www.copyright.com）等组织的批准。

把女性、少数族裔雇员、老年雇员排除在培训计划之外

两项立法规定了把女性、少数族裔雇员和老年雇员排除在培训计划之外属于非法行为。1964年《民权法案》第七章（1991年修订）规定，因种族、肤色、宗教信仰、性别或国籍等原因不录用或开除雇员是非法行为。《就业年龄歧视法案》（Age Discrimination in Employment Act，ADEA）禁止歧视40岁以上的人。《民权法案》和《就业年龄歧视法案》都由平等就业机会委员会（Equal Employment Opportunity Commission，EEOC）负责解释。

尽管这两项立法多年前就已经存在，但美国劳工部的一项研究表明，与白人男性相比，女性和少数族裔雇员未能获得同等的晋升培训。[25]由于女性、少数族裔雇员和老年雇员不了解培训机会，或被有意不给予培训机会，他们往往被非法地排除在培训项目之外。限制部分雇员的培训机会或优待年轻雇员可能会使公司面临年龄歧视的诉讼。[26]年龄大的雇员可能会因为未得到晋升机会或遭到解雇而起诉公司。作为年龄歧视的证据，法院会调查公司是否不让年龄大的雇员获得年轻雇员可以得到的培训机会。为了避免培训中的年龄歧视，管理者和培训者要确保组织文化和政策在年龄问题上是中立的。有关培训与开发机会的决策不应建立在老套的年龄基础上，而是要同与工作有关的因素（如绩效）结合起来。管理者应该对公平的培训与开发实践负责，以确保所有雇员都有发展规划。最后，所有雇员都要接受有关《就业年龄歧视法案》和年龄歧视如何影响老年雇员待遇的培训。诸如"老年雇员抵制改革"之类的固有观念可能会导致老年雇员被排除在各种培训与开发项目之外。

2008年，菲尼克斯大学由于对担任在线部门招生顾问的非摩门教徒雇员存在宗教歧视而支付了超过100万美元。[27]学校拒绝为未达到注册工作要求的非摩门教徒雇员减免学费，而同样未到达注册工作要求的摩门教徒雇员却有权减免学费，这就是典型的宗教歧视。

另一个例子是大型货运公司New Prime因歧视女性卡车司机求职者而违反联邦法律，公司要求她们只接受女性培训师的培训。[28]公司会为男性求职者提供培训，而女性求职者

被列入候补名单，导致工作被推迟或拒绝招聘她们。

保罗·霍尔海事培训教育中心（Paul Hall Center for Maritime Training and Education）和国际海员协会（Seafarers International）的培训项目只允许 40 岁以下的人员参加，这违反了《就业年龄歧视法案》。因此这两个机构受到了平等就业机会委员会的起诉，为此它们需要支付 62.5 万美元。[29] 年龄限制源于人们的固有思维，即年龄大的人无法在对身体和精神要求很高的培训项目中取得成功。这一案件还要求保罗·霍尔海事培训教育中心和国际海员协会取消所有年龄上限，并对负责招募、甄选和接纳新项目参与者的雇员进行联邦反歧视法案的培训。

培训中不能平等对待雇员

平等对待所有受训者意味着不管受训者的背景如何，都应为其提供平等的学习环境，如实践机会、信息反馈、角色扮演等。所有的受训者都应该得到物质和资金的支持以确保他们可以在培训中取得成功。同时，培训者还应避免带有敌意的玩笑、故事和道具。例如，由于女性雇员声称在航管中心遭遇了骚扰，联邦航空管理局要求所有雇员都参加多元化培训。在培训过程中，要求男性雇员体验在穿过航管中心的走廊时遭到嘲笑和讥讽的感觉（该项目被称为 "walking the gauntlet"）。一位男性雇员因为忍受不了这种不愉快且给人造成心理压力的培训而起诉联邦航空管理局，并且胜诉了。

美林证券（Merrill Lynch）由于种族歧视遭到一位非裔美国经纪人的起诉[30]，结果美林证券向 1 400 名非裔美国经纪人支付了 1.6 亿美元。在美林证券只有 2% 的经纪人是非裔美国人，相对于白人而言，他们不太可能成为公司的顶级雇员。尽管美林证券针对黑人经纪人实施了数个培训项目，这些项目旨在帮助他们介绍客户，但是黑人经纪人很少被邀请加入团队，而这将会限制他们的销售。此外，在入职前 28 个月的培训期间转入黑人经纪人账户的资产远远少于白人经纪人。

要求雇员参与侮辱性项目

好事达保险公司（Allstate Insurance）成为好几起宗教歧视案件关注的焦点，它被保险经纪人指控具有宗教歧视倾向。保险经纪人认为，经纪人培训项目中所强调的原理以科学论为基础，具有敌意，并违背了其宗教信仰。

培训期间出现歧视性信息

Lucky Stores 是加利福尼亚州的一家超市连锁店，它在多元化培训项目中所做的记录被当作歧视的证据。[31] 在培训期间，公司要求管理人员说出其刻板印象，其中一些说法（如 "女性更爱哭" "黑人女性好斗"）诋毁了女性和少数族裔雇员，原告把公司在培训期间做的记录当作证据。为了避免受到平等就业机会委员会的调查，该案最后在庭外和解。

培训项目不为残疾受训者做出合理调整

《美国残疾人法案》（Americans with Disabilities Act，ADA）禁止人们在工作场所中歧视残疾人，包括在录用、解雇、薪酬制定和培训等方面。《美国残疾人法案》把残疾定义为：使一项或几项主要活动受限的生理或精神缺陷，有这类缺陷的记录，或被认为具有这类缺陷。

《美国残疾人法案》要求，除非调整会使公司的运营异常艰难，否则公司应为有生理或精神缺陷的人做出合理调整。这种艰难程度的认定将通过对调整的类型、与公司财务资源相关的调整成本进行比较分析来进行。即使公司的困境得到了认定，《美国残疾人法案》也要求公司给残疾人一定的补偿。

在培训中，**合理调整**（reasonable accommodation）是指让残疾人更易于接触和使用培训设施，也包括改进教学媒体、调整培训政策和为受训者配备助教或翻译。如果雇员未提出调整要求，雇主可不做出合理调整。若残疾人不具备参加该培训的资格（如缺乏必要的资格证明或教育背景），雇主同样可不进行调整。

芝乐坊（The Cheesecake Factory）基于出勤问题解雇了一名新入职的残疾雇员，结果遭到了平等就业机会委员会的起诉。[32]平等就业机会委员会认为芝乐坊未能在在线调度系统和计时流程方面提供足够的培训（并且未考虑雇员的听力障碍而给予相应的照顾），使得这名残疾雇员在掌握不断变化的工作时间方面处于不利的地位。芝乐坊在雇用这名雇员之前已经知晓他患有听力障碍，却未能给予他相应的照顾。于是，公司决定在面试、岗前培训以及工作会议期间使用书写的方式与其交流。

《美国残疾人法案》对一些培训方法有一定的影响，比如冒险性学习和网络学习。冒险性学习要求学习者具有较好的身体素质，因此，身体残疾的雇员不能参与冒险性学习项目。[33]在不导致组织处境艰难的情况下，雇主应为残疾雇员提供一个备选的培训项目，让其学习冒险性学习项目培训的技能。患有视觉、听觉、运动以及认知障碍的受训者应该获得网络培训的机会。[34]《康复法案》（Rehabilitation Act）第 58 条要求向残疾人提供由联邦政府购买的信息通信技术（包括电子学习在内）。《美国残疾人法案》要求大学向残疾人提供在线学习的内容。一些残疾人无法通过公司网站获取信息，于是基于《美国残疾人法案》对几家公司提起了诉讼。在线学习的可及性在于培训的可知性（要以能够让受训者识别的方法进行学习）、可操作性（受训者可以浏览在线课程）以及可理解性（通过一些类似于屏幕阅读器的技术帮助受训者理解培训内容）。

关于培训者和管理者应该做出何种调整才不违反《美国残疾人法案》，无法给出专门的指导。辨别培训是否与"关键性"工作职能相关十分重要，即确认任务或培训的核心知识、技能和能力对该职位而言是否为最基本的。可以通过任务分析信息（见第 3 章）来辨别关键性工作职能。例如，可以把经常执行的任务和达到良好工作绩效所需的关键性任务看作关键性工作职能。如果培训与工作可能需要的某项职能（边际工作职能）相关，而又不要求所有人员都掌握这项职能，就不能以此为由把残疾雇员排除在培训之外。按照阻碍雇员获得关键性职能培训的残疾程度，培训者必须考虑是否有可能做出合理调整。

把培训费用错误地作为一种支出，或不把培训补偿计为收入的一部分，或没有为雇员参加培训支付报酬

培训支出通常是由《国内税收法规》（Internal Revenue Code）决定的。公司经常把用于雇员培训的支出计入经营费用。雇主援助计划（The Employer Assistance Program，《美国国内收入署法典》的一部分）要求雇主每年为一名雇员支付 5 250 美元用于教育培训。这项支出可以被雇主列入经营费用而不用计入雇员的年总收入。在其他计划（例如，教育补偿计划）中，雇主可以决定支付雇员的哪项培训费用以及如何支付。雇员获得的补偿可以被看作其应纳税收入的一部分，雇员可以将与工作有关的教育费用作为他们的所得税分项扣除额。扣除的前提是培训费用必须用于维持和改进雇员技能（这些技能是工作所需的，或者是为实现公司经营目标服务的，抑或是公司、法律或规则要求的），从而保障雇员目前的工资、地位或职位。如果想获得更多与企业和个人教育费用有关的信息，可以访问 www. irs. gov。

《公平劳动标准法案》（Fair Labor Standards Act）要求雇员得到全部工时的报酬。雇员参加培训的时间应该被视为工作时间，这也就意味着除非出现以下四种情况，否则都应该向雇员支付报酬[35]：（1）培训在雇员的固定工作时间之外进行；（2）培训是自愿行为；（3）培训与雇员的工作无关；（4）在培训期间雇员未能表现出高效的工作状态。

10.2.2　管理劳动力多元化和包容性

多元化可以被认为是不同个体在各方面存在的差异。[36]例如，在威瑞森，多元化意味着包容差异和多样性，包括年龄、种族、受教育程度、性取向、工作风格、性别等。**包容性**（inclusion）是指营造一种雇员可以分享归属感、相互尊重、对彼此负责的氛围，从而使每个人都能发挥最佳水平。[37]包容性不仅可以使公司利用雇员的多元化，还可以利用客户、供应商以及社区伙伴的多元化。

多元化培训（diversity training）是旨在改变雇员对多元化的态度及开发他们与不同人一起工作的技能的培训计划。多元化培训的目标包括：（1）消除不利于雇员个人发展的价值观、刻板印象和管理实践；（2）不管雇员的种族、年龄、身体状况、性取向、性别、家庭地位、宗教信仰和文化背景如何，都要允许其为实现组织目标做出贡献。[38]根据平等就业机会法律的规定，公司要保证充分吸纳女性和少数族裔雇员，也就是说，公司要关注职位竞争的公平性。然而，多元化培训和关注平等就业机会并不能让一个公司真正做到充分利用多元化劳动力的价值。[39]它们只是把部分重点放在多元化与包容性管理上。

研究显示多元化培训对于多元化意识影响最大，对于行为和态度的影响相对较小，但是这种影响是非常有意义的。当多元化培训作为多元化意识培养和技能开发培训的一部分，且被投入了足够的时间时，多元化培训可以带来更加积极的影响。[40]同时，利用培训设计特征创建的学习环境可以创造更大的收益。也就是说，培训计划有足够的时间让受训者学习（4 小时或更多），管理者作为培训项目的培训师，而受训者通过案例和练习与培训师、培训内容以及其他受训者进行互动。多元化培训所要解决的普遍问题是我们固有的刻板印象、假设和偏见。[41]研究显示，由于无意识偏见，男性和女性的绩效会被评估得非常不同。**无意识偏见**（unconscious bias）是一种意识之外的判断，它影响基于背景、文化和个人经验的决策。我们都有无意识偏见。比如，我们使用归因法和各种理由来解释绩效，而这是无意识偏见影响我们的一种方式。比如，女性收到的关于攻击性沟通方式的反馈是男性的 1.5～2 倍。相对于女性而言，男性会获得更多关于商业成果的反馈。实施绩效评估的管理者是男性还是女性并不重要。包括微软、谷歌、脸书以及陶氏化学在内的许多公司都认识到减少在绩效评估、升职决定、获得开发机会中存在的无意识偏见的重要性，要求雇员参加培训项目。[42]这些培训项目旨在使雇员认识到无意识偏见的存在，并通过放慢决策速度和谨慎使用语言以及推理进行判断的方式来减小无意识偏见的影响。

多元化与包容性管理（managing diversity and inclusion）旨在营造一种所有雇员（不管人数多少）都可以为实现企业目标和个人发展做出贡献的氛围。这就要求除了公平、积极地对待雇员之外，还要为其提供平等的工作机会。公司必须对雇员进行开发，使其适应与不同种族和宗教信仰的人一起工作。多元化管理可能需要改变公司的文化，包括公司对待雇员的准则、对竞争的倡导、结果导向、创新和冒险性。多元化的价值是建立在公司文化基础上的。

多元化与包容性管理可以通过几种不同的方式为公司提供具有竞争力的优势。它可以帮助公司赢得"受欢迎的雇主"的声誉，这有利于公司吸引人才、女性和少数族裔雇员。女性和少数族裔雇员会感到自己受到了重视并积极发表自己的见解，这有助于公司开发新产品和改善针对特定消费群体（如西班牙裔）的营销效果。

比如，高科技行业的企业正面临如何提升劳动力多元化水平的难题。[43]因此，它们正试图积极地管理多元化和包容性。比如，谷歌已经认识到高科技劳动力缺乏多元化，公司雇员中83%是男性，2%是拉丁裔，而非裔美国人只占1%。为了提升劳动力多元化水平，谷歌投入大量时间在传统黑人大学进行招聘。为了增加技术企业的女性人数，谷歌和Pinterest公司正在进行一项试验，要求至少有一名女性或者少数族裔参加面试。通过确保参加面试的职位申请者与至少一名面试官同属一个族裔，思科公司正在提升招聘团队的多元化水平。思科公司发现这一措施可以有效地增加雇员被雇用的概率。

当组织的环境有利于从多元化中学习时，多元化可能会改进绩效。[44]虽然没有证据表明多元化和企业经营业绩之间是直接相关的[45]，然而只要公司长期效力于管理多元化，制定了对歧视零容忍的政策，多元化管理就可能成功。多元化管理的成功将为雇员创造各种机会，使雇员可以：（1）共同探讨如何更好地完成工作；（2）感受到支持性和合作性的组织文化；（3）努力提高领导能力和工作技能，以有效地发挥团队功能。多元化已存在于劳动力市场和顾客市场，并且是社会认同的价值观念。管理人员需要通过各种人力资源实践以及为雇员提供有利于多元化的管理和团队技能培训来创建组织环境。正如你将在下面的讨论中看到的那样，多元化管理需要经历曲折的文化变革，并非在墙上贴上标语就能实现。

为确保多元化对于所有雇员而言都是一个机会，许多公司改变了雇员资源小组的会员制度，从而吸纳不同的雇员。[46]也就是说它们吸纳各类雇员，而不是只吸纳具有相同国籍、种族、性别、性取向和军队头衔的雇员。公司激励雇员关注工作场所的多元化，并利用有不同经验和观点的雇员的专业知识来解决问题。人们对于雇员资源小组中缺少女性和少数族裔雇员的认识不断加深，女性和少数族裔雇员难以得到升职的机会。在德勤有一些项目只针对女性开放，比如，女性为男性提供导师指导。此外，德勤还在几个地区的办事处设立了包容性委员会，并组织了各类活动。

表10-2列举了与多元化培训计划的长期成功相关的特点。成功的关键在于多元化培训计划要与经营目标密切相关。对于管理多元化的衡量可以确保它像其他商业成果（比如生产率和顾客满意度）一样重要。多元化和包容性已被纳入管理者的绩效目标，并将在公司内推动。比如，当被问到为什么在公司内推动多元化非常重要时，美利生公司（Merisant）的首席执行官强调拥有不同生活方式和背景的雇员会相互挑战，并产生很多争论，而这些争论可以推动商业创新。[47]美国银行针对雇员的敬业调查中包含了关于多元化和包

容性的问题，美国银行通过调查结果来了解雇员是否得到了公平的对待。AT&T 公司的高管定期举行会议来讨论多元化目标，他们的部分薪酬建立在实现这些目标的基础上。

表 10-2　与多元化培训计划的长期成功相关的特点

- 最高管理层能提供资源，亲自参与，并公开支持多元化。
- 该培训计划是结构化的。
- 把获取多元化的工作人员看作一个业务目标。
- 把获取多元化的工作人员看作获得收入和利润的必要手段。
- 利用指标（例如销售额、留职率和推广率）对培训项目进行评估。
- 管理者必须参与。
- 应该把该计划看作一种文化变革，而不是一项短期培训。
- 不能因为出现问题而责备管理者和团队。
- 在培训中需要传授与他人成功交往的行为和技能。
- 当管理者在达到多元化目标方面取得进展时，应对其有所嘉奖。
- 管理层收集雇员的反馈信息，并做出反应。
- 创建一种所有雇员都认同的安全、开放的企业文化，雇员可以发现和欣赏彼此的不同点，所有雇员都会认识到多元化的好处。

资料来源：Based on F. Dobbins and A. Kalev, "Why Diversity Programs Fail," *Harvard Business Review* (July-August 2016), pp. 52 - 60; B. Groysberg and K. Connolly, "Great Leaders Who Make the Mix Work," *Harvard Business Review* (September 2013), pp. 68 - 76; K. Bezrvkova, K. Jehn, and C. Spell, "Reviewing Diversity Training: Where We Have Been and Where We Should Go," *Academy Of Management Learning and Education* 11 (2012), pp. 207 - 227; S. Rynes and B. Rosen, "A Field Survey of Factors Affecting the Adoption and Perceived Success of Diversity Training," *Personnel Psychology* 48 (1995), pp. 247 - 270; R. Anand and M. Winters, "A Retrospective View of Corporate Diversity Training from 1964 to the Present," *Academy Of Management Learning and Education* 7 (2008), pp. 356 - 372; and C. Chavez and J. Weisinger, "Beyond Diversity Training: A Social Infusion for Cultural Inclusion," *Human Resource Management* 47 (2008), pp. 331 - 350.

　　公司的最高管理层可以通过建立促进多元化和包容性的结构来表示支持。我们来看索迪斯集团的多元化行动。[48]索迪斯集团是全球领先的食品和设施管理公司，其子公司遍及美国、加拿大和墨西哥，每天为 1 000 万名顾客提供服务。雇员每天要与来自 80 个国家、128 个民族的顾客联系，包容性政策不是一项选择或一个机会，它是商业活动所必需的。索迪斯集团关注职场中性别的代表性、代际机会、残疾人以及少数族裔的包容性。因此，多元化和包容性是企业战略的核心要素。索迪斯认为，多元化和包容性的基本经营目标侧重于关注雇员（例如，公司文化、招聘、人才开发、工作与生活的平衡等）、顾客、客户和股东（例如，供应商多元化、跨行业的多元化委员会、多元化咨询等）、社区（例如，索迪斯基金会和社区合作伙伴）。公司的目标包括：理解商业案例的多元化和包容性；增强与商业挑战相关的多元化意识；通过制定加强招聘、晋升和留住人才的管理行动来创建和培育多元化的工作环境；致力于人际关系管理和客户服务来吸引和留住多元化顾客和客户；通过与女性和少数族裔商业伙伴合作提供食品和设施管理服务。多元化和包容性是索迪斯集团的核心竞争力，也是雇员培训和管理人员年度绩效评估的一部分；公司在新雇员入职培训中会强调多元化和包容性这一价值观。

　　索迪斯集团将平等就业机会和法律合规培训从多元化培训中分离出来。在索迪斯集团，多元化培训是多元化管理战略的一部分。公司要求雇员每隔三年就要参加平等就业机会和平权法案的复习课程，高层管理人员也要参与并致力于多元化管理。Cross-Market

Diversity Council 是由想要营造一个集多元化和包容性于一体的环境的集团管理者和领导者组成的。这个小组的目标是在公司的每个业务单元通过协作来实施多元化计划，从而可以作为思想领袖来推动公司的多元化和包容性战略，在公司区域层级中实施多元化和包容性管理，并与公司雇员商业资源小组（Employee Business Resource Groups）保持一致。公司开设了一门针对所有雇员的必修课程，这门名为"包容性精神"的课程需要一天的时间完成。每位管理者都需要参加八小时的初级班（名为"多元化精神"）。索迪斯集团为多元化培训设有侧重于技能培养和多元化认知的学习实验室。学习实验室的研究的主题包括"不同代际的职场人""关注残疾人的培训""跨文化交流""通过包容提高团队效率"等。该公司的学习和开发团队为不同的职能部门和工作团队制定了个性化解决方案。例如为销售部门开发面向多元化客户进行销售的课程，为招聘部门提供跨文化交流项目。

除了多元化培训活动以外，索迪斯集团有许多雇员社交网络组织，分别是：African American Leadership Forum，People Respecting Individuality，Diversity and Equality，Honoring Our Nation's finest with Opportunity and Respect，Intergenerational Network Group。这些组织为雇员提供论坛，从而使他们感到自己融入了一个社区。在这些组织中，雇员可以通过相互学习、开发他们的职业生涯、分享自己的观点来促进公司的多元化发展。索迪斯集团的"多元化冠军"（Champions of Diversity）项目会给予那些推动公司多元化和包容性的雇员一定的奖励和表彰。雇员可以认识到他们的同事所展示的多元化和包容性行为帮助公司吸引并留住了多元化人才，同时还提高了公司品牌在社区的认知度。受到表彰的雇员有机会在每月的抽奖活动中获得价值 50 美元的奖励卡。

为了强调公司多元化的重要性，公司的每位管理人员都拥有一个多元化计分卡，用于评估所有雇员在招聘、留用、提升和开发方面的成就。计分卡包括定量目标和针对参加培训、指导和社区服务等的行为评估，雇员的部分奖金取决于这些领域的成就。

索迪斯集团发现，其旨在实现多元化管理的多元化培训和努力对经营成果产生了积极的影响。多元化的指导方案提高了生产率、雇员敬业度以及女性和有色人种雇员的保留率。据预估，该项目每 1 美元的投资回报为 19 美元。索迪斯集团发现女性在管理层占比为 40%～60% 的团队在敬业度、品牌知名度、客户保留（增加了 12%）、利润和增长方面的表现要优于那些男女比例不均衡的团队。由于公司的多元化管理，索迪斯集团多次签订商务合同并留住了客户。公司在多元化和包容性方面的努力得到了认可，这表现为公司关心所有雇员的幸福生活，因而吸引了有才华的雇员。索迪斯集团连续获得各类表彰，在 2017 年 50 佳多元化企业中排名榜首，公司也因此连续 9 年登上前 10 名的榜单。索迪斯集团被女性高管人员认为是顶尖公司，而且是拉丁美洲人、黑人、认同全球多元化的人以及残疾人心目中排名前 10 的企业。大多数成功的多元化管理项目，如索迪斯集团的多元化项目，都包括表 10-3 所示的关键组成部分。

表 10-3　有效多元化管理计划的关键组成部分

高层管理者支持
- 商业案例多元化。
- 把多元化作为经营战略和企业目标的一部分。
- 参与多元化计划，并鼓励所有管理人员参加。
- 确保执行层管理团队的组成体现雇员的多元化。

招聘和录用
- 要求猎头公司提供更多的候选人。
- 提高管理者的面试、甄选和招聘技能。
- 扩大在少数族裔学院的招募规模。

识别和开发人才
- 与帮助少数族裔学生进行职业生涯管理的实习项目合作。
- 建立一个辅导过程。
- 优化公司的全球接班人计划体系，以提升识别人才的能力。
- 改进管理者和领导者的甄选与开发过程，确保他们有能力使团队绩效最大化。
- 确保所有雇员（尤其是女性和少数族裔）有机会参加管理开发计划和领导力开发计划。

雇员支持
- 建立资源小组或雇员网络团体（包括有共同兴趣的雇员），来帮助公司开发商业目标并了解他们关心的问题。
- 庆祝文化传统、节日和假期。
- 为所有雇员制定工作与生活平衡计划（例如，弹性工作时间、远程办公、提供老人照护服务等）。

确保公平待遇
- 开展大范围的多元化培训。
- 执行可供选择的争议解决过程。
- 允许女性和少数族裔雇员加入公司内各种人力资源委员会。

管理人员负责制
- 把管理人员的报酬与成功实现多元化目标、创建开放性和包容性的工作场所联系起来。
- 根据关于雇员的态度或参与度的调查，来了解雇员对包容性、公平、开发机会、工作与生活的平衡以及公司文化的认知。
- 在所有管理人员和监督者中实施 360 度反馈。

改善公司与外部利益相关者的关系
- 加大对多元化社区的市场营销。
- 用不同的语言为客户提供服务。
- 与更多的少数族裔和女性经营的企业开展合作，以扩大公司的供应商和零售商基础。
- 向多元化社区及其成员提供奖学金、教育拨款和社区补贴。

资料来源：Based on B. Groysberg and K. Connolly, "Great Leaders Who Make the Mix Work," *Harvard Business Review* (September 2013), pp. 68－76; R. Anand and M. Winters, "A Retrospective View of Corporate Diversity Training from 1964 to the Present," *Academy of Management Learning and Education* 7 (2008), pp. 356－372; C. Chavez and J. Weisinger, "Beyond Diversity Training: A Social Infusion for Cultural Inclusion," *Human Resource Management* 47 (2008), pp. 331－350; and "Diversity & Inclusion," Verizon's diversity program available at the company website, www. verizon. com, accessed April 13, 2015.

从以上讨论可以看出，成功的多元化项目不仅仅包括有效的培训计划，还要进行持续的文化变革，这就需要高层管理人员的支持，制定并实施招聘、培训与开发方面的政策，并加强管理，比如进行多元化调查，评估管理者在多元化目标上的进展。[49]此外，还要重视供应商、经销商、公司所在社区的多样性和包容性。

看看罗克韦尔自动化有限公司（Rockwell Automation）、美国国家人寿集团（National Life Group）以及黑石集团（Blackstone Group）在管理多元化方面所采取的措施。[50]罗克韦尔自动化有限公司采取了一系列措施来管理多元化，多元化已经被纳入每位管理者的绩效评估中。白人男性接受教练指导，以理解令很多女性和少数族裔雇员感到不舒服并阻碍了他们职业生涯发展的态度和行为，从而做出改变。所有雇员都接受了无意识偏见的培训。潜在的新雇员会接受由女性和少数族裔组成的雇员团队的面试，而针对雇员和客户的活动也不仅限于打高尔夫球，红酒品鉴和烹饪培训也被纳入其中。罗克韦尔自动化有限公司的努力最终使得管理和工程等专业岗位上的女性和少数族裔的占比有所增加。美国国家人寿集团的首席执行官并不相信多元化指标，但是公司要求雇员通过直接报告的形式在几项多元化原则方面对他们的管理者进行评估，其中包括管理者对于多元化和包容性文化的重视程度以及是否鼓励他人发表自己的观点。这一评估不会影响管理者的奖金，因此它并不被视为对管理者的惩罚。相反，管理者被鼓励与他们的团队讨论工作方面所取得的成绩，同时就有待改进的方面制定相应的计划。为了增加女性在初级分析师岗位中的占比，黑石集团的有限合伙人在许多女性还在读大二的时候就让她们了解黑石集团，并帮助她们提高简历撰写以及面试的技巧。

10.2.3　打破玻璃天花板

如今许多公司在人员培训与开发方面面临的一个主要问题是，如何让女性和少数族裔雇员进入高层管理职位，即如何打破玻璃天花板。**玻璃天花板**（glass ceiling）指的是不利于女性和少数族裔雇员向公司更高级别的职位晋升的障碍。在所有级别的管理岗位中，女性的占比都不高。[51]尽管女性占劳动力的比例为 46%，但是只有 37% 的女性走上管理岗位。只有 33% 的女性担任高级经理或董事，29% 的女性担任副总裁，19% 的女性担任最高管理者。男性在职业生涯早期比女性的升职速度要快，女性在初级职位上的时间至少要比男性多 5 年。公司所面临的难题是尽管公司承认女性缺少导师的指引，经验不足，并需要更好地平衡工作与生活，但是从领导力开发的角度来说，公司并不愿意像对待男性那样去对待女性。这种障碍可能是由公司的制度造成的，因为公司的制度会影响女性和少数族裔的发展。[52]玻璃天花板可能是缺少培训机会、工作经验或者人际关系导致的。[53]比如，当玛丽·巴拉（Mary Barra）成为通用汽车的第一位女性首席执行官时，她创造了历史。[54]在成为首席执行官之前，巴拉从事产品开发工作，这个职位对于公司的成功至关重要。但是 55% 的女性从事着职能型工作，比如，律师、财务主管、人力资源管理人员。而这些工作都不会使她们走上成为首席执行官的职业生涯路径。由于女性和少数族裔雇员无法进入"内部关系网"，再加上管理者更愿意同与自己地位相似的其他管理者接触，而不愿与其下属交往，尤其是对女性和少数族裔雇员的能力、动机、工作偏好有刻板印象，所以女性和少数族裔雇员往往很难找到导师。[55]研究表明，在管理变革和创新等工作上并不存在性别差异。[56]然而，具有相似的能力和管理水平的男性管理人员比女性管理人员更容易受到重用，并承担更多的责任（如高风险、多元化管理、处理外部压力）。同时，由于缺乏个人支持（这使得应对压力更难），女性管理人员要比男性管理人员接受更多的挑战。来自同行和高级管理人员的职业生涯激励也可以帮助女性达到更高的管理水平。[57]管理者在进行人员开发时，必须仔细考虑性别偏见或刻板印象是否影响了对于女性和男性的任务分配。

表 10-4 就如何打破玻璃天花板以及留住有才华的女性给出了建议。一些公司已经开始落实这些建议。[58]在通用电气，女性正被安排在重要的岗位上，而且可以参加领导层会议。通用电气中国区医疗和运输事业部的最高领导者是女性，而这位女性还在公司的最高管理委员会任职。女性在通用电气高管层的占比已经达到了 25%，自 2001 年以来，这一比例已经上升了 16 个百分点。一家名为 SAP SE 的软件公司设定了女性在公司所有管理

职位中的占比达到 25％的目标。公司的"领导力卓越加速计划"（Leadership Excellence Acceleration Program）吸纳那些被自己的上司认定可以升职的女性。这些女性每月参加虚拟课程，她们倾听特邀发言人的授课，并完成相应的作业。在课程结束时，她们的人脉得到了拓展。如今，该计划的第一批毕业生已经全部走上初级管理岗位，11％的管理者已经成了公司的董事。

表 10－4　为打破玻璃天花板而提出的建议

● 确保高层管理人员支持并参与到计划中来。
● 为变革提供企业案例。
● 使变革公开化。
● 利用任务委员会、焦点小组和问卷调查组收集造成玻璃天花板问题的数据。
● 使雇员意识到对待不同性别的态度将如何影响工作环境。
● 通过评估晋升率形成责任意识，通过任务延展、导师指导、社交网络而形成任务分配决策。
● 促进所有雇员的开发。
● 在雇员结束休假或产假后支持他们平衡工作与生活，并为他们提供开发机会。

资料来源：Based on B. Groysberg and K. Connolly, "Great Leaders Who Make the Mix Work," *Harvard Business Review* (September 2013), pp. 68–76; and D. McCracken, "Winning the Talent War for Women," *Harvard Business Review* (November – December 2000), pp. 159–167.

道富全球顾问公司（State Street Global Advisors）的目标是增加女性在最高管理岗位上的人数（只有不到 27％的女性担任副总裁级别的职务）。为实现这一目标，公司延长了产假的时间，并在产假期间为女性发放工资，公司强调雇员不应因休产假而遭到惩罚，并推出了针对女性的导师项目，在这一项目中，职位较高的女性作为导师给予其下属相应的指导。此外，所有参加管理岗位晋升决策的管理者都需要参加无意识偏见培训。这一培训使雇员可以轻松地指出并讨论限制女性发展的潜在无意识偏见问题，比如，由于怀孕，女性无法得到重要的项目，或由于她们的丈夫从事着高薪工作，她们就无法得到高薪收入。公司应对玻璃天花板的努力似乎已经奏效。道富环球顾问公司从六个人中选择了三位女性，任命为执行副总裁。这一举措使得女性在高管层的占比有史以来第一次达到 50％。

■ 10.3　跨文化准备

我们在第 1 章中已经提到，当今企业正面临全球化的挑战。随着全球化运营的日益增加，雇员通常在本国之外工作或同其他国家的雇员一起工作。**外派人员**（expatriate）是指在母国之外的国家工作的人。外派人员最常去的国家有美国、中国、英国、新加坡、德国和日本。在安永集团的 167 000 名雇员中，有 2 600 名雇员从事国际项目，其中包括在巴西、中国、印度、俄罗斯、南非工作的 270 名美国人。[59] 很多美国企业正在将外派项目作为一项培训工具。比如，希望走上包括首席财务官在内的最高管理岗位的雇员需要了解文化标准和政治环境如何影响货币和商品的流动，从而建立有效的全球财务计划。[60] 索迪斯集团为来自世界各地的领导者提供指导课程，课程包括如何打造能够胜任全球业务的劳动力、如何建立信任和协作、如何在不同文化中实现有效沟通。[61] 索迪斯集团提供包括管理全球虚拟团队以及跨文化沟通在内的各类话题的研究综述、TED 演讲以及相关文章。公司的领导者可以通过公司内部网获取这些资源。

10.3.1 跨文化学习的准备步骤

为了让外派人员做好跨文化任职的准备，公司要提供跨文化培训。**跨文化准备**（cross-cultural preparation）指为即将去国外工作的人员（外派人员）以及其家庭提供的教育培训。为使企业在全球市场开展业务，雇员需要了解不同国家的商业惯例和文化规范。多数美国公司未做任何准备就把雇员送到海外，结果造成海外项目失败，这意味着公司没有充分利用这类商业机遇，要为接替返回美国后离职的雇员承担成本。[62]由于美国公司希望将外派时间从原有的两年增至五年，因此跨文化准备就显得尤为重要。[63]

为了在海外任职中取得成功，外派人员需要满足以下条件：

1. 能胜任专业工作。

2. 能在东道国进行口头交流和非口头交流。

3. 有较强的环境适应能力，有一定的容忍度，对文化差异较为敏感。

4. 有取得成功的动力，能接受在他国工作的挑战，并愿意学习东道国的文化、语言、风俗习惯。

5. 得到家庭的支持。[64]

美国外派人员失败率较高的原因之一在于，公司过分强调开发雇员的工作技能，而忽视了让雇员做好跨文化工作的准备。研究表明，外派人员的配偶和家庭对东道国文化的适应程度对雇员能否完成工作起到关键作用。[65]研究也发现，个性特征与外派人员归国的意愿以及他们在工作中的表现有关。[66]那些性格外向（开朗）、善于合作（有合作意愿、宽容）和尽责（可靠、成就导向）的雇员更愿意留在海外任职并且表现出色。这项研究表明，跨文化培训只有在外派人员的个性特征适合其在异国文化中成功任职这一前提下才会有效。

由此看来，海外任职成功的关键在于对雇员及其家庭成员进行培训，对其进行职业生涯管理。跨文化准备包括三个阶段：准备出发阶段、在职阶段、遣返阶段（准备回国）。

准备出发阶段

在准备出发阶段，外派人员需要接受语言培训和有关东道国文化习俗的培训。[67]英语是许多跨国公司的通用语言，但是不会讲本地语言可能会导致雇员被误解或不能正确理解非正式会话。会说并理解当地语言有助于避免雇员被误解，并有利于获得业务合作伙伴、下属和客户的尊重。同样，把家庭成员纳入培训范围是十分关键的。[68]外派人员及其家庭成员需要了解未来居住地的住房、学校、娱乐、购物、保健设施等方面的情况。外派人员还需要同上司讨论海外任职如何与其职业生涯发展相适应，以及回国后希望获得何种职位。

跨文化培训方法包括演示介绍（如让外派人员及其家庭参加有关东道国文化习俗的讲座）、电子学习、沉浸式体验以及在本国多元文化社区的实际体验等。[69]

看看伊维尔德罗拉美国分公司（Iberdrola USA）、波音公司、高通公司（Qualcomm）、欧莱雅公司（L'Oreal）是如何帮助雇员以及他们的家人为跨文化任务做好准备的。[70]作为一家拥有5 000名美国雇员的全球性企业，伊维尔德罗拉公司经营发电和输电业务。公司将美国雇员派往墨西哥、巴西、英国等国家工作。同时公司也将雇员引入美国进行两至三年的学习。为使雇员能够为即将到来的国际任务做好准备，公司聘请了咨询顾问来教授雇员语言和文化基础知识，比如，理解个人空间的偏好。公司每天向这些咨询顾问支付 1 500~3 000 美元。公司的交换计划帮助雇员的子女在海外家庭寄宿。作为一家雇员来自 28 个国家的航空企业，波音公司向即将参加国际任务的雇员及其家人提供一对一的文化敏感度培训。公司还提供以"午餐与学习"为主题的文化演讲，公司的轮岗计划可以使海外雇员得到九个月的赴美工作机会。对于在全球开展业务的企业而言，开发能够有效应对来自不同文化背景的雇员的全球领导者至关重要。作为一家半导体和电信企业，高通公司通过为每一位外派领导者委派一名了解当地文化的导师的方式来帮助这些领导者为即将到来的国际任务做好准备。作为一家以化妆品驰名天下的企业，欧莱雅要求公司的领导者完成文化评估，从而使这些领导者了解他们的领导风格在不同文化背景下是如何被看待的。欧莱雅使用这一评估向雇员提供经验式学习培训，比如，如何完成海外任务以及如何在由来自不同国家的雇员组成的项目团队中工作。

　　研究表明，美国和东道国的差异程度（文化新鲜度）、外派人员与东道国居民的接触水平（互动）以及对新工作和工作环境的熟悉程度（工作新鲜度）都会影响跨文化培训方法的"效度"。[71] 在对东道国的文化和工作比较陌生时，往往需要同东道国居民进行大量的接触，在这种情况下，经验培训和集体培训的方法最有成效（也是最需要的）。

在职阶段

　　在职培训指通过正式项目或导师辅导来让外派人员对东道国的风俗、文化继续深入学习，也可以专门聘请一位东道国雇员帮助外派人员了解陌生的工作环境和社区。[72] 此外，外派人员被鼓励在工作中和工作之外发展社会关系。[73] 公司也会利用网络和社交媒体来帮助雇员解决外派任务中遇到的有关问题。外派雇员可以使用网站来获得以下问题的答案，如："在这里我应该如何举行会议？""哪些宗教信仰或经营理念可能会影响今天的谈判？"[74] 公司还会利用网站和社交媒体帮助那些并不是外派人员但会接触全球客户的雇员，或者在跨文化团队中工作的雇员。IBM 使用社交网络工具与其身处世界各地的雇员保持联系。IBM 的网站 w3 对公司的全球一体化有着巨大贡献。对于遍布 75 个国家的 40 万名雇员来说，w3 On Demand Workplace 是强大的生产工具和协作工具。雇员可以利用 w3 找到来自世界各地的同行的资源和知识，帮助公司发现新的客户并成功得到客户。雇员可以创建个人档案、书签网站，编写个人感兴趣的故事，在公司的博客上发表评论，为维基百科做贡献，分享文件，阅读和审查意见书，看视频和播客。

　　雇员拒绝接受外派任务的一个重要原因是，他们不愿承担配偶收入受损的风险或者担心配偶的职业生涯发展会因此受阻长达几年。[75] 为避免这一问题的发生，公司引入了许多灵活的外派任务。这些任务可以减少花费在从母国到海外项目的通勤时间。这类项目还可以实现外派人员的轮换。[76] 为了减轻外派任务带给外派人员的与配偶分离的压力，公司会安排配偶和家人去海外看望外派人员，或给予外派人员回国探亲的机会。有些跟随外派人员前往海外的配偶希望利用这段时间寻求教育机会，学习有利于他们职业长期发展的知识，但是在一个陌生的环境中往往很难找到合适的学习机会。葛兰素史克（GlaxoSmithKline）的国际服务中心负责处理外派人员来到美国或离开美国的所有搬迁事宜，并为其配偶提供一个同伴系统，这个系统可以使雇员配偶联系到在本地区居住过几年的其他人。[77] 通用汽车公司提供职业生涯延续服务，在雇员外派期间，每年补偿给其配偶 2 500 美元以获得专业执照或证书。世界银行负责管理一个专门提供给外派人员的互联网网站，外派人员的配偶可以在这个网站上发布简历并询问有关工作的问题。

遣返阶段

遣返（repatriation）是指完成国外的任务后，让外派人员为返回母公司和母国做准备。由于出国后经历了很大的变化，因此当外派人员及其家庭准备回国时，可能会感到焦虑不安。公司应该鼓励雇员自己适应遣返过程。[78]在接受外派任务之前，雇员应该考虑他们需要学习哪些技能，以及具备这些技能后可以从事哪些类型的工作。公司在不断变革，原来的同事和管理人员也可能会在自己外派期间离开，因此在此期间雇员要与公司核心人物保持联系，否则新同事、新职位和新的公司文化将令其感到不适应。可以通过为雇员提供简讯和社区报纸，并保证其在国外期间能收到来自国内的私人信件和工作信件，来消除这种不安。在国外期间，雇员及其家庭成员往往能使用豪华轿车，进入私立学校和俱乐部。而在回国后，他们要适应较低的生活水准。因此在外派人员回国之前，应先确定其薪酬和其他福利。

除了返回公司的不适应感以外，许多外派人员决定离开公司，这是因为在回国后，他们担任的职务在责任、挑战性和地位等方面都不如其在海外的职位。[79]正如前面所说，在雇员离开母国之前，公司就应与其讨论职业生涯规划，让其了解回国后的职位。比如，沃尔玛的一位管理者在印度尼西亚和中国的运营和人力资源岗位上完成了五次外派任务后离开了公司[80]，因为回国后他没有获得在海外任务中的职责与权力，他在完成最后一次海外任务后无法在沃尔玛找到类似的工作。因此他接受了在金佰利（Kimberly-Clark）国际事业部担任人力资源副总裁的工作。

看看德勤、孟山都公司（Monsanto Company）、亚胜集团以及欧莱雅是如何帮助遣返的雇员的。[81]在德勤，每年有100名雇员从海外回到美国本土，为使遣返过程变得更加容易，德勤提供的记事清单在遣返过程的每一阶段提出了相应的职责，雇员可以通过手机或电脑在世界任何地方登录德勤内部网来获取这些资源。外派人员指定了自己的导师和全球移动顾问，这些人可以通过手机或以视频会议的形式为雇员提供建议。德勤的管理者与雇员通过讨论外派前和外派中的预期来解决一些潜在的问题，这些问题表现为雇员在回到本土工作后感觉自己的经验和技能没有得到充分利用。管理者与雇员之间的对话涉及关于雇员的职业生涯路径的讨论。孟山都公司在雇员执行外派任务之前就确定了他们返回本土后的职位。作为一家通信电子产品保险公司，亚胜集团的外派人员会被指派给级别更高的管理者，这些管理者会负责安排外派人员回国后的工作。为使外派雇员回国后更好地融入公司，并感到自己受到欢迎，欧莱雅邀请外派雇员参加岗前培训和社交活动，这使他们感到自己像新入职的雇员一样。这一做法对于长期从事外派任务的雇员尤为重要，因为这样做可以帮助他们熟悉公司在流程、产品以及服务方面的变化。

■ 10.4 职业生涯面临多代劳动力的挑战

雇员的职业生涯包括四个阶段：探索阶段、立业阶段、维持阶段和离职阶段。[82]在探索阶段，雇员试图认清自己感兴趣的工作类型。他们会考虑自己的兴趣、价值观和工作偏好，并开始追求自己需要的教育和培训。在立业阶段，个人会在公司中找到自己的位置，独立做出贡献，承担更多的责任，获得更多的收入，并建立起一种满意的生活方式。在维持阶段，个人关注技能的更新，并希望自己被他人看成一个仍对公司有贡献的人。处于维持阶段的人们有多年的工作经验，拥有丰富的知识，对公司的期望和要求也有深刻的理解。在最后的阶段即离职阶段，个人准备逐渐退出工作和退休。虽然个人可以在一定的年龄段以线性方式（例如，探索阶段通常发生在 30 岁之前）度过这些阶段，但是大部分人不会这样做，因为当今职业的无界性使得人们经常更换工作。[83]这意味着职业生涯应该更多地关注职位发展而不是当前的雇主，这样会导致工作经常变动。此外，在雇员一生的不同时期，个人会重新考虑自己的兴趣、价值观以及如何最好地利用自己的技能，从而更换一个或多个职位。

由于代际差异的存在，雇员在自己的职业生涯中想要得到的东西也会不同，意识到这一点也很重要。与前一代相比，X 一代的雇员更加重视工作与生活的平衡、成长机遇、良好的工作关系。[84]与婴儿潮一代相比，千禧一代和 X 一代更习惯于改变，而且对工作没有安全感，因此他们更可能会离开自己的工作岗位来开发自身的技能。婴儿潮一代倾向于忠于一个公司，因此他们愿意为了得到晋升机会和新的任务而服从调动，而 X 一代更想留在一个社会关系和工作关系已经形成的地方。虽然有代际差异，但是他们之间也存在相似性。所有代际的雇员在家庭、尊重和信任方面拥有相似的价值观。[85]先不说潜在的代际差异会影响雇员的职业生涯需求，现实情况是大多数公司的劳动力都包括四代或五代的雇员，所以为了吸引、激励和留住有才华的几代劳动力，企业需要了解并应对职业生涯挑战，同时帮助雇员处理职业生涯问题。职业生涯挑战和问题包括：平衡工作与生活，提供职业阶梯、职业生涯循环，理解雇员跳槽现象，在雇员职业生涯中断后帮助他们重返工作岗位，帮助雇员处理失业问题，满足老年雇员的需求（包括退休）。接下来我们详细讨论。

10.4.1　工作与生活的平衡

不管雇员是否有家庭、重要的其他人或者家属，保持工作与生活的平衡都是所有雇员关心的问题。由于工作时间较长、上夜班、出差，时刻需要通过智能手机和笔记本电脑满足工作需求和家庭成员的要求，因此维持工作与生活的平衡对雇员来说是很难的。一项研究显示，67％的雇主认为他们的雇员实现了工作与生活的平衡，而 45％的雇员认为他们每周没有时间用于个人生活、社交和休闲活动。[86]**工作与生活的平衡**（work-life balance）是指在雇员平衡工作需求与非工作需求时，帮助他们处理由此产生的压力和矛盾。健康状况恶化、生产效率低下、迟到、跳槽、心理不健康等问题都同工作与生活的冲突有关。[87]由于完成工作的时间要求、工作和生活角色的压力、雇员的工作角色和非工作角色对行为的要求不一致（比如，管理者的工作要求其必须理性、公正、有权威；而与亲友的相处又要求他们热情、友好、富有人情味），往往使工作与生活产生冲突。当雇员的工作角色（比如，作为一名管理者，雇员需要按照逻辑行事，并能做到公正）和非工作角色（需要用温和、感性、友善的态度对待家人和朋友）发生冲突时，工作与生活的冲突也会发生。

目前，已经出台了帮助雇员处理工作和家庭冲突的立法。**《家庭与医疗休假法案》**（Family and Medical Leave Act，FLMA）是一部美国联邦法律，它规定刚刚生育婴儿或收养儿童的父母可以享受长达 12 周的不带薪休假。[88]对必须请假照料生病的家人或自己请假看病的雇员，《家庭与医疗休假法案》也同样适用。雇员一年内可以休 26 周来照顾严重受伤或生病的家庭成员，条件是雇员必须是需要照料的家庭成员的配偶、子女、父母或近亲。在雇员请假期间，公司应为其提供医疗保险福利。

不过《家庭与医疗休假法案》并非适用于所有的雇主和从业者。许多兼职从业者以及 50 人以下的小型企业并未被纳入这项法案。美国是唯一一个不提供带薪亲子假的发达国家。如果雇员可以从雇主那里获得短期病假福利，他们就可以利用这些福利休假。即使雇主无须在雇员休亲子假期间支付全额或一定比例的工资，还是有一些雇主会这样做。特朗普在 2018 年的预算中曾提出设立一个项目，为初为父母的雇员提供 6 周的带薪休假[89]，但美国国会未确定这一计划的细节。

男性并不愿意享用《家庭与医疗休假法案》带来的好处，因为他们担心这样做会终结他们的职业生涯。比如，在安永集团，每年有 600 名男性雇员休亲子假，尽管公司提供 6 周的带薪亲子假，但是 90％的人只休 2 周。[90]很多雇主认为男性的第一要务是工作，但男性雇员和女性雇员在养育儿女方面需要相应的支持。一些公司设立的计划旨在支持身为人父的男性雇员。[91]美国运通公司为男性雇员提供父亲早餐会，在早餐会上男性雇员被鼓励说出自己在平衡工作和家庭方面所遇到的问题。德勤针对不同的情况为雇员提供最多 16 周的带薪休假，包括产假、照顾老人以及生病的家人休假。"德勤宝爸计划"（Deloitte Dads）是德勤为身为人父的雇员推出的一个计划，在这个计划中，雇员可以互相分享平衡工作与生活、结交伙伴以及经营家庭的理念和想法。德勤还引入了"工作与生活相匹配"（work-life fit）的概念，这一概念允许雇员休长假，压缩工作时间，或进行虚拟办公。公司为雇员提供宠物收养和特惠宠物保险服务。一家名为 Bandwith 的电信公司拥有 425 名雇员，公司为身为人父的雇员提供一周的带薪休假，并为他们提供灵活的工作安排。除此之外，公司还为他们提供其他福利，其中包括每天 90 分钟的午休时间。

许多公司已经不依赖《家庭与医疗休假法案》帮助雇员平衡工作与家庭生活。工作与家庭平衡计划包括有薪/无薪老人护理休假、抚养费用弹性支出、老年人护理资源和介绍服务、老年人护理和现场儿童护理费用弹性支出。研究发现，提供这些计划的公司的雇员认为，公司为自己的家庭生活提供了支持，他们对待工作的态度也就更加积极，并能创造出更好的工作绩效。[92]同时，与那些没有工作与家庭平衡计划的雇员相比，他们面临的工作与生活之间的冲突更少。此外，公司还认识到，公司也可以通过为雇员（不论他们是否有配偶、子女或长辈）提供工作与生活平衡计划（弹性的工作时间、保护他们的自由时间、更高效地利用工作时间）获得好处[93]，包括吸引、留住优秀的雇员并缓解雇员的压力，这样可以使雇员身体更加健康并得到充分休息，从而在工作中最大限度地发挥他们的技能。因此一般来说，公司应该为雇员提供相关计划和实践，帮助雇员处理家庭需求和广泛的非工作生活需求。表 10-5 展示了工作与生活平衡实践的实例。

表 10-5　工作与生活平衡实践的实例

● 弹性工作安排	● 缩短会议时间
● 职位分担	● 减少工作时间
● 照顾孩子	● 收养儿童补贴
● 照顾老年人	● 带薪休假时间
● 事假	● 私人服务（供应餐点、购买礼品、安排家庭和汽车服务）
● 远程办公	

思考一下下列关于平衡工作与家庭和工作与生活的案例。[94]总部位于俄勒冈州波特兰市的 XPLANE 公司制定了工作与生活计划，这项计划使公司被公认为最佳工作场所。每月公司为雇员提供 200 美元用于报销他们在看护婴儿、遛狗、练瑜伽、健身以及家政服务方面的花费。雇员在公司工作满三年后可以获得 8 周的带薪亲子假、4～6 周的短期病假和无薪休假。**远程办公**（telecommuting）是指雇员因为在远离企业主要办公场所的地方工作，与同事交流较少，但可以借助电子通信手段增进交流的办公方式。由于工作安排的变化，XPLANE 公司的雇员在通知同事和管理者后每周拥有数次居家办公的机会。安斯泰来制药集团（Astellas Pharma）为雇员提供涉及生活各个方面的福利。为了满足日常生活的需求，雇员被鼓励在周五下午休假。公司的全职雇员在慈善机构工作可获得 5 天的薪酬。公司为雇员提供了一项服务，帮助他们在正常的儿童护理中断时找到短期保姆与长期日托，以及紧急后备人员。公司为雇员提供的专业护理经理可以帮助他们照顾年长的父母，护理经理上门服务，确保他们的父母是安全的并得到了良好的照护。同时这些护理经理还为老人提供准备遗嘱、委托书所需的法律服务。公司提供的大学入学建议可以帮助父母为孩子准备大学学费，检查大学入学申请，并根据孩子的兴趣和能力给予入学指导。五三银行（Fifth Third Bancorp）发现休过产假的雇员的离职率是公司所有女性雇员离职率的两倍。为了降低雇员的离职率，五三银行设立了孕妇服务台来为怀孕的雇员和已经生产的雇员提供帮助。服务台提供的服务包括给予婴儿车购买建议、订购吸奶器、寻找幼儿园以及帮助产妇恢复体形。服务台旨在为怀孕的雇员和已经生产的雇员提供产前和产后的帮助，让雇员可以重新回到工作岗位上。

压缩工作周（compressed workweek）是指允许雇员工作更少的天数但每天工作更长的时间来完成工作职责的时间安排。例如，一周只工作四天，但每天工作 10 小时。在万豪国际，87％的雇员是按小时计算工资的。为了确保雇员在工作中表现出最好的状态，万豪国际为雇员提供灵活的工作选择，其中包括压缩工作周、换班制与居家办公。同时万豪国际提供的交叉培训项目可以使雇员在不同的工作单元参加培训（比如餐饮部），雇员可获得更多的工作机会，还可以选择工作时间。针对雇员的调查结果显示，在所有实施灵活工作制的雇员中，75％的雇员报告称这是他们继续留在万豪国际工作的主要原因。Bon Secours Health System 公司采取压缩工作周的工作形式，雇员可以选择每周工作 4 天，每天工作 10 小时，也可以选择每周工作 3 天，每天工作 12 小时。除此之外，雇员还可以选择只在周末工作，每天工作 4 小时或 8 小时。公司还允许他们连续工作一周，然后连续休息一周。在美国，银行柜员可以选择职位分担。**职位分担**（job sharing）指两名雇员共同承担某项全职工作，共担责任，分享利益。公司也会让两名雇员共同分担一个空缺职位。[95]作为一家总部位于明尼苏达州罗切斯特的咨询公司，RSM（之前被称为 McGladrey）为雇员提供多种灵活的工作选择，其中包括类似教师的工作方式（工作九个月，而工资却按照一整年发放）。公司的另一项灵活工作方式允许雇员最多申请五年的休假，在此期间公司为雇员提供培训，以使雇员与公司保持联系，从而使雇员在回归工作岗位时可以顺利过渡。**灵活工作时间**（flextime）指为雇员提供可以自由选择的工作日、工作周或工作年。灵活的工作安排可以让雇员选择开始和结束工作的时间，从而保证他们一天可以工作 8 小时。这种工作方式也会要求雇员在特定的时间段工作（比如，上午九点至下午三点）。

一些公司在休假和病假的基础上为雇员提供额外的带薪休假。[96]比如，一家名为 Qlik 的软件公司为雇员提供学习与自我开发的专属休假日。一名雇员利用这个休假日观看纪录片，另一名雇员则学习如何管理圣诞树农场。一家名为 REI 的户外服装店每年为雇员提供两天的带薪休假来让他们享受自然。一家名为 G Adventures 的公司专注于安排改变人生的冒险旅行，为雇员提供三天的带薪休假，其中一天用于自我开发，一天用于学习公司的价值观，而另一天则用于社区服务。公司认为此举可以将离职率降低 5 个百分点。

采用工作与生活平衡制度会面临三项挑战。第一项挑战是在不影响业务需求（如客户服务和效率）的前提下帮助雇员实现工作与生活的平衡。为了应对这一挑战，IBM 取消了全职居家办公制度，安泰保险公司也减少了远程办公。[97]IBM 让原来居家办公的雇员选择在当地办公室工作、申请新职位或离开公司。IBM 斥资 7 亿余美元用于公司的重新装修，旨在鼓励团队合作，提高工作效率，并促进创新性思维和理念的产生。安泰保险公司通过减少远程办公让雇员更多地接触客户。第二项挑战是管理者需要理解并接受这样一种理念：雇员不应该因为采用工作与生活平衡制度而受到惩罚。雇员的绩效和开发应基于他们完成的工作以及完成工作的方式，而不是他们是否在办公室附近闲逛或者与管理者面谈。为了应对这一挑战，KKR 集团引入了父母休假教练指导，以培训父母和管理者如何最好地度过为期一个月的假期。[98]第三项挑战是要确保工作与生活平衡的实践针对所有人，并满足所有雇员而不仅仅是已经成家的雇员的需求，这一点也很重要。

10.4.2 职业生涯路径和双重职业生涯路径

职业生涯路径（career path）指一系列的工作职位，包括雇员在公司内晋升所需从事的相似的工作岗位和拥有的相似技能。[99]职业生涯路径有助于公司为雇员提供职业选择，帮助雇员选择最适合自己生活状况的工作。为雇员提供职业生涯路径并确保他们理解职业生涯路径是非常重要的，因为缺乏职业生涯机遇是导致雇员离职的第二大因素，而工资是第一大因素。一项研究显示，不足 50% 的雇员认为公司为他们提供了职业生涯规划工具或职业生涯机会来推动个人职业发展。[100]同样，职业生涯路径有利于公司通过一系列的工作或角色来培养雇员的技能，这样可以使雇员对于公司的价值最大化，并让雇员知道他们不必离开公司就可以寻求职责和技能要求都不同的新职位。

美沃奇（Milwaukee Tool）为销售与营销雇员提供三条不同的职业生涯路径。[101]图 10-1展示了惠而浦集团的纵向、横向以及跨职能职业生涯路径。沿着纵向职业生涯路径前进，雇员可以晋升到新的职位上，而这类职位通常需要承担管理职责。横向职业生涯路径则向雇员展示了雇员可以从核心客户经理的职位调动到与之大相径庭的职位，因为这些雇员专注于某个品类或产品，但他们都有着类似的管理职责。例如，雇员可能从原来的产品开发经理职位调动到采购经理职位，而这一职位的职责包括制定计划和战略。在跨职能职业生涯路径中雇员可以从市场分析师调任促销经理，继而调动到品类经理和全球消费品设计主管职位，还可能被调动到供应链经理职位。

开发职业生涯路径包括分析工作量和信息量，提供重要的开发经验，分析职位胜任资格、各类工作的职责、工作环境的异同点，雇员的职业生涯的历史轨迹（比如，雇员在担任这个职位前在哪个职位，雇员在离开这个职位后被调到了哪里）。[102]

纵向职业生涯路径

品类营销主管
（指导、计划、评估几个产品或产品线的营销活动）

↑

品类高级经理
（管理针对某一产品或产品线的营销活动的规划和方向）

↑

品类经理
（通过收集、分析、汇报营销数据，为针对某一产品或产品线的营销活动的开发、执行、
追踪提供帮助）

↑

品类市场分析师
（在监督下实施营销活动，检查数据，分析数据差异，验证产品）

横向职业生涯路径

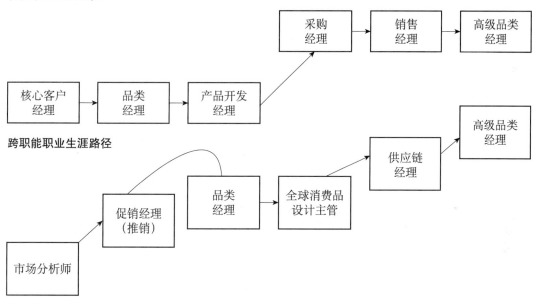

图 10-1　惠而浦集团职业生涯路径举例

资料来源：Based on "Mapping Out Your Career," from http：//us. whirlpoolcareers.com，accessed April 14，2015.

双重职业生涯路径

对拥有专业人员（如工程师、科研人员）的公司来说，一个重要的问题就是如何让雇员感到自己受到了重视。许多公司的职业生涯路径是结构化的，工程师和科研人员（个体工作者）得到晋升和获得物质奖励（如股票期权）的唯一途径就是进入管理层。图 10-2 是技术人员和管理人员的传统职业生涯路径的示例。技术类职业生涯路径的发展机会相当有限。直接进入管理层的个体可能缺乏成功所需的经验和（或）能力。管理类职业生涯路径带来的报酬可能比技术类职业生涯路径更高。如图 10-2 所示的职业生涯系统会给公司带来负面效应。由于在地位、薪酬、发展机会等各方面均不如管理人员，科研人员可能会离开公司。同时，如果科研人员希望提高自身的地位并得到加薪，那么他们必须成为管理者。最终，那些不符合管理职位要求的科研人员可能也会离开公司。比如，美国国家气象局

（National Weather Service）正在重新考虑气象学家的职业生涯路径。[103] 从传统意义上来看，供职于美国国家气象局的气象学家是根据他们在特定薪酬水平下的任期晋升的，而这并未将绩效对晋升的影响考虑在内。基于从业年限和晋升的职业生涯路径并不能确保气象学家在管理其他人之前了解预测职业生涯发展的不同因素。

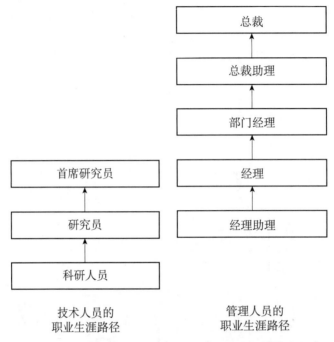

图 10-2　技术人员和管理人员的传统职业生涯路径

　　许多公司正在开发多重或双重职业生涯路径体系，以便为科研人员和其他技术人员（如销售人员）提供更多的职业发展机会。**双重职业生涯路径体系**（dual-career-path system）允许雇员继续沿着技术类或销售类职业生涯路径发展，也可以转向管理类职业生涯路径。[104] 图 10-3 描述了一个双重职业生涯路径体系。技术人员可以选择三种不同的职业生涯路径：一种科研生涯路径和两种管理生涯路径。人们认为，在这三种路径中，雇员的薪酬水平相近，发展机会也比较相似，因此，他们会选择一种最符合自己兴趣和技能的发展道路。例如，随着婴儿潮一代的退休，X 一代担任领导职务，东芝医疗系统（Toshiba Medical Systems）正在重新考虑公司的人才保留策略。[105] 公司认识到婴儿潮一代可能倾向于用绩效来评判自己的职业生涯是否成功，但年轻的雇员并不太重视级别、职称和金钱。因此，东芝医疗系统开发出了技术类和管理类两种类型的职业阶梯。技术职业阶梯允许雇员继续在自己喜欢的领域进行操作性工作，但仍然允许他们向公司高层晋升。

　　成功的职业生涯路径有以下几个特征[106]：

　　● 技术人员所获得的薪酬、地位和奖励不低于管理人员。

　　● 技术人员的基本工资可能低于管理人员，但通过奖金（如专利奖和新产品研制奖）有机会提高总体收入。

　　● 技术人员职业生涯路径并不是用来满足那些缺乏管理才能的雇员的，它只适用于拥有卓越技术才能的雇员。

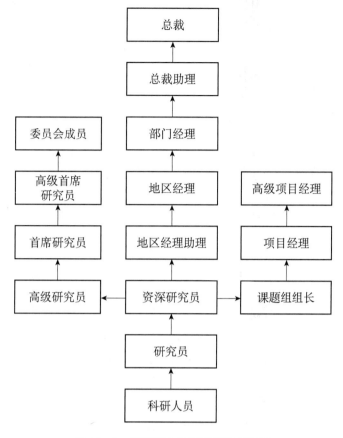

图 10 - 3 双重职业生涯路径体系示例

资料来源：Z. B. Leibowitz, B. L. Kaye, and C. Farren, "Multiple Career Paths," *Training and Development Journal* (October 1992), pp. 31 - 35.

● 要让技术人员有机会选择其职业生涯路径。公司要为其提供相关的测评手段（例如，第 9 章和第 11 章讨论的心理测试和开发反馈）。通过测评信息，雇员可以了解自身的兴趣、工作价值观和强项技能与处于技术和管理职位上的雇员的相似程度。

10.4.3 职业生涯循环

职业生涯循环（career recycling）是指在某一特定领域有所建树后又改变自己的主要工作活动。循环是伴随着价值观、技能、兴趣和潜在就业机会的重新探索。对于辛西娅·巴尼特（Cynthia Barnette）而言，职业生涯循环涉及利用自身的技能、经验和兴趣来满足社会需求。[107]她于 2003 从小学教师的岗位上退休。她最喜欢教授科学课，因为学生可以通过实验学习知识，而她可以将阅读、研究以及解决问题所需要的技巧引入课堂。在退休六年后，她被一篇讨论如何向年轻女孩介绍科学、技术、工程以及数学知识，从而帮助她们实现美好的职业生涯路径的文章所打动。因此，她创立了一个名为 Amazing Girls Science 的非营利组织，这一组织通过居家办公的形式运营，并为女孩提供了 15 个科学项目，其中包括针对计算机科学、机器人技术以及编程的课程和夏令营。

循环不仅仅发生在那些即将退休的老雇员身上。许多面临人才紧缺的公司开发了雇员保留计划，希望利用其他领域的雇员来填补职位空缺。[108]公司正在使用这些培训计划来帮助雇员循环到新的工作岗位和职业。例如，在计算机咨询领域，公司内部支持和客户服务部门正面临合格雇员短缺的局面。许多争取该职位的雇员虽然具备计算机技能，但缺乏为软件、数据库和公司内部网用户提供咨询和建议所需的人际交往技能。目前，该行业正在培训股票经纪人、航空乘务员和银行出纳来从事这项工作。这项培训计划被称作"海军营地"，因为培训强调受训者对工作的全心投入、一对一的监督，以及在短时间内学习需要掌握的知识和技能。

　　一般来说，准备进行循环的雇员会与某些管理者或其他雇员进行面谈，因为他们觉得这些管理者或雇员的工作部门与自身的兴趣和能力较为相近。雇员通过与管理者或其他雇员开展**信息面谈**（informational interview）来收集有关技能、工作需求以及工作福利的信息。比如，一位来自 Level 3 Communications 公司的管理者得到了非常出色的绩效评估，因此她在公司供职的 11 年内获得了多个奖项。[109]在公司收购客户服务部后，她负责精简该部门以及培训新雇员取得了良好的效果，以至于她总是被派去从事此类工作。但她感到自己不喜欢这个职位，且这个职位没有给予她相应的挑战，于是她接受了一个新的工作，管理一个负责拆除无用光纤电缆的团队。她很快又发现自己需要培训新人，并再度感到这个职位没有任何挑战。基于在领导力培训项目中得到的建议，她计划与老板对话，以寻求能为公司做出更多贡献的机会。她与老板的会谈涉及的部分内容包括展示自身的经验以及在职业生涯目标方面所取得的进展，她对于继续从事现在的工作、调动到新的职位或离开公司的一些想法。最终，她的老板同意帮她寻找一位导师，并为她寻求新的工作机会。她的老板为她找到了一份与谷歌合作为美国的星巴克咖啡店提供宽带服务的工作。她接受了这份工作，并于 10 个月后被晋升为客户经理。她认为这是一份理想的工作，她非常喜欢，因为这份工作颇具挑战性。她的新老板非常欣赏她的干劲、态度以及对工作的投入。

10.4.4　跳槽

　　跳槽（job hopping）是指雇员每隔两三年就换一家公司工作的行为。如今跳槽现象很普遍，尤其是 X 一代和千禧一代，越来越多的雇员认为自己是"自由人"，应该主动管理自己的职业生涯。据估计，与 20 世纪 80 年代相比，现在各个年龄段的雇员在工作岗位上工作的时间都相对较短。人们认为自己有一个易变性职业生涯，这意味着他们要为自己的职业生涯负责，因为他们会由于业绩下滑而被公司解雇，或者成为公司变革经营战略的牺牲品。忠诚并不能保证自己不被解雇，雇员意识到自己的就业能力和经济福利取决于个人的成长和付出，因此，如果其他公司提供更多的学习机会和更高的报酬，他们会选择离开现在的公司。[110]虽然跳槽一度被认为对雇员的职业生涯不利，但如今公司已经习惯了雇员的这种做法，尤其是在需要大量有才能的雇员的高科技行业，新成立的公司可以提供股票期权，这种期权将会随着公司的不断发展壮大而给雇员带来巨大的经济收益。

　　跳槽对公司和雇员是否有利？对公司和雇员来说各有利弊。[111]对公司来说，跳槽会导致人才流失和生产率下降，这是由雇员流动、再培训和招聘成本引起的。并且，跳槽使得建立并维护支撑雇员人际关系以及雇员-客户连续性关系的文化更加困难。同时，跳槽为公司提供了招聘具有不同工作经验的雇员的机会，可以让公司了解并实施最优方案。雇用那些跳槽的雇员可能会增加公司的灵活性和适应性，因为这些雇员能够迅速地学会不同的工作技能。而且，跳槽的雇员很可能不需要工作保障或者对工作保障的期望不高，当公司需要裁员时会更加容易。对雇员来说，除了更好的待遇和发展机会以外，跳槽可以提供在各种行业以及不同规模的公司的工作机会，并可以获得新的技能、工作经验和人脉。对雇员来说，跳槽的缺点是由于自己未在某个工作岗位上工作足够长的时间，因此没有机会完成重要的项目、发展个人关系或获得相关的工作经验。这可能不利于雇员将来获得有吸引力的工作职位。

公司不可能消除跳槽现象。然而，公司可以为雇员敬业创造条件并提供成长机会，为绩效较好的雇员提供激励和奖励，从而减少跳槽，吸引并留住有才能的雇员。

10.4.5　应对职业生涯中断

由于家庭或其他原因离职几个月或几年之后，男性和女性雇员都面临着重返工作岗位的问题。[112]退伍军人的失业率比整体劳动力的失业率要高，22～24 岁的退伍军人的失业率是同年龄段其他人员的三倍以上。[113]这些人在找工作或回到原来的工作岗位时面临许多障碍，包括缺乏职场经验、技能不足和受教育水平过低，因此在没有明确的方向和期望、面临心理挑战和身体挑战的非结构化环境中，他们很难适应。但众所周知，退伍军人也具有许多对雇主而言有价值的性格特征和技能，包括关注细节、自律、擅长解决难题、在压力下做决策和团队合作。

联邦政府和公司都在帮助退伍军人返回原来的工作岗位或寻找新的就业机会。[114]《统一服务就业和再就业法案》（Uniformed Services Employment and Reemployment Act）涉及雇员权利，例如除非有特殊情况，当雇员返回工作岗位时，公司应保障其权利。然而，退伍军人重返的工作岗位可能与他离开时有所不同，可能需要新的技能或者在不同的地区工作。并且，重返工作岗位的退伍军人不得不再次证明自己的能力，部分退伍军人在服兵役期间可能受到了身体伤害或心理伤害。作为一家全球性投资公司，KKR 集团的退伍军人就业项目促进了退伍军人的职业生涯发展，并支持旗下公司保留退伍军人的职位。作为KKR 集团旗下的一家公司，Accellent 启动了一项针对退伍军人的招聘计划，这项计划包括培训招聘人员和招聘经理如何更好地筛选退伍军人的简历。作为美国最大的电力公司之一，美国电力公司（American Electric Power）是参加"从军人到能源从业者计划"（Troops to Energy Jobs）的四家公司之一。"从军人到能源从业者计划"是由能源劳动力开发中心（Center for Energy Workforce Development）推出的，这项计划为退伍军人提供大学教育，从而使他们可以弥补技能上的不足。这一计划为退伍军人提供了作为生产线工人和技术人员的实习机会和正式工作机会。美国管道工、管道安装工、电焊工、维修技术人员联合协会（The United Association Union of Plumbers, Pipefitter, Welders and Service Technicians）启动了一项针对退伍军人的为期两周的过渡培训计划，退伍军人会接受为期 16 周的培训，培训内容涉及焊接、管道维修和暖气通风。此后他们会参加为期四年的师带徒项目。在培训和实习期间，这些退伍军人会获得工资，当他们完成这一计划后，会得到工作机会。

10.4.6　处理裁员问题

处理裁员问题是职业生涯管理的一个重要问题，因为在解决公司的重组、并购和接管所带来的冗员问题时，精简性裁员手段的运用变得越来越普遍。研究表明，裁员并不能给公司带来利润的增加，相反会对生产效率产生多重影响，并且有损留职雇员的士气，减少他们愿意承担的工作量，降低其对公司的忠诚度。[115]对于被解雇的雇员而言，解雇会给他们造成较大的压力，并会扰乱个人生活。[116]由于裁员会带来潜在的不良影响，因此公司应先采取一些措施来减少人员数量，降低劳动力成本。这些办法包括要求雇员减少工作时间，提出提前退休计划，延迟加薪，不再为因跳槽和退休而产生的空缺职位招聘新人。由于并购（导致职位减少、冗员增加）或业务不景气等因素导致公司不得不减少雇员，以降低劳动力成本时，裁员就在所难免。

从职业生涯管理的角度来说，公司和管理者主要承担两项责任：第一，他们要负责帮助那些被解雇的人员；第二，必须采取措施，以确保留职人员保持较高的生产效率和忠诚度。

为了让雇员为裁员做好准备，并减小裁员的负面影响，公司需要提供向外安置服务。向外安置服务包括[117]：

- 提前通知，并解释裁员的原因。
- 提供心理、财务、职业生涯管理等方面的咨询服务。
- 对雇员的技能和职业兴趣进行测评。
- 提供与应聘相关的服务，如帮助写简历，提供面试培训。
- 提供包含不同职业和地区的工作信息的信息库以及相关的外地报纸、黄页电话号码簿及书籍。
- 通过电子邮箱向雇员传递有关职位空缺、职业生涯管理自我指导以及价值观和职业兴趣调查结果的信息。

比如，山姆会员店最近关闭了几家效益欠佳的门店，因为公司的战略是专注于效益良好的门店，并服务于高收入顾客。[118]在关闭了一家位于新泽西州的门店后，山姆会员店在这家门店所在城市为失业的雇员举办了一场招聘会。诺基亚（Nokia）对其移动业务实施了重组，这使得18 000名雇员失业。[119]为了帮助失业的雇员重新找到工作，诺基亚的领导团队推出了一项桥梁计划，这一计划可以为13个国家的雇员提供就业援助。通过这项计划，失业的雇员可以在诺基亚或者其他公司重新找到一份工作。这一计划还为想要创业、接受教育及从事志愿者服务的雇员提供资金支持。最终，在由于公司重组而失业的雇员中，超过60%的人找到了新的工作。

一般来说，与留下的雇员相比，公司为帮助被解雇的雇员谋职会花费更多的资源。被解雇会使雇员情绪低落，产生极大的挫败感。与较低层级的雇员相比，处于高层管理职位和专业职位的雇员会得到定制化的安置服务（例如，安排办公室、私人秘书等）。[120]一旦雇员能够克服这些消极情绪，就能重新振作起来，并开始寻找新的工作。被解雇的雇员知道自己必须重新找工作，因此他们对自己的未来很清楚。然而对那些**留职人员**（survivor）（裁员后留在公司的雇员）而言，他们对自己的未来会感到不确定。由于保住了工作，留职人员多少会产生一些满足感，但他们不清楚自己的职位是否安全，也不知道公司未来的命运究竟如何。而且，在很多情况下，留职人员除了做好自己的工作之外还要接管被解雇人员的工作。因此，留职人员可能会焦虑不安，对高层管理者感到愤怒，对重组和新的业务计划持怀疑态度，可能心怀怨恨，甚至会辞职。[121]

研究表明，对裁员的公正性和工作环境的改变的看法会影响留职人员的工作态度及工作效率。如果公司为了避免裁员而给雇员降薪，如果公司能公平地运用某些衡量标准（如绩效、资历）来决定裁员对象，如果能事先通告裁员事宜，或者裁员有明确而充分的理由，那么留职人员就会对裁员的公正性表示肯定。[122]公司应对留职人员进行培训，让其适应裁员带来的一些变化，即承担更多的工作量及工作责任。公司还应为留职人员提供真实的信息，让他们对自己的未来有更加清晰的认识。

10.4.7 满足老年雇员的需求

正如我们在第 1 章所述，许多行业都缺乏有才能的雇员。因此，公司不得不让老年雇员继续工作。许多即将退休的雇员希望在减少工作时间的同时还能继续工作。比如，一项研究显示，80％的婴儿潮一代雇员希望退休后继续兼职工作。这是出于个人偏好和经济方面的考虑。[123]由于上一次经济衰退带来的股市暴跌和房地产价格的下降，退休的许多雇员发现自己囊中羞涩，因此他们希望能够重新进入劳动力市场。为了满足老年雇员的需要并避免其技能不足，公司为老年雇员制定了弹性工作时间计划，包括兼职工作、返聘退休雇员以及阶段性退休计划（雇员随着年龄的增长逐步减少工作时间）。

多大年龄的雇员被认为是老年雇员呢？正如前面的章节中提到的，《就业年龄歧视法案》是联邦政府为了防止 40 岁以上的人员受到歧视而颁布的。限制雇员参加培训计划、强迫受法律保护的雇员提前退休都是违反该法案的行为。不同行业的退休年龄是不同的：空中交通管制员的退休年龄是 56 岁，飞行员是 65 岁，联邦法律执法人员是 57 岁，职业足球运动员和其他职业运动员在 30 岁时就被认为是老雇员了。老年雇员的缺勤率较低，并且在接近退休年龄时投入工作的精力也不会太少。然而，他们在学习新技术的过程中需要更多的帮助，在培训中也更喜欢亲自动手实践。[124]老年雇员和年轻雇员有一样的生产效率，并且能够理解顾客，拥有宝贵的工作经验。

公司可以采用几种方式来满足老年雇员的需求。[125]第一，应为老年雇员安排弹性的工作时间，让他们有时间照顾生病的老伴、回学校深造、外出旅行或者缩短工作时间。CVS Caremark 公司发现，很多客户更愿意与年长的、更有经验的药剂师讨论他们的健康问题。因此，为了留住年长的药剂师，该公司制定了一项计划，让这些药剂师夏季在美国北方工作，冬季在温暖的南方工作。[126]米其林轮胎北美分公司现有 19 000 名退休雇员，公司 37％的雇员已年过五旬。[127]通过向雇员提供现行退休计划研讨会和相关信息，并正式承认他们已经退休，公司与老年雇员保持着联系。公司为退休雇员提供临时工作任务、咨询或合约工作、远程工作以及全职或兼职工作。

在美国国立卫生研究院，47％的雇员已经年过五旬，而老年雇员平均已在此工作超过 18 年。[128]供职于美国国立卫生研究院的雇员是拥有高学历的研究人员。对于老年雇员的帮助非常重要，因为科学研究结果和疾病的治疗方法需要很长时间才能被世人所熟知。美国国立卫生研究院非常珍惜老年雇员所拥有的知识和经验，并鼓励他们通过为年轻雇员提供指导的方式来传承这些知识和经验。同时美国国立卫生研究院还积极招聘老年科学家。美国国立卫生研究院为雇员提供涉及房产规划和社会保障的个人理财讲座、根据年龄进行资产再分配的投资资金，以及现场儿孙照顾服务。退休雇员还可以得到合约或兼职工作机会，并且可以远程办公。对于工作多年的雇员，美国国立卫生研究院会为他们举行周年庆。除此之外，美国国立卫生研究院还为老年雇员提供"Fit Plus Program"健康倡议。

第二，研究表明，当雇员达到 40 岁左右时，最有可能获得公司的培训。而随着雇员年龄的增长，这种培训机会日益减少。[129]公司要确保让老年雇员获得必要的培训，以避免技能老化，并为新技术的应用打好基础。第三，老年雇员需要获得长期性医疗和养老等方面的相关资源和援助。第四，还应为老年雇员提供素质测评和咨询，让他们可以循环到新的职务或职业生涯阶段，或者接受风险较大的职位，承担并未明确界定的责任。第五，尽管老年雇员的身体状况和思维能力都会下降，但他们可以依靠经验和工作积极性来避免较差的绩效，认识到这一点也是很重要的。公司应该考虑将那些技能弱化的有价值的老年雇员转移到其他工作岗位上。位于弗吉尼亚州里士满市的 Bon Secours Health System 将公司的成功归功于老年雇员。由于 30％的雇员已超过 50 岁，该公司正在尽力调整他们的职位。例如，一位持有执业资格的护士发现自己的工作对体力（行走、帮助病人站起来）要求太高，为此，公司把她调到了雇员健康项目组，主要负责接种疫苗和一些对体力要求不高的工作。[130]最后，公司还要确保让雇员消除有关老年雇员的陈旧观念（如他们畏惧新技术或不能掌握新技能）。

提前退休社会化

提前退休社会化（preretirement socialization）是指帮助雇员为退出职业生涯做准备的过程。它鼓励雇员了解退休后的生活，规划好财务资源、住房和医疗保健资源，并对退休有合理预期。雇员对退休后生活的满意度受其自身健康状况、对工作的感觉以及乐观程度的影响。雇员如果参与了提前退休社会化计划，则可以减少经济和心理问题，对退休也会有较高的满意度（相对于那些没有参加该计划的雇员）。该计划一般会强调以下几个方面[131]：

- 退休的心理调节，如培养个人的兴趣爱好等。
- 日常起居，包括对交通、生活费用和医疗保健问题的考虑。
- 退休后的健康状况，包括营养配餐和体育锻炼。
- 财务规划、保险和投资。
- 医疗计划。
- 房产规划。
- 从公司的养老金计划和社会保险中获得的收益。

提前退休社会化计划主要针对考虑退休的雇员。但在职业生涯的早期他们需要进行财务规划、房产规划以及购买保险，以确保他们在退休后能够舒适地生活。提前退休社会化或退休可以帮助雇员避免由于不良的财务规划而不得不重新开始工作。例如，GTE（一家电信公司）有一名 58 岁的雇员接受了公司的提前退休计划。[132]在 GTE 和 Bell Atlantic 两家公司开始策划合并后，他同意由公司一次性买断工龄。由于股市下跌，他每个月还要从退休账户中支取 2 000 美元，因此他不得不再找一份工作。他现在在一家汽车代理连锁店工作，每小时能获得 10.5 美元的报酬，工作内容是批发和销售汽车零件。除了日常开支外，他每个月还能节余 100 美元。他正在考虑到 60 岁再次退休，因为那时他就可以拿到军人退休金了。但是股票市场的不景气和不断上涨的健康保险费（每季度上涨 150～450美元）使得他很难实现这个愿望，只有等到 62 岁能够领取医疗保险和社会保障金的时候，他才能真正退休。

许多公司还采取了阶段性退休和弹性工作安排的方式，一方面能帮助雇员尽早适应退休生活，另一方面也可继续发挥雇员的才能。**阶段性退休**（phased retirement）是指年老的雇员逐渐减少工作时间，直至过渡到完全退休状态。阶段性退休对公司和雇员都有好处，它可以帮助公司解决劳动力市场中技术娴熟的雇员短缺的问题，也可以为那些经济衰退时期退休基金减少的雇员提供收入来源。有几种不同的阶段性退休计划。雇员退休后可以作为一个独立承包商、顾问或兼职工作人员重新回到公司。阶段性退休计划的运用因与退休福利税收的法规有关以及对持续医疗保险覆盖的担忧而变得复杂（例如，没有对阶段性退休给出法律定义，而且税法几乎没有对退休福利计划做出规定）。

下面看看充分利用老年雇员的技能并满足其需求的几个公司的例子。[133]作为总部位于密歇根州的一家家具制造企业，赫曼米勒公司（Herman Miller）的雇员可以通过减少工时的方式在退休前两年就开始自己的退休流程。这可以帮助他们向退休过渡。他们可以花一定时间分享自己的知识，并培训其他雇员来接替他们的工作。美国国立卫生研究院推出了一个由两个阶段组成的退休计划，雇员可以选择通过减少工时来逐步向退休过渡，或选择加入试退休计划，一旦他们觉得还没有做好退休的准备，试退休的雇员可以在退休后一年内回到工作岗位上。

退休

退休（retirement）指离开工作岗位进入不再工作的生活状态。对某些雇员而言，退休意味着离开目前的公司，重新找一份全职或兼职工作或进入另一条职业生涯路径。我们来看一看唐·麦坎（Don Mankin）和沃伦·道奇（Warren Dodge）的经历。[134]唐·麦坎从事教学和写作工作已有40年，他在博客和杂志上分享一些旅行指南和相关文章，这使他得到了咨询工作的机会，并参与到演讲活动中。沃伦·道奇是埃森哲的一名信息技术变革管理专家。退休后他打高尔夫球，爬上了乞力马扎罗山，并在纽约大学代课。但是他开始觉得无聊，并意识到自己没有得到成长。通过原来同事的关系，他得到了为非营利组织和跨国公司提供创新和变革咨询的项目。如今，他在一家劳动力派遣公司担任兼职咨询顾问，还兼职教授大学课程，并在当地教堂从事志愿者工作。美国联合包裹速递服务公司（UPS）在节假日配送高峰期会召回已退休的雇员[135]，这些退休雇员拥有25年的工作经验，他们了解公司的文化，而且无须培训。重新雇用已退休的雇员帮助公司节省了数百万美元。

到2020年，在美国劳动力市场中，每四人中就有一人超过55岁。最近社保制度的变化取消了大部分工作的强制退休年龄，无论出于何种原因，从财务需求来看雇员会选择工作更长时间。[136]

研究显示，年龄、财务资源、健康状况不佳、从事对心理或生理要求严格的工作是雇员决定退休的因素。[137]从历史上来看，超过半数的雇员在63岁以前就退休了，有80%的雇员退休时不到70岁。这可能是因为雇员接受了公司的提前退休计划，提前退休时，公司往往会提供比较丰厚的经济待遇。再加上雇员可能觉得工作不尽如人意，他们宁愿从事非工作活动来获得满足感。

劳动力队伍的老龄化以及提前退休计划的运用对减少公司劳动力人数有三个方面的影响。第一，公司必须满足老年雇员的需要。第二，公司必须采取措施，让雇员为退休做好准备。第三，公司必须进行周密的考虑，以保证提前退休计划不会对老年雇员造成歧视。

提前退休计划

提前退休计划（early retirement program）指为鼓励雇员离开公司而向其提供一定的经济福利。该计划是公司战略的组成部分，它既可以降低劳动力成本，又可以不采取裁员政策。经济福利通常包括一次性退休金和按服务年限确定的一部分薪酬。这些经济福利对雇员具有较大的诱惑力，对那些在公司任职多年的雇员来说更是如此。提前退休的资格要根据年龄和服务年限而定。比如，美国邮政署（United States Postal Service）为供职于即将关闭的邮件处理工厂的雇员提供自愿退休计划。[138]要提前退休，雇员至少已经50岁，且至少有20年的工龄。或者无论雇员的年龄大小，他们必须有至少25年的工龄，且至少有5年从事非军事工作的工龄。此外，由于美国邮政署引入的新战略带来组织架构的变化，3 000名在邮局工作的邮递员可以提前退休。美国邮政署为符合自愿退休资格的邮递员提供1万美元的补贴。自愿提前退休可以让雇员提前领取养老金（固定收益）。

提前退休计划主要会产生两个问题。第一，当某些雇员选择退休时，难以找到可替代人员。第二，老年雇员可能会有种被迫退休的感觉，因此觉得提前退休计划带有歧视性色彩。为了避免高昂的诉讼费用，公司需要确保提前退休计划满足下列要求[139]：
- 是雇员福利计划的组成部分。
- 对年龄进行界定，以确认提前退休的资格。
- 允许雇员自愿选择提前退休。

退休资格的确定不应依据某些刻板印象，如年龄增长会导致能力和技能退化等。研究表明，年龄增长所带来的能力和技能的下降对工作绩效影响甚微。如果雇员可以拒绝参加提前退休计划，如果他们可以充分了解该计划，并有充裕的时间做出决策，就可以认为雇员的决定是自愿的。

培训在提前退休计划中起着十分重要的作用。公司会让雇员了解提前退休的财务影响。公司通过培训计划可以让雇员了解提前退休的意义，以及获取医疗保险和退休金的时间和方式。例如，退休金可以一次性发放给雇员，也可让雇员按月、季度或年度分期领取。

小结

公有和私营企业除了创造经济利润，还负有社会责任，如通过帮助减少贫困和失业来改善其所在的社区，遵守法律法规，以及通过帮助所有雇员成长、发展、应对职业挑战来实现公司目标。这既有利于当地社区和劳动力，也提高了公司的知名度，还可帮助公司吸引、激励和留住有才能的雇员。通过与政府机构、贸易团体、工会和基金会合作，公司的培训与开发部门可以开发劳动力技能，提高雇员的就业能力并为当地社区带来工作机会。社会责任还意味着培训与开发实践是针对所有雇员的，他们在培训活动期间应该受到公正的对待，并且应遵守版权法（即提供信誉担保并且支付课程所用材料的费用）。如今劳动力不仅在种族、性别和国籍方面呈现多元化的特点，而且多年龄段人群并存。为了充分利用多元化的竞争优势并履行社会责任，公司需要主动地管理多元化和包容性。这意味着在多元化培训中要确保高管层的支持，管理者对多元化目标负责，雇员得到支持，并且招聘、雇用、开发都要侧重于识别和培养所有雇员的才能。最后，公司需要帮助雇员应对职业生涯挑战，以提高他们的敬业度与生产率，减轻压力。本章讨论各种挑战、政策和计划以帮助雇员更好地应对。职业生涯挑战包括平衡工作与生活、应对职业生涯中断、处理裁员和跳槽问题、应对职业生涯循环和退休。

关键术语

跨界合作（sector partnership）

《学生就业机会法案》（School-to-Work Opportunities Act）

《劳动力创新与机会法案》（Workforce Innovation and Opportunity Act）

工会与管理层联合培训计划（joint union-management training program）

版权（copyright）

1964 年《民权法案》第七章（Title Ⅶ of the Civil Rights Act of 1964）

《就业年龄歧视法案》（Age Discrimination in Employment Act，ADEA）

《美国残疾人法案》（Americans with Disabilities Act，ADA）

合理调整（reasonable accommodation）

包容性（inclusion）

多元化培训（diversity training）

无意识偏见（unconscious bias）

多元化与包容性管理（managing diversity and inclusion）

玻璃天花板（glass ceiling）

外派人员（expatriate）

跨文化准备（cross-cultural preparation）

遣返（repatriation）

工作与生活的平衡（work-life balance）

《家庭与医疗休假法案》（Family and Medical Leave Act，FMLA）

远程办公（telecommuting）

压缩工作周（compressed workweek）

职位分担（job sharing）

灵活工作时间（flextime）

职业生涯路径（career path）

双重职业生涯路径体系（dual-career-path system）

职业生涯循环（career recycling）

信息面谈（informational interview）

跳槽（job hopping）

《统一服务就业和再就业法案》（Uniformed Services Employment and Reemployment Rights Act）

留职人员（survivor）

提前退休社会化（preretirement socialization）

阶段性退休（phased retirement）

退休（retirement）

提前退休计划（early retirement program）

讨论题

1. 什么是跨界合作？它为什么如此重要？举出一个跨界合作的例子。

2. 假如你被要求调查警察培训项目中是否涉及使用武力，你需要调查哪些内容？你是否会查阅任何数据？

3. 解释"多元化与包容性管理"和"多元化培训"之间的关系，哪个更有效？为什么？

4. 无意识偏见培训的目的是什么？请提供一个无意识偏见影响个人参加培训或被要求参加开发活动的例子。

5. 你认为解散针对女性、拉丁裔美国人、退伍军人的资源小组会促进还是阻碍工作中的多元化和包容性？请阐述你的答案。

6. 你将如何帮助一个由三名管理者组成的团队为外派波兰华沙管理最近收购的金融服务企业做好准备？

7. 公司应该如何培训有才能的女性雇员，从而使她们担任高级管理职位？请阐述你的建议。

8. 职业生涯路径对雇员有何益处？它是如何促进公司有效运作的？

9. 什么是跳槽？为了减少跳槽现象，公司应该关注哪些职业生涯挑战？

10. 阶段性退休计划对公司有哪些好处和坏处？

11. 什么是工作与生活计划？它们与工作与家庭计划有何相关性？在开发和使用工作与生活计划方面有哪些挑战？

12. 你将如何帮助经历过裁员的留职人员保持能动性和工作效率？你的哪个建议是最重要的？为什么？

案例 | 理解语言和文化是全球成功的基础

虽然英语仍是使用最普遍的商务语言，但汉语、法语、阿拉伯语变得越来越重要。为在全球范围内工作的雇员提供语言培训是非常困难的，因为他们需要花时间参加相关课程，从而掌握一门语言。但是虚拟课程、在线学习工具以及移动应用程序使得语言培训变得更加简单。语言培训需要与雇员的熟练程度相匹配，并确保雇员能够学以致用。供职于 Operation Smile 的医生和护士为发展中国家的儿童提供口腔外科手术。他们没有时间学习当地语言的细微差别，但是他们的确需要使用类似于"别担心""张嘴""闭嘴"等短语。

通过另一种语言沟通是非常必要的，但并不足以在全球范围发挥效力。雇员有意愿去了解当地的宗教、教育、政府体系，了解当地的文化至关重要。了解当地文化意味着需要花时间去建立关系和信任。基于向亚洲和中东地区扩展的计划，万豪国际正在帮助雇员做好担任管理职位的准备。万豪国际认识到了解当地文化和人际交往方式对于管理全球业务至关重要。公司的晋升计划提供为期一年的培训，培训内容涉及所有者关系、销售和收入管理、品牌、客户焦点、金融和危机沟通、人力资源、智慧沟通。课程的形式包括课堂教学、网络讲座、导师指导以及雇员论坛。来自超过55个国家的雇员以30~40人为一组的形式参加这个计划。

哪些方法或方法组合最适用于语言培训和文化知识学习？为什么？

资料来源：Based on C. Curry, "Prepare for Arrival," *TD* (May 2016), pp. 30 - 35; S. Shullman and L. Kelly-Radford, "Global Leaders Embrace Difference," *Chief Learning Officer* (May 2015), pp. 26 - 28, 48; and K. Everson, "Learning in Translation," *Chief Learning Officer* (May 2015), pp. 38 - 41.

注 释

第 **11** 章

培训与开发的发展趋势

通过本章的学习，你应该能够：

1. 了解可能会影响培训部门和培训者的未来发展趋势。
2. 讨论可穿戴设备、人工智能以及物联网对培训的影响。
3. 讨论快速指导设计与传统的培训设计之间的不同之处。
4. 讨论大数据的使用对商业成果的影响。
5. 讨论自动化程度提高给工作和培训所带来的影响。
6. 讨论公司应该如何弥补技能短缺。

◤ 章首案例

"沃森，请帮我找到最受欢迎的培训课程"

如今，我们使用数字工具来创建个性化体验。我们可以通过使用数字工具来选择喜欢的音乐、打车、购买食品、开关房间的灯。我们作为消费者所使用的工具同样可以给工作中的学习方式带来革命性的改变。思考一下 IBM 是如何改变雇员的学习体验的。IBM 曾经通过课程管理系统提供有限数量的课程，如今，IBM 使用名为 Your Learning 的数字学习平台取代了原有的课程管理系统。Your Learning 通过分析法为每一位雇员提供基于其职位、所在业务单元以及技能类型的个性化学习体验。雇员可以基于个人偏好和技能范围找到必修和推荐的学习内容。当雇员可以提供学习内容，对学习内容进行标注，为其他雇员分享的内容打分以及对他们所学习的课程发表评论时，数字学习平台会给他们一个链接，通过这个链接他们可以与一位顾问聊天，讨论他们的职业生涯路径，并连接到社交媒体中。IBM 的学习专员可以使用这个数字学习平台来发现雇员的学习趋势，从而开发并实施针对课程和其他学习内容的评估调查。

沃森（Watson）的认知计算是 Your Learning 学习平台的基础，沃森使用人工智能进行思考和学习（回顾我们在第 8 章中关于人工智能的讨论）。沃森可以理解人类的语言，并可以像人类一样处理问题。它还可以接收流程，并将数百个核心词和模式进行合并，基于情感和使用频率给出相应的建议。类似于我们从家长和老师那里学到的内容可以塑造我们的思想一样，沃森最开始从专家那里学习，并通过以后的每一次交互继续学习。像亚马逊的 Alexa 基于你正在收听的音乐推荐一些你可能喜欢的音乐一样，沃森追踪每一名雇员的学习内容，为他们推荐其他有用的学习内容，还可以展示与你有相似兴趣和背景的雇员的学习内容。

资料来源：Based on "Training Top 10 Hall of Fame Outstanding Initiatives, IBM Your Learning," *training* (January/February 2018), pp. 95 - 96; L. Burrell, "Co-Creating the Employee Experience: A Conversation with Diane Gherson, IBM's Head of HR," *Harvard Business Review* (March-April 2018), pp. 54 - 58; IBM Learning Digital Press White Paper Series, "IBM's Your Learning and Watson-Together a Game Changer in Learning" (2017) from www. ibm. com, accessed February 11, 2018; and P. Harris, "A New Era Dawns for TD," *TD* (October 2017), pp. 38 - 40.

■ 11.1 引 言

前 10 章讨论了培训项目的设计与传递、人员开发和职业生涯管理以及培训对企业履行社会责任的作用。培训对企业履行社会责任的作用主要体现在管理公司的多样性和包容性以及帮助多代劳动力成功地应对职业挑战。本章将探讨培训与开发的发展趋势，章首案例讨论了人工智能方面的技术进步是怎样改变我们的学习和工作方式的。技术进步将会影响培训与开发的未来，而你作为一名培训师的未来也会受到技术进步的影响。表 11 - 1 列举了本章要讨论的对培训产生影响的未来发展趋势。

表 11 - 1 对培训产生影响的未来发展趋势

- 工作自动化
- 新技术在培训交付和教学中的应用
- 神经学在学习方面的突破
- 更加重视培训设计的速度和培训的内容，运用多种交付方法
- 即时学习和绩效支持的应用不断增加
- 不断强调使用大数据来展示学习可以促进业务的发展
- 投资于培训以弥补技能短缺

11.1.1 工作自动化

使用自动化来完成之前由雇员完成的工作在未来 10 年将会不断增加。一项调查显示机器人和人工智能正在完成 12% 的工作，但是参与调查的人员称这一比例在未来三年将会上升至 22%。[1] 如今，超过 60% 的企业还未通过使用自动化来完成工作，然而，它们利用机器人和人工智能来为雇员提供工作辅助，帮助雇员避免在工作中出现错误和事故，并使雇员可以腾出时间从事更为重要的工作。大约 1/3 的人力资源部门已经开始改变自身的工作行为，通过发现新的技能要求并找到匹配的雇员，人力资源部门正在为不断增加的自动化做好准备。25% 的调查参与者正努力发现未来的技能短缺，而 38% 的调查参与者称他们还未做好为受到自动化影响的雇员重新提供技能培训的准备。表 11 - 2 展示了自动化对工作造成的影响。

表 11 - 2　工作自动化的潜在影响

- 目前，60％的职业有超过 30％的工作活动可以通过技术实现自动化。
- 到 2030 年，全球劳动力的 15％，即 4 亿多工人，可能会因为采用自动化而被取代。3％的劳动力（7 500 万工人）将需要改变他们的职业。
- 到 2030 年，美国和德国多达 1/3 的劳动力、日本近 50％的劳动力可能需要学习新技能，并在新的职业中找到工作。

资料来源：Based on J. Manyika, S. Lund, M. Chui, J. Bughin, J. Woetzel, P. Batra, R. Ko, and S. Sanghvi, "Jobs Lost, Jobs Gained: Workforce Transitions in a Time of Automation"（McKinsey Global Institute, December 2017）, from www.mckinsey.com, accessed April 12, 2018.

　　人工智能促进了无人驾驶汽车和机器人的开发。机器人并不一定会完全取代我们的工作，这取决于机器人的使用方法，但机器人确实改变了我们的工作。而对于一些很难找到合适人选的工作而言，机器人可以取代人类。[2] 比如，负责砌砖的承包商很难找到足够多的泥瓦匠。但是半自动泥瓦机器人可以完成一部分人力工作，尽管它们不能完全取代人类。半自动泥瓦机器人无法阅读建筑蓝图，无法将砖砌在边角上，因此工人需要用砂浆和砖块填补好。他们还需要清理留下的砖缝。半自动泥瓦机器人可以解决泥瓦匠短缺的问题，但是每个半自动泥瓦机器人的成本是 400 000 美元。机器人也可以用来完成许多由雇员完成的任务，包括可以像人类一样精准且一致地完成的工作任务（比如一些外科手术）。机器人还可以完成简单且重复性很强的工作任务，这可以使人类把更多的时间花在创造高附加值的工作上。BeeHex 公司生产可以用来装饰蛋糕和饼干的 3D 食品打印机。这意味着糕点师可以花更多的时间研发不同口味的食物，而不是以同样的方式在蛋糕上加糖霜。人类仍然需要对机器人进行监控，以确保它们的工作能够达到预期；对机器人进行必要的维护，同时通过重新编程来完善它们的技能。机器人也可以用来完成之前由雇员完成的整项工作（不仅仅是一些任务）。比如，拥有高敏感度"手臂"的机器人可以在 Just Born 公司的生产线上捡起 Peeps 糖果，从而帮助公司加速生产。这些机器人还可以在店铺为在线购物的顾客进行商品定位和配送。[3] 优步在一些市场中使用无人驾驶技术，但是最近遭受了打击，因为在亚利桑那州一辆无人驾驶汽车未能避免碰撞而造成一名行人丧生。[4]

　　在可预测的环境中涉及体力活动的工作，如操作设备和机器、准备食物，很有可能被自动化。[5] 同时银行、金融、会计、法律方面的数据收集和处理的工作效率可以通过自动化得到提高（比如，抵押贷款和税费计算）。而在一些工作中自动化无法取代人类，这类工作包括具有不可预测性的工作以及涉及管理他人、需要创造力、应用专业技能以及参与社交的工作（比如，水管工、儿童保育员、表演艺术家、建筑师、工程师、科学家）。一项针对来自俄亥俄州雇员的调查显示将近一半的人认为他们的工作在未来会被自动化，其中包括收银员、卡车司机、仓库人员、簿记员、会计和审计人员[6]，这将导致 250 万人失业。

　　从培训与开发的角度来看，自动化使用的增加意味着雇员需要得到公司和国家层面的再就业培训，从而获得新的技能，并在必要的情况下改变自己的职业生涯。[7] 教育与培训机构应该培养科学、技术、工程和数学技能以及领导力、管理能力、协作解决问题能力、创造力和学习能力。公司需要与教育机构合作来为雇员提供技能开发所需的认证项目、师带徒项目、在岗培训（回顾我们在第 10 章讨论的培训合作）。尽管雇员正在接受再培训，但是他们也需要一些收入和福利，在培训结束后他们需要得到帮助，以找到新的工作。美国也许需要像 1944 年通过《退伍军人权利法案》那样来推动大规模教育活动以帮助雇员获得新的技能。《退伍军人权利法案》为二战老兵提供学费和生活开销，使他们可以进入高中、大学以及职业或技术学校，回归普通人的生活。超过一半的二战老兵享受了这项福利，这刺激了美国大学的发展，使大学不再只是服务富人和精英阶层。

■ 11.2 新技术在培训交付和教学中的应用

未来，多媒体、互联网和其他新技术的应用将会日益广泛，这是由以下几个原因决定的：第一，使用这些技术的费用会降低；第二，公司应用新技术可以使雇员更好地为客户服务，并为开拓新的渠道做好准备；第三，采用新技术以后，公司不必将不同地区的雇员集中到同一培训地点，从而可以节约培训费用（如交通费、食宿费）；第四，这些技术允许培训者把学习环境的许多优点融入培训（如实践、反馈、强化等）；第五，公司将会雇用更多的临时雇员（如兼职人员和顾问），提供更多的可选择性工作安排，采用新技术可以在任何时间、地点为他们提供培训；第六，新技术可使受训者随时随地获取培训和绩效支持。

表 11-3 展示了将会影响培训交付和教学的技术进步。正如我们在第 8 章中所讨论的，可穿戴设备已经开始用于培训和绩效支持解决方案。智能眼镜和相机可以使雇员通过语音激活的方式访问工作流程和记事清单；使用平板电脑的数据和视频共享功能可与专家保持联系；有机会在实施复杂流程和操作之前和之中对最佳实践方法进行检查；获得实时通知和警报。[8] 可穿戴技术正被应用于能源和医疗行业。在偏僻的钻井平台工作的操作员与在无菌手术室工作的外科医生可以与专家共享现场视频，并分别在获得阀门检修和完成外科手术的相关建议的同时专注于钻井设备和手术室的病人。通过追踪雇员表现最为出色的工作任务，可穿戴技术还可以用于提供需求评估的数据。比如，带有电子感应功能的身份牌可以追踪雇员在工作中的互动[9]，身份牌供应商可以将雇员的互动与他们的职位、绩效、任期进行整合，从而分析高效能雇员与一般雇员的差别。可穿戴技术可以用来追踪雇员不断变化的学习与开发需求，而雇员可以根据数据分析结果获得教练和导师的指导。

表 11-3 影响培训的技术进步

- 可穿戴设备（智能手表、智能手环、智能眼镜）
- 人工智能
- 物联网
- 沉浸式学习体验（数字孪生）
- Tin Can API（或 Experience API）
- 学习记录存储

资料来源：Based on A. Moore, "A Learning Pulse Check," *TD* (August 2017), pp. 62-67; J. Bersin, "How Do You Define Digital Learning?" *Chief Learning Officer* (June 2017), p. 12; "Gartner Identifies the Top Ten Strategic Technology Trends for 2018" (October 4, 2017), from www.gartner.com, accessed February 13, 2018; and A. Wright, "6 HR Tech Trends for 2018," *HR Magazine* (February 2018), pp. 62-63.

人工智能将更加接近人类，可以更低的成本使用。人工智能对于未来学习的影响可以以几种形式得到体现，一种形式是向每一名雇员提供学习机器人[10]，学习机器人通过识别并推荐完成工作所需的最重要的知识来为雇员提供帮助。索尼克汽车公司正在研究在培训中应用人工智能，公司可能会推出一款类似于 Siri 或 Alexa 的应用程序，通过该应用程序学员可以提出与工作相关的问题，无须参加在线或课堂培训即可获得答案。[11] 这类应用程序尤为重要，因为我们很难通过开发传统的培训来满足快速变革的汽车行业对知识和技能的需求，而汽车行业的变革就包括引入无人驾驶汽车和新型电动车。学习机器人还可以用来培训管理者如何分析职位与工作任务的匹配（错配）度以及如何确定培训需求。

人工智能在教练和导师指导方面的应用也越来越多。比如，蝴蝶 AI 的人工智能教练指导应用程序使用匿名的雇员反馈和现有的绩效数据对管理者的绩效进行打分，并在给予建议的同时提供旨在改善弱项的培训。[12]雇员还可以通过应用程序来练习对话能力，并得到反馈，从而为面对面的会议做好准备。其他一些应用程序可以追踪管理者的演讲模式，并在分析他们的声调、用词、热情度、语速的同时就如何改善给出相应的建议。威夸赛特高尔夫度假酒店使用一款名为 Star Coach 的学习应用程序来改善顾客体验。[13]雇员要应对视频中涉及的投诉、问题、表扬。这款应用程序可以记录雇员的反应，并分析他们的语调、语速、情绪。这款应用程序可以计算雇员反应的真实度，并为他们的自信度、与顾客沟通的努力程度以及情感投入度打分。雇员还可以得到一些改善建议。当由于物理距离或工作安排的原因导致雇员和管理者无法及时互动时，这款应用程序作为传统型面对面教练指导的补充就变得更有价值。

人工智能的使用有一些天然的风险或挑战[14]，挑战之一来自人工智能的反馈是基于之前所学的内容。这意味着人工智能的开发者需要根据不同的情况向人工智能教授正确的行为和语音语调，同时他们还需要关注如何改善自己的教授方式。设计师告诫我们这些应用程序不能像人类一样通过课程指导、眼神交流以及肢体语言对分享的内容做出客观的判断，因为这些应用程序没有类于人类的复杂认知能力。因此，这些应用程序无法取代真人导师或教练。使用人工智能的其他挑战包括：如果我们做出了错误的决策或采取了错误的行为，谁应该为此负责，是雇员还是应用程序的开发者？此外，保护雇员数据的隐私性，从而使人工智能变得更加智能也是一个挑战。

物联网设备将逐渐成为工作中的一部分。**物联网设备**（internet of things（IoT）device）又称智能设备，指嵌入传感器和网络连接的物体。[15]比如，基于可穿戴设备的应用程序可以追踪雇员的位置，并将他们接入研讨会、课程，或将他们与附近的核心专家联系起来。物联网可以使学习成为雇员可以持续参与的个性化体验。我们无须再等待正式学习班的到来。

游戏和移动学习的应用将会不断增加，因为公司试图提供有趣的培训，并最大限度地利用学习体验。除此之外，公司还希望满足千禧一代以及其他代际的学习者的需求，包括简短的互动课程，触手可及，允许他们向同事提出问题，分享学习经验及寻求建议。[16]游戏化体验包含针对真实世界的物体或体系的仿真模拟，学习者可以在三维环境中体验这些内容。[17]

Tin Can API 或 Experience API 是一个开放的数据规范，用于将经验数据与学习工具连接起来。这项技术可以收集来自雇员或雇员团队的在线和面对面学习经验的数据。[18]鉴于学习可以随时随地进行，Tin Can API 允许通过各种方法收集数据，其中包括仿真模拟、虚拟世界、严肃游戏、社会协作、真实世界体验以及正式培训项目。当一名雇员参与学习时，Tin Can API 以一名学习者、一个行为、一个活动的形式向学习记录存储系统发送一些陈述信息（比如"我做到了"）。**学习记录存储系统**（Learning Records Store）以语句的形式收集和存储所有的学习体验，这些语句可以组织起来并以一种有意义的方式呈现。学习记录存储系统可以实现相互沟通，并允许学习数据在组织范围内轻松共享。通过学习管理系统和汇报工具可以访问学习记录存储系统。雇员的"个人储物柜"存储着他们的学习历史记录。当学习正在进行或已经完成时，启用的设备会自动发送 Tin Can API 信息。学习记录存储系统可以用来展示学习体验与包括销售、收入、顾客满意度、安全性以及雇员敬业度在内的商业成果之间的关系（回顾我们在第 6 章中关于大数据的讨论）。如果 Tin Can API 被纳入公司的学习管理系统，它可以提供培训资源使用情况的相关数据，还可以识别最活跃的学习者的学习频率以及他们在何时进行学习。[19]Devereux 公司是一家为在情感、开发、教育方面存在缺陷的个人提供服务的非营利医疗组织。[20]Devereux 公司希望通过提高雇员的绩效来改善对客户的治疗效果。由 Watershed 公司开发的学习记录存储系统用来追踪雇员在培训期间的学习体验以及他们在工作中的绩效表现。然后，学习记录存储系统将这一数据与个体在现实世界的成果进行关联。

11.3 神经学在学习方面的突破

研究人员已经证明，一个知识点是否容易被回忆起来与学习任务对位于大脑下部的海马体的激活强度有关。[21]学习过程中对海马体的刺激越强，对知识点的记忆就越深刻。对海马体的进一步研究已经确定了学习发生的必要条件（关注、生成、情绪和间隔）。从培训设计的角度来看，这意味着学习者必须聚精会神，他们需要与新知识点建立联系，他们需要一些但不是大量的情感刺激。当他们分几个时间段学习而不是一次全部学完时，长期记忆效果更好。时代华纳有线电视公司（Time Warner Cable Enterprises）将对海马体的研究成果应用于公司的领导力开发培训项目，其中包括每周的视频、实操练习以及时长两小时的网络研讨会。简短的学习可以使管理者集中注意力，培训提供实操工具来帮助受训者使用他们在视频中所学的内容。这一项目为期 30 多天。管理者的情绪因交流培训项目的紧迫感以及意识到数千人同时参加这一培训所激发。

神经学研究的其他方面也将影响培训与开发的项目设计。比如，研究有助于了解学习者分析学习内容和实际应用之间差距的必要条件。其他的研究聚焦于认知过程的生物标记，这些标记可以加快学习（比如，自我解释以及其他基于意义的处理方法），帮助我们理解学习者是如何通过反馈来利用最有效的认知过程的。[22]

11.4 更加重视培训设计的速度和培训的内容，运用多种交付方法

由于新技术的发展，培训者面临寻找新方法来设计教学活动的挑战。[23]培训者需要考虑由谁来指导学习（从教师到雇员）以及在哪里学习（从工作场所学习到移动学习）。培训者需要确定利用播客设计高效培训课程的最优方法。尽管在学习中已经使用了各种新技术，但是最基本的问题依然存在：为什么要进行培训？接受培训的人是谁？为了使雇员能够学到自己所需的知识，还需要哪些资源？

正如第 1 章中讲到的，传统的培训设计模式已经受到了质疑，原因在于：第一，它是

由核心专家提出的线性培训方法。第二，指导性系统设计模型假设培训内容固定不变，然后按部就班地使用合理的方法。第三，培训的需求迅速增加，传统的培训方式耗时过长，不能保证及时交付培训。**快速指导设计**（rapid instructional design，RID）是指使培训进展更为迅速的一些技术手段。传统培训设计模型遵循分析、设计、开发、执行、评估几个步骤（回顾第 1 章有关培训设计的介绍），快速指导设计对其进行了修改。快速指导设计遵循以下两大原则[24]：一是指导的内容和过程都可以独立开发；二是用来设计和实施指导的资源可以适当重新分配。设计包含了培训活动开始之前的所有事项，传递是发生在培训过程中的活动。例如，如果一个公司的培训传递的资源有限，如培训雇员过多或者日程安排紧张，那么需要花费更长的时间设计培训过程。

　　敏捷设计（agile design）是另一种通过满足用户需求来开发培训的方式。[25]敏捷设计起初是一款软件开发工具，采用小型团队的形式，这些团队会持续讨论他们的进展，确定他们的想法的可行性，并与客户进行协作以确保他们开发的服务可以满足客户的需求。敏捷设计强调重复小的步骤，而并非沿着线性流程（通过评估进行分析）以强调教学设计的方式来进行培训开发。比如，通过使用连续渐进模式（SAM），一个团队遵循从准备到迭代设计再到迭代开发的三步流程。准备阶段涉及收集必要的背景信息；迭代设计阶段涉及开发课程原型，并对课程原型进行检查；而迭代开发阶段则涉及完成课程模型的开发，并将课程模型落地，随后对其进行评估。

　　表 11 - 4 列举了快速指导设计的战略思想。例如，由于雇员的学习方式不同，很难设计出一个适合所有雇员的培训项目。因此，如果有可能，就会通过教材、手册、录像带以及在线学习等方式提供培训内容。当然也可以结合一些培训设计过程，比如分析和评估。知识测试和其他评估的结果以任务分析和其他需求分析的结果为基础，没必要再对培训需求和培训结果进行单独的分析。如果客户认为自己有培训需求，培训者应该尽快确认客户需求，不必再进行全面的需求分析（例如，分析影响金融服务业的业务交易或者产品变革的新法规）。在任务分析的基础上，雇员可以使用检查清单、工作表等工作支持工具和绩效支持工具，来确定完成一项工作所需的活动和决策。工作支持工具可以帮助雇员完成任务，培训则教会雇员怎样使用这些工具。正如在第 1 章讲到的，一定要使用培训设计过程（或指导性系统设计过程）。未来，培训者会进一步开发快速指导设计技术，以减少耗时和费用，同时提高培训设计的效率，以更好地满足企业的需求。

表 11 - 4　快速指导设计的战略思想

- 侧重于工作成果和绩效。
- 开发一套替代指导性系统的学习性系统。
- 利用捷径（例如，利用现有的资料进行需求评估，借助焦点小组进行产品分析）。
- 结合指导性设计过程的不同步骤。
- 完成培训并不断改进。
- 跳过指导性设计过程的步骤。
- 使用可以用于案例、实践和任务的现有课程材料。
- 围绕工作支持和绩效支持开发指导活动。
- 使用记录设备、网络及电子邮件收集数据并和核心专家交换信息。

　　资料来源：Based on S. Thiagarajan, "Rapid Instructional Development," in *The ASTD Handbook of Training Design and Delivery*, eds. G. Piskurich, P. Beckschi, and B. Hall（New York：McGraw-Hill，Education 2000），pp. 54 - 75.

管理者和雇员需要耗时更少、内容更加重要的培训课程。[26]培训部门需要减少课时和项目的数量，这些课程和项目并不能直接解决某些业务问题或者绩效问题。作为培训者的项目核心专家要侧重于讲授与受训者直接相关的内容。持续几天或几个半天的研讨会和课堂学习应该应用微学习的原则，以便雇员更容易接受，并且更加个性化（回顾我们在第4章讨论的微学习）。

■ 11.5　即时学习和绩效支持的应用不断增加

许多公司已经不再将课程作为提高绩效的方式，而是在工作流程中实施真正意义上的绩效支持。[27]**即时学习**（just-in-time learning）（或嵌入式学习）指根据需求在工作中学习，这种学习方式涉及协作和包括微博在内的非学习性技术。这种学习方式已被集成到知识管理中。[28]

嵌入式学习在未来将会越来越普遍，因为公司无法让雇员参加课堂学习或花费数小时参加与工作不直接相关的在线学习。长期来看，正式的培训项目不会消失，但将会聚焦于开发能够造福公司和雇员的工作能力，而嵌入式学习将针对雇员的核心工作任务为其提供相关的学习内容。嵌入式学习产品包括雇员在工作中可以访问的与工作相关的内容，除此之外，仿真模拟以及在虚拟工作场所中的实时协作也是嵌入式学习产品的重要组成部分。

各类无线技术的应用将雇员与业务流程连接起来。比如，包括衣服、轮胎、机械零部件在内的产品已经开始使用射频识别芯片。这些射频识别芯片包含的信息通过无线电波发送至雇员的手持设备上。手持设备、工作任务背景、绩效环境与课堂学习并不兼容。学习作为一个业务流程已经被集成到了其他数个业务流程中。雇员通过在工作流程中与机器协作的方式进行学习，通过与专家沟通以及自动化教练指导得到实时绩效支持。

通过使用包括笔记本电脑和iPad在内的移动设备，学习会变得越来越具有即时性。与完成具体的培训课程不同，学习职能将聚焦于设定通过认证所需要达到的标准；建立帮助雇员达到认证标准的体系，并追踪认证标准的完成情况。[29]如果希望达到认证标准，雇员需要有具体的工作经验，观摩专家级雇员的工作过程，为束手无策或经验不足的同事提供帮助，并最终通过考试。

新型学习者已经开始涌现，"社交机器人"将社交网络集成到他思考、学习、解决问题的方式中。[30]随着脸书和其他社交网络以及具有通信和网络连接功能的智能手机日益普及和发展，雇员将更多的时间投入电脑、在线游戏和办公中，并通过邮件和短信与朋友和同事保持联系。社交机器人在千禧一代中已十分普遍，这些雇员希望公司满足他们在工作中获取最新工具和设备的需求，其中包括笔记本电脑、平板电脑、简易信息聚合（RSS）以及社交网络。这意味着培训开发部门应该改变其关于雇员如何学习和在哪里学习的设想。不借助任何新技术的基于个体学习者的教学设计战略已经过时。雇员希望培训与开发中能够融入更加真实的仿真模拟、游戏和虚拟现实。比如，研究人员正在开发可以通过手势与环境进行交互的可穿戴设备。同时学习者希望培训与开发能够使用社交网络，与拥有固定时间的课程不同，学习者希望可以在他们需要的时候获取培训内容。

我们需要实施新的学习战略，创建包括在线导师和协作平台的学习环境。这意味着公司需要考虑如何、何时、以何种方式为哪些雇员提供移动设备及包括脸书和推特在内的社交媒体进行学习。社交网络平台将会是学习管理系统的一部分，这可以使管理者决定哪些学习内容是最需要的以及来自社交媒体的哪些内容应该作为正式培训课程的内容。禁用社交媒体将难以吸引、激励、保留有才能的雇员（和客户）。相反，公司应该出台使用社交网络的相关政策。

■ 11.6　不断强调使用大数据来展示学习可以促进业务的发展

由于我们越来越强调要为公司未来的竞争优势做出贡献，因此培训部门要确保它们既可以满足业务部门（比如，市场、财务、生产等部门）的需求，又可以为实现公司的整体业务目标以及守住"底线"做出贡献。[31]

这就意味着我们需要充分了解公司的业务，从而提出合适的问题并开发合适的学习解决方案（回顾我们在第 3 章有关需求评估的讨论）。这类问题包括如何衡量是否成功以及为什么迄今为止公司还没有看到期待的成果。学习专员的职责是了解公司的商业挑战，并始终致力于弥补雇员的绩效差距。为了促进公司的业务发展，学习专员需要与公司的业务保持一致并对学习解决方案为公司带来的商业成果负责。他们要有一个达成共识的商业成果，并将这一成果纳入学习职能和企业业绩计划中。学习专员需要参加业务部门的会议，并与内部客户建立联系。他们需要将自己视为业务部门的伙伴，从而实现改善公司业绩的共同目标。

如今，大部分公司拥有自己的软硬件，并已将它们安装在设备上，然而，云计算可以使企业出租它们的软硬件（这被称为在"云端"）。**云计算**（cloud computing）指通过可自助服务、可修改以及按需提供的网络空间来提供信息技术基础设施的计算系统。[32]云计算可以通过互联网（公共云）按需交付，或仅限于一个公司使用（私有云）。与仅依赖个人电脑不同，云计算允许雇员和公司通过智能手机访问云端，从学习的角度来看，通过使用基于学习、培训与开发的指标进行劳动力分析的工具和包括推特、博客、谷歌文件、YouTube 视频在内的社交媒体协作工具，可以更加轻松地访问云端。云计算还有助于雇员获得来自不同供应商和教育机构的正式培训项目。最后，云还可以将学习数据存储在"仓库"中（比如，亚马逊的 Redshift），这有助于分析趋势并预测商业成果。未来人们将对收集与学习和培训相关的数据越来越感兴趣。正如我们在第 6 章中所讨论的，大数据涉及收集用户活动的相关数据，对数据进行分析和挖掘以确定模式和趋势，理解这些模式和趋势与商业成果之间的联系。大数据可以用来了解什么样的培训方法可以最好地传递我们最需要教授的内容，识别雇员以何种方式学习；社交网络中的专家和领袖是谁；什么样的教学方法可以引起学习者的积极反应。

可以使用不同类型的信息系统进行大数据收集。Saba 的数据分析平台可以追踪绩效评级、接班人计划以及与学习相关的数据。[33]这个平台追踪雇员访问的信息，并识别他们发布的主题以及他们与谁联系。整个平台提供的社交图谱可以直观地显示处于社交网络中心的雇员，这些雇员也是最有影响力的。这一系统与智能搜索引擎相连，而搜索引擎可以为雇员推荐学习活动。这个系统也可以与财务系统以及其他商业数据相关联。更人性化的数据访问和分析以及结果展示的方法使大数据的应用不断增加。比如，一家名为 Looker 的软件公司推出了一款以仪表盘进行数据展示且基于网络的商业智能平台。

看看易安信集团和 Mixpanel 公司是如何使用大数据的。[34]为了展示培训对于业务发展的支持，易安信集团对员工的行为变化（基于管理者的评估）和学习活动进行了比较（比如，雇员参加的学习课程或项目以及他们访问的学习内容）。公司对学习优异的雇员的学习内容进行了评估，以发现成功与学习的关联性并定义更好的项目开发路径。Mixpanel 公司希望让不断扩大的销售团队熟悉他们的工作并能够尽快接洽客户。Mixpanel 公司使用不同的绩效指标来衡量销售培训课程是否成功，其中包括达到绩效目标的时间、对产品知识的掌握程度以及达成绩效目标的可能性。销售部门每月都会招入新的销售人员，他们将一起接受培训。学习团队针对不同小组的新进销售人员进行课程调整，并使用分析法来考量绩效指标是否有所改善。比如，学习团队希望确定最适合教授如何向客户展示产品的最佳时间。学习团队通过比较各个班级在岗绩效的变化，将产品课程从培训的第一周调整至第二周，随后又调整至第三周。

■ 11.7　投资于培训以弥补技能短缺

正如我们在第 1 章中所讨论的，人口构成的变化、全球化和技术方面的变化所引起的技能短缺对于美国乃至全世界的企业而言都是一个巨大的挑战。从教育到就业的现行体系并没有使得学生和成人为 21 世纪的经济发展做好准备。摆在企业和教育机构之间的障碍使得雇员无法提升工作所需的知识和技能，他们也无法从事其他工作做好准备。比如，公司发现毕业于四年制大学或学院的学生没有掌握公司所需的技能和批判性思维，并且技术变革的速度要远远快于大学向学生传授知识和技能的速度。为了应对技能短缺，许多公司将根据职业所需的技能招聘新雇员（而不是根据他们所获得的学位）。公司会依靠内部培训来教授他们所需要的内容。

作为一家领先的铝制品制造企业，诺贝丽斯公司（Novelis）需要更多的工人以满足汽车制造商日益增加的产品需求。[35]诺贝丽斯公司创立了一家学校以培训雇员所需的技能。作为一家电力行业的设备供应商，施韦泽工程实验室（Schweitzer Engineering Laboratories）的雇员参加涉及各类主题的培训班，其中包括代数、物理以及写作。一名大学辍学的雇员没有获得大学学位，但是通过公司提供的培训班，他掌握了为机器人设定程序的技能，如今他可以监督其他雇员从事这项工作。

公司采取的另一项开发技能和推进职业生涯的战略是将培训和教育纳入雇员的福利。比如，作为一家在全美设有零售门店的家装企业，劳氏公司（Lowe's）与 Guild Education 公司建立了伙伴关系。[36]Guild Education 公司通过其与大学的合作关系帮助劳氏公司的雇员获得大学学位。Guild Education 公司帮助雇员获得在岗培训的学分，并向他们提供教练指导以确保他们在课堂培训中取得成功。劳氏公司的岗位培训项目 "Track to Trades Initiatives" 聚焦于师带徒项目的前期培训，以帮助雇员得到最紧俏的工作机会，其中包括木工和电器修理工作。雇员可以获得来自 Guild Education 公司的资金支持和教练指导以确保他们通过技能认证。在雇员完成培训后，劳氏公司会通过公司的承包商关系网为雇员找到师带徒项目。劳氏公司与 Guild Education 公司的伙伴关系帮助劳氏公司在吸引新雇员的同时保留了许多现有的雇员。这个项目也帮助当地社区增加了更多技能熟练的雇员。

11.7.1　培训者技能和能力的未来发展趋势

　　一项研究发现，将来也可能会需要美国人才发展协会的素质模型（见第 1 章图 1-5）中包括的素质和专业技能。然而，培训者更加高效地应用新技术的能力显得越发重要。同时，随着公司全球化的发展，培训者制定的培训方法和内容需要适应当地文化。[37] 表 11-5 列举了未来培训者需要开发的能力。

表 11-5　未来培训者的技能

- 培训的内容和方法与雇员所在地的文化相匹配。
- 在以技术为驱动力的学习环境中设计学习空间和内容。
- 使用多媒体工具，例如音频、视频、网络广播和现场直播。
- 为初级雇员和专家型雇员提供不同形式的培训。
- 利用测评方法确定雇员的学习方式。
- 开发搜索-确认技术，以便雇员在需要时能够找到相关的信息和培训。
- 成为变革的推动者以使学习变得更加方便，并与雇员、管理者、业务单元保持联系，确定他们所需的知识和技能，并就工具、流程和程序提出建议，以帮助他们高效地完成工作。
- 开发并传递与工作相关的学习。
- 提供并策划学习内容，鼓励雇员进行讨论和分享。
- 确定出现工作和业务难题的根本原因。
- 为学习者创建难忘的学习体验以激励和吸引他们。

　　资料来源：Based on J. Meister and K. Mulcahy, *The Future Workplace Experience*（New York：McGraw-Hill，2017）；C. Malamed，"What Will Your Training Role Be in the Future?"（February 13，2012），from www. astd. org，accessed April 24，2015；M. Laff，"Trainers Skills 2020," *T*+*D*（December 2008），p. 42；and P. Galagan，"New Skills for a New Work Reality," *T*+*D*（November 2011），pp. 26-29.

小　结

　　本章探讨了可能会影响雇员培训与开发的未来发展趋势。这些趋势与培训交付方式和培训部门的结构密切相关。培训将有利于公司实现可持续发展目标。培训者需要更加快速地设计出有关重要内容的培训，并使用多种方法传递培训。未来，新技术会对培训交付方式产生日益深远的影响。此外，新技术使培训部能在整个公司内部存储和共享智力资本。公司也会更加重视培训和其他人力资源职能的整合，并强调培训对于公司经营的益处。培训部门在未来将更有可能发展同外部培训人员和其他供应商的合作伙伴关系。

关键术语

物联网设备（internet of things（IoT）device）

Tin Can API

Experience API

学习记录存储系统（Learning Records Store）

快速指导设计（rapid instructional design）

敏捷设计（agile design）

即时学习（just-in-time learning）

云计算（cloud computing）

讨论题

1. 你认为雇主是否应该继续投资于针对雇员的教育和培训项目？请阐述你的答案。

2. 未来的培训师应该掌握哪些技能才能确保他们取得成功？

3. 什么是快速指导设计？它与我们在第 1 章中所讨论的传统培训设计流程有什么区别？（见图 1-2。）

4. 请阐述如何使用敏捷设计流程开发在线培训。

5. 如何通过使用学习管理系统将培训与商业战略和目标更好地联系起来？

6. 什么是云计算？它如何促进即时培训的交付？

7. 阐述和学习、培训与开发相关的大数据为何如此令人兴奋？大数据的有用性体现在哪里？

8. 神经学研究如何影响项目设计？

9. 什么是可穿戴设备？如何将其应用于学习和培训中？

案 例　**Dynamic Group 在工作中使用机器人**

Dynamic Group 是一家为医学、电子、技术行业提供医用注射设备的制造企业。在开始使用机器人之前，Dynamic Group 需要四名雇员通过注射成型压具来制造导管。第一名雇员将导管插入框架，第二名雇员将框架固定在模具上，插入注射成型压具中，然后再将注射成型压具移开。第三名雇员将完成的导管从框架中取出，并将多余的塑料剪掉。第四名雇员负责检查导管。如今，使用机器人技术，这一流程只需要 45 秒钟即可完成。一名雇员负责检查生产出来的导管，并将导管插入框架中。这名雇员与机器人进行协作。机器人的程序可以轻松地重新设定，它仍是一个好的工作伙伴（如果它撞到了人，会自动停止工作，并避免造成伤害）。通过提高注射成型压具的效率和消除废料，在两个月时间内公司就收回了机器人的成本。起初，在机器人安装完成的当年生产率有所下降，因为雇员喜欢观看机器人的工作过程。Dynamic Group 的首席执行官相信未来的制造系统将会独立工作。他认为这一系统可以创造更多（而不是更少）的工作，设备操作人员可利用他们的知识对设备进行编程，从而使机器人更加高效地工作。因此，操作人员可以把更多的精力放在开发更具创造性和创新性的产品制造方式上。Dynamic Group 并非唯一一家允许雇员和机器人共同工作的企业。西门子正在设计一款数据手套，它允许雇员控制机器人的手臂。手套获取人体的手部运动信息并将之转换成机器人的动作，从而将机器人的力道和精确度与人类的决策能力相匹配。在通用汽车位于湖口镇的工厂中，机器人将轮胎举起并放在手推车上。

你认为机器人最终会取代人类的很多工作吗？为什么？员工需要培训哪些技能才能与机器人一起工作？

资料来源：Based on "About Us" from www.dynamicgroup.com, accessed April 15, 2018; A. Nusca, "Humans vs. Robots: How to Thrive in an Automated Workplace," *Fortune* (June 30, 2017), from www.fortune.com, accessed April 15, 2018; K. Tingley, "Learning to Love Our Robot Co-Workers," *The New York Times Magazine* (February 23, 2017), from www.nytimes.com, accessed April 15, 2018; and "Working with Robots: The Future of Collaboration," from www.siemens.com, accessed April 15, 2018.

注　释

综合案例 4　耐克公司输掉了多元化之战

耐克公司在运动鞋、运动装以及相关产品方面得到了公众的认可，并由于其对多元化的推广而备受追捧。耐克的首席执行官马克·帕克（Mark Parker）相信多元化可以带来创造力和创新，他希望所有的雇员都能够发挥他们的潜质。耐克在其官网上提到"我们相信体育精神可以打破壁垒，弥合差异，让人们团结起来"。耐克的"平等"（Equality）广告宣传活动以包括勒布朗·詹姆斯（LeBron James）、凯文·杜兰特（Kevin Durant）等在内的运动员作为主角，广告强调每个人都可以通过自己的努力获得机会，而不必在意肤色或国籍。耐克是为数不多的公布雇员多元化统计数据的公司之一。

但是耐克并没有建立起真正的多元化和包容性文化。尽管耐克的男女雇员数量相同，但是只有 29% 的副总裁为女性，耐克一半的雇员是有色人种，但是只有 24% 的有色人种可以做到主管的职位。同时有迹象表明耐克的工作环境对于女性和有色人种并不友善。来自现任和前任雇员的不当工作行为以及性骚扰的投诉不断出现。有些雇员甚至声称人力资源部对于他们所遭受的不公正待遇和性骚扰置之不理。在前任人力资源总监退休前，他曾因涉嫌制造充满敌意的工作环境而接受调查。

在最近发送给雇员的一份备忘录中，现任人力资源总监表达了对女性和有色人种在公司领导层中占比较小的担忧。她承认尽管耐克一直在努力增加女性和有色人种在公司高级管理层的比例，但是在这方面取得的进展缓慢。她相信公司应该改变其对于多元化和包容性的管理方式。

问题

1. 造成女性和有色人种在公司管理层中缺乏的原因有哪些？

2. 耐克应该采取哪些措施以加快女性和有色人种进入管理层？

3. 作为耐克的首席执行官，马克·帕克可以做些什么来帮助女性和有色人种进入管理层？

4. 培训是否可以帮助耐克拥有更加多元化的管理层和领导团队？请阐述你的看法。

资料来源：Based on S. Germano, "Nike Concedes Hiring Failures," *The Wall Street Journal* （April 5，2018），p. B4；"Diversity & Inclusion," "Nike by the Numbers" from https：//jobs. nike. com/inclusion，accessed April 5，2018；E. Frauenheim, "Why Nike's Diversity Disclosure Is Just the First Step" （May 16，2016），from www. fortune. com，accessed April 5，2018；and K. D'Onofrio, "Nike Ad Touts Equality But Has None On Board, Executive Committee, or E-ven Its Ad Agency" （February 14，2017），from www. diversityinc. com，accessed April 5，2018.

术语表

360 度反馈（360-degree feedback） 向上反馈系统的一个特例，指雇员的行为或能力不仅由下属进行评估，而且由同事、顾客、上司和自己根据评估表中所测项目来进行评定的综合评估方式。

70 - 20 - 10 模型（70 - 20 - 10 model） 一种常见的学习模型，这一模型认为 70％的培训发生在工作中，20％的培训通过具有社交性的教练和导师活动发生，而只有 10％的培训通过正式的课堂授课形式发生。

能力（ability） 执行任务的体力和脑力。

行动学习（action learning） 给团队或工作小组一个实际工作中面临的问题，让他们共同解决并制定行动计划，然后由他们负责实施该计划的培训方式。

适应性培训（adaptive training） 指根据受训者的学习风格、能力、个性、绩效水平来定制适应性内容的培训。

预备资料（advance organizer） 为受训者提供的课程大纲、文本、图和表格，从而帮助受训者更好地组织那些要求他们进行演示和实践的信息。

冒险性学习（adventure learning） 利用结构化的户外活动来开发团队协作和领导技能的培训方法。

情感成果（affective outcome） 包括态度和动机在内的培训成果。

《就业年龄歧视法案》（Age Discrimination in Employment Act，ADEA） 为防止 40 岁以上的人员受到歧视而制定的一部美国联邦法律。

敏捷设计（agile design） 反复强调小的步骤，而不是一步一步地按照教学设计中所强调的传统线性教学开发流程前进（根据评估进行分析）。

《美国残疾人法案》（Americans with Disabilities Act，ADA） 1990 年颁布的禁止在工作场所歧视残疾人的法案。

成人学习理论（andragogy） 有关成人学习的理论。

应用题（application assignment） 让受训者运用培训所学的内容来解决工作中的问题或处理实际情况的任务。

应用规划（application planning） 受训者为在工作中运用关键行为所做的准备。

师带徒（apprenticeship） 一种既包括在岗培训又包括课堂培训的工作-学习培训方法。

应用程序（app） 针对辅助培训的智能手机和平板电脑设计的应用软件。用来补充培训，管理培训路径及顺序，并帮助雇员记录培训情况。

人工智能（artificial intelligence，AI） 指对能够像人一样进行智能思维的系统的开发，例如电脑或电脑控制的机器人。

人员测评（assessment）　在收集信息的基础上为雇员提供有关其行为、沟通类型、技能等方面的反馈。

评价中心（assessment center）　由多名评估人员对雇员在一系列练习中的表现进行评估。

异步交流（asynchronous communication）　非实时的、必须经历延时才能实现的交流。

态度（attitude）　使人偏好某种行为方式的信念和情感的综合。

视听教学（audiovisual instruction）　基于媒体的培训，受训者可以看得见、听得到。

增强现实（augmented reality，AR）　由计算机生成的声音、视频、图形或 GPS 数据补充的现实世界的实时直接或间接视图。

自动化（automatization）　非常熟练、无须思索或注意即可进行任务操作、知识回顾或技能展示。

仿真头像生成技术（avatar）　能模拟教练、顾客和工作搭档的电脑虚拟人像技术。

平衡计分卡（balanced scorecard）　一种绩效测量工具，它能帮助管理者从内外部客户、雇员和股东的角度来考察整个公司或各个部门的绩效。

带宽（bandwidth）　计算机每秒传输的信息量，用字节和位来衡量。

基本技能（basic skill）　雇员完成工作和学习培训内容所需的技能。

行为示范（behavior modeling）　向受训者提供一个演示关键行为的示范者，并给他们机会去实践这些关键行为的培训方式。

基准化（benchmarking）　利用其他公司的培训实践信息来帮助确定适合自己的培训类型、培训水平和培训频率的过程。

后备力量（bench strength）　指拥有大量有才干且在需要时可以随时胜任新工作或新岗位的雇员。

收益（benefit）　公司从培训项目中获得的价值。

大数据（big data）　指通过来自包括市场与销售、人力资源、财务、会计、客服、运营在内的组织系统的计算数据开发出来的以数量、种类、速度定义的复杂数据集。

集成学习（blended learning）　综合了在线学习、面对面指导以及其他传递学习内容的方式。

博客（blog）　创建者可以发布文章，同时访问者可以发表评论的网站。

辅助测试（boosters）　指简短的多项选择题、小测验或其他有助于学习者对重要的培训知识点进行思考和记忆的活动。

品牌（brand）　用来让顾客产生期待的培训职能的呈现方式和外在感知。

业务嵌入式学习（bussiness embedded（BE）learning function）　与经营战略保持一致的培训方式，其特点体现在战略方向、产品设计、结构多功能性、产品交付和问责结果等方面。

商业游戏（business game）　受训者收集信息，对其进行分析并做出决策的培训方式。

业务流程外包（business process outsourcing）　指任何业务流程（例如人力资源管理、生产或培训）外包的服务。

经营战略（business strategy） 整合了企业的目标、政策和行动的计划。

职业生涯管理体系（career management system） 指一个发现并满足雇员职业发展需求的雇员激励及保留体系。

职业生涯路径（career path） 一系列的工作职位，包括雇员在公司内晋升所需从事的相似的工作岗位和拥有的相似技能。

职业生涯循环（career recycling） 指在某一特定领域有所建树后又改变自己的主要工作活动。

职业支持（career support） 为雇员提供的辅导、保障和资助，让他承担有挑战性的任务，使雇员得以展示自己和获得关注。

案例研究（case study） 关于雇员或组织如何应对困难情形的描述。

集中式培训（centralized training） 组建培训部门，确保培训与开发计划、资源及专业人员大致集中在某一特定地点，确保培训的投入、计划和实施等方面的决定都由培训部门做出。

变革（change） 公司采纳新理念或新行为的一种活动。

聊天机器人（chatbot） 指能够创建与人类用户进行个性化自动对话的人工智能系统。

首席学习官（chief learning officer，CLO） 指公司内负责知识管理工作的领导者。

转化氛围（climate for transfer） 受训者对能够促进或阻碍培训技能或行为应用的各种工作环境特征的感觉。

封闭性技能（closed skill） 与特定技能的学习相关的培训目标。这些技能同样可以由受训者在工作实践中获得。

云计算（cloud computing） 通过可自助服务、可修改以及按需提供的网络空间来提供信息技术基础设施的计算系统。

教练（coach） 与雇员一起工作，鼓励雇员，帮助其开发技能，提供激励和反馈的同事或管理者。

认知能力（cognitive ability） 包括语言理解力、定量分析能力和推理能力。

认知成果（cognitive outcome） 用来衡量受训者在培训项目中所学知识。

认知策略（cognitive strategy） 调节学习过程的策略，这些策略涉及学习者的下列决策：关注（或注意）什么样的信息，如何记忆，如何解决问题。

认知转化理论（cognitive theory of transfer） 通过有意义的材料和认知策略增强受训者的信息存储和检索能力，从而促进培训转化。

实践社区（community of practice，COP） 在一起工作，互相学习，并对如何完成工作已达成共识的一组雇员。

对照组（comparison group） 指参与培训评估研究但不参加培训项目的一组雇员。

素质模型（competency model） 指确定完成每项工作所必需的素质及相应的知识、技能、行为方式和个性特征等的模型。

素质（competency） 指雇员胜任某项工作所需的个人才能。

竞争优势（competitive advantage） 在某行业中一个企业相对于其他企业所具有的优势。

竞争力（competitiveness） 企业在行业中赢得并保持一定市场份额的能力。

压缩工作周（compressed workweek）　允许雇员用更少的天数但每天更长的时间来完成工作职责的时间安排。例如，一周只工作 4 天，但每天工作 10 小时。

基于计算机的培训（computer-based training，CBT）　一种互动性培训方式，即计算机给出激发学习的因素，受训者必须做出响应，再由计算机分析这些响应并向受训者提供反馈。

集中战略（concentration strategy）　侧重于扩大市场份额、降低成本，或为产品和服务开发一个利基市场。

概念图（concept map）　指可以展示一门课程的所有概念、每一个概念所涵盖的主题以及各个概念之间关系的图表。

工作结果（consequence）　雇员由于业绩良好而得到的激励。

内容策划（content curation）　指确定相关培训内容，并以受训者易于获得的方式进行组织的流程。

控制（control）　指管理者或雇员获取和分配资源的能力。

协作培训（coordination training）　对团队进行关于如何共享信息和分担决策责任的培训，以实现团队绩效的最大化。

版权（copyright）　对一种思想的表达方式的合法保护。

企业大学（corporate university）　指不仅向公司的雇员和管理者，而且向公司外部的利益相关者提供集中式培训的组织。

成本收益分析（cost-benefit analysis）　运用会计方法来确定培训项目的经济收益的过程。

课程或项目（course or program）　包括涵盖不同主题的较小规模的课程单元或模式。这些课程通常可以持续数小时、几个半天、数天甚至数周的时间。

标准（criteria）　培训师或企业用来评估培训项目的手段或成果。

标准相关度（criteria relevance）　培训成果与培训项目所强调的应该学习的能力之间相关联的程度。

效标污染（criterion contamination）　培训成果测量不相关的能力或受到额外因素影响的一种情形。

效标缺陷（criterion deficiency）　无法测量培训目标中强调的培训成果的一种情形。

交叉培训（cross training）　让团队成员理解和掌握他人技能的培训方式。这样，当有人暂时或永久离开团队后，其他成员可以介入并取代他的职位。

跨文化准备（cross-cultural preparation）　指为即将去国外工作的人员（外派人员）及其家人提供的教育培训。

众包（crowdsourcing）　要求大批雇员（即"众"）利用社交媒体和网络来帮助提供与需求评估相关的信息。以往雇员并未被要求这样做。

课程设置（curriculum）　一个有计划的学习项目。设计目的是达成复杂的学习目标。例如，将受训者培养成销售人员、通过认证的网络技术人员与护士。

客户资本（customer capital）　企业为了达成目标，与企业外部有业务往来的个人及组织所形成的关系的价值。例如，企业与供应商、顾客、零售商及政府机构的关系。

仪表板（dashboard）　可以接收和分析来自企业内不同部门的数据，并将信息传送给管理者和其他决策制定者的电脑界面。

详细课程计划（detailed lesson plan）　有助于培训者提供有关培训活动内容和顺序的指南。

开发（development）　有助于雇员未来发展的正规教育、在职体验、人际互助及针对个性和能力的测评等活动。

人员开发规划体系（development planning system）　指一个发现并满足雇员职业发展需求的雇员激励及保留体系。也称职业生涯管理体系。

数字化协作（digital collaboration）　两个或两个以上的人之间通过计算机进行沟通的方式，用于强化和拓展分布在不同地域的雇员协同工作的能力。

直接成本（direct cost）　包括参与培训项目的所有雇员的工资和福利、培训材料费用、设备和教室的租金或购买费用及交通费等在内的培训开支。

区分度（discrimination）　不同受训者取得的成果反映其真实绩效差距的程度。

撤资战略（disinvestment strategy）　强调财务清算和业务剥离的经营战略。

远程学习（distance learning）　向分散在不同区域的雇员提供关于新产品、政策、程序的信息以及技能培训和专业讲座的培训方式。

多元化培训（diversity training）　旨在改变雇员对多元化的态度及开发他们与不同人一起工作的技能的培训计划。

降级（downward move）　对雇员的责任和权力的削减。

双重职业生涯路径体系（dual-career-path system）　一种职业生涯路径体系，它允许技术人员继续沿着技术类职业生涯路径发展，或转入管理类职业生涯路径。

网络学习（e-learning）　通过在线计算机或互联网开展教学和提供培训课程的方式。

提前退休计划（early retirement program）　为鼓励雇员离开公司而向其提供一定的经济福利的制度。

详细阐述（elaboration）　要求受训者将培训资料和其他熟悉的知识、技能或行为联系起来的一种学习策略。

电子绩效支持系统（electronic performance support system，EPSS）　指能按要求提供技能培训、信息资料和专家建议的计算机应用系统。

雇员敬业度（employee engagement）　指雇员全身心投入工作的程度、对工作中的承诺的履行程度和为企业服务的程度。

错误管理培训（error management training）　指允许受训者犯错的一种培训，可以辅助受训者学习并改进他们的工作表现。

评估方案设计（evaluation design）　指对收集什么信息，在哪里、何时、如何收集信息，以及如何据此判断培训的有效性的设计。

外派人员（expatriate）　指在母国之外的国家工作的人。

期望（expectancy）　指对主观努力和实际成效之间关系的信念，也指学习者在指导过程中的思想状态。

Experience API　指能够收集一名雇员或一个团队的在线或面对面学习数据的一种特殊的学习技术。

经验学习（experiential learning）　指一种培训方法，参与者要做到：（1）学习概念性知识和理论；（2）参加行为示范；（3）分析活动；（4）将理论与活动和工作或现实生活中的情景联系起来。

专家系统（expert system） 指把人力资源专家的知识组织起来，用于具体问题的技术（通常指软件）。

外显知识（explicit knowledge） 可以形式化、系统化，并且可以交流的知识。

外部分析（external analysis） 检查公司的运营环境来确定机会和威胁的一种活动。

外在条件（external condition） 有利于学习的环境条件。

外部成长战略（external growth strategy） 强调通过发展更多的经销商和供应商或收购企业，使公司进入新的市场领域的经营战略。

外在效度（external validity） 研究成果适用于其他团体和情境的程度。

《家庭与医疗休假法案》（Family and Medical Leave Act，FMLA） 一部美国联邦法律，允许刚生育婴儿或收养儿童的父母享受长达 12 周的不带薪休假；对必须请假照料生病的家人或自己请假看病的雇员，该法案也同样适用。

远转化（far transfer） 受训者将所学知识应用于与培训环境不一致的工作环境的能力。

工作反馈（feedback） 雇员在工作时收到的与自己实现工作目标的表现有关的信息。

逼真度（fidelity） 培训环境与工作环境的相似程度。

翻转课堂（flipped classroom） 指学习者在线收看讲师授课，完成模拟，阅读书籍和文章，进行测试以评估他们的知识和技能，随后来到课堂完成项目和案例，听取别人的发言并与讲师进行互动的一种集成学习方式。

焦点小组（focus group） 核心专家小组参加的一种面对面的会议，会上会提出有关具体培训需求的问题。

正规教育计划（formal education program） 指专门为公司雇员设计的脱产或在职培训计划，由咨询公司或大学提供的短期课程、EMBA 课程及在校学习的大学课程计划。

正式培训与开发（formal training and development） 由企业策划和组织的培训与开发项目、课程及相关活动。

事前评估（formative evaluation） 为了改进培训过程而进行的评估，这种评估通常在项目设计开发过程中进行。

差距分析（gap analysis） 指确定雇员现有绩效和预期绩效的差距。

推广（generalization） 受训者将所学内容应用于与学习环境中遇到的问题和情况相似但又不完全相同的工作中的能力。

推广（generalizing） 将所学内容应用于相似而不完全相同的环境中的一种活动。

玻璃天花板（glass ceiling） 向组织更高级别的职位迈进面临的障碍。

目标（goal） 指公司希望在中长期取得的成果。

目标导向（goal orientation） 受训者在学习环境中所持有的目标。

目标设定（goal setting） 雇员形成长短期职业生涯目标的过程。

目标设定理论（goal setting theory） 认为一个人的行为方式由其有意识的目标和意图所决定的理论。

满足（gratifying） 学习者通过运用所学内容而获得的回报。

团队建设法（group building method） 用来提高小组或团队绩效的培训方法。

群体辅导计划（group mentoring program）　将一位成功的资深雇员和 4～6 名经验不足的新雇员分在一组，由资深雇员帮助新雇员加深对组织的了解，引导他们分析自身工作经历，并帮助他们明确职业方向。也称为同伴辅导计划。

团队自我矫正（guided team self-correction）　通过团队成员观察彼此的行为、提出及接受行为反馈的方式来强调持续学习和知识分享的培训方式。

传递法（hands-on method）　要求受训者积极参与学习的培训方法。

霍桑效应（Hawthorne effect）　在评估中，雇员仅仅因为受到关注而表现出高绩效的现象。

高潜能雇员（high-potential employee）　公司认为能胜任更高层管理职位的雇员。

人力资本（human capital）　企业雇员投入工作的品德、生活阅历、知识、创新能力、精力和热情等要素之和。

人力资本管理（human capital management）　将培训和其他人力资源管理职能结合在一起，以追踪培训是如何使公司受益的一种活动。

人力资源开发（human resource development）　公司综合运用培训与开发、组织开发以及职业生涯发展来提高个人、团队和组织的效率的一种活动。

人力资源管理（human resource management）　影响雇员行为、态度和绩效的政策、实践和制度。

人力资源管理实践（human resource management（HRM）practices）　与人员配置、绩效管理、培训以及薪酬与福利等方面的投资相关的管理活动。

人力资源规划（human resource planning）　识别、分析、预测和规划公司人力资源领域需要进行的变革的过程。

超级链接（hyperlink）　允许使用者在网页间自由切换的链接。

文件筐练习（in-basket）　针对管理人员的培训练习。

包容性（inclusion）　雇员可以分享归属感、相互尊重、对彼此负责的一种氛围，可使每个人都能发挥出最佳水平。

间接成本（indirect cost）　与培训项目的设计、开发或实施不直接相关的成本。

非正式学习（informal learning）　由学习者主动发起的，以行动为主、旨在实现发展的学习过程（并不发生在正式学习场合）。

信息面谈（informational interview）　雇员与管理者或其他雇员开展的一种面谈，目的是收集有关技能、工作需求和福利的信息。

工作输入（input）　告诉雇员应该做什么、怎样做、何时做的指令，即雇员获得的有助于完成工作的各种资源。

指导（instruction）　发生学习行为的环境的特征。

指导性系统设计（instructional systems design，ISD）　设计和开发培训项目的过程。

实现手段（instrumentality）　在期望理论中，关于采取给定的行为与特定成果之间存在关联的看法。

智力资本（intellectual capital）　包括认知知识、高级技能、系统理解力和创造力以及自我激励的创新能力。

智力技能（intellectual skill）　掌握各种概念和规则的能力。

交互式远程学习（interactive distance learning，IDL） 应用卫星技术在不同地区播放节目，方便受训者使用键盘回应培训过程中提出的问题的学习方式。

内部分析（internal analysis） 基于对金融资本、物质资本与人力资本的数量和质量的检查来发现企业的优劣势的过程。

内在条件（internal condition） 学习者自身所必须具备的学习条件。

内部成长战略（internal growth strategy） 侧重于新市场和新产品的开发、革新以及合资的经营战略。

内在效度（internal validity） 确保评估结果是由培训本身而不是其他因素产生的一种效度。

物联网设备（internet of things（IoT）device） 又称智能设备，指嵌入传感器和网络连接的物体。

面谈（interview） 雇员在这一过程中回答与自身工作、个人经历、技能优劣势和职业规划相关的问题。

ISO 10015 确保培训与企业需求及绩效相关的质量管理工具。

ISO 9000：2000 由国际标准化组织颁布的一系列标准，它包括 20 项要求，诸如如何建立质量标准和文件工作程序等。

职位（job） 要求完成某些任务的特定岗位。

职位分析（job analysis） 制定工作说明书（任务、职责）和雇员完成工作必须具备的条件（知识、技能和能力）的过程。

工作扩展（job enlargement） 对雇员的现有工作提出挑战或赋予新的责任。

在职体验（job experience） 雇员在工作中面对的各种关系、难题、需求、任务及其他事项。

跳槽（job hopping） 雇员每隔两三年就换一家企业工作的行为。

在职人员（job incumbent） 目前正从事工作的雇员。

工作轮换（job rotation） 让雇员在公司的不同部门工作或在同一部门内部调动。

职位分担（job sharing） 两名雇员共同承担某项全职工作，共担责任，并分享利益的情况。

工会与管理层联合培训计划（joint union-management training program） 由工会和管理层共同创建、出资、支持的一项计划，旨在通过提供一系列服务使雇员学到与工作直接相关的技能，并为其开发"便携式"技能（在其他公司或行业也适用的技能）。

即时学习（just-in-time learning） 指根据需求在工作中进行学习，又称嵌入式学习。

持续改善（kaizen） 企业各层次雇员都专注于使企业的业务流程得到持续改进的行为。

关键行为（key behavior） 完成一项工作所必需的一系列行为中的一种行为，是行为示范培训的重要组成部分。

知识（knowledge） 雇员个人或团队知道是什么或知道如何去做的事实或程序（人际和社会方面的知识）；也包括公司的规定、流程、工具和惯例（结构化知识）。

知识管理（knowledge management） 通过设计和运用各种工具、流程、系统、结构和文化来改进知识的创建、分享和使用，从而提高公司绩效的过程。

知识官（knowledge officer）　公司内负责知识管理的最高领导。

知识型雇员（knowledge worker）　掌握某项产品或服务的生产方法的雇员。这些雇员掌握某种专业化的知识体系或某项专长，可利用它完成自己的工作并为公司绩效做出贡献。

偏差过失（lapse）　受训者继续运用以前学过的效率低下的技能，而没有尝试运用培训项目中强调的技能的情况。

无领导小组讨论（leaderless group discussion）　由 5～7 名雇员组成团队，在特定的时间内协作解决某个事先分配的难题的培训练习。

精益思维（lean thinking）　指花费更少的精力、使用更少的设备、占用更少的空间和时间来做更多的事以满足顾客的需求。包括训练雇员获得新技能，或者创新地运用已掌握的技能，以便迅速承担起新职责，或运用新技能满足顾客需求。

学习者控制（learner control）　受训者通过自定进度、练习、搜索其他资源的链接，以及与其他受训者和专家对话等途径主动学习。

学习者-学习内容交互（learner-content interaction）　学习者通过以下方式实现自身与学习内容的交互，包括阅读网络或书本上的文本、听多媒体材料、参加需要掌握多种工具的活动（例如，写作和完成案例学习）。

学习者-指导者交互（learner-instructor interaction）　学习者与专家（或教练）之间的讨论。

学习者-学习者交互（learner-learner interaction）　学习者之间的互动，可以有指导者，也可以没有。

学习（learning）　雇员个体或群体获取知识的过程，这些个体或群体致力于将知识应用于制定决策和完成公司的任务；人的能力上的一种相对持久的变化，且这种变化并非自然成长过程的结果。

学习管理系统（learning management system，LMS）　对在线培训项目进行自动管理的系统。

学习型组织（learning organization）　有很强的学习能力、适应能力和变革能力的公司；雇员不断尝试学习新知识并将其应用于工作中以改进产品和提高服务质量的组织。

学习导向（learning orientation）　受训者尝试在一项任务中提升自身能力或竞争力。

学习门户（learning portal）　指针对培训资源的在线访问点。

学习记录存储系统（Learning Records Store）　指一项收集并存储以语句形式组织并呈现的雇员学习体验的技术。

讲座法（lecture）　培训师用语言传递希望受训者学习的内容的培训方法。

逻辑模型（logic model）　指用于发现培训资源、培训活动以及项目成果之间关系的过程。

逻辑证明（logical verification）　论证新任务与已完成的任务之间的联系的过程。

机器学习（machine learning）　指能够学习的人工智能系统。

维持（maintenance）　长时间持续使用新获得的技能的过程。

马尔科姆·鲍德里奇国家质量奖（Malcolm Baldrige National Quality Award）　1987年设立的国家级奖项，用来认定美国公司的质量成就并向社会公布其质量战略。

管理者支持（manager support）　指培训主管强调参加培训和将培训内容应用到实际工作中的重要程度，并为受训者提供实践机会。

多元化与包容性管理（managing diversity and inclusion）　营造一种所有雇员（不管人数多少）都可以为实现企业目标和个人发展做出贡献的氛围的过程。

一次性实践（massed practice）　受训者持续进行任务操作、中途不休息的培训方式。

慕课（massive open online course）　指可以接纳大量学习者（大规模）并向任何接入互联网的学习者免费开放的（开放性的）学习方式。这种学习方式使用在线视频授课和包括决策小组、群体决策、维基网站（开放性的）在内的课程作业。这种学习方式有具体的开始和结束日期，并包含测验、评估、考试（课程）。

智力需要（mental requirement）　完成任务必须运用或展示智力或认知能力的程度。

导师（mentor）　帮助缺乏经验的雇员（学员）进行人员开发的经验丰富、卓有成效的资深雇员。

元认知（metacognition）　一种学习策略，受训者借此把注意力转移到自己的学习过程。

指标（metrics）　用来评估培训和学习策略的整体价值的商业级成果。

微博（microblog）　指像推特一样可以通过简短的文字、链接、多媒体文件在独立的应用程序、在线社区或社交网络中进行沟通的软件工具。又称微分享。

微学习（microlearning）　指将培训分解成小的模块，使受训者参与其中，并给予他们激励，同时促进雇员的保留。

微分享（microsharing）　指像推特一样可以通过简短的文字、链接、多媒体文件在独立的应用程序、在线社区或社交网络中进行沟通的软件工具。又称微博。

使命（mission）　公司存在的理由。

移动学习（mobile learning）　指受训者可以随时随地获取包括视频、PDF、游戏或课程在内的教学资源的培训方式。

示范演示（modeling display）　指通过视频或计算机向受训者演示关键行为的培训理论。

示范（modeling）　让那些已经掌握了预期的学习成果的雇员向受训者做演示的一种活动。

学习动机（motivation to learn）　受训者学习培训项目的内容的欲望。

运动技能（motor skill）　身体运动的协调性。

迈尔斯-布里格斯类型诊断量表（Myers-Briggs Type Inventory，MBTI）　一种用于雇员开发的心理测试，包括100多个问题，涉及人们在不同环境中的感觉与行为意愿。

近转化（near transfer）　受训者将所学技能准确地应用于工作中的能力。

需求（need）　个人在一段时间内的每一时刻都会感到不足。

需求评估（needs assessment）　用来确定培训是否必要的过程，是指导性系统设计模型的第一步。

净推荐值（net promotion score，NPS）　指要求受训者使用数字1~10对是否会将培训课程推荐给另一位同事进行打分，从而衡量课程满意度。

九宫格（nine-box grid）　3×3的矩阵。管理层使用这一矩阵比较企业内同一部门、职能部门、分公司甚至整个公司内的雇员，分析和讨论雇员的才能，以制定有效的雇员开发计划、策划相关活动，并发掘有潜力担任公司高层管理人员的雇员。

非传统雇佣（nontraditional employment） 指使用独立承包商、自由职业者、应召从业者、临时从业者和合约公司的从业者。

准则（norm） 为工作小组成员所接受的行为标准。

目标（objective） 培训活动的目的和预期成果。

离岸外包（offshoring） 把工作岗位从本国转移到其他国家或地区的过程。

在岗培训（on-the-job training） 指新雇员或无经验的雇员通过首先观摩同事或管理者实操工作，随后对他们的行为进行模仿的一种培训。

入职培训（onboarding） 新雇员岗前适应的阶段。

在线学习（online learning） 利用计算机以网络的形式进行指导和传递培训内容的方式。

开放性技能（open skill） 与总体学习原则相关的培训目标。

执行机会（opportunity to perform） 应用所学技能的机会。

组织分析（organizational analysis） 在给定公司经营战略、培训可利用的资源以及管理者和同事对培训活动支持的条件下，确定相应的培训。

组织（organizing） 一种学习策略，要求学习者找到培训材料中的相似点和主题。

岗前培训（orientation） 指雇员获得有关职位、公司、工作规则、差旅费报销、填写纳税申报表、制作考勤表等信息的活动。

其他要素（other） 任务分析中的一个术语，指执行任务的环境，包括物理条件或心理条件，如压力或忧虑。

工作输出（output） 工作绩效水平。

外包（outsourcing） 从外部供应商处获得培训服务的过程。

任务的整体复杂性（overall task complexity） 一项任务需要的不同行为的数量、任务执行过程中包含的选择的数量，以及任务执行过程中的不确定程度。

反复学习（overlearning） 雇员已经多次达到目标，但还是不断学习。

局部实践（part practice） 一种实践方式，每当在培训项目中引入一个目标或任务，就对其进行一次实践。

业绩回顾（past accomplishment） 让雇员建立一份优秀业绩的档案的过程。

同伴辅导计划（peer mentoring program） 指一名成功的高级雇员与一组 4～6 名经验不足的学员一起工作，帮助他们了解组织，指导他们分析经验，帮助他们明确职业方向的一项计划。又称群体辅导计划。

知觉（perception） 对从环境中获取的信息加以组织，使其能被加工处理并成为行为指南的能力。

绩效评估（performance appraisal） 评价雇员工作表现的过程。

绩效导向（performance orientation） 学习者关注任务绩效以及与他人的比较。

人员分析（person analysis） 内容包括：（1）弄清工作绩效差的原因是知识、技能、能力的欠缺，还是个人动机或工作设计方面的问题；（2）明确谁需要接受培训；（3）让雇员做好受训准备。

个体特征（person characteristic）　每个雇员的知识、技能、能力和态度的综合。

阶段性退休（phased retirement）　指年老的雇员逐渐减少工作时间，直至过渡到完全退休的状态。

体力需要（physical requirement）　执行或完成任务需要运用或展示身体技能和能力的程度。

试验性测试（pilot testing）　与潜在的受训者、管理者或其他客户预先试行培训项目的过程。

插件程序（plug-in）　为了在电脑上执行某项功能（例如，听音乐或观看视频）必须安装的软件。

后测（post-test-only）　只收集培训后成果的评估方案。

培训后测量（post-training measure）　培训结束后对培训成果进行测量。

权力（power）　影响他人的能力。

可行性（practicality）　收集测量结果的难易程度。

实践（practice）　雇员对所学技能的演示；为了使任务或技能的操作及知识的展示更有效，在身体和精神上对任务、知识和技能进行反复的演练。

提前退休社会化（preretirement socialization）　帮助雇员为退出职业生涯做准备的过程。

身临其境（presence）　培训过程中对所处特定环境的感知。

演示法（presentation method）　将受训者作为被动的信息接收者的培训方法。

前测/后测（pretest/post-test）　收集培训前后的成果的评估方案。

有对照组的前测/后测（pretest/post-test with comparison group）　既包括受训者又包括对照组，需要收集两个小组培训前后成果数据的评估方案。

培训前测量（pretraining measure）　关于成果的基准性测量。

项目设计（program design）　培训项目的组织和协调。

项目管理（project management）　指管理一个人员和资源团队，从而创建一个学习解决方案所需要的技能。

晋升（promotion）　提升到一个新的职位，与以前的职位相比，新职位具有更大的挑战性，并被赋予更多的责任和权力，通常伴随工资的增加。

易变性职业生涯（protean career）　随着个人的兴趣、能力、价值观及工作环境的变化，经常处于变化中的职业生涯。

心理成就感（psychological success）　由于实现人生目标而产生的自豪感和成就感。

社会心理支持（psychosocial support）　充当雇员的朋友或示范者；也包括关心和认可受助者，允许受助者表达他们的忧虑和发泄不满。

随机抽样（random assignment）　将雇员随机归入受训组或对照组。

快速指导设计（rapid instructional design，RID）　使培训进展更为迅速的一些技术手段。快速指导设计有以下两大原则：一是项目的内容和过程可以独立开发；二是用以设计和实施项目的资源可以适当重新分配。

快速需求评估（rapid needs assessment）　无须破坏过程和成果质量，能够快速准确地实施的需求评估。

快速成型（rapid prototyping）　在网络学习的设计过程中，将提出初始设计想法，并形成由设计团队成员检查和完善的在线工作模型的粗略形式。

反应成果（reaction outcome）　受训者对培训项目的感性认识，包括对培训设施、培训者和培训内容的感觉。

可读性（readability）　书面材料的难度水平。

受训准备（readiness for training）　包括两个条件：（1）雇员具备学习培训内容并将其应用于工作中的必要的个体特征；（2）工作环境有利于学习且不会干扰工作绩效的实现。

实际检验（reality check）　雇员收到的有关公司如何评价其技能和知识以及自己应该怎样适应公司计划的信息。

合理调整（reasonable accommodation）　根据《美国残疾人法案》的规定，在培训中让残疾人更易于接触和使用培训设施，也包括改进教学媒体，调整培训政策，并为受训者提供助教或翻译等。

反思（reflection）　指受训者花费 15 分钟的时间来回顾并撰写所学到的内容以及他们的表现。

复诵（rehearsal）　通过反复（记忆）来学习的一种策略。

强化理论（reinforcement theory）　强调人们受到激励去实施或避免某些行为是由于这些行为过去导致的结果的理论。

信度（reliability）　测试结果在一段时间内的一致性程度。

遣返（repatriation）　让外派人员为完成国外的任务后返回母公司和母国做准备。

项目重建（repurposing）　将采用传统培训方法的培训项目直接转换到网络上的过程。

征询建议书（request for proposal，RFP）　向潜在的供应商和咨询机构概括说明为了赢得和履行某公司合同应达到的要求的文件。

抵制变革（resistance to change）　指管理者和雇员不愿意进行变革。

绩效成果（result）　用来确定培训项目带来的收益的成果。

退休（retirement）　离开工作岗位进入不再工作的生活状态。

恢复（retrieval）　找到长期记忆中的学习内容并用它来影响绩效的过程。

预期回报率（return on expectation，ROE）　向企业主要的利益相关者（如高层管理者）展示评估方案，了解他们对培训的预期。

投资回报率（return on investment，ROI）　培训项目的货币收益与成本之比。

撤销培训干预（reversal）　在某一段时间内消除对参与者的培训干预的过程。

反向导师制（reverse mentoring）　指一名相对年轻且经验较少的雇员指导一名相对年长的雇员的导师关系。

角色扮演（role play）　让参与者扮演管理者或其他雇员的培训练习；为受训者提供有关某情景的信息，并让受训者扮演分配给他们的角色的培训方法。

根本原因分析法（root cause analysis）　指判断培训是不是解决绩效问题或弥补绩效差距的最佳方案的方法。

带薪休假（sabbatical）　暂时离开公司来更新或开发技能。

基于情境的培训（scenario-based training）　学习时将团队成员置身于实际场景中的

培训。

《学生就业机会法案》（School-to-Work Opportunities Act）　旨在帮助各州建立学生就业适应性培训系统而制定的一部联邦法律，该系统可以使学生将来有机会获得高技能、高薪酬的工作，或进一步深造。

跨界合作（sector partnership）　政府机构与贸易集团帮助当地雇主了解必需的技能，与社区学院、高校和其他教育机构合作输出合格雇员的活动。

自我评估（self-assessment）　指雇员使用各种信息来确定自己的职业兴趣、价值观、个性及行为倾向。

自我指导学习（self-directed learning）　由雇员全权负责自己的学习，比如何时学习，谁将参与到学习过程中。

自我效能（self-efficacy）　雇员对自己能够胜任工作或有效地学习培训内容的一种自信。

自我评估（self-evaluation）　指学习者针对培训中获取或学到的内容的估计。

自我管理（self-management）　个人控制自己的某些决策和行为的尝试。

自我约束（self-regulation）　学习者对培训材料的投入程度，以及对所取得的进步的评估。

语义编码（semantic encoding）　新输入信息的实际编码过程。

严肃游戏（serious game）　指培训内容被转换成设有商业目标的游戏。

共享媒体（shared media）　类似于 YouTube 这样的可以被访问并与他人分享音视频资料的媒介。

仿真模拟（simulation）　一种体现真实生活场景的培训方法，受训者的决策结果能反映出他在某个工作岗位上工作会发生的真实情况。

条件限制（situational constraint）　一种工作环境特点，包括缺乏适当的工具与设备、材料与供应品、预算支持及时间。

六西格玛质量管理过程（Six Sigma process）　在公司产品或服务的缺陷达到六西格玛质量标准的情况下对问题进行界定、量测、分析、改进和控制的过程。

技能（skill）　执行某项任务所需具备的能力。

技能成果（skill-based outcome）　用来评价技术性或运动性技能或行为水平的成果；包括技能的获得与学习以及技能在工作中的应用两个方面。

社会资本（social capital）　企业内部雇员关系的价值。

社会学习理论（social learning theory）　强调人们通过观察他们认为值得信赖且学识渊博的人（示范者）的行为进行学习的理论。

社交媒体（social media）　允许创建交互式互动，并能创建和交换用户生成内容的在线或移动技术。

社会支持（social support）　管理者和同事提供信息反馈和帮助的意愿。

所罗门四小组（Solomon four-group）　综合运用对对照组的前测/后测以及对控制组的后测的设计方案。

分段实践（spaced practice）　受训者在实践的过程中会有间隔的休息时间的培训方法。

人员配置战略（staffing strategy）　有关公司到哪里去寻找雇员，如何进行甄选以及如何使雇员技能与某职位相匹配的决策。

利益相关者（stakeholder） 关注公司成功的有关各方（包括股东、雇员、客户和社区）。

STEM 技能（STEM skills） 指雇主需要并看重而雇员却缺乏的科学、技术、工程、数学方面的技能。

激励推广理论（stimulus generalization approach） 该理论认为，当培训强调用于完成任务或解决问题的最重要的特征或总体原则时，就会发生培训转移。

故事板（storyboard） 指通过使用铅笔和纸，或在笔记本、可擦标记板、活动挂图或者幻灯片中使用标记笔的方式创作的可以讲述一个故事的一组图片。

战略性选择（strategic choice） 达成企业目标的最佳策略选择。

战略性培训与开发策略（strategic training and development initiative） 公司为实现经营战略而采取的与学习相关的行动。

战略价值（strategic value） 雇员提高企业效益和效率的潜能。

弹性任务（stretch assignment） 指由于雇员的技能和已有工作经验与未来胜任工作岗位所需要的技能并不匹配，需要帮助雇员拓展的工作任务。

核心专家（subject-matter expert，SME） 精通培训事宜，具备完成任务所需的知识、技能和能力，有必要的设备及执行任务所需条件的人。

成功案例或故事（success case or story） 指公司认为值得，管理者认为可靠的可显示培训成果的影响的具体例子。

接班人计划（succession planning） 确定和追踪公司内有望获得提升的高潜能雇员的过程。

事后评估（summative evaluation） 对受训者参加培训项目后的改变程度的评估。

支持网络（support network） 由两个或两个以上的受训者组成、愿意会面并讨论将所学技能应用于工作中的进展情况的小组。

留职人员（survivor） 裁员后留在公司的雇员。

SWOT 分析（SWOT analysis） 对公司的运营环境及公司内部优势和劣势进行的分析。SWOT 是英文单词优势（strength）、劣势（weakness）、机会（opportunity）和威胁（threat）的首字母缩略词。

同步交流（synchronous communication） 培训者、专家和受训者可以像在面对面传授知识的课堂上那样进行实时的互动交流。

内隐知识（tacit knowledge） 基于个人经验且很难向他人解释的一种知识。

人才管理（talent management） 企业吸引、保留、开发和激励高水平雇员及管理人员的过程。

任务（task） 雇员在特定职位上从事的各项工作活动。

任务分析（task analysis） 包括确定重要的任务，以及需要在培训中强调的雇员完成任务所需的知识、技能和行为方式。

任务重新定义（task redefinition） 管理者和雇员的工作角色和工作职责发生变化的过程。

团队（team） 指两个或两个以上拥有具体角色和职责的人员在共同的责任下努力实

现共同的目标、使命或完成一项任务。

　　团队领导技能培训（team leader training）　团队管理者或辅导人员接受的培训。

　　团队培训（team training）　协调一起工作的个人的表现以实现共同目标的培训方法。

　　远程办公（telecommuting）　雇员因为在远离企业主要办公场所的地方工作，与同事交流较少，但可以借助电子通信手段增进交流的办公方式。

　　远程会议（teleconferencing）　位于不同地点的个人或小组进行同步交流，互相传送视频、声音或文本的会议形式。

　　临时指派（temporary assignment）　包括雇员交换和参加自愿指派任务的工作尝试。雇员在这一过程中通过承担某一职位的工作来确定自己对新职位是否感兴趣。

　　同因素理论（theory of identical elements）　指认为通过培训所学到的内容与雇员在工作中所完成的任务相同时培训转化开始发生的理论。

　　效度威胁（threats to validity）　引起人们怀疑的因素：一是研究结果的可信度；二是同样的评估结果在其他团队受训者身上和其他情境也能得到。

　　时间序列（time series）　在培训前后每隔一段时间收集一次培训成果信息的评估设计。

　　Tin Can API　指能够收集一名雇员或一个团队的在线或面对面学习数据的一种特殊学习技术。又称 Experience API。

　　1964 年《民权法案》第七章（Tittle Ⅶ of Civil Rights Act 1964）　指禁止基于种族、肤色、宗教信仰、性别、国籍的歧视而剥夺个人就业权利的法律。

　　全面质量管理（total quality management，TQM）　企业管理的一种方式，依靠劳动者和管理者双方的才能提供高质量的产品和服务，并持续不断地进行改进。

　　传统的培训方法（traditional training method）　需要一位指导者或协助者参与、需要受训者面对面互动的培训方法。

　　受训者的先决条件（trainee prerequisite）　指参加培训项目前受训者需要做的准备以及需要掌握的基本技能和知识。

　　培训（training）　公司有计划地实施有助于雇员提升与工作相关的素质的活动。

　　培训管理（training administration）　对培训项目实施前、实施中及实施后所发生的活动进行的协调。

　　培训环境（training context）　培训发生的物理环境、智力环境和情感环境。

　　培训设计过程（training design process）　指开发培训项目的系统方法。包括七个步骤，分别是：进行培训需求评估；确保雇员做好受训准备；营造学习环境；确保培训成果转化；制定评估计划；选择培训方法；监督和评估培训项目。

　　培训效果（training effectiveness）　公司和受训者从培训中获得的收益。

　　培训评估（training evaluation）　收集培训成果以衡量培训是否有效的过程。

　　培训成果（training outcome）　公司和培训者用来评价培训项目的尺度。

　　培训场地（training site）　实施培训的场所。

　　调动（transfer）　给雇员在公司的不同部门安排一份不同的工作。

　　培训转化（transfer of training）　受训者将培训中所学应用于工作中。

　　学费报销（tuition reimbursement）　企业报销雇员上大学、参加大学课程和项目所需的花费的行为。

无意识偏见（unconscious bias）　一种意识之外的判断，它影响基于背景、文化和个人经验的决策。

《统一服务就业和再就业法案》（Uniformed Services Employment and Reemployment Rights Act）　涉及雇员权利（例如，当雇员返回工作岗位时，无特殊情况公司应保证其工作权利）的法案。

独特性（uniqueness）　雇员的稀缺度、专业化程度以及其在劳动力市场上的难获得程度。

向上反馈（upward feedback）　收集下级对管理者的行为和技能的评价信息的评估过程。

效用分析（utility analysis）　一种成本收益分析方法，通过估计受过培训与没受过培训的雇员之间的工作绩效差异、受训个体的数量、培训项目对绩效产生影响的预期时间长度，以及未接受培训的雇员工作绩效的变化，来衡量培训所带来的货币价值。

效价（valence）　一个人对一种成果的评价。

价值（value）　体现公司理念的准则和道德。

言语信息（verbal information）　包括名称或标识、事实及知识体系。

口头规劝（verbal persuasion）　使别人相信他们的学习能力的鼓励性言语。

替代强化（vicarious reinforcement）　受训者因看到示范者采取某些行为而受到强化。

虚拟课堂（virtual classroom）　一种培训方式，利用计算机和互联网，使位于不同地理位置的雇员能够接收到由指导者主导的培训课程。

虚拟现实（virtual reality）　指为受训者提供三维学习体验的计算机技术。

虚拟团队（virtual team）　受时间、距离、文化或组织界限的限制，主要依靠技术来实现沟通和完成项目的团队。

虚拟世界（virtual world）　以计算机为基础，对现实世界进行在线模拟的 3D 表现形式，学习项目可以在这里进行。

愿景（vision）　公司未来想要实现的蓝图。

志愿者工作（volunteer assignment）指雇员通过在社区组织中担任职务以服务社区，从而开发自身技能。

Web 2.0　网络上用户自创的社交网络。包括博客、维基及推特。

网络会议（web conferencing）或**网络广播**（webcasting）　指通过直播进行的在线课堂指导。

基于网络的培训（web-based training）　通过计算机以网络的形式进行指导和传递培训内容（又叫基于互联网的培训）。

整体实践（whole practice）　对所有的任务或者目标进行一次性实践的培训方法。

维基（wiki）　允许众多用户创建、编辑和更新内容，分享知识的网站。

工作团队（work team）　一群掌握多种技能的雇员，他们合作组装产品或提供服务。

工作与生活的平衡（work-life balance）　指帮助雇员解决与平衡工作与非工作需求有关的压力与冲突。

劳动力分析（workforce analytics）　一种分析活动，用量化手段和科学的方法分析来自人力资源数据库、企业财报、雇员调查和其他渠道的数据，并以此为依据做出决定，来表明人力资源实践（包括培训、开发与学习）对企业有重要影响。

《劳动力创新与机会法案》（Workforce Innovation and Opportunity Act）　美国 2014 年通过的一部法案。该法案设立了全新的综合性劳动力投资体系，这一体系聚焦于客户，为美国人提供职业发展信息和高质量服务，并帮助雇主与技能熟练的从业者进行匹配。

加工存储（working storage）　对信息进行编排和重复，使其被编入存储器的过程。

图书在版编目（CIP）数据

雇员培训与开发：第 8 版／（美）雷蒙德·诺伊著；
徐芳，邵晨译. -- 北京：中国人民大学出版社，
2022.11

（人力资源管理译丛）
ISBN 978-7-300-30999-6

Ⅰ. ①雇… Ⅱ. ①雷… ②徐… ③邵… Ⅲ. ①企业管
理—职工培训 Ⅳ. ①F272.92

中国版本图书馆 CIP 数据核字（2022）第 182288 号

人力资源管理译丛

雇员培训与开发（第 8 版）

[美] 雷蒙德·诺伊 著
徐 芳 邵 晨 译
徐 芳 校
Guyuan Peixun yu Kaifa

出版发行	中国人民大学出版社		
社 址	北京中关村大街 31 号	**邮政编码**	100080
电 话	010 - 62511242（总编室）	010 - 62511770（质管部）	
	010 - 82501766（邮购部）	010 - 62514148（门市部）	
	010 - 62515195（发行公司）	010 - 62515275（盗版举报）	
网 址	http://www.crup.com.cn		
经 销	新华书店		
印 刷	涿州市星河印刷有限公司		
规 格	185 mm×260 mm 16 开本	**版 次**	2022 年 11 月第 1 版
印 张	26.5 插页 1	**印 次**	2022 年 11 月第 1 次印刷
字 数	625 000	**定 价**	85.00 元

教师反馈表

麦格劳-希尔教育集团（McGraw-Hill Education）是全球领先的教育资源与数字化解决方案提供商。为了更好地提供教学服务，提升教学质量，麦格劳-希尔教师服务中心于 2003 年在京成立。在您确认将本书作为指定教材后，请填好以下表格并经系主任签字盖章后返回我们（或联系我们索要电子版），我们将免费向您提供相应的教学辅助资源。如果您需要订购或参阅本书的英文原版，我们也将竭诚为您服务。

★ 基本信息					
姓		名		性别	
学校		院系			
职称		职务			
办公电话		家庭电话			
手机		电子邮箱			
通信地址及邮编					

★ 课程信息					
主讲课程－1		课程性质		学生年级	
学生人数		授课语言		学时数	
开课日期		学期数		教材决策者	
教材名称、作者、出版社					

★ 教师需求及建议			
提供配套教学课件（请注明作者/书名/版次）			
推荐教材（请注明感兴趣领域或相关信息）			
其他需求			
意见和建议（图书和服务）			
是否需要最新图书信息	是、否	系主任签字/盖章	
是否有翻译意愿	是、否		

Mc Graw Hill | Higher Education

教师服务热线：800-810-1936
教师服务信箱：instructorchina@mheducation.com
网址：www.mheducation.com

麦格劳-希尔教育教师服务中心
地址：北京市东城区北三环东路 36 号环球贸易中心
A 座 702 室教师服务中心　100013
电话：010-57997618/57997600
传真：010 59575582

中国人民大学出版社　管理分社

教师教学服务说明

中国人民大学出版社管理分社以出版经典、高品质的工商管理、统计、市场营销、人力资源管理、运营管理、物流管理、旅游管理等领域的各层次教材为宗旨。

为了更好地为一线教师服务，近年来管理分社着力建设了一批数字化、立体化的网络教学资源。教师可以通过以下方式获得免费下载教学资源的权限：

★ 在中国人民大学出版社网站 www.crup.com.cn 进行注册，注册后进入"会员中心"，在左侧点击"我的教师认证"，填写相关信息，提交后等待审核。我们将在一个工作日内为您开通相关资源的下载权限。

★ 如您急需教学资源或需要其他帮助，请加入教师 QQ 群或在工作时间与我们联络。

中国人民大学出版社　管理分社

🔔 教师 QQ 群：648333426（仅限教师加入）

☎ 联系电话：010-82501048，62515782，62515735

📧 电子邮箱：glcbfs@crup.com.cn

📍 通讯地址：北京市海淀区中关村大街甲 59 号文化大厦 1501 室（100872）